ヤングアダルトの本

高校教科書の文学 3000冊

日外アソシエーツ

Guide to Books for Young Adults

3000 Works
of
High School Textbooks

Compiled by

Nichigai Associates, Inc.

本書はディジタルデータでご利用いただくことができます。詳細はお問い合わせください。

●編集担当● 木村 月子
装 丁：赤田 麻衣子

刊行にあたって

教科書で読んだ作品を、ふとしたときに思いだしたり、読み返したくなることは誰もが経験したことがあるだろう。特に、高等学校の教科書には、文豪と呼ばれる作家による日本文学史の名作や、現代作家の作品まで幅広く収録されている。教科書の作品を紹介する本は各種刊行されているが、数十作品を紹介する程度にとどまり、他にどんな本があるかを示すまとまったツールはこれまでなかった。

本書は、1949～2014 年発行の高等学校国語教科書に掲載された日本の文学作品を含む図書 3,411 冊を収録した図書目録で、中学校の国語教科書に掲載された名作を収録した『ヤングアダルトの本 教科書の名作 3000 冊』（2013 年 4 月刊）の姉妹編にあたる。1980 年代以降に刊行された図書を中心に収録し、これまで教科書に登場した作品のうち、図書として読むことが出来る作品を集めた内容となっている。本文は作家名の下、作品ごとに排列し、同じ作品を含む図書では出版年月の新しいものから順に排列した。また、選書の際の参考となるよう目次と内容紹介を載せ、巻末には書名索引を付して検索の便を図った。

本書が公共図書館のヤングアダルトコーナーや中学・高校の学校図書館の場などで、本の選定・紹介・購入に幅広く活用されることを願っている。

2015 年 1 月

日外アソシエーツ

凡　例

1．本書の内容

本書は、高等学校の国語教科書に掲載された日本の文学作品を含む図書を集め、作家名の下、作品ごとにまとめた図書目録である。

2．収録の対象

1949～2014年発行の高等学校国語教科書に掲載された1,470作品を含む図書から、1980年代以降に刊行されたものを中心に3,411冊を収録した。

3．見出し

1）作家名を見出しとして、姓の読みの五十音順→名の読みの五十音順に排列した。作家名には生没年を付した。

2）さらに作品名を見出しとし、その読みの五十音順に排列した。

4．図書の排列

作品名のもとに出版年月の新しい順に排列した。出版年月が同じ場合は書名の五十音順に排列した。

5．図書の記述

書名／副書名／巻次／各巻書名／各巻副書名／各巻巻次／著者表示／版表示／出版地*／出版者／出版年月／ページ数または冊数／大きさ／叢書名／叢書番号／副叢書名／副叢書番号／叢書責任者表示／注記／定価（刊行時）／ISBN（Ⓘで表示）／NDC（Ⓝで表示）／目次／内容

＊出版地が東京の場合は省略した。

6．書名索引

各図書を書名の読みの五十音順に排列して著者名を補記し、本文での掲載ページを示した。

7．書誌事項の出所

本目録に掲載した各図書の書誌事項等は主に次の資料に拠っている。

データベース「bookplus」

JAPAN/MARC

目　次

【あ】

【い】

【か】

【き】

【く】

【こ】

【さ】

【し】

【す】

【せ】

【そ】

【た】

【ち】

【つ】

【て】

【と】

【な】

【に】

【の】

【は】

【ひ】

【ふ】

【ほ】

【ま】

【み】

【む】

【も】

【や】

【ゆ】

【よ】

【り】

【わ】

【古典（作者不詳）】

青木　玉
あおき・たま
《1929〜》

「月あかり雪あかり花あかり」

『底のない袋』 青木玉著　講談社　2004.1　235p　19cm　1,500円　①4-06-211757-6

内容 知りたがりやの袋は底がない。お勝手道具のこと、ちょっと昔の話、楽しい体験など、色とりどりにつめこんで…暮しをみつめる最新随筆33篇。

青木　はるみ
あおき・はるみ
《1933〜》

「傷」

『現代詩文庫 青木はるみ詩集　96』 思潮社　1989

内容 詩集〈ダイバーズクラブ〉全篇,〈青木はるみ詩集〉から, 詩集〈鯨のアタマが立っていた〉全篇, 詩集〈大和路のまつり〉から, 詩集〈詩と人形のルフラン〉から, 未刊詩篇から, 詩論・エッセイ(私の中の"小野十三郎", いわゆる美の認識からの反逆, 私が詩を書き初めた頃, 血の通う人形として, 野の花と人のぬくもり, 都市の遠近－淀屋橋), 作品論(青木はるみの詩の源泉,『大和路のまつり』論), 詩人論 蝶のリボンが揺れている－青木はるみ素描

青柳　瑞穂
あおやぎ・みずほ
《1899〜1971》

「ささやかな日本発掘」

『青柳瑞穂の生涯—真贋のあわいに』 青柳いづみこ著　平凡社　2006.11　397p　15cm　(平凡社ライブラリー)　1500円　①4-582-76594-7

内容「おそらく祖父にとっては、楽譜も原書も骨董も、読み解くべき美の秘密を有したテキストという意味では変わりがなかったにちがいない。フランス文学の翻訳と紹介、骨董蒐集と鑑賞、随筆、詩…。青柳瑞穂の仕事は多岐にわたっているようにみえるが、実は、どの分野でも同じ作業を行っていたような気がする。」—ピアニストで文筆家の著者が、祖父瑞穂の複雑な生の機微を描く傑作評伝。第49回日本エッセイスト・クラブ賞受賞作。

『青柳瑞穂の生涯—真贋のあわいに』 青柳いづみこ著　新潮社　2000.9　316p　19cm　1900円　①4-10-439901-9

内容 井伏鱒二、太宰治らがつどった家には、骨董も集まっていた。その家の主は青柳瑞穂—。美に憑かれたフランス文学者の生涯を、ピアニストである孫娘が検証する力作評伝。

『ささやかな日本発掘』 青柳瑞穂著　講談社　1990.8　229p　16cm　(講談社文芸文庫—現代日本のエッセイ)〈著者の肖像あり〉780円　①4-06-196090-3　Ⓝ914.6

赤川　次郎
あかがわ・じろう
《1948〜》

「記念写真」

『記念写真』 赤川次郎著　角川書店, 角川グループパブリッシング〔発売〕　2008.10　295p　15cm　(角川文庫)　514円　①978-4-04-387008-0

内容 荒んだ心を抱いた16歳の少女は、展望台で出会った家族に、記念写真の撮影を頼まれる。カメラのファインダーに映るのは、幸福を絵に描いたような一家の姿。それは少女が失った家族像でもあった…。苛立ちを募らせる少女。だが、幸せそうな家族は、思いもよらないある決意を胸に秘めていた—(「記念写真」)。背筋が凍るミステリーから、心にしみる人間ドラマまで、さまざまな味わいをもつ10の物語。文庫オリジナル短編集。

『ベスト小説ランド　1987 2』 日本文芸家協会編纂　角川書店　1987.7　288p　19cm　1200円　①4-04-872465-7　Ⓝ913.68

内容 からみからみ 田中小実昌著, ころぼっ

くりの鬼 夢枕獏著, 淡味の蜜 連城三紀彦著, 記念写真 赤川次郎著, 手の用心棒 唐十郎著, 蛇 樹下太郎著, 春の滅び 皆川博子著, 湿った家 宮脇俊三著, 町の地図 高橋治著, 花かげの廟 伊藤桂一著, その一言 遠藤周作著, 信濃屋食堂の秋 神吉拓郎著, 八坂三界 水上勉著, 猫婆 村松友視著

「青春の手帳」

『三毛猫ホームズの青春ノート』 赤川次郎著 岩波書店 1984.11 63p 21cm (岩波ブックレット no.38) 250円 ①4-00-004978-X Ⓝ914.6

阿川 弘之
あがわ・ひろゆき
《1920〜》

「空港風景」

『阿川弘之全集 第4巻 小説4』 阿川弘之著 新潮社 2005.11 611p 19cm 5000円 ①4-10-643414-8

内容 旧友たちとの再会を題材にした「青葉の翳り」、一人の作家の日常を描く「舷灯」など小説17篇。

『青葉の翳り―阿川弘之自選短篇集』 阿川弘之著 講談社 1999.4 261p 15cm (講談社文芸文庫) 980円 ①4-06-197658-3

内容 戦時中に青春を過した主人公は、学徒動員で海軍に入隊。戦友の多くが死んでいったなかで、現在も生きているのはほんの偶然の結果だという感覚に支配されている。戦後社会との違和に直面しながらも、生活者として中年にいたった現在を描く代表作「青葉の翳り」。他に短篇的趣向の名品を収録。

「雲の墓標」

『阿川弘之全集 第2巻 小説2』 阿川弘之著 新潮社 2005.9 624p 19cm 5000円 ①4-10-643412-1

内容 広島の惨禍に迫った「魔の遺産」、雲の彼方へ散った特攻隊員を悼む「雲の墓標」など、昭和30年前後の小説11篇。

『昭和文学全集 21』 小島信夫, 庄野潤三, 遠藤周作, 阿川弘之著 小学館 1987.7 1017p 21cm 4000円 ①4-09-568021-0

目次 抱擁家族(小島信夫), 小銃(小島信夫), 汽車の中(小島信夫), アメリカン・スクール(小島信夫), 馬(小島信夫), 郷里の言葉(小島信夫), 釣堀池(小島信夫), 階段のあがりはな(小島信夫), ハッピネス(小島信夫), 永遠の弟子 森田草平(小島信夫), 順子の軌跡 徳田秋声(小島信夫), 狂気と羞恥 夏目漱石(小島信夫), 愛撫(庄野潤三), プールサイド小景(庄野潤三), 静物(庄野潤三), 給合わせ(庄野潤三), ガンビア滞在記(庄野潤三), 山の上に憩いあり―都築ケ岡年中行事(庄野潤三), 沈黙(遠藤周作), イエスの生涯(遠藤周作), 男と九官鳥(遠藤周作), 札の辻(遠藤周作), 40歳の男(遠藤周作), 母なるもの(遠藤周作), フォンスの井戸(遠藤周作), 雲の墓標(阿川弘之), 舷灯(阿川弘之), 年年歳歳(阿川弘之), 霊3題(阿川弘之), 夜の波音(阿川弘之), スパニエル幻想(阿川弘之), 水の上の会話(阿川弘之), テムズの水(阿川弘之), さくらの寺(阿川弘之)

『雲の墓標』 阿川弘之著 新座 埼玉福祉会 1983.4 214p 31cm (Large print booksシリーズ) 〈原本:新潮文庫 限定版〉 4900円 Ⓝ913.6

「鱸とおこぜ」

『サアカスの馬・童謡』 安岡章太郎, 吉行淳之介, 遠藤周作, 阿川弘之, 小川国夫, 北杜夫著 講談社 2009.4 285p 19cm (21世紀版少年少女日本文学館 18) 1400円 ①978-4-06-282668-6

内容 ある日『僕』はサアカスのテントにつながれている馬に眼をとめた―。主人公の心の動きを鮮やかに感じさせる安岡章太郎の「サアカスの馬」。少年期の長い病気による、肉体的、心理的変化を描いた吉行淳之介の「童謡」ほか、遠藤周作、阿川弘之、小川国夫、北杜夫など、「第三の新人」と呼ばれた作家たちを中心に、全八編を収録。

『青葉の翳り―阿川弘之自選短篇集』 阿川弘之著 講談社 1999.4 261p 15cm (講談社文芸文庫) 980円 ①4-06-197658-3

内容 戦時中に青春を過した主人公は、学徒動員で海軍に入隊。戦友の多くが死んでいったなかで、現在も生きているのはほんの偶然の結果だという感覚に支配されている。戦後社会との違和に直面しながらも、生活者として中年にいたった現在を描く代表作「青葉の翳り」。他に短篇的趣向の名品を収録。

『サアカスの馬・童謡』 安岡章太郎, 吉行淳之介, 遠藤周作, 阿川弘之, 小川国夫, 北杜夫著 講談社 1987.4 307p 21cm (少年少女日本文学館 20) 1400円 ①4-06-188270-8

内容 劣等生の少年、性にめざめる少年など、子どもと大人のあいだでゆれる、ナイーブな姿を描く、表題作の他、計8編を収録。

芥川 龍之介
あくたがわ・りゅうのすけ
《1892〜1927》

「或る阿呆の一生」

『芥川龍之介全集 第16巻 或阿呆の一生 対談・座談』 芥川龍之介著 岩波書店 2008.4 363p 19cm 3200円 ①978-4-00-091986-9

目次 或旧友へ送る手記, 闇中問答, 十本の針, 小説作法十則, 機関車を見ながら, 或阿呆の一生, 侏儒の言葉(遺稿),「侏儒の言葉」の序, 対談・座談(芥川龍之介氏縦横談, 女性改造談話会 ほか)

『芥川龍之介―1892‐1927』 芥川龍之介著 筑摩書房 2007.11 476p 15cm (ちくま日本文学 002) 880円 ①978-4-480-42502-7

内容 短編小説の名手のとっておきの傑作集。

『芥川龍之介短篇集』 芥川龍之介著, ジェイ・ルービン編, 村上春樹序 新潮社 2007.6 317p 19cm 1600円 ①978-4-10-304871-8

内容 英語圏の読者を魅了した短篇集。「さびれゆく世界」「刀の下で」「近代悲喜劇」「芥川自身の物語」の四部構成。

『ザ・龍之介―芥川龍之介全一冊』 芥川龍之介著 増補新版 第三書館 2000.7 376p 26cm 2000円 ①4-8074-0012-6 Ⓝ913.6

内容 ひょっとこ, 羅生門, 鼻, 父, 虱, 酒虫, 芋粥, 手巾, 煙草と悪魔, 煙管, 運, 緒方了斎覚え書, 忠義, 偸盗, 或日の大石内蔵助, 戯作三昧, 首が落ちた話, 地獄変, 開化の殺人, 奉教人の死, 枯野抄, 蜘蛛の糸, さまよへる猶太人, るしへる, 邪宗門, 開化の良人, きりしとほろ上人伝, 蜜柑, 沼地, 疑惑, 路上, 魔術, 葱, 舞踏会, 尾生の信, 秋, 東洋の秋, 素戔嗚尊, 老いたる素戔嗚尊, 鼠小僧次郎吉, 南京の基督, 杜子春, お律と子等と, 秋山図, 山鴫, 奇怪な再会, 母, 好色,Los Caprichos, 藪の中, 俊寛, 将軍, 神神の微笑, トロッコ, 報恩記, 長崎小品, 庭, 六の宮の姫君, お富の貞操, 漱石山房の秋, 漱石山房の冬, 雛, 安吉の手帳から, お時儀, あばばばば, 一塊の土, 糸女覚え書, 文章, 大導寺伸輔の半生, 馬の脚, 湘南の扇, 年末の一日, 虎の話, 三つのなぜ, 点鬼簿, 僕は, 貝殻, 玄鶴山房, 蜃気楼, 春の夜は, 河童, 三つの窓, 歯車, 闇中問答, 或阿呆の一生, 機関車を見ながら, 西方の人, 続西方の人, 或旧友へ送る手紙, 侏儒の言葉, アグニの神, あの頃の自分の事, 或敵打の話, 或恋愛小説, 魚河岸, 海のほとり, 英雄の器, おぎん, おしの, 温泉だより, 女, 影, 片恋, カルメン, 彼, 彼第二, 金将軍, 袈裟と盛遠, 黄粱夢, 黒衣聖母, 古千屋, 孤独地獄, 子供の病気, 西郷隆盛, 寒さ, 猿, 猿蟹合戦, 山右衛門の扉, 死後, 十円札, じゅりあの・吉助, 少年, 捨児, 仙人, 早春, 第四の夫から, たね子の憂鬱, 手紙, 伝吉の敵打ち, 道祖問答, 動物園, 尼提, 女体, 野呂松人形, 春, 春の夜, 二つの手紙, 文放古, 冬, 貉, 毛利先生, 桃太郎, 悠々荘, 夢, 竜, 老年, 世之介の話, 往生絵巻, 妖婆

「ある日の大石内蔵助」

『河童・戯作三昧』 芥川龍之介著 角川書店 2008.7 317p 15cm (角川文庫)〈年譜あり 発売:角川グループパブリッシング〉400円 ①978-4-04-103316-6 Ⓝ913.6

内容 或日の大石内蔵之助, 戯作三昧, 開化の殺人, 開化の良人, 糸女覚え書, 大導寺信輔の半生, 点鬼簿, 玄鶴山房, 蜃気楼, 河童

『大活字版 ザ・龍之介―全小説全一冊』 芥川龍之介著 第三書館 2006.7 1005p 26cm 1900円 ①4-8074-0606-X

内容 全146篇、解説+梗概、年譜付き。

『或日の大石内蔵之助・枯野抄 他十二篇』 芥川龍之介作 岩波書店 2004.12 287p 15cm (岩波文庫) 660円 ①4-00-310709-8

内容 志をとげた後の大石の微妙な心の動きを分析し、忠義とか仇討ちへの賛美を静かに批判した表題作。芭蕉の死の床での弟子たちの感慨に托して、芥川に深い人格的影響を与えた漱石の、臨終をめぐる門弟たち

の心理的反応を描く「枯野抄」。本書には、主として題材を江戸から幕末・明治初期にもとめた14篇を選び収めた。

『或日の大石内蔵之助・枯野抄』 芥川龍之介作 岩波書店 1991.2

「牛になれ」

『漱石全集 第24巻 書簡』 夏目金之助著 岩波書店 1997.2 677,58p 19cm 3495円 ①4-00-091824-9

目次 明治四十五年/大正元年(書簡1585 - 1791), 大正二年(書簡1792 - 1959), 大正三年(書簡1960 - 2183), 大正四年(書簡2184 - 2366), 大正五年(書簡2367 - 2486), 年次未詳(書簡2487 - 2502)

「枯野抄」

『芥川龍之介―1892 - 1927』 芥川龍之介著 筑摩書房 2007.11 476p 15cm (ちくま日本文学 002) 880円 ①978-4-480-42502-7

内容 短編小説の名手のとっておきの傑作集。

『大活字版 ザ・龍之介―全小説全一冊』 芥川龍之介著 第三書館 2006.7 1005p 26cm 1900円 ①4-8074-0606-X

内容 全146篇、解説+梗概、年譜付き。

『或日の大石内蔵之助・枯野抄 他十二篇』 芥川龍之介作 岩波書店 2004.12 287p 15cm (岩波文庫) 660円 ①4-00-310709-8

内容 志をとげた後の大石の微妙な心の動きを分析し、忠義とか仇討ちへの賛美を静かに批判した表題作。芭蕉の死の床での弟子たちの感慨に托して、芥川に深い人格的影響を与えた漱石の、臨終をめぐる門弟たちの心理的反応を描く「枯野抄」。本書には、主として題材を江戸から幕末・明治初期にもとめた14篇を選び収めた。

「戯作三昧」

『トロッコ・鼻』 芥川龍之介著 講談社 2009.2 253p 19cm (21世紀版少年少女日本文学館 6) 1400円 ①978-4-06-282656-3

内容 禅智内供の悩みのたね―それは、人なみ外れた大きな鼻だった。古典の題材を、緻密な構成と独自の文体で描き直し、漱石の激賞を受けた「鼻」をはじめ洗練された知性が光る芥川龍之介の作品十二編。ふりがなと行間注で、最後までスラスラ。児童向け文学全集の決定版。

『河童・戯作三昧』 芥川龍之介著 角川書店 2008.7 317p 15cm (角川文庫)〈年譜あり 発売:角川グループパブリッシング〉400円 ①978-4-04-103316-6 Ⓝ913.6

内容 或日の大石内蔵之助, 戯作三昧, 開化の殺人, 開化の良人, 糸女覚え書, 大導寺信輔の半生, 点鬼簿, 玄鶴山房, 蜃気楼, 河童

『羅生門・鼻他』 芥川龍之介著 日本文学館 2007.3 229p 19cm (日本名作選 6―大正の文豪編) 800円 ①978-4-7765-1137-3

内容 初期の『羅生門』、漱石に絶賛された文壇出世作『鼻』から、命日河童忌の由来となった晩年の『河童』まで、没後80年にあたる芥川龍之介(1892〜1927)の代表作7編を収録。

『或日の大石内蔵之助・枯野抄 他十二篇』 芥川龍之介作 岩波書店 2004.12 287p 15cm (岩波文庫) 660円 ①4-00-310709-8

内容 志をとげた後の大石の微妙な心の動きを分析し、忠義とか仇討ちへの賛美を静かに批判した表題作。芭蕉の死の床での弟子たちの感慨に托して、芥川に深い人格的影響を与えた漱石の、臨終をめぐる門弟たちの心理的反応を描く「枯野抄」。本書には、主として題材を江戸から幕末・明治初期にもとめた14篇を選び収めた。

「煙管」

『国会図書館所蔵図書 羅生門』 芥川龍之介著 ゴマブックス 2014.12 280,5p 21×14cm (近代偉人傑作選) 3500円 ①978-4-7771-1591-4

内容 羅生門, 鼻, 父, 猿, 孤独地獄, 運, 手巾, 尾形了齊覺え書, 虱, 酒蟲, 煙管, 貉, 忠義, 芋粥

『羅生門・鼻・芋粥』 芥川龍之介著 改版, 新装版 角川書店, 角川グループパブリッシング〔発売〕 2007.6 251p 15cm (角川文庫) 362円 ①978-4-04-103315-9

内容 うち続く災害に荒廃した平安京では、

羅生門に近寄るものもいなくなっていた。その楼上で、生活のすべを失い行き場をなくした下人は、死人の髪の毛を抜く老婆に出くわす。その姿に自分の生き延びる道を見つける…。文壇処女作となった「羅生門」をはじめ、初期の作品を中心に18編を収録。人間の孤独と侘しさを描いた名品の数々は、時代を超えて新鮮な驚きを読者に与え続けている。芥川文学の原点を示す、繊細で濃密な短編集。

『大活字版 ザ・龍之介―全小説全一冊』 芥川龍之介著 第三書館 2006.7 1005p 26cm 1900円 ①4-8074-0606-X

内容 全146篇、解説＋梗概、年譜付き。

「地獄」

『侏儒の言葉』 芥川龍之介著 文藝春秋 2014.7 251p 15cm （文春文庫） 460円 ①978-4-16-790142-4

内容「わたしは不幸にも知っている。時には嘘による外は語られぬ真実もあることを」。短い警句に潜むユーモアと、厭世感。死の誘惑に囚われながらも、芥川は、「文藝春秋」創刊号から巻頭に連載していた『侏儒の言葉』を、『澄江堂雑記』『病中雑記』『追憶』と題を変え最期まで書き続けた。鬼才が遺した心に響く言葉。

『侏儒の言葉・文芸的な、余りに文芸的な』 芥川龍之介著 岩波書店 2013.3 254,7p 19cm （ワイド版岩波文庫） 1100円 ①978-4-00-007360-8

内容「打ち下ろすハンマアのリズムを聞け」―芸術の永遠に滅びざることをこう表現した芥川は、死の前の四年間アフォリズムの刃を研ぎ澄まし「侏儒の言葉」を書きついだ。一方、谷崎潤一郎との二度の論争に底深く覗いた「文芸上の極北」とは何であったか。最晩年の箴言集と評論集。

『侏儒の言葉・西方の人』 芥川龍之介著 改版 新潮社 2012.10 259p 15cm （新潮文庫） 430円 ①978-4-10-102507-0

内容 眠りは死よりも愉快である。少くとも容易には違いあるまい―。鋭敏な頭脳と表現力を無尽に駆使し、世に溢れる偽善や欺瞞を嘲る。死に取り憑かれた鬼才の懐疑的な顔つきと厭世的な精神を鮮烈に伝えるアフォリズム（『侏儒の言葉』）。自らの人生を聖者キリストに重ね、感情を移入して自己の悲しさ、あるいは苦痛を訴える（『西方の人』）。自殺の直前に執筆された芥川文学の総決算。

『芥川龍之介全集 第13巻 侏儒の言葉 湖南の扇』 芥川龍之介著 岩波書店 1996.11 412p 19cm 3100円 ①4-00-091983-0

目次 隣の笛, 我机,「ふゆくさ」読後, 病状雑記, 微笑,「笑ひきれぬ話」の序,「私」小説論小見, 侏儒の言葉,「未翁南甫句集」の序,「支那游記」自序〔ほか〕

「侏儒の言葉」

『侏儒の言葉』 芥川龍之介著 文藝春秋 2014.7 251p 15cm （文春文庫） 460円 ①978-4-16-790142-4

内容「わたしは不幸にも知っている。時には嘘による外は語られぬ真実もあることを」。短い警句に潜むユーモアと、厭世感。死の誘惑に囚われながらも、芥川は、「文藝春秋」創刊号から巻頭に連載していた『侏儒の言葉』を、『澄江堂雑記』『病中雑記』『追憶』と題を変え最期まで書き続けた。鬼才が遺した心に響く言葉。

『侏儒の言葉・文芸的な、余りに文芸的な』 芥川龍之介著 岩波書店 2013.3 254,7p 19cm （ワイド版岩波文庫） 1100円 ①978-4-00-007360-8

内容「打ち下ろすハンマアのリズムを聞け」―芸術の永遠に滅びざることをこう表現した芥川は、死の前の四年間アフォリズムの刃を研ぎ澄まし「侏儒の言葉」を書きついだ。一方、谷崎潤一郎との二度の論争に底深く覗いた「文芸上の極北」とは何であったか。最晩年の箴言集と評論集。

『侏儒の言葉・西方の人』 芥川龍之介著 改版 新潮社 2012.10 259p 15cm （新潮文庫） 430円 ①978-4-10-102507-0

内容 眠りは死よりも愉快である。少くとも容易には違いあるまい―。鋭敏な頭脳と表現力を無尽に駆使し、世に溢れる偽善や欺瞞を嘲る。死に取り憑かれた鬼才の懐疑的な顔つきと厭世的な精神を鮮烈に伝えるアフォリズム（『侏儒の言葉』）。自らの人生を聖者キリストに重ね、感情を移入して自己の悲しさ、あるいは苦痛を訴える（『西方の人』）。自殺の直前に執筆された芥川文学の総決算。

『侏儒の言葉・文芸的な、余りに文芸的な』 芥川龍之介著 岩波書店 2003.2

「人生」

『侏儒の言葉』 芥川龍之介著 文藝春秋 2014.7 251p 15cm （文春文庫） 460円 ①978-4-16-790142-4

内容 「わたしは不幸にも知っている。時には嘘による外は語られぬ真実もあることを」。短い警句に潜むユーモアと、厭世感。死の誘惑に囚われながらも、芥川は、「文藝春秋」創刊号から巻頭に連載していた『侏儒の言葉』を、『澄江堂雑記』『病中雑記』『追憶』と題を変え最期まで書き続けた。鬼才が遺した心に響く言葉。

『侏儒の言葉・文芸的な、余りに文芸的な』 芥川龍之介著 岩波書店 2013.3 254,7p 19cm （ワイド版岩波文庫） 1100円 ①978-4-00-007360-8

内容 「打ち下ろすハンマアのリズムを聞け」―芸術の永遠に滅びざることをこう表現した芥川は、死の前の四年間アフォリズムの刃を研ぎ澄まし「侏儒の言葉」を書きついだ。一方、谷崎潤一郎との二度の論争に底深く覗いた「文芸上の極北」とは何であったか。最晩年の箴言集と評論集。

『侏儒の言葉・西方の人』 芥川龍之介著 改版 新潮社 2012.10 259p 15cm （新潮文庫） 430円 ①978-4-10-102507-0

内容 眠りは死よりも愉快である。少くとも容易には違いあるまい―。鋭敏な頭脳と表現力を無尽に駆使し、世に溢れる偽善や欺瞞を嘲る。死に取り憑かれた鬼才の懐疑的な顔つきと厭世的な精神を鮮烈に伝えるアフォリズム（『侏儒の言葉』）。自らの人生を聖者キリストに重ね、感情を移入して自己の悲しさ、あるいは苦痛を訴える（『西方の人』）。自殺の直前に執筆された芥川文学の総決算。

「新緑の江南」

『芥川龍之介全集 第8巻 上海游記・藪の中』 芥川龍之介著 岩波書店 2007.8 406p 19cm〈第二刷〉3200円 ①978-4-00-091978-4

目次 新芸術家の眼に映じた支那の印象, 上海游記, 母, 好色, 『チヤツプリン』其他, 「井月句集」の跋, 湯河原五句, 「春城句集」の序, 藪の中, 俊寛, 将軍, 神神の微笑, 神神の微笑（削除分）, パステルの龍, 江南游記

『上海游記・江南游記』 芥川龍之介著 講談社 2001.10 243p 16cm （講談社文芸文庫） 940円 ①4-06-198280-X Ⓝ915.6

内容 上海游記, 江南游記, 長江游記, 北京日記抄, 雑信一束

「鼻」

『国会図書館所蔵図書 羅生門』 芥川龍之介著 ゴマブックス 2014.12 280,5p 21×14cm （近代偉人傑作選） 3500円 ①978-4-7771-1591-4

内容 羅生門, 鼻, 父, 猿, 孤獨地獄, 運, 手巾, 尾形了齊覺え書, 虱, 酒蟲, 煙管, 貉, 忠義, 芋粥

『羅生門・鼻・芋粥・偸盗』 芥川龍之介作 岩波書店 2012.12 182p 19×13cm （ワイド版岩波文庫） 900円 ①978-4-00-007357-8

内容 王朝末期の荒廃した都を舞台に展開する凄惨な人間絵巻「羅生門」、師漱石も賞賛した、長い鼻を持つ禅智内供の内心の葛藤「鼻」、芋粥に異常な執着を持つ男「芋粥」、女をめぐる盗賊の兄弟の確執「偸盗」。いずれも『今昔物語』『宇治拾遺物語』などに素材を得たもので、芥川王朝物の第一冊として編集。

『藪の中』 芥川龍之介著 講談社 2009.8 155p 15cm （講談社文庫） 343円 ①978-4-06-276459-9

内容 わたしが搦め取った男でございますか？ これは確かに多襄丸と云う、名高い盗人でございます―。馬の通う路から隔たった藪の中、胸もとを刺された男の死骸が見つかった。殺したのは誰なのか。今も物語の真相が議論され続ける「藪の中」他、「羅生門」「地獄変」「蜘蛛の糸」など、芥川の名作、6編を収録。

『芥川龍之介―1892‐1927』 芥川龍之介著 筑摩書房 2007.11 476p 15cm （ちくま日本文学 002） 880円 ①978-4-480-42502-7

内容 短編小説の名手のとっておきの傑作集。

『羅生門・鼻・芋粥』 芥川龍之介著 改版, 新装版 角川書店, 角川グループパブリッシング〔発売〕 2007.6 251p 15cm （角川文庫） 362円 ①978-4-04-103315-9

内容 うち続く災害に荒廃した平安京では、

羅生門に近寄るものもいなくなっていた。その楼上で、生活のすべを失い行き場をなくした下人は、死人の髪の毛を抜く老婆に出くわす。その姿に自分の生き延びる道を見つける…。文壇処女作となった「羅生門」をはじめ、初期の作品を中心に18編を収録。人間の孤独と侘しさを描いた名品の数々は、時代を超えて新鮮な驚きを読者に与え続けている。芥川文学の原点を示す、繊細で濃密な短編集。

「ピアノ」

『ちくま小説選―高校生のための近現代文学エッセンス』 紅野謙介, 清水良典編　筑摩書房　2013.10　223p　21cm〈付属資料：別冊1〉1000円　①978-4-480-91727-0

内容 小説とは世界の縮図であり、時代の鏡である。近代文学の古典的な名作から、現代の先鋭的な短編小説まで、バラエティに富んだ22編を収録。高校生のための小説アンソロジー決定版！

『芥川龍之介全集　第12巻　大導寺信輔の半生・海のほとり』 芥川龍之介著　岩波書店　2007.12　410p　19cm　3200円　①978-4-00-091982-1

目次 明日の道徳,「高麗の花」読後, 偽者二題, 装幀に就いての私の意見, プロレタリア文学論,「春の外套」の序, 各種風骨帖の序, 娼婦美と冒険, 大導寺信輔の半生, 早春, 澄江堂雑記, 俊寛, 出来上った人, 壮烈の犠牲, 現代十作家の生活振り, 一枚三十銭の稿料, 馬の脚, 学校友だち, 正直に書くことの困難, 田端人, 文部省の仮名遣改定案について, 日本小説の支那訳, 望むこと二つ, 越びと,THE MODERN SERIES OF ENGLISH LITERATURE序, 春, 念仁波念遠入札帖, 澄江堂雑詠, 芥川竜之介年譜, 平田先生の翻訳, 人及び芸術家としての薄田泣菫氏, 伊東から, 日本の女, 雪, 詩集, ピアノ, 鏡花全集目録開口, 鏡花全集の特色, 鏡花全集に就いて, 北京日記抄, 雑信一束, 澄江堂雑詠, 温泉だより, わが俳諧修業, 旅のおもひで,「わたくし」小説に就いて, 結婚並びに恋愛難,「太虚集」読後,Gaity座の「サロメ」, 好きな果物の話, ポーの片影, 海のほとり, 尼提, 死後, 藤沢清造君に答ふ, 才一巧亦不二

『脳を鍛える大人の名作読本　1　ピアノ・檸檬』 川島隆太監修　くもん出版　2004.7　107p　26cm　600円　①4-7743-0764-5

内容 ピアノ（芥川龍之介）, 桜の樹の下には（梶井基次郎）, 蒼穹（梶井基次郎）, 蜘蛛の糸（芥川龍之介）, 手袋を買いに（新美南吉）, トロッコ（芥川龍之介）, 檸檬（梶井基次郎）

「雛」

『蜘蛛の糸・杜子春・トロッコ 他十七篇』 芥川龍之介作　岩波書店　2013.1　293p　19×13cm　（ワイド版岩波文庫）1100円　①978-4-00-007358-5

内容 芥川（一八九二‐一九二七）が小説、随筆、童話、戯曲と、その才気にまかせて様々のジャンルで試みた作品の中から、広い意味で「子どもむき」と考えられる作品を収録した。この作品群から機智や逆説や諷刺、そしてまた、理智の鎧で固められた奥に潜んでいる作者の、少年のような単純で素直な魂を感じとることができる。

『教科書に載った小説』 佐藤雅彦編　ポプラ社　2012.10　206p　15cm　（ポプラ文庫）680円　①978-4-591-13116-9

内容 宿泊する不審な親子を見つめた三浦哲郎の『とんかつ』、差出人のない小包が届く『絵本』、古今著聞集から採った『竹生島の老僧、水練のこと』…。「成長する道程に置いておくので読んでほしい」という願いで教科書に載せられた作品を、さらに「面白い」を基準に編んだアンソロジー。

『トロッコ・鼻』 芥川龍之介著　講談社　2009.2　253p　19cm　（21世紀版少年少女日本文学館 6）1400円　①978-4-06-282656-3

内容 禅智内供の悩みのたね―それは、人なみ外れた大きな鼻だった。古典の題材を、緻密な構成と独自の文体で描き直し、漱石の激賞を受けた「鼻」をはじめ洗練された知性が光る芥川龍之介の作品十二編。ふりがなと行間注で、最後までスラスラ。児童向け文学全集の決定版。

『芥川龍之介全集　第10巻　雛・保吉の手帳から』 芥川龍之介著　岩波書店　2007.10　400p　19cm　3200円　①978-4-00-091980-7

目次 雛, 二人小町, おしの, 私が女に生れたら, 保吉の手帳から,「春服」の後に, 知己料, 市村座の「四谷怪談」, その後製造した句, 放屁〔ほか〕

『蜘蛛の糸・杜子春・トロッコ 他十七篇』 芥川龍之介作　岩波書店　2002.11

293p　15cm　（岩波文庫）〈第18刷〉　600円　Ⓘ4-00-310707-1

内容 芥川（1892‐1927）が小説、随筆、童話、戯曲と、その才気にまかせて様々のジャンルで試みた作品の中から、広い意味で「子どもむき」と考えられる作品を選び収めた。この作品群から機智や逆説や諷刺、そしてまた、そうした理智の鎧で固められた奥にひそんでいる作者の、少年のような単純で素直な魂を感じとることができる。

「舞踏会」

『地獄変』　芥川龍之介著　角川春樹事務所　2012.4　116p　16cm　（ハルキ文庫 あ19-2）〈底本：「芥川龍之介全集」第3巻 第5巻 第8巻 第9巻（岩波書店 2007年刊） 年譜あり〉267円　Ⓘ978-4-7584-3649-6　Ⓝ913.6

内容 地獄変, 藪の中, 六の宮の姫君, 舞踏会

『芥川龍之介全集　第5巻　路上・舞踏会』　芥川龍之介著　岩波書店　2007.5　385p　19cm　3200円　Ⓘ978-4-00-091975-3

目次 路上, 忘れられぬ印象, 久米正雄氏の事, じゆりあの・吉助, 妖婆,「人魚の嘆き・魔術師」（広告文）, もう七八年前に, 我鬼句抄, 窓, 江口渙氏の事, 芸術その他, 春草界にて, 竜村平蔵氏の芸術, 本年度の作家、書物、雑誌, 大正八年度の文芸界, 魔術, 鼠小僧次郎吉, 葱, 舞踏会, 有島生馬君に与ふ, 尾生の信, 動物園, 漱石山房の秋, 私の生活, 我鬼氏の座談のうちから, 日記のつけ方, 九年一月明治座評,「影灯篭」附記

『大活字版 ザ・龍之介—全小説全一冊』　芥川龍之介著　第三書館　2006.7　1005p　26cm　1900円　Ⓘ4-8074-0606-X

内容 全146篇、解説＋梗概、年譜付き。

『或日の大石内蔵之助・枯野抄 他十二篇』　芥川龍之介作　岩波書店　2004.12　287p　15cm　（岩波文庫）660円　Ⓘ4-00-310709-8

内容 志をとげた後の大石の微妙な心の動きを分析し、忠義とか仇討ちへの賛美を静かに批判した表題作。芭蕉の死の床での弟子たちの感慨に托して、芥川に深い人格的影響を与えた漱石の、臨終をめぐる門弟たちの心理的反応を描く「枯野抄」。本書には、主として題材を江戸から幕末・明治初期にもとめた14篇を選び収めた。

「奉教人の死」

『日本近代短篇小説選 大正篇』　紅野敏郎, 紅野謙介, 千葉俊二, 宗像和重, 山田俊治編　岩波書店　2012.11　377p　15cm　（岩波文庫）800円　Ⓘ978-4-00-311913-6

内容 どぎつく、ものうく、無作為でまた超技巧的—百花繚乱の大正文壇は、やがて関東大震災とその後の混迷を迎える。芥川竜之介・川端康成らの一六篇を収録。

『芥川龍之介—1892‐1927』　芥川龍之介著　筑摩書房　2007.11　476p　15cm　（ちくま日本文学 002）880円　Ⓘ978-4-480-42502-7

内容 短編小説の名手のとっておきの傑作集。

『大活字版 ザ・龍之介—全小説全一冊』　芥川龍之介著　第三書館　2006.7　1005p　26cm　1900円　Ⓘ4-8074-0606-X

内容 全146篇、解説＋梗概、年譜付き。

『奉教人の死・煙草と悪魔・他十一篇』　芥川龍之介作　岩波書店　2002.12　190p　15cm　（岩波文庫）500円　Ⓘ4-00-310705-5

内容 幼児を救うために火中にとび込む若い殉教者の死と奇蹟を美しく綴った表題作。煙草の日本伝来を考証的な説話スタイルで軽妙に語る「煙草と悪魔」。伝説や説話をとりあげて独特の奇警な解釈を与え、巧智極まる文章によって再現してみせる芥川（1892‐1927）の才気に充ちた作品から、いわゆる切支丹物13篇を選び収めた。

「蜜柑」

『文豪たちが書いた泣ける名作短編集』　彩図社文芸部編纂　彩図社　2014.9　188p　15cm　590円　Ⓘ978-4-8013-0012-5

内容 10人の文豪が描く哀切に満ちたストーリーを集めました。哀しくも切ない小作品集。

『心洗われる話』　安野光雅, 森毅, 井上ひさし, 池内紀編　筑摩書房　2010.9　524p　15cm　（ちくま文学の森 2）950円　Ⓘ978-4-480-42732-8

内容 少年の日(佐藤春夫),蜜柑(芥川龍之介),碁石を呑だ八っちゃん(有島武郎),ファーブルとデュルイ(ルグロ),最後の一葉(O・ヘンリー),芝浜(桂三木助),貧の意地(太宰治),聖水授与者(モーパッサン),聖母の曲芸師(A.フランス),盲目のジェロニモとその兄(シュニッツラー)

『トロッコ・鼻』 芥川龍之介著 講談社 2009.2 253p 19cm (21世紀版少年少女日本文学館 6) 1400円 ①978-4-06-282656-3

内容 禅智内供の悩みのたね―それは、人なみ外れた大きな鼻だった。古典の題材を、緻密な構成と独自の文体で描き直し、漱石の激賞を受けた「鼻」をはじめ洗練された知性が光る芥川龍之介の作品十二編。ふりがなと行間注で、最後までスラスラ。児童向け文学全集の決定版。

『芥川龍之介―1892‐1927』 芥川龍之介著 筑摩書房 2007.11 476p 15cm (ちくま日本文学 002) 880円 ①978-4-480-42502-7

内容 短編小説の名手のとっておきの傑作集。

『蜘蛛の糸・杜子春ほか』 芥川龍之介著 教育出版 2003.12 202p 18cm (読んでおきたい日本の名作) 800円 ①4-316-80040-X

内容 あの名作がこんなに読みやすくなりました。大きな文字、やさしい表記、親切な脚注。

「藪の中」

『地獄変・邪宗門・好色・藪の中 他七篇』 芥川龍之介作 岩波書店 2013.2 243p 19×13cm (ワイド版岩波文庫) 1000円 ①978-4-00-007359-2

内容 地獄変の屏風絵を画くために娘に火をかける異常の天才絵師が描いた「地獄変」、映画「羅生門」で一躍世界に名を馳せた「藪の中」などの表題作のほかに、「道祖問答」「六の宮の姫君」「二人小町」などを収める。王朝物とよばれるこれらの作で、芥川は古い物語の中の人物を見事に近代に蘇らせた。

『地獄変・偸盗』 芥川龍之介著 改版 新潮社 2011.10 248p 15cm (新潮文庫) 362円 ①978-4-10-102502-5

内容 "王朝もの"の第二集。芸術と道徳の相剋・矛盾という芥川のもっとも切実な問題を、「宇治拾遺物語」中の絵師良秀をモデルに追及し、古金襴にも似た典雅な色彩と線、迫力ある筆で描いた『地獄変』は、芥川の一代表作である。ほかに、羅生門に群がる盗賊の凄惨な世界に愛のさまざまな姿を浮彫りにした『偸盗』、斬新な構想で作者の懐疑的な人生観を語る『藪の中』など6編を収録する。

『藪の中』 芥川龍之介著 講談社 2009.8 155p 15cm (講談社文庫) 343円 ①978-4-06-276459-9

内容 わたしが搦め取った男でございますか? これは確かに多襄丸と云う、名高い盗人でございます―。馬の通う路から隔たった藪の中、胸もとを刺された男の死骸が見つかった。殺したのは誰なのか。今も物語の真相が議論され続ける「藪の中」他、「羅生門」「地獄変」「蜘蛛の糸」など、芥川の名作、6編を収録。

『蜘蛛の糸・杜子春ほか』 芥川龍之介著 教育出版 2003.12 202p 18cm (読んでおきたい日本の名作) 800円 ①4-316-80040-X

内容 あの名作がこんなに読みやすくなりました。大きな文字、やさしい表記、親切な脚注。

『地獄変・邪宗門・好色・藪の中 他七篇』 芥川龍之介作 岩波書店 2003.4 243p 15cm (岩波文庫)〈改版第52刷〉 560円 ①4-00-310702-0

内容 地獄変の屏風絵をえがくために娘に火をかける異常の天才絵師を描いた『地獄変』、映画『羅生門』で一躍世界に名を馳せた『藪の中』など表題作のほかに『運』『道祖問答』『袈裟と盛遠』『竜』『往生絵巻』『六の宮の姫君』『二人小町』を収める。王朝物とよばれるこれらの作で、芥川(1892‐1927)は古い物語の中の人物を見事に近代に蘇らせた。

「山鴫」

『大活字版 ザ・龍之介―全小説全一冊』 芥川龍之介著 第三書館 2006.7 1005p 26cm 1900円 ①4-8074-0606-X

内容 全146篇、解説+梗概、年譜付き。

『或日の大石内蔵之助・枯野抄 他十二篇』 芥川龍之介作 岩波書店 2004.12 287p 15cm (岩波文庫) 660円 ①4-00-310709-8

内容 志をとげた後の大石の微妙な心の動きを分析し、忠義とか仇討ちへの賛美を静かに批判した表題作。芭蕉の死の床での弟子たちの感慨に托して、芥川に深い人格的影響を与えた漱石の、臨終をめぐる門弟たちの心理的反応を描く「枯野抄」。本書には、主として題材を江戸から幕末・明治初期にもとめた14篇を選び収めた。

「羅生門」

『国会図書館所蔵図書 羅生門』 芥川龍之介著 ゴマブックス 2014.12 280,5p 21×14cm (近代偉人傑作選) 3500円 ①978-4-7771-1591-4

内容 羅生門, 鼻, 父, 猿, 孤獨地獄, 運, 手巾, 尾形了齊覺え書, 虱, 酒蟲, 煙管, 貉, 忠義, 芋粥

『羅生門・鼻・芋粥・偸盗』 芥川龍之介作 岩波書店 2012.12 182p 19×13cm (ワイド版岩波文庫) 900円 ①978-4-00-007357-8

内容 王朝末期の荒廃した都を舞台に展開する凄惨な人間絵巻「羅生門」、師漱石も賞賛した、長い鼻を持つ禅智内供の内心の葛藤「鼻」、芋粥に異常な執着を持つ男「芋粥」、女をめぐる盗賊の兄弟の確執「偸盗」。いずれも『今昔物語』『宇治拾遺物語』などに素材を得たもので、芥川王朝物の第一冊として編集。

『藪の中』 芥川龍之介著 講談社 2009.8 155p 15cm (講談社文庫) 343円 ①978-4-06-276459-9

内容 わたしが搦め取った男でございますか? これは確かに多襄丸と云う、名高い盗人でございます—。馬の通う路から隔たった藪の中、胸もとを刺された男の死骸が見つかった。殺したのは誰なのか。今も物語の真相が議論され続ける「藪の中」他、「羅生門」「地獄変」「蜘蛛の糸」など、芥川の名作、6編を収録。

『羅生門・鼻・芋粥』 芥川龍之介著 改版, 新装版 角川書店, 角川グループパブリッシング〔発売〕 2007.6 251p 15cm (角川文庫) 362円 ①978-4-04-103315-9

内容 うち続く災害に荒廃した平安京では、羅生門に近寄るものもいなくなっていた。その楼上で、生活のすべを失い行き場をなくした下人は、死人の髪の毛を抜く老婆に出くわす。その姿に自分の生き延びる道を見つける…。文壇処女作となった「羅生門」をはじめ、初期の作品を中心に18編を収録。人間の孤独と侘しさを描いた名品の数々は、時代を超えて新鮮な驚きを読者に与え続けている。芥川文学の原点を示す、繊細で濃密な短編集。

浅田 次郎
あさだ・じろう
《1951〜》

「鉄道員」

『鉄道員(ぽっぽや)』 浅田次郎作, 森川泉イラスト 集英社 2013.12 157p 18cm (集英社みらい文庫) 600円 ①978-4-08-321189-8

内容 まもなく廃線となる、北海道のとあるローカル線。その終着駅の駅長・佐藤乙松もまた、退職のときをむかえようとしていた。娘を亡くした日も、妻を亡くした日も、乙松は駅に立ちつづけた。そんな彼のもとに、ある日、小さな“訪問者”がやってきた…。表題作「鉄道員」のほか、お盆の夜に起こった“ある奇跡”を描いた作品「うらぼんえ」も収録。小学上級・中学から。

『死という鏡—この30年の日本文芸を読む』 三輪太郎著 講談社 2011.3 275p 15cm (講談社文庫) 629円 ①978-4-06-276890-0

内容 狂奔の'80年代から30年の小説は、みなが眼を背けてきたはずの、「死」にまみれていた－。まったく新しい視点で現代文学を読み解く、感動的なブックガイド。村上春樹『1Q84』、よしもとばなな『アムリタ』、小川洋子『博士の愛した数式』、綿矢りさ『蹴りたい背中』など、全58作品を解説。文庫オリジナル。

『過ぎゆくもの』 山本容子, 浅田次郎, 嵐山光三郎, 池内紀, 池澤夏樹, 江國香織, 小川洋子, 関川夏央, 谷川俊太郎, 中沢新一, 辻原登, 湯川豊著 マガジンハウス 2007.10 91p 30×20cm 1,905円 ①978-4-8387-1810-8

内容 山本容子が11人の作家とコラボレイトした、鉄道への美しいオマージュ。鉄道博物館開館記念出版。

『鉄道員(ぽっぽや)』 浅田次郎著 集英

社　2000.3　298p　15cm　（集英社文庫）476円　Ⓘ4-08-747171-3

内容 娘を亡くした日も、妻を亡くした日も、男は駅に立ち続けた…。映画化され大ヒットした表題作「鉄道員」はじめ「ラブ・レター」「角筈にて」「うらぼんえ」「オリヲン座からの招待状」など、珠玉の短篇8作品を収録。日本中、150万人を感涙の渦に巻き込んだ空前のベストセラー作品集にあらたな「あとがき」を加えた。第117回直木賞を受賞。

芦原　義信
あしはら・よしのぶ
《1918〜2003》

「内部と外部」

『街並みの美学』 芦原義信著　岩波書店　2001.4　301,13p　15cm　（岩波現代文庫 学術）〈文献あり〉1100円　Ⓘ4-00-600049-9　Ⓝ518.8

阿仏尼
あぶつに
《？　〜1283》

「十六夜日記」

『十六夜日記―白描淡彩絵入写本・阿仏の文』 阿仏尼著，田渕句美子編　勉誠出版　2009.3　100p　27cm〈国文学研究資料館所蔵の複製および翻刻　文献あり〉4800円　Ⓘ978-4-585-00334-2　Ⓝ915.44

『新編日本古典文学全集　48　中世日記紀行集』 小学館　1994.7　654p　23cm　4800円　Ⓘ4-09-658048-1　Ⓝ918

内容 海道記 長崎健校注・訳, 信生法師日記 外村南都子校注・訳, 東関紀行 長崎健校注・訳, 弁内侍日記・十六夜日記 岩佐美代子校注・訳, 春の深山路 外村南都子校注・訳, 道行きぶり・なぐさみ草・覧富士記 稲田利徳校注・訳, 東路のつと・吉野詣記・九州道の記 伊藤敬校注・訳, 九州の道の記 稲田利徳校注・訳, 解説

『中世日記紀行集』 福田秀一, 岩佐美代子, 川添昭二, 大曽根章介, 久保田淳, 鶴崎裕雄校注　岩波書店　1990.10　536, 33p　21cm　（新 日本古典文学大系 51）3900円　Ⓘ4-00-240051-4

内容 都を離れて異郷の地へ。歌枕を尋ねての漂泊、社寺参詣、戦乱による流浪。旅でふれる人生の機微や景観、その描写の背後に激動の時代が読みとれる。『高倉院厳島御幸記』以下、鎌倉期の海道往還の記『海道記』『東関紀行』『十六夜日記』、南北朝動乱を女の眼でみた『竹むきが記』、室町期の連歌師の旅の記『筑紫道記』など、全15篇。

阿部　昭
あべ・あきら
《1934〜1989》

「あの夏あの海」

『父たちの肖像』 阿部昭著　講談社　1996.5　311p　15cm　（講談社文芸文庫―現代日本のエッセイ）980円　Ⓘ4-06-196368-6

内容 名篇「自転車」「人生の一日」や「司令の休暇」「千年」を持つ、惜しまれて逝った著者の初期から昭和52年迄の全随筆から、海を愛し、読書を愛し、先輩・知友を想い、父と子を辿る、真摯にして豊饒な人間理解を追尋する阿部昭選エッセイ。自然であることを大切に考えた著者の秀れた人間考察。

『阿部昭集　第10巻』 阿部昭著　岩波書店　1992.1　460p　19cm　4800円　Ⓘ4-00-091650-5

内容 本書は、昭和41年11月から昭和49年1月にかけて発表された〈評論・随筆〉を97篇収録してある。ただし『東京新聞』掲載の「文芸時評」は6ヵ月続いたものであるが、これは一括してある。

「言葉」

『無縁の生活・人生の一日』 阿部昭著　講談社　1992.5　354p　15cm　（講談社文芸文庫）980円　Ⓘ4-06-196174-8

内容 日常の深底に澱む不透明で苛酷な世界。人生の悲哀を呑みこんだ苦いユーモアと豊かな情感とに支えられる阿部昭の小説空間。「自転車」「猫」「窓」「散歩」「手紙」「童話」「道」ほかの短篇で繋ぐ『無縁の生活』、「人生の一日」「水のほとりで」「天使が

みたもの」などを収める芸術選奨新人賞受賞『人生の一日』。二つの作品集から二十篇を収録。

『阿部昭集　第4巻』 阿部昭著　岩波書店　1991.6　467p　19cm　4500円　①4-00-091644-0

内容 1昨年54歳で急逝した阿部昭は、1962年「子供部屋」でデビュー以来、独特の簡潔透明な文体で短編・長編・エッセーなど優れた作品を書き遺した。身辺に題材をとりながら鋭い批評精神とユーモアただよう筆致で人生の深奥を描いた彼の作品は、文学を愛する人々にいつまでも読まれつづけるであろう。本集は阿部昭の文業のほとんどすべてを収録し、さらに初出稿・初期習作・著作目録・年譜を加えて、決定版全集となることを期した。

『阿部昭18の短篇』 福武書店　1987.4　195p　21cm　980円　①4-8288-2224-0　Ⓝ913.6

内容 あこがれ, 明治四十二年夏, 桃, 子供の墓, 自転車, 猫, 言葉, 手紙, 人生の一日, 天使が見たもの, ささやかな結末, 海の子, 家族の一員, 怪異の正体, 三月の風, みぞれふる空, 小動物の運命, 水にうつる雲

「言葉ありき」

『阿部昭集　第7巻』 阿部昭著　岩波書店　1991.11　456p　20cm〈著者の肖像あり〉4800円　①4-00-091647-5　Ⓝ918.68

内容 言葉ありき, 十二の風景, 解題 栗坪良樹著

『阿部昭全作品　8』 福武書店　1984.9　430p　22cm〈著者の肖像あり〉3800円　①4-8288-2105-8,4-8288-2093-0　Ⓝ918.68

内容 言葉ありき, 十二の風景, 変哲もない一日, 解題 松本道介著, 年譜・著作一覧：p417～430

『言葉ありき』 阿部昭著　河出書房新社　1980.11　255p　21cm　1500円　Ⓝ914.6

「子供の墓」

『未成年・桃―阿部昭短篇選』 阿部昭著　講談社　2009.9　297p　15cm　（講談社文芸文庫）1500円　①978-4-06-290060-7

内容 敗戦で失職した元海軍大佐の父。時代に背を向け不器用に生きた父と家族の「戦後」を、激情を内に秘めた簡潔な表現で描いた「未成年」(「父と子の連作」の一)。幼年期の記憶のヴェールに揺曳する一情景を繊細な筆致で甦らせる「桃」。阿部文学の通奏低音である湘南の大自然と朽ちていく人の家を対比、早過ぎた晩年の心鏡を刻む「水にうつる雲」。澄明な文体と深いユーモアで人生の真実を描いた阿部昭の名篇十篇を精選。

『未成年と12の短篇』 阿部昭著　福武書店　1994.6　279p　15cm　（福武文庫）650円　①4-8288-3286-6

内容 思春期の性の問題を抱える主人公が、人生の敗残者のような父親の孤高かつ純粋な姿を通して、この世に生きて在ることの哀歓を感じとっていく様を切々と描き出した秀作「未成年」ほか、湘南鵠沼を舞台にさりげない日常の風景の中で交わされる「生きた」言葉や表情を端正な文体でとらえた12の名篇を収録する珠玉の作品集。

『千年・あの夏』 阿部昭著　講談社　1993.5　329p　15cm　（講談社文芸文庫）980円　①4-06-196223-X

内容 鋭く周密な観察で幼年期を綴る「千年」、漠然として白く燃え上り落着の悪い記憶の断片に纏る不安、恐怖・なつかしさを語る「桃」。心弱い父が美しく描かれ父と子の屈折した心情溢れる「父と子の夜」など、仄暗く深い記憶の彼方の幼年時代を、瑞々しく精緻に描出する阿部昭の秀作群。毎日出版文化賞受賞短篇集『千年』に「あの夏」「贈り物」を併録。

『阿部昭18の短篇』 福武書店　1987.4　195p　21cm　980円　①4-8288-2224-0　Ⓝ913.6

内容 あこがれ, 明治四十二年夏, 桃, 子供の墓, 自転車, 猫, 言葉, 手紙, 人生の一日, 天使が見たもの, ささやかな結末, 海の子, 家族の一員, 怪異の正体, 三月の風, みぞれふる空, 小動物の運命, 水にうつる雲

「自転車」

『未成年と12の短篇』 阿部昭著　福武書店　1994.6　279p　15cm　（福武文庫）650円　①4-8288-3286-6

内容 思春期の性の問題を抱える主人公が、人生の敗残者のような父親の孤高かつ純粋な姿を通して、この世に生きて在ることの哀歓を感じとっていく様を切々と描き出し

た秀作「未成年」ほか、湘南鵠沼を舞台にさりげない日常の風景の中で交わされる「生きた」言葉や表情を端正な文体でとらえた12の名篇を収録する珠玉の作品集。

『無縁の生活・人生の一日』 阿部昭著 講談社 1992.5 354p 15cm (講談社文芸文庫) 980円 ①4-06-196174-8

内容 日常の深底に澱む不透明で苛酷な世界。人生の悲哀を呑みこんだ苦いユーモアと豊かな情感とに支えられる阿部昭の小説空間。「自転車」「猫」「窓」「散歩」「手紙」「童話」「道」ほかの短篇で繋ぐ『無縁の生活』、「人生の一日」「水のほとりで」「天使がみたもの」などを収める芸術選奨新人賞受賞『人生の一日』。二つの作品集から二十篇を収録。

『阿部昭集 第4巻』 阿部昭著 岩波書店 1991.6 467p 19cm 4500円 ①4-00-091644-0

内容 1昨年54歳で急逝した阿部昭は、1962年「子供部屋」でデビュー以来、独特の簡潔透明な文体で短編・長編・エッセーなど優れた作品を書き遺した。身辺に題材をとりながら鋭い批評精神とユーモアただよう筆致で人生の深奥を描いた彼の作品は、文学を愛する人々にいつまでも読まれつづけるであろう。本集は阿部昭の文業のほとんどすべてを収録し、さらに初出稿・初期習作・著作目録・年譜を加えて、決定版全集となることを期した。

『阿部昭18の短篇』 福武書店 1987.4 195p 21cm 980円 ①4-8288-2224-0 Ⓝ913.6

内容 あこがれ, 明治四十二年夏, 桃, 子供の墓, 自転車, 猫, 言葉, 手紙, 人生の一日, 天使が見たもの, ささやかな結末, 海の子, 家族の一員, 怪異の正体, 三月の風, みぞれふる空, 小動物の運命, 水にうつる雲

「名前」

『阿部昭集 第7巻』 阿部昭著 岩波書店 1991.11 456p 19cm 4800円 ①4-00-091647-5

目次 言葉ありき, 十二の風景

『阿部昭全作品 8』 福武書店 1984.9 430p 22cm 〈著者の肖像あり〉 3800円 ①4-8288-2105-8,4-8288-2093-0 Ⓝ918.68

内容 言葉ありき, 十二の風景, 変哲もない一日, 解題 松本道介著, 年譜・著作一覧：p417〜430

『言葉ありき』 阿部昭著 河出書房新社 1980.11 255p 21cm 1500円 Ⓝ914.6

安部 公房
あべ・こうぼう
《1924〜1993》

「赤い繭」

『新 現代文学名作選』 中島国彦監修 明治書院 2012.1 256p 21cm 781円 ①978-4-625-65415-2

内容 坊っちゃん (夏目漱石), 最後の一句 (森鷗外), 鼻 (芥川龍之介), 清兵衛と瓢箪 (志賀直哉), よだかの星 (宮沢賢治), 山椒魚 (井伏鱒二), セメント樽の中の手紙 (葉山嘉樹), 路傍の石 (山本有三), 黄金風景 (太宰治), 名人伝 (中島敦), 潮騒 (三島由紀夫), 赤い繭 (安部公房), おきみやげ (幸田文), 童謡 (吉行淳之介), 途中下車 (宮本輝), 離さない (川上弘美), 沈黙 (村上春樹), 電話アーティストの甥電話アーティストの恋人 (小川洋子), 乳と卵 (川上未映子), さがしもの (角田光代)

『方法の実験』 佐藤春夫ほか著 学芸書林 2002.11 553p 20cm (全集現代文学の発見 新装版 第2巻 大岡昇平 [ほか] 責任編集) 〈付属資料：8p：月報 2 シリーズ責任表示：大岡昇平 [ほか] 責任編集〉 4500円 ①4-87517-060-2 Ⓝ913.68

内容 冥途 (内田百閒著), 旅順入城式 (内田百閒著), F・O・U (佐藤春夫著), 蠅 (横光利一著), 静かなる羅列 (横光利一著), 時間 (横光利一著), 水晶幻想 (川端康成著), 猫町 (萩原朔太郎著), ゼーロン (牧野信一著), ルウベンスの偽画 (堀辰雄著), 空想家とシナリオ (中野重治著), 幽鬼の街 (伊藤整著), 鷹 (石川淳著), 虚空 (埴谷雄高著), 月見座頭 (神西清著), 赤い繭 (安部公房著), 飛ぶ男 (福永武彦著), 地の群れ (井上光晴著), 大秘事 (花田清輝著), 解説：解体か、新しいリアリティの発見か (佐々木基一著)

『高校生におくる近代名作館 3 小説1を読んでみませんか』 桑名靖治編 新装版 文英堂 1998.9 285p 21cm

1200円 ①4-578-12945-4

内容 鑑賞「現代文」。教科書の定番作品から埋もれた名作まで、高校生諸君におくる最も知的なプレゼント。森鷗外『舞姫』には、当時の風俗を伝える木版画・写真、全文の現代語訳付き。

「鞄」

『笑う月』 安部公房著 改版 新潮社 2014.9 154p 15cm （新潮文庫）〈35刷（1刷1984年）〉 460円 ①978-4-10-112118-5

内容 笑う月が追いかけてくる。直径1メートル半ほどの、オレンジ色の満月が、ただふわふわと追いかけてくる。夢のなかで周期的に訪れるこの笑う月は、ぼくにとって恐怖の極限のイメージなのだ―。交錯するユーモアとイロニー、鋭い洞察。夢という"意識下でつづっている創作ノート"は、安部文学生成の秘密を明かしてくれる。表題作ほか著者が生け捕りにした夢のスナップショット全17編。

『笑う月』 安部公房著 新潮社 1984.7 162p 15cm （新潮文庫） 280円 ①4-10-112118-4 Ⓝ913.6

内容 睡眠誘導術, 笑う月, たとえば、タブの研究, 発想の種子, 藤野君のこと, 蓄音機, ワラゲン考, アリスのカメラ, シャボン玉の皮, ある芸術家の肖像, 阿波環状線の夢, 案内人, 自己犠牲, 空飛ぶ男, 鞄, 公然の秘密, 密会

「枯尾花の時代」

『砂漠の思想』 安部公房著 講談社 1994.1 451p 16cm （講談社文芸文庫―現代日本のエッセイ） 1300円 ①4-06-196255-8 Ⓝ914.6

「公然の秘密」

『笑う月』 安部公房著 改版 新潮社 2014.9 154p 15cm （新潮文庫）〈35刷（1刷1984年）〉 460円 ①978-4-10-112118-5

内容 笑う月が追いかけてくる。直径1メートル半ほどの、オレンジ色の満月が、ただふわふわと追いかけてくる。夢のなかで周期的に訪れるこの笑う月は、ぼくにとって恐怖の極限のイメージなのだ―。交錯するユーモアとイロニー、鋭い洞察。夢という"意識下でつづっている創作ノート"は、安部文学生成の秘密を明かしてくれる。表題作ほか著者が生け捕りにした夢のスナップショット全17編。

『笑う月』 安部公房著 新潮社 1984.7 162p 15cm （新潮文庫） 280円 ①4-10-112118-4 Ⓝ913.6

内容 睡眠誘導術, 笑う月, たとえば、タブの研究, 発想の種子, 藤野君のこと, 蓄音機, ワラゲン考, アリスのカメラ, シャボン玉の皮, ある芸術家の肖像, 阿波環状線の夢, 案内人, 自己犠牲, 空飛ぶ男, 鞄, 公然の秘密, 密会

「詩人の生涯」

『現代詩殺人事件―ポエジーの誘惑』 齋藤愼爾編 光文社 2005.9 502p 15cm （光文社文庫） 762円 ①4-334-73945-8

内容 いまでは忘れられがちだが、文芸の始源は「詩」である。そればかりか西欧をはじめ多くの国国では、いまだ詩が文芸の王なのだ。それゆえ古今東西、文豪と謳われた作家はみな「詩人の魂」を有していた。その文芸の源泉「詩」が作中で取り上げられるミステリーやファンタジーの名編を日本の近現代文学から精選。小説のなかに詩が燦めき、陶酔のハーモニーを奏でる珠玉の19編。

『水中都市・デンドロカカリヤ』 安部公房著 改版 新潮社 2004.3 341p 15cm （新潮文庫） 514円 ①4-10-112107-9

内容 ある日突然現われた父親と名のる男が、奇怪な魚に生れ変り、それまで何の変哲も無かった街が水中の世界に変ってゆく『水中都市』、コモン君が、見馴れぬ植物になる話『デンドロカカリヤ』、安部短編作品の頂点をなす表題二作に、戯曲「友達」の原形となった『闖入者』や『飢えた皮膚』など、寓意とユーモアあふれる文体の内に人間存在の不安感を浮かび上がらせた初期短編11編を収録。

『安部公房全集 3 1951.05‐1953.09』 安部公房著 新潮社 1997.10 535,19p 21cm 5700円 ①4-10-640123-1

内容 編成はジャンル別にせずに安部公房の創造の軌跡が明らかになるよう編年体にした。未発表作品をはじめ安部公房のすべての著作を収録した。対談、座談会、インタビュー記事を合わせると小説とほぼ同じ量となるためページ数の関係から公房の発言が少ないものは収録を見合わせた。

「空飛ぶ男」

『笑う月』 安部公房著 改版 新潮社 2014.9 154p 15cm （新潮文庫）〈35刷（1刷1984年）〉 460円 Ⓘ978-4-10-112118-5

内容 笑う月が追いかけてくる。直径1メートル半ほどの、オレンジ色の満月が、ただふわふわと追いかけてくる。夢のなかで周期的に訪れるこの笑う月は、ぼくにとって恐怖の極限のイメージなのだ—。交錯するユーモアとイロニー、鋭い洞察。夢という“意識下でつづっている創作ノート”は、安部文学生成の秘密を明かしてくれる。表題作ほか著者が生け捕りにした夢のスナップショット全17編。

『笑う月』 安部公房著 新潮社 1984.7 162p 15cm （新潮文庫） 280円 Ⓘ4-10-112118-4 Ⓝ913.6

内容 睡眠誘導術, 笑う月, たとえば、タブの研究, 発想の種子, 藤野君のこと, 蓄音機, ワラゲン考, アリスのカメラ, シャボン玉の皮, ある芸術家の肖像, 阿波環状線の夢, 案内人, 自己犠牲, 空飛ぶ男, 鞄, 公然の秘密, 密会

「日常性の壁」

『砂漠の思想』 安部公房著 講談社 1994.1 451p 16cm （講談社文芸文庫―現代日本のエッセイ） 1300円 Ⓘ4-06-196255-8 Ⓝ914.6

「プルートーのわな」

『水中都市・デンドロカカリヤ』 安部公房著 改版 新潮社 2004.3 341p 15cm （新潮文庫） 514円 Ⓘ4-10-112107-9

内容 ある日突然現われた父親と名のる男が、奇怪な魚に生れ変り、それまで何の変哲も無かった街が水中の世界に変ってゆく『水中都市』、コモン君が、見馴れぬ植物になる話『デンドロカカリヤ』、安部短編作品の頂点をなす表題二作に、戯曲「友達」の原形となった『闖入者』や『飢えた皮膚』など、寓意とユーモアあふれる文体の内に人間存在の不安感を浮かび上がらせた初期短編11編を収録。

「ヘビについて」

『砂漠の思想』 安部公房著 講談社 1994.1 451p 16cm （講談社文芸文庫―現代日本のエッセイ） 1300円 Ⓘ4-06-196255-8 Ⓝ914.6

「棒」

『黒いユーモア』 大岡昇平, 平野謙, 佐々木基一, 埴谷雄高, 花田清輝責任編集 新装版 學藝書林 2003.7 617p 20×14cm （全集 現代文学の発見 第6巻） 4500円 Ⓘ4-87517-064-5

内容 黒いユーモアとは、喜劇なのか、悲劇なのか。陽気でエロティック、陰鬱で残虐、そのはざまに浮かびあがる諧謔のドラマたち。再評価高い内田百閒、尾崎翠をはじめ、井伏鱒二、織田作之助、野坂昭如らの、おかしくて、やがて哀しい17の物語。

『読書の時間に読む本 中学3年生』 西本鶏介編 ポプラ社 2003.3 205p 21cm （読書の時間に読む本 中学生版 3） 700円 Ⓘ4-591-07586-9

内容 いま注目の「朝の読書、朝読」に最適の読書入門。読んでおきたい名作・傑作を、学年別に10編収録。

『戦後短篇小説再発見 10 表現の冒険』 講談社文芸文庫編 講談社 2002.3 268p 15cm （講談社文芸文庫） 950円 Ⓘ4-06-198270-2

内容 既成の通念を乗り越えようとする果敢な試み—言葉の生命力を生かして、新しい文学表現の可能性を追求した十二篇。

『友達・棒になった男』 安部公房著 新潮社 1987.8

「夢の兵士」

『無関係な死・時の崖』 安部公房著 改版 新潮社 2003.12 332p 15cm （新潮文庫） 514円 Ⓘ4-10-112108-7

内容 自分の部屋に見ず知らずの死体を発見した男が、死体を消そうとして逆に死体に追いつめられてゆく『無関係な死』、試合中のボクサーの意識の流れを、映画的手法で作品化した『時の崖』、ほかに『誘惑者』『使者』『透視図法』『なわ』『人魚伝』など。常に前衛的主題と取り組み、未知の小説世界を構築せんとする著者が、長編「砂の女」「他人の顔」と並行して書き上げた野心作10編を収録する。

「良識派」

『教科書に載った小説』 佐藤雅彦編 ポプラ社 2012.10 206p 15cm （ポプ

ラ文庫）680円 ①978-4-591-13116-9

内容 宿泊する不審な親子を見つめた三浦哲郎の『とんかつ』、差出人のない小包が届く『絵本』、古今著聞集から採った『竹生島の老僧、水練のこと』…。「成長する道程に置いておくので読んでほしい」という願いで教科書に載せられた作品を、さらに「面白い」を基準に編んだアンソロジー。

『教科書に載った小説』 佐藤雅彦編 ポプラ社 2008.4 225p 18×13cm 1300円 ①978-4-591-10318-0

内容 佐藤雅彦が編んだ本。名作12篇。

『安部公房全集 9』 安部公房著 新潮社 1998.4

鮎川 信夫
あゆかわ・のぶお
《1920～1986》

「秋のオード」

『鮎川信夫―路上のたましい』 牟礼慶子著 思潮社 1992.10 338,6p 19cm 3200円 ①4-7837-1549-1

内容 詩人の生の航跡を精密に辿り、その作品の魅力と秘密を20世紀文学の精髄に探った渾身の評伝批評。

『鮎川信夫全集 1』 思潮社 1989

内容 鮎川信夫という名は、戦乱にえぐられた都市の廃墟の場所や、流れのとどこおった運河の水や、飢えた猫のように歩きまわる人々が何べんも渡った木や鉄の橋などが、みんな言葉として倫理の別名だった戦後の時代に、それらをすべて詩の暗喩にしてしまう方法を、近代以後のわたしたちの詩に、はじめてもらした最大の詩人であった。戦後の詩と思想の出発点と到達点を示す金字塔。

「おれが古いいくさの歌をうたったら」

『鮎川信夫全集 1 全詩集』 思潮社 1989 687p 22cm〈監修：三好豊一郎ほか〉6800円 ①4-7837-2280-3 Ⓝ918.68

内容 鮎川信夫という名は、戦乱にえぐられた都市の廃墟の場所や、流れのとどこおった運河の水や、飢えた猫のように歩きまわる人々が何べんも渡った木や鉄の橋などが、みんな言葉として倫理の別名だった戦後の時代に、それらをすべて詩の暗喩にしてしまう方法を、近代以後のわたしたちの詩に、はじめてもらした最大の詩人であった。戦後の詩と思想の出発点と到達点を示す金字塔。

「死んだ男」

『死者たちの語り 13』 小川未明, 夏目漱石, 江戸川乱歩, 鮎川信夫, 石原吉郎ほか著 集英社 2011.11 721p 19cm（コレクション 戦争と文学 13）3600円 ①978-4-08-157013-3

内容 野ばら（小川未明）, 趣味の遺伝（夏目漱石）, 芋虫（江戸川乱歩）, 小銃（小島信夫）, 変形の記録（安部公房）, 夢（三橋一夫）, 深い靄（真杉静枝）, 生死（吉屋信子）, 帰郷（江崎誠致）, カボチャと山鳩（船越義彰）, 父と暮らせば（井上ひさし）, 流れと叫び（石田耕治）, 名前のない男（中井正文）, 蒼（色川武大）, 夾竹桃同窓会（三枝和子）, 聖女の出発（小川国夫）, 石の来歴（奥泉光）, 遠別離（浅田次郎）, 水滴（目取真俊）, 詩 死んだ男（鮎川信夫）, 葬式列車（石原吉郎）, マンモスの牙（草野心平）, 短歌 （木俣修, 山中千恵子）, 俳句 （加藤楸邨, 秋元不死男）

『鮎川信夫全集 1』 思潮社 1989

内容 鮎川信夫という名は、戦乱にえぐられた都市の廃墟の場所や、流れのとどこおった運河の水や、飢えた猫のように歩きまわる人々が何べんも渡った木や鉄の橋などが、みんな言葉として倫理の別名だった戦後の時代に、それらをすべて詩の暗喩にしてしまう方法を、近代以後のわたしたちの詩に、はじめてもらした最大の詩人であった。戦後の詩と思想の出発点と到達点を示す金字塔。

「天国の話」

『鮎川信夫全集 1』 思潮社 1989

内容 鮎川信夫という名は、戦乱にえぐられた都市の廃墟の場所や、流れのとどこおった運河の水や、飢えた猫のように歩きまわる人々が何べんも渡った木や鉄の橋などが、みんな言葉として倫理の別名だった戦後の時代に、それらをすべて詩の暗喩にしてしまう方法を、近代以後のわたしたちの詩に、はじめてもらした最大の詩人であった。戦後の詩と思想の出発点と到達点を示す金字塔。

「夏過ぎて」

『鮎川信夫全集 1』 思潮社 1989

内容 鮎川信夫という名は、戦乱にえぐられた都市の廃墟の場所や、流れのとどこおった運河の水や、飢えた猫のように歩きまわる人々が何べんも渡った木や鉄の橋などが、みんな言葉として倫理の別名だった戦後の時代に、それらをすべて詩の暗喩にしてしまう方法を、近代以後のわたしたちの詩に、はじめてもらした最大の詩人であった。戦後の詩と思想の出発点と到達点を示す金字塔。

「遥かなるブイ」

『鮎川信夫全集 1』 思潮社 1989

内容 鮎川信夫という名は、戦乱にえぐられた都市の廃墟の場所や、流れのとどこおった運河の水や、飢えた猫のように歩きまわる人々が何べんも渡った木や鉄の橋などが、みんな言葉として倫理の別名だった戦後の時代に、それらをすべて詩の暗喩にしてしまう方法を、近代以後のわたしたちの詩に、はじめてもらした最大の詩人であった。戦後の詩と思想の出発点と到達点を示す金字塔。

「夕陽」

『鮎川信夫全集 1』 思潮社 1989

内容 鮎川信夫という名は、戦乱にえぐられた都市の廃墟の場所や、流れのとどこおった運河の水や、飢えた猫のように歩きまわる人々が何べんも渡った木や鉄の橋などが、みんな言葉として倫理の別名だった戦後の時代に、それらをすべて詩の暗喩にしてしまう方法を、近代以後のわたしたちの詩に、はじめてもらした最大の詩人であった。戦後の詩と思想の出発点と到達点を示す金字塔。

新井 白石
あらい・はくせき
《1657〜1725》

「折たく柴の記」

『自伝の名著101』 佐伯彰一編 新書館 2000.11 236p 21×14cm (SHINSHOKAN HANDBOOK OF AUTOBIOGRAPHY) 1800円 ①4-403-25051-3

内容 壁にぶつかったときは自伝に学べ。手本とするに足る見事な生涯をこの一冊に。

『折たく柴の記』 新井白石著, 松村明校注 岩波書店 1999.12 476p 15cm (岩波文庫) 800円 ①4-00-302121-5 Ⓝ121.54

『日本人の自伝 別巻 1 山鹿素行.新井白石.松平定信.勝小吉.初世中村仲蔵』 平凡社 1982.9 494p 20cm〈山鹿素行ほかの肖像あり〉2800円 Ⓝ281.08

内容 配所残筆 山鹿素行著, 折たく柴の記 新井白石著, 宇下人言 松平定信著, 夢酔独言 勝小吉著, 月雪花寝物語 初世中村仲蔵著, 解説 佐伯彰一著, 略年譜：p490〜494

新井 満
あらい・まん
《1946〜》

「小犬と夕陽見物しながら地球の共生について想う」

『そこはかとなく』 新井満著 河出書房新社 1997.8 211p 19cm 1600円 ①4-309-01164-0

内容 そこはかとなく可笑しく、そこはかとなく哀しい。芥川賞受賞の夜、愛犬月子が来た日、芸術とともにある生活、愛すべき仲間たち―。

有島 武郎
ありしま・たけお
《1878〜1923》

「愛は奪う」

『愛』 有島武郎, 芥川龍之介, 岡本かの子, 宮本百合子, 坂口安吾著 SDP 2009.9 266p 15cm (SDP Bunko) 429円 ①978-4-903620-65-7

内容 惜みなく愛は奪う (有島武郎), 秋 (芥川龍之介), 愛 (岡本かの子), 夜の若葉 (宮本百合子), 恋愛論 (坂口安吾)

『有島武郎全集 1 評論・感想』 有島武郎著 筑摩書房 2001.12 560p 21cm 7000円 ①4-480-70907-X

内容 明治四十三年から大正八年までに表された評論・談話などの著作群。因習に叛逆する芸術家たちロダン、ホイットマン、ミレーの生き方に共感を示し、妻の死から得た愛と死の体験を「惜しみなく愛は奪ふ」へと昇華する武郎の姿を浮き彫りにする。

『惜みなく愛は奪う―有島武郎評論集』

有島武郎著　新潮社　2000.4　692p　15cm　（新潮文庫）743円　①4-10-104206-3

内容 愛は奪う本能、吸引するエネルギーである。―『白樺』創刊に携わり、わが国最初の実存主義者とも言われた有島武郎の生は、近代日本の青春の縮図でもあった。「本能的生活」の追求者、新しい女性論の旗手、広大な私有地の無償解放、婦人記者との心中など、波瀾のドラマのさなかで書き綴られた深い思考の足跡を、文庫本未曽有の規模で収めた、初の評論集大成。

「或る女」

『大正の結婚小説』 上田博編　おうふう　2005.9　218p　21cm　2000円　①4-273-03390-9

内容 結婚は面白い人間模様。夏目漱石「明暗」から宮本百合子「伸子」まで、20の名作に見る大正の結婚事情。

『有島武郎全集　第4巻　創作』 有島武郎著　筑摩書房　2001.9　458p　21cm　6500円　①4-480-70904-5

内容 大正八年、前後篇に分けて書下された長篇小説「或る女」全篇を収める。明治三十年代、世の習わしに抗い、自らに誠実であろうとする主人公葉子は、野性的な魅力を湛えた倉地との愛に生きようとして破滅していく。日本近代文学史に燦然と輝く不朽の名作。

『或る女』 有島武郎著　新潮社　1995.5　610p　15cm　（新潮文庫）680円　①4-10-104205-5　Ⓝ913.6

「生れ出づる悩み」

『生れ出づる悩み』 有島武郎著　集英社　2009.6　158p　15cm　（集英社文庫）314円　①978-4-08-752054-5

内容 自分の才能を信じて夢を追うのか、それとも今このままの現実を生きていくのか―。画家になりたいという一途な想いを抱きながらも、家族の生活を支えるために、漁師という過酷な労働に従事しなければならない青年・木本。圧倒的な北海道の自然のなかで、「いかに生きるか」という青年の深い苦悩を描き切った傑作小説。著者の作品と人生を読み解く文庫オリジナルのブックガイドも収録。

『有島武郎全集　第3巻　創作』 有島武郎著　筑摩書房　2001.8　692p　22×16cm　7500円　①4-480-70903-7

内容 大正五年、一躍流行作家として世に迎え入れられ、奔流のように生み出された名作の数々。松井須磨子が演じて評判となった戯曲「死と其前後」、自然と人間の闘いを描いた出世作「カインの末裔」、木田金次郎をモデルとする傑作「生れ出づる悩み」などを収録。

『有島武郎全集　第3巻　創作 2』 有島武郎著　筑摩書房　1980.6　692p　22cm〈編集：瀬沼茂樹ほか　著者の肖像あり〉5800円　Ⓝ918.68

内容 死と其前後, 平凡人の手紙, カインの末裔, クララの出家, 実験室, 凱旋, 奇跡の咀, 迷路, 小さき者へ, 動かぬ時計, 「死」を畏れぬ男, 生れ出づる悩み, 石にひしがれた雑草, 小さき影, 初出 首途, 動かぬ時計, 生れ出る悩み, 解題 山田昭夫著

「カインの末裔」

『生れ出ずる悩み』 有島武郎著　フロンティアニセン　2005.3（第2刷）161p　15cm　（フロンティア文庫―風呂で読める文庫100選 36）〈ルーズリーフ〉1000円　①4-86197-036-9　Ⓝ913.6

内容 生れ出ずる悩み, カインの末裔

『有島武郎―生まれいずる悩み・カインの末裔』 有島武郎著　大創出版　2004　223p　15cm　（ダイソー文学シリーズ　近代日本文学選 29）〈年譜あり〉Ⓝ913.6

内容 生まれいずる悩み, カインの末裔

『カインの末裔』 有島武郎著, 有島記念館編　ニセコ町（北海道）有島記念館　2003.3　159p　21cm〈肖像あり　年譜あり〉800円　①4-9901611-0-6　Ⓝ913.6

『有島武郎全集　第3巻　創作』 有島武郎著　筑摩書房　2001.8　692p　22×16cm　7500円　①4-480-70903-7

内容 大正五年、一躍流行作家として世に迎え入れられ、奔流のように生み出された名作の数々。松井須磨子が演じて評判となった戯曲「死と其前後」、自然と人間の闘いを描いた出世作「カインの末裔」、木田金次郎をモデルとする傑作「生れ出づる悩み」などを収録。

「小さき者へ」

『妻を失う―離別作品集』 講談社文芸文庫編 講談社 2014.11 269p 15cm （講談社文芸文庫） 1400円 Ⓘ978-4-06-290248-9

内容 妻に先立たれた夫の日々は、悲しみの海だ。男性作家の悲しみは、文学となり、その言葉は人生の一場面として心に深く沁み込んでいく。例えば藤枝静男の「悲しいだけ」のように…。高村光太郎・有島武郎・葉山嘉樹・横光利一・原民喜・清岡卓行・三浦哲郎・江藤淳など、静謐な文学の極致を九人の作家が描いた、妻への別れの言葉。

『一房の葡萄』 有島武郎著 角川春樹事務所 2011.4 111p 16cm （ハルキ文庫 あ20-1―［280円文庫］）〈並列シリーズ名：Haruki Bunko 年譜あり〉 267円 Ⓘ978-4-7584-3541-3 Ⓝ913.6

内容 一房の葡萄 有島武郎著, 溺れかけた兄妹 有島武郎著, 碁石を呑んだ八っちゃん 有島武郎著, 僕の帽子のお話 有島武郎著, 火事とポチ 有島武郎著, 小さき者へ 有島武郎著, エッセイ 重松清著

『小僧の神様・一房の葡萄』 志賀直哉, 武者小路実篤, 有島武郎著 講談社 2009.2 253p 19cm （21世紀版少年少女日本文学館 5） 1400円 Ⓘ978-4-06-282655-6

内容 仙吉が奉公する店に、ある日訪れた一人の客。まるで自分の心を見透かすように鮨屋に連れていってくれたこの客の正体に、仙吉は思いをめぐらせ―。少年の心情を鮮やかに切り取った「小僧の神様」をはじめ、白樺派を代表する作家三人の作品を収録。

『小さき者へ・生れ出ずる悩み』 有島武郎作 改版 岩波書店 2004.8 141p 15cm （岩波文庫） 460円 Ⓘ4-00-310366-1

内容 「小さき者よ。不幸なそして同時に幸福なお前たちの父と母との祝福を胸にしめて人の世の旅に登れ」―妻の死から一年半足らず、有島武郎（1878‐1923）が一気に書き上げた短篇。一方、芸術か生活か青年の懊悩を描いた中篇は、北海道の自然の絵画的描写と海洋小説の趣でも知られる。傑作二篇。

安西 均
あんざい・ひとし
《1919～1994》

「新しい刃」

『安西均詩集』 安西均著, 安水稔和編 芸林書房 2003.4 128p 15cm （芸林21世紀文庫） 1000円 Ⓘ4-7681-6113-8

目次 花の店, 美男, 葉の桜, 夜の驟雨, 機会の詩, 金閣, 暗喩の夏, お辞儀するひと, チェーホフの猟銃, 晩夏光, 指を洗ふ, 拾遺詩篇・余滴

『安西均全詩集』 安西均著, 伊藤信吉, 大岡信監修, 伊藤桂一, 菊地貞三, 新川和江, 深沢忠孝編 花神社 1997.8 501p 21cm 13000円 Ⓘ4-7602-1442-9

内容 男の美学につらぬかれた安西均の詩は、死後、いっそうの輝きを増した。第一詩集『花の店』から『指を洗ふ』までの全詩作品を収録。深沢忠孝編年譜、作品名索引を付した。

「花の店」

『安西均詩集』 安西均著, 安水稔和編 芸林書房 2003.4 128p 15cm （芸林21世紀文庫） 1000円 Ⓘ4-7681-6113-8

目次 花の店, 美男, 葉の桜, 夜の驟雨, 機会の詩, 金閣, 暗喩の夏, お辞儀するひと, チェーホフの猟銃, 晩夏光, 指を洗ふ, 拾遺詩篇・余滴

『安西均全詩集』 安西均著, 伊藤信吉, 大岡信監修, 伊藤桂一, 菊地貞三, 新川和江, 深沢忠孝編 花神社 1997.8 501p 21cm 13000円 Ⓘ4-7602-1442-9

内容 男の美学につらぬかれた安西均の詩は、死後、いっそうの輝きを増した。第一詩集『花の店』から『指を洗ふ』までの全詩作品を収録。深沢忠孝編年譜、作品名索引を付した。

『精選 日本現代詩全集』 ぎょうせい 1982

安西　冬衛
あんざい・ふゆえ
《1898～1965》

「春」

『精選 日本近代詩全集』 ぎょうせい 1982

安藤　一郎
あんどう・いちろう
《1907～1972》

「新雪」

『精選 日本近代詩全集』 ぎょうせい 1982

安野　光雅
あんの・みつまさ
《1926～》

「遠近法の錯覚」

『空想工房』 安野光雅著 文芸春秋 1986.5 299p 16cm （文春文庫） 420円 ①4-16-738002-1 Ⓝ726.5

「しゃぼん玉は丸い」

『わが谷は緑なりき―安野光雅・文集 2』 安野光雅著 筑摩書房 1995.7 236p 19cm 1600円 ①4-480-70092-7

目次 わが谷は緑なりき，つかのまの遊び，ゴッホの旅，「えで考える」こと，象形文字

安楽庵　策伝
あんらくあん・さくでん
《1554～1642》

「醒睡笑」

『醒睡笑 全訳注』 安楽庵策伝著，宮尾與男訳注 講談社 2014.2 722p 15cm （講談社学術文庫） 1700円 ①978-4-06-292217-3

内容 誓願寺法主の安楽庵策伝が江戸初期に編纂し、板倉重宗京都所司代に献呈した笑話集。うつけ・文字知顔・堕落僧・上戸・うそつきなど、多様な庶民の登場人物がつくる、豊かな笑いの世界。のちの落語、近世笑話集や小咄集に大きな影響を与えた。慶安元年版・全八巻四十二章三百十一話の翻刻文に、現代語訳、語注、鑑賞、解説を付した、はじめての書。

『假名草子集成 第43巻』 花田富二夫，小川武彦，柳沢昌紀編 東京堂出版 2008.4 354p 21cm 17500円 ①978-4-490-30628-6

目次 住吉相生物語（延宝六年板、五巻五冊、絵入），醒睡笑（広本系写本、八巻八冊）

『江戸艶笑小咄集成』 宮尾與男編注 彩流社 2006.12 481,5p 19cm 4700円 ①4-7791-1199-4

内容 昔も今も変わらぬことは、日々の「性事」を笑いに変えて、浮き世の憂さを忘れること。古典文学の「いき」がここにある。厳選、本邦初公開図版収録。

『醒睡笑―静嘉堂文庫蔵 本文編』 安楽庵策伝著，岩淵匡編 改訂版 笠間書院 2000.11 330p 22cm （笠間索引叢刊 117） 9000円 ①4-305-20117-8 Ⓝ913.59

飯沢　匡
いいざわ・ただす
《1909～1994》

「裸大名」

『飯沢匡新狂言集』 平凡社 1984.9 145p 20cm 2000円 Ⓝ912.6

内容 濯ぎ川，箒，伊曽保鼠，裸大名，密か鬼，峯入り行者

飯島　耕一
いいじま・こういち
《1930～2013》

「他人の空」

『飯島耕一・詩と散文 1 他人の空・わ

が母音・評伝アポリネール・ダダ・シュルレアリスム・映画』 飯島耕一著 みすず書房 2000.10 300p 21cm 3500円 ①4-622-04731-4

内容 現代詩の記念碑たる『他人の空』から決定版『評伝アポリネール』まで。詩と散文の領域においてほぼ半世紀にわたり、つねに先端に位置してきた詩人の代表的な作品を初めて精選＝集成。

『精選 日本現代詩全集』 ぎょうせい 1982

飯田 龍太
いいだ・りゅうた
《1920〜2007》

「俳句は野面積みの石垣に似ている」

『飯田龍太全集 第7巻（俳論・俳話 1）』 飯田龍太著，広瀬直人，福田甲子雄監修 角川学芸出版 2005.6 350p 20cm 2667円 ①4-04-651937-1 Ⓝ918.68

内容 美しき秘密，統一と対立，古きものへの訣別，ネーヴル園の柚子，表現技術と典型，新しい作品の振幅，一句に占める季語の力，俳句と抒情主義，ふたつの場合，無名の自負，季語について，翌日の風景，秀作の秘密，ひとつの提案，記憶の効用，俳句の怺え性，季語の効用，詩は無名がいい，月並礼讃，好尚一句，俳句は石垣のようなもの，私の俳句作法，女性と俳句，俳句遠近，初心を見失わぬ努力，解らないことなど，自分ひとりの目盛りを，俳句の流行，普段着の文芸，句碑について，俳句の地方性と土着性と，俳画のこと，辞世の句，俳句と花，自得の道，いま大事なこと，個性について，誤解と誤用と，俳句実作のために，季語について，風景と旅吟，衆と平明と，底荷論讃，回顧寸感，地方ということ，紙碑と句碑，句集の条件，衆愚と衆賢と，矜持と見識，女流俳人について，虚子雑感，名句とは，飾らぬ卒爾のこころを，人生境涯俳句，悲愁の中の明るさ，芭蕉雑見，芭蕉新景，芭蕉の功罪，憧憬と雄心，ふたりの場合，飯田蛇笏について，解説 丸山哲郎著

『新編 飯田龍太読本』 俳句研究編集部編 富士見書房 1990.9 414p 21cm 〈「俳句研究」別冊〉1800円 ①4-8291-7177-4

内容 『百戸の谿』から『山の影』までの既刊九句集を完全収録した飯田龍太全句集。さらに主要エッセイ、俳論俳話、自句自解、歳時記、語録等を網羅して、飯田龍太の全貌を一冊にまとめた。巻末に年譜・著書解題・文献解題・季題別索引を付す。

『俳句の風土』 飯田龍太著 筑摩書房 1988.11 258p 19cm （飯田龍太文集 第2巻） 2800円 ①4-480-76012-1

内容 俳句をめぐる示唆にみちた随想。自作自解85句を併せ収める。

池上 嘉彦
いけがみ・よしひこ
《1934〜》

「「言語」としての文化」

『英語学コース 第4巻 意味論・文体論』 池上嘉彦編 大修館書店 1985.1 206p 21cm 1600円 ①4-469-14164-X,4-469-14160-7 Ⓝ830.8

「言葉についての新しい認識」

『ことばの詩学』 池上嘉彦著 岩波書店 1992.12 378p 16cm （同時代ライブラリー 132） 1100円 ①4-00-260132-3 Ⓝ801

「文化は言語である」

『ことばの詩学』 池上嘉彦著 岩波書店 1992.12 378p 16cm （同時代ライブラリー 132） 1100円 ①4-00-260132-3 Ⓝ801

「ものと記号」

『文化記号論―ことばのコードと文化のコード』 池上嘉彦，山中桂一，唐須教光著 講談社 1994.8 281p 15cm （講談社学術文庫） 800円 ①4-06-159137-1

内容 文化記号論は、言葉を人間の心の働き、すなわち精神の創造的な営みとみなすことから出発し、文化現象のすべてを言語記号の総体として捉える。哲学・文学・社会学・人類学等、あらゆる人文科学の基盤としての中心的役割を担うに至った文化記号論の現在を多面的に考察。意味論・修辞学等の基礎理論から、記号論のめざすべきア

クチュアルな課題までを明確に論じた、第一線言語学者による必携の好著。

『ことばの詩学』 池上嘉彦著 岩波書店 1992.12 378p 16cm （同時代ライブラリー 132） 1100円 Ⓘ4-00-260132-3 Ⓝ801

池澤 夏樹
いけざわ・なつき
《1945～》

「最後の一羽」

『ふるさと文学さんぽ 北海道』 野坂幸弘監修 大和書房 2013.8 238p 19cm 1800円 Ⓘ978-4-479-86207-9

内容 流浪、海と港、原野、暮らし、森と湖、雪をテーマに22作品収録。北海道ゆかりの文学作品を集めたアンソロジー・シリーズ。

『骨は珊瑚、眼は真珠』 池沢夏樹著 文芸春秋 1998.4 254p 16cm （文春文庫） 419円 Ⓘ4-16-756104-2 Ⓝ913.6

内容 眠る女, アステロイド観測隊, パーティー, 最後の一羽, 贈り物, 鮎, 北への旅, 骨は珊瑚、眼は真珠, 眠る人々

『骨は珊瑚、眼は真珠』 池沢夏樹著 文藝春秋 1995.4 243p 19cm 1400円 Ⓘ4-16-315480-9

内容 眠る女, アステロイド観測隊, パーティー, 最後の一羽, 贈り物, 鮎, 北への旅, 骨は珊瑚、眼は真珠, 眠る人々

「倉庫のコンサート」

『バビロンに行きて歌え』 池沢夏樹著 新潮社 1993.5 295p 15cm （新潮文庫） 400円 Ⓘ4-10-131811-5 Ⓝ913.6

内容 夜の犬, 老獣医, ブルー・プレート, 恋の日々, 夢の中の戦場, パピリオ・メムノン, 静かな、誰もいない島, ローリング族の居留地, 倉庫のコンサート, 天井の穴から見える星, 取引, 都会の力

『バビロンに行きて歌え』 池沢夏樹著 新潮社 1990.1 248p 19cm 1200円 Ⓘ4-10-375301-3

内容 突然、この海のような大都会に放り込まれた一人の異邦人。その人生の一場面で彼とすれ違い、あるいはつかの間ふれ合い、そして通り過ぎていく男や女たち。都会と、そこに生きる人間像を鮮やかに描ききって新境地を拓く小説。

「空と結ばれた自分」

『エデンを遠く離れて』 池沢夏樹著 朝日新聞社 1994.8 237p 15cm （朝日文芸文庫） 500円 Ⓘ4-02-264042-1 Ⓝ914.6

『エデンを遠く離れて』 池沢夏樹著 朝日新聞社 1991.6 230p 19cm 1300円 Ⓘ4-02-256300-1

内容 小説家が遊ぶサイエンス・ワンダーランド。36の好奇心のかたち。

「ブナの森を出てからの歳月」

『エデンを遠く離れて』 池沢夏樹著 朝日新聞社 1994.8 237p 15cm （朝日文芸文庫） 500円 Ⓘ4-02-264042-1 Ⓝ914.6

『エデンを遠く離れて』 池沢夏樹著 朝日新聞社 1991.6 230p 19cm 1300円 Ⓘ4-02-256300-1

内容 小説家が遊ぶサイエンス・ワンダーランド。36の好奇心のかたち。

池田 香代子
いけだ・かよこ
《1948～》

「真実の鏡」

『哲学のしずく』 池田香代子著 河出書房新社 1997.9 181p 19cm 1400円 Ⓘ4-309-24195-6

内容 不安定な“生”を、うるおすために。空前の哲学ブームを巻き起こした『ソフィーの世界』の訳者が贈る、元気が出るエッセイ。

井坂　洋子
いさか・ようこ
《1949～》

「遅刻」

『現代詩文庫 井坂洋子詩集　92』 思潮社　1988
内容 既刊詩集・未刊詩篇の全部または殆んどを収録。主要詩論・エッセイ・自伝などを収録。書きおろしの作品論・詩人論を併録。

石　弘之
いし・ひろゆき
《1940～》

「酸性雨」

『酸性雨』 石弘之著　岩波書店　1992.5　242p　18cm　（岩波新書）580円　Ⓘ4-00-430230-7　Ⓝ519.3

石垣　りん
いしがき・りん
《1920～2004》

「挨拶―原爆の写真によせて」

『石垣りん詩集 挨拶―原爆の写真によせて』 石垣りん著，伊藤英治編　岩崎書店　2009.12　94p　18×19cm　（豊かなことば 現代日本の詩 5）1500円　Ⓘ978-4-265-04065-0
内容「挨拶―原爆の写真によせて」「表札」「シジミ」など代表作三十六編を収録。

「崖」

『宇宙の片隅で―石垣りん詩集』 石垣りん著，伊藤香澄絵，水内喜久雄選・著　理論社　2004.12　125p　21cm　（詩と歩こう）1400円　Ⓘ4-652-03846-1
目次 太陽のほとり（太陽のほとり，新年，初日が昇るとき ほか），挨拶（挨拶，弔詞，崖 ほか），表札（私の前にある鍋とお釜と燃える火と，島，峠 ほか），石垣りんさんをたずねて

『石垣りん文庫　2』 花神社　1989

「感想」

『私の前にある鍋とお釜と燃える火と―石垣りん詩集』 石垣りん詩　新装版　童話屋　2000.10　181p　21cm　2000円　Ⓘ4-88747-011-8
目次 原子童話，雪崩のとき，祖国，感想，挨拶，天馬の族，繭，夜話，百人のお腹の中には，よろこびの日に〔ほか〕

『石垣りん文庫　1』 花神社　1988
内容 人をみつめ、世の中をみつめぬいて生まれてきた「詩」。第1詩集から読者に衝撃を与え続けてきた石垣りんの全貌を明らかにする、待望の作品集。

「くらし」

『食べる話』 松田哲夫編　あすなろ書房　2011.3　283p　22×14cm　（中学生までに読んでおきたい日本文学 9）1800円　Ⓘ978-4-7515-2629-3
内容 ミートソースかナポリタンか？ 名作短編がぎっしりつまった一冊。

『表札など―石垣りん詩集』 石垣りん著　思潮社　2008.5　126p　21cm　（思潮ライブラリー 名著名詩選）2000円　Ⓘ978-4-7837-3059-0
内容 代表作となった「シジミ」「表札」「くらし」など、68年の初版時より今なお新しい魅力を放ち続ける珠玉の名詩集。歴史を見つめ、未来に手渡す、待望の復刻版。

『表札など―石垣りん詩集』 石垣りん著　童話屋　2000.3　158p　21cm　2000円　Ⓘ4-88747-009-6
内容「表札など」は1968年思潮社刊。著者は48歳でした。本書は装丁を更えて復刊されるものです。

『石垣りん文庫　2』 花神社　1989

「詩を書くことと、生きること」

『ユーモアの鎖国』 石垣りん著　筑摩書房　1987.12　302p　15cm　（ちくま文庫）460円　Ⓘ4-480-02190-6　Ⓝ914.6

「シジミ」

『石垣りん詩集 挨拶―原爆の写真によせて』 石垣りん著，伊藤英治編　岩崎書店　2009.12　94p　18×19cm　（豊か

なことば 現代日本の詩 5）1500円
Ⓘ978-4-265-04065-0
内容 「挨拶―原爆の写真によせて」「表札」「シジミ」など代表作三十六編を収録。

『表札など―石垣りん詩集』 石垣りん著 思潮社 2008.5 126p 21cm （思潮ライブラリー 名著名詩選）2000円
Ⓘ978-4-7837-3059-0
内容 代表作となった「シジミ」「表札」「くらし」など、68年の初版時より今なお新しい魅力を放ち続ける珠玉の名詩集。歴史を見つめ、未来に手渡す、待望の復刻版。

『表札など―石垣りん詩集』 石垣りん著 童話屋 2000.3 158p 21cm 2000円
Ⓘ4-88747-009-6
内容 「表札など」は1968年思潮社刊。著者は48歳でした。本書は装丁を更えて復刊されるものです。

『石垣りん文庫 2』 花神社 1989

「空をかついで」

『空をかついで』 石垣りん詩 童話屋 1997.1 157p 15cm 1288円 Ⓘ4-924684-91-0
内容 自分の住むところには自分で表札を出すにかぎる…「表札」一篇の詩を書くためにこの世界に生まれてきた―石垣りんさんの初の詞華集。

『石垣りん文庫 3』 花神社 1987

「表札」

『石垣りん詩集 挨拶―原爆の写真によせて』 石垣りん著，伊藤英治編 岩崎書店 2009.12 94p 18×19cm （豊かなことば 現代日本の詩 5）1500円
Ⓘ978-4-265-04065-0
内容 「挨拶―原爆の写真によせて」「表札」「シジミ」など代表作三十六編を収録。

『表札など―石垣りん詩集』 石垣りん著 思潮社 2008.5 126p 21cm （思潮ライブラリー 名著名詩選）2000円
Ⓘ978-4-7837-3059-0
内容 代表作となった「シジミ」「表札」「くらし」など、68年の初版時より今なお新しい魅力を放ち続ける珠玉の名詩集。歴史を見つめ、未来に手渡す、待望の復刻版。

『宇宙の片隅で―石垣りん詩集』 石垣りん著，伊藤香澄絵，水内喜久雄選・著 理論社 2004.12 125p 21cm （詩と歩こう）1400円 Ⓘ4-652-03846-1
目次 太陽のほとり（太陽のほとり，新年，初日が昇るとき ほか），挨拶（挨拶，弔詞，崖 ほか），表札（私の前にある鍋とお釜と燃える火と，島，峠 ほか），石垣りんさんをたずねて

『石垣りん文庫 2』 花神社 1989

「幻の花」

『石垣りん詩集 挨拶―原爆の写真によせて』 石垣りん著，伊藤英治編 岩崎書店 2009.12 94p 18×19cm （豊かなことば 現代日本の詩 5）1500円
Ⓘ978-4-265-04065-0
内容 「挨拶―原爆の写真によせて」「表札」「シジミ」など代表作三十六編を収録。

『表札など―石垣りん詩集』 石垣りん著 思潮社 2008.5 126p 21cm （思潮ライブラリー 名著名詩選）2000円
Ⓘ978-4-7837-3059-0
内容 代表作となった「シジミ」「表札」「くらし」など、68年の初版時より今なお新しい魅力を放ち続ける珠玉の名詩集。歴史を見つめ、未来に手渡す、待望の復刻版。

『表札など―石垣りん詩集』 石垣りん著 童話屋 2000.3 158p 21cm 2000円
Ⓘ4-88747-009-6
内容 「表札など」は1968年思潮社刊。著者は48歳でした。本書は装丁を更えて復刊されるものです。

『石垣りん文庫 2』 花神社 1989

「用意」

『石垣りん文庫 1』 花神社 1988
内容 人をみつめ、世の中をみつめぬいて生まれてきた「詩」。第1詩集から読者に衝撃を与え続けてきた石垣りんの全貌を明らかにする、待望の作品集。

「略歴」

『石垣りん詩集 挨拶―原爆の写真によせて』 石垣りん著，伊藤英治編 岩崎書店 2009.12 94p 18×19cm （豊かなことば 現代日本の詩 5）1500円
Ⓘ978-4-265-04065-0
内容 「挨拶―原爆の写真によせて」「表札」「シジミ」など代表作三十六編を収録。

『略歴―石垣りん詩集』 石垣りん詩 新装版 童話屋 2001.6 157p 21cm 2000円 ①4-88747-018-5

内容 一九七九年花神社から発行された詩集の復刻。

『石垣りん文庫 3』 花神社 1987

「私の前にある鍋とお釜と燃える火と」

『石垣りん』 石垣りん著, 井川博年選・鑑賞解説 小学館 2010.3 125p 19cm (永遠の詩 05) 1200円 ①978-4-09-677215-7

目次 私の前にある鍋とお釜と燃える火と, 屋根, 貧乏, 家, 夫婦, 月給袋, 白いものが, 海とりんごと, 原子童話, 挨拶〔ほか〕

『宇宙の片隅で―石垣りん詩集』 石垣りん著, 伊藤香澄絵, 水内喜久雄選・著 理論社 2004.12 125p 21cm (詩と歩こう) 1400円 ①4-652-03846-1

目次 太陽のほとり(太陽のほとり, 新年, 初日が昇るとき ほか), 挨拶(挨拶, 弔詞, 崖 ほか), 表札(私の前にある鍋とお釜と燃える火と, 島, 峠 ほか), 石垣りんさんをたずねて

『夜の太鼓』 石垣りん著 筑摩書房 2001.2 229p 15cm (ちくま文庫) 600円 ①4-480-03616-4

内容 ありふれた日常の暮らしの中から掬いあげられた、気になること、心に残ったこと、なつかしい人…。そこにひそむ不合理や疑問、美しさを鋭く鮮やかに描き出す。“ことばの力をいのちの力として生きてきた”と静かに語る著者の、忘れていた何か大切なものを気づかせてくれる随筆集。

『石垣りん文庫 1』 花神社 1988

内容 人をみつめ、世の中をみつめぬいて生まれてきた「詩」。第1詩集から読者に衝撃を与え続けてきた石垣りんの全貌を明らかにする、待望の作品集。

石川 淳

いしかわ・じゅん

《1899〜1987》

「アルプスの少女」

『戦後短篇小説再発見 10 表現の冒険』 講談社文芸文庫編 講談社 2002.3 268p 16cm (講談社文芸文庫) 950円 ①4-06-198270-2 Ⓝ913.68

内容 ゆうべの雲(内田百閒著), アルプスの少女(石川淳著), 澄江堂河童談義(稲垣足穂著), 馬(小島信夫著), 棒(安部公房著), 一家団欒(藤江静男著), 箪笥(半村良著), 遠い座敷(筒井康隆著), ダイダロス(渋沢竜彦著), 連続テレビ小説ドラえもん(高橋源一郎著), 虚空人魚(笙野頼子著), お供え(吉田知子著)

『石川淳全集 第5巻』 石川淳著 筑摩書房 1989.9 694p 21cm 9270円 ①4-480-70305-5

内容 昭和26年から昭和30年までのあいだに発表された〈世界の名作童話〉のパロディー7作品、また昭和30年から昭和32年までのあいだに発表された作を収める。巻中「しぐれ歌仙」はこれまで刊本未収録。

「瓜喰いの僧正」

『日本幻想文学集成 7 石川淳』 池内紀編 国書刊行会 1991.9 244p 20cm 1800円 ①4-336-03217-3 Ⓝ918.6

内容 瓜喰ひの僧正, 山桜, ころび仙人, 鉄枴, しぐれ歌仙, 無尽灯, 焼跡のイエス, 曽呂利咄, かくしごと, 怪異石仏供養, 喜寿童女, 二人権兵衛, 無明, ガラス玉演戯 池内紀著

『石川淳全集 第1巻』 石川淳著 筑摩書房 1989.5 676p 21cm 8960円 ①4-480-70301-2

内容 著者の文学的出発を知るに重要な、大正期に書かれ、ながく雑誌発表のままにおかれていた初期作品群、および作家活動開始後の昭和10年〜13年発表の作を収める。29作品中、既刊全集本未収録は19作品。

「乞食王子」

『小説 4』 石川淳著 岩波書店 1993.8 320p 18cm (石川淳選集 第4巻) 〈第3刷(第1刷:80.2.7)〉 1600円 ①4-00-100544-1

内容 おとしばなし尭舜, おとしばなし李白, おとしばなし和唐内, おとしばなし列子, おとしばなし管仲, おとしばなし清盛, ファルス, 夢の殺人, 鷹, 虹, 小公子, 乞食王子, 家なき子

『石川淳全集 第5巻』 石川淳著 筑摩書房 1989.9 694p 21cm 〈著者の肖像あり〉 9270円 ①4-480-70305-5

Ⓝ918.68

内容 小公子, 蜜蜂の冒険, 乞食王子, アルプスの少女, 白鳥物語, 家なき子, 愛の妖精, 前身, しぐれ歌仙, 大歳の餅, 狼, 犯人, 落花, 夢の見本市, 灰色のマント, 紫苑物語, 白頭吟

「小林如泥」

『諸国畸人伝』 石川淳著 改版 中央公論新社 2005.9 232p 15cm (中公文庫) 762円 Ⓘ4-12-204592-4

内容 都々一の始祖都々一坊扇歌、松江の指物師小林如泥、北越雪譜の著者鈴木牧之、坂口安吾の実父阪口五峰など、江戸末期から明治にかけて生きた畸人を取り上げ、人間本来の姿で生を貫いたその生涯を巧みな語り口で描く。

『ちくま日本文学全集 11 石川淳―1899-1987』 筑摩書房 1991.7 476p 16cm 1000円 Ⓘ4-480-10211-6 Ⓝ918.6

内容 マルスの歌, 張柏端, 曽呂利咄, 焼跡のイエス, 鷹, おとしばなし和唐内, 霊薬十二神丹, 二人権兵衛, 八幡縁起, 諸国畸人伝 より 小林如泥, 狂歌百鬼夜狂, 虚構について, 江戸人の発想法について, 敗荷落日, 安吾のいる風景, 年譜：p464～476

『石川淳全集 第13巻』 石川淳著 筑摩書房 1990.2 711p 21cm 9270円 Ⓘ4-480-70313-6

内容 昭和27年から昭和32年にかけて刊行された『夷斎清談』『夷斎俚言』『夷斎清言』『諸国畸人伝』を収める。観念を排し、よって立つ文明と直接に相渉る、自由な精神の躍動する著者快心のエッセイ群。

「前身」

『歴史小説の世紀 天の巻』 新潮社編 新潮社 2000.9 806p 16cm (新潮文庫) 933円 Ⓘ4-10-120822-0 Ⓝ913.68

内容 本能寺の信長 正宗白鳥著, 小野篁妹に恋する事 谷崎潤一郎著, 舌を嚙み切った女 室生犀星著, 名月記 子母沢寛著, 戦国佐久 佐藤春夫著, 普門院の和尚さん 井伏鱒二著, 前身 石川淳著, 反橋 川端康成著, 月魄 中山義秀著, 極楽急行 海音寺潮五郎著, 鈴木主水 久生十蘭著, 裏の木戸はあいている 山本周五郎著, 雪の宿り 神西清著, 羽柴秀吉 林芙美子著, へちまの棚 永井竜男著, ますらを 円地文子著, 額田女王 平林たい子著, 梟雄 坂口安吾著, 聖者 井上靖著, 高杉晋作 大岡昇平著, 伊勢氏家訓 花田清輝著, 運慶 松本清張著, 末期の水 田宮虎彦著, 光る道 檀一雄著, 女賊の哲学 武田泰淳著, 菊女覚え書 大原富枝著, 桑名古庵 田中英光著

『小説 5』 石川淳著 岩波書店 1993.9 312p 18cm (石川淳選集 第5巻) 〈第4刷(第1刷：80.3.7)〉 1600円 Ⓘ4-00-100545-X

内容 前身, 狼, 灰色のマント, 紫苑物語, まぼろし車, 八幡縁起, 今はむかし, 修羅, 霊薬十二神丹

『石川淳全集 第5巻』 石川淳著 筑摩書房 1989.9 694p 21cm 9270円 Ⓘ4-480-70305-5

内容 昭和26年から昭和30年までのあいだに発表された〈世界の名作童話〉のパロディー7作品、また昭和30年から昭和32年までのあいだに発表された作を収める。巻中「しぐれ歌仙」はこれまで刊本未収録。

「夢応の鯉魚」

『変身ものがたり』 安野光雅, 森毅, 井上ひさし, 池内紀編 筑摩書房 2010.10 534p 15cm (ちくま文学の森 3) 1000円 Ⓘ978-4-480-42733-5

内容 死なない蛸(萩原朔太郎), 風博士(坂口安吾), オノレ・シュブラックの失踪(アポリネール, 川口篤・訳), 壁抜け男(エーメ, 中村真一郎・訳), 鼻(ゴーゴリ, 平井肇・訳), のっぺらぼう(子母澤寛), 夢応の鯉魚(上田秋成, 石川淳・訳), 魚服記(太宰治), こうのとりになったカリフ(ハウフ, 高橋健二・訳), 妖精族のむすめ(ダンセイニ, 荒俣宏・訳), 山月記(中島敦), 高野聖(泉鏡花), 死霊の恋(ゴーチエ, 田辺貞之助・訳), マルセイユのまぼろし(コクトー, 清水徹・訳), 秘密(谷崎潤一郎), 人間椅子(江戸川乱歩), 化粧(川端康成), お化けの世界(坪田譲治), 猫町(萩原朔太郎), 夢十夜(夏目漱石), 東京日記抄(内田百閒)

『新釈雨月物語 新釈春雨物語』 石川淳著 筑摩書房 1991.6 242p 15cm (ちくま文庫) 520円 Ⓘ4-480-02538-3

内容 世にも清潔に、かつ澄みきった怖ろしさ、凄さ！ 魔道に堕ちた上皇の苦悩をえがく傑作「白峯」、人間の羈絆を脱して鯉に化した僧の眼にうつる絶美の自然をえがく「夢応の鯉魚」…作者上田秋成による透徹した美の追求から創造された彫刻的な文体を、独行

好学の作家の創意にみちた現代語訳で贈る。

『ちくま文学の森　4　変身ものがたり』
安野光雅ほか編　筑摩書房　1988.2　493p　20cm　1500円　①4-480-10104-7　Ⓝ908.3

内容 死なない蛸　萩原朔太郎著, 風博士　坂口安吾著, オノレ・シュブラックの失踪　ギョーム・アポリネール著　川口篤訳, 壁抜け男　マルセル・エーメ著　中村真一郎訳, 鼻　ニコライ・ゴーゴリ著　平井肇訳, のっぺらぼう　子母沢寛著, 夢応の鯉魚　上田秋成著　石川淳訳, 魚服記　太宰治著, こうのとりになったカリフ　ヴィルヘルム・ハウフ著　高橋健二訳, 妖精族のむすめ　ダンセイニ著　荒俣宏訳, 山月記　中島敦著, 高野聖　泉鏡花著, 死霊の恋　テオフィル・ゴーチェ著　田辺貞之助訳, マルセイユのまぼろし　ジャン・コクトー著　清水徹訳, 秘密　谷崎潤一郎著, 人間椅子　江戸川乱歩著, 化粧　川端康成著, お化けの世界　坪田譲治著, 猫町　萩原朔太郎著, 夢十夜　夏目漱石著, 東京日記抄　内田百閒著, 鞍馬天狗と丹下左膳―解説にかえて　池内紀著

石川　丈山
いしかわ・じょうざん
《1583～1672》

「富士山」

『江戸詩人選集　第1巻　石川丈山・元政』
上野洋三注　岩波書店　2001.12　376p　19cm　4200円　①4-00-091591-6

目次 石川丈山（富士山, 正伝寺に遊ぶ, 天台の麓に登りて音羽の瀑を観る, 雨後の白牡丹, 地獄谷　ほか）, 元政（欧陽が読書の詩に和す, 春夜寝ねず。戯れに袁中郎が漸漸の詩に和す, 李梁谿が酒を戒る詩に和す　序を幷せたり, 新居, 病臥　ほか）

『江戸詩人選集　第1巻　石川丈山・元政』
日野竜夫ほか編纂　上野洋三注　岩波書店　1991.8　376p　20cm〈石川丈山および元政の肖像あり〉3600円　①4-00-091591-6　Ⓝ919.5

石川　啄木
いしかわ・たくぼく
《1886～1912》

「歌のいろいろ」

『石川啄木歌文集』　石川啄木著　講談社　2003.4　206p　15cm　（講談社文芸文庫）950円　①4-06-198330-X

内容 明星派の詩人として出発し、三行書きの短歌で歌壇に新風を吹き込み、"大逆事件"との出会いにより現実を凝視、明治という時代を考察して結核と貧窮のうちに夭折した天才詩人石川啄木。非凡な才能で先駆的思想を所有した彼の歌集『一握の砂』『悲しき玩具』などから短歌二〇〇首、「性急な思想」「時代閉塞の現状」等エッセイ六篇、「はてしなき議論の後」「飛行機」ほか詩一二篇を収録。

「食らうべき詩」

『石川啄木集』　筑摩書房　2013.1　432p　21cm　（明治文學全集 52）7500円　①978-4-480-10352-9

目次 一握の砂, 悲しき玩具, あこがれ, 心の姿の研究, 呼子と口笛, 雲は天才である, 赤痢, 道, 我等の一團と彼, 林中書, 百回通信, 弓町より, きれぎれに心に浮かんだ感じと回想, 性急な思想, 硝子窓, 時代閉塞の現状, 大硯君足下,A LETTER FROM PRISON, 平信, 書簡集, 明治四十四年當用日記, 緑蔭の家（荒畑寒村）, 啄木に關する斷片（中野重治）, 交遊記（抄）（土岐善麿）, 近代人啄木（福田恆存）, 啄木の時代的背景（石母田正）, 「文學的運命」の宣言（窪川鶴次郎）, 解題（小田切秀雄）, 年譜（岩城之徳編）, 參考文獻（岩城之徳編）, 詳細目次

『時代閉塞の現状　食うべき詩　他十篇』
石川啄木著　岩波書店　2011.9　206p　15cm　（岩波文庫）〈第15刷（第1刷1978年）〉500円　①4-00-310545-1

内容 自己の詩作を語りながら日本の現実を深く見つめた「食うべき詩」、その現実に立脚しつつ強大な「敵」に対して身構えた「時代閉塞の現状」。さらには幸徳秋水が獄中で書いた「陳弁書」とクロポトキンの『一革命家の想い出』の読解から生れた"A letter from prison"。啄木（1886 - 1912）の先駆的な思想の歩みを明らかにする論集。

『石川啄木』 石川啄木著 晶文社 1998.12 122p 19cm (21世紀の日本人へ) 1000円 Ⓘ4-7949-4712-7

内容 本書は、『石川啄木全集』(全八巻、筑摩書房)を底本とした。

「渋民日記」

『盛岡啄木手帳—閑天地・時代閉塞の現状・渋民日記など』 盛岡 盛岡啄木手帳刊行委員会,(盛岡)東山堂〔発売〕 2008.10 380p 16×12cm 952円 Ⓘ978-4-924585-03-4

内容 明治三十七年から明治四十五年までの関係資料をまとめた、盛岡市ブランド推進の一環。

『今日も待ちぼうけ—作家たちの青春日記』 小田切秀雄編 創隆社 1991.10 259p 18cm (創隆社ジュニア選書 8)〈『青春日記』加筆・改題書〉720円 Ⓘ4-88176-075-0

内容 日記は心の記録。日々の生活へのいらだちやあせり、未来への希望と不安、異性へのあこがれ、そして若さだけが持ちうるおごりにも似た自負心…。立原道造、新美南吉、太宰治、石川琢木、大宅壮一、中原中也、黒島伝治ら十人の、若き日の日記を通して浮き彫りにされるさまざまな青春像。

『石川啄木日記』 石川正雄編 藤森書店 1982.3 3冊 22cm〈世界評論社昭和23～24年刊の複製〉全15000円 Ⓝ915.6

内容 第1巻 秋韷笛語,甲辰詩程,渋民日記,丁未日誌,明治四十一年日誌 第2巻 明治四十一年日誌 第3巻 明治四十二年当用日記,Nikki 1 Meidi 42 nen,明治四十三年,明治四十四年当用日記,明治四十五年

「性急な思想」

『石川啄木集』 筑摩書房 2013.1 432p 21cm (明治文學全集 52) 7500円 Ⓘ978-4-480-10352-9

目次 一握の砂,悲しき玩具,あこがれ,心の姿の研究,呼子と口笛,雲は天才である,赤痢,道,我等の一團と彼,林中書,百回通信,弓町より,きれぎれに心に浮かんだ感じと回想,性急な思想,硝子窓,時代閉塞の現状,大硯君足下,A LETTER FROM PRISON,平信,書簡集,明治四十四年當用日記,緑蔭の家(荒畑寒村),啄木に關する斷片(中野重治),交遊記(抄)(土岐善麿),近代人啄木(福田恆存),啄木の時代的背景(石母田正),「文學的運命」の宣言(窪川鶴次郎),解題(小田切秀雄),年譜(岩城之徳編),參考文獻(岩城之徳編),詳細目次

『時代閉塞の現状 食うべき詩 他十篇』 石川啄木著 岩波書店 2011.9 206p 15cm (岩波文庫)〈第15刷(第1刷1978年)〉 500円 Ⓘ4-00-310545-1

内容 自己の詩作を語りながら日本の現実を深く見つめた「食うべき詩」、その現実に立脚しつつ強大な「敵」に対して身構えた「時代閉塞の現状」。さらには幸徳秋水が獄中で書いた「陳弁書」とクロポトキンの『一革命家の想い出』の読解から生れた“A letter from prison”。啄木(1886‐1912)の先駆的な思想の歩みを明らかにする論集。

『大活字版 ザ・啄木』 石川啄木著 第三書館 2007.9 618p 27×19cm (グラスレス 眼鏡無用) 1900円 Ⓘ978-4-8074-0705-7

内容 啄木が鋭く反応した百年前の時代閉塞感。今、鮮烈によみがえる。

『石川啄木歌文集』 石川啄木著 講談社 2003.4 206p 15cm (講談社文芸文庫) 950円 Ⓘ4-06-198330-X

内容 明星派の詩人として出発し、三行書きの短歌で歌壇に新風を吹き込み、“大逆事件”との出会いにより現実を凝視、明治という時代を考察して結核と貧窮のうちに夭折した天才詩人石川啄木。非凡な才能で先駆的思想を所有した彼の歌集『一握の砂』『悲しき玩具』などから短歌二〇〇首、「性急な思想」「時代閉塞の現状」等エッセイ六篇、「はてしなき議論の後」「飛行機」ほか詩一二篇を収録。

「啄木日記」

『石川啄木日記』 石川正雄編 藤森書店 1982.3 3冊 22cm〈世界評論社昭和23～24年刊の複製〉全15000円 Ⓝ915.6

内容 第1巻 秋韷笛語,甲辰詩程,渋民日記,丁未日誌,明治四十一年日誌 第2巻 明治四十一年日誌 第3巻 明治四十二年当用日記,Nikki 1 Meidi 42 nen,明治四十三年,明治四十四年当用日記,明治四十五年

『啄木日記』 石川啄木著, 小田切秀雄編 第三文明社 1981.4 291p 18cm

（レグルス文庫 131）680円 Ⓝ915.6

「はてしなき議論の後」

『日本の詩歌 5 石川啄木』 石川啄木［著］ 新装 中央公論新社 2003.6 423p 21cm〈オンデマンド版 年譜あり〉5300円 Ⓘ4-12-570049-4 Ⓝ911.08

内容 一握の砂, 悲しき玩具, 短歌拾遺, あこがれ, 黄草集, ハコダテの歌, 泣くよりも, 流木, 今聞ゆ, 心の姿の研究他, 詩六章, 呼子と口笛, はてしなき議論の後, 詩人の肖像（伊藤整著）

『石川啄木歌文集』 石川啄木著 講談社 2003.4 206p 15cm （講談社文芸文庫）950円 Ⓘ4-06-198330-X

内容 明星派の詩人として出発し、三行書きの短歌で歌壇に新風を吹き込み、“大逆事件”との出会いにより現実を凝視、明治という時代を考察して結核と貧窮のうちに夭折した天才詩人石川啄木。非凡な才能で先駆的思想を所有した彼の歌集『一握の砂』『悲しき玩具』などから短歌二〇〇首、「性急な思想」「時代閉塞の現状」等エッセイ六篇、「はてしなき議論の後」「飛行機」ほか詩一二篇を収録。

『あこがれ―石川啄木詩集』 石川啄木著 角川書店 1999.1 285p 15cm （角川文庫）540円 Ⓘ4-04-101906-0

内容 明治三十八年、浪漫主義華やかなりし頃、一人の天才詩人が颯爽と詩壇に登場した。熱烈な賞賛をあびた詩集『あこがれ』、作者は岩手県渋民村の青年・石川啄木。青春の歓喜や孤独を歌った二十歳の若者は、しかし故郷を追われ、終わりなき漂泊の旅に出る…。その『あこがれ』から、傑作の誉れ高い晩年の詩稿ノート『呼子と口笛』まで、生涯にわたる数々の詩の中から精選した、啄木詩集の決定版。

『近代の詩人 6』 潮出版社 1992

「飛行機」

『詩画集 おもいのことのは』 BOOKの会編, ガブリエル・ルフェーブル画 講談社 2006.2 63p 18×13cm （Kodansha Gift Book 夢の本棚）1200円 Ⓘ4-06-213309-1

内容 欧米で人気の絵師ガブリエル・ルフェーブル日本初登場！ その魔法の筆先から、いま甦る日本の美しい詩と言葉。

『石川啄木歌文集』 石川啄木著 講談社 2003.4 206p 15cm （講談社文芸文庫）950円 Ⓘ4-06-198330-X

内容 明星派の詩人として出発し、三行書きの短歌で歌壇に新風を吹き込み、“大逆事件”との出会いにより現実を凝視、明治という時代を考察して結核と貧窮のうちに夭折した天才詩人石川啄木。非凡な才能で先駆的思想を所有した彼の歌集『一握の砂』『悲しき玩具』などから短歌二〇〇首、「性急な思想」「時代閉塞の現状」等エッセイ六篇、「はてしなき議論の後」「飛行機」ほか詩一二篇を収録。

『近代の詩人 6』 潮出版社 1992

石原 吉郎

いしはら・よしろう

《1915～1977》

「ある「共生」の経験から」

『望郷と海』 石原吉郎著 みすず書房 2012.6 304p 19cm （始まりの本）3000円 Ⓘ978-4-622-08356-6

内容「人は死において、ひとりひとりその名を呼ばれなければならないものなのだ」。シベリアでの収容所体験の日々と戦後日本社会に著者は何をみたか。

『こころの話』 松田哲夫編 あすなろ書房 2011.2 283p 21cm （中学生までに読んでおきたい日本文学 7）1800円 Ⓘ978-4-7515-2627-9

内容 いつか、わかる時がくるのかな？ 名作短編がぎっしりつまった一冊。

『石原吉郎詩文集』 石原吉郎著 講談社 2005.6 307p 15cm （講談社文芸文庫）1400円 Ⓘ4-06-198409-8

内容 詩とは「書くまい」とする衝動であり、詩の言葉は、沈黙を語るための言葉、沈黙するための言葉である―敗戦後、八年におよぶ苛酷な労働と飢餓のソ連徒刑体験は、被害者意識や告発をも超克した「沈黙の詩学」をもたらし、失語の一歩手前で踏みとどまろうとする意志は、思索的で静謐な詩の世界に強度を与えた。この単独者の稀有なる魂の軌跡を、詩、批評、ノートの三部構成でたどる。

「確認されない死のなかで」

『さまざまな8・15』 中野重治ほか著 集英社 2012.7 719p 19cm （コレクション 戦争と文学 9） 3600円 ①978-4-08-157009-6

内容 四人の志願兵（中野重治），遠い夏（河野多惠子），その夏の今は（復員）国破れて（島尾敏雄），御跡慕いて（島尾ミホ），我羅馬テント村（長堂英吉），黒ダイヤ（太田良博），ある旅（牛島春子），性欲のある風景（梶山季之），異邦人（岡松和夫），ワンテムシンシン（古処誠二），三十八度線の夜（藤原てい），熱のある手（庄司肇），耳学問（木山捷平），豆満江（新田次郎），雨（林芙美子），未帰還の友に（太宰治），復員者の噂（井伏鱒二），波紋（霜多正次），望郷と海（石原吉郎），雪の宿（加賀乙彦），わたしが一番きれいだったとき（茨木のり子），戦争（中桐雅夫），戦争が終った時（上林猷夫），俳句（中村草田男），川柳

『望郷と海』 石原吉郎著 みすず書房 2012.6 304p 19cm （始まりの本） 3000円 ①978-4-622-08356-6

内容 「人は死において、ひとりひとりその名を呼ばれなければならないものなのだ」。シベリアでの収容所体験の日々と戦後日本社会に著者は何をみたか。

『石原吉郎詩文集』 石原吉郎著 講談社 2005.6 307p 15cm （講談社文芸文庫） 1400円 ①4-06-198409-8

内容 詩とは「書くまい」とする衝動であり、詩の言葉は、沈黙を語るための言葉、沈黙するための言葉である—敗戦後、八年におよぶ苛酷な労働と飢餓のソ連徒刑体験は、被害者意識や告発をも超克した「沈黙の詩学」をもたらし、失語の一歩手前で踏みとどまろうとする意志は、思索的で静謐な詩の世界に強度を与えた。この単独者の稀有なる魂の軌跡を、詩、批評、ノートの三部構成でたどる。

「日常からの脱出」

『海を流れる河—石原吉郎評論集』 石原吉郎著 同時代社 2000.7 271p 19cm 2800円 ①4-88683-430-2

内容 シベリア強制収容所体験から生まれた思想の全貌！ 待ち望まれた評論集の復刊。

石牟礼 道子
いしむれ・みちこ
《1927～》

「天の魚」

『苦海浄土』 石牟礼道子著 河出書房新社 2011.1 771,5p 19cm （池澤夏樹＝個人編集 世界文学全集3 04） 4100円 ①978-4-309-70968-0

内容 「天のくれらす魚」あふれる海が、豊かに人々を育んでいた幸福の地。しかしその地は、海に排出された汚染物質によって破壊し尽くされた。水俣を故郷として育ち、惨状を目の当たりにした著者は、中毒患者たちの苦しみや怒りを自らのものと預かり、「誰よりも自分自身に語り聞かせる、浄瑠璃のごときもの」として、傑出した文学作品に結晶させた。第一部「苦海浄土」、第二部「神々の村」、第三部「天の魚」の三部作すべてを一巻に収録。

『苦海浄土—わが水俣病』 石牟礼道子著 新装版 講談社 2004.7 411p 15cm （講談社文庫） 667円 ①4-06-274815-0

内容 工場廃水の水銀が引き起こした文明の病・水俣病。この地に育った著者は、患者とその家族の苦しみを自らのものとして、壮絶かつ清冽な記録を綴った。本作は、世に出て三十数年を経たいまなお、極限状況にあっても輝きを失わない人間の尊厳を訴えてやまない。末永く読み継がれるべき“いのちの文学”の新装版。

『石牟礼道子全集・不知火 第2巻 苦海浄土第一部・第二部』 石牟礼道子著 藤原書店 2004.4 622p 21cm 6500円 ①4-89434-383-5

内容 これはまずもって受難・受苦の物語だ。水俣のチッソという私企業の化学プラントからの廃液に含まれた有機水銀による中毒患者たちの苦しみ、そこから必然的に生まれる怒りと悲嘆、これがすべての基点にある。この苦しみと怒りと悲嘆を作者は預かる。あるいは敢えてそれに与る。彼女の中でそれらは書かれることによって深まり、日本の社会と国家制度の欺瞞を鋭く告発する姿勢に転化する。その一方で、作者はこの苦しみを契機として人間とはいかなる存在であるかを静かに考察し、救いとは何かを探る側へも思索を深めてゆく。読む

者はまるでたった一人の奏者が管弦楽を演奏するのを聞くような思いにかられる。なんと重層的な文学作品を戦後日本は受け取ったことか。

『石牟礼道子全集・不知火　第3巻　苦海浄土ほか 第三部・関連エッセイほか』 石牟礼道子著　藤原書店　2004.4　604p　21cm　6500円　Ⓘ4-89434-384-3

内容 土の上に生き、海を抱いて眠り、何気ないことに笑い、遠くからやって来て、どこかへ吹いていく時の流れに身をあずけ、ひたすら自然の波間を漕ぎ渡り、祈り深く生きた私たちの祖先。それをこの数十年という歳月の狂気ともいうべき無責任さがあっという間にくびりさいたのだ。何という罪の深さ。それは、チッソ水俣工場の罪であるにとどまらない。企業の中にいてその罪を犯し、ひき受けたものたちとは別に、何も知らず、いっさいかかわりに気づかず無恥の上に立ち、毒を胎んだ生活の利便をむさぼった私たちにも問われるべき罪の重さでもある。

「もう一遍人間に」

『苦海浄土』 石牟礼道子著　河出書房新社　2011.1　771,5p　19cm　（池澤夏樹＝個人編集 世界文学全集3 04）4100円　Ⓘ978-4-309-70968-0

内容「天のくれらす魚」あふれる海が、豊かに人々を育んでいた幸福の地。しかしその地は、海に排出された汚染物質によって破壊し尽くされた。水俣を故郷として育ち、惨状を目の当たりにした著者は、中毒患者たちの苦しみや怒りを自らのものと預かり、「誰よりも自分自身に語り聞かせる、浄瑠璃のごときもの」として、傑出した文学作品に結晶させた。第一部「苦海浄土」、第二部「神々の村」、第三部「天の魚」の三部作すべてを一巻に収録。

『苦海浄土―わが水俣病』 石牟礼道子著　新装版　講談社　2004.7　411p　15cm　（講談社文庫）667円　Ⓘ4-06-274815-0　Ⓝ519.2194

『石牟礼道子全集・不知火　第2巻　苦海浄土第一部・第二部』 石牟礼道子著　藤原書店　2004.4　622p　21cm　6500円　Ⓘ4-89434-383-5

内容 これはまずもって受難・受苦の物語だ。水俣のチッソという私企業の化学プラントからの廃液に含まれた有機水銀による中毒患者たちの苦しみ、そこから必然的に生まれる怒りと悲嘆、これがすべての基点にある。この苦しみと怒りと悲嘆を作者は預かる。あるいは敢えてそれに与る。彼女の中でそれらは書かれることによって深まり、日本の社会と国家制度の欺瞞を鋭く告発する姿勢に転化する。その一方で、作者はこの苦しみを契機として人間とはいかなる存在であるかを静かに考察し、救いとは何かを探る側へも思索を深めてゆく。読む者はまるでたった一人の奏者が管弦楽を演奏するのを聞くような思いにかられる。なんと重層的な文学作品を戦後日本は受け取ったことか。

「ゆき女聞き書き」

『苦海浄土』 石牟礼道子著　河出書房新社　2011.1　771,5p　19cm　（池澤夏樹＝個人編集 世界文学全集3 04）4100円　Ⓘ978-4-309-70968-0

内容「天のくれらす魚」あふれる海が、豊かに人々を育んでいた幸福の地。しかしその地は、海に排出された汚染物質によって破壊し尽くされた。水俣を故郷として育ち、惨状を目の当たりにした著者は、中毒患者たちの苦しみや怒りを自らのものと預かり、「誰よりも自分自身に語り聞かせる、浄瑠璃のごときもの」として、傑出した文学作品に結晶させた。第一部「苦海浄土」、第二部「神々の村」、第三部「天の魚」の三部作すべてを一巻に収録。

『苦海浄土―わが水俣病』 石牟礼道子著　新装版　講談社　2004.7　411p　15cm　（講談社文庫）667円　Ⓘ4-06-274815-0　Ⓝ519.2194

『石牟礼道子全集・不知火　第2巻　苦海浄土第一部・第二部』 石牟礼道子著　藤原書店　2004.4　622p　21cm　6500円　Ⓘ4-89434-383-5

内容 これはまずもって受難・受苦の物語だ。水俣のチッソという私企業の化学プラントからの廃液に含まれた有機水銀による中毒患者たちの苦しみ、そこから必然的に生まれる怒りと悲嘆、これがすべての基点にある。この苦しみと怒りと悲嘆を作者は預かる。あるいは敢えてそれに与る。彼女の中でそれらは書かれることによって深まり、日本の社会と国家制度の欺瞞を鋭く告発する姿勢に転化する。その一方で、作者はこの苦しみを契機として人間とはいかなる存在であるかを静かに考察し、救いとは何かを探る側へも思索を深めてゆく。読む者はまるでたった一人の奏者が管弦楽を演奏するのを聞くような思いにかられる。なんと重層的な文学作品を戦後日本は受け取ったことか。

「蘭の舟」

『石牟礼道子全集・不知火 第9巻 十六夜橋ほか』 石牟礼道子著 藤原書店 2006.5 568p 21cm 8500円 ①4-89434-515-3

目次 1 十六夜橋(梨の墓, ほおずき灯篭, 十六夜橋, みずな, 櫛人形, 雪笛),2 『十六夜橋』をめぐって(川波, あやとり祭文, 蘭の舟 ほか),3 エッセイ1979 - 1980(夢の中の文字, 自分という風呂敷, 自我と神との間 ほか)

泉井 久之助
いずい・ひさのすけ
《1905～1983》

「日本語の効率」

『言語の研究』 泉井久之助著 ゆまに書房 2000.1 319,10p 22cm (世界言語学名著選集 東アジア言語編 2 第2巻)〈有信堂昭和31年刊の複製〉12000円 ①4-89714-886-3 Ⓝ810.4

「弁論と日本語」

『言語の研究』 泉井久之助著 ゆまに書房 2000.1 319,10p 22cm (世界言語学名著選集 東アジア言語編 2 第2巻)〈有信堂昭和31年刊の複製〉12000円 ①4-89714-886-3 Ⓝ810.4

泉 鏡花
いずみ・きょうか
《1873～1939》

「北国空」

『鏡花随筆集』 吉田昌志編 岩波書店 2013.7 467,3p 15cm (岩波文庫) 900円 ①978-4-00-312717-9

内容 「四時とも、私は雨が大好き…」(「雨のゆうべ」)。自然に風土に、生活に食に芸能に、そして思い出に―生活に根ざした随筆にこそあらわれる、もうひとつの鏡花の世界。多彩な題材の五十五篇を精選、現代の読者のために詳細な注を付す。

『新編泉鏡花集 第1巻』 泉鏡太郎著, 秋山稔ほか編 岩波書店 2003.10 490, 6p 23cm〈付属資料：8p：月報 1〉 5600円 ①4-00-092571-7 Ⓝ913.6

内容 金沢 1：妙の宮, 化鳥, 凱旋祭, さゝ蟹, 清心庵, 髯題目, 笈摺草紙, 鶯花径, 湖のほとり, 名媛記, 海の鳴る時, 女仙前記, きぬぎぬ川, 北国空

『泉鏡花』 泉鏡花著 金沢 石川近代文学館, 能登印刷出版部〔発売〕 1987.7 555p 21cm (石川近代文学全集 1) 4500円 ①4-89010-038-5

内容 この1巻は、鏡花アンソロジーとして編纂されたものである。掲載作品は、小説13編を中心に、随筆・談話7、新資料3、合計23編を選んだ。この内、小説のすべては、この石川を舞台としたものである。

「高野聖」

『幻妖の水脈―日本幻想文学大全』 東雅夫編 筑摩書房 2013.9 602,4p 15cm (ちくま文庫) 1300円 ①978-4-480-43111-0

内容 王朝物語、説話文学、謡曲から近現代小説まで、日本幻想文学の豊饒な系譜を3巻本構成で総覧する画期的アンソロジー。開幕篇となる本巻には『源氏物語』『今昔物語』『雨月物語』などの大古典に始まり、明治の『遠野物語』、大正の『一千一秒物語』、昭和の『唐草物語』等々、幻想文学史を彩る妖しき物語群の中から、オールタイム・ベストとして定評ある窮極の名品21篇を収録した。

『高野聖』 泉鏡花著 改版 角川書店, 角川グループホールディングス〔発売〕 2013.6 317p 15cm (角川文庫) 438円 ①978-4-04-100849-2

内容 飛騨から信州への道中、高野山の旅僧は危険な旧道を選んだ富山の薬売りを追うが、蛇や蛭に襲われ、やっとのことで山中の一軒家にたどり着く。一夜の宿を頼むと、その家の婦人は、汗を流せと僧を川に誘い自分も全裸になって妖艶な魅力でせまってきた。心乱れる僧であったが、実はその婦人にはある恐ろしい秘密があった…。耽美な魅力が際立つ表題作ほか「義血侠血」「夜行巡査」「外科室」「眉かくしの霊」を収録。

『変身ものがたり』 安野光雅, 森毅, 井上ひさし, 池内紀編 筑摩書房 2010.10 534p 15cm (ちくま文学の森 3) 1000円 Ⓘ978-4-480-42733-5

内容 死なない蛸(萩原朔太郎), 風博士(坂口安吾), オノレ・シュブラックの失踪(アポリネール, 川口篤・訳), 壁抜け男(エーメ, 中村真一郎・訳), 鼻(ゴーゴリ, 平井肇・訳), のっぺらぼう(子母澤寛), 夢応の鯉魚(上田秋成, 石川淳・訳), 魚服記(太宰治), こうのとりになったカリフ(ハウフ, 高橋健二・訳), 妖精族のむすめ(ダンセイニ, 荒俣宏・訳), 山月記(中島敦), 高野聖(泉鏡花), 死霊の恋(ゴーチエ, 田辺貞之助・訳), マルセイユのまぼろし(コクトー, 清水徹・訳), 秘密(谷崎潤一郎), 人間椅子(江戸川乱歩), 化粧(川端康成), お化けの世界(坪田譲治), 猫町(萩原朔太郎), 夢十夜(夏目漱石), 東京日記抄(内田百閒)

和泉式部
いずみしきぶ
《平安時代中期》

「和泉式部集」

『群書類従 第15輯 和歌部』 塙保己一編纂 オンデマンド版 八木書店古書出版部 2013.4 770p 21cm 〈訂正3版：続群書類従完成会 1980年刊 印刷・製本：デジタルパブリッシングサービス 発売：八木書店〉 12000円 Ⓘ978-4-8406-3126-6 Ⓝ081

内容 散木奇歌集 源俊頼著, 藤原爲忠朝臣集, 式部大輔菅原在良朝臣集, 藤原基俊家集, 清輔朝臣集, 源師光集, 源有房朝臣集, 平忠度朝臣集, 惟宗廣言集, 鴨長明集, 藤原隆信朝臣集, 藤原隆祐朝臣集, 藤原光經集, 源孝範集, 常縁集, 慕景集 太田持資著, 桂林集 源直朝著, 赤人集, 躬恒集, 興風集, 忠峰集, 忠見集, 曾禰好忠集, 櫻井基佐集, 出觀集, 北院御室御集 守覺法親王著, 遍昭集, 源賢法眼集, 夢窓國師御詠草, 慶運法印集, 堯孝法印集, 素性法師集, 恵慶法師集, 安法法師集, 登蓮法師集, 登蓮法師集補遺, 林葉和歌集俊惠著, 寂然法師集, 寂蓮法師集, 兼好法師集, 兼好法師集補遺, 元可法師集, 宗祇法師集, 嘉喜門院御集, 齋宮女御集, 經信卿母集, 俊成卿女集, 小町集, 檜垣嫗集, 本院侍從集, 小馬命婦集, 馬内侍集, 伊勢集, 中務集, 加茂保憲女集, 小大君集, 清少納言集, 紫式部集, 和泉式部集, 相模集, 赤染衛門集, 伊勢大輔集, 康資王母集, 弁乳母集, 出羽弁集, 祐子内親王家紀伊集, 二條大皇太后宮大貳集, 待賢門院堀川集, 待賢門院堀川集補遺, 二條院讃岐集, 二條院讃岐集補遺, 小侍從集, 建禮門院右京大夫集

『和泉式部集全集―本文と総索引』 伊藤博, 久保木哲夫編 貴重本刊行会 1994.6 185,179p 21cm 9500円 Ⓘ4-88915-088-9

内容 本書は、和泉式部正集、和泉式部続集、伝行成筆和泉式部続集切の各本文を、底本にできるだけ忠実に翻刻し、索引を付したものである。正集ならびに続集については、現存最善本とされる榊原家本(日本古典文学影印叢刊9『榊原本私家集一』所収)を、伝行成筆続集切については、現段階における可能な限りの集成を試みて、それぞれ底本とした。

『和泉式部集・和泉式部続集』 清水文雄校注 岩波書店 1983.5 340p 15cm (岩波文庫) 500円 Ⓝ911.138

「和泉式部日記」

『群書類従 第18輯 日記部 紀行部』 塙保己一編纂 オンデマンド版 八木書店古書出版部 2013.4 842p 21cm 〈訂正3版：続群書類従完成会 1979年刊 印刷・製本：デジタルパブリッシングサービス 発売：八木書店〉 13000円 Ⓘ978-4-8406-3129-7 Ⓝ081

内容 和泉式部日記, 紫式部日記 上, 紫式部日記 下, 讃岐典侍日記 上, 讃岐典侍日記 下, 辨内侍日記 上, 辨内侍日記 下, 中務内侍日記, 堯孝法印日記, 玄與日記, 宗長手記 上, 宗長手記 下, 土左日記貫之著, いほぬし 増基著, さらしな日記 孝標女著, 高倉院嚴嶋御幸記 通親著, 後鳥羽院熊野御幸記 定家著, 海道記 光行著, 南海流浪記 道範著, 東關紀行 親行著, うたゝねの記 阿佛著, いさよひの日記 阿佛著, 都のつと 宗久著, 小島のくちすさみ 良基著, 住吉詣 義詮著, 道ゆきぶり 貞世著, 鹿苑院殿嚴嶋詣記 貞世著, なぐさめ草 正徹著, 伊勢紀行 堯孝著, 富士紀行 雅世著, 覽富士記 堯孝著, 富士御覽日記, 富士歴覽記 雅康著, 善光寺記行 堯惠著, ふち河の記 兼良著, 正廣日記, 平安紀行 持資著, 筑紫道記 宗祇著, 北國紀行 堯惠著, 廻國雜記 道興著, 高野參詣日記 實隆著, 吉野詣記 公條著, 九州道の記 玄旨著, 九州のみちの記 勝俊著, あつまの道の記 尊海著, むさし野の

記行 氏康著, 東國陣道記 玄旨著, 蒲生氏郷紀行, 東路の津登 宗長著, 紹巴富士見道記, 東國紀行 宗牧著

『和泉式部日記』 川村裕子編 角川学芸出版, 角川グループパブリッシング〔発売〕 2007.8 201p 15cm (角川ソフィア文庫―ビギナーズ・クラシックス) 590円 ①978-4-04-857417-4

内容 恋多き女、和泉式部が秀逸な歌とともに綴った王朝女流日記の傑作。為尊親王の死後、その弟の敦道親王から和泉式部へ便りが届き、新たな恋が始まった。あまりにも身分が違う相手で、しかもかつての恋人の弟との恋。夫婦関係がゆるかった当時としても異例の関係だった。正妻のいる宮の邸へ迎えられ、正妻が出ていってしまうという結果を招く。恋故の苦しみと喜びはいつの世も変わらない。王朝の恋の世界を知るための最適の入門書。

『和泉式部全集』 和泉式部著 現代思潮新社 2007.5 36,43,196p 16cm (覆刻日本古典全集 与謝野寛, 正宗淳夫, 与謝野晶子編纂校訂)〈現代思潮社昭和58年刊を原本としたオンデマンド版〉 3700円 ①978-4-329-02657-6 Ⓝ911.138

内容 和泉式部日記, 和泉式部歌集

『和泉式部日記―現代語訳付き』 和泉式部著, 近藤みゆき訳注 角川書店 2003.12 270p 15cm (角川文庫―角川ソフィア文庫)〈年表あり〉705円 ①4-04-369901-8 Ⓝ915.34

市村 弘正
いちむら・ひろまさ
《1945～》

「名づけの精神」

『「名づけ」の精神史』 市村弘正著 増補 平凡社 1996.6 185p 16cm (平凡社ライブラリー) 880円 ①4-582-76152-6 Ⓝ104

内容 物への弔辞, 都市の周縁, 都市の崩壊―江戸における経験, 断片の運動――九二〇年代断章, 精神の現在形,「失敗」の意味―映画『水俣の甘夏』が指し示すもの, そぎ落とす精神―ブレッソン『抵抗』をめぐって, 或る思想史家の死,「死の影」の行方,「名づけ」の精神史, 逆向きに読まれる時代

『「名づけ」の精神史』 市村弘正著 みすず書房 1987.4 127p 19cm 1300円 ①4-622-01216-2

内容 80年代とは何か？「新品」増殖の時代、ネーミングの時代、人間・モノ関係の変質の時代、江戸人の経験とも対照しつつ、現代の社会崩壊の実態を抉る気鋭の論集。

五木 寛之
いつき・ひろゆき
《1932～》

「悲しむ」

『生きるヒント 1 自分を発見するための12のレッスン』 五木寛之著 新版 学研パブリッシング, 学研マーケティング〔発売〕 2013.12 284p 15cm 1000円 ①978-4-05-405876-7

内容 勇気がわくメッセージ満載。親から子、子から孫へと読み継がれる名作が、進化して生まれ変わりました。

『生きるヒント抄20』 五木寛之著 講談社 2005.12 252p 18cm (五木寛之こころの新書) 838円 ①4-06-278202-2

内容 日常の感情や体験からすくいとられる、知恵と、勇気と、やさしさが詰まった、永遠のメッセージ。ベストセラー『生きるヒント』を編みなおした珠玉の20章。

『生きるヒント―La Clef de vivre』 五木寛之著 愛蔵版 角川書店 2000.6 624p 19cm 1700円 ①4-04-883588-2

内容 本物の慰めと励ましがここに。嬉しい時、悲しい時、いつもそばにこの一冊があった。平成のバイブル『生きるヒント』シリーズ全五巻を一挙収録。

井出　孫六
いで・まごろく
《1931〜》

「忠犬ハチ公」
『その時この人がいた』　井出孫六著　筑摩書房　1990.1

『その時この人がいた—昭和史を彩る異色の肖像37』　井出孫六著　毎日新聞社　1987.2　404p　19cm　1600円　①4-620-30557-X

内容 現在の視点から発掘した昭和史。山本宣治の死、阿部定事件、吉田茂逮捕の裏、帝銀事件、吉展ちゃん誘拐、三島由紀夫自決など、事件の現場"東京砂漠"をくまなく歩き、そこに登場した人物を浮き上らせた歴史案内。

「峠を歩く」
『峠をあるく』　井出孫六著　筑摩書房　1987.3

伊東　静雄
いとう・しずお
《1906〜1953》

「有明海の思ひ出」
『精選 日本近代詩全集』　ぎょうせい　1982

「帰郷者」
『詩集 わがひとに与ふる哀歌』　伊東静雄著　日本図書センター　2000.2　160p　19cm　2200円　①4-8205-2726-6

内容 初刊のデザインの香りをつたえる新しい愛蔵版詩集シリーズ。青春の誇りと痛みの絶唱。

『精選 日本近代詩全集』　ぎょうせい　1982

「自然に、十分自然に」
『現代詩文庫 伊東静雄詩集　1017』　思潮社　1980

「羨望」
『現代詩文庫 伊東静雄詩集　1017』　思潮社　1980

「そんなに凝視めるな」
『現代詩文庫 伊東静雄詩集　1017』　思潮社　1980

「燕」
『現代詩文庫 伊東静雄詩集　1017』　思潮社　1980

「夏の終り」
『丸山薫　立原道造　伊東静雄』　丸山薫, 立原道造, 伊東静雄著, 萩原昌好編　あすなろ書房　1986.12　77p　23×19cm　(少年少女のための日本名詩選集 15)　1200円　①4-7515-1375-3

目次 丸山薫(水の精神, 汽車にのって ほか), 立原道造(はじめてのものに, のちのおもいに ほか), 伊東静雄(わがひとに与うる哀歌, 夏の終りに ほか)

『現代詩文庫 伊東静雄詩集　1017』　思潮社　1980

「春浅き」
『現代詩文庫 伊東静雄詩集　1017』　思潮社　1980

「夕映」
『現代詩文庫 伊東静雄詩集　1017』　思潮社　1980

「淀の河辺」
『現代詩文庫 伊東静雄詩集　1017』　思潮社　1980

「わがひとに与うる哀歌」
『蓮田善明/伊東静雄』　蓮田善明, 伊東静雄著　京都　新学社　2005.3　353p　15cm　(近代浪漫派文庫)　1343円　①4-7868-0093-7

目次 蓮田善明(有心(今ものがたり), 森鷗外, 養生の文学, 雲の意匠), 伊東静雄(伊東静雄詩集(わがひとに与ふる哀歌/夏花/春のいそぎ/反響抄/反響以後/拾遺詩篇より), 日記抄)

『日本の詩歌　23　中原中也・伊東静雄・

八木重吉』 中原中也, 伊東静雄, 八木重吉［著］ 新装 中央公論新社 2003.6 431p 21cm 〈オンデマンド版 年譜あり〉 5300円 ①4-12-570067-2 Ⓝ911.08

内容 中原中也：山羊の歌, 在りし日の歌, 未刊詩篇, 伊東静雄：わがひとに与ふる哀歌, 夏花, 春のいそぎ, 反響, 反響以後, 八木重吉：秋の瞳, 貧しき信徒, 未刊詩篇, 詩人の肖像（江藤淳著）

『わがひとに與ふる哀歌―詩集』 伊東静雄著 長岡京 竹林館 2003.6 70p 22cm 〈付属資料：別冊（8p） 杉田屋印刷所1935年刊の複製〉 2300円 ①4-86000-044-7 Ⓝ911.56

『現代詩文庫 伊東静雄詩集 1017』 思潮社 1980

伊藤 整
いとう・せい
《1905～1969》

「近代日本人の発想の形式」

『小説の認識』 伊藤整著 岩波書店 2006.8 303p 15cm （岩波文庫） 700円 ①4-00-310965-1

内容 『小説の方法』の続編。『方法』で組織的に展開した考察、分析をよりいっそう個別に深化、発展させた11篇の評論から成る。「組織と人間」など社会と人間の関係への新たな視座も生まれ、読みごたえのある刺激的な評論集となった。

『昭和文学全集 11』 尾崎一雄, 丹羽文雄, 石川達三, 伊藤整著 小学館 1988.3 1101p 21cm 4000円 ①4-09-568011-3

内容 暢気眼鏡（尾崎一雄）, 落梅（尾崎一雄）, 虫のいろいろ（尾崎一雄）, 痩せた雄雞（尾崎一雄）, 霖雨（尾崎一雄）, すみっこ（尾崎一雄）, まぼろしの記（尾崎一雄）, 夢蝶（尾崎一雄）, 楠ノ木の箱（尾崎一雄）, 松風（尾崎一雄）, 閑な老人（尾崎一雄）, 鎌倉の人（尾崎一雄）, 蜂と老人（尾崎一雄）, 迅く来いクリスマス（尾崎一雄）, 木刀・井戸・玉樟―老人の冒険（尾崎一雄）, 日の沈む場所（尾崎一雄）, ハレー彗星（尾崎一雄）, 四角な机 丸い机（尾崎一雄）, 早くも1年（尾崎一雄）, 夭折した友の本（尾崎一雄）, 苺酒（尾崎一雄）, 鮎（丹羽文雄）, 贅肉（丹羽文雄）, 海戦（丹羽文雄）, 厭がらせの年齢（丹羽文雄）, 青麦（丹羽文雄）, 熊狩り（丹羽文雄）, 中華料理店（丹羽文雄）, 父子相伝（丹羽文雄）, 旅の前（丹羽文雄）, 帰郷（丹羽文雄）, 妻（丹羽文雄）, わが母の生涯（丹羽文雄）, 蒼氓（石川達三）, 日蔭の村（石川達三）, 生きている兵隊（石川達三）, 神坂四郎の犯罪（石川達三）, 流れゆく日 昭和45年11月1日～11月30日（石川達三）, 死を前にしての日記より（石川達三）, 馬喰の果（伊藤整）, 街と村より（伊藤整）, 灯をめぐる虫（伊藤整）, 生きる怖れ（伊藤整）, 若い詩人の肖像 第5章～第7章（伊藤整）, 散文芸術の性格（伊藤整）, 近代日本人の発想の諸形式（伊藤整）, 組織と人間（伊藤整）, 近代日本における「愛」の虚偽（伊藤整）, 求道者と認識者（伊藤整）, 雪明りの路（伊藤整）

『近代日本人の発想の諸形式』 伊藤整著 岩波書店 1981.1 168p 15cm （岩波文庫） 250円 Ⓝ910.26

内容 近代日本人の発想の諸形式, 近代日本の作家の生活, 近代日本の作家の創作方法, 昭和文学の死滅したものと生きているもの, 近代日本における「愛」の虚偽

「文芸の本質」

『改訂 文学入門』 伊藤整著 改訂版 講談社 2004.12 311p 15cm （講談社文芸文庫） 1300円 ①4-06-198390-3

内容 一九五四年初刷刊行以来絶讃され、実験的実作による研究成果が盛り込まれ、増補改訂が加えられた。「できるだけ分かりやすい形で、文学の形式、その感動、その文体、他芸術との比較」の諸点から一般読者に向けて書かれ、一九七九年には四十刷の版を重ねた。“芸術とは何か”を追求した伊藤整の文学理論を集大成し、文学の本質を平易に解きあかした文学入門書の白眉。

「若い詩人の肖像」

『青春の屈折 上巻』 大岡昇平, 平野謙, 佐々木基一, 埴谷雄高, 花田清輝責任編集 新装版 學藝書林 2005.2 676p 19cm （全集 現代文学の発見 第14巻） 4500円 ①4-87517-072-6

内容 早世した梶井基次郎、中島敦、堀辰雄らの自伝的作品から、若者の破滅と自殺を描く高見順「故旧忘れ得べき」、田宮虎彦「琵琶湖疏水」、檀一雄「花筐」、戦争をテーマにした西原啓「焦土」、「きけわだつみのこ

え」まで、生と死をめぐって格闘する青春群像15編。

『若い詩人の肖像』 伊藤整著 講談社 1998.9 453p 15cm (講談社文芸文庫) 1500円 ①4-06-197633-8

内容 小樽高等商業学校に入学した「私」は野望と怖れ、性の問題等に苦悩しつつ青春を過ごす。昭和三年待望の上京、北川冬彦、梶井基次郎ら「青空」同人達との交遊、そして父の危篤…。純粋で強い自我の成長過程を小林多喜二、萩原朔太郎ら多くの詩人・作家の実名と共に客観的に描く。詩集『雪明かりの路』『冬夜』誕生の時期を、筆者50歳円熟の筆で捉えた伊藤文学の方向・方法を原初的に明かす自伝的長篇小説。

『新潮現代文学 13 伊藤整』 新潮社 1981.2 382p 20cm〈伊藤整の肖像あり〉1200円 Ⓝ918.6

内容 若い詩人の肖像, 火の鳥, 解説 曽根博義著, 年譜：p378〜382

井上 ひさし
いのうえ・ひさし
《1934〜2010》

「世界に一冊しかない本」

『日本語は七通りの虹の色―自選ユーモアエッセイ 2』 井上ひさし著 集英社 2001.2 302p 15cm (集英社文庫) 495円 ①4-08-747292-2

内容 言葉を杖に本を友として歩む鬼才が語る「言葉のゆたかさ、本の楽しさ」満載のこの一冊。さる古書展で大枚2万円で買い求めた「円朝全集」、読むほどにいらいらがつのる。赤鉛筆の傍線は、きまってトンチンカンな箇所。前の所有者はかなりの愚物にちがいない…。毎日八種類の新聞に目をとおす著者が、社会面を賑わせた刃傷事件を分析してみれば…。独自で才にあふれた解釈が笑いの内に本質を抉る。

「ナイン」

『時よとまれ、君は美しい―スポーツ小説名作集』 齋藤愼爾編 角川書店, 角川グループパブリッシング〔発売〕 2007.12 392p 15cm (角川文庫) 629円 ①978-4-04-121209-7

内容 三島由紀夫と剣道、安部公房とボクシング、倉橋由美子と短距離走、石原慎太郎とアイガー北壁―肉体と精神の極致で書き手と作品が一体化したかのような迫真のアスリート小説。一方、井上ひさしと野球、安岡章太郎とグローブ、清水義範と長嶋茂雄など少年の喪失感やユーモアが味わい深い胸キュン小説。いずれも競技やスポーツがもたらす心身の昂揚と孤独に肉迫し、手に汗握る名作揃いである。編と解説は齋藤愼爾。

『読書の時間に読む本 中学3年生』 西本鶏介編 ポプラ社 2003.3 205p 21cm (読書の時間に読む本 中学生版 3) 700円 ①4-591-07586-9

内容 いま注目の「朝の読書、朝読」に最適の読書入門。読んでおきたい名作・傑作を、学年別に10編収録。

『ナイン』 井上ひさし著 汐文社 1998.11 240p 19cm (井上ひさしジュニア文学館 1) 1800円 ①4-8113-7234-4

内容 東京の下町、浅草橋、門前仲町、小岩…。都心の四ツ谷、赤坂、新宿など、大都会のさまざまな風情を背景に、そこに暮らす人びとの人間模様を綴った短編集。新道少年野球団の選手のその後の消息を描いた表題作「ナイン」をはじめ、「太郎と花子」「傷」「記念写真」「会話」「握手」など、佳編16話収録。

「日本語」

『遅れたものが勝ちになる―エッセイ集6』 井上ひさし著 中央公論社 1992.6 282p 16cm (中公文庫) 480円 ①4-12-201914-1 Ⓝ914.6

『遅れたものが勝ちになる』 井上ひさし著 中央公論社 1989.4 234p 19cm (井上ひさし エッセイ集 6) 1100円 ①4-12-001791-5

内容 貿易摩擦と農業問題、憲法談義、さらにプロ野球を面白くするための奇抜な提案から啄木への架空インタビュー、ブロードウエイ観劇記と、諷刺の達人が、庶民の感覚で現代を縦横無尽に語る。

「パロディ思案」

『はじける知恵』 松田哲夫編 あすなろ書房 2012.5 255p 22×14cm (中学生までに読んでおきたい哲学 8) 1800円 ①978-4-7515-2728-3

内容 知識と知恵って、どう違うんですか。考える楽しみに満ちた19編。

『わが人生の時刻表―自選ユーモアエッセイ 1』 井上ひさし著 集英社 2000.10 302p 15cm （集英社文庫） 495円 Ⓘ4-08-747252-3

内容 現代の戯作者・井上ひさしが30年以上にわたり書きついだエッセイの中から、とりわけユーモアに富む珠玉を取り出し一冊にまとめる。人生の転機になにをしでかしたか？ 時代を映す鏡は本当は何処にあるのか？ なにげなく使っている日本語の意味は？ 文字通り抱腹絶倒体験の中から幾多な「世の中」が見えてくる。エッセイで綴る鬼才の半生。

『パロディ志願―エッセイ集1』 井上ひさし著 中央公論社 1982.2 221p 16cm （中公文庫） 280円 Ⓝ914.6

「パロディ志願」

『わが人生の時刻表―自選ユーモアエッセイ 1』 井上ひさし著 集英社 2000.10 302p 15cm （集英社文庫） 495円 Ⓘ4-08-747252-3

内容 現代の戯作者・井上ひさしが30年以上にわたり書きついだエッセイの中から、とりわけユーモアに富む珠玉を取り出し一冊にまとめる。人生の転機になにをしでかしたか？ 時代を映す鏡は本当は何処にあるのか？ なにげなく使っている日本語の意味は？ 文字通り抱腹絶倒体験の中から幾多な「世の中」が見えてくる。エッセイで綴る鬼才の半生。

『パロディ志願―エッセイ集1』 井上ひさし著 中央公論社 1982.2 221p 16cm （中公文庫） 280円 Ⓝ914.6

井上 靖

いのうえ・やすし

《1907～1991》

「愛情」

『北国―詩集』 井上靖著 東京創元社 1996.11 121p 22cm 〈書名は奥付等による 標題紙の書名：きたぐに 昭和33年刊の複製〉 2500円 Ⓘ4-488-02350-9 Ⓝ911.56

『詩・短篇 1』 井上靖著 新潮社 1995.4 619p 21cm （井上靖全集 第1巻） 8000円 Ⓘ4-10-640541-5

内容 現代の夢を歴史の悠久を幼き日の郷愁を清冽な詩情溢れる端正な筆に描いた井上靖。多彩な文業を集大成した初の本格全集。

「あじさい」

『井上靖「わが一期一会」』 井上靖著 日本図書センター 2004.9 298p 19cm （人間の記録） 1800円 Ⓘ4-8205-9579-2

目次 別離, 旅情, 詩のノートから, 人生について, 小説のノートから, シルク・ロード, 近時寸感, 新しき年に

『井上靖全集 第23巻』 井上靖著 新潮社 1997.6 790p 21cm 9200円 Ⓘ4-10-640563-6

内容 生い立ち、恩師や友人、青春を賭けた柔道のことなど自己探究的な「自伝エッセイ」と、四季、趣味、子供たちのことなど身辺的な「随想」を収録。

『わが一期一会』 井上靖著 三笠書房 1993.1 284p 15cm （知的生きかた文庫） 500円 Ⓘ4-8379-0553-6

目次 別離, 旅情, 詩のノートから, 人生について, 小説のノートから, シルク・ロード, 近時寸感, 新しき年に

「あすなろ物語」

『あすなろ物語』 井上靖著 86刷改版 新潮社 2002.2 256p 16cm （新潮文庫） 438円 Ⓘ4-10-106305-2 Ⓝ913.6

『あすなろ物語』 井上靖著 旺文社 1997.4 287p 18cm （愛と青春の名作集） 950円 Ⓘ4-01-066064-3

『井上靖全集 第9巻』 井上靖著 新潮社 1996.1 677p 21cm 8500円 Ⓘ4-10-640549-0

内容 永遠に檜にはなれない“あすなろ説話”の哀しさを描いた「あすなろ物語」など昭和二十七年一月から二十九年十二月までの長篇五篇を収録。

「風」

『井上靖短篇集 第6巻』 井上靖著 岩波書店 1999.5 401p 23cm 4200円

Ⓘ4-00-026306-4 Ⓝ913.6

内容 褒姒の笑い, 永泰公主の頸飾り, テペのある街にて, 崑崙の玉, アム・ダリヤの水溜り, 聖者, 風, 鬼の話, 壺, 桃李記, 道, ダージリン, 河の畔り, 炎, 石濤, 生きる, 解説：井上靖話情の詩人(秦恒平著)

『井上靖全集 第7巻』 井上靖著 新潮社 1995.11 623p 21cm 8000円 Ⓘ4-10-640547-4

内容 母の老いと死を描いた「花の下」「月の花」「雪の面」ほか昭和三十九年六月から平成二年一月の短篇三十篇および戯曲二篇、童話八篇を収録。

『井上靖自伝的小説集 第5巻 月の光』 学習研究社 1985.7 670p 23cm 4200円 Ⓘ4-05-101221-2 Ⓝ913.68

内容 序詩 無題 ほか, わが母の記 花の下, 月の光, 雪の面, 桃李記 桃李記, グウドル氏の手套, 風, 墓地とえび芋, 土の絵, 鬼の話, 道, 壷 大洗の月, テペのある街にて, アム・ダリヤの水溜り, 壷, 幼き日のこと, 過ぎ去りし日日

「川の話」

『井上靖短篇集 第3巻』 井上靖著 岩波書店 1999.2 484p 23cm 4400円 Ⓘ4-00-026303-X Ⓝ913.6

内容 異域の人, 末裔, 大洗の月, 湖上の兎, グウドル氏の手套, 信松尼記, 僧行賀の涙, 胡桃林, 花粉, チャンピオン, 姨捨, 黙契, 湖の中の川, 篝火, 川の話, 真田軍記, 解説(中村稔著)

『井上靖全集 短篇 5』 井上靖著 新潮社 1995.9 613p 21cm (井上靖全集 第5巻) 8000円 Ⓘ4-10-640545-8

内容 沙漠に消えてしまった小国とその民族の苛酷な運命を詩的に描いた「楼蘭」ほか昭和三十年五月から三十三年十月の短篇四五篇を収録。

『日本の旅』 井上靖著 岩波書店 1992.1 357p 21cm (井上靖歴史紀行文集 第1巻) 4200円 Ⓘ4-00-004186-X

目次 下北半島のアスナロウ, 平泉紀行, 早春の伊豆・駿河, 涸沢にて, 南紀の海に魅せられて, 穂高の月・ヒマラヤの月, 梓川沿いの樹林, 薄雪に包まれた高山の町, 大佐渡小佐渡, 川の話,「旅と人生」について, 日本の風景〔ほか〕

「北国」

『北国―詩集』 井上靖著 東京創元社 1996.11 121p 22cm〈書名は奥付等による 標題紙の書名：きたぐに 昭和33年刊の複製〉2500円 Ⓘ4-488-02350-9 Ⓝ911.56

『詩・短篇 1』 井上靖著 新潮社 1995.4 619p 21cm (井上靖全集 第1巻) 8000円 Ⓘ4-10-640541-5

内容 現代の夢を歴史の悠久を幼き日の郷愁を清冽な詩情溢れる端正な筆に描いた井上靖。多彩な文業を集大成した初の本格全集。

「光陰矢の如し」

『井上靖「わが一期一会」』 井上靖著 日本図書センター 2004.9 298p 19cm (人間の記録) 1800円 Ⓘ4-8205-9579-2

目次 別離, 旅情, 詩のノートから, 人生について, 小説のノートから, シルク・ロード, 近時寸感, 新しき年に

『井上靖全集 第23巻』 井上靖著 新潮社 1997.6 790p 21cm 9200円 Ⓘ4-10-640563-6

内容 生い立ち、恩師や友人、青春を賭けた柔道のことなど自己探究的な「自伝エッセイ」と、四季、趣味、子供たちのことなど身辺的な「随想」を収録。

『わが一期一会』 井上靖著 三笠書房 1993.1 284p 15cm (知的生きかた文庫) 500円 Ⓘ4-8379-0553-6

目次 別離, 旅情, 詩のノートから, 人生について, 小説のノートから, シルク・ロード, 近時寸感, 新しき年に

「セキセイインコ」

『私小説名作選 上』 中村光夫選, 日本ペンクラブ編 講談社 2012.5 279p 15cm (講談社文芸文庫) 1400円 Ⓘ978-4-06-290158-1

内容 近代日本文学において独特の位置を占める「私小説」は、現代に至るまで、脈々と息づいている。文芸評論家・中村光夫により精選された、文学史を飾る作家十五人の珠玉の「私小説」の競演。

『井上靖全集 第7巻』 井上靖著 新潮社 1995.11 623p 21cm 8000円 Ⓘ4-

10-640547-4
内容 母の老いと死を描いた「花の下」「月の花」「雪の面」ほか昭和三十九年六月から平成二年一月の短篇三十篇および戯曲二篇、童話八篇を収録。

「天上の星の輝き」

『井上靖「わが一期一会」』 井上靖著 日本図書センター 2004.9 298p 19cm (人間の記録) 1800円 ①4-8205-9579-2
目次 別離, 旅情, 詩のノートから, 人生について, 小説のノートから, シルク・ロード, 近時寸感, 新しき年に

『井上靖全集 第23巻』 井上靖著 新潮社 1997.6 790p 21cm 9200円 ①4-10-640563-6
内容 生い立ち、恩師や友人、青春を賭けた柔道のことなど自己探究的な「自伝エッセイ」と、四季、趣味、子供たちのことなど身辺的な「随想」を収録。

『自分の著作について語る21人の大家 作品在中 下』 明治書院教科書編集部編 明治書院 1997.5 245p 21cm 2800円 ①4-625-43074-7
目次 評論・行動中心の読書(梅棹忠夫), 評論・言葉の力(大岡信), 評論・日本文化の雑種性(加藤周一), 評論・「見物」の精神(加藤秀俊), 評論・生きること考えること(中村雄二郎), 評論・劇的なる日本人(山崎正和), 随想・天上の星の輝き(井上靖), 随想・鳥の名と(唐木順三), 随想・読む速度と考える速度(黒井千次), 随想・北の森から(辻邦生), 随想・飛天(福永武彦)

「天平の甍」

『天平の甍』 井上靖著 新潮社 2005.8 230p 15cm (新潮文庫) 400円 ①4-10-106311-7
内容 天平の昔、荒れ狂う大海を越えて唐に留学した若い僧たちがあった。故国の便りもなく、無事な生還も期しがたい彼ら―在唐二十年、放浪の果て、高僧鑒真を伴って普照はただひとり故国の土を踏んだ…。鑒真来朝という日本古代史上の大きな事実をもとに、極限に挑み、木の葉のように翻弄される僧たちの運命を、永遠の相の下に鮮明なイメージとして定着させた画期的な歴史小説。

『井上靖全集 第12巻』 井上靖著 新潮社 1996.4 629p 21cm 8000円 ①4-10-640552-0
内容 五人の留学僧の運命と十年を経て渡来してきた鑒真の不屈の姿を描いた「天平の甍」など昭和三十二年三月から三十五年七月までの長篇四篇を収録。

『天平の甍』 井上靖著 旺文社 1990.3 256p 15cm (必読名作シリーズ) 500円 ①4-01-066034-1
内容 天平時代、日本の仏教に戒律をもたらすために、遣唐使船で唐に渡った4人の留学僧の運命と、幾たびの苦難にもめげず渡海来日を遂げる唐の名僧鑒真の壮烈な生涯をえがいた歴史小説の名編。

「点は墜石のごとく」

『井上靖「わが一期一会」』 井上靖著 日本図書センター 2004.9 298p 19cm (人間の記録) 1800円 ①4-8205-9579-2
目次 別離, 旅情, 詩のノートから, 人生について, 小説のノートから, シルク・ロード, 近時寸感, 新しき年に

『井上靖全集 第23巻』 井上靖著 新潮社 1997.6 790p 21cm 9200円 ①4-10-640563-6
内容 生い立ち、恩師や友人、青春を賭けた柔道のことなど自己探究的な「自伝エッセイ」と、四季、趣味、子供たちのことなど身辺的な「随想」を収録。

『わが一期一会』 井上靖著 三笠書房 1993.1 284p 15cm (知的生きかた文庫) 500円 ①4-8379-0553-6
目次 別離, 旅情, 詩のノートから, 人生について, 小説のノートから, シルク・ロード, 近時寸感, 新しき年に

「投網」

『井上靖全集 短篇 4』 井上靖著 新潮社 1995.8 622p 21cm (井上靖全集 第4巻) 8000円 ①4-10-640544-X
内容 作家井上靖を語るうえで重要な鍵となる私小説的作品「姨捨」ほか昭和二十八年七月から三十年四月の短篇四四篇を収録。

『井上靖自伝的小説集 第1巻 しろばんば』 学習研究社 1985.3 725p 23cm 4200円 ①4-05-101217-4 Ⓝ913.68
内容 序詩 ふるさと ほか, しろばんば, 孤猿魔法壜, 夏の焔, 滝へ降りる道, 投網, 白い街

道, 神かくし, ハムちゃんの正月, 馬とばし, 帽子, 孤猿

「氷壁」

『氷壁』 井上靖著 新装版 新潮社 2005.12 517p 19cm 2300円 Ⓘ4-10-302512-3

内容 滑落事故はなぜ起こったのか？ 人妻との恋に悩む男はなぜ死んだのか？ 甦る名作長篇。

『氷壁』 井上靖著 改版 新潮社 2002.6 633p 15cm （新潮文庫） 781円 Ⓘ4-10-106310-9

内容 奥穂高の難所に挑んだ小坂乙彦は、切れる筈のないザイルが切れて墜死する。小坂と同行し、遭難の真因をつきとめようとする魚津恭太は、自殺説も含め数々の臆測と戦いながら、小坂の恋人であった美貌の人妻八代美那子への思慕を胸に、死の単独行を開始する…。完璧な構成のもとに雄大な自然と都会の雑踏を照応させつつ、恋愛と男同士の友情をドラマチックに展開させた長編小説。

『井上靖全集 第11巻』 井上靖著 新潮社 1996.3 699p 21cm 9000円 Ⓘ4-10-640551-2

内容 ナイロン・ザイル事件に想をえた清新な恋愛小説として世間の話題を集めた「氷壁」など昭和三十年十月から三十二年八月までの長篇三篇を収録。

「昔の恩人」

『井上靖全集 短篇 4』 井上靖著 新潮社 1995.8 622p 21cm （井上靖全集 第4巻） 8000円 Ⓘ4-10-640544-X

内容 作家井上靖を語るうえで重要な鍵となる私小説的作品「姨捨」ほか昭和二十八年七月から三十年四月の短篇四四篇を収録。

「ゆるさざる心」

『井上靖「わが一期一会」』 井上靖著 日本図書センター 2004.9 298p 19cm （人間の記録） 1800円 Ⓘ4-8205-9579-2

目次 別離, 旅情, 詩のノートから, 人生について, 小説のノートから, シルク・ロード, 近時寸感, 新しき年に

『井上靖全集 第23巻』 井上靖著 新潮社 1997.6 790p 21cm 9200円 Ⓘ4-10-640563-6

内容 生い立ち、恩師や友人、青春を賭けた柔道のことなど自己探究的な「自伝エッセイ」と、四季、趣味、子供たちのことなど身辺的な「随想」を収録。

『わが一期一会』 井上靖著 三笠書房 1993.1 284p 15cm （知的生きかた文庫） 500円 Ⓘ4-8379-0553-6

目次 別離, 旅情, 詩のノートから, 人生について, 小説のノートから, シルク・ロード, 近時寸感, 新しき年に

井原 西鶴
いはら・さいかく
《1642～1693》

「好色一代男」

『好色一代男』 吉行淳之介訳 改版 中央公論新社 2008.2 369p 15cm （中公文庫） 952円 Ⓘ978-4-12-204976-5

内容 七歳にして腰元の袖を引いて以来、たわむれし女三千七百四十二人。やさしく美しき女を求めて諸国をさすらい、終には女護の島へと船出したまま行方知れずとなる稀代の遊蕩児世之介。最高の訳者の匂い立つ現代語で、今その遍歴の物語が甦る。

『新編西鶴全集 第1巻 本文篇』 井原西鶴著, 新編西鶴全集編集委員会編 勉誠出版 2000.2 620p 27cm 〈複製を含む〉 Ⓘ4-585-10063-6 Ⓝ913.52

内容 好色一代男, 諸艶大鑑, 椀久一世の物語, 好色五代女, 好色一代女

『井原西鶴集 1 好色一代男 好色五人女 好色一代女』 井原西鶴著, 暉峻康隆, 東明雅校注・訳 小学館 1996.4 606p 21cm （新編 日本古典文学全集） 4800円 Ⓘ4-09-658066-X

『好色一代男』 井原西鶴著, 暉峻康隆訳注 小学館 1992.10 394p 16cm （小学館ライブラリー―現代語訳・西鶴） 960円 Ⓘ4-09-460035-3 Ⓝ913.52

「西鶴置土産」

『西鶴置土産・萬の文反古』 麻生磯次, 冨士昭雄訳注 オンデマンド版 明治書

院　2008.3　293,15p　21cm　（決定版 対訳西鶴全集 15）5300円　Ⓘ978-4-625-47476-7

内容 遊蕩のあげく零落した大尽の末路を淡々とした筆致で描いた置土産、書簡体小説の最高傑作の一つと評される文反古、西鶴文学の総決算的内容を備えている。

『新編西鶴全集　第4巻 本文篇』 井原西鶴著，新編西鶴全集編集委員会編　勉誠出版　2004.2　679p　27cm〈複製および翻刻〉Ⓘ4-585-10093-8　Ⓝ913.52

内容 世間胸算用, 浮世栄花一代男, 西鶴置土産, 西鶴織留, 西鶴俗つれづれ, 万の文反古, 西鶴名残の友

『西鶴置土産―現代語訳・西鶴』 井原西鶴著，暉峻康隆訳・注　小学館　1997.8　264p　15cm　（小学館ライブラリー）800円　Ⓘ4-09-460103-1

内容 時は元禄、バブルの世。意地がからんだ恋のたてひき。好いた女に費やす家産。店を傾けようと妻子に見限られようとも悔いぬ人生。せつない心をおもしろく読ませる現代語版西鶴作品。ポスト・バブルの時代にうってつけ。

「西鶴織留」

『新編西鶴全集　第4巻 本文篇』 井原西鶴著，新編西鶴全集編集委員会編　勉誠出版　2004.2　679p　27cm〈複製および翻刻〉Ⓘ4-585-10093-8　Ⓝ913.52

内容 世間胸算用, 浮世栄花一代男, 西鶴置土産, 西鶴織留, 西鶴俗つれづれ, 万の文反古, 西鶴名残の友

『西鶴織留 翻刻』 井原西鶴著，加藤裕一編　おうふう　1996.3　219p　26cm　（西鶴選集）3200円　Ⓘ4-273-02679-1

『西鶴織留』 井原西鶴著，麻生磯次，冨士昭雄訳注　明治書院　1993.5　221,22p　21cm　（決定版 対訳西鶴全集 14）3400円　Ⓘ4-625-51152-6

「西鶴諸国咄」

『新編西鶴全集　第2巻 本文篇』 井原西鶴著，新編西鶴全集編集委員会編　勉誠出版　2002.2　700p　27cm〈複製および翻刻〉Ⓘ4-585-10086-5　Ⓝ913.52

内容 西鶴諸国はなし, 本朝二十不孝, 男色大鑑, 武道伝来記, 好色盛衰記

『西鶴諸国はなし―西鶴影印叢刊』 森田雅也編　大阪　和泉書院　1996.4　217p　21cm　1854円　Ⓘ4-87088-793-2

『西鶴諸国はなし』 井原西鶴著，江本裕編　おうふう　1993.11　2冊（セット）　26cm　（西鶴選集）　5200円　Ⓘ4-273-02721-6

内容 西鶴小説の原形をみせる。諸国の奇譚を集めながら、みごとな人間喜劇を創出する。

「世間胸算用」

『世間胸算用』 井原西鶴著，冨士昭雄校注　新装版再版　明治書院　2005.2　213p　19cm　（校注古典叢書）〈文献あり　年譜あり〉2000円　Ⓘ4-625-71322-6　Ⓝ913.52

『新編西鶴全集　第4巻 本文篇』 井原西鶴著，新編西鶴全集編集委員会編　勉誠出版　2004.2　679p　27cm〈複製および翻刻〉Ⓘ4-585-10093-8　Ⓝ913.52

内容 世間胸算用, 浮世栄花一代男, 西鶴置土産, 西鶴織留, 西鶴俗つれづれ, 万の文反古, 西鶴名残の友

『井原西鶴集　3』 谷脇理史, 神保五弥, 暉峻康隆校注・訳　小学館　1996.12　638p　21cm　（新編 日本古典文学全集 68）4800円　Ⓘ4-09-658068-6

内容 頭注＋原文＋現代語訳「三段組の古典」決定版誕生！ 基本的作品を網羅。権威ある執筆陣、最新の研究成果。

「日本永代蔵」

『日本永代蔵―現代語訳付き』 井原西鶴著，堀切実訳注　新版　角川学芸出版，角川グループパブリッシング〔発売〕　2009.3　525p　15cm　（角川ソフィア文庫）1124円　Ⓘ978-4-04-400907-6

内容 本格的貨幣経済時代を迎えた江戸前期の市井の人々の、金と物欲にまつわる悲喜劇を描く経済小説。舞台は日本全国に及び、商売成功の方法を述べた実用書の面もあわせもつ当時のベストセラー。成功談と失敗談の双方を描きながら、金銀万能の世相を活写して、町人生活の諸相をあぶり出す傑作。読みやすい現代語訳、原文と詳細な脚注、版本に収められた挿絵とその解説、各編ごとの解説、全体についての総解説で構成

する決定版。

『日本永代蔵』 麻生磯次, 冨士昭雄訳注 オンデマンド版 明治書院 2008.6 221,13p 21cm (決定版 対訳西鶴全集 12) 4300円 ①978-4-625-47475-0

内容 西鶴が新たに町人社会へ視線を転じ、商業資本主義経済下の町人の実態を描く。勤勉・節倹・才覚による成功致富談を集め、初めて金を主題とした文学作品を完成。

『日本永代蔵』 井原西鶴著, 堤精二校注 新装版 明治書院 2003.2 256p 19cm (校注古典叢書) 〈文献あり〉 2100円 ①4-625-71327-7 Ⓝ913.52

「武家義理物語」

『武家義理物語』 井原西鶴著, 和田万吉校訂 一穂社 2005.10 98p 21cm (名著/古典籍文庫) 〈岩波文庫復刻版 岩波書店1934年刊(第2刷)を原本としたオンデマンド版〉 2000円 ①4-86181-134-1 Ⓝ913.52

『新編西鶴全集 第3巻 本文篇』 井原西鶴著, 新編西鶴全集編集委員会編 勉誠出版 2003.2 716p 27cm 〈複製および翻刻〉 ①4-585-10087-3 Ⓝ913.52

内容 懐硯, 日本永代蔵, 色里三所世帯, 武家義理物語, 嵐は無常物語, 新可笑記, 本朝桜陰比事

『井原西鶴集 4』 冨士昭雄, 広嶋進校注・訳 小学館 2000.8 637p 21cm (新編日本古典文学全集 69) 4657円 ①4-09-658069-4

内容 古今の仇討ちを記した『武道伝来記』、意地に生きる武士の姿を描いた『武家義理物語』、武士の世界の珍談・奇談を綴った『新可笑記』。西鶴武家物の傑作三編を収録。

「本朝桜陰比事」

『本朝櫻陰比事』 麻生磯次, 冨士昭雄訳注 オンデマンド版 明治書院 2008.6 201,12p 21cm (決定版 対訳西鶴全集 11) 4000円 ①978-4-625-47474-3

内容 宋の疑獄説話集「棠陰此事」に倣って「板倉政要」はじめ多数の文献に取材し、未解決の犯罪や困難な訴訟事件を、名奉行が推理、解明してゆく過程を興味深く描く。

『新編西鶴全集 第3巻 本文篇』 井原西鶴著, 新編西鶴全集編集委員会編 勉誠出版 2003.2 716p 27cm 〈複製および翻刻〉 ①4-585-10087-3 Ⓝ913.52

内容 懐硯, 日本永代蔵, 色里三所世帯, 武家義理物語, 嵐は無常物語, 新可笑記, 本朝桜陰比事

『本朝桜陰比事』 井原西鶴著, 麻生磯次, 冨士昭雄訳注 明治書院 1993.2 201, 12p 21cm (決定版 対訳西鶴全集 11) 3400円 ①4-625-51149-6

「万の文反古」

『西鶴置土産・萬の文反古』 麻生磯次, 冨士昭雄訳注 オンデマンド版 明治書院 2008.3 293,15p 21cm (決定版 対訳西鶴全集 15) 5300円 ①978-4-625-47476-7

内容 遊蕩のあげく零落した大尽の末路を淡々とした筆致で描いた置土産、書簡体小説の最高傑作の一つと評される文反古、西鶴文学の総決算的内容を備えている。

『新編西鶴全集 第4巻 本文篇』 井原西鶴著, 新編西鶴全集編集委員会編 勉誠出版 2004.2 679p 27cm 〈複製および翻刻〉 ①4-585-10093-8 Ⓝ913.52

内容 世間胸算用, 浮世栄花一代男, 西鶴置土産, 西鶴織留, 西鶴俗つれづれ, 万の文反古, 西鶴名残の友

『井原西鶴集 3』 谷脇理史, 神保五弥, 暉峻康隆校注・訳 小学館 1996.12 638p 21cm (新編 日本古典文学全集 68) 4800円 ①4-09-658068-6

内容 頭注＋原文＋現代語訳「三段組の古典」決定版誕生！ 基本的作品を網羅。権威ある執筆陣、最新の研究成果。

茨木 のり子
いばらぎ・のりこ
《1926～2006》

「美しいことばとは」

『はじける知恵』 松田哲夫編 あすなろ書房 2012.5 255p 22×14cm (中学生までに読んでおきたい哲学 8) 1800円 ①978-4-7515-2728-3

内容 知識と知恵って、どう違うんですか。考える楽しみに満ちた19編。

「生まれて」

『詩のこころを読む』 茨木のり子著 改版 岩波書店 2009.11 231p 18cm （岩波ジュニア新書） 780円 ①4-00-500009-6

内容 いい詩には、人の心を解き放ってくれる力があります。また、生きとし生けるものへのいとおしみの感情をやさしく誘いだしてもくれます。この本では、長いあいだ詩を書き、多くの詩を読んできた著者が、心を豊かにしつづけている詩の中から、忘れがたい数々を選びだし、その魅力を情熱をこめて語ります。

『詩のこころを読む』 茨木のり子著 岩波書店 2003.6 220p 18cm （岩波ジュニア新書）〈第56刷〉 780円 ①4-00-500009-6

内容 いい詩には、ひとの心を解き放ってくれる力があります。また、生きとし生けるものへのいとおしみの感情をやさしく誘いだしてもくれます。この本では、長いあいだ詩を書き、ひとの詩もたくさんよんできた著者が、心を豊かにしつづけている詩の中から忘れがたい数々を選びだし、その魅力を情熱をこめて語ります。

「汲む」

『茨木のり子』 萩原昌好編 あすなろ書房 2013.6 103p 20×16cm （日本語を味わう名詩入門 16） 1500円 ①978-4-7515-2656-9

目次 こどもたち, 六月, わたしが一番きれいだったとき, 小さな娘が思ったこと, はじめての町, 汲む―Y・Yに, 惑星, 言いたくない言葉, 自分の感受性くらい, 鍵〔ほか〕

『茨木のり子集 言の葉 1』 茨木のり子著 筑摩書房 2010.8 397p 15cm （ちくま文庫） 820円 ①978-4-480-42751-9

内容 しなやかに、そして凛と生きた詩人の歩みのあとを、年代別の詩とエッセイなどで編む1950～60年代自選作品集。

『わたしが一番きれいだったとき―凛として生きるための言葉』 茨木のり子著 毎日コミュニケーションズ 2010.2 1冊 23×14cm 1580円 ①978-4-8399-3317-3

内容 強く、潔く、胸を張って生きていくために―戦中・戦後をまっすぐに生きた女性詩人が今を懸命に生きるあなたへ贈るメッセージ。

『茨木のり子集 1』 筑摩書房 2002

内容 1950～60年代、時代別の詩とエッセイで編む自選作品集。

「詩のこころを読む」

『詩のこころを読む』 茨木のり子著 改版 岩波書店 2009.11 231p 18cm （岩波ジュニア新書） 780円 ①4-00-500009-6

内容 いい詩には、人の心を解き放ってくれる力があります。また、生きとし生けるものへのいとおしみの感情をやさしく誘いだしてもくれます。この本では、長いあいだ詩を書き、多くの詩を読んできた著者が、心を豊かにしつづけている詩の中から、忘れがたい数々を選びだし、その魅力を情熱をこめて語ります。

『詩のこころを読む』 茨木のり子著 岩波書店 2003.6 220p 18cm （岩波ジュニア新書）〈第56刷〉 780円 ①4-00-500009-6

内容 いい詩には、ひとの心を解き放ってくれる力があります。また、生きとし生けるものへのいとおしみの感情をやさしく誘いだしてもくれます。この本では、長いあいだ詩を書き、ひとの詩もたくさんよんできた著者が、心を豊かにしつづけている詩の中から忘れがたい数々を選びだし、その魅力を情熱をこめて語ります。

「自分の感受性くらい」

『茨木のり子詩集』 茨木のり子著, 谷川俊太郎選 岩波書店 2014.3 397p 15cm （岩波文庫） 700円 ①978-4-00-311951-8

内容 青春を戦争の渦中に過ごした若い女性の、くやしさと未来への夢。スパッと歯切れのいい言葉が断言的に出てくる、主張のある詩、論理の詩。素直な表現で、人を励まし奮い立たせてくれる、“現代詩の長女”茨木のり子のエッセンス。

『茨木のり子』 萩原昌好編 あすなろ書房 2013.6 103p 20×16cm （日本語を味わう名詩入門 16） 1500円 ①978-4-7515-2656-9

目次 こどもたち, 六月, わたしが一番きれいだったとき, 小さな娘が思ったこと, はじめての町, 汲む―Y・Yに, 惑星, 言いたくない言葉, 自分の感受性くらい, 鍵〔ほか〕

『茨木のり子全詩集』 茨木のり子著, 宮崎治編 花神社 2010.10 464p 21cm 8000円 ①978-4-7602-1950-6

内容 『対話』から『歳月』までの全詩集と詩集未収録詩篇、翻訳詩などを収録。

『茨木のり子集 2』 筑摩書房 2002

内容 静かで、深い思索の結晶。時代別の詩とエッセイで編む自選作品集。

「空と風と星と詩」

『ハングルへの旅』 茨木のり子著 朝日新聞社 1989.3 262p 15cm (朝日文庫) 440円 ①4-02-260544-8 Ⓝ829.1

『ハングルへの旅』 茨木のり子著 朝日新聞社 1986.6 259p 19cm 1400円 ①4-02-255513-0

内容 お隣りの言葉がおもしろい。隣国語への誘惑―50歳を過ぎてハングルを学びはじめた詩人のみずみずしい感性が、隣国語の魅力とおもしろさをとらえた。

「対話」

『茨木のり子詩集』 茨木のり子著, 谷川俊太郎選 岩波書店 2014.3 397p 15cm (岩波文庫) 700円 ①978-4-00-311951-8

内容 青春を戦争の渦中に過ごした若い女性の、くやしさと未来への夢。スパッと歯切れのいい言葉が断言的に出てくる、主張のある詩、論理の詩。素直な表現で、人を励まし奮い立たせてくれる、"現代詩の長女"茨木のり子のエッセンス。

『茨木のり子全詩集』 茨木のり子著, 宮崎治編 花神社 2010.10 464p 21cm 8000円 ①978-4-7602-1950-6

内容 『対話』から『歳月』までの全詩集と詩集未収録詩篇、翻訳詩などを収録。

『わたしが一番きれいだったとき―茨木のり子詩集』 茨木のり子著, 伊藤英治編 岩崎書店 2010.2 94p 18×19cm (豊かなことば現代日本の詩 7) 1500円 ①978-4-265-04067-4

内容 「わたしが一番きれいだったとき」「癖」「対話」など代表作三十七編を収録。

『茨木のり子集 1』 筑摩書房 2002

内容 1950～60年代、時代別の詩とエッセイで編む自選作品集。

「根府川の海」

『茨木のり子集 言の葉 1』 茨木のり子著 筑摩書房 2010.8 397p 15cm (ちくま文庫) 820円 ①978-4-480-42751-9

内容 しなやかに、そして凛と生きた詩人の歩みのあとを、年代別の詩とエッセイなどで編む1950～60年代自選作品集。

『茨木のり子』 茨木のり子著, 高橋順子選・鑑賞解説 小学館 2009.11 125p 20×14cm (永遠の詩 02) 1200円 ①978-4-09-677212-6

内容 弱ったこころを勇気づけ、希望に導いてくれた詩人、茨木のり子。そこにはいつも生きるための言葉があった。ヒューマニズム溢れる名詩から、亡夫を想う挽歌まで、鑑賞解説付きで収録。

『茨木のり子集 1』 筑摩書房 2002

内容 1950～60年代、時代別の詩とエッセイで編む自選作品集。

「はじめての町」

『茨木のり子』 萩原昌好編 あすなろ書房 2013.6 103p 20×16cm (日本語を味わう名詩入門 16) 1500円 ①978-4-7515-2656-9

目次 こどもたち, 六月, わたしが一番きれいだったとき, 小さな娘が思ったこと, はじめての町, 汲む―Y・Yに, 惑星, 言いたくない言葉, 自分の感受性くらい, 鍵〔ほか〕

『茨木のり子集 言の葉 1』 茨木のり子著 筑摩書房 2010.8 397p 15cm (ちくま文庫) 820円 ①978-4-480-42751-9

内容 しなやかに、そして凛と生きた詩人の歩みのあとを、年代別の詩とエッセイなどで編む1950～60年代自選作品集。

『落ちこぼれ―茨木のり子詩集』 茨木のり子著, はたこうしろう画, 水内喜久雄選・著 理論社 2004.1 125p 21×16cm (詩と歩こう) 1400円 ①4-652-03841-0

内容 現代女性詩人のトップランナー、茨木のり子が人間を見つめ続ける詩を網羅！ 子どもたちから大人まで、すべての人に読んでもらいたい…そんな想いをこめて贈る。

『茨木のり子集 1』 筑摩書房 2002

内容 1950〜60年代、時代別の詩とエッセイで編む自選作品集。

「六月」

『茨木のり子』 萩原昌好編 あすなろ書房 2013.6 103p 20×16cm （日本語を味わう名詩入門 16） 1500円 ①978-4-7515-2656-9

目次 こどもたち，六月，わたしが一番きれいだったとき，小さな娘が思ったこと，はじめての町，汲む—Y・Yに，惑星，言いたくない言葉，自分の感受性くらい，鍵〔ほか〕

『茨木のり子集 言の葉 1』 茨木のり子著 筑摩書房 2010.8 397p 15cm （ちくま文庫） 820円 ①978-4-480-42751-9

内容 しなやかに、そして凛と生きた詩人の歩みのあとを、年代別の詩とエッセイなどで編む1950〜60年代自選作品集。

『茨木のり子』 茨木のり子著，高橋順子選・鑑賞解説 小学館 2009.11 125p 20×14cm （永遠の詩 02） 1200円 ①978-4-09-677212-6

内容 弱ったこころを勇気づけ、希望に導いてくれた詩人、茨木のり子。そこにはいつも生きるための言葉があった。ヒューマニズム溢れる名詩から、亡夫を想う挽歌まで、鑑賞解説付きで収録。

『茨木のり子集 1』 筑摩書房 2002

内容 1950〜60年代、時代別の詩とエッセイで編む自選作品集。

「わたしが一番きれいだったとき」

『茨木のり子』 萩原昌好編 あすなろ書房 2013.6 103p 20×16cm （日本語を味わう名詩入門 16） 1500円 ①978-4-7515-2656-9

目次 こどもたち，六月，わたしが一番きれいだったとき，小さな娘が思ったこと，はじめての町，汲む—Y・Yに，惑星，言いたくない言葉，自分の感受性くらい，鍵〔ほか〕

『茨木のり子集 言の葉 1』 茨木のり子著 筑摩書房 2010.8 397p 15cm （ちくま文庫） 820円 ①978-4-480-42751-9

内容 しなやかに、そして凛と生きた詩人の歩みのあとを、年代別の詩とエッセイなどで編む1950〜60年代自選作品集。

『わたしが一番きれいだったとき—凛として生きるための言葉』 茨木のり子著 毎日コミュニケーションズ 2010.2 1冊 23×14cm 1580円 ①978-4-8399-3317-3

内容 強く、潔く、胸を張って生きていくために—戦中・戦後をまっすぐに生きた女性詩人が今を懸命に生きるあなたへ贈るメッセージ。

『茨木のり子集 1』 筑摩書房 2002

内容 1950〜60年代、時代別の詩とエッセイで編む自選作品集。

「私のカメラ」

『茨木のり子集 言の葉 1』 茨木のり子著 筑摩書房 2010.8 397p 15cm （ちくま文庫） 820円 ①978-4-480-42751-9

内容 しなやかに、そして凛と生きた詩人の歩みのあとを、年代別の詩とエッセイなどで編む1950〜60年代自選作品集。

『落ちこぼれ—茨木のり子詩集』 茨木のり子著，はたこうしろう画，水内喜久雄選・著 理論社 2004.1 125p 21×16cm （詩と歩こう） 1400円 ①4-652-03841-0

内容 現代女性詩人のトップランナー、茨木のり子が人間を見つめ続ける詩を網羅！ 子どもたちから大人まで、すべての人に読んでもらいたい…そんな想いをこめて贈る。

『茨木のり子集 1』 筑摩書房 2002

内容 1950〜60年代、時代別の詩とエッセイで編む自選作品集。

『鎮魂歌—茨木のり子詩集』 茨木のり子著 新装版 童話屋 2001.11 123p 21cm 2000円 ①4-88747-025-8

内容 名詩「汲む」のほか「りゅうりぇんれんの物語」を収録。

井伏　鱒二
いぶせ・ますじ
《1898〜1993》

「隠岐別府村の守吉」

『井伏鱒二文集　4　歴史に遊ぶ』 井伏鱒二著，東郷克美，寺横武夫編　筑摩書房　2004.12　362p　15cm　（ちくま文庫）　1100円　①4-480-03984-8

内容 奥州八戸に船問屋の倅として生まれた睦五郎が、相次ぐ苛烈な不幸に見舞われながらも才覚を生かして活躍を遂げ、その孤独な生涯を終える「野辺地の睦五郎略伝」、近藤勇率いる甲陽鎮撫隊の柏尾山における戦いを、その昔博徒の父に背負われて目撃した一老人が物語る話など、時代の流れのなかでひたすら生きてゆく名もなき人々の姿を描いて深い感銘を残す、独自の境地の歴史小説集。

『井伏鱒二自選全集　第1巻』 新潮社　1985.10　411p　20cm〈著者の肖像あり〉2300円　①4-10-644601-4　Ⓝ918.68

内容 山椒魚, 夜ふけと梅の花, 鯉, 屋根の上のサワン, 休憩時間, 丹下氏邸, 喪章のついてゐる心懐, 冷凍人間, 集金旅行, 湯島風俗, 岩田君のクロ,「槌ツァ」と「九郎治ツァン」は喧嘩して私は用語について煩悶すること, 旧・笛吹川の趾地, 山を見て老人は語る, へんろう宿, 隠岐別府村の守吉, 御神火

「おふくろ」

『場面の効果』 井伏鱒二著　新装改訂版　大和書房　2012.4　317p　18×13cm　2400円　①978-4-479-88040-0

内容 著者の若き頃がうかがえる表題作「場面の効果」、古きよき日本の風景を呼び起こす「田園記」など、三十六篇を収録。

『思い出の人々』 井伏鱒二著，東郷克美編　筑摩書房　2004.9　325p　15cm　（ちくま文庫—井伏鱒二文集 1）〈下位シリーズの責任表示：井伏鱒二著〉　1100円　①4-480-03981-3　Ⓝ914.6

内容 鯉, 坪田譲治, 追憶の岩野泡鳴氏, 森鷗外氏に詫びる件, 書画骨董の災難, 喪章のついている心懐, 坪内逍遥先生, 肩車, 岩田君のクロ, 中島健蔵氏のこと, 上林暁氏のこと, 牡丹の花, 田中貢太郎さんのこと, 菊池寛氏と将棋, 太宰治のこと, 掘り出しもの, 永井の会, 牧野信一のこと, 余談, 神近市子女史, 垢石老をいたむ, 安吾さんのこと, 木山君の神経質, 昨日の会, 琴の記, おふくろ, 正宗さんのこと, 尾崎士郎の諧謔, 三好達治, 大山名人のこと, 富ノ沢麟太郎, 小沼君の将棋, 惜しい人, 終焉の会, 下曽我の御隠居, 解説（東郷克美著）

『人と人影』 井伏鱒二著　講談社　1990.2　411p　15cm　（講談社文芸文庫—現代日本のエッセイ）900円　①4-06-196066-0

内容 〈白雲なびく駿河台…〉自作の明治大学校歌をきいて、涙滂沱の老詩人・児玉花外の深い悲しみ。対局前、将棋を放念し無心の散策をする大山康晴名人。窓辺の風に微かな音色を奏でる、太宰治の形見の琴。人生の途上巡り合った人々の、心に残る鮮烈な記憶と忘れ難いその風貌を、温もりある自在の筆に綴る。井伏鱒二の文学の精髄を伝える36篇の珠玉の名随筆。

「黒い雨」

『黒い雨』 井伏鱒二著　61刷改版　新潮社　2003.5　403p　16cm　（新潮文庫）　590円　①4-10-103406-0　Ⓝ913.6

『黒い雨』 井伏鱒二著　新座　埼玉福祉会　2001.11　2冊　22cm　（大活字本シリーズ）〈原本：新潮文庫　限定版〉　3500円,3500円　①4-88419-087-4,4-88419-088-2　Ⓝ913.6

『井伏鱒二全集　第23巻　くるみが丘・黒い雨』 井伏鱒二著　筑摩書房　1998.12　597p　21cm　6200円　①4-480-70353-5

内容 井伏鱒二が発表した全ての作品を収録する。底本には初収録刊本を用い、井伏文学の形成過程をたどる。本巻には「茅ノ島所見」「笠雲」「柴芽谷部落」「黒い雨」などを収録。

『黒い雨』 井伏鱒二著　〔新装版〕　新潮社　1995.7　375p　19cm　2000円　①4-10-302610-3

内容 一瞬の閃光とともに焦土と化したヒロシマ。不安な日々をおくる閑間重松とその家族…彼らの被爆日記をもとに描かれた悲劇の実相。原爆をとらえ得た世界最初の文学的名作。

「鯉」

『小川洋子の陶酔短篇箱』 小川洋子編著 河出書房新社 2014.1 361p 19cm 1900円 ①978-4-309-02246-8

内容 魅惑の16本と小川洋子のエッセイが奏でる究極の小説アンソロジー集！

『日本近代短篇小説選 昭和篇 1』 紅野敏郎, 紅野謙介, 千葉俊二, 宗像和重, 山田俊治編 岩波書店 2012.8 394p 15cm （岩波文庫） 800円 ①978-4-00-311914-3

内容 芥川の死、そして昭和文学の幕開け—「死があたかも一つの季節を開いたかのようだった」(堀辰雄)。そこに溢れだした言葉、書かずにおれなかった物語。昭和二年から一七年に発表された、横光利一・太宰治らの一六篇を収録。

『私小説名作選 上』 中村光夫選, 日本ペンクラブ編 講談社 2012.5 279p 15cm （講談社文芸文庫） 1400円 ①978-4-06-290158-1

内容 近代日本文学において独特の位置を占める「私小説」は、現代に至るまで、脈々と息づいている。文芸評論家・中村光夫により精選された、文学史を飾る作家十五人の珠玉の「私小説」の競演。

『井伏鱒二文集 1 思い出の人々』 井伏鱒二著, 東郷克美編 筑摩書房 2004.9 325p 15cm （ちくま文庫） 1100円 ①4-480-03981-3

内容 「芸術の道は遠い。涯しがないかのごとくである。」50年にわたり火花をちらした己の努力をかえりみて、しんみり教えを垂れる師・坪内逍遥、映画の悲しい場面になると、ハンカチで顔を覆って泣きくずれた中島健蔵が、猛者で鳴らした将校の首をつかんで叱りつけた姿、太宰治の最初の妻小山初代の遺品である琴に映じた人影を描く名品「琴の記」、さらに鷗外・白鳥・岩野泡鳴・小林秀雄・大山名人・上林暁・小沼丹等の面影が、温雅な筆に鮮やかに浮かび上がる。

「山椒魚」

『早稲田作家処女作集』 早稲田文学, 市川真人編 講談社 2012.6 330p 15cm （講談社文芸文庫） 1500円 ①978-4-06-290163-5

内容 青野季吉、谷崎精二監修による早大出身・中退作家アンソロジー。

『新 現代文学名作選』 中島国彦監修 明治書院 2012.1 256p 21cm 781円 ①978-4-625-65415-2

内容 坊っちゃん（夏目漱石）, 最後の一句（森鷗外）, 鼻（芥川龍之介）, 清兵衛と瓢簞（志賀直哉）, よだかの星（宮沢賢治）, 山椒魚（井伏鱒二）, セメント樽の中の手紙（葉山嘉樹）, 路傍の石（山本有三）, 黄金風景（太宰治）, 名人伝（中島敦）, 潮騒（三島由紀夫）, 赤い繭（安部公房）, おきみやげ（幸田文）, 童謡（吉行淳之介）, 途中下車（宮本輝）, 離さない（川上弘美）, 沈黙（村上春樹）, 電話アーティストの甥電話アーティストの恋人（小川洋子）, 乳と卵（川上未映子）, さがしもの（角田光代）

『山椒魚』 井伏鱒二著 改版 新潮社 2011.12 297p 15cm （新潮文庫） 490円 ①978-4-10-103402-7

内容 老成と若さの不思議な混淆、これを貫くのは豊かな詩精神。飄々として明るく

踉々として暗い。本書は初期の短編より代表作を収める短編集である。岩屋の中に棲んでいるうちに体が大きくなり、外へ出られなくなった山椒魚の狼狽、かなしみのさまをユーモラスに描く処女作『山椒魚』、大空への旅の誘いを抒情的に描いた『屋根の上のサワン』ほか、『朽助のいる谷間』など12編。

『山椒魚・しびれ池のカモ』 井伏鱒二作 岩波書店 2000.11 269p 19cm （岩波少年文庫） 680円 ①4-00-114535-9

内容 岩穴に閉じ込められた山椒魚の心の動きを描く「山椒魚」、はく製作りの名人と弟子の少年がまきこまれる騒動「しびれ池のカモ」のほか、「おコマさん」「屋根の上のサワン」を収録。人間と動物への鋭い眼差しと、ユーモアに満ちた短編集。中学以上。

「ジョン万次郎漂流記」

『ジョン万次郎漂流記』 井伏鱒二著 偕成社 1999.11 219p 19cm （偕成社文庫） 700円 ①4-03-652390-2

内容 少年漁師・万次郎の数奇な運命を描いて直木賞を受賞した「ジョン万次郎漂流記」、岩穴にとじこめられた山椒魚の悲哀を描く「山椒魚」のほか、「屋根の上のサワン」「鯉」「休憩時間」の名作5編を収録。

『さざなみ軍記・ジョン万次郎漂流記』 井伏鱒二著 新潮社 1986.9 284p 15cm （新潮文庫） 320円 ①4-10-103407-9

内容 都を落ちのびて瀬戸内海を転戦する平家一門の衰亡を、戦陣にあって心身ともに成長して行くなま若い公達の日記形式で描出した「さざなみ軍記」。土佐沖で遭難後、異人船に救助され、アメリカ本土で新知識を身につけて幕末の日米交渉に活躍する少年漁夫の数奇な生涯「ジョン万次郎漂流記」。他にSFタイムスリップ小説の先駆とも言うべき「二つの話」を収める著者会心の歴史名作集。

『井伏鱒二自選全集　第2巻』 新潮社 1985.11 396p 20cm〈著者の肖像あり〉2300円 ①4-10-644602-2 Ⓝ918.68

内容 さざなみ軍記, ジョン万次郎漂流記, 鐘供養の日, 二つの話, お島の存念書, 月山日和城

「「槌ツァ」と「九郎治ツァン」はけんかして私は用語について煩悶すること」

『井伏鱒二「「槌ツァ」と「九郎治ツァン」は喧嘩をして私は用語について煩悶すること」自筆原稿及び全集未収録自筆原稿三編』 井伏鱒二著, ふくやま芸術文化振興財団ふくやま文学館編 福山 ふくやま芸術文化振興財団ふくやま文学館 2013.12 47p 30cm （ふくやま文学館所蔵資料シリーズ―福山の文学 第15集） Ⓝ913.6

内容 原稿「「槌ツァ」と「九郎治ツァン」は喧嘩をして私は用語について煩悶すること」,「槌ツァ」と「九郎治ツァン」は喧嘩をして私は用語について煩悶すること（雑誌『若草』収載）, 原稿「最初の映画見物」,「最初の映画見物」（翻刻）, 原稿「五月二十五日記」,「五月二十五日記」（翻刻）, 原稿「〔平川茂歌集『ふる里』跋〕」,「〔平川茂歌集『ふる里』跋〕」（『ふる里』収載）

『方言』 清水義範編 作品社 1996.8 249p 19cm （日本の名随筆 別巻66） 1800円 ①4-87893-886-2

目次 篳篥（半村良）, 私の見た大阪及び大阪人抄（谷崎潤一郎）, 方言について（岸田国士）,「槌ツァ」と「九郎治ツァン」は喧嘩して私は用語について煩悶すること（井伏鱒二）, 木挽きのひとり言（水上勉）, 方言辞典（川崎洋）, 浜ことばが北海道弁（藤島範孝）, 雪の音（伊奈かっぺい）, 東北弁はなぜおかしいか―東北弁のエネルギーについて（浅田秀子）, 不思議の国（はらだくさえクヌ）のアリス―雪の夜のとんと昔風に（渡辺えり子）, 訛りと方言/文楽と志ん生（加太こうじ）, むぎゅ・おつけ・おむすび（川上裕之）, 名古屋弁できます（三国一朗）, 失くした言葉（高田宏）, 京ことば（宮尾登美子）,「勉強する」とは「負ける」こと（秦恒平）, よういわんわ―古語について（田辺聖子）, 小説のなかの大阪弁（山崎豊子）, 故郷の言葉（佐多稲子）, ナマそばとキ・ビール（五木寛之）, 博多弁（原田種夫）, ナマリ考（米倉斉加年）, 薩摩ことばと津軽弁の相似点（浜畑賢吉）, 方言のこと（山之口貘）, 方言を考える―日本語をゆたかにするために（金田一春彦）, ヒギンズ教授と坊つちゃん（井上ひさし）, 方言蔑視の風潮は、なぜ、いつから/「アスコ」は「アソコ」の東京訛り（大野晋）, 方言について（三浦哲郎）, 方言まで訳すか、訛りまで訳すか（米原万里）, 方言は消滅するのか（佐藤亮一）, 日本語考現学―東京と地方の言語変化（井上史雄）, 全国アホ・バカ分布図の完成に向けて（松本修）, 大いなる夢―『金鯱の夢』より（清水義範）

『屋根の上のサワン』 井伏鱒二著 角川書店 1994.5 217p 15cm （角川文庫）〈3版（初版：昭和31年）〉430円 ①4-04-107609-9 Ⓝ913.6

内容 鯉, 炭鉱地帯病院, 屋根の上のサワン, 休憩時間, 丹下氏邸, 川,「槌ツァ」と「九郎治ツァン」は喧嘩して私は用語について煩悶すること, 湯島風俗, お島の存念書

「乗合自動車」

『井伏鱒二全集　第15巻　かきつばた・晩春の旅』 井伏鱒二著 筑摩書房 1998.3 586p 21cm 5800円 ①4-480-70345-4

内容 井伏鱒二が発表した全ての作品を収録する。底本には初収録刊本を用い、井伏文学の形成過程をたどる。本巻には「犬の仔」「かきつばた」「木砲隊始末記」「乗合自動車」などを収録。

『かきつばた・無心状』 井伏鱒二著 新潮社 1994.7 264p 15cm （新潮文庫） 400円 ①4-10-103410-9 Ⓝ913.6

内容 普門院さん, 爺さん婆さん, おんなごころ, かきつばた, 犠牲, ワサビ盗人, 乗合自動車, 野辺地の睦五郎略伝, 河童騒動, 手洗鉢, 御隠居（安中町の土屋さん） リンドウの花, 野犬, 無心状, 表札

『井伏鱒二自選全集 第4巻』 新潮社 1986.1 401p 20cm〈著者の肖像あり〉2300円 Ⓘ4-10-644604-9 Ⓝ918.68

内容 追剝の話, 因ノ島, をんなごころ, 遙拝隊長, かきつばた, 犠牲, 追懐の記, 乗合自動車, 開墾村の与作, 手洗鉢, 御隠居（安中町の土屋さん）無心状,「バンガイ」といふカラス, 児玉花外（上脇進の口述）牛込鶴巻町, 肇さんのこと, 兼行寺の池

「へんろう宿」

『山椒魚』 井伏鱒二著 改版 新潮社 2011.12 297p 15cm （新潮文庫） 490円 Ⓘ978-4-10-103402-7

内容 老成と若さの不思議な混淆、これを貫くのは豊かな詩精神。飄々として明るく踉々として暗い。本書は初期の短編より代表作を収める短編集である。岩屋の中に棲んでいるうちに体が大きくなり、外へ出られなくなった山椒魚の狼狽、かなしみのさまをユーモラスに描く処女作『山椒魚』、大空への旅の誘いを抒情的に描いた『屋根の上のサワン』ほか、『朽助のいる谷間』など12編。

『家族の物語』 松田哲夫編 あすなろ書房 2011.1 275p 22×14cm （中学生までに読んでおきたい日本文学 5） 1800円 Ⓘ978-4-7515-2625-5

内容 言わなくてもわかってほしい。名作短編がぎっしりつまった一冊。

『百年小説』 森鷗外ほか著 ポプラ社 2009.3 1331p 23cm 6600円 Ⓘ978-4-591-10497-2

内容 ひとり静かに味わってみたくなる、珠玉の名文があります。四季折々の懐かしい風物、温かな人影、時の移ろい。著名な作品ばかりでなく、明治から昭和初期までの日本の傑作短篇を1冊に集めました。「大きな文字」、「総ルビ」でお楽しみください。

『井伏鱒二文集 2 旅の出会い』 井伏鱒二著 筑摩書房 2004.10 334p 19cm （ちくま文庫） 1100円 Ⓘ4-480-03982-1

内容 岬近くの地での一夜の宿りに老女が語り出す薄倖の生い立ちを描いた「へんろう宿」、破産に瀕した田舎の自作農の悲しい終焉を叙す「荒廃の風景」、闇夜の山上で何万もの蛍が入り乱れ、蛍火の妖雲を捲き起こす光景を描く「蛍合戦」など、旅を愛した著者が、旅先の土地に暮らす人々を温もりのある筆致で綴った作品を収める。

「厄除け詩集」

『厄除け詩集』 井伏鱒二著 日本図書センター 2006.3 120p 19cm 2200円 Ⓘ4-284-70011-1

目次 厄除け詩集（なだれ, つくだ煮の小魚 ほか）, 訳詩（静夜思, 田家春望 ほか）, 雨滴調七篇（渓流, 魚拓 ほか）, 続雨滴調五篇（蛙, 歌碑 ほか）, 拾遺抄（黒い蝶, 縄なひ機 ほか）

『井伏鱒二全詩集』 井伏鱒二作 岩波書店 2004.7 214p 15cm （岩波文庫） 500円 Ⓘ4-00-310774-8

内容 諧謔と哀愁に満ちた言葉を自在に駆使し、独自の詩世界を切りひらいた井伏鱒二（1898 - 1993）。「散文が書きたくなるとき、厄除けのつもりで」書いたという『厄除け詩集』に初期の作品を加え、生涯の全詩作70篇を凝集。

『日本の詩歌 28 訳詩集』 新装 中央公論新社 2003.6 408p 21cm〈オンデマンド版 年表あり〉5300円 Ⓘ4-12-570072-9 Ⓝ911.08

内容 於母影（新声社訳）, 海潮音（上田敏訳）, 珊瑚集（永井荷風訳）, 沙羅の木（森鷗外訳）, 白孔雀（西条八十訳）, 牧羊神（上田敏訳）, 草の葉（有島武郎訳）, 月下の一群（堀口大学訳）, リルケ詩抄（茅野蕭々訳）, 山内義雄訳詩集, 新訳リルケ詩集（片山敏彦訳）, カロッサ詩集（片山敏彦訳）, 海軟風（堀口大学訳）, 厄除け詩集（井伏鱒二訳）, 解説・鑑賞（河盛好蔵, 安藤一郎, 生野幸吉著）

『近代の詩人 別巻』 潮出版社 1996

「屋根の上のサワン」

『山椒魚』 井伏鱒二著 改版 新潮社 2011.12 297p 15cm （新潮文庫） 490円 Ⓘ978-4-10-103402-7

内容 老成と若さの不思議な混淆、これを貫くのは豊かな詩精神。飄々として明るく踉々として暗い。本書は初期の短編より代表作を収める短編集である。岩屋の中に棲んでいるうちに体が大きくなり、外へ出られなくなった山椒魚の狼狽、かなしみのさまをユーモラスに描く処女作『山椒魚』、大空への旅の誘いを抒情的に描いた『屋根の上のサワン』ほか、『朽助のいる谷間』など12編。

『走れメロス・山椒魚』 太宰治, 井伏鱒二

著　講談社　2009.2　245p　19cm　（21世紀版少年少女日本文学館 10）　1400円　Ⓘ978-4-06-282660-0

内容 ギリシャの古伝説を題材に友情と信頼の勝利を巧みな文章でリズミカルに表現した短編、太宰治の「走れメロス」や、ユーモラスな語り口の奥に人生に対する的確な観察眼が光る、井伏文学を代表する傑作として著名な「山椒魚」など、八編を収録。ふりがなと行間注で、最後までスラスラ。児童向け文学全集の決定版。

『二時間目 国語』 小川義男監修　宝島社　2004.2　191p　21cm　1200円　Ⓘ4-7966-3858-X

内容 本書では、時代を越えた小学・中学・高校の国語教科書の中から、かつての子供たちに愛された名作を収録している。

『山椒魚・しびれ池のカモ』 井伏鱒二作　岩波書店　2000.11　269p　19cm　（岩波少年文庫）　680円　Ⓘ4-00-114535-9

内容 岩穴に閉じ込められた山椒魚の心の動きを描く「山椒魚」、はく製作りの名人と弟子の少年がまきこまれる騒動「しびれ池のカモ」のほか、「おコマさん」「屋根の上のサワン」を収録。人間と動物への鋭い眼差しと、ユーモアに満ちた短編集。中学以上。

『屋根の上のサワン』 井伏鱒二著　角川書店　1994.5　217p　15cm　（角川文庫）〈3版（初版：昭和31年）〉　430円　Ⓘ4-04-107609-9　Ⓝ913.6

内容 鯉, 炭鉱地帯病院, 屋根の上のサワン, 休憩時間, 丹下氏邸, 川, 「槌ツァ」と「九郎治ツァン」は喧嘩して私は用語について煩悶すること, 湯島風俗, お島の存念書

今西　錦司
いまにし・きんじ
《1902〜1992》

「なぜ山に登るか」

『今西錦司全集　第9巻』 伊谷純一郎ほか編　増補版　講談社　1994.5

「私の自然観」

『岐路に立つ自然と人類―「今西自然学」と山あるき』 今西錦司著　アーツアンドクラフツ　2014.10　199p　21cm　〈「やまかわうみ」別冊〉　1800円　Ⓘ978-4-908028-02-1

内容 実験室のなかの生物（生命）ではなく、自然に生きる生物を、生物全体社会として環境もふくめ思考した今西錦司―。21世紀の科学の閉塞的な状況を予想した今西錦司は、登山家として自然に関わるなかから、細分化・専門化する生物学に対して、自然に生きる生物自体を対象とする「自然学」を唱えた。本書では、その「今西自然学」の主要論考とエッセイを収載する。

『今西錦司全集　第9巻』 伊谷純一郎ほか編　増補版　講談社　1994.5　514,19p　20cm　4900円　Ⓘ4-06-253309-X　Ⓝ081.6

内容 カゲロウ, 私の自然観, 自然と山と, そこに山がある, 解題 吉良竜夫著

今福　龍太
いまふく・りゅうた
《1955〜》

「ファンタジー・ワールドの誕生」

『クレオール主義』 今福龍太著　増補版　筑摩書房　2003.5　472p　15cm　（ちくま学芸文庫）　1,400円　Ⓘ4-480-08757-5

内容 「クレオール主義」とは、なによりもまず、言語・民族・国家にたいする自明の帰属関係を解除し、それによって、自分という主体のなかに四つの方位、一日のあらゆる時間、四季、砂漠と密林と海とをひとしくよびこむこと－。混血の理念を実践し、複数の言葉を選択し、意志的な移民となることによってたちあらわれる冒険的ヴィジョンが、ここに精緻に描写される。「わたし」を世界に住まわせる新たな流儀を探りながら、思考の可能性を限りなく押し広げた、しなやかなる文化の混血主義宣言。一大センセーションを巻きおこした本編に、その後の思考の軌跡たる補遺を付した大幅増補版。

『クレオール主義』 今福龍太著　新版　青土社　2001.9　293p　19cm　2,400円　Ⓘ4-7917-5894-3

内容 歴史のかなた、植民地の密林に芽ばえた思考“クレオール”を世界へと押しひらき、人類学・民族誌のみならず、思想や文化の語り方に地殻変動を起こさせた、思考と身振

りをめぐる「可能性のヴィジョン」。

伊良子　清白
いらこ・せいはく
《1877〜1946》

「漂泊」

『新潮ことばの扉 教科書で出会った名詩一〇〇』 石原千秋監修，新潮文庫編集部編　新潮社　2014.11　231p　15cm　(新潮文庫)　490円　①978-4-10-127451-5

内容 教室で、街角で、テレビで。私たちの心に確かに刻まれ、いつしか忘れてしまった美しい日本語の響きが、小さな文庫本という扉を開いた途端、次々に溢れ出します。一九五〇年代から二〇一〇年代の各世代が愛した名詩を精選し、一冊にした新潮文庫百年記念アンソロジー。

『精選 日本近代詩全集』　ぎょうせい　1982

入沢　康夫
いりさわ・やすお
《1931〜》

「イマジネーションと詩」

『詩の逆説』　入沢康夫著　書肆山田　2004.3　427p　19cm　3500円　①4-87995-600-7

目次 現代詩の地獄下り，詩の創造，詩の未来に賭ける，詩人と狂気，「詩論時評・一九六三年」より，幻想と詩の接点，擬物語詩の可能性，感受性の容れ物のはなし，詩の構成，「現代詩とは何か」について〔ほか〕

「焦慮のうた」

『入沢康夫「詩」集成―1951‐1994　上巻』　入沢康夫著　青土社　1996.12　576p　21cm　9270円　①4-7917-9117-7

内容 「倖せそれとも不倖せ」から、最新詩集にいたる入沢康夫の全作品を網羅集成した、決定版。

「未確認飛行物体」

『入沢康夫「詩」集成―1951‐1994　下巻』　入沢康夫著　青土社　1996.12　621p　21cm　9270円　①4-7917-9118-5

内容 言語の魔的空間に幻想の深淵を露出させる未踏の地平―現代詩の到達点。

『春の散歩―詩集』　入沢康夫著　青土社　1982.6　100p　21cm　1500円　Ⓝ911.56

「わが出雲」

『わが出雲・わが鎮魂』　入沢康夫著，梶山俊夫絵　復刻新版　思潮社　2004.7　77p　26×18cm　(思潮ライブラリー　名著名詩集復刻)　2400円　①4-7837-2329-X

『入沢康夫「詩」集成―1951‐1994　上巻』　入沢康夫著　青土社　1996.12　576p　21cm　9270円　①4-7917-9117-7

内容 「倖せそれとも不倖せ」から、最新詩集にいたる入沢康夫の全作品を網羅集成した、決定版。

岩井　克人
いわい・かつひと
《1947〜》

「未来世代への責任」

『文章には「道」がある―10代20代のための日本語で考える技術　part2』　上原広嗣，石原知樹著　スリーエーネットワーク　2011.2　315p　19cm　1,400円　①978-4-88319-538-1

内容 自己を理解し、乗り越えることは自身が「思考せずに済ませていたこと」を思考することから始まる。論理の「道」のその先へ。テクストとして取り上げた文章は超一流のものばかりの、空前絶後のラインナップ。

岩淵　悦太郎
いわぶち・えつたろう
《1905～1978》

「語源の楽しみ」

『日本語語源の楽しみ―赤っ恥をかかない日本語の智恵』　岩淵悦太郎著，岩淵匡監修　グラフ社　〔2002.4〕　203p　19cm　890円　①4-7662-0679-7
内容 国語学の第一人者がQ&A・四択の形で言葉の意外な世界を開く。

『語源のたのしみ　1』　岩淵悦太郎著　河出書房新社　1985.12　265p　15cm　（河出文庫）520円　①4-309-47084-X　Ⓝ812

「ことばの変化」

『言葉を考える―日本語を動かすものは何か』　岩淵悦太郎著　創拓社　1990.2　236p　18cm　1200円　①4-87138-083-1
目次 言葉を考える（言葉の変化, 言葉の正しさ, 言葉の揺れ, 奇妙な日本語, 期待の心理, 漢字と読み方, 漢字と拾い読み, 見捨てられる言葉, 表現価値の下落, 語源俗解, なま物知り, 日本語の形容詞, 「である」と「です」, 東京弁の語彙は貧弱か, 間投助詞, 語の認知, 論語読みの論語知らず, 音読と黙読, 清盛の「あつち死に」, 略語, あだ名, 笑い話の種はここにもある, 添削の持つ意味, 「原文」とは）, 言葉と私の周辺（日本語と電子計算機―ある国語研究者の夢, 電子計算機と国語辞典, 東条操先生の思い出, 関泰祐先生のこと, 多読・乱読のすすめ, 私のふるさと―白河）

上田　秋成
うえだ・あきなり
《1734～1809》

「雨月物語」

『現代語訳 雨月物語・春雨物語』　上田秋成著，円地文子訳　河出書房新社　2008.7　277p　15cm　（河出文庫）660円　①978-4-309-40914-6
内容 強い恨みを忘れず亡霊と化した崇徳院と西行の問答が息もつかせぬ「白峯」、義兄弟の絆が試される「菊花の約」、小姓に恋するあまり尊い身を鬼に堕とした僧が切ない「青頭巾」など、日常の闇にひそむ異界を描いた日本の代表的本格怪異小説集『雨月物語』。続編と言われる『春雨物語』を併せ、名訳と詳細な注で贈る決定版。

『改訂版 雨月物語―現代語訳付き』　上田秋成著，鵜月洋訳注　角川学芸出版，角川書店〔発売〕　2006.7　366p　15cm　（角川ソフィア文庫）781円　①4-04-401102-8
内容 巷に跋扈する異界の者たちを呼び寄せる深い闇の世界を、卓越した筆致をもって描ききった秋成の本格怪異小説の数々。崇徳院が眠る白峯の御陵を訪ねた西行法師の前に現れたその人は…（白峯）。男同士の真の友情は互いの危機において試された（菊花の約）。戦乱の世に7年もの間、家を留守にした男が故郷に帰って見たものは…（浅茅が宿）。男が出会った世にも美しい女の正体は蛇であった（蛇性の婬）など、珠玉の全九編。

『雨月物語・春雨物語』　上田秋成著，神保五彌訳　文元社　2004.2　272p　19cm　（教養ワイドコレクション）〈「現代教養文庫」2001年刊（31刷）を原本としたOD版　発売：紀伊國屋書店〉　3100円　①4-86145-006-3　Ⓝ913.56

上田　敏
うえだ・びん
《1874～1916》

「「海潮音」序から」

『上田敏集』　筑摩書房　2013.1　432p　21cm　（明治文學全集 31）7500円　①978-4-480-10331-4
目次 海潮音, 海潮音拾遺, 牧羊神, 牧羊神拾遺, 艷女物語, 樂聲, 南露春宵, 露西亞の大野, 希臘思潮を論ず, 典雅沈静の美術, 細心精緻の學風, 幽趣微韻, 思想問題, 獨語と對話, 春泥集のはじめに, 根本の研究, 外國文學を研究せむとする人へ, 春鳥集合評, 批評の進化, クラシック, 詩人, 悲哀, うづまき, 上田敏先生（矢野峰人）, 『海潮音』の性格（森亮）, 解題（矢野峰人）, 年譜（安田保雄編）, 參考文獻（安田保雄編）, 詳細目次

『土井晩翠/上田敏』　土井晩翠，上田敏著

京都　新学社　2006.12　319p　15cm　（新学社近代浪漫派文庫）1305円　①4-7868-0070-8

目次 土井晩翠（土井晩翠詩抄（天地有情/暁鐘/東海遊子吟/曙光/天馬の道に），雨の降る日は天気が悪い，漱石さんのロンドンにおけるエピソード―夏目夫人にまゐらす，名犬の由来，学生時代の高山樗牛，新詩発生時代の思ひ出，「イーリアス」訳の跋），上田敏（海潮音，忍岡演奏会，『みだれ髪』を読む，民謡，飛行機と文芸）

『海潮音―上田敏訳詩集』 上田敏訳　新潮社　2006.9　181p　19cm　（新潮文庫）324円　①4-10-119401-7

内容 ヴェルレーヌ、ボードレール、マラルメ、ブラウニング…。清新なフランス近代詩を紹介して、日本の詩檀に根本的革命をもたらした上田敏は、藤村、晩翠ら当時の新体詩にあきたらず、「一世の文芸を指導せん」との抱負に発して、至難な西欧近代詩の翻訳にたずさわり、かずかずの名訳を遺した。本書は、その高雅な詩語をもって、独立した創作とも見られる訳詩集である。

上野　英信
うえの・ひでのぶ
《1923～1987》

「死者は「いちばん大切なお客さん」」

『上野英信集　2』 径書房　1985.5

内田　百閒
うちだ・ひゃっけん
《1889～1971》

「件」

『日本文学100年の名作―夢見る部屋　1914‐1923』 池内紀，川本三郎，松田哲夫編　新潮社　2014.9　490p　15cm　（新潮文庫）710円　①978-4-10-127432-4

内容 第一次世界大戦が勃発し、関東大震災が発生―。激動の10年間に何が書かれていたのか。中短編アンソロジー全集。第1弾。

『文豪たちが書いた怖い名作短編集』 彩図社文芸部編纂　彩図社　2014.1　191p　15cm　593円　①978-4-88392-966-5　Ⓝ913.68

内容 卵　夢野久作著，夢十夜　夏目漱石著，押絵と旅する男　江戸川乱歩著，屍に乗る人　小泉八雲著，田部隆次訳，破約　小泉八雲著，田部隆次訳，赤いろうそくと人魚　小川未明著，過ぎた春の記憶　小川未明著，昆虫図　久生十蘭著，骨仏　久生十蘭著，妙な話　芥川龍之介著，剃刀志賀直哉著，蟹岡本綺堂著，紅皿火野葦平著，件内田百閒著，冥途内田百閒著

『ちくま小説選―高校生のための近現代文学エッセンス』 紅野謙介，清水良典編　筑摩書房　2013.10　223p　21cm　〈付属資料：別冊1〉1000円　①978-4-480-91727-0

内容 小説とは世界の縮図であり、時代の鏡である。近代文学の古典的な名作から、現代の先鋭的な短編小説まで、バラエティに富んだ22編を収録。高校生のための小説アンソロジー決定版！

『内田百閒集成　3　冥途』 内田百閒著　筑摩書房　2002.12　338p　15cm　（ちくま文庫）1050円　①4-480-03763-2

内容 意識と無意識のあわいに立ちのぼる奇妙な風景。無気味なようで、可笑しいようで、心もとないようで。曖昧な夢の世界を精緻な言葉で描く、表題作をはじめ「旅順入城式」など特異な百閒の小説33篇。

「漱石先生臨終記」

『間抜けの実在に関する文献―内田百閒集成　6』 内田百閒著　筑摩書房　2003.3　437p　15cm　（ちくま文庫）1200円　①4-480-03766-7

内容 ドイツ語教師内田先生は詰め込み主義。自分の事は棚に上げ、「詰め込め、詰め込め、詰め込まざれば中は空っぽである。うんうん、うなされる程詰め込め」。そして忘れてしまうのは「構わない」（「忘却論」）。教室でのあれこれ、弟子、恩師や友人。法政大学騒動で離れてしまった森田草平との長年の交友を記した「実説艸平記」など、ほろ苦く懐しい一冊。

『長春香』 内田百閒著　福武書店　1990.9　297p　15cm　（福武文庫）500円　①4-8288-3158-4

内容 関東大震災で亡くなった優秀なドイツ語の女学生長野初を、死後12年たってあら

ためて追悼した表題作ほか、漱石、芥川をはじめ、多くの人の死に揺り動かされた鋭敏な心声が、帰り来ぬかけがいのない人を愛惜する。百閒文学を初めて現代かなづかいにしたアンソロジー。

『鶴　凸凹道』 内田百閒著　福武書店　1987.4　488p　19cm　（新輯 内田百閒全集 第4巻）3200円　Ⓘ4-8288-2225-9

目次 鶴（長春香, 名月, 秋屑鬼哭, 漱石先生臨終記, 百鬼園先生言行録拾遺 ほか）, 凸凹道（小さんの葬式, 志道山人夜話, 署名本, 芥川教官の思ひ出, 谷崎潤一郎氏の送仮名法に就いて）

「冥途」

『文豪たちが書いた怖い名作短編集』 彩図社文芸部編纂　彩図社　2014.1　191p　15cm　593円　Ⓘ978-4-88392-966-5　Ⓝ913.68

内容 卵 夢野久作著, 夢十夜 夏目漱石著, 押絵と旅する男 江戸川乱歩著, 屍に乗る人 小泉八雲著, 田部隆次訳, 破約 小泉八雲著, 田部隆次訳, 赤いろうそくと人魚 小川未明著, 過ぎた春の記憶 小川未明著, 昆虫図 久生十蘭著, 骨仏 久生十蘭著, 妙な話 芥川龍之介著, 剃刀志賀直哉著, 蟹岡本綺堂著, 紅皿火野葦平著, 件内田百閒著, 冥途内田百閒著

『幻妖の水脈—日本幻想文学大全』 東雅夫編　筑摩書房　2013.9　602,4p　15cm　（ちくま文庫）1300円　Ⓘ978-4-480-43111-0

内容 王朝物語、説話文学、謡曲から近現代小説まで、日本幻想文学の豊饒な系譜を3巻本構成で総覧する画期的アンソロジー。開幕篇となる本巻には『源氏物語』『今昔物語』『雨月物語』などの大古典に始まり、明治の『遠野物語』、大正の『一千一秒物語』、昭和の『唐草物語』等々、幻想文学史を彩る妖しき物語群の中から、オールタイム・ベストとして定評ある窮極の名品21篇を収録した。

『百鬼園百物語—百閒怪異小説集』 内田百閒著, 東雅夫編　平凡社　2013.6　366p　16cm　（平凡社ライブラリー）1500円　Ⓘ978-4-582-76789-6

内容 ありふれた日常の描写から異界への道が開かれる百閒（けん）文学の妙。夢とうつつのあわいに揺らぐ奇妙な風景が、高揚感とせつなさをともない、あいまいな不安を肥大化させる。うろんな世界を精緻な言葉で描く名手の真髄に迫るべく、百物語の形式で編まれた妖しい小説・随筆・日記、全百篇！「おばけずき」に続く文豪小品シリーズ、第二弾。

『内田百閒集成　3　冥途』 内田百閒著　筑摩書房　2002.12　338p　15cm　（ちくま文庫）1050円　Ⓘ4-480-03763-2

内容 意識と無意識のあわいに立ちのぼる奇妙な風景。無気味なようで、可笑しいようで、心もとないようで。曖昧な夢の世界を精緻な言葉で描く、表題作をはじめ「旅順入城式」など特異な百閒の小説33篇。

「旅順入城式」

『映画狂時代』 檀ふみ編　新潮社　2014.7　373p　15cm　（新潮文庫）630円　Ⓘ978-4-10-116154-9

内容 映画を生きる、奇妙な人たち。映画愛溢れる物語とエッセイ全16編を収録。

『イマジネーションの戦争』 芥川龍之介ほか著　集英社　2011.9　683p　19cm　（コレクション 戦争と文学 5）3600円　Ⓘ978-4-08-157005-8

内容 桃太郎（芥川龍之介）, 鉄砲屋（安部公房）, 通いの軍隊（筒井康隆）,The Indifference Engine（伊藤計劃）, 既知との遭遇（モブ・ノリオ）, 鳥の北斗七星（宮沢賢治）, 春の軍隊（小松左京）, おれはミサイル（秋山瑞人）, 鼓笛隊の襲来（三崎亜記）, スズメバチの戦闘機（青来有一）, 煉獄ロック（星野智幸）, 白い服の男（星新一）, リトルガールふたたび（山本弘）, 犬と鴉（田中慎弥）, 薄い街（稲垣足穂）, 旅順入城式（内田百閒）, うちわ（高橋新吉）, 悪夢の果て（赤川次郎）, 城壁（小島信夫）

『冥途・旅順入城式　上』 内田百閒著　新座　埼玉福祉会　2005.5　357p　21cm　（大活字本シリーズ）〈原本：岩波文庫〉3200円　Ⓘ4-88419-325-3　Ⓝ913.6

内容 冥途, 花火, 山東京伝, 尽頭子, 鳥, 件, 木霊, 流木, 蜥蜴, 道連, 柳藻, 支那人, 短夜, 石畳, 疱瘡神, 白子, 波止場, 豹, 冥途

『内田百閒集成　3　冥途』 内田百閒著　筑摩書房　2002.12　338p　15cm　（ちくま文庫）1050円　Ⓘ4-480-03763-2

内容 意識と無意識のあわいに立ちのぼる奇妙な風景。無気味なようで、可笑しいようで、心もとないようで。曖昧な夢の世界を精緻な言葉で描く、表題作をはじめ「旅順入城式」など特異な百閒の小説33篇。

内海　隆一郎
うつみ・りゅういちろう
《1937～》

「相棒」

『30%の幸せ―内海隆一郎作品集』 内海隆一郎著　メディアパル　2008.2　222p　19cm　1500円　①978-4-89610-091-4

内容 雑木林に通う少女、ガソリンスタンドで働く少年、退職の日のサラリーマン、芋ようかんをつくるおばあさん…人びとに届けられた「人生の贈りもの」。心にしみる珠玉の20篇。

『人びとの季節』 内海隆一郎著　PHP研究所　1995.10　257p　15cm　（PHP文庫）500円　①4-569-56807-6

内容 見ず知らずの家出娘をやさしく見守るパン屋の夫婦。グミの木のある寺で子供に戻る、痴呆症の老人。離れ離れの3人の継母と結婚式で再会を果たす花嫁。あふれる愛情、微かな胸の痛み、ささやかな幸せ。―何気ない夫婦の会話、隣人たちとのふれあい。そんな日常のひとこまが生んだ小さなドラマの数々を、等身大で描く。心にしみる優しさと、温かな想いが息づく珠玉の24編。

『人びとの季節』 内海隆一郎著　PHP研究所　1990.11　248p　19cm　1300円　①4-569-52909-7

内容 それぞれの胸の奥にさまざまな思いを抱きながら人は懸命に生きているもの…。ささやかだけれど大切なものをめぐってあなたに似た人がくりひろげる24篇のドラマ。

宇野　浩二
うの・こうじ
《1891～1961》

「簡潔な文章」

『文章往来』 宇野浩二著　スティルス社　1983.4　301p　19cm　（スティルス選書）〈発売：星雲社〉1500円　①4-7952-4801-X　Ⓝ914.6

宇野　重規
うの・しげき
《1967～》

「〈私〉時代のデモクラシー」

『「私」時代のデモクラシー』 宇野重規著　岩波書店　2010.4　204p　18cm　（岩波新書）720円　①978-4-00-431240-6

内容 一人ひとりが「私」意識を強く持ち、他人とは違う自分らしさを追い求める現代。分断された「私」と「私」を結びつけ、「私たち」の問題を解決するデモクラシーを発展させることは可能なのか。人々の平等意識の変容と新しい個人主義の出現を踏まえた上で、「私」と政治の関係をとらえなおし、これからのデモクラシーを構想する。

梅棹　忠夫
うめさお・ただお
《1920～2010》

「古典」

『情報の文明学』 梅棹忠夫著　中央公論新社　1999.4　316p　16cm　（中公文庫）648円　①4-12-203398-5　Ⓝ007.35

『情報の文明学』 梅棹忠夫著　中央公論社　1988.6　283p　19cm　（中公叢書）1500円　①4-12-001693-5

内容 物質・エネルギーの産業化から精神の産業化へ―情報化社会の到来を明確に予告してから四半世紀、価値の生産と消費の意味を文明史的に考察し、現代を解読する。

梅崎　春生
うめざき・はるお
《1915～1965》

「植木屋」

『梅崎春生作品集　第2巻』 梅崎春生著　沖積舎　2004.7　297p　19cm　2800円　①4-8060-6602-8

内容 Sの背中, 記憶, 蜆, 飢えの季節, 黄色い日日, 贋の季節, ボロ家の春秋, 侵入者, 莫邪

の一日, 輪唱, チョウチンアンコウについて

『奇想天外』 鶴見俊輔, 安野光雅, 森毅, 井上ひさし, 池内紀編 筑摩書房 1994.10 416p 19cm (新・ちくま文学の森 2) 1800円 Ⓘ4-480-10122-5

内容 ジャムブリたちの住むお国(リア), ねずみと小鳥とソーセージ(グリム), 猫の事務所(宮沢賢治), ソナタの形式による落語(竹内浩三), 水滴(ブッツァーティ), 父の気がかり(カフカ), 卵(夢野久作), 赤い繭(安部公房), ココァ山の話(稲垣足穂), 水蛇(カルヴィーノ), 首提灯, 聊斎志異(蒲松齢), 雨ばけ(泉鏡花), 心(夏目漱石), 尽頭子(内田百閒), 牡丹燈記(瞿宋吉), 鯉の巴(小田仁二郎), 女と蛇(タラションコル), 火焔つつじ(平山盧江), コーヒー沸かし(ゴーチエ), 葬儀屋(プーシキン), 侵入者(梅崎春生), それが誰れに分るのだ(モーパッサン), スフィンクス(ポー), 名月(横光利一), エッジウエア通りの横町のちいさな劇場(グレアム・グリーン), 女主人(ロアルド・ダール), 美神(三島由紀夫), 人でなしの恋(江戸川乱歩), 火星植物園(中井英夫)

『梅崎春生全集 第3巻』 沖積舎 1984.7 438p 22cm 6800円 Ⓝ918.68

内容 輪唱, 赤帯の話, 黒い花, 破片, 莫邪の一日, ヒョウタン, 指, 拾う, 山名の場合,Sの背中, 春の月,A君の手紙, カロ三代, 服, 拐帯者, 春日尾行, 雀荘, クマゼミとタマゴ, 大王猫の病気, ボロ家の春秋, 十一郎会事件, 紫陽花, 侵入者, ある少女, 解題 古林尚著, 解説 椎名麟三著

「桜島」

『ちくま日本文学全集 44 梅崎春生—1915-1965』 筑摩書房 1992.11 472p 16cm 1000円 Ⓘ4-480-10244-2 Ⓝ918.6

内容 蜆, 輪唱,Sの背中, 突堤にて, 春の月, ボロ家の春秋, 赤帯の話, 眼鏡の話, 桜島, 法師蟬に学ぶ, チョウチンアンコウについて, 年譜: p463~472

『桜島・日の果て・幻化』 梅崎春生著 講談社 1989.6 397p 15cm (講談社文芸文庫) 880円 Ⓘ4-06-196047-4

内容 処女作「風宴」の、青春の無為と高貴さの並存する風景。出世作「桜島」の、極限状況下の青春の精緻な心象風景。そして秀作「日の果て」。「桜島」「日の果て」と照応する毎日出版文化賞受賞の「幻化」。無気味で純粋な "生" の旋律を作家・梅崎春生の、戦後日本の文学を代表する作品群。

『昭和文学全集 第20巻』 梅崎春生, 島尾敏雄, 安岡章太郎, 吉行淳之介著 小学館 1987.6 1061p 21cm 4000円 Ⓘ4-09-568020-2

内容 桜島(梅崎春生), 日の果て(梅崎春生), 蜆(梅崎春生), 突堤にて(梅崎春生), ボロ家の春秋(梅崎春生), 狂い凧(梅崎春生), 幻化(梅崎春生), 島の果て(島尾敏雄), 湾内の入江で—「魚雷艇学生」第4章(島尾敏雄), 徳之島航海記(島尾敏雄), 出孤島記(島尾敏雄), 出発は遂に訪れず(島尾敏雄), 単独旅行者(島尾敏雄), 夢の中での日常(島尾敏雄), 死の棘—第1章~第4章(島尾敏雄), 夢屑(島尾敏雄), 海辺の光景(安岡章太郎), 遁走(安岡章太郎), ガラスの靴(安岡章太郎), 愛玩(安岡章太郎), 陰気な愉しみ(安岡章太郎), 悪い仲間(安岡章太郎), 青葉しげれる(安岡章太郎), 質屋の女房(安岡章太郎), 走れトマホーク(安岡章太郎), ソウタと犬と(安岡章太郎), 夜半の波音(安岡章太郎), 父の日記(安岡章太郎), もぐらの手袋(安岡章太郎), 放屁抄(安岡章太郎), 木の上の生活(安岡章太郎), むし暑い朝(安岡章太郎), 砂の上の植物群(吉行淳之介), 暗室(吉行淳之介), 驟雨(吉行淳之介), 寝台の舟(吉行淳之介), 鳥獣虫魚(吉行淳之介), 風呂焚く男(吉行淳之介), 手品師(吉行淳之介), 不意の出来事(吉行淳之介), 双生(吉行淳之介), 紺色の実(吉行淳之介), 鞄の中身(吉行淳之介), 葛飾(吉行淳之介), 夢の車輪—パウル・クレーと十二の幻想より(吉行淳之介), 光の帯(吉行淳之介), 鏡の裏(吉行淳之介), 影との距離(吉行淳之介), 夢の車輪(吉行淳之介)

「蜆」

『日本近代短篇小説選 昭和篇 2』 紅野敏郎, 紅野謙介, 千葉俊二, 宗像和重, 山田俊治編 岩波書店 2012.9 382p 15cm (岩波文庫) 800円 Ⓘ978-4-00-311915-0

内容 「「生きられますか?」と彼は彼女にきいてみた。」(野間宏『顔の中の赤い月』)—焼跡から、記憶から、芽吹き萌え広がることばと物語。昭和二一年から二七年までに発表された、石川淳・坂口安吾・林芙美子らの一三篇を収録。

『梅崎春生作品集 第2巻』 梅崎春生著 沖積舎 2004.7 297p 19cm 2800円 Ⓘ4-8060-6602-8

内容 Sの背中, 記憶, 蜆, 飢えの季節, 黄色い日日, 贋の季節, ボロ家の春秋, 侵入者, 莫邪の一日, 輪唱, チョウチンアンコウについて

『ボロ家の春秋』 梅崎春生著 講談社 2000.1 293p 16cm (講談社文芸文庫) 1200円 Ⓘ4-06-197697-4 Ⓝ913.6

内容 蜆, 庭の眺め, 黄色い日日,Sの背中, ボロ家の春秋, 記憶, 凡人凡語

「侵入者」

『ふしぎな話』 松田哲夫編 あすなろ書房 2011.3 279p 22×14cm (中学生までに読んでおきたい日本文学 10) 1800円 Ⓘ978-4-7515-2630-9

内容 夢の世界はあるのかな？ 名作短編がぎっしりつまった一冊。

『梅崎春生作品集 第2巻』 梅崎春生著 沖積舎 2004.7 297p 19cm 2800円 Ⓘ4-8060-6602-8

内容 Sの背中, 記憶, 蜆, 飢えの季節, 黄色い日日, 贋の季節, ボロ家の春秋, 侵入者, 莫邪の一日, 輪唱, チョウチンアンコウについて

『奇想天外』 鶴見俊輔, 安野光雅, 森毅, 井上ひさし, 池内紀編 筑摩書房 1994.10 416p 19cm (新・ちくま文学の森 2) 1800円 Ⓘ4-480-10122-5

内容 ジャムブリたちの住むお国(リア), ねずみと小鳥とソーセージ(グリム), 猫の事務所(宮沢賢治), ソナタの形式による落語(竹内浩三), 水滴(ブッツァーティ), 父の気がかり(カフカ), 卵(夢野久作), 赤い繭(安部公房), ココァ山の話(稲垣足穂), 水蛇(カルヴィーノ), 首提灯, 聊斎志異(蒲松齢), 雨ばけ(泉鏡花), 心(夏目漱石), 尽頭子(内田百閒), 牡丹燈記(瞿宋吉), 鯉の巴(小田仁二郎), 女と蛇(タラションコル), 火焔つつじ(平山盧江), コーヒー沸かし(ゴーチエ), 葬儀屋(プーシキン), 侵入者(梅崎春生), それが誰れに分るのだ(モーパッサン), スフィンクス(ポー), 名月(横光利一), エッジウエア通りの横町のちいさな劇場(グレアム・グリーン), 女主人(ロアルド・ダール), 美神(三島由紀夫), 人でなしの恋(江戸川乱歩), 火星植物園(中井英夫)

「西村少年」

『梅崎春生作品集 第3巻』 梅崎春生著 沖積舎 2004.11 299p 19cm 3000円 Ⓘ4-8060-6603-6

内容 庭の眺め, 防波堤, 凡人凡語, 春の月, 拐帯者, ふしぎな患者, 仮象, 破片, 飯塚酒場, 西村少年, ヒョウタン, 寒い日のこと, ふるさと記, 眼鏡の話

「猫の話」

『謎のギャラリー―愛の部屋』 北村薫編 新潮社 2002.3 482p 16cm (新潮文庫) 667円 Ⓘ4-10-137326-4 Ⓝ908.3

内容 かくれんぼう(西村玲子著), 猫の話(梅崎春生著), なにもないねこ(別役実著), 小さな少年のおぼえがき(ホセ・マリーヤ・ペマン著, 会田由訳), これが人生だ(シャーリー・ジャクスン著, 大山功訳), 歌の作りかた(阪田寛夫著), 親指魚(山下明生著), 恋について(アントン・チェーホフ著, 松下裕訳), 獅子の爪(フランソワ・コッペ著, 内藤濯訳), 狐になった夫人(デイヴィッド・ガーネット著, 井上宗次訳), ほら吹きシマウマ(モナ・リザとお釈迦さまが会いました(ミス・レディ(ヴェルサイユ宮殿の誰も知らない舞踏室(スペンサー・ホルスト著, 吉田利子訳), 砂糖(野上弥生子著), 真田風雲録(福田善之著)

『高校生におくる近代名作館 3 小説1を読んでみませんか』 桑名靖治編 新装版 文英堂 1998.9 285p 21cm 1200円 Ⓘ4-578-12945-4

内容 鑑賞「現代文」。教科書の定番作品から埋もれた名作まで、高校生諸君におくる最も知的なプレゼント。森鷗外『舞姫』には、当時の風俗を伝える木版画・写真、全文の現代語訳付き。

『謎のギャラリー特別室』 北村薫編 マガジンハウス 1998.7 220p 19cm 1400円 Ⓘ4-8387-1020-8

内容 平成の名アンソロジストが、ミステリから恋愛小説まで面白さにこだわって12編の傑作を選びました。現在、入手困難な作品が多数収録されています。古今東西の「知」と「謎」と「感動」に出会える一冊。北村薫が選ぶ名作傑作集。

「眼鏡の話」

『梅崎春生作品集 第3巻』 梅崎春生著 沖積舎 2004.11 299p 19cm 3000円 Ⓘ4-8060-6603-6

内容 庭の眺め, 防波堤, 凡人凡語, 春の月, 拐帯者, ふしぎな患者, 仮象, 破片, 飯塚酒場, 西

村少年, ヒョウタン, 寒い日のこと, ふるさと記, 眼鏡の話

『梅崎春生』 梅崎春生著 筑摩書房 1992.11 472p 15cm (ちくま日本文学全集 044) 1000円 ①4-480-10244-2

内容 蜆, 輪唱,Sの背中, 突堤にて, 春の月, ボロ家の春秋, 赤帯の話, 眼鏡の話, 桜島, 法師蟬に学ぶ, チョウチンアンコウについて

『梅崎春生全集 第1巻』 沖積舎 1984.5 429p 22cm〈著者の肖像あり〉6800円 Ⓝ918.68

内容 桜島, 崖, 日の果て, 埋葬, 失われた男,B島風物誌, 赤い駱駝, 生活, ルネタの市民兵, 故郷の客, 無名颱風, 小さな町にて, 水兵帽の話, 万吉, 蟹, 奇妙な旅行, 歯, 山伏兵長, 眼鏡の話, 上里班長, ある失踪, 演習旅行, 大夕焼, 年齢, 解題 古林尚著, 解説 本多秋五著

江國 香織
えくに・かおり
《1964～》

「草之丞の話」

『つめたいよるに』 江國香織著 改版 新潮社 2014.11 213p 15cm (新潮文庫) 460円 ①978-4-10-133913-9

内容 デュークが死んだ。わたしのデュークが死んでしまった—。たまご料理と梨と落語が好きで、キスのうまい犬のデュークが死んだ翌日乗った電車で、わたしはハンサムな男の子に巡り合った…。出会いと分れの不思議な一日を綴った「デューク」。コンビニでバイトする大学生のクリスマスイブを描いた「とくべつな早朝」。デビュー作「桃子」を含む珠玉の21編を収録した待望の短編集。

『日本の童話名作選 現代篇』 講談社文芸文庫編 講談社 2007.12 361p 15cm (講談社文芸文庫) 1400円 ①978-4-06-198498-1

内容 七〇年代からの日本社会の激動は童話の世界を大きく変えた。大人が子どもに与える教訓的な物語は影をひそめ、子どもの空想を刺激し日常とは別の次元に誘う幼年童話、ファンタジーの名作が生まれる一方、いじめや受験戦争に蝕まれる十代の心を繊細に描くヤングアダルト文学も登場。若い才能ある書き手達が大人と子どもの文学の境界を双方から軽やかに突破していった。山下明生、灰谷健次郎、江國香織、村上春樹等の名品二六篇。

『斎藤孝のイッキによめる! 名作選 小学6年生』 斎藤孝編 講談社 2005.7 284p 21cm 1000円 ①4-06-213009-2

内容 クイズつき! 名作短編集の決定版!!森鷗外、モーパッサン、江國香織、村上春樹、町田康、山田詠美ほか全12編。

『草之丞の話』 江國香織文, 飯野和好絵 旬報社 2001.8 1冊 22cm 1300円 ①4-8451-0661-2

「デューク」

『つめたいよるに』 江國香織著 改版 新潮社 2014.11 213p 15cm (新潮文庫) 460円 ①978-4-10-133913-9

内容 デュークが死んだ。わたしのデュークが死んでしまった－。たまご料理と梨と落語が好きで、キスのうまい犬のデュークが死んだ翌日乗った電車で、わたしはハンサムな男の子に巡り合った…。出会いと分れの不思議な一日を綴った「デューク」。コンビニでバイトする大学生のクリスマスイブを描いた「とくべつな早朝」。デビュー作「桃子」を含む珠玉の21編を収録した待望の短編集。

『読まずにいられぬ名短篇』 北村薫, 宮部みゆき編 筑摩書房 2014.5 474p 15cm (ちくま文庫) 900円 ①978-4-480-43157-8

内容 日本屈指の本の目利き二人が、古今東西から読まずにはいられない傑作短篇を持ち寄ったアンソロジー。静かに胸をうつ話から、身の毛もよだつ話まで、厳選した18の名短篇。北村・宮部の解説対談収録。

『肥田美代子が選ぶラブストーリー集』 肥田美代子選, スタルク, ウルフほか著, 菱木晃子訳 学習研究社 2007.2 191p 21cm (中学生のためのショート・ストーリーズ 3) 1,300円 ①978-4-05-202628-7

目次 二回目のキス(ウルフ・スタルク), デューク(江國香織), すずの兵隊(H.C.アンデルセン), 舞踏会(芥川龍之介),『夢十夜』より(夏目漱石),『十七歳だった!』より(原田宗典),『詩集 ふたりしずか』より(野呂昶), ジョゼと虎と魚たち(田辺聖子),『永遠の出口』より(森絵都)

『デューク』 江國香織文, 山本容子画

講談社　2000.11　1冊　15cm　1,000円
Ⓘ4-06-210485-7

内容 クリスマスソングが流れる12月の街、私と「彼」との奇跡…。

江藤　淳
えとう・じゅん
《1932～1999》

「現代と漱石と私」

『文学と私・戦後と私』　江藤淳著　改版　新潮社　2007.9　378p　15cm　（新潮文庫）552円　Ⓘ978-4-10-110801-8

内容 気鋭の文芸批評家として、昭和の文壇に颯爽と登場した著者は、その膨大な執筆活動のなかで「随筆を書く喜びにまさるものはない」と述べた、稀代のエッセイストでもあった。自身の文学への目覚め、戦後の悲哀と喪失感。海外生活について、夜の紅茶が与える安息、そして飼い犬への溺愛—。個人の感情を語ることが文学であるという信念と、その人生が率直に綴られた、名文光る随筆集。

『新編江藤淳文学集成　1　夏目漱石論集』　河出書房新社　1984.11　453p　22cm　〈著者の肖像あり〉3900円　Ⓘ4-309-60931-7　Ⓝ914.6

内容 夏目漱石, 評論・エッセイ, 講演, 夏目漱石年譜：p441～448

円地　文子
えんち・ふみこ
《1905～1986》

「めがねの悲しみ」

『生きるかなしみ』　山田太一編　筑摩書房　1995.1　222p　15cm　（ちくま文庫）480円　Ⓘ4-480-02943-5

内容 人は誰でも心の底に、さまざまなかなしみを抱きながら生きている。病や老いだけでなく、ほんの小さなことや、時には愛するがためのかなしさもある。今、大切なことは「生きるかなしさ」に目を向け、人間のはかなさ、無力を知ることではないだろうか。「生きるかなしみ」と真摯に直面し、人生の幅と厚みを増した先人達の諸相を読む。

『生きるかなしみ』　山田太一編　筑摩書房　1991.3　218p　19cm　1340円
Ⓘ4-480-84218-7

内容 いま、私達の周囲にはさまざまな形の可能性が我がもの顔をしている。欲望のみ優先させる魔性の可能性に追従するだけでよいのだろうか。大切なのは断念する勇気を持ち心の平安を手にすることではないか？

遠藤　周作
えんどう・しゅうさく
《1923～1996》

「その夜のコニャック」

『その夜のコニャック』　遠藤周作著　文芸春秋　1991.8　276p　16cm　（文春文庫）400円　Ⓘ4-16-712008-9　Ⓝ913.6

内容 その一言, 幽体離脱, 寝台, あかるく、楽しい原宿, 色模様, 幼児プレイ,1979年の作文より, 女優モニック, 麗子, 珍奇な決闘, どこかで、見た、風景, 二条城の決闘, その夜のコニャック

『その夜のコニャック』　遠藤周作著　文藝春秋　1988.8　277p　18cm　（遠藤周作 小説の館）900円　Ⓘ4-16-310430-5

内容 気付かなかっただけで、この人と同じことを自分もしていたのではないかと、登場人物のことを思いやる。読んだあと、心の片隅にそれまでなかったものが宿り、日々の暮しのなかにふと甦ってくる—このような小説を集めた『遠藤周作 小説の館』シリーズ。

「沈黙」

『沈黙　1』　遠藤周作著　大活字　2004.10　227p　21cm　（大活字文庫）2980円　Ⓘ4-86055-178-8

内容 島原の乱が鎮圧されて間もないころ、キリシタン禁制の日本に潜入したポルトガル司祭ロドリゴは、日本人信徒達に加えられる残忍な拷問と悲惨な殉教のうめき声に接して苦悩し、ついに背教の淵に立たされる…。キリスト信仰の根源的な問題を衝き、問いを投げかける長編。

『沈黙』　遠藤周作著　36刷改版　新潮社

2003.5　312p　16cm　（新潮文庫）514円　Ⓘ4-10-112315-2　Ⓝ913.6

『遠藤周作文学全集　第2巻　長篇小説』遠藤周作著　新潮社　1999.6　343p　21cm　5200円　Ⓘ4-10-640722-1

内容 切支丹弾圧時代を舞台に永遠のテーマ「神の沈黙」に挑んだ名作ほか。

「札の辻」

『文士の意地―車谷長吉撰短編小説輯』車谷長吉編　作品社　2005.8　397p　19cm　3600円　Ⓘ4-86182-043-X

内容 青梅雨（永井龍男），台所のおと（幸田文），水（佐多稲子），盆切り（藤枝静男），沼津（大岡昇平），力婦伝（花田清輝），文字禍（中島敦），蝶（石川桂郎），追跡の魔（埴谷雄高），断碑（松本清張），お公家さん（白洲正子），辰三の場合（吉田健一），いのちの初夜（北条民雄），お紀枝（島尾敏雄），太市（水上勉），伯父の墓地（安岡章太郎），札の辻（遠藤周作），怪物（三島由紀夫），物と心速い馬の流れ（小川国夫），犬狼都市（渋沢龍彦），骨餓身峠死人葛（野坂昭如），ボール箱（半村良），人生の一日（阿部昭），東京発千夜一夜（第百三十五話）（森遙子），望潮（村田喜代子），淀川にちかい町から（岩阪恵子），穢土（中上健次），ソナチネ山のコインロッカー（高橋順子），木枯し（車谷長吉）

『遠藤周作文学全集　7　短篇小説』遠藤周作著　新潮社　1999.11　577p　21cm　5200円　Ⓘ4-10-640727-2

内容 結核再発による入院生活から「沈黙」執筆を経て1960年代に発表された短篇小説25篇。

『日本の短篇　上』井上靖，大江健三郎，大岡信，清岡卓行，中村光夫，山本健吉，吉行淳之介編　文藝春秋　1989.3　558p　19cm　2800円　Ⓘ4-16-363430-4

内容 日仏文化交流の一環として、フランス・ガリマール社から刊行され、好評を得た日本近代文学の名短篇集。明治、大正、昭和の傑作から厳選した六十篇は、フランス人読者のみならず、我々自身にとっとも日本文学を知るための貴重な書である。

大江　健三郎
おおえ・けんざぶろう
《1935〜》

「"記憶して下さい。私はこんな風にして生きて来たのです"」

『持続する志』大江健三郎著　講談社　1991.12　694p　16cm　（講談社文芸文庫―現代日本のエッセイ）1600円　Ⓘ4-06-196154-3　Ⓝ914.6

「同情トイフコト」

『恢復する家族』大江健三郎文，大江ゆかり画　講談社　1998.3　221p　15cm　（講談社文庫）724円　Ⓘ4-06-263735-9

内容 光さんと共に生きる。障害を持つ子供の苦しみを積極的に受けとめ、共に生きていくことによって家族もまた癒されていく。三歳のときすでにベートーヴェンやショパンに敏感に反応し、野鳥の声に示した興味に添うかたちで音楽に出会った光さんを父のやさしい文と母のあたたかい画で綴った感動の長篇エッセイ。

『恢復する家族』大江健三郎文，大江ゆかり画　講談社　1995.2　199p　23×16cm　1600円　Ⓘ4-06-207510-5

内容 光さんと共に生きる。父のやさしい文と母のあたたかい画で綴る魂の記録。人の心を癒し、恢復させる力はどこにあるのか。ノーベル賞受賞後初の、感動的長篇エッセイ。

「鳥」

『見るまえに跳べ』大江健三郎著　改版　新潮社　2000.12　367p　16cm　（新潮文庫）552円　Ⓘ4-10-112608-9　Ⓝ913.6

内容 奇妙な仕事，動物倉庫，運搬，鳩，見るまえに跳べ，鳥，ここより他の場所，上機嫌，後退青年研究所

「人間の威厳について」

『ヒロシマ・ノート』大江健三郎著　岩波書店　2003.4　186p　18cm　（岩波新書）〈第78刷〉700円　Ⓘ4-00-415027-2

内容 広島の悲劇は過去のものではない。一九六三年夏、現地を訪れた著者の見たもの

は、十数年後のある日突如として死の宣告をうける被爆者たちの“悲惨と威厳”に満ちた姿であり医師たちの献身であった。著者と広島とのかかわりは深まり、その報告は人々の胸を打つ。平和の思想の人間的基盤を明らかにし、現代という時代に対決する告発の書。

『ヒロシマ・ノート』 大江健三郎著 岩波書店 1981.4 186p 18cm (岩波新書)〈第28刷(第1刷:1965年)〉 Ⓝ914.6

「ヒロシマ・ノート」

『ヒロシマ・ノート』 大江健三郎著 岩波書店 2003.4 186p 18cm (岩波新書)〈第78刷〉 700円 Ⓘ4-00-415027-2

内容 広島の悲劇は過去のものではない。一九六三年夏、現地を訪れた著者の見たものは、十数年後のある日突如として死の宣告をうける被爆者たちの“悲惨と威厳”に満ちた姿であり医師たちの献身であった。著者と広島とのかかわりは深まり、その報告は人々の胸を打つ。平和の思想の人間的基盤を明らかにし、現代という時代に対決する告発の書。

『ヒロシマ・ノート』 大江健三郎著 岩波書店 1981.4 186p 18cm (岩波新書)〈第28刷(第1刷:1965年)〉 Ⓝ914.6

大江 朝綱
おおえの・あさつな
《886〜957》

「和漢朗詠集」

『三河鳳来寺旧蔵暦応二年書写 和漢朗詠集―影印と研究』 佐藤道生著 勉誠出版 2014.2 2冊(セット) 31×23cm 30000円 Ⓘ978-4-585-29067-4

内容 上冊(影印篇)に三河鳳来寺旧蔵(著者架蔵)暦応二年(一三三九)藤原師英書写『和漢朗詠集』を全巻にわたって原色影印。下冊(研究篇)には同書に関する解題・翻印・論考を収録。

『和漢朗詠集―現代語訳付き』 三木雅博訳注 角川学芸出版,KADOKAWA〔発売〕 2013.9 455p 15cm (角川ソフィア文庫) 1400円 Ⓘ978-4-04-400114-8

内容 平安時代中期の才人、藤原公任が編纂、漢詩句と和歌を融合させたユニークな詞華集。春・夏・秋・冬の四季の景物からなる上巻、風・雲・晴・暁・鶴・猿・管弦ほか48題からなる下巻。日本文学に大きな影響を与えた、漢詩句588と和歌216首の全作品に、現代語訳・注釈・解説を付載。編者公任がどのように詩句や和歌を選択・配列し、主題を表現したかという文学作品としての読み方も懇切に示す。平安貴族の文化にふれる必読の古典。

『和漢朗詠集・和漢兼作集・尚歯会和歌』 藤原公任編纂 朝日新聞社 2005.4 660,28p 22cm (冷泉家時雨亭叢書 第46巻 冷泉家時雨亭文庫編)〈付属資料:8p:月報 65 シリーズ責任表示:冷泉家時雨亭文庫編 複製 折り込1枚〉 30000円 Ⓘ4-02-240346-2 Ⓝ919.3

『新編日本古典文学全集 19 和漢朗詠集』 藤原公任撰, 菅野礼行校注・訳 小学館 1999.10 526p 23cm 4267円 Ⓘ4-09-658019-8 Ⓝ918

大岡 昇平
おおおか・しょうへい
《1909〜1988》

「暗号手」

『闇』 コンラッド, 大岡昇平, フロベール著, 田中昌太郎, 太田浩一訳 ポプラ社 2010.10 181p 19cm (百年文庫 7) 750円 Ⓘ978-4-591-11889-4

内容 アフリカに送り込まれた貿易会社の二人の社員。出世を夢見て交易所に寝泊りを続けるが…。辺境で「文明」を担った男たちが圧倒的な不安に崩れ落ちていく様を描いた『進歩の前哨基地』(コンラッド)。フィリピンの戦線を舞台に、戦友の心を歪めていく組織悪の根源にせまった大岡昇平の『暗号手』。残虐な欲望に身をゆだね、取り返しのつかない過ちを犯した男が清らかな愛をとりもどすまでの感動の物語(フロベール『聖ジュリアン伝』)。極限に浮かび上がる人間の裸像。

『ある補充兵の戦い』 大岡昇平著　岩波書店　2010.8　392p　15cm　（岩波現代文庫）1160円　Ⓘ978-4-00-602173-3

内容 太平洋戦争末期、三十五歳で比島派遣渡兵団の補充要員として召集され出征した大岡が、フィリピン・ミンドロ島で戦い、米軍捕虜となり、そして復員する体験を描いた作品群を収録。捕虜収容所での生活を中心に扱った作品集『俘虜記』の姉妹篇をなす。死に直面した極限状況で人間がいかに考え、生きたかを描き出した戦争文学の傑作。

『靴の話―大岡昇平戦争小説集』 大岡昇平著　集英社　1996.6　239p　15cm　（集英社文庫）520円　Ⓘ4-08-752049-8

内容 太平洋戦争中、フィリピンの山中でアメリカ兵を目前にした私が「射たなかった」のはなぜだったのか。自らの体験を精緻で徹底的な自己検証で追う『捉まるまで』。死んだ戦友の靴をはかざるをえない事実を見すえる表題作『靴の話』など6編を収録。戦争の中での個人とは何か。戦場における人間の可能性を問う戦争小説集。

「靴の話」

『靴の話―大岡昇平戦争小説集』 大岡昇平著　集英社　1996.6　239p　15cm　（集英社文庫）520円　Ⓘ4-08-752049-8

内容 太平洋戦争中、フィリピンの山中でアメリカ兵を目前にした私が「射たなかった」のはなぜだったのか。自らの体験を精緻で徹底的な自己検証で追う『捉まるまで』。死んだ戦友の靴をはかざるをえない事実を見すえる表題作『靴の話』など6編を収録。戦争の中での個人とは何か。戦場における人間の可能性を問う戦争小説集。

『大岡昇平集　2』 岩波書店　1982.8　653p　20cm　3700円　Ⓝ913.68

内容 出征, 海上にて, 比島に着いた補充兵, サンホセの聖母, ミンドロ島誌, 暗号手, 俘虜逃亡, 襲撃, 食欲について, 歩哨の眼について, 敗走紀行, 西矢隊奮戦, 山中露営, 靴の話, 女中の子, ユー・アー・ヘヴィ, 忘れ得ぬ人々, わが復員, 妻, 再会, 神経さん, ミンドロ島ふたたび,『ミンドロ島ふたたび』その後, ダナオ湖まで, 解説 戦友への約束 小田実著, 解説 池田純溢著

「出征」

『日本近代短篇小説選　昭和篇　2』 紅野敏郎, 紅野謙介, 千葉俊二, 宗像和重, 山田俊治編　岩波書店　2012.9　382p　15cm　（岩波文庫）800円　Ⓘ978-4-00-311915-0

内容 「「生きられますか？」と彼は彼女にきいてみた。」（野間宏『顔の中の赤い月』）―焼跡から、記憶から、芽吹き萌え広がることばと物語。昭和二一年から二七年までに発表された、石川淳・坂口安吾・林芙美子らの一三篇を収録。

『ある補充兵の戦い』 大岡昇平著　岩波書店　2010.8　392p　15cm　（岩波現代文庫）1160円　Ⓘ978-4-00-602173-3

内容 太平洋戦争末期、三十五歳で比島派遣渡兵団の補充要員として召集され出征した大岡が、フィリピン・ミンドロ島で戦い、米軍捕虜となり、そして復員する体験を描いた作品群を収録。捕虜収容所での生活を中心に扱った作品集『俘虜記』の姉妹篇をなす。死に直面した極限状況で人間がいかに考え、生きたかを描き出した戦争文学の傑作。

『靴の話―大岡昇平戦争小説集』 大岡昇平著　集英社　1996.6　239p　15cm　（集英社文庫）520円　Ⓘ4-08-752049-8

内容 太平洋戦争中、フィリピンの山中でアメリカ兵を目前にした私が「射たなかった」のはなぜだったのか。自らの体験を精緻で徹底的な自己検証で追う『捉まるまで』。死んだ戦友の靴をはかざるをえない事実を見すえる表題作『靴の話』など6編を収録。戦争の中での個人とは何か。戦場における人間の可能性を問う戦争小説集。

「野火」

『野火』 大岡昇平著　改版　新潮社　2014.7　216p　15cm　（新潮文庫）〈8刷（1刷1954年）〉400円　Ⓘ978-4-10-106503-8

内容 敗北が決定的となったフィリピン戦線で結核に冒され、わずか数本の芋を渡されて本隊を追放された田村一等兵。野火の燃えひろがる原野を彷徨う田村は、極度の飢えに襲われ、自分の血を吸った蛭まで食べたあげく、友軍の屍体に目を向ける…。平凡な一人の中年男の異常な戦争体験をもとにして、彼がなぜ人肉嗜食に踏み切れなかったかをたどる戦争文学の代表的作品である。

『存在の探求　下巻』 大岡昇平, 平野謙, 佐々木基一, 埴谷雄高, 花田清輝責任編集　新装版　学芸書林　2003.12　612p　19cm　（全集 現代文学の発見 第8巻）

4500円 ①4-87517-066-1

内容 存在とは何か。「死」を前にした時にあらわれるこの問いに、作家たちの想像力はどのように応えたか。窮極のテーマに挑んだ石上玄一郎、坂口安吾、野間宏、大岡昇平らの代表作を中心に、10人の作家による小説・評論15作品を収録。

『小説 2』 大岡昇平著 筑摩書房 1994.11 716p 21cm （大岡昇平全集 3） 8000円 ①4-480-70263-6

内容 戦後文学を代表する作家の決定版全集。極限的飢餓の果てに人肉食に至る生の彷徨を描いて人間精神の限界を追求した戦争文学の傑作『野火』、荒廃する戦後社会を背景に大学教授夫人と復員青年の不倫を描いた恋愛小説の傑作『武蔵野夫人』のほかに1950〜1960年の短篇を収録。

「俘虜記」

『証言としての文学』 大岡昇平，平野謙，佐々木基一，埴谷雄高，花田清輝責任編集，竹内泰宏解説 新装版 學藝書林 2004.4 621p 19cm （全集 現代文学の発見 第10巻） 4500円 ①4-87517-068-8

内容 文学は時代の証言となりうるのか？第二次世界大戦の経験をテーマにした『夏の花』『戦艦大和ノ最期』『シベリア物語』『童貞』から、戦後の社会的事件に対する証言を中心とした作品群まで、虚構（フィクション）と記録（ドキュメント）による15の真実。

『高校生におくる近代名作館 3 小説1を読んでみませんか』 桑名靖治編 新装版 文英堂 1998.9 285p 21cm 1200円 ①4-578-12945-4

内容 鑑賞「現代文」。教科書の定番作品から埋もれた名作まで、高校生諸君におくる最も知的なプレゼント。森鷗外『舞姫』には、当時の風俗を伝える木版画・写真、全文の現代語訳付き。

『大岡昇平全集 2』 大岡昇平著 筑摩書房 1994.10 658p 21cm 7800円 ①4-480-70262-8

内容 戦後文学を代表する作家の決定版全集。昭和20年1月フィリピンにおいて米軍の捕虜となった体験をもとに、極限下の生の実存を明晰・緻密な文体で追求した出世作「俘虜記」をはじめとする、出征から捕虜体験までを描いた作品および未発表原稿「真藤君の思ひ出」を収録。

『俘虜記・野火』 大岡昇平著 ほるぷ出版 1985.5 403p 20cm （日本の文学 78） Ⓝ913.6

「歩哨の眼について」

『私小説名作選 下』 中村光夫選，日本ペンクラブ編 講談社 2012.6 263p 15cm （講談社文芸文庫） 1400円 ①978-4-06-290159-8

内容 いわゆる「私小説」への批判に対して、多くの愛着をもった読者は、その世界の中に迷い込み、取り付かれ、魅せられていった。藤枝静男・大岡昇平・島尾敏雄・水上勉・安岡章太郎・庄野潤三・遠藤周作・吉行淳之介・田中小実昌・三浦哲郎・高井有一の名短篇に加えて、中村光夫と水上勉による対談解説「私小説の系譜」収録。

『ことばの織物―昭和短篇珠玉選 第2集』 阿毛久芳他編 小平 蒼丘書林 1998.10 318p 18cm 1850円 ①4-915442-61-6 Ⓝ913.68

内容 ガドルフの百合（宮沢賢治著），監獄部屋（小林多喜二著），押絵と旅する男（江戸川乱歩著），風琴と魚の街（林芙美子著），夕景色の鏡（川端康成著），姨捨（堀辰雄著），黒猫（島木健作著），デンドロカカリヤ（安部公房著），歩哨の眼について（大岡昇平著），翼―ゴーティエ風の物語（三島由紀夫著），鶴（長谷川四郎著），質屋の女房（安岡章太郎著），他人の夏（山川方夫著），初心（阿部昭著），鮒（向田邦子著），パン屋再襲撃（村上春樹著）

『靴の話―大岡昇平戦争小説集』 大岡昇平著 集英社 1996.6 239p 15cm （集英社文庫） 520円 ①4-08-752049-8

内容 太平洋戦争中、フィリピンの山中でアメリカ兵を目前にした私が「射たなかった」のはなぜだったのか。自らの体験を精緻で徹底的な自己検証で追う『捉まるまで』。死んだ戦友の靴をはかざるをえない事実を見すえる表題作『靴の話』など6編を収録。戦争の中での個人とは何か。戦場における人間の可能性を問う戦争小説集。

大岡　信
おおおか・まこと
《1931〜》

「うたのように」

『大岡信詩集 自選』 大岡信著　岩波書店　2004.11　156p　19cm　2000円　Ⓘ4-00-022380-1

内容 数多くの作品群のなかから、声に出してその良さがわかる作品を厳選。「伝統」と「現代」の間を往還しつつ、ことばの持つ豊かな可能性を切り開き続けてきた詩人大岡信のエッセンスが凝縮する愛唱詩集。年代順に配列することで、詩人としての人生の歩みが滲み出たものとなっている。

『大岡信全詩集』 思潮社　2002

内容 柔らかに溢れかえるイメージと、弾力に富む思想を充塡した言葉で、戦後詩の領土を確実におしひろげた詩人の、批評とポイエーシス、うたげと孤心、伝統と近代、そして光と闇、これら二つの世界を貫いて現れる鋭利で多様な詩が、言葉の識閾を越えて放つ永遠の光彩。

「折々のうた」

『折々のうた』 大岡信著　〔愛蔵版〕　岩波書店　1992.9　11冊（セット）　19cm　19800円　Ⓘ4-00-209063-9

目次 春のうた, 夏のうた, 秋のうた, 冬のうた,「折々のうた」の14年, 初句索引, 作者略歴

『折々のうた』 大岡信著　岩波書店　1980.3　189,26p　18cm　（岩波新書）　320円　Ⓝ911.04

「車座社会に生きる日本人」

『詩をよむ鍵』 大岡信著　講談社　1992.6　333p　20cm　2200円　Ⓘ4-06-205763-8　Ⓝ911.04

「言葉と人格」

『詩・ことば・人間』 大岡信著　講談社　1985.2　278p　15cm　（講談社学術文庫）680円　Ⓘ4-06-158672-6　Ⓝ914.6

『詩とことば』 大岡信著　花神社　1980.10　217p　20cm　1400円　Ⓝ914.6

「言葉の力」

『詩の時代としての戦後』 大岡信著　岩波書店　2000.3　433p　19cm　（日本の古典詩歌 別巻）4800円　Ⓘ4-00-026396-X

内容 表現の根元に横たわることばの力に深く思いをめぐらした日本詩歌論。若き日の道元『正法眼蔵』への事故豆乳を証しする諸編、また死生観をめぐる考察、ほか現代詩への証言的エッセイなどを収める。

『ことばの力』 大岡信著　花神社　1996.7　213p　19cm〈新装版〉1700円　Ⓘ4-7602-1416-X　Ⓝ914.6

『ことばの力』 大岡信著　新装版　花神社　1987.5　213p　20cm　1800円　Ⓘ4-7602-1008-3

目次 言葉の力, 文章読本如是我聞, 漢字とかなのこと, いのちとリズム, 移植, 書のおどろき・書のたのしみ, 辞書二題, 歳時記について, 加藤楸邨, 飯田龍太〔ほか〕

「地名論」

『戦後代表詩選続─谷川俊太郎から伊藤比呂美』 鮎川信夫, 大岡信, 北川透編　思潮社　2006.9　185p　18cm　（詩の森文庫）980円　Ⓘ4-7837-2922-0

内容 どう読まれ、どう書かれてきたか。これからどう読まれるべきか。「本当の事を云おうか」と「鳥羽」で衝撃を与えた谷川俊太郎から、女性独自の書法を提示した伊藤比呂美の『青梅』まで。激動する時代を極限の言葉で表現した戦後詩30年の集大成。

『ふと口ずさみたくなる日本の名詩』 郷原宏選著　PHP研究所　2002.12　237p　19cm　1250円　Ⓘ4-569-62352-2

内容 日本人としてこれだけは覚えておきたい、心洗われる美しい詩、一生の友となる詩をあなたに。語感を磨き、日本語を豊かにするとびきりの55篇。

『大岡信全詩集』 思潮社　2002

内容 柔らかに溢れかえるイメージと、弾力に富む思想を充塡した言葉で、戦後詩の領土を確実におしひろげた詩人の、批評とポイエーシス、うたげと孤心、伝統と近代、そして光と闇、これら二つの世界を貫いて現れる鋭利で多様な詩が、言葉の識閾を越えて放つ永遠の光彩。

「ときの詩」

『大岡信全詩集』 大岡信著 思潮社 2002.11 1756p 21cm 25000円 Ⓘ4-7837-2318-4

内容 柔らかに溢れかえるイメージと、弾力に富む思想を充填した言葉で、戦後詩の領土を確実におしひろげた詩人の、批評とポイエーシス、うたげと孤心、伝統と近代、そして光と闇、これら二つの世界を貫いて現れる鋭利で多様な詩が、言葉の識閾を越えて放つ永遠の光彩。

『続続・大岡信詩集』 大岡信著 思潮社 1998.8 158p 19cm (現代詩文庫) 1165円 Ⓘ4-7837-0922-X

目次 丘のうなじ, 星空の力, はじめてからだを, そのとき きみに出会つた, 空気に腰掛けはあつた？ , きみはぼくのとなりだつた, 馬具をつけた美少女, 光のくだもの, 稲妻の火は大空へ, 春 少女に〔ほか〕

『光のくだもの』 大岡信著 小学館 1992.11 221p 19cm 1500円 Ⓘ4-09-387092-6

目次 1章 山は水水は山―四季の移ろい,2章 書斎の散歩―折々雑感,3章 言葉の中で薫るもの―詩歌の光と影

「肉体の自然に沿う話しことば」

『日本語の豊かな使い手になるために―読む、書く、話す、聞く』 大岡信著 新版 太郎次郎社 2002.7 286p 19cm 1600円 Ⓘ4-8118-0667-0 Ⓝ810.4

『日本語の豊かな使い手になるために―話す・聞く・読む・書く』 大岡信著 講談社 1997.8 338p 15cm (講談社プラスアルファ文庫) 780円 Ⓘ4-06-256213-8

内容 ことばは生きもの！ ことばひとつで気持ちが明るくなることもあるし、疲れがとれることもある。そんな、ことばのもつ力を探りながら、ことば感覚を磨く、これまでにない日本語講座。心をとらえることば、想像力を引きだすひとこと、人間関係をはぐくむ話し方・聞き方等、日常生活を豊かにするヒントにあふれている。

『日本語の豊かな使い手になるために―読む、書く、話す、聞く』 大岡信著 太郎次郎社 1984.7 243p 20cm 1300円 Ⓝ810.4

「春のために」

『大岡信全詩集』 思潮社 2002

内容 柔らかに溢れかえるイメージと、弾力に富む思想を充填した言葉で、戦後詩の領土を確実におしひろげた詩人の、批評とポイエーシス、うたげと孤心、伝統と近代、そして光と闇、これら二つの世界を貫いて現れる鋭利で多様な詩が、言葉の識閾を越えて放つ永遠の光彩。

「訳詩の歴史が誇るもの」

『詩の日本語』 大岡信著 中央公論新社 2001.1 396p 15cm (中公文庫) 1048円 Ⓘ4-12-203772-7

内容 なぜ、芭蕉は「てにをは」が詩の死命を制すると教えたのか、なぜ、日本詩歌史には精密で体系的な「詩学」の伝統が欠けているのか―古代から現代にまで通じる興味ある問題のかずかずを、詩の日本語の問題として探求しつづける現代詩の実作者が、未来を創造する日本語の詩の特質と魅力を具体的に解明してゆく。

『日本語の世界 11』 大野晋, 丸谷才一編 中央公論社 1980.11 354p 20cm 〈参考文献：p341〉 1800円 Ⓝ810.8

内容 詩の日本語 大岡信著

大野 晋
おおの・すすむ
《1919～2008》

「日本語の起源―言語比較研究の面から」

『日本語の起源』 大野晋著 新版 岩波書店 2003.4 251,20p 18cm (岩波新書)〈第16刷〉 780円 Ⓘ4-00-430340-0

内容 日本語とはどこに起源を持つ言葉なのか。旧版（一九五七年刊）では答の得られなかったこの問いに、数多くの単語、係り結びや五七五七七の短歌の形、お米や墓などの考古学的検証、さらにカミ、アハレ、サビなど日本人の精神を形作る言葉の面から古代タミル語との見事な対応関係を立証して答え、言語と文明の系統論上に決定的な提起を行う。

『日本語の起源』 大野晋著 新版 岩波

書店　1994.6　251,20p　18cm　（岩波新書）650円　Ⓘ4-00-430340-0　Ⓝ810.2

太　安万侶
おおの・やすまろ
《？　～723》

「古事記」

『古事記』　池澤夏樹訳　河出書房新社　2014.11　397p　19cm　（池澤夏樹＝個人編集 日本文学全集 01）2000円　Ⓘ978-4-309-72871-1
内容 世界の創成と、神々の誕生から国の形ができるまで。斬新な訳と画期的な注釈、池澤古事記の誕生！

『古事記』　西宮一民校注　新潮社　2014.10　410p　19cm　（新潮日本古典集成 新装版）2400円　Ⓘ978-4-10-620801-0
内容 イザナキ、イザナミ、アマデラス、スサノヲ、オホクニヌシ、天孫降臨、天地開闢より推古天朝まで。日本の言葉でしか語れない日本の起源！ すべての神々の名を注釈した「神名の釈義」を収録。

『現代語訳 古事記』　蓮田善明訳　岩波書店　2013.9　281p　15cm　（岩波現代文庫）980円　Ⓘ978-4-00-602226-6
内容『古事記』は、人間味ゆたかな神々によって、日本国の成立していく生命力あふれる過程を描いた最も雄大な叙事詩であり、古代の神々の葛藤、闘争、恋愛の劇的な起伏を伝える物語でもある。口誦と歌謡の韻文を踏まえた豊かな文芸性に富んだ日本最古の文学書。本書は、詩人、国文学者、蓮田善明三十一歳の作品。早熟の天才の筆には微塵のためらいもなく、詩人の情熱と国文学者の精確さを兼ね備えた独自の格調高い現代語訳で、日本神話を味わう。

『古事記』　山口佳紀, 神野志隆光校訂・訳　小学館　2007.7　318p　20cm　（日本の古典をよむ 1）1800円　Ⓘ978-4-09-362171-7　Ⓝ913.2

「日本書紀」

『日本書紀』　小島憲之, 直木孝次郎, 西宮一民, 蔵中進, 毛利正守校訂・訳　小学館　2007.9　317p　19cm　（日本の古典をよむ 2）1800円　Ⓘ978-4-09-362172-4
内容 わが国初の正史誕生！ 編年体でときおこされた国家の起源と天皇の歴史。神代～推古紀を収録。

『日本書紀（下）・風土記』　小島憲之, 直木孝次郎, 西宮一民, 蔵中進, 毛利正守, 植垣節也校訂・訳　小学館　2007.9　317p　19cm　（日本の古典をよむ 3）1800円　Ⓘ978-4-09-362173-1
内容 大化の改新、壬申の乱―。地方伝承を今に伝える「風土記」とともに、古代史の証言にふれる。

『新訂増補 國史大系　第1巻上　日本書紀 前篇』　黒板勝美, 国史大系編修会編　オンデマンド版　吉川弘文館　2007.6　419p　26cm　11500円　Ⓘ978-4-642-04000-6
内容 神代及び神武天皇より持統天皇（六九七譲位）までの編年史。三十巻。舎人親王等撰。もとは日本紀とよばれたが、平安時代初期より日本書紀とよばれ、両様の名がある。編纂過程については説が分かれるが、帝紀・旧辞・政府の記録・諸氏の家記・寺院の縁起・地誌・材料と外国史料などをし、元正天皇養老四年（七二〇）完成した。古い時代の部分は神話・伝説によって国家の生成と発展とを記しているが、もちろんそのまま歴史事実と考えることはできないであろう。編者の潤色・造作、また紀年の延長もあり、厳密な史料批判を要するが、古代人の精神生活と政治情勢をうかがうことができる日本最古の古典として尊重される。

『新訂増補 國史大系　第1巻下　日本書紀 後篇』　黒板勝美, 国史大系編修会編　オンデマンド版　吉川弘文館　2007.6　437p　26cm　11500円　Ⓘ978-4-642-04001-3
内容 神代及び神武天皇より持統天皇（六九七譲位）までの編年史。三十巻。舎人親王等撰。もとは日本紀とよばれたが、平安時代初期より日本書紀とよばれ、両様の名がある。編纂過程については説が分かれるが、帝紀・旧辞・政府の記録・諸氏の家記・寺院の縁起・地誌・材料と外国史料などをし、元正天皇養老四年（七二〇）完成した。古い時代の部分は神話・伝説によって国家の生成と発展とを記しているが、もちろんそのまま歴史事実と考えることはできないであろう。編者の潤色・造作、また紀年の延長もあり、厳密な史料批判を要するが、古代人の精神生活と政治情勢をうかがうことができる日本最古の古典として尊重される。

『日本書紀　5』　坂本太郎ほか校注　岩波書店　2003.11　624p　19cm　（ワイド版岩波文庫）　1800円　Ⓘ4-00-007234-X　Ⓝ210.3

『日本書紀　3』　坂本太郎ほか校注　岩波書店　2003.10　524p　19cm　（ワイド版岩波文庫）　1600円　Ⓘ4-00-007232-3　Ⓝ210.3

『日本書紀　4』　坂本太郎ほか校注　岩波書店　2003.10　555p　19cm　（ワイド版岩波文庫）　1600円　Ⓘ4-00-007233-1　Ⓝ210.3

『日本書紀　1』　坂本太郎, 家永三郎, 井上光貞, 大野晋校注　岩波書店　2003.9　528p　19cm　（ワイド版岩波文庫）　1600円　Ⓘ4-00-007230-7

内容 神代から持統天皇まで、朝廷に伝わった神話・伝説・記録などを記述し、養老四（七二〇）年に完成した、我が国最古の正史『日本書紀』。今回、定評のある「日本古典文学大系」版を文庫化。本巻には「巻第一　神代 上」から「巻第五 崇神天皇」までを収録。

『日本書紀　2』　坂本太郎, 家永三郎, 井上光貞, 大野晋校注　岩波書店　2003.9　574p　19cm　（ワイド版岩波文庫）　1800円　Ⓘ4-00-007231-5

内容「天皇の曰はく、『烟気、国に満てり。百姓、自づからに富めるか』とのたまふ」（仁徳天皇七年四月）。任那・新羅の抗争、日本武尊・神功皇后の熊襲征伐、新羅出兵など、「巻第六 垂仁天皇」から「巻第十三 允恭天皇・安康天皇」までを収録。

『日本書紀　1～5』　坂本太郎ほか校注　岩波書店　1994～95　624p　15cm　（岩波文庫）　980円　Ⓘ4-00-300045-5　Ⓝ210.3

内容 巻第27～巻第30

大庭　みな子
おおば・みなこ
《1930～2007》

「他人の目」

『大庭みな子全集　第18巻』　大庭みな子著　日本経済新聞出版社　2010.10　509p　20cm　5500円　Ⓘ978-4-532-17518-4　Ⓝ918.68

内容 女の男性論, 女・男・いのち, 文庫 女の男性論続, 単行本未収録文章 対談 互いの世界広げ合う, 男と女の綾糸は, 雪解けと和解の時代, はるかな風の音, つながり合う記憶, 一緒に生きたい, 生かされて, 共に生きる, 伴侶, 教育ママ, 遊び, 出会いの美学 加賀乙彦対談, 友だち・友情 佐多稲子対談,『一夫一婦制』への疑問 渡辺淳一対談, 花田清輝の恋愛 村井志摩子対談, 向こう見ずに奪い合い、心ふるえるとき、ほんとうの恋愛が始まる 畑山博対談, むすめ・母親・おんな 井上好子対談, 女の生が背負ってきたもの 佐多稲子対談, 男と女、やっぱり依存し合おう 山田太一対談, 男と女の不思議な関係 吉山登対談, お茶の時間 大庭優対談, 母からみた娘と娘からみた母と 大庭優対談, 回想解説 大庭利雄著, 解題 遠藤郁子著

『女の男性論』　大庭みな子著　中央公論社　1982.9　219p　16cm　（中公文庫）　320円　Ⓝ914.6

「野の記憶」

『大庭みな子全集　第8巻』　大庭みな子著　日本経済新聞出版社　2009.12　570p　20cm　5500円　Ⓘ978-4-532-17508-5　Ⓝ918.68

内容 島の国の島 大庭みな子著, 寂兮寥兮 大庭みな子著, 私のえらぶ私の場所 大庭みな子著, 夢を釣る 大庭みな子著, 回想解説 大庭利雄著, 解題 与那覇惠子著

『私のえらぶ私の場所』　大庭みな子著　海竜社　1982.7　230p　20cm　1100円　Ⓘ4-7593-0067-8　Ⓝ914.6

「プロメテウスの犯罪」

『大庭みな子全集　第11巻』　大庭みな子著　日本経済新聞出版社　2010.3　574p　20cm　5500円　Ⓘ978-4-532-

17511-5 Ⓝ918.68

内容 三面川 白い鳥, 銀杏, 三面川, 裂, ふるさとは遠きにありて, トティラワティ・チトラワシタ, 海の底, 詩劇 火草, 放送劇 浦島草, 鏡の中の顔, 王女の涙, 回想解説 大庭利雄著, 解題 谷口幸代著

『人間』 多田富雄編 作品社 1998.8 260p 19cm (日本の名随筆 別巻90) 1800円 Ⓘ4-87893-670-3

目次 人間の季節(白洲正子), とくさの草むら(内田百閒), 子猫(寺田寅彦), 人間(吉田健一), 人であること(西江雅之), 新しい人間(串田孫一), 人は獣に及ばず(中野好夫), プロメテウスの犯罪(大庭みな子), 壊劫そのもの(岡部伊都子), 愚かさ―人間の本性について(中野孝次)〔ほか〕

『鏡の中の顔』 大庭みな子著 新潮社 1986.6 220p 20cm 1200円 Ⓘ4-10-337602-3 Ⓝ914.6

「蛍」

『大庭みな子全集 第11巻』 大庭みな子著 日本経済新聞出版社 2010.3 574p 20cm 5500円 Ⓘ978-4-532-17511-5 Ⓝ918.68

内容 三面川 白い鳥大庭みな子著, 銀杏大庭みな子著, 三面川大庭みな子著, 裂大庭みな子著, ふるさとは遠きにありて大庭みな子著, トティラワティ・チトラワシタ大庭みな子著, 海の底大庭みな子著, 詩劇 火草大庭みな子著, 放送劇 浦島草大庭みな子著, 鏡の中の顔大庭みな子著, 王女の涙大庭みな子著, 回想解説大庭利雄著, 解題谷口幸代著

『鏡の中の顔』 大庭みな子著 新潮社 1986.6 220p 20cm 1200円 Ⓘ4-10-337602-3 Ⓝ914.6

大橋 良介

おおはし・りょうすけ

《1944〜》

「四畳半の発見」

『日本的なもの、ヨーロッパ的なもの』 大橋良介著 講談社 2009.5 317p 15cm (講談社学術文庫) 1000円 Ⓘ978-4-06-291950-0

内容 日本的なものとヨーロッパ的なものとが重層をなして成立した日本の近代。西周、西田、九鬼、和辻らは、その中で“あるべき近代”を模索した。たんに近代日本の精神構造の解明にとどまることなく、ヨーロッパ近代に対する根本的な反省をも孕んでいる彼らの思想遺産を通し、われわれが直面する現代文明の課題を考察する「日本近代」のトポグラフィー。

『日本的なもの、ヨーロッパ的なもの』 大橋良介著 新潮社 1992.2 226p 20cm (新潮選書) 950円 Ⓘ4-10-600414-3 Ⓝ121.6

大町 桂月

おおまち・けいげつ

《1869〜1925》

「国家の盛衰」

『桂月全集』 大町桂月著 日本図書センター 1980.1 14冊(別巻2冊とも) 22cm〈興文社内桂月全集刊行会大正15年〜昭和4年刊の複製〉10000〜14000円 Ⓝ918.68

内容 第1巻 美文・韻文 第2巻 紀行 1 第3巻 紀行 2 第4巻 史伝 1 第5巻 史伝 2 第6巻 史伝 3 第7巻 史伝 4 第8巻 評論・随筆 第9巻 修養 1 第10巻 修養 2 第11巻 修養 3 第12巻 詩歌・俳句・書簡・雑篇

岡倉 天心

おかくら・てんしん

《1862〜1913》

「花」

『新訳 茶の本』 岡倉覺三著, 木下長宏訳・解説 明石書店 2013.5 150,73p 19cm (明石選書) 1500円 Ⓘ978-4-7503-3830-9

内容 近代日本の美術界に大きな足跡を残した岡倉覺三(一八六三〜一九一三)が生前に発表した英文三部作の最後の著作『茶の本』。ここには、岡倉の「繊細さ」がとらえた東アジアの芸術精神がみごとに描かれている。今日なお広く流布している「大アジア主義者・天心」のイメージを一新し、生身の岡倉「覺三」像を浮かび上がらせる訳者解

説のほか、初版原文を併せて収録、詳細な註をほどこした。『茶の本』新訳決定版。

『新訳 茶の本』 オカクラカクゾウ著, 石崎美香子, 小栗千津子, 小林佑吉, 長谷川由布子訳, 小林町子監訳 バベルプレス 2010.3 219p 19cm 1000円 Ⓘ978-4-89449-095-6

内容 明治の巨人・岡倉天心が格調高い英語でつづり、世界が驚嘆した洞察の書が、豊富な注釈とともにさらに読みやすい新訳となって待望の刊行。

『茶の本』 岡倉覚三著, 村岡博訳 第105刷改版 岩波書店 2007.4 106p 15cm (岩波文庫)〈肖像あり〉400円 Ⓘ4-00-331151-5 Ⓝ791

岡野 薫子
おかの・かおるこ
《1929〜》

「黒姫山麓の春」

『森のネズミの山荘便り』 岡野薫子文・絵 求竜堂 2002.11 302p 19cm 1700円 Ⓘ4-7630-0222-8

内容 豊かで優しい不思議な時間。「森のネズミシリーズ」など、数々の名作を生んだ岡野薫子の珠玉のエッセイ。書下ろし挿画21点収録。

『黒姫山つづれ暦』 岡野薫子著 新潮社 1985.6 280p 20cm 1300円 Ⓘ4-10-357901-3 Ⓝ291.52

岡野 弘彦
おかの・ひろひこ
《1924〜》

「ふしぐろせんのう」

『花幾年』 岡野弘彦著 中央公論社 1994.11 272p 16cm (中公文庫) 700円 Ⓘ4-12-202178-2 Ⓝ914.6

『花幾年』 岡野弘彦著 牧羊社 1987.7 241p 19cm 1400円 Ⓘ4-8333-0244-6

内容 NHK短歌講座講師の、花の随筆集。万葉びとたちが想いを花に託して詠ったように、著者もまた、人生のさまざまな思い出を、美しくもはかない花の姿に託して描き出す。人間や自然のあわれに乏しくなった現代人の心を豊かに潤す名エッセイ。

『花幾年』 岡野弘彦著 牧羊社 1981.10 241p 20cm 1500円 Ⓝ914.6

岡部 伊都子
おかべ・いつこ
《1923〜2008》

「断腸花」

『岡部伊都子集 1 いのちの襞』 岩波書店 1996.4 318p 20cm〈著者の肖像あり〉3000円 Ⓘ4-00-092011-1 Ⓝ918.68

内容 「いとはんさいなら」 いのちの襞, わが心の地図, 蜜の壷, 小さないのちに光あれ, 鬼遊び, 生きるこだま

岡本 かの子
おかもと・かのこ
《1889〜1939》

「家霊」

『日本近代短篇小説選 昭和篇 1』 紅野敏郎, 紅野謙介, 千葉俊二, 宗像和重, 山田俊治編 岩波書店 2012.8 394p 15cm (岩波文庫) 800円 Ⓘ978-4-00-311914-3

内容 芥川の死、そして昭和文学の幕開け—「死があたかも一つの季節を開いたかのようだった」(堀辰雄)。そこに溢れだした言葉、書かずにおれなかった物語。昭和二年から一七年に発表された、横光利一・太宰治らの一六篇を収録。

『家霊』 岡本かの子著 角川春樹事務所 2011.4 120p 16cm (ハルキ文庫 お12-1—[280円文庫])〈並列シリーズ名:Haruki Bunko 年譜あり〉267円 Ⓘ978-4-7584-3543-7 Ⓝ913.6

内容 老妓抄 岡本かの子著, 鮨 岡本かの子著, 家霊 岡本かの子著, 娘 岡本かの子著, エッセイ 東直子著

『岡本かの子』 岡本かの子著 筑摩書房 2009.7 476p 15cm （ちくま日本文学 037） 880円 ①978-4-480-42567-6

内容 鯉魚, 渾沌未分, 金魚撩乱, みちのく, 鮨, 家霊, 老妓抄, 河明り, 雛妓, 短歌, かろきねたみ より, 愛のなやみ より, 浴身 より, わが最終歌集 より, 太郎への手紙 より

『老妓抄』 岡本かの子著 56刷改版 新潮社 2004.10 262p 16cm （新潮文庫） 438円 ①4-10-104002-8 Ⓝ913.6

内容 老妓抄, 鮨, 東海道五十三次, 家霊, 越年, 蔦の門, 鯉魚, 愚人とその妻, 食魔

「鯉魚」

『愛のうらおもて』 松田哲夫編 あすなろ書房 2012.9 251p 22×24cm （中学生までに読んでおきたい哲学 1） 1800円 ①978-4-7515-2721-4

内容 杉浦日向子、吉行淳之介、幸田文ほか。考える楽しみに満ちた19編。

『恋の歌』 鶴見俊輔, 安野光雅, 森毅, 井上ひさし, 池内紀編 筑摩書房 2012.3 444p 15cm （ちくま哲学の森 7） 1300円 ①978-4-480-42867-7

内容 裏切りの愛と幸せな狂気。恋愛天文学（子夜）、前の妻・今の妻（吉野秀雄）、予審調書（阿部定）など24篇を収録。

『岡本かの子』 岡本かの子著 筑摩書房 2009.7 476p 15cm （ちくま日本文学 037） 880円 ①978-4-480-42567-6

内容 鯉魚, 渾沌未分, 金魚撩乱, みちのく, 鮨, 家霊, 老妓抄, 河明り, 雛妓, 短歌, かろきねたみ より, 愛のなやみ より, 浴身 より, わが最終歌集 より, 太郎への手紙 より

『老妓抄』 岡本かの子著 56刷改版 新潮社 2004.10 262p 16cm （新潮文庫） 438円 ①4-10-104002-8 Ⓝ913.6

内容 老妓抄, 鮨, 東海道五十三次, 家霊, 越年, 蔦の門, 鯉魚, 愚人とその妻, 食魔

岡本 綺堂
おかもと・きどう
《1872～1939》

「修善寺物語」

『岡本綺堂随筆集』 岡本綺堂著, 千葉俊二編 岩波書店 2007.10 387p 15cm （岩波文庫） 860円 ①978-4-00-310263-3 Ⓝ914.6

内容 自選随筆集『五色筆』『十番随筆』『猫やなぎ』『思ひ出草』など, 単行本未収録の随筆：銀座の朝, 父の墓, 当今の劇壇をこのままに, 修善寺物語, 我楽多玩具, 拷問の話, かたき討雑感, 半七捕物帳の思い出, 妖怪漫談, 源之助の一生, 久保田米斎君の思い出, 目黒の寺ほか

岡本 潤
おかもと・じゅん
《1901～1978》

「蔦」

『精選 日本近代詩全集』 ぎょうせい 1982

岡本 太郎
おかもと・たろう
《1911～1996》

「青空」

『美しく怒れ』 岡本太郎著 角川書店, 角川グループパブリッシング〔発売〕 2011.9 217p 18cm （角川oneテーマ21） 724円 ①978-4-04-110024-0

内容 怒らないのは堕落である！「人間」を凝視する、岡本太郎の日本論。

『眼 美しく怒れ』 岡本太郎著, 岡本敏子編 新装版 チクマ秀版社 2004.8 238p 19cm 1500円 ①4-8050-0427-4

内容 本書は、『週刊朝日』（朝日新聞社）に連載（一九六五年）された「岡本太郎の眼」と、『今日をひらく―太陽との対話』（一九六

七年刊・講談社）の原稿に、雑誌等で発表された未収録原稿を加え、新たに編集したものである。

『眼―美しく怒れ』 岡本太郎著，岡本敏子編 チクマ秀版社 1998.3 238p 19cm （実学創書） 2000円 ①4-8050-0323-5

内容 日本を一刀両断する精選随筆37篇、岡本敏子の書下し随筆6篇を付す。

「絵はすべての人の創るもの」

『今日の芸術―時代を創造するものは誰か』 岡本太郎著 光文社 1999.3 258p 15cm （光文社文庫） 495円 ①4-334-72789-1

内容 「今日の芸術は、うまくあってはならない。きれいであってはならない。ここちよくあってはならない」。－斬新な画風と発言で大衆を魅了しつづけた岡本太郎。この書は、刊行当時、人々に衝撃を与え、ベストセラーとなった。彼が伝えようとしたものは何か？ 時を超え、新鮮な感動を呼び起こす「伝説」の名著、ついに復刻。

「民族の生命力」

『伝統との対決―岡本太郎の宇宙 3』 岡本太郎著，山下裕二，椹木野衣，平野暁臣編 筑摩書房 2011.3 557p 15cm （ちくま学芸文庫） 1600円 ①978-4-480-09373-8

内容 『今日の芸術』に続いて1956年に刊行された『日本の伝統』もたちまちベストセラーとなった。法隆寺壁画焼失のわずか数年後「法隆寺は焼けてけっこう」「自分が法隆寺になればよいのです」と言い放った太郎に対し、巷は賛否の渦で騒然となる。西洋への追従の裏返しとしての「伝統主義」を真っ向から否定し、縄文の美を発見し、雪舟の絵に挑みかかった50年代から60年代、岡本太郎は一画家から完全に脱皮し、独自の思想を背景にもつスケールの大きな芸術家へと変貌を遂げる。本巻ではその軌跡を追い、彼がこの時期集中的に「対決」した「日本の伝統」とは何だったのかに迫る。

『日本の伝統』 岡本太郎著 光文社 2005.5 292p 16cm （知恵の森文庫） 629円 ①4-334-78356-2 Ⓝ702.1

『岡本太郎の本 2 日本の伝統』 岡本太郎著 みすず書房 1999.2 235p 19cm 3000円 ①4-622-04257-6

内容 従来の「日本の伝統」に根本的な疑問を抱かざるを得なかった岡本太郎は、おのれ自身の目で、日本を確かめようとする。逃れようもなき日本人として、ソルボンヌで鍛えた方法論をもって、また創作家・岡本太郎の眼差しで日本を見つめ直そうとする。形骸と化した日本の伝統にしがみつくのではなく、我々自身の血となり肉となるものとしての伝統でなければならない。縄文土器、奈良・京都の庭園、光琳の凄み、仏像、面…。岡本太郎の前には、サビ・シブミを超えて、骨太な日本の姿が現れてくる。

小川 国夫
おがわ・くにお
《1927～2008》

「海と鰻」

『アポロンの島』 小川国夫著 講談社 1998.1 269p 16cm （講談社文芸文庫）〈肖像あり〉 940円 ①4-06-197598-6 Ⓝ913.6

内容 エリコへ下る道：枯木，貝の声，エリコへ下る道，重い疲れ，アポロンの島：ナフプリオン，寄港，スイスにて，シシリー島の人々，エレウシスの美術館，アポロンの島，動員時代：海と鰻，東海のほとり，雪の日，お麦，夕日と草，動員時代，大きな恵み：海の声，遊歩道，大きな恵み，ボス，大きな森

『小川国夫全集 1』 小川国夫著 小沢書店 1992.4 516p 19cm 4120円

内容 闇に射す言葉の光、明晰な幻視者・小川国夫の文学。―地中海、そして東海地方沿岸を背景に、青年期の感性を、凝縮された文体のなかに、はぜる言葉の光とともに封印した最初の果実『アポロンの島』。ほか、長篇詩「遠い百合」、清新な物語世界「リラの頃、カサブランカへ」など、初期の習作を収録。

『アポロンの島―定本』 小川国夫著 沖積舎 1983.9 231p 20cm 1800円 Ⓝ913.6

内容 エリコへ下る道 枯木，貝の声，エリコへ下る道，重い疲れ，アポロンの島 ナフプリオン，寄港，スイスにて，シシリー島の人々，エレウシスの美術館，アポロンの島，動員時代 海と鰻，箱船，東海のほとり，雪の日，お麦，夕日と草，動員時代，大きな恵み 海の声，遊歩道，大きな恵み，ボス，大きな森

「エリコへ下る道」

『アポロンの島』 小川国夫著　講談社　1998.1　269p　15cm　（講談社文芸文庫）940円　Ⓘ4-06-197598-6

内容 地中海地方の溢れる光の中をひとりバイクで旅する青年が出会う人々や風景を、明晰なことばを積み重ねてくっきりと描き出した「アポロンの島」「大きな恵み」、キリスト教についての著者の基本的な考えがうかがえる「エリコへ下る道」、戦時中の重苦しい時代に土俗的な雰囲気の中で成長する少年を自伝的に描いた「動員時代」の四つの作品群からなる短篇集。

『小川国夫全集　1』 小川国夫著　小沢書店　1992.4　516p　19cm　4120円

内容 闇に射す言葉の光、明晰な幻視者・小川国夫の文学。—地中海、そして東海地方沿岸を背景に、青年期の感性を、凝縮された文体のなかに、はぜる言葉の光とともに封印した最初の果実『アポロンの島』。ほか、長篇詩「遠い百合」、清新な物語世界「リラの頃、カサブランカへ」など、初期の習作を収録。

『アポロンの島—定本』 小川国夫著　沖積舎　1983.9　231p　20cm　1800円　Ⓝ913.6

内容 エリコへ下る道 枯木, 貝の声, エリコへ下る道, 重い疲れ, アポロンの島 ナフプリオン, 寄港, スイスにて, シシリー島の人々, エレウシスの美術館, アポロンの島, 動員時代 海と鰻, 箱船, 東海のほとり, 雪の日, お麦, 夕日と草, 動員時代, 大きな恵み 海の声, 遊歩道, 大きな恵み, ボス, 大きな森

「二月のノート」

『小川国夫全集　1』 小川国夫著　小沢書店　1992.4　516p　19cm　4120円

内容 闇に射す言葉の光、明晰な幻視者・小川国夫の文学。—地中海、そして東海地方沿岸を背景に、青年期の感性を、凝縮された文体のなかに、はぜる言葉の光とともに封印した最初の果実『アポロンの島』。ほか、長篇詩「遠い百合」、清新な物語世界「リラの頃、カサブランカへ」など、初期の習作を収録。

『想う人』 小川国夫著　小沢書店　1980.3　178p　19cm　1400円　Ⓝ918.68

内容 遠い百合, 初冬, 二月のノート, すみ, 悲しみ, 洗い場, 想う人, ある日, 重い航跡, あわれとあわれみ, 解題

「物と心」

『わが名はタフガイ—ハードボイルド傑作選』 ミステリー文学資料館編　光文社　2006.5　435p　15cm　（光文社文庫—名作で読む推理小説史）667円　Ⓘ4-334-74067-7

内容 「男はタフでなければ生きていけない。やさしくなければ…」探偵の一人称視点。登場人物の客観描写により内面を読者に伝える独特の手法。ミステリーの世界を斬新に広げたハードボイルド。日本のその水脈は、戦後、大薮春彦ら本格的作品の登場にはじまる。綺羅星の如き異才たちの傑作で編む豪華アンソロジー。

『文士の意地—車谷長吉撰短編小説輯』 車谷長吉編　作品社　2005.8　397p　19cm　3600円　Ⓘ4-86182-043-X

内容 青梅雨（永井龍男）, 台所のおと（幸田文）, 水（佐多稲子）, 盆切り（藤枝静男）, 沼津（大岡昇平）, 力婦伝（花田清輝）, 文字禍（中島敦）, 蝶（石川桂郎）, 追跡の魔（埴谷雄高）, 断碑（松本清張）, お公家さん（白洲正子）, 辰三の場合（吉田健一）, いのちの初夜（北条民雄）, お紀枝（島尾敏雄）, 太市（水上勉）, 伯父の墓地（安岡章太郎）, 札の辻（遠藤周作）, 怪物（三島由紀夫）, 物と心速い馬の流れ（小川国夫）, 犬狼都市（渋沢龍彦）, 骨餓身峠死人葛（野坂昭如）, ボール箱（半村良）, 人生の一日（阿部昭）, 東京発千夜一夜（第百三十五話）（森遙子）, 望潮（村田喜代子）, 淀川にちかい町から（岩阪恵子）, 穢土（中上健次）, ソナチネ山のコインロッカー（高橋順子）, 木枯し（車谷長吉）

『あじさしの洲・骨王—小川国夫自選短篇集』 小川国夫著　講談社　2004.6　269p　15cm　（講談社文芸文庫）1250円　Ⓘ4-06-198373-3

内容 叔母の悲しみとそれに寄り添う少年の想いが原初的風景へと還元される名品「あじさしの洲」、旧約的世界を背景に、部族王の誕生とその最期を、心象の劇として描いた「骨王」、読売文学賞受賞作「ハシッシ・ギャング」等、初期作品から近作まで十一篇を収録。簡勁な文体で人間の原質を彫琢し、影の暗示力が、生と死の流転の相を炙り出す。小川文学の魅力をあますところなく示す自選短篇集。

小川　洋子
おがわ・ようこ
《1962～》

「バックストローク」

『はじめての文学 小川洋子』 小川洋子著 文藝春秋 2007.6 252p 19cm 1,238円 ①978-4-16-359880-2

内容 静けさをたたえた世界の美しさ。文学の入り口に立つ若い読者に向けた自選アンソロジー。

『まぶた』 小川洋子著 新潮社 2004.11 221p 15cm （新潮文庫）400円 ①4-10-121522-7

内容 15歳のわたしは、高級レストランの裏手で出会った中年男と、不釣合いな逢瀬を重ねている。男の部屋でいつも感じる奇妙な視線の持ち主は？ －「まぶた」。母のお気に入りの弟は背泳ぎの強化選手だったが、ある日突然左腕が耳に沿って伸ばした格好で固まってしまった－「バックストローク」など、現実と悪夢の間を揺れ動く不思議なリアリティで、読者の心をつかんで離さない8編を収録。

荻生　徂徠
おぎゅう・そらい
《1666～1728》

「弁道」

『日本の名著 16 荻生徂徠』 尾藤正英責任編集 中央公論社 1983.12 537p 18cm （中公バックス）〈荻生徂徠の肖像あり〉1200円 ①4-12-400406-0 Ⓝ081

内容 国家主義の祖型としての徂徠 尾藤正英著, 徂徠と中国語および中国文学 前野直彬著, 学則, 弁道, 弁名（抄） 徂徠集（抄） 答問書, 政談（抄） 年譜：p536～537

『日本哲学思想全書 第14巻 道徳 儒教篇・道徳論一般篇』 三枝博音, 清水幾太郎編集 第2版 平凡社 1980.10 354p 19cm 2300円 Ⓝ081

内容 『儒教篇』の解説―日本思想史と儒教 三枝博音著, 三徳抄 林羅山著, 中庸解 中江藤樹著, 聖教要録 山鹿素行著, 弁道 荻生徂徠著,『道徳論一般篇』の解説―日本における道徳論の独立について 三枝博音著, 敢語 三浦梅園著, 微味幽玄考 大原幽学著, 日本道徳論 西村茂樹著, 解題・校訂 三枝博音ほか著

小熊　秀雄
おぐま・ひでお
《1901～1940》

「馬車の出発の歌」

『新版 小熊秀雄全集 4』 創樹社 1991

内容 『流民詩集』・女流諷刺詩篇他。毎日出版文化賞特別賞受賞。

奥本　大三郎
おくもと・だいさぶろう
《1944～》

「考える蜚蠊」

『考える蜚蠊』 奥本大三郎著 中央公論社 1996.7 326p 15cm （中公文庫）820円 ①4-12-202645-8

内容 人間は一匹のゴキブリにすぎない。自然のうちで最もしたたかなものである。しかしこれは、考えるゴキブリなのである―稀代の虫好きフランス文学者が、文学・昆虫・旅・自然保護、そしてライフワークのファーブルを語る、博物学エッセイ。

『考える蜚蠊』 奥本大三郎著 福武書店 1993.10 253p 19cm 1400円 ①4-8288-1734-4

内容 人間は一匹のゴキブリにすぎない。しかしこれは、考えるゴキブリである。仏文学、昆虫、旅について語る、独特のユーモア酵母入り大吟醸随筆集。

小栗　康平
おぐり・こうへい
《1945～》

「夢見る力」

『見ること、在ること』 小栗康平著 平

凡社　1996.11　252p　19cm　1751円
①4-582-28233-4

内容 『死の棘』から『眠る男』まで、この10年の思索の跡をたどる。自らの感性と存在を鋭く問う第二エッセイ集。

尾崎　一雄
おざき・かずお
《1899〜1983》

「虫のいろいろ」

『日本近代短篇小説選　昭和篇　2』 紅野敏郎, 紅野謙介, 千葉俊二, 宗像和重, 山田俊治編　岩波書店　2012.9　382p　15cm　（岩波文庫）800円　①978-4-00-311915-0

内容 「「生きられますか？」と彼は彼女にきいてみた。」(野間宏『顔の中の赤い月』)―焼跡から、記憶から、芽吹き萌え広がることばと物語。昭和二一年から二七年までに発表された、石川淳・坂口安吾・林芙美子らの一三篇を収録。

『私小説名作選　上』 中村光夫選, 日本ペンクラブ編　講談社　2012.5　279p　15cm　（講談社文芸文庫）1400円　①978-4-06-290158-1

内容 近代日本文学において独特の位置を占める「私小説」は、現代に至るまで、脈々と息づいている。文芸評論家・中村光夫により精選された、文学史を飾る作家十五人の珠玉の「私小説」の競演。

『おかしい話』 松田哲夫編　あすなろ書房　2010.12　287p　21cm　（中学生までに読んでおきたい日本文学 3）1800円　①978-4-7515-2623-1

内容 笑うのは人間だけなんだよ。名作短編がぎっしりつまった一冊。

『美しい墓地からの眺め』 尾崎一雄著　講談社　1998.10　293p　15cm　（講談社文芸文庫）1200円　①4-06-197635-4

内容 戦時下、大病で富士山の見える故郷・小田原の下曽我に帰った著者は、自然界の小さな虫の生態にも人間の生命を感じ、自然との調和のなかにやすらぎを見出す。本書は、文学への出発時の芥川賞受賞作「暢気眼鏡」から最晩年の作品「日の沈む場所」にいたる14作品を収録。

尾崎　紅葉
おざき・こうよう
《1867〜1903》

「金色夜叉」

『尾崎紅葉集』 筑摩書房　2013.1　432p　21cm　（明治文學全集 18）7500円　①978-4-480-10318-5

目次 二人比丘尼色懺悔, 三人妻, 金色夜叉（前編, 中編, 後編, 續金色夜叉, 續續金色夜叉, 新續金色夜叉）, 紅子戯語, 病骨録, 生死論, 紅葉山人（國木田獨歩）, 紅葉先生（泉鏡花・小栗風葉談話）, 尾崎紅葉（片岡良一）, 解題（福田清人）, 年譜（福田清人編）, 參考文獻（福田清人編）

『金色夜叉　上』 尾崎紅葉著　フロンティアニセン　2005.3（第2刷）205p　15cm　（フロンティア文庫 71―風呂で読める文庫100選 71）〈ルーズリーフ〉1000円　①4-86197-071-7　Ⓝ913.6

『金色夜叉　下』 尾崎紅葉作　改版　岩波書店　2003.5　265p　15cm　（岩波文庫）560円　①4-00-310142-1

内容 『金色夜叉』は、毎朝の新聞の配達を待ちかねる読者の絶大な支持を受けて、明治三〇年一月から明治三五年五月まで、五年以上にわたって『読売新聞』に断続的に連載された。下巻には、「続篇金色夜叉」「続続金色夜叉」「新続金色夜叉」を収録。

『金色夜叉　上』 尾崎紅葉作　改版　岩波書店　2003.5　344p　15cm　（岩波文庫）600円　①4-00-310141-3

内容 金の誘惑にひかれた婚約者鴫沢宮に裏切られた一高生間貫一は、学業を止め、金力の鬼、金色夜叉となって社会に報復しようとする。しかし、心は充たされない…。最晩年の尾崎紅葉（一八六八 - 一九〇三）が心血を注いだ、渾身の大作。

「多情多恨」

『多情多恨』 尾崎紅葉作　改版　岩波書店　2003.4　432p　15cm　（岩波文庫）760円　①4-00-310147-2

内容 人付き合いの少ない鷲見柳之助にとって、妻は命でもあった。その妻を亡くすと、彼は最初ひどく嫌いであった友人の妻が夫の世話を焼く姿に惹かれるようになる。誠実朴訥な男が情をかけてくれる人物に傾いてゆく過程を描いた、紅葉の代表作。

『紅葉全集　第6巻』 尾崎紅葉著，大岡信ほか編　岩波書店　1993.10　482p　23cm〈著者の肖像あり〉6200円　Ⓘ4-00-091776-5　Ⓝ918.68

内容 多情多恨, 青葡萄, 解題 解説 丸谷才一著

尾崎　翠
おざき・みどり
《1896～1971》

「初恋」

『恋の物語』 松田哲夫編　あすなろ書房　2011.1　303p　22×14cm　（中学生までに読んでおきたい日本文学 6）1800円　Ⓘ978-4-7515-2626-2

内容 ドキドキするのはどこなんだ？ 名作短編がぎっしりつまった一冊。

『美しい恋の物語』 安野光雅, 森毅, 井上ひさし, 池内紀編　筑摩書房　2010.9　532p　15cm　（ちくま文学の森 1）950円　Ⓘ978-4-480-42731-1

内容 初恋（島崎藤村）, 燃ゆる頬（堀辰雄）, 初恋（尾崎翠）, 柳の木の下で（アンデルセン）, ラテン語学校生（ヘッセ）, 隣の嫁（伊藤左千夫）, 未亡人（モーパッサン）, エミリーの薔薇（フォークナー）, ポルトガル文（リルケ訳）, 肖像画（A.ハックスリー）, 藤十郎の恋（菊池寛）, ほれぐすり（スタンダール）, ことづけ（バルザック）, なよたけ（加藤道夫）

『尾崎翠―1896‐1971』 尾崎翠著　筑摩書房　2007.11　477p　15cm　（ちくま日本文学 004）880円　Ⓘ978-4-480-42504-1

内容 透明なエロティシズムで読者を誘惑する。

長田　弘
おさだ・ひろし
《1939～》

「あのときかもしれない」

『長田弘詩集』 長田弘著　角川春樹事務所　2003.3　259p　15cm　（ハルキ文庫）740円　Ⓘ4-7584-3032-2

内容 世界ときみとわたしと言葉の本質を、生と死を、深く鮮やかに斬り結ぶ、著者自選の珠玉の79篇を収録した、幸福で危険な文庫オリジナル版、遂に登場。あべ弘士によるイラスト46点収録。

『深呼吸の必要』 長田弘著　晶文社　1984.3　120p　22cm　1600円　Ⓝ911.56

『あのときかもしれない』 長田弘作，桜井誠絵　文化出版局　1981.10　62p　21cm　（日本の童話）880円

「微笑について」

『すべてきみに宛てた手紙』 長田弘著　晶文社　2001.4　137p　21cm　1800円　Ⓘ4-7949-6484-6

内容 詩人から「あなた」へ親しい言葉の贈り物。39篇の手紙エッセー。

『笑う詩人』 長田弘著　京都　人文書院　1989.6　232p　20cm　1680円　Ⓘ4-409-16045-1　Ⓝ914.6

「平和ということば」

『一人称で語る権利』 長田弘著　平凡社　1998.7　246p　15cm　（平凡社ライブラリー）860円　Ⓘ4-582-76254-9

内容 「日々の有り体をささえるものをたずね、確かめること、そして、一人のわたしは何によっていま、ここに活かされているかを問うこと。」一人ひとりの側から言葉と暮らしを考える、話し言葉によるエッセイの定本。

『一人称で語る権利』 長田弘著　京都　人文書院　1984.9　227p　20cm　Ⓘ4-409-16041-9　Ⓝ914.6

「三つの動詞」

『感受性の領分』 長田弘著　岩波書店

1993.7 284p 19cm 2600円 ①4-00-002807-3 Ⓝ914.6

小山内 薫
おさない・かおる
《1881～1928》

「演劇について」

『芝居入門』 小山内薫著, 北村喜八補稿 岩波書店 1982.3 262p 19cm (岩波新書 特装版) 800円 Ⓝ770

「息子」

『編年体大正文学全集 第11巻(大正11年)』 志賀直哉ほか著, 日高昭二編 ゆまに書房 2002.7 639p 22cm 6600円 ①4-89714-900-2 Ⓝ918.6

内容 小説・戯曲・児童文学：暗夜行路 後篇(志賀直哉著, 黒髪(近松秋江著, 藪の中(芥川竜之介著, 息子(小山内薫著, 一枚看板(小島政二郎著, 性慾の触手(武林無想庵著, 雪解(永井荷風著, 光を掲ぐる者(荒畑寒村著, 根津権現裏(抄)(藤沢清造著, お国と五平(谷崎潤一郎著, 友を売る(新井紀一著, 朝なき家(鷹野つぎ著, 山恋ひ(宇野浩二著, 人間万歳(武者小路実篤著, 海神丸(野上弥生子著, カステラ(伊藤貴麿著, 五右衛門風(千葉省三著, 月夜と眼鏡(小川未明著, 柿丸と梨丸(吉田紘二郎著, 家庭用児童劇(坪内逍遥著), 評論・随筆・時評・座談会：宣言一つ(有島武郎著, ほか), 詩・短歌・俳句：思想の人(野口米次郎著, ほか, 解説・解題(日高昭二著)

大仏 次郎
おさらぎ・じろう
《1897～1973》

「帰郷」

『帰郷』 大仏次郎著 毎日新聞社 1999.3 366p 19cm (毎日メモリアル図書館) 1700円 ①4-620-51032-7

内容 異邦人・守屋恭吾の眼に映る敗戦日本の姿…。日本は何を失ったのか、あふるるメッセージをこめた記念碑的名作、いまよみがえる。

『昭和文学全集 18』 大仏次郎, 山本周五郎, 松本清張, 司馬遼太郎著 小学館 1987.8 1069p 21cm 4000円 ①4-09-568018-0

内容 帰郷(大仏次郎), 霊(大仏次郎), 青べか物語(山本周五郎), 小説日本婦道記(山本周五郎), 松の花(山本周五郎), 梅咲きぬ(山本周五郎), 箭竹(山本周五郎), 笄堀(山本周五郎), 忍緒(山本周五郎), 春三たび(山本周五郎), 不断章(山本周五郎), 藪の蔭(山本周五郎), 糸車(山本周五郎), 尾花川(山本周五郎), 桃の井戸(山本周五郎), おもかげ(山本周五郎), 墨丸(山本周五郎), 23年(山本周五郎), 萱笠(山本周五郎), 風鈴(山本周五郎), 小指(山本周五郎), よじょう(山本周五郎), 北の詩人(松本清張), 西郷札(松本清張), 或る「小倉日記」伝(松本清張), 啾々吟(松本清張), 菊枕 ぬい女略歴(松本清張), 火の記憶(松本清張), 湖畔の人(松本清張), 断碑(松本清張), 父系の指(松本清張), 石の骨(松本清張), 殉死(司馬遼太郎), ひとびとの跫音(司馬遼太郎)

『帰郷』 大仏次郎著 新座 埼玉福祉会 1983.10 2冊 31cm (Large print booksシリーズ) 〈原本：新潮文庫 限定版〉 各4800円 Ⓝ913.6

小田 実
おだ・まこと
《1932～2007》

「ギリシアにて」

『小田実全集 評論 1 何でも見てやろう』 小田実著 講談社, 復刊ドットコム〔発売〕 2010.6 457p 21cm 4500円 ①978-4-8354-4452-9

目次 まあなんとかなるやろ—「留学生業」開業, 何でも見てやろう—美術館から共同便所まで, 「考える人」—いよいよ出発, ビート猫・ZEN猫—アメリカ(猫)の悲劇, ゲイ・バーの憂鬱—アメリカ社会の底, アメリカの匂い—さびしい逃亡者「ビート」, ヒバチからZENまで—アメリカの「日本ブーム」, ハーバードの左まき「日本人」—アメリカ人ばなれのした人たち, 幸福者の眼—アメリカの知識人, 松の木の下にウナギ—ニューヨーク貧乏案内〔ほか〕

『小田実全小説 別巻 何でも見てやろう』 第三書館 1992.12 254p 22cm

2000円 Ⓝ913.6

落合 恵子
おちあい・けいこ
《1945～》

「自分色」

『水の時間 風の休日』 落合恵子著 多摩ベネッセコーポレーション 1997.3 235p 15cm (福武文庫) 520円 Ⓘ4-8288-5803-2

目次 第1章 水の時間(夏の予約, 狎れない大人, いつか見た海 ほか), 第2章 石の誘惑(ぜいたく, 露地裏, 普段着で咲いている ほか), 第3章 土の手紙(ネットワーキング, ビトウィーン・ザ・ライン, 子どもの居場所 ほか), 第4章 風の休日(なぜ, 怒る少女, トンネルの向こう側 ほか)

『水の時間 風の休日』 落合恵子著 新潮社 1991.3 224p 15cm (新潮文庫) 360円 Ⓘ4-10-109313-X

内容 この町に住んで30数年、私にはたくさんの思い出がある。―小学生の頃、夏になると買ってもらった白いピケの帽子。その古い店は今も裏通りにある。楽しい読書＝靴のうえから用済みのソックスを履いた園児が野原で遊んでいる。草の実がいっぱいついたソックスを植木鉢に植えると、やがて小さな芽がでた。そして友との語らいや仕事のこと…。人生の共生を率直に綴るエッセイ集。

『水の時間 風の休日』 落合恵子著 リクルート出版 1988.6 238p 19cm 1200円 Ⓘ4-88991-105-7

内容 オンからオフへの移行。心は満ち足りた孤独を求めて、水と風と土と石の声を聴く。最新エッセイ集。

小沼 丹
おぬま・たん
《1918～1996》

「汽船」

『村のエトランジェ』 小沼丹著 講談社 2009.7 291p 15cm (講談社文芸文庫) 1400円 Ⓘ978-4-06-290054-6

内容 小さな村に疎開してきた美しい姉妹。ひとりの男をめぐり彼女らの間に起こった恋の波紋と水難事件を、端正な都会的感覚の文章で綴った表題作ほか、空襲下、かつての恋人の姿をキャンバスに写すことで、命をすりへらしていく画家との交流をたどる「白い機影」など、初期作品八篇を収録。静かな明るさの中に悲哀がただよい、日常の陰影をさりげないユーモアで包む、詩情豊かな独自の世界。「小沼文学」への導きの一冊。

『小沼丹全集 第1巻』 小沼丹著, 庄野潤三, 三浦哲郎, 吉岡達夫監修 未知谷 2004.6 744p 21cm 12000円 Ⓘ4-89642-101-9

内容 端正な都会的感覚と穏かな悠然とした眼ざし。格調高い文章が醸しだす詩情と追憶、ユウモアとペイソス。―醇乎とした小沼文学のすべて。本巻には初期作品四作と未刊作品を収録する。

小野 十三郎
おの・とおざぶろう
《1903～1996》

「葦の地方」

『小野十三郎著作集 3』 筑摩書房 1991

内容 「奇妙な本棚詩についての自伝的考察」「自伝空想旅行日は過ぎ去らず」「夢魔を追って」の自伝三種と、戦前の「『赤と黒』まで」他、単行本未収録の自伝的エッセー15篇を収める。巻末に、詳細な年譜を付す。

「不当に「物」が否定されたとき」

『小野十三郎著作集 1』 筑摩書房 1990

内容 初の詩集刊行から60余年、小野十三郎の全詩集のうち17冊を収録。従来、目にすることが難しかった戦前の詩(「新興文学全集」所収の作品、アメリカプロレタリア詩の訳他)及び詩集未収録の多くの詩も併せて収める。

小原 ミチ
おはら・みち

「あれから二十年」

『あの人は帰ってこなかった』 菊池敬一,

大牟羅良編　岩波書店　1993.3　201p　18cm　（岩波新書 530）〈第19刷（第1刷：64.7.20）〉580円　Ⓘ4-00-415012-4

内容 子種を絶やさぬためといわれて嫁入りさせられ、いくばくも経ずして夫を戦場に送り出した若い農婦たちは、ひたすら夫の帰還を待ちわびた。しかし、待つ人は遂に帰らない。“家の名誉”と現実の苛酷さとの矛盾の中ではいずりまわった彼女たちの戦後の苦渋の真実は、過ぎ去った戦争の蔭に葬り去られてよいものであろうか。

恩田　陸
おんだ・りく
《1964～》

「オデュッセイア」

『マイ・ベスト・ミステリー　3』　日本推理作家協会編　文藝春秋　2007.9　492p　15cm　（文春文庫）724円　Ⓘ978-4-16-774003-0

内容 磨き抜かれた、切れ味鋭い短編に酔う…そこに、ミステリーの醍醐味がある！岩井志麻子、恩田陸、篠田節子、高村薫、馳星周、山田正紀各氏と、今はなき山田風太郎氏が、「最も好きな自作の短編」と「最も好きな他人の短編」を選出。創作にまつわる書き下ろしエッセイも加えた、他では実現できない豪華アンソロジー第3弾。

『図書室の海』　恩田陸著　新潮社　2005.7　304p　15cm　（新潮文庫）476円　Ⓘ4-10-123416-7

内容 あたしは主人公にはなれない－。関根夏はそう思っていた。だが半年前の卒業式、夏はテニス部の先輩・志田から、秘密の使命を授かった。高校で代々語り継がれる“サヨコ”伝説に関わる使命を…。少女の一瞬のときめきを描く『六番目の小夜子』の番外篇（表題作）、『夜のピクニック』の前日譚「ピクニックの準備」など全10話。恩田ワールドの魅力を凝縮したあまりにも贅沢な短篇玉手箱。

開高　健
かいこう・たけし
《1930～1989》

「ウグイスが答えてくれた」

『開口閉口』　開高健著　改版　新潮社　2005.8　434p　15cm　（新潮文庫）590円　Ⓘ4-10-112806-5

内容 読書の楽しみを語り、現代の風俗を諷刺し、食味の真髄を探り、釣りの薀蓄を傾け、世界の美酒・珍酒を紹介し、人生の深奥を観照する。―鋭い洞察が溢れ、ユーモアとウィットに富み、自ずと人柄のにじみ出る絶妙な語り口は読者を魅了せずにはおかない。「男の収入の三分法」「面白い物語はまだまだある」「釣るのか釣られるのか」「酒の王さまたち」など珠玉64編。

『開口閉口』　開高健著　新潮社　1993.8　565p　19cm　（開高健全集 第21巻）4500円　Ⓘ4-10-645221-9

内容 従来の日本文学の枠を超えた行動と饒舌の作家・開高健その巨大な足跡のすべてを明らかにする決定版全集。飛躍、変転、飄逸、直截と話術の妙を尽くしながら、色褪せぬ不易の時代観察を貫き通した『開口閉口』ほか。さまざまな主題を自由自在に、絶妙の話術で語るエッセイ。

『日本の名随筆　2　鳥』　草野心平編　作品社　1983.4　250p　19cm　1200円　Ⓘ4-87893-902-8　Ⓝ914.6

「任意の一点」

『開高健全集　第4巻』　新潮社　1992.3　515p　20cm〈著者の肖像あり〉4500円　Ⓘ4-10-645204-9　Ⓝ918.68

内容 指のない男の話, 睦雄の経験, 無邪気, 任意の一点, パンテオンを…, お化けたち, 名人, 片隅の迷路, 書誌：p511～515

「裸の王様」

『雪三景・裸の王様』　水上勉, 曽野綾子, 辻邦生, 竹西寛子, 開高健著　講談社　2009.4　266p　19cm　（21世紀版少年少女日本文学館 19）1400円　Ⓘ978-4-06-282669-3

内容 九歳の息子を寺にあずけることになった母の心中を描く、水上勉の「雪三景」。権威によりそう人々を痛烈に皮肉った開高健の「裸の王様」。表題作をはじめ、曽野綾子、辻邦生、竹西寛子など多感な思春期に戦争を体験した五人の新しい感覚が光る八編を収録。

『裸の王様・流亡記』 開高健著 改版 角川書店, 角川グループパブリッシング〔発売〕 2009.2 286p 15cm （角川文庫）552円 ①978-4-04-124222-3

内容 無口で神経質そうな少年・太郎が、ぼくの画塾へと連れられてきた。太郎の父は画材会社を経営しているが、彼が描くのは電車やチューリップの絵ばかり。人間が1枚も描かれていないスケッチブックに彼の孤独を見たぼくは…。閉ざされた少年の心にそっとわけいり、いきいきとした感情を引き出すまでを緻密に描いた芥川賞受賞作「裸の王様」ほか3編。世間を真摯なまなざしで切り取った、行動する作家・開高健の初期傑作集。

『開高健全集 第2巻』 新潮社 1992.1 496p 20cm〈著者の肖像あり〉4500円 ①4-10-645202-2 Ⓝ918.68

内容 巨人と玩具, 裸の王様, 二重壁, なまけもの, フンコロガシ, 日本三文オペラ, 書誌：p487〜496

「パニック」

『裸の王様・流亡記』 開高健著 改版 角川書店, 角川グループパブリッシング〔発売〕 2009.2 286p 15cm （角川文庫）552円 ①978-4-04-124222-3

内容 無口で神経質そうな少年・太郎が、ぼくの画塾へと連れられてきた。太郎の父は画材会社を経営しているが、彼が描くのは電車やチューリップの絵ばかり。人間が1枚も描かれていないスケッチブックに彼の孤独を見たぼくは…。閉ざされた少年の心にそっとわけいり、いきいきとした感情を引き出すまでを緻密に描いた芥川賞受賞作「裸の王様」ほか3編。世間を真摯なまなざしで切り取った、行動する作家・開高健の初期傑作集。

『パニック』 開高健著 改版 全国学校図書館協議会 2003.6 63p 19cm （集団読書テキスト）214円 ①4-7933-8068-9

『開高健全集 第1巻』 新潮社 1991.11 524p 20cm〈著者の肖像あり〉4500円 ①4-10-645201-4 Ⓝ918.68

内容 印象生活, 乞食の慈善, 印象採集―デッサン集, 愛と翳, 季節, あかでみあめらんこりあ, 罠と響き, 衛星都市で, 煉瓦色のモザイク 1 少年群, 名の無い街で, 或る声, 円の破れ目, パニック, 書誌

「ムダこそ自分を豊穣にする」

『知的経験のすすめ―何んでも逆説にして考えよ』 開高健著 青春出版社 2003.5 191p 20cm〈肖像あり〉1300円 ①4-413-02162-2 Ⓝ914.6

『知的経験のすすめ―何んでも逆説にして考えよ』 開高健著 青春出版社 1987.3 205p 19cm （青春愛蔵版）1200円 ①4-413-02122-3

目次 苦痛からの予感,“アイツ”と“オレ”の基本的違い, この世の中の黄金原則, 原寸大の自分の見方, 民薬は劇薬、新薬は麻薬, どんなことにも泥酔できないヤツ, あなたはどんな逃げ方を持っているか, 厳粛なるトカトントン, 人生を高尚にする秘訣, 強いヤツの眼、弱いヤツの眼,「女と男」「男と女」の違い, おれだけが偉く見える秘訣, テントの中の苦い一滴, つき合い方の知的技術, ムダこそ自分を豊饒にする

角田 光代
かくた・みつよ
《1967〜》

「旅する本」

『さがしもの』 角田光代著 新潮社 2008.11 236p 15cm （新潮文庫）〈『この本が、世界に存在することに』改題書〉438円 ①978-4-10-105824-5

内容 「その本を見つけてくれなけりゃ、死ぬに死ねないよ」、病床のおばあちゃんに頼まれた一冊を求め奔走した少女の日を描く「さがしもの」。初めて売った古本と思わぬ再会を果たす「旅する本」。持ち主不明の詩集に挟まれた別れの言葉「手紙」など九つの本の物語。無限に広がる書物の宇宙で偶然出会ったことばの魔法はあなたの人生も動かし始める。

『この本が、世界に存在することに』 角田光代著 メディアファクトリー 2005.5 237p 19cm （ダ・ヴィンチ・

ブックス）1,400円　①4-8401-1259-2

内容 第132回直木賞受賞作家最新短編集。本への愛情をこめて角田光代が描く新境地！泣きたくなるほどいとおしい、ふつうの人々の“本をめぐる物語”が、あなたをやさしく包みます。心にしみいる九つの短編を収録。

「ランドセル」

『Presents』 角田光代小説，松尾たいこ絵　双葉社　2008.11　220p　15cm　（双葉文庫）571円　①978-4-575-51240-3

内容 私たちはたくさんの愛を贈られて生きている。この世に生まれて初めてもらう「名前」。放課後の「初キス」。女友達からの「ウェディングヴェール」。子供が描いた「家族の絵」－。人生で巡りあうかけがえのないプレゼントシーンを、小説と絵で鮮やかに切りとった12編。贈られた記憶がせつなくよみがえり、大切な人とのつながりが胸に染みわたる。

葛西　善蔵
かさい・ぜんぞう
《1887～1928》

「子をつれて」

『編年体大正文学全集　第7巻（大正7年）』 佐藤春夫他著，紅野敏郎編　ゆまに書房　2001.5　655p　22cm　6600円　①4-89714-896-0　Ⓝ918.6

内容 小説・戯曲・児童文学：土の霊（野村愛正著），転機（伊藤野枝著），子をつれて（葛西善蔵著），或る朝（志賀直哉著），清作の妻（吉田絃二郎著），お三輪（水野仙子著），虎（久米正雄著），白鼠を飼ふ（須藤鐘一著），鴉が縊り殺された日（岡田三郎著），煉獄（上山草人著），河岸のかへり（里見弴著），夜の海（福永挽歌著），田園の憂鬱（佐藤春夫著），線路（広津和郎著），故郷の人々（加能作次郎著），空骸（細田源吉著），楽園の外（舟木重信著），K温泉素描集（勝本清一郎著），梟鳴く（杉田久女著），浅間の霊（岩野泡鳴著），蘇生（豊島与志雄著），反射する心（中戸川吉二著），山の神々（ダンセニ作，松村みね子訳），「赤い鳥」の標榜語，二人の兄弟（島崎藤村著），蜘蛛の糸（芥川竜之介著），ぽつぽのお手帳（鈴木三重吉著），評論・随筆・記録：貝殻追放（水上滝太郎著），ほか，詩・短歌・俳句：紅い雲（小川未明著），ほか，解説・解題（紅野敏郎著）

『哀しき父・椎の若葉』 葛西善蔵著　講談社　1994.12　329p　15cm　（講談社文芸文庫）980円　①4-06-196302-3

内容「生活の破産、人間の破産、そこから僕の芸術生活が始まる」と記した葛西善蔵は、大正末期から昭和初年へかけての純文学の象徴であった。文学の為にはすべてを犠牲にする特異無類の生活態度で、哀愁と飄逸を漂わせた凄絶可苛烈な作品を描いた。処女作「哀しき父」、出世作「子をつれて」、絶筆「忌明」のほか「馬糞石」「蠢く者」「湖畔手記」など代表作15篇。

『無頼の文学』 近代小説鑑賞会編　札幌　響文社　1986.3　404p　21cm　2300円　①4-906198-07-4

内容 大学の教養課用のテキストとして出版されたものだが，樋口一葉から阿波根宏夫まで、日本文学史順に21名の無頼派の作品の原文と解説・解題を掲載。個としての人間を尊重しつつ反俗精神を貫いた作家たちの作品に接することで、あらためて文学の神髄にふれる。

梶井　基次郎
かじい・もとじろう
《1901～1932》

「交尾」

『檸檬』 梶井基次郎著　改版　角川書店，角川グループホールディングス〔発売〕　2013.6　276p　15cm　（角川文庫）400円　①978-4-04-100838-6

内容 私は体調の悪いときに美しいものを見る贅沢をしたくなる。しかし最近は馴染みの丸善に行くのも気が重い。ある日檸檬を買った私は、その香りや色に刺激され、丸善の棚に檸檬一つを置いてくる。現実に傷つき病魔と闘いながら、繊細な感受性を表した表題作ほか、「城のある町にて」「雪後」などを収録。

『ポケットアンソロジー　この愛のゆくえ』 中村邦生編　岩波書店　2011.6　503,4p　15cm　（岩波文庫）940円　①978-4-00-350024-8

内容 愛といっても種々様々。作家たちはそれぞれの視角から愛に光を当て、愛の諸相を垣間見させてくれる。カルヴィーノ、坂口安吾、プラトーノフ、岡本かの子、ユルスナール、三島由紀夫、R・ギャリ、吉田知子、D・レッシングなど、粒選りの二六篇が交錯する。

『梶井基次郎』 梶井基次郎著 筑摩書房 2008.11 474p 15cm （ちくま日本文学 028） 880円 ①978-4-480-42528-7

内容 檸檬, 鼠, 栗鼠は籠にはいっている, 器楽的幻覚, 愛撫, 桜の樹の下には, 闇の絵巻, 交尾,Kの昇天, ある崖上の感情, 母親―断片, 奎吉, 大蒜, 夕凪橋の狸, 城のある町にて, 泥濘, 路上, 橡の花, 過古, 雪後, ある心の風景, 冬の日, 温泉―抄, 蒼穹, 筧の話, 冬の蠅, のんきな患者, 手紙より

『梶井基次郎小説全集』 梶井基次郎著 沖積舎 2007.9 411p 19cm 3000円 ①978-4-8060-2147-6

内容 檸檬ひとつの爆弾を抱え、夭折した基次郎。その香気あふれる短編全21篇を本書に収録。

「桜の樹の下には」

『檸檬』 梶井基次郎著 改版 角川書店, 角川グループホールディングス〔発売〕 2013.6 276p 15cm （角川文庫） 400円 ①978-4-04-100838-6

内容 私は体調の悪いときに美しいものを見る贅沢をしたくなる。しかし最近は馴染みの丸善に行くのも気が重い。ある日檸檬を買った私は、その香りや色に刺激され、丸善の棚に檸檬一つを置いてくる。現実に傷つき病魔と闘いながら、繊細な感受性を表した表題作ほか、「城のある町にて」「雪後」などを収録。

『梶井基次郎』 梶井基次郎著 筑摩書房 2008.11 474p 15cm （ちくま日本文学 028） 880円 ①978-4-480-42528-7

内容 檸檬, 鼠, 栗鼠は籠にはいっている, 器楽的幻覚, 愛撫, 桜の樹の下には, 闇の絵巻, 交尾,Kの昇天, ある崖上の感情, 母親―断片, 奎吉, 大蒜, 夕凪橋の狸, 城のある町にて, 泥濘, 路上, 橡の花, 過古, 雪後, ある心の風景, 冬の日, 温泉―抄, 蒼穹, 筧の話, 冬の蠅, のんきな患者, 手紙より

『梶井基次郎小説全集』 梶井基次郎著 沖積舎 2007.9 411p 19cm 3000円 ①978-4-8060-2147-6

内容 檸檬ひとつの爆弾を抱え、夭折した基次郎。その香気あふれる短編全21篇を本書に収録。

『梶井基次郎小説全集』 梶井基次郎著 新装版 沖積舎 1995.9 411p 19cm 2800円 ①4-8060-2100-8

内容 檸檬, 城のある町にて, 泥濘, 路上, 橡の花―或る私信, 過古, 雪後, ある心の風景,Kの昇天―或はKの溺死, 冬の日, 蒼穹, 筧の話, 器楽的幻覚, 冬の蠅, ある崖上の感情, 桜の樹の下には, 愛撫, 闇の絵巻, 交尾, のんきな患者, 瀬山の話

「城のある町にて」

『檸檬』 梶井基次郎著 改版 角川書店, 角川グループホールディングス〔発売〕 2013.6 276p 15cm （角川文庫） 400円 ①978-4-04-100838-6

内容 私は体調の悪いときに美しいものを見る贅沢をしたくなる。しかし最近は馴染みの丸善に行くのも気が重い。ある日檸檬を買った私は、その香りや色に刺激され、丸善の棚に檸檬一つを置いてくる。現実に傷つき病魔と闘いながら、繊細な感受性を表した表題作ほか、「城のある町にて」「雪後」などを収録。

『梶井基次郎』 梶井基次郎著 筑摩書房 2008.11 474p 15cm （ちくま日本文学 028） 880円 ①978-4-480-42528-7

内容 檸檬, 鼠, 栗鼠は籠にはいっている, 器楽的幻覚, 愛撫, 桜の樹の下には, 闇の絵巻, 交尾,Kの昇天, ある崖上の感情, 母親―断片, 奎吉, 大蒜, 夕凪橋の狸, 城のある町にて, 泥濘, 路上, 橡の花, 過古, 雪後, ある心の風景, 冬の日, 温泉―抄, 蒼穹, 筧の話, 冬の蠅, のんきな患者, 手紙より

『梶井基次郎小説全集』 梶井基次郎著 沖積舎 2007.9 411p 19cm 3000円 ①978-4-8060-2147-6

内容 檸檬ひとつの爆弾を抱え、夭折した基次郎。その香気あふれる短編全21篇を本書に収録。

「冬の蝿」

『檸檬』 梶井基次郎著 改版 角川書店, 角川グループホールディングス〔発売〕 2013.6 276p 15cm （角川文庫） 400円 ①978-4-04-100838-6

内容 私は体調の悪いときに美しいものを見る贅沢をしたくなる。しかし最近は馴染み

の丸善に行くのも気が重い。ある日檸檬を買った私は、その香りや色に刺激され、丸善の棚に檸檬一つを置いてくる。現実に傷つき病魔と闘いながら、繊細な感受性を表した表題作ほか、「城のある町にて」「雪後」などを収録。

『梶井基次郎』 梶井基次郎著 筑摩書房 2008.11 474p 15cm （ちくま日本文学 028） 880円 ①978-4-480-42528-7

内容 檸檬, 鼠, 栗鼠は籠にはいっている, 器楽的幻覚, 愛撫, 桜の樹の下には, 闇の絵巻, 交尾,Kの昇天, ある崖上の感情, 母親—断片, 奎吉, 大蒜, 夕凪橋の狸, 城のある町にて, 泥濘, 路上, 橡の花, 過古, 雪後, ある心の風景, 冬の日, 温泉—抄, 蒼穹, 筧の話, 冬の蠅, のんきな患者, 手紙より

『梶井基次郎小説全集』 梶井基次郎著 新装版 沖積舎 1995.9 411p 19cm 2800円 ①4-8060-2100-8

内容 檸檬, 城のある町にて, 泥濘, 路上, 橡の花—或る私信, 過古, 雪後, ある心の風景,Kの昇天—或はKの溺死, 冬の日, 蒼穹, 筧の話, 器楽的幻覚, 冬の蠅, ある崖上の感情, 桜の樹の下には, 愛撫, 闇の絵巻, 交尾, のんきな患者, 瀬山の話

「山のたより」

『梶井基次郎全集 第3巻 書簡』 梶井基次郎著 筑摩書房 2000.1 525p 21cm 5400円 ①4-480-70413-2

内容 これまで公表されているものに新発見の3通を加え、433通の手紙・葉書を年代順に収録。小説執筆に劣らぬ情熱を以て書き留められた定評ある梶井書簡の集大成。

「闇の絵巻」

『檸檬』 梶井基次郎著 改版 角川書店, 角川グループホールディングス〔発売〕 2013.6 276p 15cm （角川文庫） 400円 ①978-4-04-100838-6

内容 私は体調の悪いときに美しいものを見る贅沢をしたくなる。しかし最近は馴染みの丸善に行くのも気が重い。ある日檸檬を買った私は、その香りや色に刺激され、丸善の棚に檸檬一つを置いてくる。現実に傷つき病魔と闘いながら、繊細な感受性を表した表題作ほか、「城のある町にて」「雪後」などを収録。

『日本近代短篇小説選 昭和篇 1』 紅野敏郎, 紅野謙介, 千葉俊二, 宗像和重, 山田俊治編 岩波書店 2012.8 394p 15cm （岩波文庫） 800円 ①978-4-00-311914-3

内容 芥川の死、そして昭和文学の幕開け—「死があたかも一つの季節を開いたかのようだった」(堀辰雄)。そこに溢れだした言葉、書かずにおれなかった物語。昭和二年から一七年に発表された、横光利一・太宰治らの一六篇を収録。

『ちくま文学の森 2 心洗われる話』 安野光雅, 森毅, 井上ひさし, 池内紀編 筑摩書房 2010.9 524p 15cm 950円 ①978-4-480-42732-8 Ⓝ908

内容 少年の日 佐藤春夫著, 蜜柑 芥川龍之介著, 碁石を呑だ八っちゃん 有島武郎著, ファーブルとデュルイ ルグロ著, 平野威馬雄訳, 最後の一葉 O・ヘンリー著, 大津栄一郎訳, 芝浜 桂三木助演, 飯島友治編, 貧の意地 太宰治著, 聖水授与者 モーパッサン著, 河盛好蔵訳, 聖母の曲芸師 A・フランス著, 堀口大學訳, 盲目のジェロニモとその兄 シュニッツラー著, 山本有三訳, 獅子の皮 モーム著, 田中西二郎訳, 闇の絵巻 梶井基次郎著, 三つ星の頃 野尻抱影著, 島守 中勘助著, 母を恋うる記 谷崎潤一郎著, 二十六夜 宮澤賢治著, 洟をたらした神 吉野せい著, たけくらべ 樋口一葉著, 瞼の母 長谷川伸著, 土佐源氏 宮本常一著, 花はさかりに月はくまなきをのみ見るものかは 安野光雅著

『梶井基次郎小説全集』 梶井基次郎著 沖積舎 2007.9 411p 19cm 3000円 ①978-4-8060-2147-6

内容 檸檬ひとつの爆弾を抱え、夭折した基次郎。その香気あふれる短編全21篇を本書に収録。

「檸檬」

『檸檬』 梶井基次郎著 改版 角川書店, 角川グループホールディングス〔発売〕 2013.6 276p 15cm （角川文庫） 400円 ①978-4-04-100838-6

内容 私は体調の悪いときに美しいものを見る贅沢をしたくなる。しかし最近は馴染みの丸善に行くのも気が重い。ある日檸檬を買った私は、その香りや色に刺激され、丸善の棚に檸檬一つを置いてくる。現実に傷つき病魔と闘いながら、繊細な感受性を表した表題作ほか、「城のある町にて」「雪後」などを収録。

『私小説名作選 上』 中村光夫選, 日本

ペンクラブ編　講談社　2012.5　279p　15cm　（講談社文芸文庫）1400円　①978-4-06-290158-1

内容 近代日本文学において独特の位置を占める「私小説」は、現代に至るまで、脈々と息づいている。文芸評論家・中村光夫により精選された、文学史を飾る作家十五人の珠玉の「私小説」の競演。

『檸檬』 梶井基次郎著，富田彩子写真　PHPエディターズ・グループ,PHP研究所〔発売〕　2009.9　61p　19cm　1000円　①978-4-569-77266-0

内容 肺に病をかかえ、何か憂鬱なものに心を押しつぶされそうになる私は、追い立てられるように、街から街へと彷徨い歩く。果物屋で目にとまった檸檬を手に入れると、その冷たさと香りに心が弾んだ私は、思いがけない行動に出る。今もなお色褪せることのない、梶井基次郎の名作『檸檬』。

『梶井基次郎小説全集』 梶井基次郎著　沖積舎　2007.9　411p　19cm　3000円　①978-4-8060-2147-6

内容 檸檬ひとつの爆弾を抱え、夭折した基次郎。その香気あふれる短編全21篇を本書に収録。

「路上」

『梶井基次郎』 梶井基次郎著　筑摩書房　2008.11　474p　15cm　（ちくま日本文学 028）880円　①978-4-480-42528-7

内容 檸檬,鼠,栗鼠は籠にはいっている,器楽的幻覚,愛撫,桜の樹の下には,闇の絵巻,交尾,Kの昇天,ある崖上の感情,母親―断片,奎吉,大蒜,夕凪橋の狸,城のある町にて,泥濘,路上,橡の花,過古,雪後,ある心の風景,冬の日,温泉―抄,蒼穹,筧の話,冬の蠅,のんきな患者,手紙より

『梶井基次郎小説全集』 梶井基次郎著　沖積舎　2007.9　411p　19cm　3000円　①978-4-8060-2147-6

内容 檸檬ひとつの爆弾を抱え、夭折した基次郎。その香気あふれる短編全21篇を本書に収録。

『梶井基次郎全集　第1巻』 梶井基次郎著　筑摩書房　1999.11　638p　21cm　5800円　①4-480-70411-6

内容 小説作品は著者生前唯一の刊本『檸檬』を底本に厳密な校訂を加え、草稿編は著者自身の表記を如実に再現し、推敲の跡を刻明にたどる。

勝　小吉
かつ・こきち
《1802～1850》

「夢酔独言」

『氷川清話/夢酔独言』 勝海舟,勝小吉著，川崎宏編　中央公論新社　2012.8　377p　18cm　（中公クラシックス）1900円　①978-4-12-160135-3

内容 大局観と人間関係を重んじた子・海舟。奔放不羈、無頼三昧の父・小吉。二代の江戸っ子回顧譚。

『夢酔独言』 勝小吉著　教育出版　2003.9　214p　18cm　（読んでおきたい日本の名作）800円　①4-316-80035-3

内容 両人はかれこれというゆえに、その時おれが出て、「その書き付けを見せろ。」と取り上げて見て、燭台の火へかざし、見るふりして焼いてしまったら、両人が色をかえてぐずぐずいうから、「おれがしたがかれこれいうはいかがの心得だ。そのほう両人はわけておれにこれまで刃向こうたが、格別の勘弁をしておくに不届きのやつだ。」とおどかしてやったらば大いにこわがったゆえ、「この証文は夢酔がもらっておく。」とて立って座敷へはいったら、両人は「恐れ入りました。」とて早々帰ったゆえ、百五十両は一言にてふんでしまった。なんでも人はいきおいがかんじだとおもった。―『おれほどの馬鹿な者は世の中にあんまり有るまいとおもふ。故に孫やひこのために、はなしてきかせるが、能能不法もの、馬鹿者のいましめにするがいゝぜ』幕末を生きた勝海舟の父・勝小吉が語る破天荒な自伝。大きな文字、やさしい表記、親切な脚注付き。

『夢酔独言―他』 勝小吉著，勝部真長編　平凡社　2000.3　241p　16cm　（平凡社ライブラリー）〈年譜あり〉1000円　Ⓝ289.1

内容 夢酔独言,平子竜先生遺事,解説

加藤　楸邨
かとう・しゅうそん
《1905〜1993》

「俳句について」
『自分の著作について語る21人の大家　作品在中　上』 明治書院教科書編集部編　明治書院　1997.5　218p　21cm　2800円　Ⓘ4-625-43073-9

目次 小説・物と心（小川国夫），小説・虫のいろいろ（尾崎一雄），小説・少年（北杜夫），小説・赤ままの花（堀辰雄），小説・石段（三浦哲郎），戯曲・彦市ばなし（木下順二），戯曲・笛（田中千禾夫），俳句・俳句について（加藤楸邨），俳句・虚子を語る，俳句・俳句について（山口誓子）

加藤　典洋
かとう・のりひろ
《1948〜》

「オフ・サイドの感覚」
『批評へ』 加藤典洋著　弓立社　1987.7　527p　20cm　2800円　Ⓘ4-89667-221-6　Ⓝ914.6

「トルソーの時代」
『村上春樹論集　1』 加藤典洋著　若草書房　2006.1　278p　19cm　2100円　Ⓘ4-948755-89-3

目次 自閉と鎖国—村上春樹『羊をめぐる冒険』，トルソーの時代，「世界の終り」にて，「まさか」と「やれやれ」，鏡の前にいるもの，不思議な、森を過ぎる—村上春樹，村の家からノルウェイの森へ，心臓を抜かれた言葉

加藤　秀俊
かとう・ひでとし
《1930〜》

「生きた人間関係」
『加藤秀俊著作集　2　人間関係』 中央公論社　1980.11　365p　20cm　2200円　Ⓝ081.6

内容 人間関係—理解と誤解，人間開発—労働力から人材へ，情報行動，各章末：参考文献

「仮面と変身願望」
『自分の著作について語る21人の大家　作品在中　下』 明治書院教科書編集部編　明治書院　1997.5　245p　21cm　2800円　Ⓘ4-625-43074-7

目次 評論・行動中心の読書（梅棹忠夫），評論・言葉の力（大岡信），評論・日本文化の雑種性（加藤周一），評論・「見物」の精神（加藤秀俊），評論・生きること考えること（中村雄二郎），評論・劇的なる日本人（山崎正和），随想・天上の星の輝き（井上靖），随想・鳥の名と（唐木順三），随想・読む速度と考える速度（黒井千次），随想・北の森から（辻邦生），随想・飛天（福永武彦）

『「見物」の精神』 加藤秀俊著　PHP研究所　1990.12　210p　20cm　（PHPブライテスト）1300円　Ⓘ4-569-52958-5　Ⓝ361.78

「「見物」の精神」
『自分の著作について語る21人の大家　作品在中　下』 明治書院教科書編集部編　明治書院　1997.5　245p　21cm　2800円　Ⓘ4-625-43074-7

目次 評論・行動中心の読書（梅棹忠夫），評論・言葉の力（大岡信），評論・日本文化の雑種性（加藤周一），評論・「見物」の精神（加藤秀俊），評論・生きること考えること（中村雄二郎），評論・劇的なる日本人（山崎正和），随想・天上の星の輝き（井上靖），随想・鳥の名と（唐木順三），随想・読む速度と考える速度（黒井千次），随想・北の森から（辻邦生），随想・飛天（福永武彦）

『「見物」の精神』 加藤秀俊著　PHP研究所　1990.12　210p　20cm　（PHPブライテスト）1300円　Ⓘ4-569-52958-5　Ⓝ361.78

「個人の可能性」
『加藤秀俊著作集　2　人間関係』 中央公論社　1980.11　365p　20cm　2200円　Ⓝ081.6

内容 人間関係—理解と誤解，人間開発—労働力から人材へ，情報行動，各章末：参考文献

「自己表現」

『加藤秀俊著作集 1 探求の技法』 中央公論社 1980.8 382p 20cm 2200円 Ⓝ081.6

「事実を主題にする」

『加藤秀俊著作集 1 探求の技法』 中央公論社 1980.8 382p 20cm 2200円 Ⓝ081.6

「実用の文章」

『加藤秀俊著作集 1 探求の技法』 中央公論社 1980.8 382p 20cm 2200円 Ⓝ081.6

「わかりやすい文章」

『加藤秀俊著作集 1 探求の技法』 中央公論社 1980.8 382p 20cm 2200円 Ⓝ081.6

金井 直
かない・ちょく
《1926～1997》

「散る日」

『現代の名詩―鑑賞のためのアンソロジー』 小海永二編 大和書房 1985.9 321p 19cm 1300円 Ⓘ4-479-18049-4 Ⓝ911.56

仮名垣 魯文
かながき・ろぶん
《1829～1894》

「安愚楽鍋」

『明治開化期文學集 1』 筑摩書房 2013.1 458p 21cm (明治文學全集 1) 7500円 Ⓘ978-4-480-10301-7

目次 假名垣魯文篇(萬國航海西洋道中膝栗毛, 牛店雜談安愚樂鍋, 河童相傳胡瓜遣, 大洋新話蛸入道魚說教), 万亭應賀篇(當世利口女, 分限正札智惠秤, 青樓半化通, 近世憫蝦蟇), 梅亭金鵞篇(寄笑新聞), 條野採菊・染崎延房篇(近世紀聞(抄)), 松村春輔篇(開明小說春雨文庫), 久保田彥作篇(鳥追阿松海上新話), 明治新政府文藝政策の一端(柳田泉), 幕末開化期文學研究(興津要), 解題(興津要), 略歷(興津要編)

『仮名垣魯文』 仮名垣魯文著, 坪内祐三, ねじめ正一編 筑摩書房 2002.6 402p 19cm (明治の文学 第1巻) 2600円 Ⓘ4-480-10141-1

内容 万国航海西洋道中膝栗毛, 牛店雑談安愚楽鍋, 河童相伝胡瓜遣

『明治文化全集 第20巻 風俗篇』 明治文化研究会編 日本評論社 1992.10 33,572p 23cm 〈複製〉 Ⓘ4-535-04260-8,4-535-04234-9 Ⓝ210.6

内容 解題 尾佐竹猛ほか著, 西洋将棊指南 柳河春三著(明治2年刊) 西洋時計便覧 柳河春三著(明治3年刊) 西俗一覧 黒沢孫四郎訳(明治2年刊) 東京繁華一覧 三代広重 安藤徳兵衛画(明治2年刊) 牛店雑談安愚楽鍋 仮名垣魯文著(明治4年刊) 西洋料理通 仮名垣魯文著(明治5年刊) 今昔較 岡三慶著(明治7年刊) 東京開化繁昌誌 萩原乙彦著(明治7年刊) 東京開化繁昌誌 高見沢茂著(明治7年刊) 服製年中請負仕様書 鈴木篤右衛門著, 画本大阪新繁昌誌 田中内記著(明治8年刊) 怪化百物語 高畠藍泉述(明治8年刊) 西京繁昌記 増山守正編(明治10年刊) 弄玉集 宇津木信夫訳(明治12年刊) 銀街小誌 槎盆子著(明治15年刊) 東京流行細見記 清水市次郎編(明治18年刊) 洋式婦人束髪法 村野徳三郎編(明治18年刊) 横浜吉原細見記 佐野屋富五郎編(明治2年刊) 横浜新誌 川井景一著(明治10年刊) 俗謡選集 明治文化全集編集部編, 横はまお髭都々逸, 附録 明治初期風俗年表 石川巌著

金子 郁容
かねこ・いくよう
《1948～》

「ボランティアの「報酬」」

『ボランティア―もうひとつの情報社会』 金子郁容著 岩波書店 1992.7 247p 18cm (岩波新書) 580円 Ⓘ4-00-430235-8 Ⓝ369

金子　兜太
かねこ・とうた
《1919～》

「俳句の造型」

『金子兜太集　第4巻　わが俳句人生』　金子兜太著　筑摩書房　2002.3　513p　21cm　6500円　Ⓘ4-480-70544-9

内容 今日に至る俳句人生および文学的交友を描いた自伝『わが戦後俳句史』の他、「俳句と社会性」「造型俳句六章」「構築的音群」など短詩型文学の方法論・造型論をテーマにした論考・エッセイ、著者が愛誦してやまない秀句の鑑賞・評釈を精選して集成。

金子　光晴
かねこ・みつはる
《1895～1975》

「くらげの唄」

『人間の悲劇』　金子光晴著　講談社　1997.2　211p　15cm　（講談社文芸文庫）886円　Ⓘ4-06-197555-2

内容 敗戦後の日本、総アメリカ化へ向って一気に転身する渾沌として歪められたその精神構造を鋭く捉え人間存在の根源に迫る。「いきのびることは・なんたるむごいことなのだ」と刻んだ「焼土の歌」や「亡霊の歌」など韻文と散文とを一体化させ、「No,1航海について」から「No,10えなの唄」までの十章で構成。戦後の金子光晴を決定づけた自伝的傑作詩集。読売文学賞受賞。

「湖水」

『日本の詩歌　21　金子光晴・吉田一穂・村野四郎・草野心平』　金子光晴［ほか著］　新装　中央公論新社　2003.6　418p　21cm〈オンデマンド版　年譜あり〉5300円　Ⓘ4-12-570065-6　Ⓝ911.08

内容 金子光晴：こがね虫, 水の流浪, 鮫, 女たちへのエレジー, 落下傘, 蛾, 鬼の児の唄, えなの唄, 非情, 若葉のうた, 吉田一穂：海の聖母, 故園の書, 稗子伝, 未来者, 吉田一穂詩集, 村野四郎：体操詩集, 抒情飛行, 珊瑚の鞭, 予感, 実在の岸辺, 抽象の城, 亡羊記, 蒼白な紀行, 草野心平：第百階級, 明日は天気だ, 母岩, 蛙, 絶景, 富士山, 日本沙漠, 牡丹圏, 天, 第四の蛙, マンモスの牙, 詩人の肖像（堀田善衛著）

「湖畔吟」

『精選 日本近代詩全集』　ぎょうせい　1982

「富士」

『精選 日本近代詩全集』　ぎょうせい　1982

「落下傘」

『金子光晴詩集』　清岡卓行編　岩波書店　2012.6　483p　15cm　（岩波文庫）〈第7刷（第1刷1991年）〉940円　Ⓘ4-00-311321-7

内容 日本の伝統や権力支配の構造を象徴的手法で暴露、批判した詩集『鮫』（一九三七）は、詩人金子光晴（一八九五‐一九七五）の本領が発揮された昭和詩史上、最も重要な作品の一つである。『こがね虫』『鮫』『蛾』『愛情69』等から秀作を選び、その全体像に迫るアンソロジー。

『金子光晴』　金子光晴著　筑摩書房　2009.8　476p　15cm　（ちくま日本文学 038）880円　Ⓘ978-4-480-42568-3

内容 女という異性を通して人間を視ることができた人。

『日本の詩歌　21　金子光晴・吉田一穂・村野四郎・草野心平』　金子光晴［ほか著］　新装　中央公論新社　2003.6　418p　21cm〈オンデマンド版　年譜あり〉5300円　Ⓘ4-12-570065-6　Ⓝ911.08

内容 金子光晴：こがね虫, 水の流浪, 鮫, 女たちへのエレジー, 落下傘, 蛾, 鬼の児の唄, えなの唄, 非情, 若葉のうた, 吉田一穂：海の聖母, 故園の書, 稗子伝, 未来者, 吉田一穂詩集, 村野四郎：体操詩集, 抒情飛行, 珊瑚の鞭, 予感, 実在の岸辺, 抽象の城, 亡羊記, 蒼白な紀行, 草野心平：第百階級, 明日は天気だ, 母岩, 蛙, 絶景, 富士山, 日本沙漠, 牡丹圏, 天, 第四の蛙, マンモスの牙, 詩人の肖像（堀田善衛著）

『精選 日本近代詩全集』　ぎょうせい　1982

樺島　忠夫
かばしま・ただお
《1927～》

「御飯とライス」

『日本語はどう変わるか―語彙と文字』　樺島忠夫著　岩波書店　1981.1　199p　18cm　（岩波新書）380円　Ⓝ814

「情報時代に必要な文章能力」

『文章表現法―五つの法則による十の方策』　樺島忠夫著　角川書店　1999.3　244p　19cm　（角川選書）1500円　①4-04-703303-0

内容 情報化社会では、正確なわかりやすい文章を書く能力が要求される。しかし、正確に事実を伝える文章を書く練習はこれまでおろそかにされてきたのではないか。ある絵を見て、その絵がどのような絵であるかを伝えるという課題を小中学生が行ったところ、絵のもつ情報量の三割程度しか伝えられなかっという結果がある。経験やカンに頼るのではなく、目標を明確にした系統だった練習によって文章力を身につけるための方法を説く本。

「日本語の将来」

『日本語はどう変わるか―語彙と文字』　樺島忠夫著　岩波書店　1981.1　199p　18cm　（岩波新書）380円　Ⓝ814

神谷　美恵子
かみや・みえこ
《1914～1979》

「生きがいについて」

『ケアへのまなざし』　神谷美恵子著　みすず書房　2013.8　263p　19cm　（始まりの本）3000円　①978-4-622-08367-2

内容 人間としての医療・看護・介護のあり方をみつめるエッセイ、論文、対談を新編集で贈る。

『生きがいについて―神谷美恵子コレクション』　神谷美恵子著　みすず書房　2004.10　353,16p　19cm　1500円　①4-622-08181-4

内容「いったい私たちの毎日の生活を生きるかいあるように感じさせているものは何であろうか。ひとたび生きがいをうしなったら、どんなふうにしてまた新しい生きがいを見いだすのだろうか」神谷美恵子はつねに苦しむひと、悲しむひとのそばにあろうとした。本書は、ひとが生きていくことへの深いいとおしみと、たゆみない思索に支えられた、まさに生きた思想の結晶である。1966年の初版以来、多くのひとを慰め力づけてきた永遠の名著に執筆当時の日記を付して贈る。

『神谷美恵子―いのちのよろこび』　神谷美恵子著，鶴見俊輔監修　日本図書センター　2000.1　189p　21cm　（人生のエッセイ 4）1800円　①4-8205-6653-9

内容 生きるヒントがつまった珠玉のエッセイを精選した新シリーズ。

亀井　勝一郎
かめい・かついちろう
《1907～1966》

「思想の花びら」

『思想の花びら―もの思う人のために』　亀井勝一郎著　大和書房　1987.7　238p　19cm　（銀河ブックス）〈新装版〉1200円　①4-479-18067-2　Ⓝ914.6

『思想の花びら―もの思う人のために』　亀井勝一郎著　ダイワアート　1986.12　238p　15cm　（大和人生文庫）450円　①4-88648-427-1

内容「幸福は微笑のようなものだ。微笑は微笑しようと思ってできることではない。自然に静かに湧いてくるものである」と語る著者が、清冽な心と鋭い感性を通して深めた思索の真髄。人生の根本問題にこたえる叡知の結晶。

『思想の花びら―もの思う人のために』　亀井勝一郎著　大和出版　1980.5　216p　18cm　（グリーン・ブックス）680円　Ⓝ914.6

「人間形成」

『愛の無常について』　亀井勝一郎著　角

川春樹事務所　1998.1　213p　15cm　(ハルキ文庫)　520円　①4-89456-372-X
内容 古今東西の聖賢の言葉をちりばめ、孤独な魂の救済を模索した、永遠の青春の書。

「春」

『大和古寺風物誌』 亀井勝一郎著　新座　埼玉福祉会　1995.5　386p　22cm　(大活字本シリーズ)〈原本：新潮文庫 限定版〉3708円　Ⓝ702.13

『大和古寺風物誌』 亀井勝一郎著　大和書房　1987.2　201p 図版36p　22cm　〈写真：入江泰吉　新装版〉2300円　①4-479-88010-0　Ⓝ702.13

「わたくしは文学をいかに学んできたか」

『現代の随想　18　亀井勝一郎集』 佐古純一郎編　弥生書房　1982.10　209p　19cm〈亀井勝一郎の肖像あり〉1200円　Ⓝ914.6

鴨　長明
かもの・ちょうめい
《1155～1216》

「方丈記」

『方丈記』 浅見和彦訳・注　笠間書院　2012.12　156p　19cm　(笠間文庫―原文&現代語訳シリーズ)　950円　①978-4-305-70423-8
内容 大火・竜巻・大地震・飢饉、源平の争乱に見舞われた激動の時代、人は何を思い、どう生きたか。時代を超え、今また現代人の胸に鋭く迫る一級の随筆を全文現代語訳。現地の様子がよくわかる詳細な地図と、鴨長明の生きた時代が理解できる年表、読解を助ける詳しい注付き。

『すらすら読める方丈記』 中野孝次著　講談社　2012.10　219p　15cm　(講談社文庫)　476円　①978-4-06-277396-6
内容 総ルビつきの原文、中野孝次のわかりやすく、かつ洞察に満ちた現代語訳、そして共鳴する想いを込めた深く真摯な解説が、平家と源氏が争った時代を生きた鴨長明の肉声を今の時代に鮮やかに蘇らせる。大地震、大火、大飢饉、辻風、さらに遷都を体験し、ついには方丈の住居暮らしに本当の安心を得て生き方が心に沁みる。

『方丈記』 鴨長明著, 浅見和彦校訂・訳　筑摩書房　2011.11　253p　15cm　(ちくま学芸文庫)　1000円　①978-4-480-09407-0
内容 日本古典文学中屈指の名文『方丈記』。著者鴨長明が見聞し体験した、大火、大風、遷都、飢饉、大地震などが迫真の描写で記録され、その天災、人災、有為転変から逃がれられない人間の苦悩、世の無常が語られる。やがて長明は俗界から離れ、方丈の庵での閑居生活に入りその生活を楽しむ。しかし、本当の心の安らぎは得ることができず、深く自己の内面を凝視し、人はいかに生きるべきかを省察する。本書は、この永遠の古典を、混迷する時代に生きる現代人ゆえに共鳴できる作品ととらえ、『方丈記』研究第一人者による新校訂原文とわかりやすい現代語訳、理解を深める評言によって構成した決定版。

『日本の古典をよむ　14　方丈記・徒然草・歎異抄』 神田秀夫, 永積安明, 安良岡康作校訂・訳　小学館　2007.10　317p　19cm　1800円　①978-4-09-362184-7
内容 激動の中世を生きた鴨長明・兼好法師・親鸞が私たちに遺してくれた―人生を見つめる箴言集！ 原文の魅力をそのままに、あらすじと現代語訳付き原文ですらすらよめる新編集。

『新訂 方丈記』 鴨長明著, 市古貞次校注　岩波書店　2002.12　151p　15cm　(岩波文庫)〈第27刷〉460円　①4-00-301001-9
内容 人の世の無常を感じ出家遁世した長明。しかし方丈の草庵でも安住できない。この苦渋にみちた著者の内面が、和漢混淆・対句仕立ての格調ある文章によって表現され、古来人々の愛読する古典となった。長明自筆といわれる大福光寺本のすべての影印と翻字を付す。

「発心集」

『発心集―現代語訳付き』 鴨長明著, 浅見和彦, 伊東玉美訳注　新版　KADOKAWA　2014.3　413p　15cm　(角川ソフィア文庫)　1200円　①978-4-04-400116-2
内容 『方丈記』の作者、鴨長明が書き溜めた仏教説話集。人間の欲の恐ろしさを描く話には、峻烈な迫真の力があり、執心により親指が蛇になってしまった母親、橘の実を食い尽くす小虫に生まれ変わった老女などの姿が描かれる。その時々で変わりやすい「心」の諸相を凝視し、自身の執着心とどう闘い、どう鎮めるかを突きつめていく長明の記述は秀逸。新たな訳と詳細な注を付し、全8巻、約100話を上下2巻に収録する文庫完全版。

『発心集―現代語訳付き』 鴨長明著，浅見和彦，伊東玉美訳注 新版 KADOKAWA 2014.3 366p 15cm（角川ソフィア文庫）1120円 ①978-4-04-400117-9

内容 鴨長明の思想が色濃くにじみ出た説話集『発心集』と、彼の生涯を映し出した随筆『方丈記』とは、ともに密接な関係にある。武蔵国、入間川の洪水の話では、『方丈記』の災害描写と共通する卓越した筆の冴えをみせ、臨場感にあふれた表現も注目される。長明が心の安定のために求めた「数奇」の境地は、「無常」の世界観とともに現代人の生き方にも大きな示唆を与えるに違いない。新たな訳と詳細な注を付した待望の文庫完全版。

『大日本佛教全書 第147巻 撰集抄 発心集 宝物集』 仏書刊行会編纂 ［圓位］［撰］，［鴨長明］［撰］，［平康頼］［撰］ 大法輪閣 2007.1 494p 22cm 〈名著普及会昭和58年刊（復刻版）を原本としたオンデマンド版〉8700円 ①978-4-8046-1791-6 Ⓝ180.8

『方丈記―現代語訳 本文対照・発心集―現代語訳 本文対照・歎異抄―現代語訳 本文対照』 鴨長明著，三木紀人訳，親鸞著，三木紀人訳 學燈社 2006.1 264p 19cm 1600円 ①4-312-60003-1 Ⓝ914.42

『発心集』 小島孝之，木下資一翻刻 普及版 貴重本刊行会 2004.2 223p 21cm 2300円 ①4-88915-123-0

内容 鴨長明編の仏教説話集。

「無名抄」

『無名抄―現代語訳付き』 鴨長明著，久保田淳訳注 角川学芸出版，角川グループパブリッシング〔発売〕 2013.3 312p 15cm（角川ソフィア文庫）1143円 ①978-4-04-400111-7

内容 『方丈記』の作者、鴨長明の歌論書。和歌に関する知識を網羅したり秀歌論を展開するそれまでの歌論とは違い、歌人たちの逸話や世評、宮廷歌人だった頃の楽しい思い出なども楽しめる肩のこらない説話的な内容をあわせもつ。一流の歌人としても知られた長明の人間像を知る上でも貴重な書をはじめて文庫化。中世和歌研究の第一人者による、詳細な注と分かりやすい現代語訳ですっきり読める、最高峰の古典注釈。重要語句・和歌索引付き。

『鴨長明全集』 鴨長明著，大曾根章介，久保田淳編 貴重本刊行会 2000.5 784，69p 21cm 20000円 ①4-88915-109-5

内容 中世文学をそれ以前の文学と別つ大きな特色の一つは、ジャンルの多様性にあるといえるであろう。そしてそれら多くのジャンルにわたって絢爛たる才能を発揮した文学者が鴨長明であった。この多芸多才な作家・歌人の人となりは、誇り高く、激情的で、きわめて傷つきやすい繊細な感性の持主であった。夏目漱石・芥川龍之介・佐藤春夫など、近代作家に長明を愛する人の少なくないのは、故なしとしない。本全集はこの稀有な個性の全文業と関連資料を一冊に結集し、以て中世文学研究の基礎資料として学界に提供し、併せて広く日本文学に関心を有する読書人諸氏に鴨長明の文学の魅力を余すところなく伝えることを目的とするものである。

『無名抄』 鴨長明著，川村晃生，小林一彦校注 第2版 三弥井書店 1998.3 85p 21cm 971円 ①4-8382-7007-0 Ⓝ911.14

賀茂 真淵
かもの・まぶち
《1697～1769》

「岡部日記」

『岡部日記―訳注』 賀茂真淵原著，後藤悦良著 第2版 ［浜松］ 浜松史蹟調査顕彰会 2008.12 70p 26cm（遠江資料叢書 7）Ⓝ915.5

『新日本古典文学大系 68 近世歌文集 下』 佐竹昭広ほか編 鈴木淳，中村博保校注 岩波書店 1997.8 601,39p

22cm　4500円　①4-00-240068-9　Ⓝ918

内容 あがた居の歌集, 布留の中道, 庚子道の記, 旅のなぐさ, 岡部日記, 菅笠日記, ゆきかひ, 藤簍冊子, 解説：江戸時代後期の歌と文章(鈴木淳著),「藤簍冊子」の世界(中村博保著)

『岡部日記―訳注』 賀茂真淵原著, 後藤悦良著 〔浜松〕 浜松史蹟調査顕彰会 1989.1 68p 26cm (遠江資料叢書 7) Ⓝ915.5

「歌意考」

『新編日本古典文学全集 87 歌論集』 橋本不美男, 有吉保, 藤平春男校注・訳 小学館 2002.1 646p 22cm〈付属資料：8p：月報 79〉4657円 ①4-09-658087-2 Ⓝ911.104

内容 俊頼髄脳, 古来風体抄, 近代秀歌, 詠歌大概, 毎月抄, 国家八論, 歌意考, 新学異見

『万葉集古註釈集成 近世編 1 第4巻』 万葉集古註釈集成編集委員会編 日本図書センター 1989.4 393p 22cm〈複製〉①4-8205-9001-4 Ⓝ911.12

内容 万葉集類林 巻14～15 海北若沖著, 万葉集大考・歌意考 賀茂真淵著, 撰集万葉徴上・中 田中道麿著

『賀茂真淵全集 第19巻』 続群書類従完成会 1980.11 344p 23cm〈監修：久松潜一〉5500円 Ⓝ121.52

内容 国意考, 歌意考, 文意考, 語意考, 書意考, にひまなび, 万葉新採百首解, 解説 井上豊, 山本嘉将著

「賀茂翁家集(村田春海編)」

『賀茂真淵全集 第21巻』 続群書類従完成会 1982.8 473p 23cm〈監修：久松潜一〉7500円 Ⓝ121.52

内容 賀茂翁家集, 賀茂翁遺草, 賀茂翁家集拾遺 伴直方, 石川依平編, 解説 井上豊, 田林義信著

唐木 順三
からき・じゅんぞう
《1904～1980》

「美しいことば」

『唐木順三ライブラリー 1 現代史への試み 喪失の時代』 唐木順三著, 粕谷一希解説 中央公論新社 2013.6 492p 19cm (中公選書) 2300円 ①978-4-12-110014-6

内容 戦後の潮流から距離を置く「反時代」の人であり、哲学・文学・歴史を巨視的にとらえ、文人気質をもとに独自の評論活動を行った唐木順三。その代表作を紹介するシリーズの第一巻である本書は、知識と人間に対するすぐれた思索の書を収録。

『言語』 千野栄一編 作品社 1998.11 263p 19cm (日本の名随筆 別巻93) 1800円 ①4-87893-673-8

目次 ことばあそびの周辺(谷川俊太郎), 故郷の言葉(柳田国男), 美しい言葉(唐木順三), 原語圏を求める(鶴見俊輔), 言語の問題(林達夫), 文字の本質(河野六郎), 解読の真と偽(風間喜代三),「世界で一番長い字」(田中利光), ホルティ摂政(徳永康元), パリの生活の一断面 抄(森有正)〔ほか〕

「おそれという感情」

『唐木順三全集 第9巻』 増補版 筑摩書房 1982.1 458p 22cm〈著者の肖像あり〉3800円 Ⓝ918.68

内容 朴の木, 日本の心

「近代日本の思想文化」

『唐木順三ライブラリー 1 現代史への試み 喪失の時代』 唐木順三著, 粕谷一希解説 中央公論新社 2013.6 492p 19cm (中公選書) 2300円 ①978-4-12-110014-6

内容 戦後の潮流から距離を置く「反時代」の人であり、哲学・文学・歴史を巨視的にとらえ、文人気質をもとに独自の評論活動を行った唐木順三。その代表作を紹介するシリーズの第一巻である本書は、知識と人間に対するすぐれた思索の書を収録。

『唐木順三全集 第4巻』 増補版 筑摩書房 1981.10 451p 22cm〈著者の肖

像あり〉 3800円 Ⓝ918.68

内容 詩とデカダンス, 詩と哲学の間, 喪失の時代

河合　隼雄
かわい・はやお
《1928～2007》

「花女房」

『生と死の接点―“心理療法”コレクション 3』 河合隼雄著, 河合俊雄編 岩波書店 2009.9 293p 15cm （岩波現代文庫） 1100円 Ⓘ978-4-00-600222-0

内容 思春期、老い、そして死など人生の転機における様々な危機を、どのようにとらえるべきか？ 通過儀礼のない現代、人生の各段階への移行はどのようになされればいいのか。老と若、男と女、生と死など人間存在の境界の問題に考察を加え、神話、昔話、児童文学に具体的な臨床例も織りまぜ、生きることの意味に深くせまる河合心理学の傑作。「序説 生きることと死ぬこと」「思春期のイニシエーション」を併録。

『生きることと死ぬこと』 河合隼雄著 岩波書店 1994.2 350p 21cm （河合隼雄著作集 13） 3500円 Ⓘ4-00-091843-5

内容 人間の生を単に直線的な発展としてとらえるのではなく、その全体性をとらえる―。誰もがいつも「老若男女」の要素をあわせもつという観点から生と死、ライフ・サイクル、家族関係などの問題に光をあてる。そこに人間の意識の新たなありようと、大きな生の可能性が生まれる。常識的な枠を越えて新鮮な展望を開く画期的論考。

『生と死の接点』 河合隼雄著 岩波書店 1989.4 358p 19cm 1700円 Ⓘ4-00-001191-X Ⓝ143.7

「ふしぎと人生」

『物語とふしぎ―“子どもとファンタジー”コレクション 3』 河合隼雄著, 河合俊雄編 岩波書店 2013.10 253p 15cm （岩波現代文庫） 920円 Ⓘ978-4-00-603256-2

内容 大切な体験には、「ふしぎ」や「おどろき」の感情がともなう。人は、それらを心に収めるために物語を発明し、その感動を他の人に伝えるために文学をつくった。子どもは、とりわけ「ふしぎ」を感じる名人であり、文学の優れた読み手である。児童文学の名作を紹介しながら、子どもと物語を結ぶ「ふしぎ」について考える。

「「母性」と「父性」の間をゆれる」

『日本人の心のゆくえ』 河合隼雄著 岩波書店 1998.3 229p 20cm 1400円 Ⓘ4-00-001745-4 Ⓝ304

河合　雅雄
かわい・まさお
《1924～》

「生きるということ」

『学問の冒険』 河合雅雄著 岩波書店 2012.7 308p 15cm （岩波現代文庫） 1240円 Ⓘ978-4-00-603245-6

内容 丹波篠山の山野をかけめぐった探検好きの少年時代。人間悪の根源への問いを深めた戦争体験。今西錦司・宮地伝三郎両氏に導かれた霊長類のグループ研究。アフリカ探検調査の辛苦と感動…。日本独自のサル学を切り拓いた著者が、冒険の精神と発見の喜びに満ちた自らの半生をふりかえり、学問の創造性を育む「雑木林の思想」の魅力を存分に語る。

『学問の冒険』 河合雅雄著 岩波書店 1995.9 280p 16cm （同時代ライブラリー 235）〈著者の肖像あり〉 1100円 Ⓘ4-00-260235-4 Ⓝ489.9

『学問の冒険』 河合雅雄著 佼成出版社 1989.7 253p 19cm 1500円 Ⓘ4-333-01441-7

目次 自然への憧憬（サル学と人間学, 自然への憧憬, サル学との出会い）, 森の中の学問（サル学への案内, 悪の自然誌, 家族と人間）, 雑木林の思想（内なる自然, 学問の冒険）

「道具と文化」

『森林がサルを生んだ』 河合雅雄著 小学館 1996.7 438p 21cm （河合雅雄著作集 3） 5000円 Ⓘ4-09-677003-5

内容 森林で生まれたサル類の特異さのなかに人類誕生の謎を探る河合進化論の核心

『森林がサルを生んだ』をはじめ、日本の霊長類学発展に寄与し、河合サル学の端緒となった主要論文を収録。

『森林がサルを生んだ―原罪の自然誌』 河合雅雄著 朝日新聞社 1992.9 289p 15cm （朝日文庫） 560円 Ⓘ4-02-260722-X Ⓝ489.9

『森林がサルを生んだ―原罪の自然誌』 河合雅雄著 講談社 1985.10 277p 15cm （講談社文庫） 400円 Ⓘ4-06-183596-3 Ⓝ489.9

川上 弘美
かわかみ・ひろみ
《1958～》

「神様」

『はじめての文学 川上弘美』 川上弘美著 文藝春秋 2007.5 259p 19cm 1238円 Ⓘ978-4-16-359870-3

内容 小説はこんなにおもしろい。文学の入り口に立つ若い読者へ向けた自選アンソロジー。

『神様』 川上弘美著 中央公論新社 2001.10 203p 15cm （中公文庫） 457円 Ⓘ4-12-203905-3

内容 くまにさそわれて散歩に出る。川原に行くのである―四季おりおりに現れる、不思議な“生き物”たちとのふれあいと別れ。心がぽかぽかとあたたまり、なぜだか少し泣けてくる、うららでせつない九つの物語。デビュー作「神様」収録。ドゥマゴ文学賞、紫式部文学賞受賞。

『神様』 川上弘美著 中央公論社 1998.9 194p 19cm 1300円 Ⓘ4-12-002836-4

内容 四季おりおりに現われる不思議な「生き物」たちとのうららでせつない9の物語。第1回パスカル短篇文学新人賞受賞のデビュー作、待望の単行本収録。

「ほねとたね」

『パスタマシーンの幽霊』 川上弘美著 新潮社 2013.6 296p 15cm （新潮文庫） 550円 Ⓘ978-4-10-129242-7

内容 恋をしたとき、女の準備は千差万別。海の穴に住む女は、男をすりつぶす丈夫な奥歯を磨き、OLの誠子さんは、コロボックルの山口さんを隠すせんべいの空き箱を用意する。おかまの修三ちゃんに叱られ通しのだめなアン子は、不実な男の誘いの電話にうっかり喜ばない強い心を忘れぬように。掌小説集『ざらざら』からさらに。女たちが足をとられた恋の深みの居心地を描く22の情景。

「水かまきり」

『ハヅキさんのこと』 川上弘美著 講談社 2009.11 229p 15cm （講談社文庫） 476円 Ⓘ978-4-06-276506-0

内容 かりん、という珐瑯の響き。温泉につかったあと、すっぴん風に描く眉。立ち飲みで味わう「今日のサービス珈琲」。四十八歳、既婚者で「中途半端」な私が夢中になった深い愛－さりげない日常、男と女の心のふれあいやすれ違いなど、著者独自の空気が穏やかに立ち上がる。虚と実のあわいを描いた掌篇小説集。

川崎 洋
かわさき・ひろし
《1930～2004》

「アイヌ語を訪ねて」

『方言再考』 川崎洋著 草思社 1981.5 240,6p 20cm 1600円 Ⓝ816

「どうかして」

『教科書の詩をよみかえす』 川崎洋著 筑摩書房 2011.3 214p 15cm （ちくま文庫） 580円 Ⓘ978-4-480-42802-8

内容 もっと自由に、もっと楽しく。堅苦しい先入観を捨てて向き合ってみよう。教科書から選び抜かれた31篇の詩たちが、言葉の翼をひろげて待っている。

『川崎洋 自選自作詩朗読CD詩集』 川崎洋著 ミッドナイト・プレス，星雲社〔発売〕 1998.2 68p 19cm〈付属資料：CD1〉 3000円 Ⓘ4-7952-2641-5

内容 第一詩集『はくちょう』から、最新詩集『不意の吊橋』まで、詩人自選の15詩集68篇を詩人自らが朗読する声の詩集。

『教科書の詩をよみかえす』 川崎洋著 筑摩書房 1993.9 208p 19cm （ち

くまプリマーブックス） 1200円 ①4-480-04175-3

内容 ちょっと違った気持ちで向き合えば、気づかなかった味わい、思いがけないイメージの広がりが、あの詩から生まれてくるかもしれない。もっと自由に、もっと楽しくつきあう教科書から選んだ31篇の詩。

「動物たちの恐しい夢のなかに」

『光村ライブラリー 第18巻 おさるがふねをかきました ほか』 樺島忠夫, 宮地裕, 渡辺実監修, まどみちお, 三井ふたばこ, 阪田寛夫, 川崎洋, 河井酔茗ほか著, 松永禎郎, 杉田豊, 平山英三, 武田美穂, 小野千世ほか画 光村図書出版 2004.11 83p 21cm〈第4刷〉1000円 ①4-89528-116-7

内容 おさるがふねをかきました（まど・みちお）, みつばちぶんぶん（小林純一）, あいうえお・ん（鶴見正夫）, ぞうのかくれんぼ（高木あきこ）, おうむ（鶴見正夫）, あかいカーテン（みずかみかずよ）, ガラスのかお（三井ふたばこ）, せいのび（武鹿悦子）, かぼちゃのつるが（原田直友）, 三日月（松谷みよ子）, 夕立（みずかみかずよ）, さかさのさかさはさかさ（川崎洋）, 春（坂本遼）, 虻（嶋岡晨）, 若葉よ来年は海へゆこう（金子光春）, われは草なり（高見順）, くまさん（まど・みちお）, おなかのへるうた（阪田寛夫）, てんらん会（柴野民三）, 夕日がせなかをおしてくる（阪田寛夫）, ひばりのす（木下夕爾）, 十時にね（新川和江）, みいつけた（岸田衿子）, どきん（谷川俊太郎）, りんご（山村暮鳥）, ゆずり葉（河井酔茗）, 雪（三好達治）, 影（八木重吉）, 楽器（北川冬彦）, 動物たちの恐ろしい夢のなかに（川崎洋）, 支度（黒田三郎）

『新選 現代詩文庫 123』 思潮社 1987

「鳥」

『新選 現代詩文庫 123』 思潮社 1987

「はくちょう」

『精選 日本現代詩全集』 ぎょうせい 1982

「夕焼空よ」

『川崎洋 自選自作詩朗読CD詩集』 川崎洋著 ミッドナイト・プレス, 星雲社〔発売〕 1998.2 68p 19cm〈付属資料：CD1〉3000円 ①4-7952-2641-5

内容 第一詩集『はくちょう』から、最新詩集『不意の吊橋』まで、詩人自選の15詩集68篇を詩人自らが朗読する声の詩集。

川端 康成
かわばた・やすなり
《1899～1972》

「雨傘」

『掌の小説 中』 川端康成著 新座 埼玉福祉会 2012.6 345p 21cm （大活字本シリーズ）〈底本：新潮文庫「掌の小説」〉3100円 ①978-4-88419-766-7 Ⓝ913.6

内容 駿河の令嬢, 神の骨, 夜店の微笑, 夫人の探偵, 門松を焚く, 盲目と少女, 母国語の祈禱, 故郷, 母の眼, 三等待合室, 叩く子, 秋の雷, 家庭, 時雨の駅, 貧者の恋人, 笑わぬ男, 士族, 質屋にて, 黒牡丹, 日本人アンナ, 雪隠成仏, 離婚の子, 顕微鏡怪談, 踊子旅風俗, 望遠鏡と電話, 鶏と踊子, 化粧の天使達, 白粉とガソリン, 縛られた夫, 舞踏靴, 楽屋の乳房, 眠り癖, 雨傘

『川端康成』 川端康成著 筑摩書房 2008.10 478p 15cm （ちくま日本文学 026） 880円 ①978-4-480-42526-3

目次 葬式の名人, 掌の小説より（有難う, 夏の靴, 心中, 木の上, 雨傘, 化粧, 貧者の恋人）, 山の音

『贈る物語 Wonder―すこしふしぎの驚きをあなたに』 瀬名秀明編 光文社 2006.11 427p 15cm （光文社文庫） 686円 ①4-334-74157-6

内容 古典的名作からコミック作品まで、ジャンルを超えた「すこし(S)ふしぎ(F)」なわくわくする物語。さあ、ページを捲って新しい地平線へ―。

『伊豆の踊り子ほか』 川端康成著 教育出版 2003.12 206p 18cm （読んでおきたい日本の名作） 800円 ①4-316-80041-8

内容 あの名作がこんなに読みやすくなりました。大きな文字、やさしい表記、親切な脚注。

「伊豆の踊り子」

『月下の門』 川端康成著 新装改訂版

大和書房　2012.4　327p　18×13cm　2400円　①978-4-479-88039-4

内容 傑作「伊豆の踊り子」を数十年の時を経て振り返るエッセイ「伊豆行」、鎌倉を舞台にした芸術考「岩に菊」など、二十二篇を収録。

『伊豆の踊子・温泉宿 他四篇』 川端康成作　岩波書店　2009.4　240p　19cm　（ワイド版岩波文庫）1100円　①978-4-00-007308-0

内容 旧制第一高等学校に入学した川端康成（一八九九‐一九七二）は、一九一八（大正七）年秋、初めて伊豆に旅をして、天城峠を越えて下田へ向かう旅芸人の一行と道連れになった。ほのかな旅情と青春の哀歓を描いた青春文学の傑作「伊豆の踊子」のほか、祖父の死を記録した「十六歳の日記」など、若き川端の感受性がきらめく青春の叙情六篇。

『伊豆の踊子・泣虫小僧』 川端康成,林芙美子著　講談社　2009.2　277p　19cm　（21世紀版少年少女日本文学館 9）1400円　①978-4-06-282659-4

内容 二十歳の私が、一人旅をする伊豆で出会った踊子へ抱いた淡い思慕。無垢な青春の哀傷を描いたノーベル文学賞作家・川端康成の「伊豆の踊子」ほか、貧しい現実を見つめながらも、明るさを失わない独自の作風で愛された林芙美子の「泣虫小僧」などを収録。ふりがなと行間注で、最後までスラスラ。児童向け文学全集の決定版。

『伊豆の踊り子ほか』 川端康成著　教育出版　2003.12　206p　18cm　（読んでおきたい日本の名作）800円　①4-316-80041-8

内容 あの名作がこんなに読みやすくなりました。大きな文字、やさしい表記、親切な脚注。

「禽獣」

『川端康成』 川端康成著　京都　新学社　2005.8　327p　15cm　（新学社近代浪漫派文庫）1305円　①4-7868-0090-2

内容 伊豆の踊子,抒情歌,禽獣,末期の眼,再会,水月,眠れる美女,片腕,美しい日本の私

『伊豆の踊り子ほか』 川端康成著　教育出版　2003.12　206p　18cm　（読んでおきたい日本の名作）800円　①4-316-80041-8

内容 あの名作がこんなに読みやすくなりました。大きな文字、やさしい表記、親切な脚注。

『伊豆の踊子』 川端康成著　129刷改版　新潮社　2003.5　201p　16cm　（新潮文庫）〈年譜あり〉362円　①4-10-100102-2　Ⓝ913.6

内容 伊豆の踊子,温泉宿,抒情歌,禽獣

「古都」

『古都』 川端康成著　改版　新潮社　2010.1　278p　15cm　（新潮文庫）438円　①978-4-10-100121-0

内容 捨子ではあったが京の商家の一人娘として美しく成長した千重子は、祇園祭の夜、自分に瓜二つの村娘苗子に出逢い、胸が騒いだ。二人はふたごだった。互いにひかれあい、懐かしみあいながらも永すぎた環境の違いから一緒には暮すことができない…。古都の深い面影、移ろう四季の景物の中に由緒ある史蹟のかずかずを織り込み、流麗な筆致で描く美しい長編小説。

『古都』 川端康成著　新座　埼玉福祉会　1988.4　449p　22cm　（大活字本シリーズ）〈原本：新潮文庫　限定版〉3600円　Ⓝ913.6

『川端康成全集　第18巻　小説　18』 新潮社　1980.3　602p　20cm〈著者の肖像あり〉4000円　Ⓝ918.68

内容 みづうみ,眠れる美女,古都,たんぽぽ,解題

「ざくろ」

『掌の小説　下』 川端康成著　新座　埼玉福祉会　2012.6　356p　21cm　（大活字本シリーズ）〈底本：新潮文庫「掌の小説」〉3100円　①978-4-88419-767-4　Ⓝ913.6

内容 喧嘩,顔,化粧,妹の着物,死面,舞踏会の夜,眉から,藤の花と苺,秋風の女房,愛犬安産,ざくろ,十七歳,わかめ,小切,さと,水,五拾銭銀貨,さざん花,紅梅,足袋,かけす,夏と冬,笹舟,卵,滝,蛇,秋の雨,手紙,隣人,木の上,乗馬服,かささぎ,不死,月下美人,地,白馬,雪,めずらしい人

『伊豆の踊子』 川端康成作，高田勲絵　講談社　1991.6　169p　18cm　（講談社 青い鳥文庫 154‐1）460円　①4-

06-147350-6

内容 伊豆の旅に出た一高生のわたしは、天城峠の茶屋で旅まわりの踊り子に会い、下田まで道連れになるが、2人の心に淡い恋が芽生え…。青春の哀歓を美しくえがいた名作『伊豆の踊子』に、『掌の小説』から「骨拾い」「バッタと鈴虫」「顕微鏡怪談」「雨傘」「十七歳」「ざくろ」など14編収録。小学上級から。

『禽獣―他 虫のいろいろ―他 風琴と魚の町―他』 川端康成著, 尾崎一雄著, 林芙美子著　向学社　1985.11　208p　18cm　（向学社現代教養選書 10―小説 4）〈新装版　発売：星雲社〉450円　①4-7952-6660-3　Ⓝ913.68

内容 油・禽獣・掌の小説 バッタと鈴虫・日向・夏の靴・故郷・雨傘・ざくろ・かけす 川端康成著, 暢気眼鏡・父祖の地・虫のいろいろ 尾崎一雄著, 風琴と魚の町・魚の序文 林芙美子著, 解説 斎藤靖裕著

「バッタと鈴虫」

『掌の小説　上』 川端康成著　新座　埼玉福祉会　2012.6　350p　21cm　（大活字本シリーズ）〈底本：新潮文庫「掌の小説」〉3100円　①978-4-88419-765-0　Ⓝ913.6

内容 骨拾い, 男と女と荷車, 日向, 弱き器, 火に行く彼女, 鋸と出産, バッタと鈴虫, 時計, 指輪, 髪, 金糸雀, 港, 写真, 白い花, 敵, 月, 落日, 死顔の出来事, 屋根の下の貞操, 人間の足音, 海, 二十年, 硝子, お信地蔵, 滑り岩, 有難う, 万歳, 故頽子盗人, 玉台, 夏の靴, 母, 雀の媒酌, 子の立場, 心中, 竜宮の乙姫, 処女の祈り, 冬近し, 霊柩車, 一人の幸福, 神います, 帽子事件, 合掌, 屋根の金魚, 金銭の道, 朝の爪, 女, 恐ろしい愛, 歴史, 馬美人, 百合, 処女作の祟り

『百年小説』 森鷗外ほか著　ポプラ社　2009.3　1331p　23cm　6600円　①978-4-591-10497-2

内容 ひとり静かに味わってみたくなる、珠玉の名文があります。四季折々の懐かしい風物、温かな人影、時の移ろい。著名な作品ばかりでなく、明治から昭和初期までの日本の傑作短篇を1冊に集めました。「大きな文字」、「総ルビ」でお楽しみください。

『伊豆の踊り子ほか』 川端康成著　教育出版　2003.12　206p　18cm　（読んでおきたい日本の名作）800円　①4-316-80041-8

内容 あの名作がこんなに読みやすくなりました。大きな文字、やさしい表記、親切な脚注。

「日向」

『掌の小説　上』 川端康成著　新座　埼玉福祉会　2012.6　350p　21cm　（大活字本シリーズ）〈底本：新潮文庫「掌の小説」〉3100円　①978-4-88419-765-0　Ⓝ913.6

内容 骨拾い, 男と女と荷車, 日向, 弱き器, 火に行く彼女, 鋸と出産, バッタと鈴虫, 時計, 指輪, 髪, 金糸雀, 港, 写真, 白い花, 敵, 月, 落日, 死顔の出来事, 屋根の下の貞操, 人間の足音, 海, 二十年, 硝子, お信地蔵, 滑り岩, 有難う, 万歳, 故頽子盗人, 玉台, 夏の靴, 母, 雀の媒酌, 子の立場, 心中, 竜宮の乙姫, 処女の祈り, 冬近し, 霊柩車, 一人の幸福, 神います, 帽子事件, 合掌, 屋根の金魚, 金銭の道, 朝の爪, 女, 恐ろしい愛, 歴史, 馬美人, 百合, 処女作の祟り

『伊豆の踊り子ほか』 川端康成著　教育出版　2003.12　206p　18cm　（読んでおきたい日本の名作）800円　①4-316-80041-8

内容 あの名作がこんなに読みやすくなりました。大きな文字、やさしい表記、親切な脚注。

『伊豆の踊子・骨拾い―川端康成初期作品集』 川端康成著　講談社　1999.3　272p　15cm　（講談社文芸文庫）980円　①4-06-197654-0

内容 川端康成の最初期から色濃い異性への思慕と、人間の孤独の、二つの源流を十一の短篇によって凝縮させた作品世界。旧制一高時代、初恋の女性への想いを書いた習作「ちよ」と、その頃の伊豆への一人旅を後年発酵させた「伊豆の踊子」。相継ぐ親族の死を幼時に体験した悲しみが生んだ「骨拾い」「十六歳の日記」「油」「葬式の名人」「孤児の感情」等に、亡き親への純化された思い出を一人称で綴る「父母への手紙」。

河盛 好蔵
かわもり・よしぞう
《1902～2000》

「エスプリとユーモア」

『人とつき合う法』 河盛好蔵著 新装版 人間と歴史社 2002.12 254p 19cm 1300円 ①4-89007-132-6

内容 人生の練達者である著者が、自らの経験に基づきながら、親兄弟や師弟、友人、知人、恋人とどのようにつき合っていったらよいか、平易にユーモアを交えながら説く秀逸な人生の処方箋。

『エスプリとユーモア』 河盛好蔵著 岩波書店 1986.8 210p 18cm （岩波新書）〈第20刷（第1刷：1969年）〉 480円 Ⓝ914.6

「辞書を引く楽しみ」

『辞書のはなし』 三省堂編修所編 三省堂 1993.5 309p 19cm 1900円 ①4-385-35482-0

内容 古今東西・内外の辞書にまつわる珠玉のエッセイ90編。辞書編者、言語・国語学者、作家、評論家、古書店主等30人の言葉の達人が、語釈の機微、愛用の辞書の紹介、個人的エピソード等、個性豊かに3編ずつ執筆。

「親友とライバル」

『人とつき合う法』 河盛好蔵著 新装版 人間と歴史社 2002.12 254p 19cm 1300円 ①4-89007-132-6

内容 人生の練達者である著者が、自らの経験に基づきながら、親兄弟や師弟、友人、知人、恋人とどのようにつき合っていったらよいか、平易にユーモアを交えながら説く秀逸な人生の処方箋。

「友情について」

『人とつき合う法』 河盛好蔵著 新装版 人間と歴史社 2002.12 254p 19cm 1300円 ①4-89007-132-6

内容 人生の練達者である著者が、自らの経験に基づきながら、親兄弟や師弟、友人、知人、恋人とどのようにつき合っていったらよいか、平易にユーモアを交えながら説く秀逸な人生の処方箋。

『人生をたのしむ才能―幸福のヒント350』 河盛好蔵著 海竜社 1997.8 202p 19cm 1500円 ①4-7593-0515-7

内容 九十五歳のモラリストが贈る人生の指南書。愛・自由・幸福・結婚・人間関係・ユーモア・友情・老い・死―心を打つ珠玉のアンソロジー。

菅茶山
かんちゃざん
《1748～1827》

「冬夜読書」

『漢詩一日一首 冬』 一海知義著 平凡社 2007.12 282p 15cm （平凡社ライブラリー） 1000円 ①978-4-582-76631-8

内容 「枕草子」に引く白居易の「香炉峰の雪」ほか、雪、農閑期、早咲きの梅など冬景色を詠んだ名品、人生の晩年として白髪や老境にまつわるもの、さらに辞世の詩など。また杜甫「飲中八仙歌」、大塩平八郎「四十七士」、菅茶山「冬夜読書」ほか、蘊蓄を読めばいっそう味わいが増す、逸品揃い。高適が「霜鬢明朝又た一年」とうたう「除夜の作」で締めくくって、全四巻完結。

『漢詩をよむ 冬の詩100選―日本人の感性に訴える四季歳時の詩』 石川忠久著 日本放送出版協会 1996.12 325p 15cm （NHKライブラリー） 1000円 ①4-14-084049-8

内容 冬の寒夜は、友をかたらい、燗酒を酌んでは消寒の集い。歳末の風は冷えびえと、来し方、行く末に思いをはせて感慨にふける。明ければ新春、わび住まいにも歳はめぐり来て、気分は華やぐ。他に先がけて咲く梅に、詩人は、ひそやかな春の歩みを感じとる。立春に東風ふきそめ、恵みの雨を得て、虫は冬の眠りから覚める。人もまた、明るい日ざしに誘われて、早春の野へと歩をはこぶ。寒気の中に春をさぐる名詩100首。

上林　暁
かんばやし・あかつき
《1902〜1980》

「花の精」
『上林暁全集　第3巻』　上林暁著　増補決定版　筑摩書房　2000.8　418p　21cm　6200円　Ⓘ4-480-70453-1
内容 入退院を繰り返す妻と幼な児三人を抱え、生活は困窮する。そして太平洋戦争勃発。公私ともに慌しいなか、活発な創作活動は続く。第四〜第六創作集『野』『悲歌』『流寓記』を中心に二十六篇収録。

蒲原　有明
かんばら・ありあけ
《1876〜1952》

「朝なり」
『土井晩翠・薄田泣菫・蒲原有明集』　筑摩書房　2013.1　426p　21cm　（明治文學全集 58）7500円　Ⓘ978-4-480-10358-1
目次 土井晩翠集（天地有情, 曉鐘, 東海遊子吟（抄）, 新詩發生時代の思ひ出）, 薄田泣菫集（暮笛集（抄）, ゆく春（抄）, 二十五絃, 白羊宮, 詩集の後に）, 蒲原有明集（草わかば, 獨絃哀歌, 春鳥集, 有明集, 仙人掌と花火の鑑賞, 創始期の詩壇）, 晩翠の詩風（岡崎義惠）, 薄田泣菫（日夏耿之介）, 蒲原有明に於ける佛教的なるもの（關口宗念）, 解題（矢野峰人）, 年譜（松村緑編）, 參考文獻（松村緑編）, 詳細目次
『日本の詩歌　2　土井晩翠・薄田泣菫・蒲原有明・三木露風』　土井晩翠［ほか著］　新装　中央公論新社　2003.6　407p　21cm〈オンデマンド版　年譜あり〉　5300円　Ⓘ4-12-570046-X　Ⓝ911.08
内容 土井晩翠：天地有情, 暁鐘, 天馬の道に, 薄田泣菫：暮笛集, ゆく春, 二十五絃, 白羊宮, 蒲原有明：草わかば, 独絃哀歌, 春鳥集, 有明集, 有明詩集, 三木露風：廃園, 寂しき曙, 白き手の猟人, 幻の田園, 蘆間の幻影, 詩人の肖像（村松剛著）

「癡夢」
『精選 日本近代詩全集』　ぎょうせい　1982

「さいかし」
『精選 日本近代詩全集』　ぎょうせい　1982

「魂の夜」
『土井晩翠・薄田泣菫・蒲原有明集』　筑摩書房　2013.1　426p　21cm　（明治文學全集 58）7500円　Ⓘ978-4-480-10358-1
目次 土井晩翠集（天地有情, 曉鐘, 東海遊子吟（抄）, 新詩發生時代の思ひ出）, 薄田泣菫集（暮笛集（抄）, ゆく春（抄）, 二十五絃, 白羊宮, 詩集の後に）, 蒲原有明集（草わかば, 獨絃哀歌, 春鳥集, 有明集, 仙人掌と花火の鑑賞, 創始期の詩壇）, 晩翠の詩風（岡崎義惠）, 薄田泣菫（日夏耿之介）, 蒲原有明に於ける佛教的なるもの（關口宗念）, 解題（矢野峰人）, 年譜（松村緑編）, 參考文獻（松村緑編）, 詳細目次
『日本の詩歌　2　土井晩翠・薄田泣菫・蒲原有明・三木露風』　土井晩翠［ほか著］　新装　中央公論新社　2003.6　407p　21cm〈オンデマンド版　年譜あり〉　5300円　Ⓘ4-12-570046-X　Ⓝ911.08
内容 土井晩翠：天地有情, 暁鐘, 天馬の道に, 薄田泣菫：暮笛集, ゆく春, 二十五絃, 白羊宮, 蒲原有明：草わかば, 独絃哀歌, 春鳥集, 有明集, 有明詩集, 三木露風：廃園, 寂しき曙, 白き手の猟人, 幻の田園, 蘆間の幻影, 詩人の肖像（村松剛著）

「智慧の相者は我を見て」
『脳を鍛える大人の名作読本 詩―初恋・汚れっちまった悲しみに…』　川島隆太監修　くもん出版　2006.10　108p　26cm　600円　Ⓘ4-7743-1160-X
目次 初恋（島崎藤村）, 望郷（島崎藤村）, 千曲川旅情の歌（島崎藤村）, 椰子の実（島崎藤村）, 山のあなた（カアル・ブッセ）, 落葉（ポオル・ヴェルレエヌ）, 春の朝（ロバアト・ブラウニング）, 智慧の相者は我を見て（蒲原有明）, ああ大和にしあらましかば（薄田泣菫）, 君死にたもうことなかれ（与謝野晶子）〔ほか〕
『精選 日本近代詩全集』　ぎょうせい

1982

「日のおちぼ」

『土井晩翠・薄田泣菫・蒲原有明集』 筑摩書房 2013.1 426p 21cm （明治文學全集 58） 7500円 ①978-4-480-10358-1

目次 土井晩翠集（天地有情, 曉鐘, 東海遊子吟（抄）, 新詩發生時代の思ひ出）, 薄田泣菫集（暮笛集（抄）, ゆく春（抄）, 二十五絃, 白羊宮, 詩集の後に）, 蒲原有明集（草わかば, 獨絃哀歌, 春鳥集, 有明集, 仙人掌と花火の鑑賞, 創始期の詩壇）, 晩翠の詩風（岡崎義惠）, 薄田泣菫（日夏耿之介）, 蒲原有明に於ける佛教的なるもの（關口宗念）, 解題（矢野峰人）, 年譜（松村緑編）, 參考文獻（松村緑編）, 詳細目次

『日本の詩歌 2 土井晩翠・薄田泣菫・蒲原有明・三木露風』 土井晩翠［ほか著］ 新装 中央公論新社 2003.6 407p 21cm 〈オンデマンド版 年譜あり〉 5300円 ①4-12-570046-X Ⓝ911.08

内容 土井晩翠：天地有情, 暁鐘, 天馬の道に, 薄田泣菫：暮笛集, ゆく春, 二十五絃, 白羊宮, 蒲原有明：草わかば, 独絃哀歌, 春鳥集, 有明集, 有明詩集, 三木露風：廃園, 寂しき曙, 白き手の猟人, 幻の田園, 蘆間の幻影, 詩人の肖像（村松剛著）

菊池 寛
きくち・かん
《1888～1948》

「形」

『教科書に載った小説』 佐藤雅彦編 ポプラ社 2012.10 206p 15cm （ポプラ文庫） 680円 ①978-4-591-13116-9

内容 宿泊する不審な親子を見つめた三浦哲郎の『とんかつ』、差出人のない小包が届く『絵本』、古今著聞集から採った『竹生島の老僧、水練のこと』…。「成長する道程に置いておくので読んでほしい」という願いで教科書に載せられた作品を、さらに「面白い」を基準に編んだアンソロジー。

『藤十郎の恋・恩讐の彼方に』 菊池寛著 改版 新潮社 2011.12 369p 15cm （新潮文庫） 550円 ①978-4-10-102801-9

内容 元禄期の名優坂田藤十郎の偽りの恋を描いた『藤十郎の恋』、耶馬渓にまつわる伝説を素材に、仇討ちをその非人間性のゆえに否定した『恩讐の彼方に』、ほか『忠直卿行状記』『入れ札』『俊寛』など、初期の作品中、歴史物の佳作10編を収める。著者は創作によって封建性の打破に努めたが、博覧多読の収穫である題材の広さと異色あるテーマはその作風の大きな特色をなしている。

『生きるって、カッコワルイこと？』 芥川龍之介, 有島武郎, 宮沢賢治, 新美南吉, 菊池寛, 横光利一, 梶井基次郎, 森鷗外著 くもん出版 2007.12 157p 19cm （読書がたのしくなるニッポンの文学） 1000円 ①978-4-7743-1345-0

内容 蜜柑（芥川龍之介）, 一房の葡萄（有島武郎）, 猫の事務所（宮沢賢治）, 牛をつないだ椿の木（新美南吉）, 形（菊池寛）, 蠅（横光利一）, 檸檬（梶井基次郎）, 高瀬舟（森鷗外）

『恩讐の彼方に』 菊池寛著 フロンティアニセン 2005.3（第2刷） 192p 15cm （フロンティア文庫 34―風呂で読める文庫100選 34） 〈ルーズリーフ〉 1000円 ①4-86197-034-2 Ⓝ913.6

内容 恩讐の彼方に, 形, 仇討禁止令, 俊寛, 吉良上野の立場, 乱世

「父帰る」

『菊池寛』 菊池寛著 筑摩書房 2008.11 475p 15cm （ちくま日本文学 027） 880円 ①978-4-480-42527-0

内容 勝負事, 三浦右衛門の最後, 忠直卿行状記, 藤十郎の恋, 入れ札, ある抗議書, 島原心中, 恩讐の彼方に, 仇討三態, 仇討禁止令, 新今昔物語より（弁財天の使, 好色成道）, 好色物語より（大力物語, 女強盗）, 屋上の狂人, 父帰る, 話の屑籠, 私の日常道徳

『父帰る・恩讐の彼方に』 菊池寛著 舵社 2005.8 189p 21cm （デカ文字文庫） 600円 ①4-8072-2211-2

内容 父帰る, 恩讐の彼方に, 忠直卿行状記, 藤十郎の恋, 三浦右衛門の最後

『菊池寛―父帰る・恩讐の彼方にほか』 菊池寛著 大創出版 2004 223p 15cm （ダイソー文学シリーズ 近代日本文学選 23） 〈年譜あり〉 Ⓝ913.6

内容 父帰る, 藤十郎の恋, ゼラール中尉, 忠直卿行状記, 恩讐の彼方に

『藤十郎の恋・忠直卿行状記』 菊池寛著 小学館 2000.4 252p 15cm （小学館文庫―新撰クラシックス） 600円 Ⓘ4-09-404104-4

内容 出合った日から抱き続けた積年の思いを叶えてほしい―。人気歌舞伎役者・坂田藤十郎が吐露した胸の内。元禄時代、姦通は死罪。打ち明けられた人妻・お梶は驚き、戸惑いながらも覚悟を決めたが…。芝居の役づくりのための偽りの恋を描いた「藤十郎の恋」他、戯曲と短篇、全六篇を収録。日本近代を代表する大作家であると同時に、文学界・出版業界に偉大な足跡を残した菊池寛の必読作品集。「新撰クラシックス」シリーズ、第四作。

「蘭学事始」

『藤十郎の恋・恩讐の彼方に』 菊池寛著 改版 新潮社 2011.12 369p 15cm （新潮文庫） 550円 Ⓘ978-4-10-102801-9

内容 元禄期の名優坂田藤十郎の偽りの恋を描いた『藤十郎の恋』、耶馬渓にまつわる伝説を素材に、仇討ちをその非人間性のゆえに否定した『恩讐の彼方に』、ほか『忠直卿行状記』『入れ札』『俊寛』など、初期の作品中、歴史物の佳作10編を収める。著者は創作によって封建性の打破に努めたが、博覧多読の収穫である題材の広さと異色あるテーマはその作風の大きな特色をなしている。

『藤十郎の恋 恩讐の彼方に』 菊池寛著 改版 新潮社 1999.5 318p 16cm （新潮文庫） 476円 Ⓘ4-10-102801-X Ⓝ913.6

内容 恩を返す話，忠直卿行状記，恩讐の彼方に，藤十郎の恋，ある恋の話，極楽，形，蘭学事始，入れ札，俊寛

『恩讐の彼方に・忠直卿行状記 他八篇』 菊池寛作 岩波書店 1993.7 223p 15cm （岩波文庫）〈第33刷（第1刷：52.5.26）〉 310円 Ⓘ4-00-310631-8

内容 有名な九州耶馬渓、青の洞門の伝説を小説化した『恩讐の彼方に』、封建制下のいわゆる殿様の人間的悲劇を描いた『忠直卿行状記』は、テーマ小説の創始者たる菊池寛の多くの作品中の傑作として知られる。他に『三浦右衛門の最後』『藤十郎の恋』『形』『名君』『蘭学事始』『入れ札』『俊寛』『頚縊り上人』を収める。

岸田 衿子
きしだ・えりこ
《1929～2011》

「雪の上の足跡」

『新版 風にいろをつけたひとだれ』 岸田衿子著 青土社 1990.9 259p 21cm 1800円 Ⓘ4-7917-5098-5

内容 これほど透明な世界がまだ残されていたのだろうか！ 永遠の道草を愛する永遠の美女（岸田衿子）がおくるエッセイ集。

岸田 国士
きしだ・くにお
《1890～1954》

「「語られることば」の美」

『評論随筆 3』 岸田国士著 岩波書店 1990.7 387p 19cm （岸田国士全集 21） 4600円 Ⓘ4-00-091551-7

目次 ポルト・リシュとクウルトリイヌ，世界覗眼鏡，世界人情覗眼鏡，新劇衰微の兆天才俳優出でよ，戯曲時代去る，問屋種切れ，戯曲集『鴉』の印象，観て忘れる，俳優志望者メンタルテスト，劇作を志す若い人々に〔ほか〕

北 杜夫
きた・もりお
《1927～2011》

「岩尾根にて」

『夜と霧の隅で』 北杜夫著 改版 新潮社 2013.8 299p 16cm （新潮文庫 きー4-1） 520円 Ⓘ978-4-10-113101-6 Ⓝ913.6

内容 岩尾根にて，羽蟻のいる丘，霊媒のいる町，谿間にて，夜と霧の隅で

『北杜夫短編掌編アンソロジーマンボウ大漁旗 1 マンボウ山々を愛す』 北杜夫著，江坂遊編 横浜 樹立社 2012.3 213p 19cm （樹立社大活字の〈杜〉） Ⓘ978-4-901769-58-7 Ⓝ913.6

内容 岩尾根にて,羽蟻のいる丘,谿間にて,夜光虫,団長の夢遊病,『ブッダ』「旅立ちの朝」解説

『昭和文学全集 22』 中村真一郎,井上光晴,開高健,北杜夫,三浦朱門著 小学館 1988.7 1097p 21cm 4000円 ①4-09-568022-9

内容 精神の飢えが起点となった、昭和期の時代を象徴する本格派。昭和文学初めての集大成。

『北杜夫自選短編集』 読売新聞社 1981.2 193p 20cm〈著者の肖像あり〉980円 Ⓝ913.6

内容 岩尾根にて,羽蟻のいる丘,河口にて,星のない街路,谿間にて,不倫,死,黄いろい船,おたまじゃくし,静謐,リリシズムのギャップから 篠田一士著

「岩造の話」

『牧神の午後』 北杜夫著 中央公論社 1982.1 211p 16cm (中公文庫) 280円 Ⓝ913.6

内容 病気についての童話,狂詩,パンドラの匣,牧神の午後,硫黄泉,誕生

「おたまじゃくし」

『北杜夫短編掌編アンソロジーマンボウ大漁旗 5 マンボウ夢を紡ぐ』 北杜夫著,江坂遊編 横浜 樹立社 2012.3 221p 19cm (樹立社大活字の〈杜〉) ①978-4-901769-62-4 Ⓝ913.6

内容 おたまじゃくし,不倫,贅沢,第三惑星ホラ株式会社,空地,素晴らしいぼくのおじいさん,似我蜂と少年,アトムと私

『昭和文学全集 22』 中村真一郎,井上光晴,開高健,北杜夫,三浦朱門著 小学館 1988.7 1097p 21cm 4000円 ①4-09-568022-9

内容 精神の飢えが起点となった、昭和期の時代を象徴する本格派。昭和文学初めての集大成。

『日本掌編小説秀作選 下 花・暦篇』 大西巨人編 光文社 1987.12 299p 15cm (光文社文庫) 420円 ①4-334-70663-0

内容 約5000枚の画期的超大作『神聖喜劇』を25年の歳月をかけて書き、読書界に絶賛の嵐を呼んだ大西巨人が、今度は一転して掌編小説の秀作選を編んだ。樋口一葉から星新一まで、58作家の短編は、おおかた400字詰め原稿用紙にして15枚以内。全2巻に収めたこの選集は、近代日本文学を濃縮した“総集編”だ。

『北杜夫自選短編集』 読売新聞社 1981.2 193p 20cm〈著者の肖像あり〉980円 Ⓝ913.6

内容 岩尾根にて,羽蟻のいる丘,河口にて,星のない街路,谿間にて,不倫,死,黄いろい船,おたまじゃくし,静謐,リリシズムのギャップから 篠田一士著

「銅の時代」

『どくとるマンボウ青春記 上』 北杜夫著 新座 埼玉福祉会 2008.11 307p 21cm (大活字本シリーズ)〈底本:中公文庫「どくとるマンボウ青春記」〉3000円 ①978-4-88419-550-2 Ⓝ914.6

『どくとるマンボウ青春記』 北杜夫著 新潮社 2000.10 326p 15cm (新潮文庫) 514円 ①4-10-113152-X

内容 18歳のマンボウ氏は、バンカラとカンゲキの旧制高校生活で何を考えたか—。個性的な教師たちと大胆不敵な生徒たちが生み出す、独特の元気と喧騒に身をまかせながら、ひそかに文学への夢を紡いでいったかけがえのない日々は、時を経てなお輝き続ける。爆笑を呼ぶユーモア、心にしみいる抒情、当時の日記や詩を公開、若き日のマンボウ氏がいっぱいにつまった、永遠の青春の記録。

『どくとるマンボウ青春記』 北杜夫著〔改版〕 中央公論社 1990.6 322p 15cm (中公文庫) 480円 ①4-12-201722-X

内容 青春—かけがえのない万人の心の故郷。なつかしくも稚拙なもの。活気に満ちて、さびしいもの。本書は、著者の個性的な、爆笑を呼ぶ、しかもひたむきな青春の記録。

「なまけもの論」

『マンボウの朝とマブゼの夜』 北杜夫著 朝日新聞社 1986.10 262p 19cm (現代のエッセイ) 1000円 ①4-02-255605-6

内容 本書『マンボウの朝とマブゼの夜』は、数多くのエッセイから、作家北杜夫の全

体像がわかるように、えりすぐりの36編を選び、編んだものである。

「リューベックにて」

『どくとるマンボウ航海記』 北杜夫著 中央公論新社 2001.7 249p 21cm (Chuko on demand books) 2500円 Ⓘ4-12-550146-7 Ⓝ914.6

『どくとるマンボウ航海記』 北杜夫著 改版 角川書店 1996.11 235p 15cm (角川文庫) 470円 Ⓘ4-04-127101-0

内容 水産庁の漁業調査船に船医として五か月の航海に出た著者が、航海生活や寄港したアジア、ヨーロッパ、アフリカの風景や文化をめぐり、卓抜したユーモアとユニークな文明批評を織りこんでつづった型やぶりの航海記。日本人の対西欧コンプレックスのない自由で気ばらない旅行記としてたちまちベストセラーとなった。年月を経て今なお新しい、旅行記ものの先駆的作品。

『どくとるマンボウ航海記』 北杜夫著 新座 埼玉福祉会 1982.9 2冊 16×22cm (Large print booksシリーズ) 〈原本:新潮社刊新潮文庫 限定版〉 各3000円 Ⓝ913.6

北川 冬彦
きたがわ・ふゆひこ
《1900〜1990》

「どんぐりの実」

『日本の詩歌 25 北川冬彦・安西冬衛・北園克衛・春山行夫・竹中郁』 北川冬彦[ほか著] 新装 中央公論新社 2003.6 425p 21cm〈オンデマンド版 年譜あり〉 5300円 Ⓘ4-12-570069-9 Ⓝ911.08

内容 北川冬彦:三半規管喪失, 検温器と花, 戦争, 氷, いやらしい神, 実験室, 蛇, 夜陰, 花電車, 馬と風景, 夜半の目覚めと机の位置, しんかん, 安西冬衛:軍艦茉莉, 亜細亜の鹹湖, 大学の留守, 韃靼海峡と蝶, 座せる闘牛士, 『座せる闘牛士』以後および未刊詩篇, 北園克衛:若いコロニイ,Ma petite maison, 鯤, 夏の手紙, サボテン島, 火の菫, 固い卵, 風土, 黒い火, 若いコロニイ(国文社版), ヴィナスの貝殻, ガラスの口髭, 春山行夫:月の出る町, 花花, 植物の断面, シルク&ミルク, 鳥類学, 竹中郁:黄蜂と花粉, 枝の祝日, 象牙海岸, 署名, 竜骨, 動物磁気, 詩集そのほか, 詩人の肖像(西脇順三郎著)

北原 白秋
きたはら・はくしゅう
《1885〜1942》

「糸車」

『北原白秋詩集 上』 北原白秋著, 安藤元雄編 岩波書店 2014.7 320p 15cm (岩波文庫) 〈第4刷(第1刷2007年)〉 700円 Ⓘ978-4-00-310485-9

内容 異国情緒溢れる華麗な処女詩集『邪宗門』(明治四二年)に続いて、多様な様式を駆使して後年の豊饒な白秋童謡・歌謡の源流となった情感豊かな第二詩集『思ひ出』(明治四四年)は上田敏に絶讃され、青年詩人白秋(一八八五‐一九四二)は一躍詩壇の寵児となった。

『思ひ出—抒情小曲集』 北原白秋著 日本図書センター 1999.10 353p 19cm (愛蔵版詩集シリーズ) 2800円 Ⓘ4-8205-1997-2

内容 清新な詩で蘇る幼少の記憶。初刊のデザインの香りをつたえる新しい愛蔵版詩集シリーズ。

『北原白秋詩集』 北原白秋著 角川書店 1999.1 277p 15cm (角川文庫) 540円 Ⓘ4-04-112005-5

内容 「私の故郷柳河は水郷である。さうして静かな廃市の一つである。」北原白秋の詩集『思ひ出』は、幻灯かキネマの影のようにほのかに甦る郷愁の風景を、繊細無比な言語芸術へと昇華した。人妻との許されざる恋、その果ての牢獄生活など、波乱の生涯を送りながら、白秋の詩心は幾重にも輝き続ける。異国情緒溢れる絢爛彩華の処女詩集『邪宗門』から、東洋的な枯淡の境地に達した晩年の作品まで、天才的な言葉の職人の手になる忘れがたい詩のエッセンス。

『白秋全集 2』 岩波書店 1985

内容 思ひ出

「思ひ出 序詩」

『北原白秋詩集 上』 北原白秋著, 安藤

元雄編　岩波書店　2014.7　320p　15cm　（岩波文庫）〈第4刷（第1刷2007年）〉700円　①978-4-00-310485-9

内容 異国情緒溢れる華麗な処女詩集『邪宗門』（明治四二年）に続いて、多様な様式を駆使して後年の豊饒な白秋童謡・歌謡の源流となった情感豊かな第二詩集『思ひ出』（明治四四年）は上田敏に絶讃され、青年詩人白秋（一八八五 - 一九四二）は一躍詩壇の寵児となった。

『**思ひ出—抒情小曲集**』　北原白秋著　日本図書センター　1999.10　353p　19cm　（愛蔵版詩集シリーズ）2800円　①4-8205-1997-2

内容 清新な詩で蘇る幼少の記憶。初刊のデザインの香りをつたえる新しい愛蔵版詩集シリーズ。

『**北原白秋詩集**』　北原白秋著　角川書店　1999.1　277p　15cm　（角川文庫）540円　①4-04-112005-5

内容 「私の故郷柳河は水郷である。さうして静かな廃市の一つである。」北原白秋の詩集『思ひ出』は、幻灯かキネマの影のようにほのかに甦る郷愁の風景を、繊細無比な言語芸術へと昇華した。人妻との許されざる恋、その果ての牢獄生活など、波乱の生涯を送りながら、白秋の詩心は幾重にも輝き続ける。異国情緒溢れる絢爛彩華の処女詩集『邪宗門』から、東洋的な枯淡の境地に達した晩年の作品まで、天才的な言葉の職人の手になる忘れがたい詩のエッセンス。

『**白秋全集　2**』　岩波書店　1985

内容 思ひ出

「片恋」

『**北原白秋詩集　下**』　北原白秋著，安藤元雄編　岩波書店　2014.7　309,7p　15cm　（岩波文庫）〈第3刷（第1刷2007年）〉700円　①978-4-00-310486-6

内容 前二集と同時期の『東京景物詩及其他』の後、白秋の作品は一変する。中世の歌謡『梁塵秘抄』や『閑吟集』の語法を採り入れて切迫した内面を吐露した『真珠抄』と『白金之独楽』から、健康で明朗な「畑の祭」、さらに古淡清明な『水墨集』『海豹と雲』へと進んで行く円熟白秋を収める。

『**北原白秋詩集**』　北原白秋著　角川春樹事務所　1999.4　254p　15cm　（ハルキ文庫）680円　①4-89456-511-0

内容 南国的な異国情緒や世紀末的な美意識にあざやかに彩られた象徴詩、やわらかな追憶の風景や子供たちの無垢な心の世界を歌った短歌や童謡。官能と純真さをあわせ持ち、豊かな語彙と多彩な技法で、比類なき言葉とイメージの世界を展開した詩人・北原白秋。現代の詩の光源となった代表的な詩作品のみならず、「城ヶ島の雨」「ペチカ」と、誰もが愛唱した童謡や歌曲も豊富に収録したアンソロジー。

『**近代の詩人　5**』　潮出版社　1993

「からまつ」

『**北原白秋詩集　下**』　北原白秋著，安藤元雄編　岩波書店　2014.7　309,7p　15cm　（岩波文庫）〈第3刷（第1刷2007年）〉700円　①978-4-00-310486-6

内容 前二集と同時期の『東京景物詩及其他』の後、白秋の作品は一変する。中世の歌謡『梁塵秘抄』や『閑吟集』の語法を採り入れて切迫した内面を吐露した『真珠抄』と『白金之独楽』から、健康で明朗な「畑の祭」、さらに古淡清明な『水墨集』『海豹と雲』へと進んで行く円熟白秋を収める。

『**北原白秋詩集**』　北原白秋著　角川春樹事務所　1999.4　254p　15cm　（ハルキ文庫）680円　①4-89456-511-0

内容 南国的な異国情緒や世紀末的な美意識にあざやかに彩られた象徴詩、やわらかな追憶の風景や子供たちの無垢な心の世界を歌った短歌や童謡。官能と純真さをあわせ持ち、豊かな語彙と多彩な技法で、比類なき言葉とイメージの世界を展開した詩人・北原白秋。現代の詩の光源となった代表的な詩作品のみならず、「城ヶ島の雨」「ペチカ」と、誰もが愛唱した童謡や歌曲も豊富に収録したアンソロジー。

『**北原白秋詩集**』　北原白秋著　角川書店　1999.1　277p　15cm　（角川文庫）540円　①4-04-112005-5

内容 「私の故郷柳河は水郷である。さうして静かな廃市の一つである。」北原白秋の詩集『思ひ出』は、幻灯かキネマの影のようにほのかに甦る郷愁の風景を、繊細無比な言語芸術へと昇華した。人妻との許されざる恋、その果ての牢獄生活など、波乱の生涯を送りながら、白秋の詩心は幾重にも輝き続ける。異国情緒溢れる絢爛彩華の処女詩集『邪宗門』から、東洋的な枯淡の境地に達した晩年の作品まで、天才的な言葉の職人の手になる忘れがたい詩のエッセンス。

『近代の詩人　5』　潮出版社　1993

「銀笛」

『北原白秋詩集　上』　北原白秋著，安藤元雄編　岩波書店　2014.7　320p　15cm　（岩波文庫）〈第4刷（第1刷2007年）〉700円　①978-4-00-310485-9

内容 異国情緒溢れる華麗な処女詩集『邪宗門』（明治四二年）に続いて、多様な様式を駆使して後年の豊饒な白秋童謡・歌謡の源流となった情感豊かな第二詩集『思ひ出』（明治四四年）は上田敏に絶讃され、青年詩人白秋（一八八五‐一九四二）は一躍詩壇の寵児となった。

『思ひ出―抒情小曲集』　北原白秋著　日本図書センター　1999.10　353p　19cm　（愛蔵版詩集シリーズ）2800円　①4-8205-1997-2

内容 清新な詩で蘇る幼少の記憶。初刊のデザインの香りをつたえる新しい愛蔵版詩集シリーズ。

『北原白秋詩集』　北原白秋著　角川書店　1999.1　277p　15cm　（角川文庫）540円　①4-04-112005-5

内容 「私の故郷柳河は水郷である。さうして静かな廃市の一つである。」北原白秋の詩集『思ひ出』は、幻灯かキネマの影のようにほのかに甦る郷愁の風景を、繊細無比な言語芸術へと昇華した。人妻との許されざる恋、その果ての牢獄生活など、波乱の生涯を送りながら、白秋の詩心は幾重にも輝き続ける。異国情緒溢れる絢爛彩華の処女詩集『邪宗門』から、東洋的な枯淡の境地に達した晩年の作品まで、天才的な言葉の職人の手になる忘れがたい詩のエッセンス。

『白秋全集　2』　岩波書店　1985

内容 思ひ出

「月光微韻」

『北原白秋詩集　下』　北原白秋著，安藤元雄編　岩波書店　2014.7　309,7p　15cm　（岩波文庫）〈第3刷（第1刷2007年）〉700円　①978-4-00-310486-6

内容 前二集と同時期の『東京景物詩及其他』の後、白秋の作品は一変する。中世の歌謡『梁塵秘抄』や『閑吟集』の語法を採り入れて切迫した内面を吐露した『真珠抄』と『白金之独楽』から、健康で明朗な「畑の祭」、さらに古淡清明な『水墨集』『海豹と雲』へと進んで行く円熟白秋を収める。

『北原白秋詩集』　北原白秋著　角川春樹事務所　1999.4　254p　15cm　（ハルキ文庫）680円　①4-89456-511-0

内容 南国的な異国情緒や世紀末的な美意識にあざやかに彩られた象徴詩、やわらかな追憶の風景や子供たちの無垢な心の世界を歌った短歌や童謡。官能と純真さをあわせ持ち、豊かな語彙と多彩な技法で、比類なき言葉とイメージの世界を展開した詩人・北原白秋。現代の詩の光源となった代表的な詩作品のみならず、「城ヶ島の雨」「ペチカ」と、誰もが愛唱した童謡や歌曲も豊富に収録したアンソロジー。

『北原白秋詩集』　北原白秋著　角川書店　1999.1　277p　15cm　（角川文庫）540円　①4-04-112005-5

内容 「私の故郷柳河は水郷である。さうして静かな廃市の一つである。」北原白秋の詩集『思ひ出』は、幻灯かキネマの影のようにほのかに甦る郷愁の風景を、繊細無比な言語芸術へと昇華した。人妻との許されざる恋、その果ての牢獄生活など、波乱の生涯を送りながら、白秋の詩心は幾重にも輝き続ける。異国情緒溢れる絢爛彩華の処女詩集『邪宗門』から、東洋的な枯淡の境地に達した晩年の作品まで、天才的な言葉の職人の手になる忘れがたい詩のエッセンス。

『近代の詩人　5』　潮出版社　1993

「この道」

『読んでおきたい名作 小学4年』　川島隆太監修　成美堂出版　2011.4　191p　21cm　700円　①978-4-415-31034-3

内容 朝の10分間読書にぴったり。どんどん読めて脳と心をはぐくむとっておきの10作品。

『この道はいつか来た道』　北原白秋詩　童話屋　2009.1　157p　15cm　1250円　①978-4-88747-088-0

目次 この道，まゐまゐつぶろ，夜中，こんこん小山の，月夜の家，遊ぼうよ，わらひます，くもの子，草に寝て，あの雲〔ほか〕

『北原白秋童謡詩歌集 赤い鳥小鳥』　北原白秋著，一乗清明画，北川幸比古編　岩崎書店　1997.6　102p　20×19cm　（美しい日本の詩歌 13）1500円　①4-265-04053-5

内容 みずみずしい詩情・美しいことば。ことばの魔術師、白秋の童謡・詩・民謡から短歌までを一望。

『近代の詩人　5』　潮出版社　1993

「断章」

『北原白秋詩集　上』　北原白秋著，安藤元雄編　岩波書店　2014.7　320p　15cm　（岩波文庫）〈第4刷（第1刷2007年）〉　700円　①978-4-00-310485-9

内容　異国情緒溢れる華麗な処女詩集『邪宗門』（明治四二年）に続いて、多様な様式を駆使して後年の豊饒な白秋童謡・歌謡の源流となった情感豊かな第二詩集『思ひ出』（明治四四年）は上田敏に絶讃され、青年詩人白秋（一八八五－一九四二）は一躍詩壇の寵児となった。

『白秋青春詩歌集』　北原白秋著，三木卓編　講談社　2004.11　248p　15cm　（講談社文芸文庫）　1200円　①4-06-198386-5

内容　九州柳河の豪商の子として生い立ち、乳母日傘の幼い日々の性の目覚めを鮮烈に歌う『思ひ出』。文学を志し上京、詩壇の寵児となった青年の才気と野心が眩しい『邪宗門』。人妻との姦通で告訴され「三八七番」という囚人の身となる二十代後半の痛切な恋愛体験に基づく歌集『桐の花』―など。初期の詩と歌に、詩的散文「わが生ひ立ち」はじめ珠玉の随筆を加え、生命感沸き立つ青春像を浮き彫りにする。

『思ひ出―抒情小曲集』　北原白秋著　日本図書センター　1999.10　353p　19cm　（愛蔵版詩集シリーズ）　2800円　①4-8205-1997-2

内容　清新な詩で蘇る幼少の記憶。初刊のデザインの香りをつたえる新しい愛蔵版詩集シリーズ。

『近代の詩人　5』　潮出版社　1993

「薔薇二曲」

『北原白秋詩集　下』　北原白秋著，安藤元雄編　岩波書店　2014.7　309,7p　15cm　（岩波文庫）〈第3刷（第1刷2007年）〉　700円　①978-4-00-310486-6

内容　前二集と同時期の『東京景物詩及其他』の後、白秋の作品は一変する。中世の歌謡『梁塵秘抄』や『閑吟集』の語法を採り入れて切迫した内面を吐露した『真珠抄』と『白金之独楽』から、健康で明朗な「畑の祭」、さらに古淡清明な『水墨集』『海豹と雲』へと進んで行く円熟白秋を収める。

『北原白秋詩集』　北原白秋著　角川書店　1999.1　277p　15cm　（角川文庫）　540円　①4-04-112005-5

内容　「私の故郷柳河は水郷である。さうして静かな廃市の一つである。」北原白秋の詩集『思ひ出』は、幻灯かキネマの影のようにほのかに甦る郷愁の風景を、繊細無比な言語芸術へと昇華した。人妻との許されざる恋、その果ての牢獄生活など、波乱の生涯を送りながら、白秋の詩心は幾重にも輝き続ける。異国情緒溢れる絢爛彩華の処女詩集『邪宗門』から、東洋的な枯淡の境地に達した晩年の作品まで、天才的な言葉の職人の手になる忘れがたい詩のエッセンス。

『北原白秋』　北原白秋著，萩原昌好編　あすなろ書房　1986.8　77p　23cm　1456円　①4-7515-1362-1

目次　「わが生いたち」より，邪宗門秘曲，空に真赤な，人生，柳河，片恋，海雀，薔薇二曲，北斎，雪に立つ竹〔ほか〕

『白秋全集　3』　岩波書店　1985

内容　東京景物詩及其他.真珠抄.白金之独楽.畑の祭（『白秋詩集』第一巻より）

「老子」

『北原白秋詩集　下』　北原白秋著，安藤元雄編　岩波書店　2014.7　309,7p　15cm　（岩波文庫）〈第3刷（第1刷2007年）〉　700円　①978-4-00-310486-6

内容　前二集と同時期の『東京景物詩及其他』の後、白秋の作品は一変する。中世の歌謡『梁塵秘抄』や『閑吟集』の語法を採り入れて切迫した内面を吐露した『真珠抄』と『白金之独楽』から、健康で明朗な「畑の祭」、さらに古淡清明な『水墨集』『海豹と雲』へと進んで行く円熟白秋を収める。

『北原白秋詩集』　北原白秋著　角川春樹事務所　1999.4　254p　15cm　（ハルキ文庫）　680円　①4-89456-511-0

内容　南国的な異国情緒や世紀末的な美意識にあざやかに彩られた象徴詩、やわらかな追憶の風景や子供たちの無垢な心の世界を歌った短歌や童謡。官能と純真さをあわせ持ち、豊かな語彙と多彩な技法で、比類なき言葉とイメージの世界を展開した詩人・北原白秋。現代の詩の光源となった代表的な詩作品のみならず、「城ヶ島の雨」「ペチカ」と、誰もが愛唱した童謡や歌曲も豊富に収録したアンソロジー。

『北原白秋詩集』 北原白秋著 角川書店 1999.1 277p 15cm (角川文庫) 540円 ①4-04-112005-5

内容 「私の故郷柳河は水郷である。さうして静かな廃市の一つである。」北原白秋の詩集『思ひ出』は、幻灯かキネマの影のようにほのかに甦る郷愁の風景を、繊細無比な言語芸術へと昇華した。人妻との許されざる恋、その果ての牢獄生活など、波乱の生涯を送りながら、白秋の詩心は幾重にも輝き続ける。異国情緒溢れる絢爛彩華の処女詩集『邪宗門』から、東洋的な枯淡の境地に達した晩年の作品まで、天才的な言葉の職人の手になる忘れがたい詩のエッセンス。

『白秋全集 4』 岩波書店 1985

内容 水墨集.〔参考〕 白秋パンフレット

北村 太郎
きたむら・たろう
《1922〜1992》

「雨」

『北村太郎の全詩篇』 北村太郎著, 北村太郎の全詩篇刊行委員会編 飛鳥新社 2012.11 925p 22cm〈布装 年譜あり 索引あり〉Ⓝ911.56

内容 北村太郎詩集1947-1966, 冬の当直1972, 眠りの祈り1976, おわりの雪1977, あかつき闇1978, 冬を追う雨1978, ピアノ線の夢1980, 悪の花1981, 犬の時代1982, 笑いの成功1985, 港の人1988, 路上の影1991, すてきな人生1993, 未収録詩篇1937-1992, 詩劇1955

『続・北村太郎詩集』 北村太郎著 思潮社 1994.4 160p 19cm (現代詩文庫 118) 1200円 ①4-7837-0885-1

内容 今日の代表的詩人を網羅し時代の言葉の可能性を最も遠くまで展望した最大かつ最高度の詩集シリーズ。既刊詩集の全て、数多くの未刊詩篇を収録。主要詩論、クリティック、エッセイなどを収録。多彩な書き下し作品論、詩人論を併録。

『北村太郎の仕事 1』 思潮社 1990

内容 本巻には第1詩集『北村太郎詩集』より最新詩集『港の人』にいたる11冊の詩集を収録した。

「センチメンタル・ジャーニー」

『北村太郎の全詩篇』 北村太郎著, 北村太郎の全詩篇刊行委員会編 飛鳥新社 2012.11 925p 22cm〈布装 年譜あり 索引あり〉Ⓝ911.56

内容 北村太郎詩集1947-1966, 冬の当直1972, 眠りの祈り1976, おわりの雪1977, あかつき闇1978, 冬を追う雨1978, ピアノ線の夢1980, 悪の花1981, 犬の時代1982, 笑いの成功1985, 港の人1988, 路上の影1991, すてきな人生1993, 未収録詩篇1937-1992, 詩劇1955

『戦後名詩選 1 現代詩文庫特集版1』 野村喜和夫, 城戸朱理編, 石原吉郎, 黒田喜夫, 黒田三郎, 中村稔, 吉岡実, 辻井喬ほか著 思潮社 2000.5 223p 19cm 1380円 ①4-7837-0929-7

内容 第1巻「田村隆一詩集」から30余年、160冊の「現代詩文庫」から、次代に残す名詩をえりすぐった全篇解説付アンソロジー。

『続・北村太郎詩集』 北村太郎著 思潮社 1994.4 160p 19cm (現代詩文庫 118) 1200円 ①4-7837-0885-1

内容 今日の代表的詩人を網羅し時代の言葉の可能性を最も遠くまで展望した最大かつ最高度の詩集シリーズ。既刊詩集の全て、数多くの未刊詩篇を収録。主要詩論、クリティック、エッセイなどを収録。多彩な書き下し作品論、詩人論を併録。

『北村太郎の仕事 1』 思潮社 1990

内容 本巻には第1詩集『北村太郎詩集』より最新詩集『港の人』にいたる11冊の詩集を収録した。

北村 透谷
きたむら・とうこく
《1868〜1894》

「一夕観」

『北村透谷集』 筑摩書房 2013.1 442p 21cm (明治文學全集 29) 7500円 ①978-4-480-10329-1

内容 楚囚之詩・蓬萊曲・厭世詩家と女性・我牢獄・ヱマルソン・一夕観・手記・書簡・書簡草稿・透谷子漫録摘集ほか解題(小田切秀雄), 年譜(小田切秀雄編), 参考文献(小田切秀雄編)

『北村透谷/高山樗牛』 北村透谷, 高山樗牛著 京都 新学社 2004.5 352p 16cm (新学社近代浪漫派文庫 8) 1343円 ①4-7868-0066-X Ⓝ918.68

内容 北村透谷：楚囚之詩, 蝶のゆくへ, 双蝶のわかれ, みゝずのうた, 和歌四首, 厭世詩家と女性, 蓮華草, 我牢獄, 星夜, 秋窓雑記, 鬼心非鬼心, 富嶽の詩神を思ふ, 人生に相渉るとは何の謂ぞ, 山庵雑記, 日本文学史骨, 内部生命論, 国民と思想, 哀詞序, 万物の声と詩人, 一夕観, 高山樗牛：滝口入道, 天才論, 内村鑑三君に与ふ,『天地有情』を読みて, 文明批評家としての文学者, 清見潟日記, 美的生活を論ず, 郷里の弟を戒むる書

「厭世詩家と女性」

『北村透谷集』 筑摩書房 2013.1 442p 21cm (明治文學全集 29) 7500円 ①978-4-480-10329-1

内容 楚囚之詩・蓬萊曲・厭世詩家と女性・我牢獄・ヱマルソン・手記・書簡・書簡草稿・透谷子漫録摘集ほか解題(小田切秀雄), 年譜(小田切秀雄編), 參考文獻(小田切秀雄編)

『北村透谷/高山樗牛』 北村透谷, 高山樗牛著 京都 新学社 2004.5 352p 16cm (新学社近代浪漫派文庫 8) 1343円 ①4-7868-0066-X Ⓝ918.68

内容 北村透谷：楚囚之詩, 蝶のゆくへ, 双蝶のわかれ, みゝずのうた, 和歌四首, 厭世詩家と女性, 蓮華草, 我牢獄, 星夜, 秋窓雑記, 鬼心非鬼心, 富嶽の詩神を思ふ, 人生に相渉るとは何の謂ぞ, 山庵雑記, 日本文学史骨, 内部生命論, 国民と思想, 哀詞序, 万物の声と詩人, 一夕観, 高山樗牛：滝口入道, 天才論, 内村鑑三君に与ふ,『天地有情』を読みて, 文明批評家としての文学者, 清見潟日記, 美的生活を論ず, 郷里の弟を戒むる書

『近代文学に描かれた恋愛―明治編』 小野末夫編 教育出版センター 1997.7 140p 21cm 1800円 ①4-7632-1571-X

目次 森鷗外 舞姫, 二葉亭四迷 あひゞき, 尾崎紅葉 金色夜叉, 北村透谷 厭世詩家と女性, 国木田独歩 恋を恋する人, 泉鏡花 外科室, 島崎藤村 若菜集, 上田敏 海潮音, 与謝野鉄幹 紫, 与謝野晶子 みだれ髪, 若山牧水 別離, 田山花袋 恋ざめ

「国民と思想」

『北村透谷集』 筑摩書房 2013.1 442p 21cm (明治文學全集 29) 7500円 ①978-4-480-10329-1

内容 楚囚之詩・蓬萊曲・厭世詩家と女性・我牢獄・ヱマルソン・國民と思想・手記・書簡・書簡草稿・透谷子漫録摘集ほか解題(小田切秀雄), 年譜(小田切秀雄編), 參考文獻(小田切秀雄編)

『北村透谷/高山樗牛』 北村透谷, 高山樗牛著 京都 新学社 2004.5 352p 16cm (新学社近代浪漫派文庫 8) 1343円 ①4-7868-0066-X Ⓝ918.68

内容 北村透谷：楚囚之詩, 蝶のゆくへ, 双蝶のわかれ, みゝずのうた, 和歌四首, 厭世詩家と女性, 蓮華草, 我牢獄, 星夜, 秋窓雑記, 鬼心非鬼心, 富嶽の詩神を思ふ, 人生に相渉るとは何の謂ぞ, 山庵雑記, 日本文学史骨, 内部生命論, 国民と思想, 哀詞序, 万物の声と詩人, 一夕観, 高山樗牛：滝口入道, 天才論, 内村鑑三君に与ふ,『天地有情』を読みて, 文明批評家としての文学者, 清見潟日記, 美的生活を論ず, 郷里の弟を戒むる書

「山庵雑記」

『北村透谷集』 筑摩書房 2013.1 442p 21cm (明治文學全集 29) 7500円 ①978-4-480-10329-1

内容 楚囚之詩・蓬萊曲・厭世詩家と女性・我牢獄・ヱマルソン・山庵雑記・手記・書簡・書簡草稿・透谷子漫録摘集ほか解題(小田切秀雄), 年譜(小田切秀雄編), 參考文獻(小田切秀雄編)

『北村透谷/高山樗牛』 北村透谷, 高山樗牛著 京都 新学社 2004.5 352p 16cm (新学社近代浪漫派文庫 8) 1343円 ①4-7868-0066-X Ⓝ918.68

内容 北村透谷：楚囚之詩, 蝶のゆくへ, 双蝶のわかれ, みゝずのうた, 和歌四首, 厭世詩家と女性, 蓮華草, 我牢獄, 星夜, 秋窓雑記, 鬼心非鬼心, 富嶽の詩神を思ふ, 人生に相渉るとは何の謂ぞ, 山庵雑記, 日本文学史骨, 内部生命論, 国民と思想, 哀詞序, 万物の声と詩人, 一夕観, 高山樗牛：滝口入道, 天才論, 内村鑑三君に与ふ,『天地有情』を読みて, 文明批評家としての文学者, 清見潟日記, 美的生活を論ず, 郷里の弟を戒むる書

「秋窓雑記」

『北村透谷集』 筑摩書房 2013.1 442p

21cm （明治文學全集 29） 7500円
①978-4-480-10329-1
内容 楚囚之詩・蓬莱曲・厭世詩家と女性・我牢獄・ヱマルソン・秋窓雑記・手記・書簡・書簡草稿・透谷子漫録摘集ほか解題（小田切秀雄），年譜（小田切秀雄編），參考文獻（小田切秀雄編）

『北村透谷/高山樗牛』 北村透谷，高山樗牛著 京都 新学社 2004.5 352p 16cm （新学社近代浪漫派文庫 8） 1343円 ①4-7868-0066-X Ⓝ918.68
内容 北村透谷：楚囚之詩，蝶のゆくへ，双蝶のわかれ，みゝずのうた，和歌四首，厭世詩家と女性，蓮華草，我牢獄，星夜，秋窓雑記，鬼心非鬼心，富嶽の詩神を思ふ，人生に相渉るとは何の謂ぞ，山庵雑記，日本文学史骨，内部生命論，国民と思想，哀詞序，万物の声と詩人，一夕観，高山樗牛：滝口入道，天才論，内村鑑三君に与ふ，『天地有情』を読みて，文明批評家としての文学者，清見潟日記，美的生活を論ず，郷里の弟を戒むる書

「人生に相渉るとは何の謂ぞ」

『北村透谷集』 筑摩書房 2013.1 442p 21cm （明治文學全集 29） 7500円
①978-4-480-10329-1
内容 楚囚之詩・蓬莱曲・厭世詩家と女性・我牢獄・ヱマルソン・人生に相渉るとは何の謂ぞ・手記・書簡・書簡草稿・透谷子漫録摘集ほか解題（小田切秀雄），年譜（小田切秀雄編），參考文獻（小田切秀雄編）

『北村透谷/高山樗牛』 北村透谷，高山樗牛著 京都 新学社 2004.5

『日本近代文学評論選 明治・大正篇』 千葉俊二，坪内祐三編 岩波書店 2003.12 398p 15cm （岩波文庫） 760円 ①4-00-311711-5 Ⓝ914.68
内容 小説神髄（抄）（坪内逍遙著），小説総論（二葉亭四迷著），早稲田文学の没理想（森鷗外著），頼襄を論ず（抄）（山路愛山著），人生に相渉るとは何の謂ぞ（北村透谷著），小説と社会の隠微・下流の細民と文士（田岡嶺雲著），歌よみに与ふる書（抄）（正岡子規著），美的生活を論ず（高山樗牛著），露骨なる描写（田山花袋著），予が見神の実験（綱島梁川著），幻滅時代の芸術（長谷川天渓著），無解決の文学（片上天弦著），文芸上主客両体の融会（相馬御風著），観照即人生の為也（島村抱月著），自ら知らざる自然主義者（阿部次郎著），イズムの功過（夏目漱石著），自己主張の思想としての自然主義（魚住折蘆著），過去十年間の仏教界（桑木厳翼著），時代閉塞の現状（石川啄木著），元始女性は太陽であつた（平塚らいてう著），二十五年間の文人の社会的地位の進歩（内田魯庵著），生の拡充（大杉栄著），母性偏重を排す（与謝野晶子著），「遊蕩文学」の撲滅（赤木桁平著），自然主義前派の跳梁（生田長江著），異郷意識の進展（折口信夫著），新らしき村に就て（武者小路実篤著），創作月旦（抄）（佐藤春夫著），花火（永井荷風著），第四階級の文学（中野秀人著），宣言一つ（有島武郎著），文芸作品の内容的価値（菊池寛著），散文芸術の位置（広津和郎著），新感覚派の誕生（千葉亀雄著），「私」小説と「心境」小説（久米正雄著），前田河広一郎氏に（江戸川乱歩著），農民芸術概論綱要（宮沢賢治著），自然生長と目的意識（青野季吉著）

「内部生命論」

『北村透谷集』 筑摩書房 2013.1 442p 21cm （明治文學全集 29） 7500円
①978-4-480-10329-1
内容 楚囚之詩・蓬莱曲・厭世詩家と女性・我牢獄・ヱマルソン・内部生命論・手記・書簡・書簡草稿・透谷子漫録摘集ほか解題（小田切秀雄），年譜（小田切秀雄編），參考文獻（小田切秀雄編）

『北村透谷/高山樗牛』 北村透谷，高山樗牛著 京都 新学社 2004.5 352p 16cm （新学社近代浪漫派文庫 8） 1343円 ①4-7868-0066-X Ⓝ918.68
内容 北村透谷：楚囚之詩，蝶のゆくへ，双蝶のわかれ，みゝずのうた，和歌四首，厭世詩家と女性，蓮華草，我牢獄，星夜，秋窓雑記，鬼心非鬼心，富嶽の詩神を思ふ，人生に相渉るとは何の謂ぞ，山庵雑記，日本文学史骨，内部生命論，国民と思想，哀詞序，万物の声と詩人，一夕観，高山樗牛：滝口入道，天才論，内村鑑三君に与ふ，『天地有情』を読みて，文明批評家としての文学者，清見潟日記，美的生活を論ず，郷里の弟を戒むる書

『日本哲学思想全書 第13巻 芸術 文学論一般篇』 三枝博音，清水幾太郎編集 第2版 平凡社 1980.9 313p 19cm 2300円 Ⓝ081
内容 『文学論一般篇』の解説―日本における文学論の過去 三枝博音著，源氏物語玉の小櫛（抄） 本居宣長著，小説の主眼 附美術論 坪内逍遙著，小説総論 附私は懐疑派だ 二葉亭四迷著，文学と自然と 附歴史其儘と

歴史離れ 森鷗外著, 内部生命論 附万物の声と詩人 北村透谷著, 何故に余は小説を書くや 徳富蘆花著, 自然主義の価値 島村抱月著, 自然を離れんとする芸術 夏目漱石著, 時代閉塞の現状 附食ふべき詩 石川啄木著, 啓蒙文学論 三木清著, 解題・校訂 井上豊ほか著

紀 貫之
きの・つらゆき
《872〜945》

「古今和歌集」

『新古今和歌集全注釈 6』 久保田淳著 角川学芸出版 2012.3 557p 22cm (日本古典評釈全注釈叢書)〈索引あり 文献あり 発売：角川グループパブリッシング〉15000円 ①978-4-04-621496-6 Ⓝ911.1358

『新古今和歌集全注釈 5』 久保田淳著 角川学芸出版 2012.2 415p 22cm (日本古典評釈全注釈叢書)〈文献あり 発売：角川グループパブリッシング〉15000円 ①978-4-04-621495-9 Ⓝ911.1358

『新古今和歌集全注釈 4』 久保田淳著 角川学芸出版 2012.1 432p 22cm (日本古典評釈全注釈叢書)〈文献あり 発売：角川グループパブリッシング〉15000円 ①978-4-04-621494-2 Ⓝ911.1358

『新古今和歌集全注釈 3』 久保田淳著 角川学芸出版 2011.12 385p 22cm (日本古典評釈全注釈叢書)〈文献あり 発売：角川グループパブリッシング〉15000円 ①978-4-04-621493-5 Ⓝ911.1358

『新古今和歌集全注釈 2』 久保田淳著 角川学芸出版 2011.11 526p 22cm (日本古典評釈・全注釈叢書)〈発売：角川グループパブリッシング〉15000円 ①978-4-04-621492-8 Ⓝ911.1358

『新古今和歌集全注釈 1』 久保田淳著 角川学芸出版 2011.10 377p 22cm (日本古典評釈・全注釈叢書)〈発売：角川グループパブリッシング〉15000円 ①978-4-04-621491-1 Ⓝ911.1358

『古今和歌集』 小町谷照彦訳注 筑摩書房 2010.3 472p 15cm (ちくま学芸文庫) 1500円 ①978-4-480-09275-5

内容 最初の勅撰和歌集『古今和歌集』の全歌訳注。序詞・枕詞・縁語・掛詞・見立て・擬人法などの表現技法によって鮮明かつ複雑に詠まれた歌々の世界を、正確な現代語訳と注解、補注などによって明らかにする。発想や表現技法、鑑賞・読解の要点を簡潔に解説し、歌語研究をふまえた堅実で独自な著作として高い評価を受けた名著。本文庫での刊行に当たって全篇を見直し、新たに「四季の景物一覧」を設け、「歌語索引」を補訂し、「参考文献」を書き下ろした。

『古今和歌集―現代語訳付き』 高田祐彦訳注 新版 角川学芸出版, 角川グループパブリッシング〔発売〕 2009.6 591p 15cm (角川ソフィア文庫) 1124円 ①978-4-04-400105-6

内容 日本人の美意識を決定づけた最初の勅撰和歌集。四季の歌、恋の歌を中心に、平安朝初期から100年間の名歌1100首を時間の経過や歌の照応関係に留意しながら20巻に整然と配列する。「ひさかたの光のどけき春の日に静心なく花の散るらむ」(紀友則)、「思ひつつ寝ればや人の見えつらむ夢と知りせばさめざらましを」(小野小町)など、現在にいたるまで人口に膾炙している多くの歌を擁する。訳と詳細な注を付けた文庫版の最高峰。

『古今和歌集』 佐伯梅友校注 岩波書店 2002.11 309p 15cm (岩波文庫)〈第40刷〉660円 ①4-00-300121-4

内容 紀貫之ら4人に勅撰和歌集作成の命が下ったのは905(延喜5)年のことであった。『万葉集』以後、公けの席での漢詩文隆盛の中で、はじめて「やまとうた」を選ぶ貫之たちの喜びは大きかったに違いない。10年の歳月をかけ古今の和歌を精選して成った。作風は万葉風にくらべ理知的・内省的で技巧に富み、後世に絶大な影響を与えた。

「古今和歌集仮名序」

『高校生からの古典読本』 岡崎真紀子, 千本英史, 土方洋一, 前田雅之編著 平凡社 2012.11 390p 15cm (平凡社ライブラリー) 1400円 ①978-4-582-76776-6

内容 古事記や源氏、平家や太平記、芭蕉、

西鶴の有名どころから、教科書に載らないちょっと変なもの、また近代の透谷や小波、子規、朔太郎まで、36の古典の最良部分を原文で読んでみる。嫉妬で指が蛇になる女の哀しみを、貴人の前で排便する高僧のヲコな気高さを、作品の深みをとらえてみせる独自な読み方を提示して、古文読みの楽しさを伝授する、日本古典への最良の手引き。

『小学校で覚えたい古文・漢文・文語詩の暗唱50選』 大越和孝編，安達知子，安部朋世，西田拓郎著 東洋館出版社 2007.3 138p 21cm 1600円 ①978-4-491-02249-9

目次 1 国語教育としての暗唱を（今、なぜ暗唱か，音読・黙読・微音読・唇読 ほか）,2 古文の暗唱15選（万葉集（抄），古今和歌集（仮名序） ほか）,3 漢文の暗唱15選（春望，黄鶴楼にて孟浩然の広陵に之くを送る ほか）,4 文語詩の暗唱20選（鯉のぼり，海 ほか）

『新編 荷田春満全集 第6巻 古今和歌集』 新編荷田春満全集編集委員会編 おうふう 2006.11 493p 21cm 12000円 ①4-273-03286-4

内容 本巻には、京都市伏見区の東丸神社所蔵の『古今集序註』『古今和歌集劄記』『古今和歌集注残欠』『古今和歌集教誡』『古今和歌六帖考』『古今六帖考』『歌林類葉』『童子問残欠』『古今和歌集家会之劄記』『古今和歌集聞書』『後撰集聞書』、同じく伏見稲荷大社所蔵『古今和歌集仮名序』、東京都町田市の無窮会神習文庫所蔵『古今和歌集序釈』を収めた。

『古今和歌集』 佐伯梅友校注 岩波書店 1981.1 309p 15cm （岩波文庫） 400円 Ⓝ911.1351

「土佐日記」

『土佐日記・蜻蛉日記・とはずがたり』 菊地靖彦，木村正中，伊牟田経久，久保田淳校訂・訳 小学館 2008.11 318p 19cm （日本の古典をよむ 7） 1800円 ①978-4-09-362177-9

内容 原文の魅力をそのままにあらすじと現代語訳付き原文ですらすらよめる新編集。歴史小説をよむように古典文学をよむ。人はなぜ、旅をし、人生を日記につづるのか。寂寥、苦悩、愛執、涙…。時空を越えて伝わる三つの人生をよむ。

『ビギナーズ・クラシックス 土佐日記』 紀貫之著，西山秀人編 角川学芸出版，角川グループパブリッシング〔発売〕 2007.8 206p 15cm （角川ソフィア文庫） 590円 ①978-4-04-357420-9

内容 平安期の大歌人、紀貫之が侍女になりすまし、帰京の旅をかな文字で綴った紀行文学の名作。国司の任期を終えて京へ戻る船旅は長く苦しい日々の連続であった。土佐の人々に温かく見送られ出発したものの、天候不順で船はなかなか進まない。おまけに楫取はくせ者。海賊にも狙われる。また折にふれ、土佐で亡くした娘を想い悲嘆にくれる。鬱々としながらも歌を詠み合い、ひたすら都を目指す一行の姿が生き生きとよみがえる。

『土佐日記・蜻蛉日記・更級日記』 紀貫之著，藤原道綱母著，菅原孝標女著 現代思潮新社 2007.5 15,231p 16cm （覆刻日本古典全集 正宗敦夫編纂校訂）〈奥付・背のタイトル：土左日記 現代思潮社昭和58年刊を原本としたオンデマンド版〉 3400円 ①978-4-329-02656-9 Ⓝ915.32

紀 淑望
きの・よしもち
《？ ～919》

「古今和歌集真名序」

『新古今和歌集全注釈 6』 久保田淳著 角川学芸出版 2012.3 557p 22cm （日本古典評釈全注釈叢書）〈索引あり 文献あり 発売：角川グループパブリッシング〉 15000円 ①978-4-04-621496-6 Ⓝ911.1358

『新古今和歌集全注釈 5』 久保田淳著 角川学芸出版 2012.2 415p 22cm （日本古典評釈全注釈叢書）〈文献あり 発売：角川グループパブリッシング〉 15000円 ①978-4-04-621495-9 Ⓝ911.1358

『新古今和歌集全注釈 4』 久保田淳著 角川学芸出版 2012.1 432p 22cm （日本古典評釈全注釈叢書）〈文献あり 発売：角川グループパブリッシング〉

15000円 ①978-4-04-621494-2 Ⓝ911.1358

『新古今和歌集全注釈 3』 久保田淳著 角川学芸出版 2011.12 385p 22cm (日本古典評釈全注釈叢書)〈文献あり 発売：角川グループパブリッシング〉 15000円 ①978-4-04-621493-5 Ⓝ911.1358

『新古今和歌集全注釈 2』 久保田淳著 角川学芸出版 2011.11 526p 22cm (日本古典評釈・全注釈叢書)〈発売：角川グループパブリッシング〉15000円 ①978-4-04-621492-8 Ⓝ911.1358

『新古今和歌集全注釈 1』 久保田淳著 角川学芸出版 2011.10 377p 22cm (日本古典評釈・全注釈叢書)〈発売：角川グループパブリッシング〉15000円 ①978-4-04-621491-1 Ⓝ911.1358

『古今和歌集』 小町谷照彦訳注 筑摩書房 2010.3 472p 15cm (ちくま学芸文庫) 1500円 ①978-4-480-09275-5

内容 最初の勅撰和歌集『古今和歌集』の全歌訳注。序詞・枕詞・縁語・掛詞・見立て・擬人法などの表現技法によって鮮明かつ複雑に詠まれた歌々の世界を、正確な現代語訳と注解、補注などによって明らかにする。発想や表現技法、鑑賞・読解の要点を簡潔に解説し、歌語研究をふまえた堅実で独自な著作として高い評価を受けた名著。本文庫での刊行に当たって全篇を見直し、新たに「四季の景物一覧」を設け、「歌語索引」を補訂し、「参考文献」を書き下ろした。

『古今和歌集―現代語訳付き』 高田祐彦訳注 新版 角川学芸出版,角川グループパブリッシング〔発売〕 2009.6 591p 15cm (角川ソフィア文庫) 1124円 ①978-4-04-400105-6

内容 日本人の美意識を決定づけた最初の勅撰和歌集。四季の歌、恋の歌を中心に、平安朝初期から100年間の名歌1100首を時間の経過や歌の照応関係に留意しながら20巻に整然と配列する。「ひさかたの光のどけき春の日に静心なく花の散るらむ」(紀友則)、「思ひつつ寝ればや人の見えつらむ夢と知りせばさめざらましを」(小野小町)など、現在にいたるまで人口に膾炙している多くの歌を擁する。訳と詳細な注を付けた文庫版の最高峰。

『新編日本古典文学全集 11 古今和歌集』 小沢正夫,松田成穂校注・訳 小学館 1994.11 590p 23cm 4600円 ①4-09-658011-2 Ⓝ918

木下 順二
きのした・じゅんじ
《1914～2006》

「二十二夜待ち」

『木下順二集 3 彦一ばなし・民話について』 木下順二著 第2刷 岩波書店 2001.1 414p 19cm 4400円 ①4-00-091353-0

内容 日本民衆の生活の知恵の凝集。木下順二を国民に結びつけた民話劇。『三年寝太郎』『瓜子姫とアマンジャク』など、戦後演劇の出発となった初期の九編を収録。

「彦市ばなし」

『木下順二集 3 彦一ばなし・民話について』 木下順二著 第2刷 岩波書店 2001.1 414p 19cm 4400円 ①4-00-091353-0

内容 日本民衆の生活の知恵の凝集。木下順二を国民に結びつけた民話劇。『三年寝太郎』『瓜子姫とアマンジャク』など、戦後演劇の出発となった初期の九編を収録。

『夕鶴・彦市ばなし 他二篇―木下順二戯曲選 2』 木下順二作 岩波書店 1998.6 330p 15cm (岩波文庫) 660円 ①4-00-311002-1

内容 発表以来、木下民話劇の代表作として多くの人々に受け入れられてきた『夕鶴』と、ほらの名人彦市が天狗の子からとりあげた隠れ蓑で騒動をおこす『彦市ばなし』。このほか、戦時下での激しい恋愛を描く『山脈』、占領時代、鋳物工場に働く人たちの意識を、新しい手法で追求した『暗い花火』を収める。

『自分の著作について語る21人の大家 作品在中 上』 明治書院教科書編集部編 明治書院 1997.5 218p 21cm 2800円 ①4-625-43073-9

目次 小説・物と心(小川国夫),小説・虫のいろいろ(尾崎一雄),小説・少年(北杜夫),小説・赤ままの花(堀辰雄),小説・石段(三浦哲郎), 戯曲・彦市ばなし(木下順二), 戯曲・笛(田中千禾夫), 俳句・俳句について(加藤楸邨), 俳句・虚子を語る, 俳句・俳句について(山口誓子)

「民話について」

『木下順二集』 木下順二著 影書房 2005.6 238p 19cm (戦後文学エッセイ選 8) 2200円 Ⓘ4-87714-332-7

目次 カミュ『誤解』を読んで―一九五一年に, 民話について―劇作家として考える, 日本が日本であるためには,「流される」ということについて, 一九六五年八月十五日の思想, 日本ドラマ論序説―そのいわば弁証法的側面について, 芸術家の運命について, ある文学的事件―金嬉老が訴えたもの, シェイクスピアの翻訳について―または古典について, 丸山先生のこと〔ほか〕

『木下順二集 3 彦一ばなし・民話について』 木下順二著 第2刷 岩波書店 2001.1 414p 19cm 4400円 Ⓘ4-00-091353-0

内容 日本民衆の生活の知恵の凝集。木下順二を国民に結びつけた民話劇。『三年寝太郎』『瓜子姫とアマンジャク』など、戦後演劇の出発となった初期の九編を収録。

「夕鶴」

『ごんぎつね・夕鶴』 新美南吉, 木下順二著 講談社 2009.3 247p 19cm (21世紀版少年少女日本文学館 13) 1400円 Ⓘ978-4-06-282663-1

内容 ひとりぼっちの子ぎつねごんは川の中でうなぎをとる兵十をみてちょいと、いたずらを…。豊かな情感が読後にわき起こる新美南吉の「ごんぎつね」のほか、鶴の恩返しの物語を美しい戯曲にした木下順二の「夕鶴」など十一作を収録。

『日本の近代戯曲』 日本近代演劇史研究会編 翰林書房 1999.5 310p 21cm (日本文学コレクション) 2500円 Ⓘ4-87737-073-0 Ⓝ912.78

内容 焔の舌(岩野泡鳴著), 静(森林太郎著), 老船長の幻覚(有島武郎著), 和泉屋染物店(木下杢太郎著), ある日の午後(長谷川時雨著), 黄楊の櫛(岡田八千代著), 或日の一休和尚(武者小路実篤著), 工場法(平澤紫魂著), 父帰る(菊池寛著), 谷底(鈴木泉三郎著), 洗濯屋と詩人(金子洋文著), お国と五平(谷崎潤一郎著), 骸骨の舞跳(秋田雨雀著), 奈落(小山内薫著), 首を切るのは誰だ(三好十郎著), 志村夏江(村山知義著), 二十六番館(川口一郎著), 火山灰地(久保栄著), 女の一生(森本薫著), 夕鶴(木下順二著), 初めあり中あり終わりあり(西村博子著), 日本の近代劇(井上理恵著), 日本の近代戯曲(林廣親著)

『夕鶴・彦市ばなし 他二篇―木下順二戯曲選 2』 木下順二作 岩波書店 1998.6 330p 15cm (岩波文庫) 660円 Ⓘ4-00-311002-1

内容 発表以来、木下民話劇の代表作として多くの人々に受け入れられてきた『夕鶴』と、ほらの名人彦市が天狗の子からとりあげた隠れ蓑で騒動をおこす『彦市ばなし』。このほか、戦時下での激しい恋愛を描く『山脈』、占領時代、鋳物工場に働く人たちの意識を、新しい手法で追求した『暗い花火』を収める。

木原 孝一
きはら・こういち
《1922～1979》

「黙示」

『精選 日本現代詩全集』 ぎょうせい 1982

木村 尚三郎
きむら・しょうざぶろう
《1930～2006》

「畳と床」

『粋な時間にしひがし』 木村尚三郎著 文芸春秋 1990.9 249p 16cm (文春文庫) 360円 Ⓘ4-16-710203-X Ⓝ361.5

『粋な時間にしひがし』 木村尚三郎著 文藝春秋 1986.3 214p 19cm 1100円 Ⓘ4-16-340350-7

内容 日本とヨーロッパそれぞれの生き方、物の考え方を目・鼻・手足に即して比較文化論的に観察する実感的日欧文化論。知性とゆとりを楽しむエッセイ集。

京極　為兼
きょうごく・ためかね
《1254〜1332》

「玉葉和歌集」

『中世和歌集』 井上宗雄校注・訳　小学館　2000.11　582p　24×17cm　（新編日本古典文学全集 49）4657円　①4-09-658049-X

内容 西行が生涯の歌から自撰した『御裳濯河歌合』、実朝の『金槐和歌集』、京極派の『玉葉和歌集』『風雅和歌集』、後醍醐天皇をはじめ南朝歌人の『新葉和歌集』ほか全十三作品を収録。

『玉葉和歌集全注釈　上巻』 岩佐美代子著　笠間書院　1996.3　653p　21cm　（笠間注釈叢刊 20）18000円　①4-305-30020-6

内容 宮内庁書陵部蔵、吉田兼右筆十三代集『玉葉和歌集』(510 - 13)を底本とし、翻刻、注釈を行った。

清岡　卓行
きよおか・たかゆき
《1922〜2006》

「失われた両腕」

『手の変幻』 清岡卓行著　講談社　1990.9　284p　15cm　（講談社文芸文庫―現代日本のエッセイ）〈著者の肖像あり　年譜・著者目録：p269〜284〉840円　①4-06-196095-4　Ⓝ914.6

「手の変幻」

『手の変幻』 清岡卓行著　講談社　1990.9　284p　15cm　（講談社文芸文庫―現代日本のエッセイ）〈著者の肖像あり　年譜・著者目録：p269〜284〉840円　①4-06-196095-4　Ⓝ914.6

「ミロのヴィーナス」

『手の変幻』 清岡卓行著　講談社　1990.9　284p　15cm　（講談社文芸文庫―現代日本のエッセイ）〈著者の肖像あり　年譜・著者目録：p269〜284〉840円　①4-06-196095-4　Ⓝ914.6

金田一　春彦
きんだいち・はるひこ
《1913〜2004》

「漢字の性格」

『金田一春彦著作集　第3巻』 金田一春彦著　町田　玉川大学出版部　2004.3　635p　22cm〈肖像あり〉8500円　①4-472-01473-4　Ⓝ810.8

内容 国語学編 3：日本語のしくみ, 国語動詞の一分類, 不変化助動詞の本質, 日本語動詞のテンスとアスペクト, 日本語の特質

『日本語の特質』 金田一春彦著　日本放送出版協会　1991.2　245p　19cm　（NHKブックス 617）780円　①4-14-001617-5

内容 日本語の言語としての特質を知ることは日本語を効果的に使うためにも、外国語を学ぶ上でも、重要なことである。また、言葉は文化を背負っているものであるから、日本語の特質をさぐることは日本文化への理解を深めることでもある。漢字をはじめ多くの外来語を取り入れながら発達してきた日本語の発音・表記・語彙・文法などに現れた独特の性格を、外国語とも比較しながら明快に説く。

『日本語の特質』 金田一春彦著　日本放送出版協会　1981.6　252p　19cm　（新NHK市民大学叢書 10）900円　Ⓝ810.4

「日本語の美しさ」

『金田一春彦著作集　第2巻』 金田一春彦著　町田　玉川大学出版部　2004.1　662p　22cm〈肖像あり〉8500円　①4-472-01472-6　Ⓝ810.8

内容 国語学編 2：正しい日本語, 日本語への希望, 日本語の使いかた, 日本語の型

『日本語への希望』 金田一春彦著　〔新装版〕　大修館書店　1990.4　334p　19cm　（日本語・日本人シリーズ）1440円　①4-469-22070-1

内容 日本語の中で生まれ育った私達にとっ

て、〈日本語〉はかけ替えのない大切な言葉である。しかし、日本語を愛するあまり欠点を見ないようになってはいけない。日本語の長所と短所を正しく見極め〈明日の日本語〉へ希望を託す、斯界第一人者の名エッセイ集。

「日本語の長所と短所」

『金田一春彦著作集　第2巻　国語学編2』 金田一春彦著　町田　玉川大学出版部　2004.1　662p　21cm　8500円　Ⓘ4-472-01472-6

内容 昭和39(1964)年から翌年にかけて「文芸春秋」に発表した「日本語は乱れていない」と「泣いて明治の文豪を斬る」は国語問題の大論争に発展する。この二つの論文を収めた『新日本語論』(1966年刊、のち1983年刊『日本語セミナー6』に再録)と、その続編『日本語への希望』(1976年刊)、そして『日本語セミナー3日本語の使いかた』(1983年刊)を収録。

『日本語への希望』 金田一春彦著　〔新装版〕　大修館書店　1990.4　334p　19cm　(日本語・日本人シリーズ)　1440円　Ⓘ4-469-22070-1

内容 日本語の中で生まれ育った私達にとって、〈日本語〉はかけ替えのない大切な言葉である。しかし、日本語を愛するあまり欠点を見ないようになってはいけない。日本語の長所と短所を正しく見極め〈明日の日本語〉へ希望を託す、斯界第一人者の名エッセイ集。

「日本語の特異性―『雪国』と“Snow Country”から」

『金田一春彦著作集　第2巻　国語学編2』 金田一春彦著　町田　玉川大学出版部　2004.1　662p　21cm　8500円　Ⓘ4-472-01472-6

内容 昭和39(1964)年から翌年にかけて「文芸春秋」に発表した「日本語は乱れていない」と「泣いて明治の文豪を斬る」は国語問題の大論争に発展する。この二つの論文を収めた『新日本語論』(1966年刊、のち1983年刊『日本語セミナー6』に再録)と、その続編『日本語への希望』(1976年刊)、そして『日本語セミナー3日本語の使いかた』(1983年刊)を収録。

『日本語への希望』 金田一春彦著　〔新装版〕　大修館書店　1990.4　334p　19cm　(日本語・日本人シリーズ)　1440円　Ⓘ4-469-22070-1

内容 日本語の中で生まれ育った私達にとって、〈日本語〉はかけ替えのない大切な言葉である。しかし、日本語を愛するあまり欠点を見ないようになってはいけない。日本語の長所と短所を正しく見極め〈明日の日本語〉へ希望を託す、斯界第一人者の名エッセイ集。

「日本語の特質」

『金田一春彦著作集　第2巻』 金田一春彦著　町田　玉川大学出版部　2004.1

『日本語の特質』 金田一春彦著　日本放送出版協会　1991.2　245p　19cm　(NHKブックス 617)　780円　Ⓘ4-14-001617-5

内容 日本語の言語としての特質を知ることは日本語を効果的に使うためにも、外国語を学ぶ上でも、重要なことである。また、言葉は文化を背負っているものであるから、日本語の特質をさぐることは日本文化への理解を深めることでもある。漢字をはじめ多くの外来語を取り入れながら発達してきた日本語の発音・表記・語彙・文法などに現れた独特の性格を、外国語とも比較しながら明快に説く。

『日本語の特質』 金田一春彦著　日本放送出版協会　1981.6　252p　19cm　(新NHK市民大学叢書 10)　900円　Ⓝ810.4

草野　心平
くさの・しんぺい
《1903～1988》

「青イ花」

『豊潤な孤独』 山村由紀編著　宇治　草原詩社，星雲社〔発売〕　2008.1　147p　19cm　1500円　Ⓘ978-4-434-11153-2

内容 現役の看護師さんが心を込めて選んだ24篇の詩。いのちと向かい合っている方、この世を去り、今はまだ会うことのできない多くの方に捧げるアンソロジー。

『現代詩文庫 草野心平詩集　1024』 思潮社　1981

「秋の夜の会話」

『草野心平』 萩原昌好編，秦好史郎画　あすなろ書房　2012.5　103p　20×

16cm （日本語を味わう名詩入門 12） 1500円 ①978-4-7515-2652-1

内容 「蛙の詩人」「天の詩人」「富士山の詩人」などさまざまな異名を持つ詩人、草野心平。その独自の世界観とリズミカルな言葉を味わう。味わい、理解を深めるための名詩入門。

『読んでおきたい名作 小学4年』 川島隆太監修 成美堂出版 2011.4 191p 21cm 700円 ①978-4-415-31034-3

内容 朝の10分間読書にぴったり。どんどん読めて脳と心をはぐくむとっておきの10作品。

『ポケット詩集』 田中和雄編 童話屋 1998.11 157p 15cm 1250円 ①4-88747-003-7

内容 昔の少年は詩をよく読んだものだ。それも、とびきり上等の詩ばかりを、だ。そしてよく考え、「足る」を知った。みんなへっぴり腰を恥じて涼しげな目の下に、素朴な正義感をひそかにかくしていた。子どもよ、そして子どもの心を持った大人たちよ、この時代にとびきり志の高い詩を読みなさい。

『現代詩文庫 草野心平詩集 1024』 思潮社 1981

「カリプ自伝」

『あなたの世界が広がる詩』 川崎洋著 小学館 1998.12

「ぐりまの死」

『草野心平』 萩原昌好編，秦好史郎画 あすなろ書房 2012.5 103p 20×16cm （日本語を味わう名詩入門 12） 1500円 ①978-4-7515-2652-1

内容 「蛙の詩人」「天の詩人」「富士山の詩人」などさまざまな異名を持つ詩人、草野心平。その独自の世界観とリズミカルな言葉を味わう。味わい、理解を深めるための名詩入門。

『草野心平』 草野心平著，萩原昌好編 あすなろ書房 1986.9 77p 23cm （少年少女のための日本名詩選集 10） 1456円 ①4-7515-1370-2

目次 秋の夜の会話，おれも眠ろう，ぐりまの死，芝浦埋立地にて，石，空気祭，天の一本道，斑雪，樹木，雪の朝〔ほか〕

『現代詩文庫 草野心平詩集 1024』 思潮社 1981

「ごびらっふの独白」

『草野心平』 萩原昌好編，秦好史郎画 あすなろ書房 2012.5 103p 20×16cm （日本語を味わう名詩入門 12） 1500円 ①978-4-7515-2652-1

内容 「蛙の詩人」「天の詩人」「富士山の詩人」などさまざまな異名を持つ詩人、草野心平。その独自の世界観とリズミカルな言葉を味わう。味わい、理解を深めるための名詩入門。

『草野心平詩集』 草野心平著 角川春樹事務所 2010.3 253p 15cm （ハルキ文庫） 680円 ①978-4-7584-3462-1

内容 個という存在の確かさや愛おしさを、おおらかな息づかいでうたいつづけた草野心平。本書では、蛙の詩人としても知られる著者の代表作「ごびらっふの独白」をはじめ、“易しくて、優しい”言葉で綴られた一〇六篇を精選。文庫オリジナル版。

『定本 蛙』 草野心平著 日本図書センター 2000.3 201p 19cm 2200円 ①4-8205-4075-0

内容 蛙を通して「人間」を見つめる—初刊のデザインの香りをつたえる新しい愛蔵版詩集シリーズ。

『現代詩文庫 草野心平詩集 1024』 思潮社 1981

「作品第質」

『日本の詩歌 21 金子光晴・吉田一穂・村野四郎・草野心平』 金子光晴［ほか著］ 新装 中央公論新社 2003.6 418p 21cm〈オンデマンド版 年譜あり〉 5300円 ①4-12-570065-6 Ⓝ911.08

内容 金子光晴：こがね虫，水の流浪，鮫，女たちへのエレジー，落下傘，蛾，鬼の児の唄，えなの唄，非情，若葉のうた，吉田一穂：海の聖母，故園の書，稗子伝，未来者，吉田一穂詩集，村野四郎：体操詩集，抒情飛行，珊瑚の鞭，予感，実在の岸辺，抽象の城，亡羊記，蒼白な紀行，草野心平：第百階級，明日は天気だ，母岩，蛙，絶景，富士山，日本沙漠，牡丹圏，天，第四の蛙，マンモスの牙，詩人の肖像（堀田善衛著）

『草野心平詩集』 草野心平著，粟津則雄編 芸林書房 2002.6 128p 15cm

（芸林21世紀文庫）1000円 Ⓘ4-7681-6110-3

目次 第百階級, 明日は天気だ, 母岩, 定本・蛙, 絶景, 大白道, 日本沙漠, 牡丹圏, 天, 富士山, マンモスの牙, 凸凹, 全天, 植物も動物, 乾坤, 未来, 玄天, 幻景, 自問他問

『草野心平全集 第2巻』 筑摩書房 1981.9 527p 22cm〈著者の肖像あり〉7800円 Ⓝ918.68

内容 定本蛙, 天, 第四の蛙, 富士山, マンモスの牙, 解題 宗左近, 中桐雅夫著

「春殖」

『草野心平』 萩原昌好編, 秦好史郎画 あすなろ書房 2012.5 103p 20×16cm （日本語を味わう名詩入門 12）1500円 Ⓘ978-4-7515-2652-1

内容 「蛙の詩人」「天の詩人」「富士山の詩人」などさまざまな異名を持つ詩人、草野心平。その独自の世界観とリズミカルな言葉を味わう。味わい、理解を深めるための名詩入門。

『現代詩文庫 草野心平詩集 1024』 思潮社 1981

「生殖I」

『草野心平全集 第4巻』 筑摩書房 1983.1 518p 22cm〈著者の肖像あり〉7800円 Ⓝ918.68

内容 全天, 植物も動物, 原音, 乾坤, 第百階級以前 廃園の喇叭, 空と電柱, 月蝕と花火, BATTA, 踏青, 解題 中桐雅夫, 山本太郎著

「冬眠」

『現代詩文庫 草野心平詩集 1024』 思潮社 1981

「日本海」

『現代詩文庫 草野心平詩集 1024』 思潮社 1981

「春」

『教科書の詩をよみかえす』 川崎洋著 筑摩書房 2011.3 214p 15cm （ちくま文庫）580円 Ⓘ978-4-480-42802-8

内容 もっと自由に、もっと楽しく。堅苦しい先入観を捨てて向き合ってみよう。教科書から選び抜かれた31篇の詩たちが、言葉の翼をひろげて待っている。

『教科書の詩をよみかえす』 川崎洋著 筑摩書房 1993.9 208p 19cm （ちくまプリマーブックス）1200円 Ⓘ4-480-04175-3

内容 ちょっと違った気持ちで向き合えば、気づかなかった味わい、思いがけないイメージの広がりが、あの詩から生まれてくるかもしれない。もっと自由に、もっと楽しくつきあう教科書から選んだ31篇の詩。

『現代詩文庫 草野心平詩集 1024』 思潮社 1981

「富士山」

『日本の詩歌 21 金子光晴・吉田一穂・村野四郎・草野心平』 金子光晴［ほか著］ 新装 中央公論新社 2003.6 418p 21cm〈オンデマンド版 年譜あり〉5300円 Ⓘ4-12-570065-6 Ⓝ911.08

内容 金子光晴：こがね虫, 水の流浪, 鮫, 女たちへのエレジー, 落下傘, 蛾, 鬼の児の唄, えなの唄, 非情, 若葉のうた, 吉田一穂：海の聖母, 故園の書, 稗子伝, 未来者, 吉田一穂詩集, 村野四郎：体操詩集, 抒情飛行, 珊瑚の鞭, 予感, 実在の岸辺, 抽象の城, 亡羊記, 蒼白な紀行, 草野心平：第百階級, 明日は天気だ, 母岩, 蛙, 絶景, 富士山, 日本沙漠, 牡丹圏, 天, 第四の蛙, マンモスの牙, 詩人の肖像（堀田善衛著）

『草野心平詩集』 草野心平著, 粟津則雄編 芸林書房 2002.6 128p 15cm （芸林21世紀文庫）1000円 Ⓘ4-7681-6110-3

目次 第百階級, 明日は天気だ, 母岩, 定本・蛙, 絶景, 大白道, 日本沙漠, 牡丹圏, 天, 富士山, マンモスの牙, 凸凹, 全天, 植物も動物, 乾坤, 未来, 玄天, 幻景, 自問他問

『草野心平全集 第2巻』 筑摩書房 1981.9 527p 22cm〈著者の肖像あり〉7800円 Ⓝ918.68

内容 定本蛙, 天, 第四の蛙, 富士山, マンモスの牙, 解題 宗左近, 中桐雅夫著

『現代詩文庫 草野心平詩集 1024』 思潮社 1981

「富士山 作品第肆」

『精選 日本近代詩全集』 ぎょうせい 1982

「窓」

『精選 日本近代詩全集』 ぎょうせい 1982

串田 孫一
くしだ・まごいち
《1915～2005》

「白いページ」

『国語力最強ガイド―親から子に伝えたい国語の力』 小田島哲哉編 明治書院 2005.6 267p 19cm 1300円 ①4-625-63325-7

目次 考えるということ（谷川徹三），羅生門（芥川龍之介），鳥と名と（唐木順三），「が」という曲者（清水幾太郎），山月記（中島敦），竹（萩原朔太郎），小景異情（室生犀星），永訣の朝（宮沢賢治），秋の夜（短歌）（石川啄木・北原白秋・若山牧水・斎藤茂吉・与謝野晶子），落ち葉（俳句）（水原秋桜子・山口誓子・中村草田男・加藤楸邨・石田波郷），飛天（福永武彦），「移動」の時代（中村光夫），こころ（夏目漱石），旅について（三木清），千曲川旅情のうた（島崎藤村），表現の悦び（串田孫一），日本の庭（加藤周一），舞姫（森鷗外）

『微風の戯れ―随想 1』 串田孫一著 筑摩書房 1998.2 429p 21cm （串田孫一集 5） 6500円 ①4-480-70385-3

内容 パンセの光を放つ愛蔵版選集。独創をきわめた随想文学の金字塔。モンテーニュに造詣深く、思索を日常の実践に活かす達人による明澄な叡智と豊かな詩情。

「表現の悦び」

『国語力最強ガイド―親から子に伝えたい国語の力』 小田島哲哉編 明治書院 2005.6 267p 19cm 1300円 ①4-625-63325-7

目次 考えるということ（谷川徹三），羅生門（芥川龍之介），鳥と名と（唐木順三），「が」という曲者（清水幾太郎），山月記（中島敦），竹（萩原朔太郎），小景異情（室生犀星），永訣の朝（宮沢賢治），秋の夜（短歌）（石川啄木・北原白秋・若山牧水・斎藤茂吉・与謝野晶子），落ち葉（俳句）（水原秋桜子・山口誓子・中村草田男・加藤楸邨・石田波郷），飛天（福永武彦），「移動」の時代（中村光夫），こころ（夏目漱石），旅について（三木清），千曲川旅情のうた（島崎藤村），表現の悦び（串田孫一），日本の庭（加藤周一），舞姫（森鷗外）

『微風の戯れ―随想 1』 串田孫一著 筑摩書房 1998.2 429p 21cm （串田孫一集 5） 6500円 ①4-480-70385-3

内容 パンセの光を放つ愛蔵版選集。独創をきわめた随想文学の金字塔。モンテーニュに造詣深く、思索を日常の実践に活かす達人による明澄な叡智と豊かな詩情。

国木田 独歩
くにきだ・どっぽ
《1871～1908》

「画の悲しみ」

『ほんものの友情、現在進行中！』 新美南吉，国木田独歩，宮沢賢治，太宰治，菊池寛，堀辰雄著 くもん出版 2007.12 149p 19cm （読書がたのしくなるニッポンの文学） 1000円 ①978-4-7743-1342-9

内容 正坊とクロ（新美南吉），画の悲しみ（国木田独歩），なめとこ山の熊（宮沢賢治），走れメロス（太宰治），ゼラール中尉（菊池寛），馬車を待つ間（堀辰雄）

「山林に自由存す」

『新潮ことばの扉 教科書で出会った名詩一〇〇』 石原千秋監修，新潮文庫編集部編 新潮社 2014.11 231p 15cm （新潮文庫） 490円 ①978-4-10-127451-5

内容 教室で、街角で、テレビで。私たちの心に確かに刻まれ、いつしか忘れてしまった美しい日本語の響きが、小さな文庫本という扉を開いた途端、次々に溢れ出します。一九五〇年代から二〇一〇年代の各世代が愛した名詩を精選し、一冊にした新潮文庫百年記念アンソロジー。

『山川草木』 三宅修，正津勉著 八王子 白山書房 2009.4 110p 21cm 2000円 ①978-4-89475-131-6

目次 山林に自由存す（国木田独歩），雪解の朝の匂ひは（風間光作），春はかをりに先づひらく（堀口大學），らおんばのおっかぶろ（北原節子），きれいにさいた（まど・みちお），帰ることが一つの満足だつた（串田孫一），髪に桜をかざして（堀内幸枝），竹の子ヤーイ竹の子（中勘助），てふてふが（安西冬衛），分け入っても/春の山の（種田山頭火，尾崎方哉）〔ほか〕

『おぼえておきたい日本の名詩100』 水内喜久雄編著 たんぽぽ出版 2003.2 199p 21cm 2000円 ①4-901364-29-4

内容 80人の詩人による、100篇の詩を収録。

『精選 日本近代詩全集』 ぎょうせい 1982

「菫」

『武蔵野』 国木田独歩作 改版 岩波書店 2006.2 278p 15cm （岩波文庫） 560円 ①4-00-310191-X

内容 初期の作品一八篇を収めた国木田独歩（一八七一‐一九〇八）自選の短篇集。ワーズワースに心酔した若き独歩が、郊外の落葉林や田畑をめぐる小道を散策して、その情景や出会った人々を描いた表題作「武蔵野」は、近代日本の自然文学の白眉である作者の代表作。

『独歩吟・武蔵野ほか』 国木田独歩著 教育出版 2003.10 202p 18cm （読んでおきたい日本の名作） 800円 ①4-316-80036-1

内容 独歩吟（抄），源叔父，武蔵野，忘れえぬ人々，河霧，欺かざるの記（抄），非凡なる凡人

「春の鳥」

『いきものがたり』 山田有策，近藤裕子編 双文社出版 2013.4 185p 21cm 2000円 ①978-4-88164-091-3 Ⓝ913.68

内容 蝶 のぼる著，春の鳥 国木田独歩著，文鳥 夏目漱石著，狐 永井荷風著，西班牙犬の家 佐藤春夫著，人魚の嘆き 谷崎潤一郎著，十一月三日午後の事 志賀直哉著，龍 芥川龍之介著，件 内田百閒著，赤い蠟燭と人魚 小川未明著，やまなし 宮沢賢治著，芋虫 江戸川乱歩著，貝の穴に河童の居る事 泉鏡花著，猫町 萩原朔太郎著

『國木田獨歩集』 筑摩書房 2013.1 408p 21cm （明治文學全集 66） 7500円 ①978-4-480-10366-6

目次 武藏野，源おぢ，忘れえぬ人々，河霧，富岡先生，牛肉と馬鈴薯，女難，第三者，正直者，湯ヶ原より，少年の悲哀，夫婦，春の鳥，運命論者，巡査，酒中日記，馬上の友，悪魔，畫の悲み，空知川の岸邊，非凡なる凡人，鎌倉婦人，二少女，帽子，號外，戀を戀する人，竹の木戸，窮死，疲勞，節操，二老人，都の友へ、B生より，肱の侮辱，湯ヶ原ゆき，鎌倉妙本寺懐古，秋の入日，群書ニ渉レ，アンビシヨン，吉田松陰及び長州先輩に關して，不知庵譯「罪と罰」，養子，吾が知る少女の事を記す，波涛，大連灣占領後の海事通信，苦悶の叫，豊後の國佐伯，想出るまゝ，唯暗を見る，新躰詩の現状，高山文學士の論文に就て，夜の赤坂，福澤翁の特性，陶庵侯に就て，予の作物と人氣，自然を寫す文章，我は如何にして小説家となりしか，十年前の田園生活，予が作品と事實，雜談，余と自然主義，病牀雜記，愛讀せる外國の小説戯曲，不可思議なる大自然，獨歩氏の作に低徊趣味あり（夏目漱石），獨歩氏の特長（徳田秋聲），澁谷時代の獨歩（田山花袋），日光時代（田山花袋），鎌倉在住前後の獨歩氏（齋藤弔花），國木田治子未亡人聞書（本多浩），國木田獨歩論（中島健藏），解題（中島健藏），年譜（川岸みち子編），參考文獻（川岸みち子編）

『號外―他六篇』 国木田獨歩作 岩波書店 2006.12 106p 16cm （岩波文庫創刊書目復刻）〈原本：岩波書店昭和2年刊〉 ①4-00-355007-2 Ⓝ913.6

内容 鹿狩，少年の悲哀，春の鳥，馬上の友，號外，竹の木戸，

『国木田独歩』 国木田独歩著，坪内祐三，関川夏央編 筑摩書房 2001.1 469p 19cm （明治の文学 第22巻） 2400円 ①4-480-10162-4

内容 源おぢ，武蔵野，忘れえぬ人びと，牛肉と馬鈴薯，巡査，富岡先生，鎌倉夫人，空知川の岸辺，日の出，非凡なる凡人，馬上の友，正直者，第三者，親子，春の鳥，帽子，あの時分，号外，恋を恋する人，窮死，湯ヶ原ゆき，節操，竹の木戸，二老人

「武蔵野」

『國木田獨歩集』 筑摩書房 2013.1 408p 21cm （明治文學全集 66） 7500円 ①978-4-480-10366-6

内容 武藏野・源おぢ・忘れえぬ人々・河霧・富岡先生・牛肉と馬鈴薯・女難・第三者・正直者・酒中日記・悪魔・二少女ほか解題（中島健藏），年譜（川岸みち子編），參考文獻（川岸みち子編）

『日本近代短篇小説選 明治篇 1』 紅野敏郎，紅野謙介，千葉俊二，宗像和重，山田俊治編 岩波書店 2012.12 465p

15cm （岩波文庫） 900円 ①978-4-00-311911-2

内容 模索と発見の小説黎明期。違和感も陶酔も、いま触れるすべてが新しい。明治二二年から三五年に発表された、逍遙・鷗外・一葉・鏡花らの一二編を収録。

『武蔵野』 国木田独歩著 改版 新潮社 2012.5 344p 16cm （新潮文庫 くー1-1）〈年譜あり〉 520円 ①978-4-10-103501-7 Ⓝ913.6

『武蔵野』 国木田独歩作 改版 岩波書店 2006.2 278p 15cm （岩波文庫） 560円 ①4-00-310191-X

内容 初期の作品一八篇を収めた国木田独歩（一八七一‐一九〇八）自選の短篇集。ワーズワースに心酔した若き独歩が、郊外の落葉林や田畑をめぐる小道を散策して、その情景や出会った人々を描いた表題作「武蔵野」は、近代日本の自然文学の白眉である作者の代表作。

「忘れえぬ人々」

『國木田獨歩集』 筑摩書房 2013.1 408p 21cm （明治文學全集 66） 7500円 ①978-4-480-10366-6

内容 武蔵野・源おぢ・忘れえぬ人々・河霧・富岡先生・牛肉と馬鈴薯・女難・第三者・正直者・酒中日記・悪魔・二少女ほか解題（中島健藏），年譜（川岸みち子編），參考文獻（川岸みち子編）

『ふるさと・野菊の墓』 島崎藤村，国木田独歩，伊藤左千夫著 講談社 2009.2 263p 19cm （21世紀版少年少女日本文学館 3） 1400円 ①978-4-06-282653-2

内容 「民さんは野菊のような人だ。」政夫と民子の淡い恋心と悲しい別れを描き、映画やドラマでもたびたび取り上げられた伊藤左千夫の代表作「野菊の墓」。牧歌的な郷愁を誘う藤村の「ふるさと」。初めての狩りにのぞむ、少年の感性の目覚めを描いた独歩の「鹿狩」などを収録。

『武蔵野』 国木田独歩作 改版 岩波書店 2006.2 278p 15cm （岩波文庫） 560円 ①4-00-310191-X

内容 初期の作品一八篇を収めた国木田独歩（一八七一‐一九〇八）自選の短篇集。ワーズワースに心酔した若き独歩が、郊外の落葉林や田畑をめぐる小道を散策して、その情景や出会った人々を描いた表題作「武蔵野」は、近代日本の自然文学の白眉である作者の代表作。

蔵原 伸二郎

くらはら・しんじろう

《1899〜1965》

「遠い友よ」

『精選 日本近代詩全集』 ぎょうせい 1982

栗原 貞子

くりはら・さだこ

《1913〜2005》

「生ましめんかな」

『ヒロシマ・ナガサキ』 原民喜ほか著 集英社 2011.6 807p 19cm （コレクション 戦争と文学 19） 3400円 ①978-4-08-157019-5

内容 夏の花（原民喜），屍の街（大田洋子），祭りの場（林京子），残存者（川上宗薫），死の影（中山士朗），少年口伝隊一九四五（井上ひさし），夏の客（井上光晴），戦（美輪明宏），炭塵のふる町（後藤みな子），暗やみの夕顔（金在南），鳥（青来有一），死の灰は天を覆う（橋爪健），アトミック・エイジの守護神（大江健三郎），金槌の話（水上勉），「三千軍兵」の墓（小田実），似島めぐり（田口ランディ），生ましめんかな（栗原貞子），八月六日（峠三吉），浦上へ（山田かん），短歌（正田篠枝），短歌（竹山広），俳句（三橋敏雄），俳句（松尾あつゆき），川柳

『子どもたちに伝えたい戦争と平和の詩100』 水内喜久雄編著 たんぽぽ出版 2010.7 223p 21cm 2000円 ①978-4-901364-67-6

内容 どうしても伝えたいものがここにある。子どもたちが平和な詩や歌だけに包まれる、そんな地球になるためにも…。

『もしそれがわたしだったら』 赤木かん子編，葉祥明画 自由國民社 2003.9 93p 17cm 1200円 ①4-426-73202-6

内容 忘れたくない、願いと、怒りと。24の

反戦詩集。

『日本現代詩文庫　17』　土曜美術社　1984

「ヒロシマというとき」

『日本の原爆記録　19　原爆詩集　広島編』　家永三郎ほか編　栗原貞子, 伊藤真理子編　日本図書センター　1991.5　503p　22cm　4429円　Ⓘ4-8205-7020-X　Ⓝ369.37

内容 原爆詩集 峠三吉著, 原子雲の下より（抄） 峠三吉, 山代巴編, 未来にまでうたう歌（抄） 米田栄作著, 広島 米田栄作編, 原爆小景 原民喜著, ママン（抄） 水野潤一著, わが内なる言葉（抄） 松尾静明編, 詩集ヒロシマ 詩集ヒロシマ編集委員会編, ヒロシマというとき（抄） 栗原貞子著, 空（抄） 堀場清子著, 原爆の日（抄） 吉岡満子著, ヒロシマ連禱（抄） 石川逸子著, ヒロシマの顔（抄） 森下弘著, 伊藤真理子詩集（抄） 伊藤真理子著, 解説 絶滅の原イメージ 栗原貞子著, 核時代にうたいつぐため 伊藤真理子著, 解題 黒古一夫著

『友よ・夏の花・原爆詩』　林京子, 原民喜, 峠三吉著　金の星社　1985.7　286p　20cm　（日本の文学 40）900円　Ⓘ4-323-00820-1

目次 林京子（二人の墓標, 記録, 友よ, 影）, 原民喜（夏の花（原題・原子爆弾）, 火の唇, 心願の国）, 原爆詩（原民喜（燃エガラ水ヲ下サイ家なき子のクリスマス悲歌碑銘）, 峠三吉（仮包帯所にて友にんげんをかえせ）, 栗原貞子（生ましめんかなヒロシマというとき））

『日本現代詩文庫　17』　土曜美術社　1984

黒井　千次
くろい・せんじ
《1932〜》

「ある親しい感覚」

『任意の一点』　黒井千次著　弥生書房　1980.7　178p　18cm　1200円　Ⓝ914.6

「現在進行形の夢」

『任意の一点』　黒井千次著　弥生書房　1980.7　178p　18cm　1200円　Ⓝ914.6

「子供のいる駅」

『鉄路に咲く物語―鉄道小説アンソロジー』　西村京太郎選, 日本ペンクラブ編　光文社　2005.6　288p　16cm　（光文社文庫）533円　Ⓘ4-334-73897-4　Ⓝ913.68

内容 蜜柑（芥川竜之介著）, 青い火花（浅田次郎著）, 鉄橋（綾辻行人著）, 夏の日々（北村薫著）, 子供のいる駅（黒井千次著）, 灰色の月（志賀直哉著）, 殺人はサヨナラ列車で（西村京太郎著）, 駅（宮本輝著）, 鋼索電車（村田喜代子著）, ブラック・ティー（山本文緒著）, 汽車の旅（E, ヘミングウェー著, 高見浩訳）

『兎追いし日々』　加藤幸子編　光文社　1989.11　350p　19cm　（「光る話」の花束 7）1300円　Ⓘ4-334-93207-X

内容 過ぎし日の思い出がいま、大人たちを励ます。子供らしさが、りっぱに大人の小説になりうることを証明した佳編22を収録。女性作家の繊細犀利な感覚で編まれたアンソロジー。

『急行出雲―鉄道ミステリー傑作選』　鮎川哲也編　光文社　1986.7　488p　15cm　（光文社文庫）600円　Ⓘ4-334-70380-1

内容 本格推理あり、奇妙な味のSFあり、一般文芸作家の参加あり。旅とロマンを満喫する選集。好評第二弾！

「作文の思い出」

『任意の一点』　黒井千次著　弥生書房　1980.7　178p　18cm　1200円　Ⓝ914.6

「山頂と街角」

『任意の一点』　黒井千次著　弥生書房　1980.7　178p　18cm　1200円　Ⓝ914.6

「どうすれば虹の根元に行けるか」

『草の中の金の皿』　黒井千次著　花曜社　1985.2　283p　20cm　1600円　Ⓘ4-87346-045-X　Ⓝ914.6

「任意の一点」

『任意の一点』　黒井千次著　弥生書房　1980.7　178p　18cm　1200円　Ⓝ914.6

黒島 伝治
くろしま・でんじ
《1898～1943》

「豚群」

『アンソロジー・プロレタリア文学―集団のエネルギー 蜂起』 楜沢健編 森話社 2014.4 392p 19cm 3000円 ①978-4-86405-060-9

内容 製糸女工の唄(山中兆子), 地獄(金子洋文), 女店員とストライキ(佐多稲子), 豚群(黒島伝治), 淫売婦(葉山嘉樹), 省電車掌(黒江勇), 舗道(宮本百合子), 交番前(中野重治), 鎖工場(大杉栄), 防雪林(小林多喜二)

『村』 黒島伝治, 葛西善蔵, 杉浦明平著 ポプラ社 2011.7 149p 19cm (百年文庫 83) 750円 ①978-4-591-12171-9

内容 働きづめの五十年、「貧乏たれ」の人生を倅に味わわせるのは忍びない、と息子の中学受験を決意した源作。だが聞きつけた連中は分不相応と悪口を言い…。村の因習に翻弄される切ない親心(黒島伝治『電報』ほか一篇)。馬の腹から出た石はどうやら貴重なお宝らしい。噂を聞いた三造は取り戻そうと躍起になって…(葛西善蔵『馬糞石』)。土地ころがしに票集め、詐欺まがいの裁判沙汰。巧妙にして鮮やかな次郎の悪人ぶりと、農村の退廃を描く杉浦明平『泥芝居』。欲望、噂、猜疑心。濃密な人間関係が浮き彫りになる。

『定本黒島伝治全集 第1巻 小説 1』 黒島伝治著, 佐藤和夫編 勉誠出版 2001.7 504p 22cm〈肖像あり〉①4-585-05052-3 Ⓝ918.68

内容 呪はれし者より, 巡礼, 血痰, 無題 6, すゝり泣き, 島の女, 電報, 窃む女, まかなひの棒, 田舎娘, 砂糖泥棒, 田園挽歌, 崖の上, 路傍の草, 栗を食う牝牛, 老夫婦, 二銭銅貨, 隔離室, 俎板と擂古木, 半鐘,「紋」, ある娘、ある親, 虫ばまれた娘, 農夫の子, 村の網元, 神と仏, 盂蘭盆前後, 踏み台, 栗本の負傷, 豚群, 春の一円札事件, 本をたづねて, リヤーリヤとマルーシヤ, 彼等の一生, 雪のシベリア, 黒島伝治の文学 1(高阪薫、高橋敏夫著), 解説・解題(佐藤和夫著)

「二銭銅貨」

『定本黒島伝治全集 第1巻 小説 1』 黒島伝治著, 佐藤和夫編 勉誠出版 2001.7 504p 22cm〈肖像あり〉①4-585-05052-3 Ⓝ918.68

内容 呪はれし者より, 巡礼, 血痰, 無題 6, すゝり泣き, 島の女, 電報, 窃む女, まかなひの棒, 田舎娘, 砂糖泥棒, 田園挽歌, 崖の上, 路傍の草, 栗を食う牝牛, 老夫婦, 二銭銅貨, 隔離室, 俎板と擂古木, 半鐘,「紋」, ある娘、ある親, 虫ばまれた娘, 農夫の子, 村の網元, 神と仏, 盂蘭盆前後, 踏み台, 栗本の負傷, 豚群, 春の一円札事件, 本をたづねて, リヤーリヤとマルーシヤ, 彼等の一生, 雪のシベリア, 黒島伝治の文学 1(高阪薫、高橋敏夫著), 解説・解題(佐藤和夫著)

『高校生におくる近代名作館 4 小説2を読んでみませんか』 桑名靖治編 新装版 文英堂 1998.9 286p 21cm 1200円 ①4-578-12946-2

内容 鑑賞「現代文」。教科書の定番作品から埋もれた名作まで、高校生諸君におくる最も知的なプレゼント。中島敦『山月記』や梶井基次郎『檸檬』などを収録、山本周五郎『内蔵允留守』も読んでみましょう。

『新興文学全集 7(日本篇 7)』 大島英三郎編 黒色戦線社 1993.6 730p 19cm〈東京 地方・小出版流通センター(発売) 平凡社昭和4年刊の複製 肖像あり〉Ⓝ908

内容 葉山嘉樹集：海に生くる人々, 淫賣婦, セメント樽の中の手紙, 勞働者の居ない船, 呪はしき自傳, 黒島傳治集：電報, 二錢銅貨, 豚群, 雲のシベリア, 橇, 氾濫, 自傳, 今野賢三集：火事の夜まで, 汽笛, 彼方へ, 坂, 屋根裏の花瓣, 姉, 玖瑰の花, 自傳, 里村欣三集：苦力頭の表情, 黒い眼鏡, 疥癬, 放浪の宿, 十錢白銅, 小堀甚二集：轉轍手, 塔, 或る貯蓄心, 避難線, 略歴, 平林たい子集：施療室にて, 投げすてよ, 略歴, 岡下一郎集：組合旗, 齒車と人間, 自傳, 小島勗集：地平に現るれもの, 遙かなる眺望, 小傳

黒田　三郎
くろだ・さぶろう
《1919～1980》

「あなたも単に」

『豊かなことば 現代日本の詩　4　黒田三郎詩集 支度』 黒田三郎著，伊藤英治編　岩崎書店　2009.12　91p　18×19cm　1500円　①978-4-265-04064-3

目次 1 紙風船（紙風船, 海 ほか）,2 あなたも単に（きみちゃん, 捨て猫 ほか）,3 自由（自由, 月給取り奴 ほか）,4 ああ（砂上, ああ ほか）,5 たかが詩人（傍観者の出発, 友よほか）

『黒田三郎著作集　1』 思潮社　1989

内容 黒田三郎が初期戦後詩の時代に独力でなしとげた最も重要な仕事、それは詩および詩人が、いかなる意味においても特権的な存在ではありえないということを、体験に根ざした断固たる説得力で示したことにあった。彼はそれを、詩論によってのみならず、詩作品そのものによって明確に語った。最も愛され親しまれてきた戦後詩人の魂の記録。

「ある日ある時」

『黒田三郎詩集』 黒田三郎著，朝倉勇編　芸林書房　2002.4　128p　15cm　（芸林21世紀文庫）1000円　①4-7681-6103-0

目次 失われた墓碑銘, 時代の囚人, ひとりの女に, 渇いた心, 小さなユリと, もっと高く, ある日ある時, 羊の歩み, ふるさと, 死後の世界

『黒田三郎著作集　1』 思潮社　1989

内容 黒田三郎が初期戦後詩の時代に独力でなしとげた最も重要な仕事、それは詩および詩人が、いかなる意味においても特権的な存在ではありえないということを、体験に根ざした断固たる説得力で示したことにあった。彼はそれを、詩論によってのみならず、詩作品そのものによって明確に語った。最も愛され親しまれてきた戦後詩人の魂の記録。

「海」

『豊かなことば 現代日本の詩　4　黒田三郎詩集 支度』 黒田三郎著，伊藤英治編　岩崎書店　2009.12　91p　18×19cm　1500円　①978-4-265-04064-3

目次 1 紙風船（紙風船, 海 ほか）,2 あなたも単に（きみちゃん, 捨て猫 ほか）,3 自由（自由, 月給取り奴 ほか）,4 ああ（砂上, ああ ほか）,5 たかが詩人（傍観者の出発, 友よほか）

『黒田三郎著作集　1』 思潮社　1989

内容 黒田三郎が初期戦後詩の時代に独力でなしとげた最も重要な仕事、それは詩および詩人が、いかなる意味においても特権的な存在ではありえないということを、体験に根ざした断固たる説得力で示したことにあった。彼はそれを、詩論によってのみならず、詩作品そのものによって明確に語った。最も愛され親しまれてきた戦後詩人の魂の記録。

「紙風船」

『詩華集 日だまりに』 女子パウロ会編　女子パウロ会　2012.2　102p　19cm　1000円　①978-4-7896-0710-0

内容 「こころ」「“わたし”さがし」「いのち」「夢」「祈り」についての美しく力強い詩、詞、名言がいっぱい。

『教科書の詩をよみかえす』 川崎洋著　筑摩書房　2011.3　214p　15cm　（ちくま文庫）580円　①978-4-480-42802-8

内容 もっと自由に、もっと楽しく。堅苦しい先入観を捨てて向き合ってみよう。教科書から選び抜かれた31篇の詩たちが、言葉の翼をひろげて待っている。

『豊かなことば 現代日本の詩　4　黒田三郎詩集 支度』 黒田三郎著，伊藤英治編　岩崎書店　2009.12　91p　18×19cm　1500円　①978-4-265-04064-3

目次 1 紙風船（紙風船, 海 ほか）,2 あなたも単に（きみちゃん, 捨て猫 ほか）,3 自由（自由, 月給取り奴 ほか）,4 ああ（砂上, ああ ほか）,5 たかが詩人（傍観者の出発, 友よほか）

『黒田三郎著作集　1』 思潮社　1989

内容 黒田三郎が初期戦後詩の時代に独力でなしとげた最も重要な仕事、それは詩および詩人が、いかなる意味においても特権的な存在ではありえないということを、体験に根ざした断固たる説得力で示したことにあった。彼はそれを、詩論によってのみならず、詩作品そのものによって明確に語った。最も愛され親しまれてきた戦後詩人の魂の記録。

「九月の風」

『黒田三郎著作集　1　全詩集』　思潮社　1989.2　630p　22cm　6800円　①4-7837-2277-3　Ⓝ918.68

内容　失われた墓碑銘, 時代の囚人, ひとりの女に, 渇いた心, 小さなユリと, もっと高く, ある日ある時, 羊の歩み, ふるさと, 死後の世界, 悲歌, 流血, 拾遺詩篇　三文詩人　ほか, 初期詩篇　砂時計の落葉　ほか, 解説　『失われた墓碑銘』前後を主として　北村太郎著

「蝙蝠傘の詩」

『黒田三郎著作集　1』　思潮社　1989

内容　黒田三郎が初期戦後詩の時代に独力でなしとげた最も重要な仕事、それは詩および詩人が、いかなる意味においても特権的な存在ではありえないということを、体験に根ざした断固たる説得力で示したことにあった。彼はそれを、詩論によってのみならず、詩作品そのものによって明確に語った。最も愛され親しまれてきた戦後詩人の魂の記録。

「砂上」

『豊かなことば 現代日本の詩　4　黒田三郎詩集 支度』　黒田三郎著, 伊藤英治編　岩崎書店　2009.12　91p　18×19cm　1500円　①978-4-265-04064-3

目次　1 紙風船（紙風船, 海 ほか）,2 あなたも単に（きみちゃん, 捨て猫 ほか）,3 自由（自由, 月給取り奴 ほか）,4 ああ（砂上, ああ ほか）,5 たかが詩人（傍観者の出発, 友よ ほか）

『黒田三郎著作集　1』　思潮社　1989

内容　黒田三郎が初期戦後詩の時代に独力でなしとげた最も重要な仕事、それは詩および詩人が、いかなる意味においても特権的な存在ではありえないということを、体験に根ざした断固たる説得力で示したことにあった。彼はそれを、詩論によってのみならず、詩作品そのものによって明確に語った。最も愛され親しまれてきた戦後詩人の魂の記録。

「死の中に」

『黒田三郎著作集　1　全詩集』　思潮社　1989.2　630p　22cm　6800円　①4-7837-2277-3　Ⓝ918.68

内容　失われた墓碑銘, 時代の囚人, ひとりの女に, 渇いた心, 小さなユリと, もっと高く, ある日ある時, 羊の歩み, ふるさと, 死後の世界, 悲歌, 流血, 拾遺詩篇　三文詩人　ほか, 初期詩篇　砂時計の落葉　ほか, 解説　『失われた墓碑銘』前後を主として　北村太郎著

「そこにひとつの席が」

『黒田三郎著作集　1』　思潮社　1989

内容　黒田三郎が初期戦後詩の時代に独力でなしとげた最も重要な仕事、それは詩および詩人が、いかなる意味においても特権的な存在ではありえないということを、体験に根ざした断固たる説得力で示したことにあった。彼はそれを、詩論によってのみならず、詩作品そのものによって明確に語った。最も愛され親しまれてきた戦後詩人の魂の記録。

「友よ」

『豊かなことば 現代日本の詩　4　黒田三郎詩集 支度』　黒田三郎著, 伊藤英治編　岩崎書店　2009.12　91p　18×19cm　1500円　①978-4-265-04064-3

目次　1 紙風船（紙風船, 海 ほか）,2 あなたも単に（きみちゃん, 捨て猫 ほか）,3 自由（自由, 月給取り奴 ほか）,4 ああ（砂上, ああ ほか）,5 たかが詩人（傍観者の出発, 友よ ほか）

『黒田三郎著作集　1』　思潮社　1989

内容　黒田三郎が初期戦後詩の時代に独力でなしとげた最も重要な仕事、それは詩および詩人が、いかなる意味においても特権的な存在ではありえないということを、体験に根ざした断固たる説得力で示したことにあった。彼はそれを、詩論によってのみならず、詩作品そのものによって明確に語った。最も愛され親しまれてきた戦後詩人の魂の記録。

「開かれた頁」

『黒田三郎著作集　1』　思潮社　1989

内容　黒田三郎が初期戦後詩の時代に独力でなしとげた最も重要な仕事、それは詩および詩人が、いかなる意味においても特権的な存在ではありえないということを、体験に根ざした断固たる説得力で示したことにあった。彼はそれを、詩論によってのみならず、詩作品そのものによって明確に語った。最も愛され親しまれてきた戦後詩人の魂の記録。

「僕はまるでちがって」

『名詩の絵本　2　新しい季節』　川口晴美編　ナツメ社　2010.12　207p　15cm　1300円　①978-4-8163-4976-8

内容　未来への希望を織り上げる、100篇の言葉。オールカラーのイラストと写真でつ

づった美しい詩集。

『黒田三郎著作集 1』 思潮社 1989

内容 黒田三郎が初期戦後詩の時代に独力でなしとげた最も重要な仕事、それは詩および詩人が、いかなる意味においても特権的な存在ではありえないということを、体験に根ざした断固たる説得力で示したことにあった。彼はそれを、詩論によってのみならず、詩作品そのものによって明確に語った。最も愛され親しまれてきた戦後詩人の魂の記録。

「もはやそれ以上」

『黒田三郎著作集 1』 思潮社 1989

内容 黒田三郎が初期戦後詩の時代に独力でなしとげた最も重要な仕事、それは詩および詩人が、いかなる意味においても特権的な存在ではありえないということを、体験に根ざした断固たる説得力で示したことにあった。彼はそれを、詩論によってのみならず、詩作品そのものによって明確に語った。最も愛され親しまれてきた戦後詩人の魂の記録。

黒沼 ユリ子
くろぬま・ゆりこ
《1940～》

「メキシコからの手紙―バイオリンのおけいこ」

『メキシコからの手紙―インディヘナのなかで考えたこと』 黒沼ユリ子著 岩波書店 1995.2 205p 18cm (岩波新書)〈第24刷(第1刷:1980年)〉620円 Ⓘ4-00-420116-0 Ⓝ302.56

桑原 武夫
くわばら・たけお
《1904～1988》

「人類の知恵」

『一日一言―人類の知恵』 桑原武夫編 岩波書店 1988.1 215,5p 18cm (岩波新書)〈第47刷(第1刷:1956年)〉480円 Ⓘ4-00-415083-3 Ⓝ159

「西洋文学の魅力」

『わたしの読書遍歴』 桑原武夫著 潮出版社 1991.7 222p 19cm 1300円 Ⓘ4-267-01274-1

内容 読むことの発見、発見することの喜び。

『わたしの読書遍歴』 桑原武夫著 潮出版社 1986.4 213p 15cm (潮文庫) 350円 Ⓘ4-267-01080-3

内容 名作再訪の旅。豊かな人生を見つける作品の魅力と愉しみ。

「日本語を考える」

『日本人を考える―司馬遼太郎対談集』 司馬遼太郎著者代表 文藝春秋 2014.6 367p 15cm (文春文庫) 670円 Ⓘ978-4-16-790125-7

内容 司馬遼太郎が各界の識者と思索を深めることによって浮かびあがった1960～70年代の問題点は、21世紀になっても続く諸問題の萌芽だった。梅棹忠夫、犬養道子、梅原猛、向坊隆、高坂正堯、辻悟、陳舜臣、富士正晴、桑原武夫、貝塚茂樹、山口瞳、今西錦司と、日本人の生き方について真摯に、時に愉快に語り合う。

小池 昌代
こいけ・まさよ
《1959～》

「カフェの開店準備」

『屋上への誘惑』 小池昌代著 光文社 2008.1 218p 15cm (光文社文庫) 476円 Ⓘ978-4-334-74368-0

内容 乗客が降り去り、がらんとした車内で、「ああ、こうやって、私も年をとっていくのか」とつぶやく(「バスに乗って」)。花々に囲まれ、「怖くなり、こうしたときは、人としての身分を捨てて、花の一族にそっと加わったら、楽しかろう」と感じる(「真夜中の花と不思議な時間」)。日常の何気ない情景を、繊細でありながらも力強い筆致で、見事なまで清新に描き出すエッセイ集。

『屋上への誘惑』 小池昌代著 岩波書店 2001.3 209p 19cm 1500円 Ⓘ4-00-022368-2

内容 ことばのざわめきを聴きに行こう―「エレベーターの中で、首を絞められる女性が続出しています。注意して下さい」という貼り紙のあるマンション―。見ているようで見ていない平凡な日々の切れ端を、清潔な空気感で深く瑞々しく満たす、いまもっとも注目されている詩人のはじめてのエッセイ集。

小泉 文夫
こいずみ・ふみお
《1927～1983》

「わらべ歌」

『音楽の根源にあるもの』 小泉文夫著 平凡社 1994.6 364p 16cm (平凡社ライブラリー) 1200円 ①4-582-76057-0 Ⓝ760.4

小泉 八雲
こいずみ・やくも
《1850～1904》

「怪談 耳なし芳一のはなし」

『怪談―不思議なことの物語と研究』 ラフカディオ・ハーン作, 平井呈一訳 岩波書店 2011.12 232p 19cm (ワイド版岩波文庫) 1000円 ①978-4-00-007345-5

内容 日本を終世愛してやまなかったハーン(一八五〇 - 一九〇四)が我が国古来の文献や民間伝承に取材して創作した短篇集。有名な「耳なし芳一のはなし」など、奇怪な話の中に寂しい美しさを湛えた作品は単なる怪奇小説の域をこえて、人間性に対する深い洞察に満ちている。

『怪談』 ヤン・シュヴァンクマイエル画, ラフカディオ・ハーン著, 平井呈一訳 国書刊行会 2011.7 118p 26cm 2800円 ①978-4-336-05348-0

内容 「耳なし芳一のはなし」「ろくろ首」「雪おんな」…日本の風土や伝統、因習や信仰の精粋ともいうべきラフカディオ・ハーンの名作『怪談』の世界を、チェコのシュルレアリスト、ヤン・シュヴァンクマイエルが描く―綺想と幻想が創造する痙攣的な美。描き下ろし22点をオールカラーで収録。

『怪談・骨董他』 小泉八雲著, 平井呈一訳 オンデマンド版 恒文社 2009.10 525p 21cm 5500円 ①978-4-7704-1139-6

内容 原話を江戸時代の通俗的な巷説本にかり、人間性に対する鋭い洞察と信念から生まれて独自の幻想的な文学に昇華した、小泉八雲晩年の名作のかずかず。他に「天の川綺譚」を収録。

『怪談―不思議なことの物語と研究』 ラフカディオ・ハーン作, 平井呈一訳 改版 岩波書店 2002.11 205p 15cm (岩波文庫)〈第76刷〉460円 ①4-00-322441-8

内容 日本を終生愛してやまなかったハーン(一八五〇 - 一九〇四)が我が国古来の文献や民間伝承に取材して創作した短篇集。有名な「耳なし芳一のはなし」など、奇怪な話の中に寂しい美しさを湛えた作品は単なる怪奇小説の域をこえて、人間性に対する深い洞察に満ちている。

『怪談』 ラフカディオ・ハーン著, 繁尾久訳 旺文社 1997.4 238p 18cm (愛と青春の名作集) 930円 ①4-01-066045-7

内容 怪談(耳なし芳一のはなし, おしどり, お貞のはなし, うばざくら, はかりごと, 鏡と鐘, 食人鬼, むじな, ろくろ首, 葬られた秘密, 雪おんな, 青柳のはなし, 十六ざくら, 安芸之介の夢, 力ばか, 日まわり, 蓬莱), 骨董(抄) 古い物語(幽霊滝の伝説, 茶わんの中, 常識, 生霊, 死霊, おかめのはなし, 蠅のはなし, 雉子のはなし, 忠五郎のはなし)

『怪談』 ラフカディオ・ハーン著, 繁尾久訳 集英社 1992.5 201p 15cm (集英社文庫)〈著者の肖像あり〉320円 ①4-08-752026-9 Ⓝ933

内容 耳なし芳一のはなし, おしどり, お貞のはなし, うばざくら, はかりごと, 鏡と鐘, 食人鬼, むじな, ろくろ首, 葬られた秘密, 雪おんな, 青柳のはなし, 十六ざくら, 安芸之介の夢, 力ばか, 日まわり, 蓬莱, 年譜：p188～201

光厳院
こうごんいん
《1313〜1364》

「風雅和歌集」

『風雅和歌集全注釈　下巻』　岩佐美代子著　笠間書院　2004.3　704p　22cm（笠間注釈叢刊 36）〈年表あり　文献あり〉19000円　Ⓘ4-305-30036-2　Ⓝ911.145
内容 巻第十六—巻第二十

『風雅和歌集全注釈　中巻』　岩佐美代子著　笠間書院　2003.9　468p　22cm（笠間注釈叢刊 35）14000円　Ⓘ4-305-30035-4　Ⓝ911.145
内容 巻第九—巻第十五

『風雅和歌集全注釈　上巻』　岩佐美代子著　笠間書院　2002.12　620p　21cm（笠間注釈叢刊）18000円　Ⓘ4-305-30034-6
内容 最善本である京都女子大学図書館所蔵、谷山文庫『風雅和歌集』を底本として、通釈・語釈・参考・校異・出典・補説・作者で編成。著者の60年にわたる京極派研究が結実する。

『京都女子大学図書館蔵 風雅和歌集』　千古利恵子編　大阪　和泉書院　2002.10　355p　21cm（和泉古典文庫）4000円　Ⓘ4-7576-0176-X
内容 京極派歌人の庶機した感覚的写実の世界は、南北朝動乱期、北朝の光厳院が『風雅和歌集』を撰集したことで完成したといえる。本書は、精撰本系伝本の中でも殊に優れた本文を有するとされる京都女子大学図書館蔵本を翻刻、頭注に新編国歌大観・仏教大学図書館本・玉里文庫本の各本文との校異を掲げ、解説と初句索引を付した。

『中世和歌集』　井上宗雄校注・訳　小学館　2000.11　582p　24×17cm（新編日本古典文学全集 49）4657円　Ⓘ4-09-658049-X
内容 西行が生涯の歌から自撰した『御裳濯河歌合』、実朝の『金槐和歌集』、京極派の『玉葉和歌集』『風雅和歌集』、後醍醐天皇をはじめ南朝歌人の『新葉和歌集』ほか全十三作品を収録。

神津　カンナ
こうづ・かんな
《1958〜》

「止まることを恐れない」

『男と女の交差点』　神津カンナ著　集英社　1991.5　219p　16cm（集英社文庫）360円　Ⓘ4-08-749710-0　Ⓝ914.6

『男と女の交差点—親離れした後で世の中を眺めて感じたこと』　神津カンナ著　講談社　1985.10　233p　18cm　700円　Ⓘ4-06-202190-0　Ⓝ914.6

幸田　文
こうだ・あや
《1904〜1990》

「あとみよそわか」

『幸田文しつけ帖』　幸田文著，青木玉編　平凡社　2009.2　243p　19cm　1600円　Ⓘ978-4-582-83423-9
内容 父・幸田露伴に暮しかたのすべてを教わった幸田文。大切な心を取り戻す、生きた言葉28篇。

『父—その死』　幸田文著　新潮社　2004.8　224p　19cm〈『父・こんなこと』改題書〉1600円　Ⓘ4-10-307707-7
内容 看取りとは、かくも厳しく、おごそかなもの—昭和二十二年夏、幸田露伴逝く。その臨終、葬儀の刻々を真正面から見つめ、記録した名著。父と娘の日常を伝える「こんなこと」を併録。

『父・こんなこと』　幸田文著　改版　新潮社　2002.3　234p　16cm（新潮文庫）400円　Ⓘ4-10-111601-6　Ⓝ914.6

「雨の萩」

『幸田文全集　第5巻　流れる・蜜柑の花まで』　幸田文著　岩波書店　2001.11　437p　19cm　3800円　Ⓘ4-00-091905-9
内容 流れる, 蜜柑の花まで, 結ぶこと, 白い手袋, 風の記憶, 名文の変り方, 看板のうら, 夾竹桃, 夏のきもの, うそとパン, 創作集「黒い裾」跋, 身にしみる日, 作文, はらつぱ, 三十五ミリ, くぎぬき, 金魚,『黒い裾』著者のことば, あかふだ, 私の仕事着, 収入, 小さいときの本, つひの贈りもの, ぼろ, くそばばあ, ぬけあな, 霜にをしむ, 余白, 顔, 四たびの道, 一葉きやうだい, 貧しいおしやれの心, 鱸, 雨の萩

「えぞ松の更新」

『木』 幸田文著 新潮社 2004.8 162p 19cm 1400円 ①4-10-307708-5

内容 えぞ松から縄文杉まで、70代の幸田文は樹木と語り合った…。樹木見てある記。

『台所のおとみそっかす』 幸田文作, 青木奈緒編 岩波書店 2003.6 334p 18cm (岩波少年文庫) 720円 ①4-00-114564-2

内容 父・露伴の没後、文筆の道に進んだ幸田文。歯切れのいい文章には定評がある。人情の機微をつづる「台所のおと」「祝辞」、生い立ちを語る「みそっかす」、露伴の臨終を描いて圧巻の「終焉」など、孫娘青木奈緒の編んだ幸田文作品集。中学以上。

『木』 幸田文著 新潮社 1995.12 172p 15cm (新潮文庫) 360円 ①4-10-111607-5

内容 「樹木に逢い、樹木から感動をもらいたいと願って」北は北海道、南は屋久島まで、歴訪した木々との交流の記。木の運命、木の生命に限りない思いを馳せる著者の眼は、木を激しく見つめ、その本質のなかに人間の業、生死の究極のかたちまでを見る。倒木の上に新芽が育つえぞ松の更新、父とともに無言で魅入った藤、全十五篇が鍛え抜かれた日本語で綴られる。生命の根源に迫るエッセイ。

「えび」

『日本近代短篇小説選 昭和篇 3』 紅野敏郎, 紅野謙介, 千葉俊二, 宗像和重, 山田俊治編 岩波書店 2012.10 393p 15cm (岩波文庫) 800円 ①978-4-00-311916-7

内容 「私はいま宇宙と同じ大きさになっているはずである」(埴谷雄高「闇のなかの黒い馬」)。現在を突破する言葉の力、小説だけが語れた真実。昭和二七年から四四年に発表された、幸田文・島尾敏雄・三島由紀夫らの一三篇を収録。

『私小説の生き方』 秋山駿, 富岡幸一郎編 アーツアンドクラフツ 2009.6 315p 21cm 2200円 ①978-4-901592-52-9

内容 貧困、老い、介護、病、結婚…。作家はどう悩み、対処したか。「人生」を生きる、「夫婦・恋人」と生きる、「家族」と生きる、の三部構成。

『黒い裾』 幸田文著 講談社 2007.12 220p 15cm (講談社文芸文庫) 1200円 ①978-4-06-198497-4

内容 「葬式の時だけ男と女が出会う、これも日本の女の一時代を語るものと云うのだろうか」—十六歳から中年に到る主人公・千代の半生を、喪服に託し哀感を込めて綴る「黒い裾」。向嶋蝸牛庵と周りに住む人々を、明るく生き生きと弾みのある筆致で描き出し、端然とした人間の営みを伝える「糞土の墻」他、「勲章」「姦声」「雛」など、人生の機微を清新な文体で描く幸田文学の味わい深い佳品八篇を収録した第一創作集。

「おとうと」

『幸田文全集 第7巻 おとうと・笛』 川村二郎ほか編 岩波書店 1995.6 419p 20cm〈著者の肖像あり〉3600円 ①4-00-091907-5 Ⓝ918.68

「紙」

『幸田文全集 第6巻 身近にあるすきま・卒業』 幸田文著 岩波書店 2001.12 452p 19cm 3800円 ①4-00-091906-7

内容 本巻は、1956(昭和31)年1から同年11月までに発表された作品を収録した。ただし1956年1月から12月まで連載された「身近にあるすきま」および1956年7月からら12月まで連載された「きのふけふ」は本巻に収録した。

『ちぎれ雲』 幸田文著 講談社 1993.2 193p 15cm (講談社文芸文庫—現代日本のエッセイ) 880円 ①4-06-196214-0

内容 「おれが死んだら死んだとだけ思え、念仏一遍それで終る」死の惨さ厳しさに徹し、言葉を押さえて話す病床の父露伴。16歳の折りに炊事一切をやれと命じた厳しい躾の露伴を初めて書いた、処女作品「雑記」、その死をみとった「終焉」、その他「旅をおもう」「父の七回忌に」「紙」等22篇。娘の眼で明治の文豪露伴を回想した著者最初期の随筆集。

「木のあやしさ」

『木』 幸田文著 新潮社 2004.8 162p 19cm 1400円 ①4-10-307708-5

内容 えぞ松から縄文杉まで、70代の幸田文は樹木と語り合った…。樹木見てある記。

『木』 幸田文著 新潮社 1995.12 172p 15cm (新潮文庫) 360円 ①4-10-111607-5

内容 「樹木に逢い、樹木から感動をもらいたいと願って」北は北海道、南は屋久島まで、歴訪した木々との交流の記。木の運命、木の生命に限りない思いを馳せる著者の眼は、木を激しく見つめ、その本質のなかに人間の業、生死の究極のかたちまでを見る。倒木の上に新芽が育つえぞ松の更新、父とともに無言で魅入った藤、全十五篇が鍛え抜かれた日本語で綴られる。生命の根源に迫るエッセイ。

『木』 幸田文著 新潮社 1992.6 162p 21cm 2000円 ①4-10-307702-6

内容 静寂のなかに佇んで対峙するとき、倒木の上に育つえぞ松が屋久島の巨杉が、いのち終えてなお美しい桧が、秘めた感情を語り始める…。生命の根源に迫る名エッセイ。

「たての木よこの木」

『木』 幸田文著 新潮社 2004.8 162p 19cm 1400円 ①4-10-307708-5

内容 えぞ松から縄文杉まで、70代の幸田文は樹木と語り合った…。樹木見てある記。

『木』 幸田文著 新潮社 1995.12 172p 15cm (新潮文庫) 360円 ①4-10-111607-5

内容 「樹木に逢い、樹木から感動をもらいたいと願って」北は北海道、南は屋久島まで、歴訪した木々との交流の記。木の運命、木の生命に限りない思いを馳せる著者の眼は、木を激しく見つめ、その本質のなかに人間の業、生死の究極のかたちまでを見る。倒木の上に新芽が育つえぞ松の更新、父とともに無言で魅入った藤、全十五篇が鍛え抜かれた日本語で綴られる。生命の根源に迫るエッセイ。

『木』 幸田文著 新潮社 1992.6 162p 21cm 2000円 ①4-10-307702-6

内容 静寂のなかに佇んで対峙するとき、倒木の上に育つえぞ松が屋久島の巨杉が、いのち終えてなお美しい桧が、秘めた感情を語り始める…。生命の根源に迫る名エッセイ。

「父・こんなこと」

『父―その死』 幸田文著 新潮社 2004.8 224p 19cm 〈『父・こんなこと』改題書〉 1600円 ①4-10-307707-7

内容 看取りとは、かくも厳しく、おごそかなもの―昭和二十二年夏、幸田露伴逝く。その臨終、葬儀の刻々を真正面から見つめ、記録した名著。父と娘の日常を伝える「こんなこと」を併録。

『父・こんなこと』 幸田文著 改版 新潮社 2002.3 234p 16cm (新潮文庫) 400円 ①4-10-111601-6 Ⓝ914.6

『幸田文全集 第1巻 父・こんなこと』 幸田文著 岩波書店 2001.7 415p 19cm 3800円 ①4-00-091901-6

内容 一九四七(昭和二十二)年八月から一九四九(昭和二十四)年四月までに発表された作品を収録。

「濡れた男」

『ふるさと隅田川』 幸田文著, 金井景子編 筑摩書房 2001.1 232p 15cm (ちくま文庫) 640円 ①4-480-03614-8

内容 幸田文は人生に三度、隅田川のほとりに暮らした。最初は、生まれてから二十歳まで向島で、次に嫁ぎ先の新川で、そして作家になってから休筆して赴いた柳橋である。日々の暮らし、また重要な転機の折々に、川は彼女を育み、癒し、励ました。「川すじの思い」「水辺行事」「船内屋さん」など、隅田川を主に、「水の風景」をテーマにしたセレクションである。

「濃紺」

『台所のおと』 幸田文著 講談社 1995.8 297p 15cm (講談社文庫) 500円 ①4-06-263027-3

内容 女はそれぞれ音をもってるけど、いいか、角だつな。さわやかでおとなしいのがおまえの音だ。料理人の佐吉は病床で聞く妻の庖丁の音が微妙に変ったことに気付く…音に絡み合う女と男の心の綾を小気味よく描く表題作。他「雪もち」「食欲」「祝辞」など十編。五感を鋭く研ぎ澄ませた感性が紡ぎ出す幸田文の世界。

『台所のおと』 幸田文著 講談社 1992.9 260p 21cm 2000円 ①4-06-205954-1

内容 暮しのなかのなにげない音に絡みあう

男と女の意気地。生きる哀しみを捉える確かな視線と透徹した感性。

「ひのき」

『木』 幸田文著 新潮社 2004.8 162p 19cm 1400円 ①4-10-307708-5

内容 えぞ松から縄文杉まで、70代の幸田文は樹木と語り合った…。樹木見てある記。

『木』 幸田文著 新潮社 1995.12 172p 15cm （新潮文庫） 360円 ①4-10-111607-5

内容 「樹木に逢い、樹木から感動をもらいたいと願って」北は北海道、南は屋久島まで、歴訪した木々との交流の記。木の運命、木の生命に限りない思いを馳せる著者の眼は、木を激しく見つめ、その本質のなかに人間の業、生死の究極のかたちまでを見る。倒木の上に新芽が育つえぞ松の更新、父とともに無言で魅入った藤、全十五篇が鍛え抜かれた日本語で綴られる。生命の根源に迫るエッセイ。

「水」

『幸田文しつけ帖』 幸田文著，青木玉編 平凡社 2009.2 243p 19cm 1600円 ①978-4-582-83423-9

内容 父・幸田露伴に暮しかたのすべてを教わった幸田文。大切な心を取り戻す、生きた言葉28篇。

『父―その死』 幸田文著 新潮社 2004.8 224p 19cm〈『父・こんなこと』改題書〉 1600円 ①4-10-307707-7

内容 看取りとは、かくも厳しく、おごそかなもの―昭和二十二年夏、幸田露伴逝く。その臨終、葬儀の刻々を真正面から見つめ、記録した名著。父と娘の日常を伝える「こんなこと」を併録。

『父・こんなこと』 幸田文著 改版 新潮社 2002.3 234p 16cm （新潮文庫） 400円 ①4-10-111601-6 Ⓝ914.6

「露伴のおもかげ」

『幸田文全集 第1巻 父・こんなこと』 幸田文著 岩波書店 2001.7 415p 19cm 3800円 ①4-00-091901-6

内容 一九四七（昭和二十二）年八月から一九四九（昭和二十四）年四月までに発表された作品を収録。

幸田 露伴
こうだ・ろはん
《1867～1947》

「五重塔」

『幸田露伴集』 筑摩書房 2013.1 432p 21cm （明治文學全集 25） 7500円 ①978-4-480-10325-3

目次 風流佛, 對髑髏, 辻浄瑠璃, いさなとり, 五重塔, さゝ舟, 土偶木偶, 天うつ浪, 美妙、紅葉、露伴の三作家を評す（後藤宙外）, 解題（柳田泉）, 年譜（榎本隆司編）, 參考文獻（榎本隆司編）

『幸田露伴』 幸田露伴著 京都 新学社 2005.9 337p 15cm （近代浪漫派文庫） 1324円 ①4-7868-0064-3

内容 五重塔, 太郎坊, 観画談, 野道, 幻談, 雪たゝき, 鵞鳥, 為朝, 評釈炭俵（抄）

『五重塔』 幸田露伴作 岩波書店 1994.12 125p 15cm （岩波文庫） 360円 ①4-00-310121-9

内容 技量はありながらも小才の利かぬ性格ゆえに、「のっそり」とあだ名で呼ばれる大工十兵衛。その十兵衛が、義理も人情も捨てて、谷中感応寺の五重塔建立に一身を捧げる。エゴイズムや作為を越えた魔性のものに憑かれ、翻弄される職人の姿を、求心的な文体で浮き彫りにする文豪露伴（1867-1947）の傑作。

小関 智弘
こせき・ともひろ
《1933～》

「粋な旋盤工」

『粋な旋盤工』 小関智弘著 岩波書店 2000.6 243p 15cm （岩波現代文庫） 900円 ①4-00-603016-9

内容 粋な旋盤、小粋な仕上げ、馬鹿でもできるターレット。かつて町工場には、劣悪な労働条件のもとで、ものづくりの技術をもった誇りたかい職人がたくさん生きていた。不況に喘ぎつつ、無気力・無感動・無抵抗の現在に、働くことの意味を問い、沈滞社会の桎梏をつきくずす粋な闘いをよびかける旋盤工作家の処女作を再び世に問う。

後鳥羽院
ごとばいん
《1180〜1239》

「遠島御百首」

『新日本古典文学大系　46　中世和歌集　鎌倉篇』　佐竹昭広ほか編　樋口芳麻呂ほか校注　岩波書店　1991.9　461,47p　22cm　3800円　①4-00-240046-8　Ⓝ918

内容　山家心中集, 南海漁父北山樵客百番歌合, 定家卿百番自歌合, 家隆卿百番自歌合, 遠島御百首, 明恵上人歌集, 文応三百首, 中院詠草, 金玉歌合, 永福門院百番御自歌合, 解説　樋口芳麻呂著, 参考文献：p456〜461

『遠島御百首注釈』　小原幹雄著　［海士町（島根県）］　隠岐神社奉賛会　1983.4　198p　19cm〈発行所：隠岐神社社務所〉1262円　Ⓝ911.148

「後鳥羽院御口伝」

『群書類従　第16輯　和歌部』　塙保己一編纂　オンデマンド版　八木書店古書出版部　2013.4　626p　21cm〈訂正3版：続群書類従完成会 1980年刊　印刷・製本：デジタルパブリッシングサービス　発売：八木書店〉10000円　①978-4-8406-3127-3　Ⓝ081

内容　中殿御會部類記, 晴御會部類記, 貞治六年中殿御會記　二條良基著, 柿本朝臣人麻呂勘文, 柿本影供記　藤原敦光著, 柿本講式, 柿本像綵色勸進狀　慶範著, 新撰萬葉集　菅原道眞著, 古今和歌集目錄, 古今集序注　顯昭著, 古今集童蒙抄　一條兼良著, 僻案抄　京極定家著, 三代集之間事　京極定家著, 拾遺抄註　顯昭著, 散木集註　顯昭著, 藏玉和歌集　二條良基著, 悅目抄　藤原基俊著, 後鳥羽院御口傳, 近代秀歌　京極定家著, 詠歌一躰　冷泉爲家著, よるのつる　安嘉門院四條著, 九品和歌　藤原公任著, 歌仙落書　久我通光著, 歌仙落書　續, 正治奏狀　藤原俊成著, 定爲法印申文, 延慶兩卿訴陳狀　京極爲兼, 二條爲世著, 無名秘抄　鴨長明著, 水蛙眼目　頓阿著, 今川了俊和歌所江不審條々, 了俊辨要抄, 落書露顯　今川了俊著, 徹書記物語　正徹著, 東野州聞書　東常緣著, 兼載雜談, 西公談抄　蓮阿著, 桐火桶　京極定家著, 愚秘抄　京極定家著, 三五記　京極定家著

『歌論歌学集成　第7巻』　渡部泰明, 小林一彦, 山本一校注　三弥井書店　2006.10　340p　22cm　7200円　①4-8382-3108-3　Ⓝ911.101

内容　古来風体抄

『校本後鳥羽院御口伝』　和歌文学輪読会編　〔和歌文学輪読会〕　1982.8　152p　26cm　Ⓝ911.104

小林　一茶
こばやし・いっさ
《1763〜1827》

「父の終焉日記」

『一茶俳句集・おらが春 我春集・父の終焉日記』　一茶著，荻原井泉水編・校訂　一穂社　2004.12　170,106,82p　21cm（名著/古典籍文庫）〈岩波文庫復刻版「一茶俳句集」（岩波書店昭和26年刊（13刷））,「おらが春・我春集」（岩波書店昭和6年刊（7版））,「父の終焉日記」（岩波書店昭和9年刊）を原本としたオンデマンド版　発売：紀伊國屋書店〉4800円　①4-86181-026-4　Ⓝ911.35

『父の終焉日記・おらが春 他一篇』　小林一茶著，矢羽勝幸校注　岩波書店　2004.5　323p　15cm　（岩波文庫）　760円　①4-00-302234-3

内容　たまたま帰省中の一茶（1763‐1827）は、父を急病で失い初七日を迎えることとなった。その三十余日間を、日記形式で綴った『父の終焉日記』。日々衰弱してゆく父の姿と遺産問題を端に発した継母・義弟との確執がなまなましく描かれている。他に、56歳でもうけた娘さとの誕生と死を主題にまとめた『おらが春』と、『我春集』を収める。

『一茶文選』　黄色瑞華編　高文堂出版社　1993.6　179p　21cm　2100円　①4-7707-0422-4

内容　この小冊は一茶の生涯とその文学を通覧するための資料として編んだものである。編集に当たっては、記述を必要最小限にとどめ、資料に重点をおくように配慮した。

小林　秀雄
こばやし・ひでお
《1902～1983》

「お月見」

『小林秀雄全作品　24　考えるヒント』　小林秀雄著　新潮社　2004.9　310p　19cm　2000円　Ⓘ4-10-643564-0

内容 さくら、お月見、天命、還暦…。四季の折々、人生の節々、おのずと胸にわく感慨を味わい、哲学に、焼物に、思いをひそめる五九歳～六一歳、こころ自在の随想録。

『考えるヒント』　小林秀雄著　新装版　文芸春秋　2004.8　270p　15cm　（文春文庫）562円　Ⓘ4-16-710712-0

内容「良心」について、「平家物語」、「花見」…。さりげない語り口で始まるエッセイは、思いもかけない発想と徹底した思索で、読者を刺激し新たな発見を与える。永遠に読み継がれるべき名著。

『栗の樹』　小林秀雄著　講談社　1990.3　381p　15cm　（講談社文芸文庫―現代日本のエッセイ）880円　Ⓘ4-06-196073-3

内容 “如何にして己を知ろうか”フランス象徴主義、ベルグソン、孔子、西行、宣長―。東西古今にわたる「達人」たちの精神の運動を、「観」の目で凝視し「批評」の言葉で語る現代批評の先導・小林秀雄の「無常という事」「西行」「私の人生観」などその精神の精髄を凝集する42篇を収録。

「神・人間・文明」

『直観を磨くもの―小林秀雄対話集』　小林秀雄著　新潮社　2014.1　531p　15cm　（新潮文庫）710円　Ⓘ978-4-10-100709-0

内容 本質を射ぬく目、いわゆる「直観」を養う方法とは何か。類い稀なる慧眼の士、小林秀雄が各界の第一人者十二人と語り合う中に、そのヒントは立ち上る。思考停止を招く「○○主義」、芸術作品を曇らせる浅薄な「知識」、空論化する「弁証法」…文学・絵画・演劇といった「芸術」、哲学・思想・科学といった「論理」、そして人間力といっていい「教養」。小林秀雄の直観を探る格好の対話集。

『人間の進歩について』　小林秀雄著　新潮社　2004.1　236p　19cm　（小林秀雄全作品 16）1600円　Ⓘ4-10-643556-X

内容 原子の世界は人間の世界とどう結びついているのか―。世界的物理学者、湯川秀樹に発する問、問、問…。さらに生涯の先達、正宗白鳥との「大作家論」。

『小林秀雄全集　第8巻　モオツァルト』　小林秀雄著　新潮社　2001.9　412p　21cm　8000円　Ⓘ4-10-643528-4

目次 昭和21年（座談/コメディ・リテレール小林秀雄を囲んで，ドストエフスキイのこと，モオツァルト），昭和22年（対談/近代の毒，ランボオ3，瑳峨沢にて，真船君のこと，座談/舊文学界同人との対話，文芸時評について，座談/鼎談，光悦と宗達），昭和23年（横光さんのこと，菊池さんの思ひ出，鉄斎1，対談/伝統と反逆，対談/人間の進歩について，骨董，チェホフ，「罪と罰」について2，現代文学の診断）

『人間の進歩について―小林秀雄対談集2』　小林秀雄著　文芸春秋　1981.3　286p　16cm　（文春文庫）320円　Ⓝ914.6

「考えるヒント」

『考えるヒント』　小林秀雄著　新装版　文芸春秋　2004.8　270p　15cm　（文春文庫）562円　Ⓘ4-16-710712-0

内容「良心」について、「平家物語」、「花見」…。さりげない語り口で始まるエッセイは、思いもかけない発想と徹底した思索で、読者を刺激し新たな発見を与える。永遠に読み継がれるべき名著。

『小林秀雄全作品　23　考えるヒント』　小林秀雄著　新潮社　2004.8　268p　19cm　1700円　Ⓘ4-10-643563-2

内容 一九六〇年代、人びとは考えることの楽しさを知った。常識、良心、忠臣蔵…身近な話題から入って多様に語る、随想シリーズ“考えるヒント”で知った―。

『昭和文学全集　9』　小林秀雄，河上徹太郎，中村光夫，山本健吉著　小学館　1987.11　1134p　21cm　4000円　Ⓘ4-09-568009-1

内容 近代の克服に、伝統の継承に、昭和期の英知が獲得した、豊かな精神史。昭和文学初めての集大成。

「近代絵画」

『小林秀雄全作品 22 近代絵画』 小林秀雄著 新潮社 2004.7 333p 19cm 2000円 ①4-10-643562-4

内容 昭和28年50歳、ヨーロッパを巡って絵を見た。パリに始まり約半年―。モネ、セザンヌ、ドガ、ピカソ…彼ら、一流画家の一流の色に、とびきり一流の人間劇を見た。

『小林秀雄全集 第11巻 近代絵画』 小林秀雄著 新潮社 2002.3 565p 21cm 9000円 ①4-10-643531-4

内容 一流の線、一流の色、一流の劇…彼ら一流画家たちの、一流の生。

「古典論（平家物語・徒然草）」

『モオツァルト・無常という事』 小林秀雄著 新潮社 2006.8 317p 15cm （新潮文庫） 476円 ①4-10-100704-7

内容 小林批評美学の集大成であり、批評という形式にひそむあらゆる可能性を提示する「モオツァルト」、自らの宿命のかなしい主調音を奏でて近代日本の散文中最高の達成をなした戦時中の連作「無常という事」など6編、骨董という常にそれを玩弄するものを全人的に験さずにはおかない狂気と平常心の入りまじった世界の機微にふれた「真贋」など8編、ほか「蘇我馬子の墓」を収録する。

『小林秀雄』 小林秀雄著 京都 新学社 2006.6 359p 15cm （新学社近代浪漫派文庫） 1343円 ①4-7868-0096-1

目次 様々なる意匠, 私小説論, 思想と実生活, 満洲の印象, 事変の新しさ, 歴史と文学, 当麻, 無常といふ事, 平家物語, 徒然草, 西行, 実朝, モオツァルト, 鉄斎, 蘇我馬子の墓, 古典をめぐりて 対談（折口信夫）, 還暦, 感想

『モーツァルト』 小林秀雄著 集英社 1991.4 238p 15cm （集英社文庫） 330円 ①4-08-752012-9

内容 「モーツァルトのかなしさは疾走する。涙は追いつけない」「その悲しさは、透明な冷たい水のように、僕の乾いた喉をうるおし、僕を鼓舞する」対象に魅いられる事が批評の出発点だとする小林は、その鋭い感受性で独自の批評文学を築きあげた。「モーツァルト」「無常という事」など代表作と、講演の記録を収める。

「西行」

『小林秀雄』 小林秀雄著 復刻版 学術出版会, 日本図書センター〔発売〕 2010.3 277p 21cm （日本人の知性 3） 4800円 ①978-4-284-10230-8

目次 1（「罪と罰」について, ドストエフスキイ七十五年祭に於ける講演）,2（私小説論, ニイチェ雑感, チェーホフ）,3（モオツァルト, ゴッホ展に際しての講演, 雪舟, 真贋, 金閣焼亡）,4（私の人生観, 西行, 実朝, 中原中也の思ひ出, 蓄音機, スポーツ）

『モオツァルト・無常という事』 小林秀雄著 75刷改版 新潮社 2006.8

『小林秀雄』 小林秀雄著 京都 新学社 2006.6 359p 15cm （新学社近代浪漫派文庫） 1343円 ①4-7868-0096-1

目次 様々なる意匠, 私小説論, 思想と実生活, 満洲の印象, 事変の新しさ, 歴史と文学, 当麻, 無常といふ事, 平家物語, 徒然草, 西行, 実朝, モオツァルト, 鉄斎, 蘇我馬子の墓, 古典をめぐりて 対談（折口信夫）, 還暦, 感想

「「四季」抄」

『考えるヒント』 小林秀雄著 新装版 文藝春秋 2004.8

「徒然草」

『モオツァルト・無常という事』 小林秀雄著 新潮社 2006.8 317p 15cm （新潮文庫） 476円 ①4-10-100704-7

内容 小林批評美学の集大成であり、批評という形式にひそむあらゆる可能性を提示する「モオツァルト」、自らの宿命のかなしい主調音を奏でて近代日本の散文中最高の達成をなした戦時中の連作「無常という事」など6編、骨董という常にそれを玩弄するものを全人的に験さずにはおかない狂気と平常心の入りまじった世界の機微にふれた「真贋」など8編、ほか「蘇我馬子の墓」を収録する。

『小林秀雄』 小林秀雄著 京都 新学社 2006.6 359p 15cm （新学社近代浪漫派文庫） 1343円 ①4-7868-0096-1

目次 様々なる意匠, 私小説論, 思想と実生活, 満洲の印象, 事変の新しさ, 歴史と文学, 当麻, 無常といふ事, 平家物語, 徒然草, 西行, 実朝, モオツァルト, 鉄斎, 蘇我馬子の墓, 古典をめぐりて 対談（折口信夫）, 還暦, 感想

『モーツァルト』 小林秀雄著 集英社 1991.4 238p 15cm （集英社文庫） 330円 ①4-08-752012-9

内容 「モーツァルトのかなしさは疾走する。

涙は追いつけない」「その悲しさは、透明な冷たい水のように、僕の乾いた喉をうるおし、僕を鼓舞する」対象に魅いられる事が批評の出発点だとする小林は、その鋭い感受性で独自の批評文学を築きあげた。「モーツァルト」「無常という事」など代表作と、講演の記録を収める。

「読書について」

『読書について』 小林秀雄著 中央公論新社 2013.9 187p 18cm 1300円 ①978-4-12-004540-0

内容 「批評の神様」に学ぶ実践的読書法。

『小林秀雄全作品 11 ドストエフスキイの生活』 小林秀雄著 新潮社 2003.8 346p 19cm 2000円 ①4-10-643551-9

内容 広大な、深刻な実生活を生き、実生活について、一言も語らなかった作家―、ドストエフスキー。その実生活の評伝、迫真の彫像。全文新字体、新かなづかい、そして脚注。

『小林秀雄全集 第6巻 ドストエフスキイの生活』 小林秀雄著 新潮社 2001.7 588p 21cm 9000円 ①4-10-643526-8

内容 波瀾万丈、乱脈無比、驚天動地の文豪伝、サント・ブウヴ「我が毒」翻訳。

「美を求める心」

『読書について』 小林秀雄著 中央公論新社 2013.9 187p 18cm 1300円 ①978-4-12-004540-0

内容 「批評の神様」に学ぶ実践的読書法。

『考えるヒント 3』 小林秀雄著 文藝春秋 2013.5 350p 15cm （文春文庫） 629円 ①978-4-16-710714-7

内容 戦後の混乱する思想界に衝撃を与えた「私の人生観」、柳田国男が目指した学問世界の意義を正確に読み解き、現代知識人の盲点を鋭くついた「信ずることと知ること」ほかの講演を収録、話し言葉による新しい批評表現の可能性を示した画期的な書。「知の巨人」の思索がたどり着いた到達点を示すシリーズ第三弾。

『小林秀雄全作品 21 美を求める心』 小林秀雄著 新潮社 2004.6 309p 19cm 1800円 ①4-10-643561-6

内容 すれみの花を、黙って一分間眺めてみよう。諸君は、どれほどたくさんなものが見えてくるかに驚くでしょう…。昭和32年54歳、小学生、中学生に語った「美を求める心」。

「平家物語」

『モオツァルト・無常という事』 小林秀雄著 新潮社 2006.8 317p 15cm （新潮文庫） 476円 ①4-10-100704-7

内容 小林批評美学の集大成であり、批評という形式にひそむあらゆる可能性を提示する「モオツァルト」、自らの宿命のかなしい主調音を奏でて近代日本の散文中最高の達成をなした戦時中の連作「無常という事」など6編、骨董という常にそれを玩弄するものを全人的に験さずにはおかない狂気と平常心の入りまじった世界の機微にふれた「真贋」など8編、ほか「蘇我馬子の墓」を収録する。

『小林秀雄』 小林秀雄著 京都 新学社 2006.6 359p 15cm （新学社近代浪漫派文庫） 1343円 ①4-7868-0096-1

目次 様々なる意匠, 私小説論, 思想と実生活, 満洲の印象, 事変の新しさ, 歴史と文学, 当麻, 無常といふ事, 平家物語, 徒然草, 西行, 実朝, モオツァルト, 鉄斎, 蘇我馬子の墓, 古典をめぐりて 対談（折口信夫）, 還暦, 感想

『モーツァルト』 小林秀雄著 集英社 1991.4 238p 15cm （集英社文庫） 330円 ①4-08-752012-9

内容 「モーツァルトのかなしさは疾走する。涙は追いつけない」「その悲しさは、透明な冷たい水のように、僕の乾いた喉をうるおし、僕を鼓舞する」対象に魅いられる事が批評の出発点だとする小林は、その鋭い感受性で独自の批評文学を築きあげた。「モーツァルト」「無常という事」など代表作と、講演の記録を収める。

「無常ということ」

『小林秀雄』 小林秀雄著 京都 新学社 2006.6 359p 15cm （新学社近代浪漫派文庫） 1343円 ①4-7868-0096-1

目次 様々なる意匠, 私小説論, 思想と実生活, 満洲の印象, 事変の新しさ, 歴史と文学, 当麻, 無常といふ事, 平家物語, 徒然草, 西行, 実朝, モオツァルト, 鉄斎, 蘇我馬子の墓, 古典をめぐりて 対談（折口信夫）, 還暦, 感想

『栗の樹』 小林秀雄著 講談社 1990.3 381p 15cm （講談社文芸文庫―現代日本のエッセイ） 880円 ①4-06-196073-3

内容 “如何にして己を知ろうか”フランス象徴主義、ベルグソン、孔子、西行、宣長—。東西古今にわたる「達人」たちの精神の運動を、「観」の目で凝視し「批評」の言葉で語る現代批評の先導・小林秀雄の「無常という事」「西行」「私の人生観」などその精神の精髄を凝集する42篇を収録。

「焼き物二題 ピカソの陶器・埴輪」

『小林秀雄全作品 19 真贋』 小林秀雄著 新潮社 2004.4 293p 19cm 1800円 Ⓘ4-10-643559-4

内容 三十代の中頃—、小林秀雄に狐がついた。美の狐だ。以来、陶器、土器、書画と、四十代の初めまで続いた眼の七転八倒を披露する「真贋」。小説「白痴」の、息をのむ読みも。

『栗の樹』 小林秀雄著 講談社 1990.3 381p 15cm （講談社文芸文庫—現代日本のエッセイ） 880円 Ⓘ4-06-196073-3

内容 “如何にして己を知ろうか”フランス象徴主義、ベルグソン、孔子、西行、宣長—。東西古今にわたる「達人」たちの精神の運動を、「観」の目で凝視し「批評」の言葉で語る現代批評の先導・小林秀雄の「無常という事」「西行」「私の人生観」などその精神の精髄を凝集する42篇を収録。

「私の人生観」

『考えるヒント 3』 小林秀雄著 文藝春秋 2013.5 350p 15cm （文春文庫） 629円 Ⓘ978-4-16-710714-7

内容 戦後の混乱する思想界に衝撃を与えた「私の人生観」、柳田国男が目指した学問世界の意義を正確に読み解き、現代知識人の盲点を鋭くついた「信ずることと知ること」ほかの講演を収録、話し言葉による新しい批評表現の可能性を示した画期的な書。「知の巨人」の思索がたどり着いた到達点を示すシリーズ第三弾。

『私の人生論 7 小林秀雄』 小林秀雄著 日本ブックエース, 日本図書センター〔発売〕 2010.12 350p 21cm 3800円 Ⓘ978-4-284-80111-9

目次 私の人生観（歴史と文学, 文学と自分 ほか）, 無常という事（当麻, 無常という事 ほか）, 文学について（自己について, 文章について ほか）, 政治と文学, ゴッホの手紙（ボリナージュ, 恋愛 ほか）

『小林秀雄全作品 17』 小林秀雄著 新潮社 2004.2 257p 20cm 1700円 Ⓘ4-10-643557-8 Ⓝ918.68

内容 私の人生観

小原 二郎
こはら・じろう
《1916〜》

「木の魅力」

『日本人と木の文化—インテリアの源流』 小原二郎著 朝日新聞社 1984.9 239p 19cm （朝日選書 262） 940円 Ⓘ4-02-259362-8 Ⓝ710.4

『日本人と木の文化』 小原二郎述 本田財団 ［1983］ 16p 30cm （本田財団レポート no.40）〈会期・会場：昭和58年8月3日 パレスホテル〉 Ⓝ524.21

後深草院二条
ごふかくさいんのにじょう
《1258〜？》

「とはずがたり」

『土佐日記・蜻蛉日記・とはずがたり』 菊地靖彦, 木村正中, 伊牟田経久, 久保田淳校訂・訳 小学館 2008.11 318p 19cm （日本の古典をよむ 7） 1800円 Ⓘ978-4-09-362177-9

内容 原文の魅力をそのままにあらすじと現代語訳付き原文ですらすらよめる新編集。歴史小説をよむように古典文学をよむ。人はなぜ、旅をし、人生を日記につづるのか。寂寥、苦悩、愛執、涙…。時空を越えて伝わる三つの人生をよむ。

『とはずがたり』 久我雅忠女著, 次田香澄校注 新装版 明治書院 2003.2 319p 19cm （校注古典叢書）〈文献あり 年譜あり〉 2000円 Ⓘ4-625-71326-9 Ⓝ915.49

『新編日本古典文学全集 47 建礼門院右京大夫集 とはずがたり』 建礼門院右京大夫著, 久保田淳校注・訳, 後深草

院二条著，久保田淳校注・訳　小学館　1999.12　598p　23cm　4657円　Ⓘ4-09-658047-3　Ⓝ918

小山　清
こやま・きよし
《1911～1965》

「落穂拾い」

『日本文学100年の名作―木の都　1944‐1953』　池内紀，川本三郎，松田哲夫編　新潮社　2014.12　502p　15cm　（新潮文庫）750円　Ⓘ978-4-10-127435-5

内容 第二次世界大戦の敗北、GHQによる支配―。日本に激震が走った10年間の15編。小説の読み巧者三名が議論を重ね厳選した名作のみを収録。

『日日の麵麭/風貌―小山清作品集』　小山清著　講談社　2014.7　233p　15cm　（講談社文芸文庫スタンダード）1400円　Ⓘ978-4-06-290238-0

内容 市井の人々の小さな人生に汚れなき魂を見いだし、五〇篇に満たない美しい短篇を遺して不遇の生涯を閉じた作家、小山清の希少な作品集。馴染の妓との関わりと別れを哀切に綴る「朴歯の下駄」、幼な子イエスを慈しむマリヤとヨセフのある一日「聖家族」ほか、太宰治、井伏鱒二との交流を振り返る随筆を併録。

『落穂拾い・犬の生活』　小山清著　筑摩書房　2013.3　435p　15cm　（ちくま文庫）950円　Ⓘ978-4-480-43046-5

内容「仄聞するところによると、ある老詩人が長い歳月をかけて執筆している日記は嘘の日記だそうである。僕はその話を聞いて、その人の孤独にふれる思いがした」（落穂拾い）明治の匂いの残る浅草に育ち、純粋無比の作品を遺して短い生涯を終えた小山清。不遇をかこちながら、心あたたまる作品を書き続けた作家の代表作を文庫化。いまなお新しい、清らかな祈りのような作品集。

『日日の麵麭・風貌―小山清作品集』　小山清著　講談社　2005.11　236p　15cm　（講談社文芸文庫）1400円　Ⓘ4-06-198423-3

内容 明治の匂い香る新吉原、その地で過ごした幼少期を温かい筆致で振り返る「桜林」、妻に先立たれ、幼い娘を連れておでんの屋台を曳く男の日常を静かに辿った「日日の麵麭」等、清純な眼差しで、市井に生きる人々の小さな人生を愛情深く描いた小説九篇に、太宰、井伏についての随筆を併録。師・太宰治にその才能を愛され、不遇で短い生涯において、孤独と慰め、祈りに溢れる文学を遺した小山清の精選作品集。

小山　正孝
こやま・まさたか
《1916～2002》

「雪つぶて」

『現代詩文庫　小山正孝詩集　1043』　思潮社　1991

目次 詩集〈雪つぶて〉全篇，詩集〈愛しあう男女〉全篇，詩集〈山の奥〉から，詩集〈散ル木ノ葉〉から，詩集〈風毛と雨血〉から，詩集〈山居乱信〉から，〈未刊詩篇〉から，エッセイ　堀辰雄と四季，研究・解説（『雪つぶて』再刊の機会に，『散ル木ノ葉』，旅を旅する），年譜

『雪つぶて―小山正孝詩集』　小山正孝著　潮流社　1984.7　91p　24cm　3800円　Ⓘ4-88665-045-7　Ⓝ911.56

近藤　芳美
こんどう・よしみ
《1913～2006》

「稚いポプラ並木」

『近藤芳美集　第8巻　青春の碑』　近藤芳美著　岩波書店　2000.9　619p　19cm　5000円　Ⓘ4-00-092378-1

内容『青春の碑・第一部』『青春の碑・第二部』は共に1964年4月、垂水書房により刊行された。それより先、雑誌「短歌研究」に、1957年から59年にかけて「或る青春と歌」として連載した文、並びに、60年から62年にかけて、「青春の碑」ないし「夏草」の題名で書き続けた文章をそれぞれに併せ、一冊としたものである。

「青春の碑」

『近藤芳美集　第8巻　青春の碑』　近藤芳美著　岩波書店　2000.9　619p　19cm

5000円　①4-00-092378-1

内容 『青春の碑・第一部』『青春の碑・第二部』は共に1964年4月、垂水書房により刊行された。それより先、雑誌「短歌研究」に、1957年から59年にかけて「或る青春と歌」として連載した文、並びに、60年から62年にかけて、「青春の碑」ないし「夏草」の題名で書き続けた文章をそれぞれに併せ、一冊としたものである。

「無名者の歌」

『無名者の歌』　近藤芳美著　岩波書店　1993.5　339p　16cm　（同時代ライブラリー 148）1050円　①4-00-260148-X　Ⓝ911.16

西条　八十
さいじょう・やそ
《1892～1970》

「母の唄」

『西条八十全集　1,8』　国書刊行会　1991～92

斎藤　茂吉
さいとう・もきち
《1882～1953》

「続山峡小記」

『念珠集』　斎藤茂吉著　講談社　2004.7　273p　15cm　（講談社文芸文庫）1200円　①4-06-198375-X

内容 大正十二年七月、郷里山形の実父が世を去った。滞欧の茂吉はその死を知り悲しみにおそわれる。幼少の頃の父に纏わる様々が哀調を帯びて湧き上る。想い出の一つ一つを念珠の玉のように連らね、父を悼み懐かしむという意向で記された表題作「念珠集」をはじめ、「アララギ」同門・島木赤彦の終焉を克明に描写した「島木赤彦臨終記」、小品「山峡小記」「長崎追憶」など三十五篇を収めた第一随筆集。

斎藤　隆介
さいとう・りゅうすけ
《1917～1985》

「二代目源さん組子ばなし—職人からの聞き書き」

『斎藤隆介全集　第8巻（ノンフィクション 1）職人衆昔ばなし』　斎藤隆介著　オンデマンド版　岩崎書店　2000.10　321p　23cm〈原本：1982年刊〉3700円　①4-265-03973-1　Ⓝ918.68

内容 大寅道具ばなし, 仙太郎大工自慢ばなし, 地蔵の富さん聞き書抄, 指物師恒造放談, 九十に四年の指物師, 勇みのめ組の組頭, 思楽老コテばなし, 畳屋恵さん昔話, 茂作老瓦談義, 石勝老人回顧談, 庭師十基・秋の夜語り, ぬし屋名人・信太郎, 「ハマのペンキ屋」磯崎老, 竹に生きる尚月斎, 家具木工の二郎さん, 国会演壇を彫った人, ギヤマンの虹を大衆へ, 飾り職最後の人, 人間国宝・松山蒔絵ばなし, 螺鈿師・華江夜話, 鶴心堂表具ばなし, 多聞堂四代, 台湾ホネ屋・陳乞朋, 重さん理事長チン談義, 首がついてた辰次郎, 二代目源さん組子噺, 売らない大工道具店, 大工道具名品・解説, 解説（江国滋著）

斎藤　緑雨
さいとう・りょくう
《1867～1904》

「筆は一本」

『齋藤緑雨集』　筑摩書房　2013.1　488p　21cm　（明治文學全集 28）7500円　①978-4-480-10328-4

内容 置炬燵・油地獄・かくれんぼ・百鬼行・柴小舟・売花翁・門三味線・あま蛙・おぼろ夜・眼前口頭・青眼白頭・小説八宗・小説評註・日用帳ほか解題（稲垣達郎）, 年譜（中村完編）, 參考文獻（中村完編）

『斎藤緑雨』　斎藤緑雨著, 坪内祐三, 南伸坊編　筑摩書房　2002.7　420,3p　19cm　（明治の文学 第15巻）2600円　①4-480-10155-1

内容 短文・寸評・警句（おぼえ帳, ひかへ帳, 眼前口頭, 青眼白頭, 半文銭）, 評論（小説八宗, 小説評註, 新体詩見本, 正直正太夫死す, 大いに笑ふ), 小説（油地獄, かくれんぼ), 遺稿・談話（デコさんの記, 小田原日記, 短信, ももはがき,『かくれんぼ』故斎藤緑雨君談話）

嵯峨　信之
さが・のぶゆき
《1902〜1997》

「骨」

『精選 日本現代詩全集』 ぎょうせい 1982

酒井　恒
さかい・つね
《1903〜1986》

「へいけがに」

『蟹—その生態の神秘』 酒井恒著 講談社 1980.4 299p 19cm 1200円 Ⓝ485.3

坂口　安吾
さかぐち・あんご
《1906〜1955》

「日本文化私観」

『日本文化私観』 坂口安吾著 中央公論新社 2011.7 363p 18cm （中公クラシックス）1850円 Ⓘ978-4-12-160126-1

内容「日本人の生活が健康なら日本も健康だ」時流に阿らぬ自由人の日本論。『堕落論』収載。

『堕落論・日本文化私観 他二十二篇』 坂口安吾著 岩波書店 2008.9 405p 15cm （岩波文庫）700円 Ⓘ978-4-00-311821-4

内容 1946（昭和21）年4月に発表された「堕落論」によって、坂口安吾（1906 - 1955）は一躍時代の寵児となった。作家として生き抜く覚悟を決めた日から、安吾は内なる〈自己〉との壮絶な戦いに明け暮れた。他者などではない。この〈自己〉こそが一切の基準だ。安吾の視線は、物事の本質にグサリと突き刺さる。

『坂口安吾』 坂口安吾著 筑摩書房 2008.2 477p 15cm （ちくま日本文学 009）880円 Ⓘ978-4-480-42509-6

内容 風博士, 村のひと騒ぎ,FARCEに就て, 石の思い, 風と光と二十の私と, 勉強記, 日本文化私観, 堕落論, 続堕落論, 白痴, 金銭無情, 湯の町エレジー, 高千穂に冬雨ふれり, 桜の森の満開の下

『堕落論』 坂口安吾著 改版, 新装版 角川書店, 角川グループパブリッシング〔発売〕 2007.6 327p 15cm （角川文庫）438円 Ⓘ978-4-04-110020-2

内容「人間は堕落する。義士も聖女も堕落する。それを防ぐことはできないし、防ぐことによって人を救うことはできない」第二次世界大戦直後の混迷した社会に、戦前戦中の倫理観を明確に否定して新しい指標を示した「堕落論」は、当時の若者たちの絶大な支持を集めた。堕ちることにより救われるという安吾の考え方は、いつの時代でも受け入れられるに違いない。他に「恋愛論」「青春論」など、名エッセイ12編を収める。

「ふるさとに寄する讃歌」

『アンゴウ』 坂口安吾著, 七北数人, 烏有書林編 烏有書林 2011.12 333p 20cm （シリーズ日本語の醍醐味 1）2200円 Ⓘ978-4-904596-02-9 Ⓝ913.6

内容 ふるさとに寄する讃歌,「翻訳」ステファヌ・マラルメ ヴァレリィ著,Piérre Philosophale, 傲慢な目, 山麓, 山の貴婦人, 宿命のCANDIDE, 長島の死, 淫者山へ乗りこむ, 流浪の追憶, 母を殺した少年, お喋り競争, 手紙雑談, 山口修三宛書簡, 夏と人形, 南風譜, 閑山, 紫大納言, 囲碁修業, 探偵の巻, 市井閑談, 二流の人（抄録）我鬼, 花火, 無毛談, アンゴウ, 死と影, 日月様, 保久呂天皇, 解説 七北数人著

『風と光と二十の私と・いずこへ 他十六篇』 坂口安吾作 岩波書店 2008.11 420p 15cm （岩波文庫）760円 Ⓘ978-4-00-311823-8

内容 安吾、安吾、安吾—安吾とはいったい誰か。坂口炳五はいかにして安吾になったのか。“求道者・安吾”、“落伍者・安吾”、そして何よりも “作家・安吾”。冷徹に現実を

見つめる“鬼の目”、そして“いたわりの視線”。安吾にとって、自伝的作品を書くことは、自分の思想や生き方と自分の過去との全面的対決であった。

『坂口安吾全集 01』 坂口安吾著 筑摩書房 1999.5 638p 21cm 8200円 Ⓘ4-480-71031-0

内容 作家の全著作をジャンルに依らず生成発表順に編集。本巻には、木枯の酒倉から・風博士・黒谷村他、1927年3月〜1935年12月分を収録。

「文学のふるさと」

『日本文化私観』 坂口安吾著 中央公論新社 2011.7 363p 18cm (中公クラシックス) 1850円 Ⓘ978-4-12-160126-1

内容 「日本人の生活が健康なら日本も健康だ」時流に阿らぬ自由人の日本論。『堕落論』収載。

『堕落論・日本文化私観 他二十二篇』 坂口安吾著 岩波書店 2008.9 405p 15cm (岩波文庫) 700円 Ⓘ978-4-00-311821-4

内容 1946(昭和21)年4月に発表された「堕落論」によって、坂口安吾(1906‐1955)は一躍時代の寵児となった。作家として生き抜く覚悟を決めた日から、安吾は内なる〈自己〉との壮絶な戦いに明け暮れた。他者などではない。この〈自己〉こそが一切の基準だ。安吾の視線は、物事の本質にグサリと突き刺さる。

『堕落論』 坂口安吾著 新潮社 2000.6 322p 15cm (新潮文庫) 514円 Ⓘ4-10-102402-2

内容 単に、人生を描くためなら、地球に表紙をかぶせるのが一番正しい—誰もが無頼派と呼んで怪しまぬ安吾は、誰よりも冷徹に時代をねめつけ、誰よりも自由に歴史を嗤い、そして誰よりも言葉について文学について疑い続けた作家だった。どうしても書かねばならぬことを、ただその必要にのみ応じて書きつくすという強靱な意志の軌跡を、新たな視点と詳細な年譜によって辿る決定版評論集。

「ラムネ氏のこと」

『エッセイ 芸術するのは、たいへんだ!?』 くもん出版 2013.11 157p 19cm (読書がたのしくなる・ニッポンの文学) 1200円 Ⓘ978-4-7743-2185-1

内容 文学、美術、音楽…。芸術に生きるのもラクじゃない!?苦難をものともせず、己の道をひた走る彼らをつき動かした、熱情とは? 十代のキミへ。

『驚くこころ』 鶴見俊輔, 安野光雅, 森毅, 井上ひさし, 池内紀編 筑摩書房 2012.2 437p 15cm (ちくま哲学の森 6) 1300円 Ⓘ978-4-480-42866-0

目次 報告(宮澤賢治), シャボン玉(J.コクトー),「わが生いたち」より(佐藤春夫), まんじゅうの皮とあん(国分一太郎), 伊香保へ行って温泉に入ろう(山下清), 父と息子との対話(林達夫), 考えるだけでラジオを直す少年(ファインマン), 日常身辺の物理的諸問題(寺田寅彦), 立春の卵(中谷宇吉郎), クシャミと太陽(緒方富雄), 科学的な暗殺者(ファーブル), 足跡(吉田健一), 世界の果てへ(T・クローバー), 改暦弁(福澤諭吉), 一八七七年の日本(モース), 神々の国の首都(小泉八雲), 歯固め(戸井田道三), 地面の底がぬけたんです(藤本とし), 水源に向かって歩く(遠山啓), 倉田百三氏の体験を中心に(森田正馬), 精神分析について(フロイト), 火と尊崇 プロメテウス・コンプレックス(バシュラール), 方法序論 第二部(デカルト), 数学上の発見(ポアンカレ), ラムネ氏のこと(坂口安吾), 知魚楽(湯川秀樹)

『齋藤孝のイッキによめる! 名作選 中学生』 齋藤孝編 講談社 2006.4 275p 21cm 1000円 Ⓘ4-06-213394-6

内容 朝の10分間読書にぴったり!!これ一冊で、ぜんぶ読める! 芥川龍之介、坂口安吾、太宰治、中島敦、中原中也、夏目漱石、サン=テグジュペリ、アクセル=ハッケ、江國香織、重松清、古川日出男、星野道夫、村上春樹、山際淳司全14作品。

『白痴・青鬼の褌を洗う女』 坂口安吾著 講談社 1989.7 413p 16cm (講談社文芸文庫) 840円 Ⓘ4-06-196050-4 Ⓝ913.6

内容 ラムネ氏のこと, ふるさとに寄する讃歌, 帆影, 木々の精、谷の精, 波子, 真珠, 白痴, 外套と青空, 女体, 恋をしに行く, 戦争と一人の女, 続戦争と一人の女, 青鬼の褌を洗う女, 参考資料・著者目録：p406〜413

「恋愛論」

『エッセイ みんな、くよくよ悩んでいたって…!?』 くもん出版 2013.11

157p 19cm (読書がたのしくなる・ニッポンの文学) 1200円 ①978-4-7743-2183-7

内容 生きていれば、いろいろあるさ。出会いも、別れも、喜びも、悲しみも、全部まとめて“人生”じゃないか! 十代のキミへ。

『愛のうらおもて』 松田哲夫編 あすなろ書房 2012.9 251p 22×24cm (中学生までに読んでおきたい哲学 1) 1800円 ①978-4-7515-2721-4

内容 杉浦日向子、吉行淳之介、幸田文ほか。考える楽しみに満ちた19編。

『日本文化私観』 坂口安吾著 中央公論新社 2011.7 363p 18cm (中公クラシックス) 1850円 ①978-4-12-160126-1

内容 「日本人の生活が健康なら日本も健康だ」時流に阿らぬ自由人の日本論。『堕落論』収載。

『堕落論』 坂口安吾著 改版,新装版 角川書店,角川グループパブリッシング〔発売〕 2007.6 327p 15cm (角川文庫) 438円 ①978-4-04-110020-2

内容 「人間は堕落する。義士も聖女も堕落する。それを防ぐことはできないし、防ぐことによって人を救うことはできない」第二次世界大戦直後の混迷した社会に、戦前戦中の倫理観を明確に否定して新しい指標を示した「堕落論」は、当時の若者たちの絶大な支持を集めた。堕ちることにより救われるという安吾の考え方は、いつの時代でも受け入れられるに違いない。他に「恋愛論」「青春論」など、名エッセイ12編を収める。

鷺沢 萠

さぎさわ・めぐむ

《1968〜2004》

「ほおずきの花束」

『海の鳥・空の魚』 鷺沢萠著 角川書店 1992.11 234p 15cm (角川文庫) 430円 ①4-04-185301-X Ⓝ913.6

『海の鳥・空の魚』 鷺沢萠著 角川書店 1990.1 236p 19cm 1100円 ①4-04-872559-9

内容 海中に放たれた鳥のように、生きてゆく大好きな仲間たち。恋、カレッジライフ・うたかたの日々。間違った場所に戸惑い、溜息しつつ、何かをつかんだ輝きの一瞬、喜びの涙がこぼれた―。新鋭女流のきらめく作品集。

「ポケットの中」

『海の鳥・空の魚』 鷺沢萠著 角川書店 1992.11 234p 15cm (角川文庫) 430円 ①4-04-185301-X Ⓝ913.6

『海の鳥・空の魚』 鷺沢萠著 角川書店 1990.1 236p 19cm 1100円 ①4-04-872559-9

内容 海中に放たれた鳥のように、生きてゆく大好きな仲間たち。恋、カレッジライフ・うたかたの日々。間違った場所に戸惑い、溜息しつつ、何かをつかんだ輝きの一瞬、喜びの涙がこぼれた―。新鋭女流のきらめく作品集。

「指」

『海の鳥・空の魚』 鷺沢萠著 角川書店 1992.11 234p 15cm (角川文庫) 430円 ①4-04-185301-X Ⓝ913.6

『海の鳥・空の魚』 鷺沢萠著 角川書店 1990.1 236p 19cm 1100円 ①4-04-872559-9

内容 海中に放たれた鳥のように、生きてゆく大好きな仲間たち。恋、カレッジライフ・うたかたの日々。間違った場所に戸惑い、溜息しつつ、何かをつかんだ輝きの一瞬、喜びの涙がこぼれた―。新鋭女流のきらめく作品集。

佐久間 象山

さくま・しょうざん

《1811〜1864》

「君子有五楽」

『日本の名著 30 佐久間象山・横井小楠』 松浦玲責任編集 中央公論社 1984.6 542p 18cm (中公バックス) 1200円 ①4-12-400420-6 Ⓝ081

内容 理想のゆくえ―思想は政治となりうるのか 松浦玲著,省諐録・海防論・殖産興業・公武一和 佐久間象山著,国是三論・政治と学問・共和一致・大義を世界に 横井小楠著,対照略年表:p536〜542

佐多　稲子
さた・いねこ
《1904～1998》

「キャラメル工場から」

『日本近代短篇小説選 昭和篇 1』 紅野敏郎, 紅野謙介, 千葉俊二, 宗像和重, 山田俊治編　岩波書店　2012.8　394p　15cm　(岩波文庫)　800円　Ⓘ978-4-00-311914-3

内容 芥川の死、そして昭和文学の幕開け―「死があたかも一つの季節を開いたかのようだった」(堀辰雄)。そこに溢れだした言葉、書かずにおれなかった物語。昭和二年から一七年に発表された、横光利一・太宰治らの一六篇を収録。

『母六夜・おじさんの話』 大岡昇平, 梅崎春生, 伊藤整, 中野重治, 佐多稲子著　講談社　2009.4　279p　19cm　(21世紀版少年少女日本文学館 17)　1400円　Ⓘ978-4-06-282667-9

内容 母への思慕を夢や幻想を交えて語った、大岡昇平の「母六夜」。おじさんとの交流を通して、新しい世界へ踏み出そうとする少年を描いた中野重治の「おじさんの話」。表題作のほか、梅崎春生、伊藤整、佐多稲子など、戦前戦後を通じて大きな足跡を残した五人の作家の十編を収録。

『革命と転向』 大岡昇平, 平野謙, 佐々木基一, 埴谷雄高, 花田清輝編, 平野謙解説, 中野重治著者代表　新装版　學藝書林　2003.2　620p　19cm　(全集 現代文学の発見 第3巻)　4500円　Ⓘ4-87517-061-0

内容 昭和初年代から10年代にかけて革命運動に邁進した小林多喜二、中野重治らの秀作を中心に、たたかいやぶれ、やがて転向という心の屈折をも描く12作品と、プロレタリア文学運動の全体像を見せる池田寿夫の長篇評論を収録。

『佐多稲子 大原富枝』 佐多稲子, 大原富枝著, 河野多恵子, 大庭みな子, 佐藤愛子, 津村節子監修　角川書店　1999.1　487p　19cm　(女性作家シリーズ 3)　2600円　Ⓘ4-04-574203-4

内容 キャラメル工場から (佐多稲子), くれない (佐多稲子), 女の宿 (佐多稲子), 疵あと (佐多稲子), 時に佇つ (その一～その四) (佐多稲子), ストマイつんぼ―第七感界の囚人 (大原富枝), 婉という女 (大原富枝), 鬼のくに (大原富枝), 壁紙を貼る女 (大原富枝)

「雪景色の上の新月」

『月の宴』 佐多稲子著　講談社　1991.7　251p　16cm　(講談社文芸文庫―現代日本のエッセイ)　880円　Ⓘ4-06-196135-7　Ⓝ914.6

佐藤　一斉
さとう・いっさい
《1772～1859》

「言志四録」

『現代語抄訳 言志四録』 佐藤一斎著, 岬龍一郎編訳　PHP研究所　2005.6　254p　19cm　1200円　Ⓘ4-569-64258-6

内容 日本という国に志高き「サムライ」がいた時代から読み継がれてきた至高の書をわかりやすく現代語新訳。

『言志四録―座右版』 佐藤一斎著, 久須本文雄全訳注　講談社　1994.12　913, 17p　20cm〈著者の肖像あり〉4500円　Ⓘ4-06-207292-0　Ⓝ121.55

『言志四録　上』 佐藤一斎著　明徳出版社　1991.11　339p　21cm　(佐藤一斎全集 第11巻)　8400円

内容 学を成し身を持すに厳格・沈着を信条とした一斎の態度こそ彼の大成を可能にした。人生・学問から日常喫飯に至る迄の深思体察した処世観・志を述べた名著に詳注・余説を付した決定版。

佐藤　和夫
さとう・かずお
《1927～2005》

「蛙は一匹か数匹か」

『佐藤和夫俳論集』 佐藤和夫著　角川書店　2006.3　355p　20cm　2600円　Ⓘ4-04-876216-8　Ⓝ911.304

内容 芭蕉の一句：芭蕉「岩躑躅染むる涙やほととぎ朱」，芭蕉「松茸やしらぬ木の葉のへばり付」，芭蕉「蛍火の昼は消えつつ柱かな」，芭蕉「月いづく鐘はしづめる海の底」，「古池や蛙飛びこむ水の音」の英訳について，蛙は一匹か数匹か，芭蕉と杜国「白芥子に羽もぐ蝶の形見かな」，芭蕉とレーガン大統領「草いろいろおのおの花の手柄かな」，芭蕉と季吟「何にこの師走の市にゆく烏」，芭蕉の一句と魚の分布について「なまぐさし子葱が上の鮠の腸」，芭蕉とうつ病「頓て死ぬけしきは見えず蟬の声」，果てしなき旅の往還「世を旅に代掻く小田の行き戻り」，芭蕉と名月「明月や座に美しき顔もなし」，依代としての桜「命二つの中に生きたる桜哉」，芭蕉と菊「菊の後大根の外更になし」，芭蕉と朝顔「蕣や是も又我が友ならず」，賤の子の見た月「賤の子やいねすりかけて月をみる」，芭蕉と芥子の句「行く秋のけしにせまりてかくれけり」，つつじの花期と芭蕉の句「つつじ生けてその陰に干鱈割く女」，斗従について「蕎麦はまだ花でもてなす山路かな」，深川転居と音の刺戟「消炭に薪割る音かをのの奥」ほか

『俳句とハイク―シンポジウム短詩型表現をめぐって―俳句を中心に』 日本文体論学会編 花神社 1994.11 215p 21cm 2500円 Ⓘ4-7602-1328-7 Ⓝ911.304

『海を越えた俳句』 佐藤和夫著 丸善 1991.5 244p 18cm （丸善ライブラリー 12） 680円 Ⓘ4-621-05012-5 Ⓝ911.304

佐藤 信夫
さとう・のぶお
《1932～1993》

「コインは円形か」

『レトリックを少々』 佐藤信夫著 新潮社 1985.6 243p 20cm 1100円 Ⓘ4-10-358201-4 Ⓝ816.2

「創造性としてのレトリック感覚」

『レトリックの記号論』 佐藤信夫著 講談社 1993.11 284p 15cm （講談社学術文庫） 800円 Ⓘ4-06-159098-7

内容 われわれを取り囲む文化とは、巨大な記号の体系に他ならない。言語においても単語はそれぞれの意味をそなえた記号であり、それらが集まってできる文は複合的な記号となる。想像力ないし創造力を駆使して微妙な言語現象を分析・解読するレトリックの認識こそ、記号論のもっとも重要な主題なのである。言語学を越えた〈記号論としてのレトリック〉の領野を呈示した著者のレトリック研究の集大成の書。

『レトリックを少々』 佐藤信夫著 新潮社 1985.6 243p 20cm 1100円 Ⓘ4-10-358201-4 Ⓝ816.2

「レトリック感覚」

『レトリック感覚』 佐藤信夫著 講談社 1992.6 332p 15cm （講談社学術文庫） 960円 Ⓘ4-06-159029-4 Ⓝ816.2

『レトリック感覚―ことばは新しい視点をひらく』 佐藤信夫著 講談社 1986.3 292p 15cm （講談社文庫） 400円 Ⓘ4-06-183547-5

内容 私たちは、日常生活のながで何気なく使ったことばの《あや》が、鋭い表現力と説得力を持つことに驚かされることがある。この不思議なレトリックの正体は何か。あなたの言語感覚を活性化させると同時に、ことばを楽しく、おもしろく使いながら、新しい認識の世界に踏みこませてくれるのが、本書である。

佐藤 春夫
さとう・はるお
《1892～1964》

「秋くさ」

『春夫詩抄』 佐藤春夫作 岩波書店 2008.8 340p 15cm （岩波文庫）〈第41刷〉 760円 Ⓘ4-00-310712-8

内容 定型と雅語を多用しながら、青年の抒情と官能を、新鮮な感覚でうたいあげた『殉情詩集』。また中国閨秀詩人の作を訳出、漢詩がよく近代的鑑賞にたえうることを証した『車塵集』など、佐藤春夫（1892 - 1964）のほぼ全詩が作者自身によって編まれた。「秋刀魚の歌」をはじめ彼の詩は、今も人々の琴線に触れ愛誦されつづけている。

『佐藤春夫』 佐藤春夫著 京都 新学社 2004.2 347p 15cm （近代浪漫派文

庫） 1320円 Ⓘ4-7868-0085-6

内容 殉情詩集, 和奈佐少女物語, 車塵集, 西班牙犬の家, 窓展く,F・O・U, のんしやらん記録, 鴨長明, 秦淮画舫納涼記, 別れざる妻に与ふる書, 幽香嬰女伝, 小説 シャガール展を見る, あさましや漫筆, 恋し鳥の記, 三十一文字といふ形式の生命

『日本の詩歌 16 佐藤春夫』 佐藤春夫［著］ 新装 中央公論新社 2003.6 408p 21cm〈オンデマンド版 年譜あり〉 5300円 Ⓘ4-12-570060-5 Ⓝ911.08

内容 殉情詩集, 我が一九二二年, 佐藤春夫詩集, 車塵集, 魔女, 佐藤春夫詩集, 閑談半日, 小園歌, 東天紅, 小杯余瀝集, 佐久の草笛, 玉笛譜, まゆみ抄, 抒情新集, 佐藤春夫全詩集, 詩の本, 春夫詩存, 未刊詩篇, 詩人の肖像（安岡章太郎著）

『精選 日本近代詩全集』 ぎょうせい 1982

「犬吠岬旅情のうた」

『萩原朔太郎 佐藤春夫』 萩原朔太郎, 佐藤春夫著, 萩原昌好編 あすなろ書房 1986.11 77p 23cm （少年少女のための日本名詩選集 5） 1200円 Ⓘ4-7515-1365-6

目次 萩原朔太郎（蛙の死, 沖を眺望する, 野原に寝る, 青空ほか）, 佐藤春夫（海辺の恋, 断片, 秋刀魚の歌, 犬吠岬旅情のうた ほか）

「海の若者」

『増補 名詩の美学』 西郷竹彦著 増補版 名古屋 黎明書房 2011.8 386p 19cm 4000円 Ⓘ978-4-654-07625-3

内容 近・現代の名詩を分析し、詩の文芸としての美の本質・構造、詩の持つ多様な美について明快に語る。詩の絵解きに終始していた従来の詩論、小・中学校、高校の詩の「読解鑑賞指導」の限界を明らかにし、誰もがゆたかな深い読みを体験することができる詩の読み方を提示。宮沢賢治「烏百態」「永訣の朝」に関する詩論、「西郷文芸学の基礎的な原理—主として『話者の話体と作者の文体』について—」を増補。

『詩歌 1』 佐藤春夫著 京都 臨川書店 1999.3 464p 21cm （定本 佐藤春夫全集 第1巻） 8800円 Ⓘ4-653-03311-0

内容 詩に、小説に、評論に、多才を発揮し、常に文壇の先駆者として新生面を切り拓いた文豪佐藤春夫。その活動の軌跡を余すところなく伝える決定版全集。本全集で初めて書簡を収録するほか、詳細な人名索引を付し、作家の生涯と作品を再現する。

「少年の日」

『心洗われる話』 安野光雅, 森毅, 井上ひさし, 池内紀編 筑摩書房 2010.9 524p 15cm （ちくま文学の森 2） 950円 Ⓘ978-4-480-42732-8

内容 少年の日（佐藤春夫）, 蜜柑（芥川龍之介）, 碁石を呑だ八っちゃん（有島武郎）, ファーブルとデュルイ（ルグロ）, 最後の一葉（O・ヘンリー）, 芝浜（桂三木助）, 貧の意地（太宰治）, 聖水授与者（モーパッサン）, 聖母の曲芸師（A.フランス）, 盲目のジェロニモとその兄（シュニッツラー）

『殉情詩集/我が一九二二年』 佐藤春夫著 講談社 1997.7

『恋愛』 川崎洋編, 堀川理万子絵 岩崎書店 1997.4 93p 20×16cm （あなたにおくる世界の名詩 1） 1600円 Ⓘ4-265-04071-3

内容 毎日世界中で数えきれない恋愛の詩が生まれています。恋する人間の、さまざまに揺れる魂の歌のなか、あなたは今の気持ちに添う詩に出会うでしょう。旧約聖書からビートルズ、さらに新しい詩まで文字通り古今東西の名詩を集めた珠玉のアンソロジー。教科書の詩も多数収録しています。一流画家による絵も合わせてお楽しみ下さい。

「西班牙犬の家」

『いきものがたり』 山田有策, 近藤裕子編 双文社出版 2013.4 185p 21cm 2000円 Ⓘ978-4-88164-091-3 Ⓝ913.68

内容 蝶 のぼる著, 春の鳥 国木田独歩著, 文鳥 夏目漱石著, 狐 永井荷風著, 西班牙犬の家 佐藤春夫著, 人魚の嘆き 谷崎潤一郎著, 十一月三日午後の事 志賀直哉著, 龍 芥川龍之介著, 件 内田百閒著, 赤い蠟燭と人魚 小川未明著, やまなし 宮沢賢治著, 芋虫 江戸川乱歩著, 貝の穴に河童の居る事 泉鏡花著, 猫町 萩原朔太郎著

『日本近代短篇小説選 大正篇』 紅野敏郎, 紅野謙介, 千葉俊二, 宗像和重, 山田俊治編 岩波書店 2012.11 377p 15cm （岩波文庫） 800円 Ⓘ978-4-00-

311913-6

内容 どぎつく、ものうく、無作為でまた超技巧的―百花繚乱の大正文壇は、やがて関東大震災とその後の混迷を迎える。芥川竜之介・川端康成らの一六篇を収録。

『幼年時代・風立ちぬ』 室生犀星, 佐藤春夫, 堀辰雄著 講談社 2009.2 311p 19cm (21世紀版少年少女日本文学館 7) 1400円 Ⓘ978-4-06-282657-0

内容 複雑な家庭に育った著者の少年時代をもとにした室生犀星の自伝的小説「幼年時代」。現実と空想の世界とがないまぜとなった佐藤春夫の「西班牙犬の家」。胸を病む少女と青年との悲しい恋を描いた堀辰雄の代表作「風立ちぬ」など、詩人でもある三作家の詩情あふれる短編集。ふりがなと行間注で、最後までスラスラ。児童向け文学全集の決定版。

『怪奇探偵小説名作選―夢を築く人々 佐藤春夫集』 佐藤春夫著, 日下三蔵編 筑摩書房 2002.5 509p 15cm (ちくま文庫) 1300円 Ⓘ4-480-03704-7

内容 谷崎潤一郎とともに探偵小説のジャンルも開拓し、のちに文壇の重鎮的存在となった佐藤春夫の、幻想美溢れる作品世界。初期の代表作「西班牙犬の家」、探偵小説の先駆けとなり谷崎が絶賛した「指紋」、新しい方法意識で小説世界の幅を広げた未来都市小説「のんしゃらん記録」の他「女人焚死」「女誡扇奇譚」など、幻想・耽美的作品を収録。また評論として「探偵小説評論」「探偵小説と芸術味」も収録。

『創作 1』 佐藤春夫著 京都 臨川書店 1998.4 476p 21cm (定本 佐藤春夫全集 第3巻) 8800円 Ⓘ4-653-03313-7

内容 詩情と感性の作家 佐藤春夫の広汎な作品を集大成。詩に、小説に、評論に多才を発揮し、常に文壇の先駆者として新生面を切り拓いた文豪 佐藤春夫。その活動の軌跡を余すところなく伝える決定版全集。本全集で初めて書簡を収録するほか、詳細な人名索引を付し、作家の生涯と作品を再現する。

「ただ若き日を惜しめ」

『春夫詩抄』 佐藤春夫作 岩波書店 2008.8 340p 15cm (岩波文庫)〈第41刷〉760円 Ⓘ4-00-310712-8

内容 定型と雅語を多用しながら、青年の抒情と官能を、新鮮な感覚でうたいあげた『殉情詩集』。また中国閨秀詩人の作を訳出、漢詩がよく近代的鑑賞にたえうることを証した『車塵集』など、佐藤春夫(1892‐1964)のほぼ全詩が作者自身によって編まれた。「秋刀魚の歌」をはじめ彼の詩は、今も人々の琴線に触れ愛誦されつづけている。

『佐藤春夫』 佐藤春夫著 京都 新学社 2004.2 347p 15cm (近代浪漫派文庫) 1320円 Ⓘ4-7868-0085-6

内容 殉情詩集, 和奈佐少女物語, 車塵集, 西班牙犬の家, 窓展く,F・O・U, のんしやらん記録, 鴨長明, 秦淮画舫納涼記, 別れざる妻に与ふる書, 幽香嬰女伝, 小説 シャガール展を見る, あさましや漫筆, 恋し鳥の記, 三十一文字といふ形式の生命

『日本の詩歌 16 佐藤春夫』 佐藤春夫[著] 新装 中央公論新社 2003.6 408p 21cm〈オンデマンド版 年譜あり〉5300円 Ⓘ4-12-570060-5 Ⓝ911.08

内容 殉情詩集, 我が一九二二年, 佐藤春夫詩集, 車塵集, 魔女, 佐藤春夫詩集, 閑談半日, 小園歌, 東天紅, 小杯余瀝集, 佐久の草笛, 玉笛譜, まゆみ抄, 抒情新集, 佐藤春夫全詩集, 詩の本, 春夫詩存, 未刊詩篇, 詩人の肖像(安岡章太郎著)

『近代の詩人 別巻』 潮出版社 1996

「ためいき」

『春夫詩抄』 佐藤春夫作 岩波書店 2008.8 340p 15cm (岩波文庫)〈第41刷〉760円 Ⓘ4-00-310712-8

内容 定型と雅語を多用しながら、青年の抒情と官能を、新鮮な感覚でうたいあげた『殉情詩集』。また中国閨秀詩人の作を訳出、漢詩がよく近代的鑑賞にたえうることを証した『車塵集』など、佐藤春夫(1892‐1964)のほぼ全詩が作者自身によって編まれた。「秋刀魚の歌」をはじめ彼の詩は、今も人々の琴線に触れ愛誦されつづけている。

『佐藤春夫』 佐藤春夫著 京都 新学社 2004.2 347p 15cm (近代浪漫派文庫) 1320円 Ⓘ4-7868-0085-6

内容 殉情詩集, 和奈佐少女物語, 車塵集, 西班牙犬の家, 窓展く,F・O・U, のんしやらん記録, 鴨長明, 秦淮画舫納涼記, 別れざる妻に与ふる書, 幽香嬰女伝, 小説 シャガール展を見る, あさましや漫筆, 恋し鳥の記, 三十一文字といふ形式の生命

『日本の詩歌 16 佐藤春夫』 佐藤春夫

［著］　新装　中央公論新社　2003.6　408p　21cm〈オンデマンド版　年譜あり〉5300円　①4-12-570060-5　Ⓝ911.08

内容 殉情詩集, 我が一九二二年, 佐藤春夫詩集, 車塵集, 魔女, 佐藤春夫詩集, 閑談半日, 小園歌, 東天紅, 小杯余瀝集, 佐久の草笛, 玉笛譜, まゆみ抄, 抒情新集, 佐藤春夫全詩集, 詩の本, 春夫詩存, 未刊詩篇, 詩人の肖像（安岡章太郎著）

『殉情詩集/我が一九二二年』 佐藤春夫著　講談社　1997.7

『精選 日本近代詩全集』 ぎょうせい　1982

「田園の憂鬱」

『編年体大正文学全集　第7巻（大正7年）』 佐藤春夫他著, 紅野敏郎編　ゆまに書房　2001.5　655p　22cm　6600円　①4-89714-896-0　Ⓝ918.6

内容 小説・戯曲・児童文学：土の霊（野村愛正著）, 転機（伊藤野枝著）, 子をつれて（葛西善蔵著）, 或る朝（志賀直哉著）, 清作の妻（吉田紘二郎著）, お三輪（水野仙子著）, 虎（久米正雄著）, 白鼠を飼ふ（須藤鐘一著）, 鴉が縊り殺された日（岡田三郎著）, 煉獄（上山草人著）, 河岸のかへり（里見〔トン〕著）, 夜の海（福永挽歌著）, 田園の憂鬱（佐藤春夫著）, 線路（広津和郎著）, 故郷の人々（加能作次郎著）, 空骸（細田源吉著）, 楽園の外（舟木重信著）,K温泉素描集（勝本清一郎著）, 梟鳴く（杉田久女著）, 浅間の霊（岩野泡鳴著）, 蘇生（豊島与志雄著）, 反射する心（中戸川吉二著）, 山の神々（ダンセニ作, 松村みね子訳）,「赤い鳥」の標榜語, 二人の兄弟（島崎藤村著）, 蜘蛛の糸（芥川竜之介著）, ぽつぽのお手帳（鈴木三重吉著）, 評論・随筆・記録：貝殻追放（水上滝太郎著）, ほか, 詩・短歌・俳句：紅い雲（小川未明著）, ほか, 解説・解題（紅野敏郎著）

『田園の憂鬱』 佐藤春夫作　岩波書店　1992.8　125p　15cm　（岩波文庫）〈第34刷（第1刷：51.7.25）〉210円　①4-00-310711-X

内容「西班牙犬の家」の舞台にもなった武蔵野のはずれの小さな村に、妻と犬と猫を連れて移り住んだ無名の一詩人の苦しみ疲れた神経にふれる幻覚―。当時26歳の佐藤春夫が発表、出世作となった名品。

『田園の憂鬱・殉情詩集』 佐藤春夫著　ほるぷ出版　1985.2　320p　20cm　（日本の文学 36）Ⓝ913.6

内容 西班牙犬の家, 田園の憂鬱, 殉情詩集, 解説 『田園の憂鬱』『殉情詩集』を読む 井上靖著

「春のをとめ」

『春夫詩抄』 佐藤春夫作　岩波書店　2008.8　340p　15cm　（岩波文庫）〈第41刷〉760円　①4-00-310712-8

内容 定型と雅語を多用しながら、青年の抒情と官能を、新鮮な感覚でうたいあげた『殉情詩集』。また中国閨秀詩人の作を訳出、漢詩がよく近代的鑑賞にたえうることを証した『車塵集』など、佐藤春夫（1892 - 1964）のほぼ全詩が作者自身によって編まれた。「秋刀魚の歌」をはじめ彼の詩は、今も人々の琴線に触れ愛誦されつづけている。

『佐藤春夫』 佐藤春夫著　京都　新学社　2004.2　347p　15cm　（近代浪漫派文庫）1320円　①4-7868-0085-6

内容 殉情詩集, 和奈佐少女物語, 車塵集, 西班牙犬の家, 窓展く,F・O・U, のんしやらん記録, 鴨長明, 秦淮画舫納涼記, 別れざる妻に与ふる書, 幽香嬰女伝, 小説 シャガール展を見る, あさましや漫筆, 恋し鳥の記, 三十一文字といふ形式の生命

『日本の詩歌　16　佐藤春夫』 佐藤春夫［著］　新装　中央公論新社　2003.6　408p　21cm〈オンデマンド版　年譜あり〉5300円　①4-12-570060-5　Ⓝ911.08

内容 殉情詩集, 我が一九二二年, 佐藤春夫詩集, 車塵集, 魔女, 佐藤春夫詩集, 閑談半日, 小園歌, 東天紅, 小杯余瀝集, 佐久の草笛, 玉笛譜, まゆみ抄, 抒情新集, 佐藤春夫全詩集, 詩の本, 春夫詩存, 未刊詩篇, 詩人の肖像（安岡章太郎著）

『近代の詩人　別巻』 潮出版社　1996

「望郷五月歌」

『日本の詩歌　16　佐藤春夫』 佐藤春夫［著］　新装　中央公論新社　2003.6　408p　21cm〈オンデマンド版　年譜あり〉5300円　①4-12-570060-5　Ⓝ911.08

内容 殉情詩集, 我が一九二二年, 佐藤春夫詩集, 車塵集, 魔女, 佐藤春夫詩集, 閑談半日, 小園歌, 東天紅, 小杯余瀝集, 佐久の草笛, 玉笛

譜, まゆみ抄, 抒情新集, 佐藤春夫全詩集, 詩の本, 春夫詩存, 未刊詩篇, 詩人の肖像(安岡章太郎著)

『佐藤春夫詩集―日本詩人選　11』 佐藤春夫著, 阪本越郎編　小沢書店　1997.3　269p　19cm　(小沢クラシックス―世界の詩) 1400円　Ⓘ4-7551-4071-4

目次 殉情詩集, 我が一九二二年, 佐藤春夫詩集, 魔女, 閑談半日, 佐久の草笛, まゆみ抄, 抒情新集, 佐藤春夫全詩集, 詩の本, 春夫詩存〔ほか〕

「松か柏か」

『春夫詩抄』 佐藤春夫作　岩波書店　2008.8　340p　15cm　(岩波文庫)〈第41刷〉760円　Ⓘ4-00-310712-8

内容 定型と雅語を多用しながら、青年の抒情と官能を、新鮮な感覚でうたいあげた『殉情詩集』。また中国閨秀詩人の作を訳出、漢詩がよく近代的鑑賞にたえうることを証した『車塵集』など、佐藤春夫(1892‐1964)のほぼ全詩が作者自身によって編まれた。「秋刀魚の歌」をはじめ彼の詩は、今も人々の琴線に触れ愛誦されつづけている。

『佐藤春夫』 佐藤春夫著　京都　新学社　2004.2　347p　15cm　(近代浪漫派文庫) 1320円　Ⓘ4-7868-0085-6

内容 殉情詩集, 和奈佐少女物語, 車塵集, 西班牙犬の家, 窓展く,F・O・U, のんしやらん記録, 鴨長明, 秦淮画舫納涼記, 別れざる妻に与ふる書, 幽香嬰女伝, 小説 シャガール展を見る, あさましや漫筆, 恋し鳥の記, 三十一文字といふ形式の生命

『日本の詩歌　16　佐藤春夫』 佐藤春夫［著］　新装　中央公論新社　2003.6　408p　21cm〈オンデマンド版　年譜あり〉5300円　Ⓘ4-12-570060-5　Ⓝ911.08

内容 殉情詩集, 我が一九二二年, 佐藤春夫詩集, 車塵集, 魔女, 佐藤春夫詩集, 閑談半日, 小園歌, 東天紅, 小杯余瀝集, 佐久の草笛, 玉笛譜, まゆみ抄, 抒情新集, 佐藤春夫全詩集, 詩の本, 春夫詩存, 未刊詩篇, 詩人の肖像(安岡章太郎著)

『近代の詩人　別巻』 潮出版社　1996

「夕づつを見て」

『ポケット詩集　3』 田中和雄編　童話屋　2004.10　157p　15cm　1250円　Ⓘ4-88747-048-7

目次 水の星(茨木のり子), 夕づつを見て(佐藤春夫), 朝を愛す(室生犀星), 月から見た地球(北原白秋), 誰か(宗左近), 単純な朝餐(山村暮鳥), 遠景(木山捷平), 風景(山村暮鳥), 海鳴り(高良留美子), 嫁こ(斎藤庸一)〔ほか〕

『日本の詩歌　16　佐藤春夫』 佐藤春夫［著］　新装　中央公論新社　2003.6　408p　21cm〈オンデマンド版　年譜あり〉5300円　Ⓘ4-12-570060-5　Ⓝ911.08

内容 殉情詩集, 我が一九二二年, 佐藤春夫詩集, 車塵集, 魔女, 佐藤春夫詩集, 閑談半日, 小園歌, 東天紅, 小杯余瀝集, 佐久の草笛, 玉笛譜, まゆみ抄, 抒情新集, 佐藤春夫全詩集, 詩の本, 春夫詩存, 未刊詩篇, 詩人の肖像(安岡章太郎著)

『佐藤春夫詩集―日本詩人選　11』 佐藤春夫著, 阪本越郎編　小沢書店　1997.3　269p　19cm　(小沢クラシックス―世界の詩) 1400円　Ⓘ4-7551-4071-4

目次 殉情詩集, 我が一九二二年, 佐藤春夫詩集, 魔女, 閑談半日, 佐久の草笛, まゆみ抄, 抒情新集, 佐藤春夫全詩集, 詩の本, 春夫詩存〔ほか〕

讃岐典侍
さぬきのすけ
《1079？　～?》

「讃岐典侍日記」

『讃岐典侍日記全注釈』 岩佐美代子著　笠間書院　2012.3　237,4p　21cm　3500円　Ⓘ978-4-305-70586-0

内容 『更級日記』の40年後、『たまきはる』の100年前に成立。院政期最初期の宮廷を描いた、「天皇と相愛関係の典侍」という特殊な立場にあった女性の日記。従来の説と、かなりことなる見解を示した、渾身の全注釈。

『讃岐典侍日記―本文と索引』 藤原長子著, 鎌田広夫, 相沢鏡子編　おうふう　1998.12　406p　22cm　Ⓘ4-273-03048-9　Ⓝ915.37

『校注讃岐典侍日記』 小谷野純一編　新典社　1997.4　158p　19cm　(新典社

校注叢書 9) 1650円＋税 Ⓘ4-7879-0809-X Ⓝ915.37

沢木 耕太郎
さわき・こうたろう
《1947～》

「風の学校」

『彼らの流儀』 沢木耕太郎著 新潮社 1996.4 310p 15cm (新潮文庫) 480円 Ⓘ4-10-123512-0

内容 男はその朝、サウジアラビアの砂漠に雪を見た。大晦日の夜、女は手帳に挟み込む緊急連絡先の紙片にどの男の名を記すべきか思い悩む。「今」を生きる彼もしくは彼女たちの、過去も未来も映し出すような、不思議な輝き方を見せる束の間の時…。生の「一瞬」の感知に徹して、コラムでもエッセイでも、ノンフィクションでも小説でもなく、それらすべての気配を同時に漂わせる33の物語。

『彼らの流儀』 沢木耕太郎著 朝日新聞社 1991.12 302p 19cm 1100円 Ⓘ4-02-256402-4

内容 ありえたかもしれない人生のいくつかを失いながら、人は歩む…。現代人のひそやかな「生」を切り取る33のストーリー。

「鉄塔を登る男」

『東京タワー物語』 町田忍, 泉麻人, 曽野綾子, 開高健, 川本三郎ほか著 日本出版社 2008.10 190p 19cm 1200円 Ⓘ978-4-89048-969-5

内容 みんなが上を向いていた、熱い時代の主役にエール。16人の目線から繰り出されるノスタルジック・エッセイの決定版。

『彼らの流儀』 沢木耕太郎著 新潮社 1996.4 310p 15cm (新潮文庫) 480円 Ⓘ4-10-123512-0 Ⓝ913.6

『彼らの流儀』 沢木耕太郎著 朝日新聞社 1991.12 302p 19cm 1100円 Ⓘ4-02-256402-4

内容 ありえたかもしれない人生のいくつかを失いながら、人は歩む…。現代人のひそやかな「生」を切り取る33のストーリー。

沢地 久枝
さわち・ひさえ
《1930～》

「暮らしの消えた日」

『一九四五年の少女』 沢地久枝著 文芸春秋 1992.11

『一九四五年の少女―私の「昭和」』 沢地久枝著 文藝春秋 1989.11 309p 19cm 1300円 Ⓘ4-16-343850-5

目次 アメリカ・いくさの「傷」にふれる旅, ビクトル・ハラの墓, 暮しの消えた日, 村八分事件を知っていますか, かがり火の妹たち, 大岡昇平先生との別れ, タブーのある社会に生きる不幸, 逃れがたい旅, 結の娘たち, 焼跡から「悲しい酒」へ, 権力による抹殺, 一九四五年の少女

「生活という学校」

『ひたむきに生きる』 沢地久枝著 講談社 1986.9 212p 18cm (講談社現代新書 826) 480円 Ⓘ4-06-148826-0

内容 人生は“未知への旅”である。だれの口にも合う妙薬や処法箋などはない。つまずき、迷いながら、人それぞれに、自分にいちばん似合う生き方を選びとるほかない。惑いのなかで模索しつづけた青春の日々、心励まされた多くの書物や人びととの出会い。ひたむきに歩みつづけたみずからの道程をふり返り、明日への希望を語る人生論ノート。

椎名 誠
しいな・まこと
《1944～》

「アゲハチョウ」

『続 大きな約束』 椎名誠著 集英社 2012.3 270p 15cm (集英社文庫) 457円 Ⓘ978-4-08-746809-0

内容 サンフランシスコの息子・岳から家族ともども日本に帰るという連絡が入った。マゴの風太くん、海ちゃんとのひさびさの対面を前に、シーナの意識にタダナラヌ変化があらわれる。執筆や取材の旅で身辺多忙をきわめながらも「いいじいじい」になるためにベジタリアン化したり人間ドッグに

入ったり…。もうすぐだ。マゴたちとの楽しい「約束」が待っている。シーナ家三世代の物語、待望の続編。

『岳物語　1』　椎名誠著　大活字　1998.9　298p　21cm　（大活字文庫）2800円　Ⓘ4-925053-19-1

内容 きんもくせい, アゲハチョウ, タンポポ, ムロアジ大作戦

『定本 岳物語』　椎名誠著　集英社　1998.8　460p　19cm　2000円　Ⓘ4-08-774347-0

内容 いつかあの背中にとび蹴りだ！ すこし昔の激しくもウツクシイ父子のものがたり。加筆、再編成。あとがき42枚、"岳"本人のエッセイ。見返しには直筆原稿の未発表短編を収録。完全版。

「岳物語」

『岳物語　1』　椎名誠著　大活字　1998.9　298p　21cm　（大活字文庫）2800円　Ⓘ4-925053-19-1

内容 きんもくせい, アゲハチョウ, タンポポ, ムロアジ大作戦

『定本 岳物語』　椎名誠著　集英社　1998.8　460p　19cm　2000円　Ⓘ4-08-774347-0

内容 いつかあの背中にとび蹴りだ！ すこし昔の激しくもウツクシイ父子のものがたり。加筆、再編成。あとがき42枚、"岳"本人のエッセイ。見返しには直筆原稿の未発表短編を収録。完全版。

『岳物語』　椎名誠著, フレデリック・L. ショット訳　講談社　1991.11　279p　15cm　（講談社英語文庫）540円　Ⓘ4-06-186077-1

内容 「おとう」と「岳」。のびやかで型破りな、父と子の心の交流を、淡々としたタッチで描く。

塩野　七生
しおの・ななみ
《1937～》

「ナポレターノ」

『イタリアからの手紙』　塩野七生著　17刷改版　新潮社　2005.6　254p　16cm　（新潮文庫）400円　Ⓘ4-10-118109-8　Ⓝ914.6

内容 芳醇なるブドウ酒の地中海。死んでいく都、ヴェネツィア。生き馬の眼を抜くローマ。だましの天才はナポリ人。田園風景に、マフィア…。ここ、イタリアの風光は飽くまで美しく、その歴史はとりわけ奥が深く、人間は甚だ複雑微妙で、ぞくぞくするほど面白い。―壮大なライフ・ワーク『ローマ人の物語』へと至る遙かな足跡の一端を明かして、人生の豊かな味わいに誘う24のエセー。

『イタリアからの手紙』　塩野七生著　新潮社　2003.8　219p　21cm　1900円　Ⓘ4-10-309628-4

内容 塩野七生だけが伝えた、この国の永遠の魅力。人生の豊かな味わいに満ちた華麗なエセー。

志賀　直哉
しが・なおや
《1883～1971》

「赤西蛎太」

『小僧の神様 他十篇』　志賀直哉作　岩波書店　2009.6　238p　19cm　（ワイド版岩波文庫）1000円　Ⓘ978-4-00-007310-3

内容 志賀直哉は、他人の文章を褒める時「目に見えるようだ」と評したという。作者が見た、屋台のすし屋に小僧が入って来て一度持ったすしを価を言われて置いて出て行った、という情景から生まれた表題作のほか、我孫子時代の作品を中心に11篇を収めた、作者自選の短篇集。

『小僧の神様・一房の葡萄』　志賀直哉, 武者小路実篤, 有島武郎著　講談社　2009.2　253p　19cm　（21世紀版少年少女日本文学館 5）1400円　Ⓘ978-4-06-282655-6

内容 仙吉が奉公する店に、ある日訪れた一人の客。まるで自分の心を見透かすように鮨屋に連れていってくれたこの客の正体に、仙吉は思いをめぐらせ―。少年の心情を鮮やかに切り取った「小僧の神様」をはじめ、白樺派を代表する作家三人の作品を収録。

『志賀直哉』　志賀直哉著　筑摩書房　2008.8　477p　15cm　（ちくま日本文

学 021) 880円 ①978-4-480-42521-8
内容 或る朝, 真鶴, 速夫の妹, 清兵衛と瓢簞, 小僧の神様, 赤西蛎太, 転生, 荒絹, クローディアスの日記, 范の犯罪, 剃刀, 好人物の夫婦, 雨蛙, 冬の往来, 老人, 矢島柳堂, 焚火, 網走まで, 灰色の月, 奇人脱哉, 自転車, 白い線, 盲亀浮木, 沓掛にて, リズム, 万華鏡

『小僧の神様―他十篇』 志賀直哉作 改版 岩波書店 2002.10 238p 15cm (岩波文庫) 480円 ①4-00-310462-5
内容 志賀直哉は、他人の文章を褒める時「目に見えるようだ」と評したという。作者が見た、屋台のすし屋に小僧が入って来て一度持ったすしを価を言われて置いて出て行った、という情景から生まれた表題作のほか、「城の崎にて」「赤西蛎太」など我孫子時代の作品を中心に11篇を収めた、作者自選の短篇集。

「朝顔」

『白い線』 志賀直哉著 大和書房 2012.4 303p 18×13cm 2400円 ①978-4-479-88041-7
内容 「暗夜行路」へ通じる静かな哀しみを記した「実母の手紙」、戦後日本がまざまざと蘇える「灰色の月」など、四十二篇を収録。

『随筆 衣食住』 志賀直哉著, 大河内昭爾選 三月書房 2002.8 286p 15cm (小型愛蔵本シリーズ) 2200円 ①4-7826-0179-4
目次 蜻蛉, 馬と木賊, 兎, 猫, 山鳩, 朝顔, 龍安寺の庭, リズム, 梅原の油絵, 赤城山にて〔ほか〕

『志賀直哉全集 第9巻』 志賀直哉著 岩波書店 1999.8

「網走まで」

『小僧の神様・一房の葡萄』 志賀直哉, 武者小路実篤, 有島武郎著 講談社 2009.2 253p 19cm (21世紀版少年少女日本文学館 5) 1400円 ①978-4-06-282655-6
内容 仙吉が奉公する店に、ある日訪れた一人の客。まるで自分の心を見透かすように鮨屋に連れていってくれたこの客の正体に、仙吉は思いをめぐらせ―。少年の心情を鮮やかに切り取った「小僧の神様」をはじめ、白樺派を代表する作家三人の作品を収録。

『志賀直哉』 志賀直哉著 筑摩書房 2008.8 477p 15cm (ちくま日本文学 021) 880円 ①978-4-480-42521-8
内容 或る朝, 真鶴, 速夫の妹, 清兵衛と瓢簞, 小僧の神様, 赤西蛎太, 転生, 荒絹, クローディアスの日記, 范の犯罪, 剃刀, 好人物の夫婦, 雨蛙, 冬の往来, 老人, 矢島柳堂, 焚火, 網走まで, 灰色の月, 奇人脱哉, 自転車, 白い線, 盲亀浮木, 沓掛にて, リズム, 万華鏡

『志賀直哉全集 第1巻』 志賀直哉著 岩波書店 1998.12 396p 20cm〈肖像あり〉3800円 ①4-00-092211-4 Ⓝ918.68
内容 或る朝, 網走まで

『小僧の神様・一房の葡萄ほか』 志賀直哉, 武者小路実篤, 有島武郎著 講談社 1995.8 197p 19cm (ポケット日本文学館 11) 1000円 ①4-06-261711-0
内容 仙吉が奉公する店に、ある日訪れた一人の客。まるで自分の心を見透かすように鮨屋に連れていってくれたこの客の正体に、仙吉は思いをめぐらせ―。子どもの動作と心情を鮮やかに描いた表題作をはじめ、白樺派の代表的作家三人の作品を収録。

「或る朝」

『志賀直哉』 志賀直哉著 筑摩書房 2008.8 477p 15cm (ちくま日本文学 021) 880円 ①978-4-480-42521-8
内容 或る朝, 真鶴, 速夫の妹, 清兵衛と瓢簞, 小僧の神様, 赤西蛎太, 転生, 荒絹, クローディアスの日記, 范の犯罪, 剃刀, 好人物の夫婦, 雨蛙, 冬の往来, 老人, 矢島柳堂, 焚火, 網走まで, 灰色の月, 奇人脱哉, 自転車, 白い線, 盲亀浮木, 沓掛にて, リズム, 万華鏡

『編年体大正文学全集 第7巻(大正7年)』 佐藤春夫他著, 紅野敏郎編 ゆまに書房 2001.5 655p 22cm 6600円 ①4-89714-896-0 Ⓝ918.6
内容 小説・戯曲・児童文学：土の霊(野村愛正著), 転機(伊藤野枝著), 子をつれて(葛西善蔵著), 或る朝(志賀直哉著), 清作の妻(吉田絃二郎著), お三輪(水野仙子著), 虎(久米正雄著), 白鼠を飼ふ(須藤鐘一著), 鴉が縊り殺された日(岡田三郎著), 煉獄(上山草人著), 河岸のかへり(里見〔トン〕著), 夜の海(福永挽歌著), 田園の憂鬱(佐藤春夫著), 線路(広津和郎著), 故郷の人々(加能作次郎著), 空骸(細田源吉著), 楽園の外(舟木重信著), K温泉素描集(勝本清一郎著), 梟鳴

く（杉田久女著），浅間の霊（岩野泡鳴著），蘇生（豊島与志雄著），反射する心（中戸川吉二著），山の神々（ダンセニ作，松村みね子訳），「赤い鳥」の標榜語，二人の兄弟（島崎藤村著），蜘蛛の糸（芥川竜之介著），ぽつぽのお手帳（鈴木三重吉著），評論・随筆・記録：貝殻追放（水上滝太郎著），ほか，詩・短歌・俳句：紅い雲（小川未明著），ほか，解説・解題（紅野敏郎著）

『志賀直哉全集　第1巻』　志賀直哉著　岩波書店　1998.12　396p　20cm〈肖像あり〉3800円　①4-00-092211-4　Ⓝ918.68

内容 或る朝，網走まで

「暗夜行路」

『暗夜行路　前篇・後篇』　志賀直哉作　改訂　岩波書店　2004.5　296p　15cm（岩波文庫）500円　①4-00-310464-1

内容 祖父と母との不義の子として生まれた宿命に苦悩する人主公時任謙作は、単身、尾道に向い、千光寺の中腹の家を借り、一人住いを始める。しかし、瀬戸内海の穏やかな風光も、彼の心に平安をもたらさない。長年月を費してなった志賀直哉唯一の長篇。

『編年体大正文学全集　第11巻　大正十一年』　志賀直哉ほか著，日高昭二編　ゆまに書房　2002.7　639p　21cm　6600円　①4-89714-900-2

内容 一年を一冊に。20世紀日本近代文学の空白を埋める新機軸のアンソロジー。

『志賀直哉全集　第4巻』　志賀直哉著　岩波書店　1999.3　585p　20cm　4400円　①4-00-092214-9　Ⓝ918.68

内容 暗夜行路

「馬と木賊」

『随筆 衣食住』　志賀直哉著　新装版　三月書房　2012.11　284p　17×13cm　2000円　①978-4-7826-0216-4

目次 1（蜻蛉，馬と木賊 ほか），2（龍安寺の庭，リズム ほか），3（沓掛にて―芥川君のこと，泉鏡花の憶い出 ほか），4（城の崎にて，雪の日―我孫子日誌 ほか）

『随筆 衣食住』　志賀直哉著，大河内昭爾選　三月書房　2002.8　286p　15cm（小型愛蔵本シリーズ）2200円　①4-7826-0179-4

目次 蜻蛉，馬と木賊，兎，猫，山鳩，朝顔，竜安寺の庭，リズム，梅原の油絵，赤城山にて〔ほか〕

『志賀直哉の動物随想』　志賀直哉著　新講社　1998.1　178p　19cm　1429円　①4-915872-24-6

目次 濠端の住まい，蜻蛉，城の崎にて，犬，雪の遠足，池の縁，日曜日，クマ，虫と鳥，馬と木賊〔ほか〕

「城の崎にて」

『随筆 衣食住』　志賀直哉著　新装版　三月書房　2012.11　284p　17×13cm　2000円　①978-4-7826-0216-4

目次 1（蜻蛉，馬と木賊 ほか），2（龍安寺の庭，リズム ほか），3（沓掛にて―芥川君のこと，泉鏡花の憶い出 ほか），4（城の崎にて，雪の日―我孫子日誌 ほか）

『城の崎にて・小僧の神様』　志賀直哉著　改版　角川書店，角川グループパブリッシング〔発売〕　2012.6　215p　15cm（角川文庫）514円　①978-4-04-100334-3

内容 秤屋ではたらく小僧の仙吉は、番頭たちの噂話を聞いて、屋台の鮨屋にむかったもののお金が足りず、お鮨は食べられなかった上に恥をかく。ところが数日後。仙吉のお店にやってきた紳士が、お鮨をたらふくご馳走してくれたのだった！ はたしてこの紳士の正体は…？ 小僧の体験をユーモアたっぷりに描く「小僧の神様」、作者自身の経験をもとに綴られた「城の崎にて」など、作者のもっとも実り多き時期に描かれた充実の作品集。

『私小説名作選　上』　中村光夫選，日本ペンクラブ編　講談社　2012.5　279p　15cm（講談社文芸文庫）1400円　①978-4-06-290158-1

内容 近代日本文学において独特の位置を占める「私小説」は、現代に至るまで、脈々と息づいている。文芸評論家・中村光夫により精選された、文学史を飾る作家十五人の珠玉の「私小説」の競演。

『小僧の神様―他十篇』　志賀直哉作　改版　岩波書店　2002.10　238p　15cm（岩波文庫）480円　①4-00-310462-5

内容 志賀直哉は、他人の文章を褒める時「目に見えるようだ」と評したという。作者が見た、屋台のすし屋に小僧が入って来て一度持ったすしを価を言われて置いて出て行った、という情景から生まれた表題作のほか、「城の崎にて」「赤西蛎太」など我孫子時代の作品を中心に11篇を収めた、作者自選の短篇集。

「鵠沼行き」

『志賀直哉小説選 1』 藤枝静男ほか編 岩波書店 1987.3 430p 23cm〈著者の肖像あり〉4000円 Ⓘ4-00-091241-0 Ⓝ913.68

内容 菜の花と小娘, 或る朝, 網走まで, 速夫の妹, 荒絹, 剃刀, 濁った頭, イヅク川, 白銅, 老人, 祖母の為に, 母の死と新しい母, 憶ひ出した事, 大津順吉, クローディアスの日記, 正義派, 鵠沼行, 清兵衛と瓢箪, 出来事, 范の犯罪, 児を盗む話, 解説 短篇小説の青春―志賀直哉の初期作品 阿部昭著

「小僧の神様」

『はじめてであう日本文学 3 食にまつわる話』 紀田順一郎監修 成美堂出版 2013.4 223p 21cm 800円 Ⓘ978-4-415-31525-6

内容 この本に収められた「食にまつわる話」は、食べ物が豊かでなかった時代に書かれたものばかりです。それだけに、食べ物への思いがこもっているので、心に残る話が多く、文章の味わいも深いといえるでしょう。

『城の崎にて・小僧の神様』 志賀直哉著 改版 角川書店, 角川グループパブリッシング〔発売〕 2012.6 215p 15cm （角川文庫） 514円 Ⓘ978-4-04-100334-3

内容 秤屋ではたらく小僧の仙吉は、番頭たちの噂話を聞いて、屋台の鮨屋にむかったもののお金が足りず、お鮨は食べられなかった上に恥をかく。ところが数日後。仙吉のお店にやってきた紳士が、お鮨をたらふくご馳走してくれたのだった！ はたしてこの紳士の正体は…？ 小僧の体験をユーモアたっぷりに描く「小僧の神様」、作者自身の経験をもとに綴られた「城の崎にて」など、作者のもっとも実り多き時期に描かれた充実の作品集。

『小僧の神様 他十篇』 志賀直哉作 岩波書店 2009.6 238p 19cm （ワイド版岩波文庫） 1000円 Ⓘ978-4-00-007310-3

内容 志賀直哉は、他人の文章を褒める時「目に見えるようだ」と評したという。作者が見た、屋台のすし屋に小僧が入って来て一度持ったすしを価を言われて置いて出て行った、という情景から生まれた表題作のほか、我孫子時代の作品を中心に11篇を収めた、作者自選の短篇集。

『小僧の神様―他十篇』 志賀直哉作 改版 岩波書店 2002.10 238p 15cm （岩波文庫） 480円 Ⓘ4-00-310462-5

内容 志賀直哉は、他人の文章を褒める時「目に見えるようだ」と評したという。作者が見た、屋台のすし屋に小僧が入って来て一度持ったすしを価を言われて置いて出て行った、という情景から生まれた表題作のほか、「城の崎にて」「赤西蛎太」など我孫子時代の作品を中心に11篇を収めた、作者自選の短篇集。

「十一月三日午後の事」

『いきものがたり』 山田有策, 近藤裕子編 双文社出版 2013.4 185p 21cm 2000円 Ⓘ978-4-88164-091-3 Ⓝ913.68

内容 蝶 のぼる著, 春の鳥 国木田独歩著, 文鳥 夏目漱石著, 狐 永井荷風著, 西班牙犬の家 佐藤春夫著, 人魚の嘆き 谷崎潤一郎著, 十一月三日午後の事 志賀直哉著, 龍 芥川龍之介著, 件 内田百閒著, 赤い蠟燭と人魚 小川未明著, やまなし 宮沢賢治著, 芋虫 江戸川乱歩著, 貝の穴に河童の居る事 泉鏡花著, 猫町 萩原朔太郎著

『小僧の神様 城の崎にて』 志賀直哉著 67刷改版 新潮社 2005.4 331p 16cm （新潮文庫）〈年譜あり〉476円 Ⓘ4-10-103005-7 Ⓝ913.6

内容 佐々木の場合, 城の崎にて, 好人物の夫婦, 赤西蠣太, 十一月三日午後の事, 流行感冒, 小僧の神様, 雪の日, 焚火, 真鶴, 雨蛙, 転生, 濠端の住まい, 冬の往来, 瑣事, 山科の記憶, 痴情, 晩秋

『志賀直哉短篇集』 志賀直哉著 岩波書店 1989.5 334p 19cm 2000円 Ⓘ4-00-002667-4

内容 本書は約120篇の短篇小説の中から、文芸カセット「志賀直哉作品集」のために選びぬかれた名作中の名作25篇を収めた。

「正義派」

『城の崎にて・小僧の神様』 志賀直哉著 改版 角川書店, 角川グループパブリッ

シング〔発売〕　2012.6　215p　15cm（角川文庫）514円　①978-4-04-100334-3

内容 秤屋ではたらく小僧の仙吉は、番頭たちの噂話を聞いて、屋台の鮨屋にむかったもののお金が足りず、お鮨は食べられなかった上に恥をかく。ところが数日後。仙吉のお店にやってきた紳士が、お鮨をたらふくご馳走してくれたのだった！ はたしてこの紳士の正体は…？ 小僧の体験をユーモアたっぷりに描く「小僧の神様」、作者自身の経験をもとに綴られた「城の崎にて」など、作者のもっとも実り多き時期に描かれた充実の作品集。

『小僧の神様 他十篇』 志賀直哉作　岩波書店　2009.6　238p　19cm（ワイド版岩波文庫）1000円　①978-4-00-007310-3

内容 志賀直哉は、他人の文章を褒める時「目に見えるようだ」と評したという。作者が見た、屋台のすし屋に小僧が入って来て一度持ったすしを価を言われて置いて出て行った、という情景から生まれた表題作のほか、我孫子時代の作品を中心に11篇を収めた、作者自選の短篇集。

『小僧の神様・一房の葡萄』 志賀直哉, 武者小路実篤, 有島武郎著　講談社　2009.2　253p　19cm（21世紀版少年少女日本文学館 5）1400円　①978-4-06-282655-6

内容 仙吉が奉公する店に、ある日訪れた一人の客。まるで自分の心を見透かすように鮨屋に連れていってくれたこの客の正体に、仙吉は思いをめぐらせ―。少年の心情を鮮やかに切り取った「小僧の神様」をはじめ、白樺派を代表する作家三人の作品を収録。

『小僧の神様―他十篇』 志賀直哉作　改版　岩波書店　2002.10　238p　15cm（岩波文庫）480円　①4-00-310462-5

内容 志賀直哉は、他人の文章を褒める時「目に見えるようだ」と評したという。作者が見た、屋台のすし屋に小僧が入って来て一度持ったすしを価を言われて置いて出て行った、という情景から生まれた表題作のほか、「城の崎にて」「赤西蛎太」など我孫子時代の作品を中心に11篇を収めた、作者自選の短篇集。

「清兵衛と瓢箪」

『城の崎にて・小僧の神様』 志賀直哉著　改版　角川書店, 角川グループパブリッシング〔発売〕　2012.6　215p　15cm（角川文庫）514円　①978-4-04-100334-3

内容 秤屋ではたらく小僧の仙吉は、番頭たちの噂話を聞いて、屋台の鮨屋にむかったもののお金が足りず、お鮨は食べられなかった上に恥をかく。ところが数日後。仙吉のお店にやってきた紳士が、お鮨をたらふくご馳走してくれたのだった！ はたしてこの紳士の正体は…？ 小僧の体験をユーモアたっぷりに描く「小僧の神様」、作者自身の経験をもとに綴られた「城の崎にて」など、作者のもっとも実り多き時期に描かれた充実の作品集。

『新 現代文学名作選』 中島国彦監修　明治書院　2012.1　256p　21cm　781円　①978-4-625-65415-2

内容 坊っちゃん（夏目漱石）, 最後の一句（森鷗外）, 鼻（芥川龍之介）, 清兵衛と瓢箪（志賀直哉）, よだかの星（宮沢賢治）, 山椒魚（井伏鱒二）, セメント樽の中の手紙（葉山嘉樹）, 路傍の石（山本有三）, 黄金風景（太宰治）, 名人伝（中島敦）, 潮騒（三島由紀夫）, 赤い繭（安部公房）, おきみやげ（幸田文）, 童謡（吉行淳之介）, 途中下車（宮本輝）, 離さない（川上弘美）, 沈黙（村上春樹）, 電話アーティストの甥電話アーティストの恋人（小川洋子）, 乳と卵（川上未映子）, さがしもの（角田光代）

『小僧の神様 他十篇』 志賀直哉作　岩波書店　2009.6　238p　19cm（ワイド版岩波文庫）1000円　①978-4-00-007310-3

内容 志賀直哉は、他人の文章を褒める時「目に見えるようだ」と評したという。作者が見た、屋台のすし屋に小僧が入って来て一度持ったすしを価を言われて置いて出て行った、という情景から生まれた表題作のほか、我孫子時代の作品を中心に11篇を収めた、作者自選の短篇集。

『小僧の神様―他十篇』 志賀直哉作　改版　岩波書店　2002.10　238p　15cm（岩波文庫）480円　①4-00-310462-5

内容 志賀直哉は、他人の文章を褒める時「目に見えるようだ」と評したという。作者が見た、屋台のすし屋に小僧が入って来て一度持ったすしを価を言われて置いて出て行った、という情景から生まれた表題作のほか、「城の崎にて」「赤西蛎太」など我孫子時代の作品を中心に11篇を収めた、作者自選の短篇集。

「焚火」

『城の崎にて・小僧の神様』 志賀直哉著 改版 角川書店,角川グループパブリッシング〔発売〕 2012.6 215p 15cm (角川文庫) 514円 ①978-4-04-100334-3

内容 秤屋ではたらく小僧の仙吉は、番頭たちの噂話を聞いて、屋台の鮨屋にむかったもののお金が足りず、お鮨は食べられなかった上に恥をかく。ところが数日後。仙吉のお店にやってきた紳士が、お鮨をたらふくご馳走してくれたのだった! はたしてこの紳士の正体は…? 小僧の体験をユーモアたっぷりに描く「小僧の神様」、作者自身の経験をもとに綴られた「城の崎にて」など、作者のもっとも実り多き時期に描かれた充実の作品集。

『小僧の神様 他十篇』 志賀直哉作 岩波書店 2009.6 238p 19cm (ワイド版岩波文庫) 1000円 ①978-4-00-007310-3

内容 志賀直哉は、他人の文章を褒める時「目に見えるようだ」と評したという。作者が見た、屋台のすし屋に小僧が入って来て一度持ったすしを価を言われて置いて出て行った、という情景から生まれた表題作のほか、我孫子時代の作品を中心に11篇を収めた、作者自選の短篇集。

『志賀直哉』 志賀直哉著 筑摩書房 2008.8 477p 15cm (ちくま日本文学 021) 880円 ①978-4-480-42521-8

内容 或る朝,真鶴,速夫の妹,清兵衛と瓢簞,小僧の神様,赤西蛎太,転生,荒絹,クローディアスの日記,范の犯罪,剃刀,好人物の夫婦,雨蛙,冬の往来,老人,矢島柳堂,焚火,網走まで,灰色の月,奇人脱哉,自転車,白い線,盲亀浮木,沓掛にて,リズム,万華鏡

『小僧の神様―他十篇』 志賀直哉作 改版 岩波書店 2002.10 238p 15cm (岩波文庫) 480円 ①4-00-310462-5

内容 志賀直哉は、他人の文章を褒める時「目に見えるようだ」と評したという。作者が見た、屋台のすし屋に小僧が入って来て一度持ったすしを価を言われて置いて出て行った、という情景から生まれた表題作のほか、「城の崎にて」「赤西蛎太」など我孫子時代の作品を中心に11篇を収めた、作者自選の短篇集。

「出来事」

『近代の短編小説 大正篇』 現代文学研究会編 6刷 福岡 九州大学出版会 1999.4 215p 21cm 2200円 ①4-87378-148-5

内容 本書は、大正期以降に主に活躍した作家十名を選び、それらの作家の代表的な短編ないしは問題作を一篇選び出し、その成立年代順に並べて全体を構成している。個々の作品に最小限必要と思われる語句注釈をつけ、「参考」において作者の書簡や日記から関連のある部分を抄出して掲げるとともに、「評論」には作品論の中から定説的なものを中心に紹介して、作品理解に便宜をはかった。

『志賀直哉短篇集』 志賀直哉著 岩波書店 1989.5 334p 20cm 2000円 ①4-00-002667-4 Ⓝ913.6

内容 或る朝,網走まで,母の死と新しい母,速夫の妹,范の犯罪,剃刀,清兵衛と瓢簞,出来事,好人物の夫婦,赤西蠣太,城の崎にて,十一月三日午後の事,小僧の神様,真鶴,焚火,雪の遠足,雨蛙,濠端の住まい,万暦赤絵,池の縁,クマ,灰色の月,山鳩,朝顔,暗夜行路一序詞,解説 阿川弘之著

『日本掌編小説秀作選 下 花・暦篇』 大西巨人編 光文社 1987.12 299p 15cm (光文社文庫) 420円 ①4-334-70663-0

内容 約5000枚の画期的超大作『神聖喜劇』を25年の歳月をかけて書き、読書界に絶賛の嵐を呼んだ大西巨人が、今度は一転して掌編小説の秀作選を編んだ。樋口一葉から星新一まで、58作家の短編は、おおかた400字詰め原稿用紙にして15枚以内。全2巻に収めたこの選集は、近代日本文学を濃縮した“総集編”だ。

「灰色の月」

『オキュパイド ジャパン』 志賀直哉ほか著 集英社 2012.8 697p 19cm (コレクション 戦争と文学 10) 3600円 ①978-4-08-157010-2

内容 灰色の月(志賀直哉),焼跡のイエス(石川淳),深夜の酒宴(椎名麟三),黒衣の聖母(山田風太郎),異端の子(田宮虎彦),廃墟の眺め(吉行淳之介),あゝ日本大痒癬(野坂昭如),ミミのこと(田中小実昌),おどる男

（中野重治），ガラスの靴（安岡章太郎），C町でのノート（西野辰吉），爆撃調査団（内田百閒），サーチライト（豊川善一），人間の羊（大江健三郎），こだまとの対話（大原富枝），神と人とのあいだ（第1部 審判）（木下順二），松葉杖の男（遠藤周作），爆音（城山三郎），大いなる日（阿部昭），証人のいない光景（李恢成），一九四九年冬（吉本隆明），短歌（斎藤茂吉），川柳

『白い線』 志賀直哉著 大和書房 2012.4 303p 18×13cm 2400円 ①978-4-479-88041-7

内容 「暗夜行路」へ通じる静かな哀しみを記した「実母の手紙」、戦後日本がまざまざと蘇える「灰色の月」など、四十二篇を収録。

『志賀直哉』 志賀直哉著 筑摩書房 2008.8 477p 15cm （ちくま日本文学 021） 880円 ①978-4-480-42521-8

内容 或る朝，真鶴，速夫の妹，清兵衛と瓢簞，小僧の神様，赤西蛎太，転生，荒絹，クローディアスの日記，范の犯罪，剃刀，好人物の夫婦，雨蛙，冬の往来，老人，矢島柳堂，焚火，網走まで，灰色の月，奇人脱哉，自転車，白い線，盲亀浮木，沓掛にて，リズム，万華鏡

『鉄路に咲く物語―鉄道小説アンソロジー』 西村京太郎選，日本ペンクラブ編 光文社 2005.6 288p 16cm （光文社文庫） 533円 ①4-334-73897-4 Ⓝ913.68

内容 蜜柑（芥川竜之介著），青い火花（浅田次郎著），鉄橋（綾辻行人著），夏の日々（北村薫著），子供のいる駅（黒井千次著），灰色の月（志賀直哉著），殺人はサヨナラ列車で（西村京太郎著），駅（宮本輝著），鋼索電車（村田喜代子著），ブラック・ティー（山本文緒著），汽車の旅（E，ヘミングウェー著，高見浩訳）

「母の死と新しい母」

『城の崎にて・小僧の神様』 志賀直哉著 改版 角川書店，角川グループパブリッシング〔発売〕 2012.6 215p 15cm （角川文庫） 514円 ①978-4-04-100334-3

内容 秤屋ではたらく小僧の仙吉は、番頭たちの噂話を聞いて、屋台の鮨屋にむかったもののお金が足りず、お鮨は食べられなかった上に恥をかく。ところが数日後。仙吉のお店にやってきた紳士が、お鮨をたらふくご馳走してくれたのだった！ はたしてこの紳士の正体は…？ 小僧の体験をユーモアたっぷりに描く「小僧の神様」、作者自身の経験をもとに綴られた「城の崎にて」など、作者のもっとも実り多き時期に描かれた充実の作品集。

『小僧の神様 他十篇』 志賀直哉作 岩波書店 2009.6 238p 19cm （ワイド版岩波文庫） 1000円 ①978-4-00-007310-3

内容 志賀直哉は、他人の文章を褒める時「目に見えるようだ」と評したという。作者が見た、屋台のすし屋に小僧が入って来て一度持ったすしを価を言われて置いて出て行った、という情景から生まれた表題作のほか、我孫子時代の作品を中心に11篇を収めた、作者自選の短篇集。

『小僧の神様・一房の葡萄』 志賀直哉，武者小路実篤，有島武郎著 講談社 2009.2 253p 19cm （21世紀版少年少女日本文学館 5） 1400円 ①978-4-06-282655-6

内容 仙吉が奉公する店に、ある日訪れた一人の客。まるで自分の心を見透かすように鮨屋に連れていってくれたこの客の正体に、仙吉は思いをめぐらせ―。少年の心情を鮮やかに切り取った「小僧の神様」をはじめ、白樺派を代表する作家三人の作品を収録。

『小僧の神様―他十篇』 志賀直哉作 改版 岩波書店 2002.10 238p 15cm （岩波文庫） 480円 ①4-00-310462-5

内容 志賀直哉は、他人の文章を褒める時「目に見えるようだ」と評したという。作者が見た、屋台のすし屋に小僧が入って来て一度持ったすしを価を言われて置いて出て行った、という情景から生まれた表題作のほか、「城の崎にて」「赤西蛎太」など我孫子時代の作品を中心に11篇を収めた、作者自選の短篇集。

「濠端の住まい」

『城の崎にて・小僧の神様』 志賀直哉著 改版 角川書店，角川グループパブリッシング〔発売〕 2012.6 215p 15cm （角川文庫） 514円 ①978-4-04-100334-3

内容 秤屋ではたらく小僧の仙吉は、番頭たちの噂話を聞いて、屋台の鮨屋にむかったもののお金が足りず、お鮨は食べられなかった上に恥をかく。ところが数日後。仙吉のお店にやってきた紳士が、お鮨をたらふくご馳走してくれたのだった！ はたして

この紳士の正体は…？ 小僧の体験をユーモアたっぷりに描く「小僧の神様」、作者自身の経験をもとに綴られた「城の崎にて」など、作者のもっとも実り多き時期に描かれた充実の作品集。

『小僧の神様 城の崎にて』 志賀直哉著 67刷改版 新潮社 2005.4

『志賀直哉短篇集』 志賀直哉著 岩波書店 1989.5 334p 19cm 2000円 ①4-00-002667-4

内容 本書は約120篇の短篇小説の中から、文芸カセット「志賀直哉作品集」のために選びぬかれた名作中の名作25篇を収めた。

「真鶴」

『城の崎にて・小僧の神様』 志賀直哉著 改版 角川書店,角川グループパブリッシング〔発売〕 2012.6 215p 15cm (角川文庫) 514円 ①978-4-04-100334-3

内容 秤屋ではたらく小僧の仙吉は、番頭たちの噂話を聞いて、屋台の鮨屋にむかったもののお金が足りず、お鮨は食べられなかった上に恥をかく。ところが数日後。仙吉のお店にやってきた紳士が、お鮨をたらふくご馳走してくれたのだった！ はたしてこの紳士の正体は…？ 小僧の体験をユーモアたっぷりに描く「小僧の神様」、作者自身の経験をもとに綴られた「城の崎にて」など、作者のもっとも実り多き時期に描かれた充実の作品集。

『小僧の神様 他十篇』 志賀直哉作 岩波書店 2009.6 238p 19cm (ワイド版岩波文庫) 1000円 ①978-4-00-007310-3

内容 志賀直哉は、他人の文章を褒める時「目に見えるようだ」と評したという。作者が見た、屋台のすし屋に小僧が入って来て一度持ったすしを価を言われて置いて出て行った、という情景から生まれた表題作のほか、我孫子時代の作品を中心に11篇を収めた、作者自選の短篇集。

『百年小説』 森鷗外ほか著 ポプラ社 2009.3 1331p 23cm 6600円 ①978-4-591-10497-2

内容 ひとり静かに味わってみたくなる、珠玉の名文があります。四季折々の懐かしい風物、温かな人影、時の移ろい。著名な作品ばかりでなく、明治から昭和初期までの日本の傑作短篇を1冊に集めました。「大きな文字」、「総ルビ」でお楽しみください。

『小僧の神様―他十篇』 志賀直哉作 改版 岩波書店 2002.10 238p 15cm (岩波文庫) 480円 ①4-00-310462-5

内容 志賀直哉は、他人の文章を褒める時「目に見えるようだ」と評したという。作者が見た、屋台のすし屋に小僧が入って来て一度持ったすしを価を言われて置いて出て行った、という情景から生まれた表題作のほか、「城の崎にて」「赤西蛎太」など我孫子時代の作品を中心に11篇を収めた、作者自選の短篇集。

「和解」

『志賀直哉全集 第3巻』 志賀直哉著 岩波書店 1999.2 504p 20cm〈肖像あり〉4200円 ①4-00-092213-0 Ⓝ918.68

内容 城の崎にて,和解

『和解・小僧の神様』 志賀直哉著 旺文社 1997.4 269p 18cm (愛と青春の名作集) 950円 ①4-01-066051-1

内容 和解,清兵衛と瓢箪,城の崎にて,小僧の神様,焚火,濠端の住まい

『大津順吉・和解・ある男、その姉の死』 志賀直哉作 岩波書店 1995.2 287p 15cm (岩波文庫) 620円 ①4-00-310461-7

内容 実業家である父にとって、作家志望の息子順吉の生き方は決して許せるものではなかった。しかも女中と結婚するという。こうして父と子の不和は続いた。やがて歳月が二人を近づける。この三部作は、長い確執ののち和解に至るまでの過程とその緊迫した瞬間を、十二分に伝える筆さばきで描き、作者(1883‐1971)の一画期を示すものとなった。

式亭 三馬
しきてい・さんば
《1776～1822》

「浮世床」

『洒落本・滑稽本・人情本』 中野三敏,神保五弥,前田愛校注・訳 小学館 2000.4 604p 21cm (新編日本古典文学全集 80) 4657円 ①4-09-658080-5

内容 江戸時代中期、戯作とよばれる文学活動が江戸の地に根をおろし広がっていく。京伝・三馬・春水などが、既成の権威を笑いのめし、遊びの境地を徹底して楽しんだ。「角屋敷竟には野暮の手へ渡り」身代をつぶすまで遊ぶのが江戸ッ子の見え。町人文化最盛期の傑作集。

『浮世床』 式亭三馬作, 和田万吉校訂 岩波書店 1993.9 104p 15cm (岩波文庫)〈第15刷(第1刷：28.10.25)〉 310円 Ⓘ4-00-302301-3

内容 髪結床の待ち合い時間は、今日も無駄話の花ざかり。美人の品評、猫の名付け相談、それにもちろん噂や悪口。江戸庶民の日常を活写した、「浮世風呂」の姉妹作。

『雨月物語　浮世床　春雨物語　春色梅暦』 上田秋成, 式亭三馬, 為永春水著, 円地文子, 久保田万太郎, 舟橋聖一訳〔新装版〕 河出書房新社 1988.4 292p 19cm (日本古典文庫 20) 1600円 Ⓘ4-309-71320-3

内容 妖美な怪異の世界と、市井のユーモアと、人情の機微を描いた、近世の代表的な小説4篇。

『浮世床・四十八癖』 式亭三馬著, 本田康雄校注 新潮社 1982.7 435p 20cm (新潮日本古典集成) 2200円 Ⓝ913.55

「浮世風呂」

『小説乃湯―お風呂小説アンソロジー』 有栖川有栖編 角川書店, 角川グループパブリッシング〔発売〕 2013.3 361p 15cm (角川文庫) 590円 Ⓘ978-4-04-100686-3

内容 古今東西、お風呂にまつわる傑作短編を集めました。滑稽話に純文学、ミステリにファンタジー、さらにSF、幻想、現代小説と各種取り揃えております。お風呂の種類も内風呂、銭湯、サウナ、温泉とよりどりみどり。一入浴につき一話分、お風呂のお供に小説浴はいかがですか？ 熱読しすぎて湯あたり注意。お風呂好きに贈るお風呂オンリーアンソロジー。お風呂小説の面白さについて熱く語る!?編者あとがきつき。

『新日本古典文学大系　86　浮世風呂・戯場粋言幕の外・大千世界楽屋探』 佐竹昭広ほか編 式亭三馬作, 神保五弥校注 岩波書店 1989.6 480p 22cm 3500円 Ⓘ4-00-240086-7 Ⓝ918

重兼　芳子
しげかね・よしこ
《1927～1993》

「過保護」

『今日がいちばん若い日』 重兼芳子著 鎌倉書房 1987.2 246p 20cm 1200円 Ⓘ4-308-00405-5 Ⓝ914.6

重松　清
しげまつ・きよし
《1963～》

「バスに乗って」

『小学五年生』 重松清著 文藝春秋 2009.12 282p 15cm (文春文庫) 514円 Ⓘ978-4-16-766908-9

内容 クラスメイトの突然の転校、近しい人との死別、見知らぬ大人や、転校先での出会い、異性へ寄せるほのかな恋心、淡い性への目覚め、ケンカと友情－まだ「おとな」ではないけれど、もう「子ども」でもない。微妙な時期の小学五年生の少年たちの涙と微笑みを、移りゆく美しい四季を背景に描く、十七篇のショートストーリー。

志太　野坡
しだ・やば
《1662～1740》

「炭俵」

『芭蕉七分集』 中村俊定校注 岩波書店 2004.12 446p 19cm (ワイド版岩波文庫) 1400円 Ⓘ4-00-007080-0

内容 旅人芭蕉と称される如く芭蕉は生涯を旅に終始した。本書はその一所不住の境涯と表裏をなした芭蕉一代の俳風の変遷を跡づけるとともに蕉風俳諧の代表作を集めて門流修行の範とするために撰定されたといわれ、爾来焦門の聖典と見なされて来たもの。ここにその望み得る限り厳正な校注本を提供する。巻末に「発句・連句索引」等を付した。

『日本俳書大系　第2巻　蕉門俳諧前集』　勝峰晋風編　日本図書センター　1995.8　630,6p　22cm〈日本俳書大系刊行会大正15年刊の複製〉①4-8205-9373-0,4-8205-9371-4　Ⓝ911.308

内容 歳旦発句牒, 武蔵曲, 虚栗, 続虚栗, 冬の日, 春の日, 句餞別, 千鳥掛, 蛙合, 罌粟合, 曠野, 曠野後集, 其袋, 俳諧勧進牒, いつを昔, 花摘, ひさご, 猿蓑, 元禄百人一句, 北の山, 己が光, 俳風弓, 桃の実, 藤の実, 炭俵, 市の庵, 別座鋪, 其便, 続猿蓑, 枯尾花

『芭蕉七部集』　白石悌三, 上野洋三校注　岩波書店　1990.3　650,49p　21cm（新 日本古典文学大系 70）3900円　①4-00-240070-0

内容 俳諧的表現とは何か。芭蕉とその一門の連句・発句を収めた七部の撰集。円熟期の〈さび〉から晩年の〈かるみ〉へ蕉風変遷の様相をトータルにとらえる。

十返舎　一九
じっぺんしゃ・いっく
《1765〜1831》

「東海道中膝栗毛」

『現代語訳 東海道中膝栗毛　下』　伊馬春部訳　岩波書店　2014.8　287p　15cm（岩波現代文庫）980円　①978-4-00-602243-3

内容 弥次郎兵衛と北八の江戸っ子二人組の旅はさらに続く。下巻では、桑名から、伊勢参宮、大和をめぐり、京都にたどり着く。行く先々で関西人を相手に滑稽談が繰り広げられる。鼻っ張りが強く、それでいて気の小さく見栄坊の好色漢と一緒に、読者は道中を共にしている可笑しさを満喫する。弥次郎兵衛が、十返舎一九と名乗ってばれる失敗談まで登場して笑いを誘う。滑稽本の代表的作家である十返舎一九の名を不朽にした名作を、ユーモラスな会話体の現代語訳で楽しむ。

『現代語訳 東海道中膝栗毛　上』　伊馬春部訳　岩波書店　2014.7　284p　15cm（岩波現代文庫）980円　①978-4-00-602242-6

内容 本書は、江戸期の最大のベストセラーである。放蕩のあげく神田に逼迫していた遊び人弥次郎兵衛と、その食客北八の江戸っ子二人組が、借金取りから逃げるため、東海道の辿る旅に出る。道中で繰り広げられる滑稽と醜態の失敗談が、駄洒落、狂歌、各地の風俗、奇聞をまじえながら語られる。今なお日本人に愛読されるユーモア文学の傑作を、原作のリズムを伝える現代語で楽しむ。上巻は、江戸から桑名までの旅路を辿る。

『東海道中膝栗毛　上』　十返舎一九作, 麻生磯次校注　岩波書店　2002.8　336p　19cm（ワイド版岩波文庫）1300円　①4-00-007213-7　Ⓝ913.55

『東海道中膝栗毛　下』　十返舎一九作, 麻生磯次校注　岩波書店　2002.8　390p　19cm（ワイド版岩波文庫）1400円　①4-00-007214-5　Ⓝ913.55

『新編日本古典文学全集　81　東海道中膝栗毛』　中村幸彦校注　小学館　1995.6　558p　23cm　4600円　①4-09-658081-3　Ⓝ918

司馬　遼太郎
しば・りょうたろう
《1923〜1996》

「アメリカ素描」

『アメリカ素描』　司馬遼太郎著　改版　新潮社　2008.10　476p　15cm（新潮文庫）705円　①978-4-10-115236-3

内容 普遍性があって便利で快適なものを生み出すのが文明であるとすれば、いまの地球上にはアメリカ以外にそういうモノやコト、もしくは思想を生みつづける地域はないのではないか。一初めてこの地を旅した著者が、普遍的で合理的な「文明」と、むしろ不合理な、特定の集団（たとえば民族）でのみ通用する「文化」を見分ける独自の透徹した視点から、巨大な人工国家の全体像に迫る。

『司馬遼太郎全集　53　アメリカ素描 ロシアについて』　司馬遼太郎著　文芸春秋　1998.12　541p　20cm　3429円　①4-16-510530-9　Ⓝ918.68

『アメリカ素描』　司馬遼太郎著　新潮社　1989.4　405p　15cm（新潮文庫）520円　①4-10-115236-5

内容 普遍性があって便利で快適なものを生み出すのが文明であるとすれば、いまの地球上にはアメリカ以外にそういうモノやコト、もしくは思想を生みつづける地域はないのではないか。—初めてこの地を旅した著者が、普遍的で合理的な「文明」と、むしろ不合理な、特定の集団(たとえば民族)でのみ通用する「文化」を見分ける独自の透徹した視点から、巨大な人工国家の全体像に迫る。

「高貴なコドモ」

『伝えたい大切なこと—司馬遼太郎さんの遺志を継ぐ25話』 産経新聞社編 東洋経済新報社 2006.2 207p 21cm 1300円 ①4-492-04248-2

内容 地域社会が崩壊して近所の空き地での遊びが消え、受験戦争で友だちづくりが難しくなり、IT機器に囲まれて現実と仮想のはざまに落ち込んでしまっている現代の子供たち。私たち大人は、彼らに何を伝えていったらいいか。子供たちが必要としているものは何か。親と子で読む人生の羅針盤。小学校高学年でも読めるルビ(ふりがな)付。

『司馬遼太郎全集 67 この国のかたち・風塵抄』 司馬遼太郎著 文芸春秋 2000.2 425p 19cm 3429円 ①4-16-510670-4

内容 三十年も前から地価高騰に警鐘を鳴らしバブル経済の到来を深く憂えた著者が、逝去の直前まで書き続けた愛情溢れるこの国への遺言。

『風塵抄』 司馬遼太郎著 中央公論社 1994.7 345p 15cm (中公文庫) 680円 ①4-12-202111-1

内容 一九八六—九一年、身近な話題とともに、日本の土地問題、解体した「ソ連」の将来にのこる問題にいたる、激しく動く現代世界と人間を省察。世間ばなしのなかに「恒心」を語る、珠玉の随想集。

「坂の上の雲」

『坂の上の雲 1〜6』 司馬遼太郎著 新装版 文芸春秋 2004.6 363p 19cm 1500円 ①4-16-323010-6

内容 考えてみれば、ロシア帝国は負けるべくして負けようとしている。—旅順陥落。世界の関心は「ロシアはなぜ負けるのか」にあった。しだいに専制国家としての陋劣さを露呈するロシア。「旅順艦隊全滅す」の報は、マダガスカル島の漁港に留まり続けるバルチック艦隊にも届いた。そして最大規模の総力戦、奉天の開戦で両軍は死闘する。

「草原の記—モンゴル紀行」

『司馬遼太郎全集 54 草原の記・「明治」という国家』 司馬遼太郎著 文藝春秋 1999.1 558p 19cm 3429円 ①4-16-510540-6

内容 少年期からの夢想の地モンゴルの沙漠とそこに生きる人々への熱き想い『草原の記』、現代が喪失したものを初心から探る『「明治」という国家』など、全4編を収録。

『草原の記』 司馬遼太郎著 新潮社 1995.10 227p 15cm (新潮文庫) 400円 ①4-10-115237-3

内容 一人のモンゴル女性がたどった苛烈な体験をとおし、20世紀の激動と遊牧民の歴史を語る

『草原の記』 司馬遼太郎著 新潮社 1992.6 223p 19cm 1400円 ①4-10-309735-3

内容 少年の日、蒙古への不可思議な情熱にとらわれた著者が、五十年の星霜を経て出合った一人のモンゴル女性。ロシア、中国、日本…、激動の20世紀の火焔を全身に浴びてなお、その人は凛々しく、清々しく草原に立っていた—。草原に拡がる無量の歴史と我らが生きる20世紀末を言葉の粋を以て語り尽す感動の“叙事詩”。

柴田 翔

しばた・しょう

《1935〜》

「希望としてのクレオール」

『希望としてのクレオール』 柴田翔著 筑摩書房 1994.3 224p 20cm 1600円 ①4-480-81349-7

内容 女優の写真集、若い女性の話しぶり、家族について、汚職について、そして私的な記憶に関して…。このエッセイすべてが常識の視点で説かれている。だがそれは〈過激な常識〉なのである。現代を深くまた解りやすく説くエッセイ集。

島尾 敏雄
しまお・としお
《1917〜1986》

「いなかぶり」

『福島県文学全集 第1期（小説編） 第4巻（昭和編 2）』 木村幸雄監修, 澤正宏ほか編 長岡 郷土出版社 2001.10 555p 20cm〈肖像あり〉①4-87663-536-6 Ⓝ918.6

内容 橋のある風景（斎藤利雄著）, 水芭蕉（真船豊著）, 悲運の城（田宮虎彦著）, いなかぶり（島尾敏雄著）, 奥羽の二人（松本清張著）, ダム・サイト（小山いと子著）, 大島圭介南柯の夢（河上徹太郎著）, 祖父（志賀直哉著）, 谷間の太陽（富沢有為男著）, 解説（大沢正善著）

『島尾敏雄全集 第3巻』 晶文社 1980.7 383p 20cm〈著者の肖像あり〉2600円 Ⓝ918.68

内容 唐草, アスファルトと蜘蛛の子ら, 公園への誘い, 砂嘴の丘にて, 鎮魂記, ロング・ロング・アゴウ, 宿定め, 階段をころげ落ちた事, ちっぽけなアヴァンチュール, ソテツ島の慈父, 摩耶たちへの偏見, 黄色の部分, アスケーティッシュ自叙伝, いなかぶり, 旅は妻子を連れて, 夜の匂い

「硝子障子のシルエット」

『硝子障子のシルエット―葉篇小説集』 島尾敏雄著 講談社 1989.10 220p 16cm （講談社文芸文庫） 640円 ①4-06-196058-X Ⓝ913.6

「春の日のかげり」

『現代文学名作選』 中島国彦監修 明治書院 2003.4 244p 21cm 781円 ①4-625-65304-5

内容 心に残る読んでおきたい作品を厳選。中学校の教科書から消えた漱石・鷗外を読む。自分なりの書評がいつまでも保存しておける読書ノートを収録。時代を超えて生きる名作20選―日本にはこんな美しい物語があった。

『春の日のかげり』 島尾敏雄著 勉誠出版 2003.2 225p 18cm （べんせいライブラリー 青春文芸セレクション） 1000円 ①4-585-10378-3

内容 長崎高商時代に材を得た「春の日のかげり」。戦争文学の名作「島の果て」。島尾は一九四五年八月十三日、特攻隊員として出撃待機命令を受けたまま敗戦を迎えた。以後、島尾には死を完結できなかったという意識が終生つきまとう。この出来事を描いた「出発は遂に訪れず」。ほかに「原っぱ」「ロング・ロング・アゴウ」「はまべのうた」を収録。

『島尾敏雄』 島尾敏雄著 筑摩書房 1992.5 477p 15cm （ちくま日本文学全集 032） 1000円 ①4-480-10232-9

内容 格子の眼, 春の日のかげり, 島の果て, 出孤島記, 出発は遂に訪れず, 兆, 子之吉の舌, 冬の宿り, われ深きふちより, 廃址, 川にて, 夢屑

島尾 ミホ
しまお・みほ
《1919〜2007》

「洗骨」

『泪』 深沢七郎, 島尾ミホ, 色川武大著 ポプラ社 2011.9 157p 19cm （百年文庫 92） 750円 ①978-4-591-12180-1

内容 二人の子どもを育てあげた「おくま」は、身体が辛くても鶏の飼育や孫のお守りなど働くことをやめない。庶民の母の見事な最期（深沢七郎『おくま嘘歌』）。先祖の骨を川で洗い浄めた夜、島人たちは生死をこえた安らぎのなかに舞う（島尾ミホ『洗骨』）。幼い日、どこへでもついてきた弟は「私」の唯一の理解者だった。世間になじめず漂泊する兄と、勤め人として生きる弟の心の絆を描いた、色川武大『連笑』。そばにいるからこそ伝えられない肉親の情に、じわりと胸が熱くなる三篇。

『戦後短篇小説再発見 5 生と死の光景』 講談社文芸文庫編 講談社 2001.10 272p 16cm （講談社文芸文庫） 950円 ①4-06-198265-6 Ⓝ913.68

内容 今年の秋（正宗白鳥著）, 奇妙な国（島比呂志著）, 男と九官鳥（遠藤周作著）, めずらしい人（川端康成著）, 落葉亭（結城信一著）, 海辺の生と死（島尾ミホ著）, 夏草の匂い（高橋昌男著）, 墓（色川武大著）, 掌の記憶

（高井有一著）, 影向（上田三四二著）, ヒカダの記憶（三浦哲郎著）, 耳の塔（村田喜代子著）

『海辺の生と死』 島尾ミホ著 中央公論社 1987.3 231p 15cm （中公文庫） 340円 Ⓘ4-12-201403-4

内容 幼い日、夜ごと、子守歌のように、母がきかせてくれた奄美の昔話。南の離れ島の暮しや風物。慕わしい父と母のこと。―記憶の奥に刻まれた幼時の思い出と特攻隊長として島に駐屯した夫島尾敏雄との出会いなどを、ひたむきな眼差しで、心のままに綴る。第15回田村俊子賞受賞作。

嶋岡 晨
しまおか・あきら
《1932～》

「かくれんぼ」

『現代詩文庫 嶋岡晨詩集 86』 思潮社 1986

島木 健作
しまき・けんさく
《1903～1945》

「赤蛙」

『第一義の道・赤蛙』 島木健作著 講談社 2006.3 276p 15cm （講談社文芸文庫） 1300円 Ⓘ4-06-198435-7

内容 出獄後の生き方を模索する順吉の前に立ちはだかる母の存在。“義”に生きようとしつつも、それを果たせぬ焦燥と苦悩を描いた「第一義の道」、生きものの生死を通じて自己を見つめた心境小説の名作「黒猫」「赤蛙」「ジガ蜂」、“北方人の血と運命”をかけ、長篇として構想されながらも絶筆となった「土地」等、六篇を収録。苦多き短い生涯を、求道的な精神とストイックな理想主義で貫いた島木健作の稀有なる文業を精選。

『泣虫小僧・鰊漁場』 林芙美子著，島木健作著 フロンティアニセン 2005.3 （第2刷） 157p 15cm （フロンティア文庫 62―風呂で読める文庫100選 62） 〈ルーズリーフ〉 1000円 Ⓘ4-86197-062-8 Ⓝ913.6

内容 泣虫小僧（林芙美子著）, 鰊漁場（島木健作著）, 赤蛙（島木健作著）, ジガ蜂（島木健作著）

『島木健作全集 第11巻』 島木健作著 新装版 国書刊行会 2003.12 384p 21cm 5000円 Ⓘ4-336-04595-X

内容 青服の人, 出発まで, 雨期, 煙, 芽生, 背に負うた子, 蒲団, 針, 小さな妹, 野の少女, 黒猫, 赤蛙, むかで, ジガ蜂, 名附親, 戦災見舞

「ジガ蜂」

『第一義の道・赤蛙』 島木健作著 講談社 2006.3 276p 15cm （講談社文芸文庫） 1300円 Ⓘ4-06-198435-7

内容 出獄後の生き方を模索する順吉の前に立ちはだかる母の存在。“義”に生きようとしつつも、それを果たせぬ焦燥と苦悩を描いた「第一義の道」、生きものの生死を通じて自己を見つめた心境小説の名作「黒猫」「赤蛙」「ジガ蜂」、“北方人の血と運命”をかけ、長篇として構想されながらも絶筆となった「土地」等、六篇を収録。苦多き短い生涯を、求道的な精神とストイックな理想主義で貫いた島木健作の稀有なる文業を精選。

『泣虫小僧・鰊漁場』 林芙美子著，島木健作著 フロンティアニセン 2005.3 （第2刷） 157p 15cm （フロンティア文庫 62―風呂で読める文庫100選 62） 〈ルーズリーフ〉 1000円 Ⓘ4-86197-062-8 Ⓝ913.6

内容 泣虫小僧（林芙美子著）, 鰊漁場（島木健作著）, 赤蛙（島木健作著）, ジガ蜂（島木健作著）

『島木健作全集 第11巻』 島木健作著 新装版 国書刊行会 2003.12 384p 21cm 5000円 Ⓘ4-336-04595-X

内容 青服の人, 出発まで, 雨期, 煙, 芽生, 背に負うた子, 蒲団, 針, 小さな妹, 野の少女, 黒猫, 赤蛙, むかで, ジガ蜂, 名附親, 戦災見舞

「生活の探求」

『島木健作全集 第5巻』 島木健作著 新装版 国書刊行会 2003.12

島崎　藤村
しまざき・とうそん
《1872〜1943》

「秋風の歌」

『島崎藤村集』 筑摩書房 2013.1 456p 21cm （明治文學全集 69） 7500円 Ⓘ978-4-480-10369-7
目次 若菜集, 春, 家, 人生の風流を懐ふ, 村居謾筆, おもひいずるまゝ, 西花餘香, 藁草履, 爺, 無言の人, 千曲川のスケッチ（抄）, 新しき聲（蒲原有明）, 藤村様式試論（岡崎義惠）, 藤村文學の循環性（笹淵友一）, 解題（笹淵友一）, 年譜（和田謹吾編）, 參考文獻（和田謹吾編）, 詳細目次

『島崎藤村選書』 世界の名詩鑑賞会編 名古屋 リベラル社, 星雲社〔発売〕 2006.7 77p 15×9cm （ミニブックシリーズ） 500円 Ⓘ4-434-08236-1
目次 秋思, 初恋, 知るや君, 秋風の歌, 草枕, 潮音, 四つの袖, 晩春の別離, 小諸なる古城のほとり, 千曲川旅情のうた, 常盤樹, 炉辺雑興, 思より思をたどり, 吾胸の底のここには, 椰子の実

『島崎藤村―若菜集』 島崎藤村著 大創出版 2004 223p 15cm （ダイソー文学シリーズ 近代日本文学選 25）〈年譜あり〉 Ⓝ911.56

『近代の詩人 2』 潮出版社 1991

「朝」

『島崎藤村詩集』 島崎藤村著 教育出版 2003.12 202p 18cm （読んでおきたい日本の名作） 800円 Ⓘ4-316-80042-6
目次 若菜集（流星, かもめ, 昼の夢, 梭の音ほか）, 一葉舟（鷲の歌, 白磁花瓶賦）, 夏草（晩春の別離, 新潮）, 落梅集（響りんりん音りんりん, 旅情, 一小吟, 胸より胸に ほか）

『日本の詩歌 1 島崎藤村』 島崎藤村［著］ 新装 中央公論新社 2003.6 447p 21cm〈オンデマンド版 年譜あり〉 5300円 Ⓘ4-12-570045-1 Ⓝ911.08
内容 若菜集, 一葉舟, 夏草, 落梅集, 詩人の肖像（井上靖著）

『島崎藤村詩集』 島崎藤村著 角川書店 1999.1 259p 15cm （角川文庫） 540円 Ⓘ4-04-116005-7
内容 「初恋」「椰子の実」「小諸なる古城のほとり」…多くの読者に親しまれ愛唱されてきた作品を中心に、島崎藤村の詩業をコンパクトにまとめた文庫版詩集。

「新しい詩歌の時」

『藤村詩集』 島崎藤村著 66刷改版 新潮社 2008.6 236p 16cm （新潮文庫） 400円 Ⓘ978-4-10-105516-9 Ⓝ911.56

『島崎藤村詩集』 島崎藤村著 角川書店 1999.1 259p 15cm （角川文庫） 540円 Ⓘ4-04-116005-7
内容 「初恋」「椰子の実」「小諸なる古城のほとり」…多くの読者に親しまれ愛唱されてきた作品を中心に、島崎藤村の詩業をコンパクトにまとめた文庫版詩集。

「嵐」

『大正の結婚小説』 上田博編 おうふう 2005.9 218p 21cm 2000円 Ⓘ4-273-03390-9
内容 結婚は面白い人間模様。夏目漱石「明暗」から宮本百合子「伸子」まで、20の名作に見る大正の結婚事情。

『島崎藤村全短編集 第5巻 嵐・涙・分配』 島崎藤村著, 腰原哲朗, 東栄蔵解説 松本 郷土出版社 2003.4 578p 20cm〈肖像あり 年譜あり〉 Ⓘ4-87663-593-5 Ⓝ913.6
内容 嵐, 伸び支度, ある女の生涯, 三人, 明日, 貧しい理学士, 子に送る手紙, 熱海土産, 食堂, 嵐の後に, 涙, 分配, 解説（東栄蔵著）

『島崎藤村全集 第7巻』 筑摩書房 1981.7 366p 20cm （筑摩全集類聚） 2200円 Ⓝ918.68
内容 海へ, 嵐, 解説 三好行雄著

「家」

『家 上巻』 島崎藤村作 岩波書店 2013.5 251p 15cm （岩波文庫）〈第8刷（第1刷1969年）〉 600円 Ⓘ978-4-00-310234-3
内容 木曾の旧家に生まれ、古い「家」の崩壊を体験した島崎藤村（1872‐1943）の自伝

的作品。封建的な色彩を色濃くのこしている信州の二つの旧家、小泉家と橋本家。この家父長制的な「家」の下に生きてきた大家族数十人の人々の個々の運命を描くことによって、古い「家」の頽廃と崩壊の跡をたどる。

『島崎藤村全集　第4巻』 筑摩書房 1981.4

「小諸なる古城のほとり」

『島崎藤村詩集』 島崎藤村著 角川書店 1999.1 259p 15cm （角川文庫） 540円 ①4-04-116005-7

内容 「初恋」「椰子の実」「小諸なる古城のほとり」…多くの読者に親しまれ愛唱されてきた作品を中心に、島崎藤村の詩業をコンパクトにまとめた文庫版詩集。

『島崎藤村詩集 小諸なる古城のほとり』 島崎藤村著，小山利枝子画，北川幸比古編 岩崎書店 1997.5 102p 20×19cm （美しい日本の詩歌 12） 1500円 ①4-265-04052-7

目次 新しき星, 蝶と花, 野の花, 流星, 青草, 若鮎, 問答の歌, 蟹の歌, 初恋, 狐のわざ, かもめ, 昼の夢, 東西南北, 四つの袖, 傘のうち, 逃げ水, おくめ〔ほか〕

『近代の詩人　2』 潮出版社 1991

「桜の実の熟する時」

『桜の実の熟する時』 島崎藤村著 62刷改版 新潮社 2009.9 276p 16cm （新潮文庫 し－2-3） 438円 ①978-4-10-105504-6 Ⓝ913.6

『島崎藤村』 島崎藤村著 京都 新学社 2005.7

『島崎藤村全集　第5巻』 筑摩書房 1981.5 304p 20cm （筑摩全集類聚） 〈著者の肖像あり〉 2000円 Ⓝ918.68

内容 桜の実の熟する時, 微風, 眼鏡, 解説 三好行雄著

「収穫」

『千曲川のスケッチ』 島崎藤村著 新座 埼玉福祉会 2009.5 323p 21cm （大活字本シリーズ） 〈底本：新潮文庫「千曲川のスケッチ」〉 3100円 ①978-4-88419-554-0 Ⓝ914.6

『千曲川のスケッチ』 島崎藤村著 岩波書店 2004.9 236p 19cm （ワイド版岩波文庫） 1000円 ①4-00-007246-3

内容 『若菜集』刊行の後、私塾の教員として信州小諸で六年を過ごした藤村（一八七二－一九四三）は、千曲川にのぞむ地の人びとの暮らしや自然を詩情豊かに描いた。作者自身が若い人たちのために選び、明治末から大正初期にかけて発表されたもので、その真摯な人生観や文学探求への情熱のにじみでる、美しい小品集。

「初学者のために」

『島崎藤村全集　第11巻』 筑摩書房 1982.1 412p 20cm （筑摩全集類聚） 〈著者の肖像あり〉 2400円 Ⓝ918.68

内容 飯倉だより, 春を待ちつつ, 市井にありて, 山陰土産, 拾遺 大正6年～昭和5年, 解説 三好行雄著

「白壁」

『島崎藤村』 島崎藤村著，萩原昌好編 あすなろ書房 1986.8 77p 23cm 1200円 ①4-7515-1361-3

目次 「藤村詩集」序文の一節, 潮音, 若水, 白壁, 高楼, 梭の音, 流星, 夏の夜, 東西南北, 初恋〔ほか〕

『精選 日本近代詩全集』 ぎょうせい 1982

「隅田川の水」

『島崎藤村全集　第7巻』 筑摩書房 1981.7 366p 20cm （筑摩全集類聚） 2200円 Ⓝ918.68

内容 海へ, 嵐, 解説 三好行雄著

「千曲川のスケッチ」

『千曲川のスケッチ』 島崎藤村著 新座 埼玉福祉会 2009.5 323p 21cm （大活字本シリーズ） 〈底本：新潮文庫「千曲川のスケッチ」〉 3100円 ①978-4-88419-554-0 Ⓝ914.6

『千曲川のスケッチ』 島崎藤村著 岩波書店 2004.9 236p 19cm （ワイド版岩波文庫） 1000円 ①4-00-007246-3

内容 『若菜集』刊行の後、私塾の教員として信州小諸で六年を過ごした藤村（一八七二－一九四三）は、千曲川にのぞむ地の人びとの暮らしや自然を詩情豊かに描いた。作者自身が若い人たちのために選び、明治末か

ら大正初期にかけて発表されたもので、その真摯な人生観や文学探求への情熱のにじみでる、美しい小品集。

「千曲川旅情のうた」

『えんぴつで綴る「初恋」藤村詩集』 島崎藤村詩, 山下静雨書 大和書房 2006.12 123p 21×19cm 1300円 ①4-479-39154-1

内容 極めつけの名詩を声を出して読む。そして、心ゆくまで美しい字で書く。心も脳も若返るロマンの旅へ。

『藤村詩抄』 島崎藤村自選 岩波書店 2001.12 239p 19cm (ワイド版岩波文庫) 1000円 ①4-00-007202-1

内容 日本の近代詩の出発点となった島崎藤村の詩は、近代日本の自覚期ともいうべき歴史的青春と、詩人および人間としての人生の青春と、詩の文芸ジャンルとしての若さとが相まって生み出された比類のない青春文学である。『若菜集』『一葉船』『夏草』『落梅集』などより自選。新たに各詩集初版本目次と校異を付す。

『近代の詩人 2』 潮出版社 1991

「潮音」

『若菜集』 島崎藤村著 日本図書センター 2002.12 274p 19cm 2500円 ①4-8205-9560-1

目次 おえふ, おきぬ, おさよ, おくめ, おつた, おきく, 明星, 草枕, 潮音, 春の歌〔ほか〕

『近代の詩人 2』 潮出版社 1991

『島崎藤村』 島崎藤村著, 萩原昌好編 あすなろ書房 1986.8 77p 23cm 1200円 ①4-7515-1361-3

目次 「藤村詩集」序文の一節, 潮音, 若水, 白壁, 高楼, 梭の音, 流星, 夏の夜, 東西南北, 初恋〔ほか〕

「「藤村詩集」序」

『藤村詩集』 島崎藤村著 66刷改版 新潮社 2008.6 236p 16cm (新潮文庫) 400円 ①978-4-10-105516-9 Ⓝ911.56

『島崎藤村』 島崎藤村著 新学社 2005.7 347p 15cm (近代浪漫派文庫) 1324円 ①4-7868-0069-4

目次 藤村詩集(抄), 桜の実の熟する時, 前世紀を探求する心, 海について(総題「夏の山水大観」), 歴史と伝説と実相, 回顧(父を追想して書いた国学上の私見)

『島崎藤村詩集』 島崎藤村著 角川書店 1999.1 259p 15cm (角川文庫) 540円 ①4-04-116005-7

内容 「初恋」「椰子の実」「小諸なる古城のほとり」…多くの読者に親しまれ愛唱されてきた作品を中心に、島崎藤村の詩業をコンパクトにまとめた文庫版詩集。

「常盤樹」

『藤村詩抄』 島崎藤村自選 改版 岩波書店 2003.4 239p 15cm (岩波文庫)〈第8刷〉560円 ①4-00-310231-2

内容 日本の近代詩の出発点となった島崎藤村の詩は、近代日本の自覚期ともいうべき歴史的青春と、詩人および人間としての人生の青春と、詩の文芸ジャンルとしての若さとが相まって生み出された比類のない青春文学である。『若菜集』『一葉船』『夏草』『落梅集』などより自選。新たに各詩集初版本目次と校異を付す。

『藤村詩抄』 島崎藤村自選 岩波書店 2001.12 239p 19cm (ワイド版岩波文庫) 1000円 ①4-00-007202-1

内容 日本の近代詩の出発点となった島崎藤村の詩は、近代日本の自覚期ともいうべき歴史的青春と、詩人および人間としての人生の青春と、詩の文芸ジャンルとしての若さとが相まって生み出された比類のない青春文学である。『若菜集』『一葉船』『夏草』『落梅集』などより自選。新たに各詩集初版本目次と校異を付す。

『近代の詩人 2』 潮出版社 1991

「逃げ水」

『若菜集』 島崎藤村著 日本図書センター 2002.12 274p 19cm 2500円 ①4-8205-9560-1

目次 おえふ, おきぬ, おさよ, おくめ, おつた, おきく, 明星, 草枕, 潮音, 春の歌〔ほか〕

『島崎藤村詩集 小諸なる古城のほとり』 島崎藤村著, 小山利枝子画, 北川幸比古編 岩崎書店 1997.5 102p 20×19cm (美しい日本の詩歌 12) 1500円 ①4-265-04052-7

目次 新しき星, 蝶と花, 野の花, 流星, 青草, 若鮎, 問答の歌, 蟹の歌, 初恋, 狐のわざ, かも

め, 昼の夢, 東西南北, 四つの袖, 傘のうち, 逃げ水, おくめ〔ほか〕

『近代の詩人　2』　潮出版社　1991

「初恋」

『美しい恋の物語』　安野光雅, 森毅, 井上ひさし, 池内紀編　筑摩書房　2010.9　532p　15cm　（ちくま文学の森 1）950円　Ⓘ978-4-480-42731-1

内容 初恋（島崎藤村）, 燃ゆる頬（堀辰雄）, 初恋（尾崎翠）, 柳の木の下で（アンデルセン）, ラテン語学校生（ヘッセ）, 隣の嫁（伊藤左千夫）, 未亡人（モーパッサン）, エミリーの薔薇（フォークナー）, ポルトガル文（リルケ訳）, 肖像画（A.ハックスリー）, 藤十郎の恋（菊池寛）, ほれぐすり（スタンダール）, ことづけ（バルザック）, なよたけ（加藤道夫）

『島崎藤村詩集』　島崎藤村著　角川書店　1999.1　259p　15cm　（角川文庫）540円　Ⓘ4-04-116005-7

内容 「初恋」「椰子の実」「小諸なる古城のほとり」…多くの読者に親しまれ愛唱されてきた作品を中心に、島崎藤村の詩業をコンパクトにまとめた文庫版詩集。

『近代の詩人　2』　潮出版社　1991

「春」

『春』　島崎藤村著　新潮社　2007.3　386p　15cm　（新潮文庫）552円　Ⓘ978-4-10-105503-9

内容 岸本捨吉の教え子勝子に対する愛は実を結ぶことなく、彼の友人であり先輩である青木は理想と現実の矛盾のために自ら命を絶つ。―青春の季節に身を置く岸本たちは、人生のさまざまな問題に直面し、悩み、思索する。新しい時代によって解放された若い魂が、破壊に破壊をかさねながら自己を新たにし、生きるべき道を求めようとする姿を描く、藤村の最初の自伝小説。

「春を待ちつつ」

『藤村随筆集』　島崎藤村著, 十川信介編　岩波書店　1989.3　287p　15cm　（岩波文庫）520円　Ⓘ4-00-310247-9

内容 晩年の島崎藤村は、「簡素」という言葉を愛用し、食物では青紫蘇を添えた冷奴や胡瓜もみを好んだといわれるが、彼の生涯は自分の鬱屈した脂っこい体質を克服し、簡素・平俗に至ろうとする苦闘の過程であった。その意味で、率直に自己を語り、しなやかな人生観を示す藤村のエッセイからは、その実像が鮮やかに浮かびあがる。80余篇収録。

『藤村文明論集』　島崎藤村著, 十川信介編　岩波書店　1988.7　373p　15cm　（岩波文庫）550円　Ⓘ4-00-310246-0

内容 パリを始め海外諸都市の印象を語りつつ、それに照らして、江戸と明治を「十九世紀日本」として連続性で把え、内発的近代の可能性を提言した島崎藤村（1872-1943）の文明論集。第一次世界大戦前後のフランスへの旅, 晩年の南北アメリカ大陸への旅と二度にわたる外遊の旅行記を中心に文明論の核心をなすエッセイを精選。江戸文化論の先駆。

『島崎藤村全集　第11巻』　筑摩書房　1982.1　412p　20cm　（筑摩全集類聚）〈著者の肖像あり〉2400円　Ⓝ918.68

内容 飯倉だより, 春を待ちつつ, 市井にありて, 山陰土産, 拾遺 大正6年～昭和5年, 解説 三好行雄著

「晩春の別離」

『島崎藤村詩集』　島崎藤村著　教育出版　2003.12　202p　18cm　（読んでおきたい日本の名作）800円　Ⓘ4-316-80042-6

目次 若菜集（流星, かもめ, 昼の夢, 梭の音ほか）, 一葉舟（鶯の歌, 白磁花瓶賦）, 夏草（晩春の別離, 新潮）, 落梅集（響りんりん音りんりん, 旅情, 一小吟, 胸より胸に ほか）

『藤村詩抄』　島崎藤村自選　改版　岩波書店　2003.4　239p　15cm　（岩波文庫）〈第8刷〉560円　Ⓘ4-00-310231-2

内容 日本の近代詩の出発点となった島崎藤村の詩は、近代日本の自覚期ともいうべき歴史的青春と、詩人および人間としての人生の青春と、詩の文芸ジャンルとしての若さとが相まって生み出された比類のない青春文学である。『若菜集』『一葉船』『夏草』『落梅集』などより自選。新たに各詩集初版本目次と校異を付す。

『島崎藤村詩集』　島崎藤村著　角川書店　1999.1　259p　15cm　（角川文庫）540円　Ⓘ4-04-116005-7

内容 「初恋」「椰子の実」「小諸なる古城のほとり」…多くの読者に親しまれ愛唱されてきた作品を中心に、島崎藤村の詩業をコンパクトにまとめた文庫版詩集。

『近代の詩人　2』　潮出版社　1991

「文章の道」

『島崎藤村全集　第11巻』　筑摩書房　1982.1　412p　20cm　（筑摩全集類聚）〈著者の肖像あり〉2400円　Ⓝ918.68

内容 飯倉だより, 春を待ちつつ, 市井にありて, 山陰土産, 拾遺 大正6年～昭和5年, 解説 三好行雄著

「椰子の実」

『島崎藤村詩集』　島崎藤村著　角川書店　1999.1　259p　15cm　（角川文庫）540円　Ⓘ4-04-116005-7

内容 「初恋」「椰子の実」「小諸なる古城のほとり」…多くの読者に親しまれ愛唱されてきた作品を中心に、島崎藤村の詩業をコンパクトにまとめた文庫版詩集。

『近代の詩人　2』　潮出版社　1991

「夜明け前」

『夜明け前　第1部上下～第2部上下』　島崎藤村作　改版　岩波書店　2003.7

『島崎藤村』　島崎藤村著　筑摩書房　1993.3　697p　15cm　（ちくま日本文学全集 049）1500円　Ⓘ4-480-10249-3

内容 夜明け前

『昭和文学全集　2』　島崎藤村, 徳田秋声, 泉鏡花, 正宗白鳥著　小学館　1988.1　997p　21cm　4000円　Ⓘ4-09-568002-4

内容 明治に開花し、昭和に結実した、高峰。日本人の原郷をになった大家たち。昭和文学初めての集大成。

島崎　敏樹
しまざき・としき
《1912～1975》

「心で見る世界」

『心で見る世界』　島崎敏樹著　新座　埼玉福祉会　2008.5　333p　21cm　（大活字本シリーズ）〈底本：同時代ライブラリー「心で見る世界」〉3100円　Ⓘ978-4-88419-516-8　Ⓝ140.4

『心で見る世界』　島崎敏樹著　岩波書店　1994.12　197p　16cm　（同時代ライブラリー 210）900円　Ⓘ4-00-260210-9　Ⓝ140.4

「自然界の表情」

『心で見る世界』　島崎敏樹著　新座　埼玉福祉会　2008.5　333p　21cm　（大活字本シリーズ）〈底本：同時代ライブラリー「心で見る世界」〉3100円　Ⓘ978-4-88419-516-8　Ⓝ140.4

『心で見る世界』　島崎敏樹著　岩波書店　1994.12　197p　16cm　（同時代ライブラリー 210）900円　Ⓘ4-00-260210-9　Ⓝ140.4

志村　ふくみ
しむら・ふくみ
《1924～》

「萏紅梅」

『語りかける花』　志村ふくみ著　筑摩書房　2007.11　292p　15cm　（ちくま文庫）860円　Ⓘ978-4-480-42396-2

内容 染織家で人間国宝の著者の、『一色一生』に続く、第二随筆集。自らの道を歩む中で、折にふれ、山かげの道で語りかけてくる草や花。その草木たちから賜る無限の色。その色を吸い込む糸。それを織ってゆく思い。染織の道を歩むものとして、ものに触れ、ものの奥に入って見届けようという意志と、志を同じくする表現者たちへの思いを綴る。日本エッセイスト・クラブ賞受賞作品。

『語りかける花　下』　志村ふくみ著　新座　埼玉福祉会　2003.11　241p　21cm　（大活字本シリーズ）〈原本：人文書院刊〉2800円　Ⓘ4-88419-234-6　Ⓝ753.04

『語りかける花　上』　志村ふくみ著　新座　埼玉福祉会　2003.11　205p　21cm　（大活字本シリーズ）〈原本：人文書院刊〉2700円　Ⓘ4-88419-233-8　Ⓝ753.04

『語りかける花』　志村ふくみ著　京都　人文書院　1992.9　239p　21cm　2781円　Ⓘ4-409-16058-3

庄野　潤三
しょうの・じゅんぞう
《1921～2009》

「夕べの雲」

『夕べの雲』　庄野潤三著　講談社　1988.4　325p　16cm　（講談社文芸文庫）　640円　Ⓘ4-06-196015-6　Ⓝ913.6

白洲　正子
しらす・まさこ
《1910～1998》

「夕顔」

『白洲正子全集　13巻　雪月花・夕顔・名人は危うきに遊ぶ他』　白洲正子著　新潮社　2002.7　540p　21cm　5700円　Ⓘ4-10-646613-9

内容　軽妙な毒舌で自在に世間を語って面目躍如の「夕顔」、円熟の極致「名人は―」など、軽やかに飛翔する筆致。第十三巻には、『雪月花』『夕顔』『名人は危うきに遊ぶ』の三冊の単行本と、一九九〇年（平2）から一九九五年（平7）に亘るエッセイを収めた。

『夕顔』　白洲正子著　新潮社　1996.3　251p　15cm　（新潮文庫）　440円　Ⓘ4-10-137903-3

内容　明治、大正、昭和、平成―四代を経てますます優雅に最先端を生きる人生の達人が、庭の草木を慈しみ、吉田健一や小林秀雄を偲び、愛する骨董を語り、生と死に思いをめぐらせる。対象の核心を射ぬく小気味よい文章は、自ずと、まやかしの横行する現代の風潮への批判ともなっている。植物の感情をテーマにした表題作等、ホンモノを知る厳しいまなざしにとらえられた日常の感懐57篇。

『随筆集 夕顔』　白洲正子著　新潮社　1993.9　249p　19cm　1600円　Ⓘ4-10-310708-1

内容　時には静かに穏やかに、あるいは厳しい毒舌で小気味よく真実をとらえた珠玉の小文集。

新川　和江
しんかわ・かずえ
《1929～》

「歌」

『新川和江詩集』　新川和江著　角川春樹事務所　2004.3　254p　15cm　（ハルキ文庫）　680円　Ⓘ4-7584-3093-4

内容　人間の生きる道標と世界の本質と愛を、深遠な思索を通して、優しく力強い言葉で紡ぎだした新川和江の、珠玉の作品群。その中から九十七篇を、初期詩篇、それから（一九五三年～九九年）、幼年・少年少女詩篇に自ら再編集した、待望の文庫オリジナル版。

『お母さんのきもち』　新川和江詩　小学館　2001.6　101p　20×16cm　1400円　Ⓘ4-09-387342-9

内容　母と子の毎日の出会いが、美しいことばになって届きました。お母さんのほんとうのきもちを開く写真詩集です。

『新川和江全詩集』　花神社　2000

内容　睡り椅子, 絵本「永遠」, ひとつの夏たくさんの夏, ローマの秋・その他, 比喩でなく, つるのアケビの日記, 新川和江詩集, 土へのオード13, 新川和江詩集, 火へのオード18, 夢のうちそと, 水へのオード16, 渚にて, 新選新川和江詩集, ひきわり麦抄, 新川和江, はね橋, 春とおないどし抄, 潮の庭から, けさの陽に, はたはたと頁がめくれ, 明日のりんご, 野のまつり, ヤァ！　ヤナギの木, いっしょけんめい, 星のおしごと, いつもどこかで　ほか

「名づけられた葉」

『大人になるまでに読みたい15歳の詩　2　いきる』　和合亮一編・エッセイ　ゆまに書房　2013.11　252p　19cm　1500円　Ⓘ978-4-8433-4266-4

目次　生命のかたち（名づけられた葉（新川和江），蔓（山村暮鳥）　ほか），こえてゆく（君死にたまふことなかれ（与謝野晶子），大東京を弔ふ・銀座哀唱（西條八十）　ほか），日々の風景（風の話（立原道造），四月の雨（小池昌代）　ほか），伝えたいこと（木（高良留美子），みち（三井ふたばこ）　ほか），翔べ！（未来（谷川俊太郎），ハイ・ジャンプ（新川和江）ほか），エッセイ　生きる意味はきみの見あげる空の雲の切れ間にある（和合亮一）

『名づけられた葉―なのだから』 新川和江著 大日本図書 2011.3 123p 19cm 1200円 ①978-4-477-02375-5

内容 自然と一体のみずみずしさ、母につつみこまれる優しさ。それが、新川和江の詩の世界！ 表題作「名づけられた葉」は教科書や合唱歌で全国の中学生に親しまれています。

『新川和江全詩集』 花神社 2000

内容 睡り椅子, 絵本「永遠」, ひとつの夏たくさんの夏, ローマの秋・その他, 比喩でなく, つるのアケビの日記, 新川和江詩集, 土へのオード13, 新川和江詩集, 火へのオード18, 夢のうちそと, 水へのオード16, 渚にて, 新選新川和江詩集, ひきわり麦抄, 新川和江, はね橋, 春とおないどし抄, 潮の庭から, けさの陽に, はたはたと頁がめくれ, 明日のりんご, 野のまつり, ヤァ！ ヤナギの木, いっしょけんめい, 星のおしごと, いつもどこかで ほか

「ひとに手紙を……」

『新川和江全詩集』 花神社 2000

内容 睡り椅子, 絵本「永遠」, ひとつの夏たくさんの夏, ローマの秋・その他, 比喩でなく, つるのアケビの日記, 新川和江詩集, 土へのオード13, 新川和江詩集, 火へのオード18, 夢のうちそと, 水へのオード16, 渚にて, 新選新川和江詩集, ひきわり麦抄, 新川和江, はね橋, 春とおないどし抄, 潮の庭から, けさの陽に, はたはたと頁がめくれ, 明日のりんご, 野のまつり, ヤァ！ ヤナギの木, いっしょけんめい, 星のおしごと, いつもどこかで ほか

「ふゆのさくら」

『それから光がきた―新川和江詩集』 新川和江著, 水内喜久雄選・著, 内田新哉絵 理論社 2004.10 124p 20×16cm （詩と歩こう） 1400円 ①4-652-03844-5

内容 ときに力強く、ときに優しく、いとおしさを表現する新川和江の作品集。「名づけられた葉」「詩作」「歌」「可能性」「ふゆのさくら」ほか全30編。

『新川和江全詩集』 花神社 2000

内容 睡り椅子, 絵本「永遠」, ひとつの夏たくさんの夏, ローマの秋・その他, 比喩でなく, つるのアケビの日記, 新川和江詩集, 土へのオード13, 新川和江詩集, 火へのオード18, 夢のうちそと, 水へのオード16, 渚にて, 新選新川和江詩集, ひきわり麦抄, 新川和江, はね橋, 春とおないどし抄, 潮の庭から, けさの陽に, はたはたと頁がめくれ, 明日のりんご, 野のまつり, ヤァ！ ヤナギの木, いっしょけんめい, 星のおしごと, いつもどこかで ほか

「母音」

『新川和江』 萩原昌好編 あすなろ書房 2013.5 103p 20×16cm （日本語を味わう名詩入門 17） 1500円 ①978-4-7515-2657-6

内容 現代を代表する女性詩人の一人、新川和江。その、母としてのまなざしと、未来への祈りがこめられた美しい詩を味わってみましょう。

『新川和江全詩集』 花神社 2000

内容 睡り椅子, 絵本「永遠」, ひとつの夏たくさんの夏, ローマの秋・その他, 比喩でなく, つるのアケビの日記, 新川和江詩集, 土へのオード13, 新川和江詩集, 火へのオード18, 夢のうちそと, 水へのオード16, 渚にて, 新選新川和江詩集, ひきわり麦抄, 新川和江, はね橋, 春とおないどし抄, 潮の庭から, けさの陽に, はたはたと頁がめくれ, 明日のりんご, 野のまつり, ヤァ！ ヤナギの木, いっしょけんめい, 星のおしごと, いつもどこかで ほか

「水」

『名詩の絵本 2 新しい季節』 川口晴美編 ナツメ社 2010.12 207p 15cm 1300円 ①978-4-8163-4976-8

内容 未来への希望を織り上げる、100篇の言葉。オールカラーのイラストと写真でつづった美しい詩集。

『新川和江全詩集』 花神社 2000

内容 睡り椅子, 絵本「永遠」, ひとつの夏たくさんの夏, ローマの秋・その他, 比喩でなく, つるのアケビの日記, 新川和江詩集, 土へのオード13, 新川和江詩集, 火へのオード18, 夢のうちそと, 水へのオード16, 渚にて, 新選新川和江詩集, ひきわり麦抄, 新川和江, はね橋, 春とおないどし抄, 潮の庭から, けさの陽に, はたはたと頁がめくれ, 明日のりんご, 野のまつり, ヤァ！ ヤナギの木, いっしょけんめい, 星のおしごと, いつもどこかで ほか

「耳」

『人体詩抄』 新川和江詩, 甲斐清子画 玲風書房 2005.5 1冊 27×23cm 2667円 ①4-947666-34-X

目次 海, かぶりのシャツ, 口, 目, 青草の野を, 鼻, 耳, 背中, 掌〔ほか〕

『新川和江全詩集』　花神社　2000

内容 睡り椅子, 絵本「永遠」, ひとつの夏たくさんの夏, ローマの秋・その他, 比喩でなく, つるのアケビの日記, 新川和江詩集, 土へのオード13, 新川和江詩集, 火へのオード18, 夢のうちそと, 水へのオード16, 渚にて, 新選新川和江詩集, ひきわり麦抄, 新川和江, はね橋, 春とおないどし抄, 潮の庭から, けさの陽に, はたはたと頁がめくれ, 明日のりんご, 野のまつり, ヤァ！　ヤナギの木, いっしょけんめい, 星のおしごと, いつもどこかで　ほか

「わたしを束ねないで」

『新川和江』　萩原昌好編　あすなろ書房　2013.5　103p　20×16cm　（日本語を味わう名詩入門 17）1500円　①978-4-7515-2657-6

内容 現代を代表する女性詩人の一人、新川和江。その、母としてのまなざしと、未来への祈りがこめられた美しい詩を味わってみましょう。

『詩華集 日だまりに』　女子パウロ会編　女子パウロ会　2012.2　102p　19cm　1000円　①978-4-7896-0710-0

内容「こころ」「"わたし"さがし」「いのち」「夢」「祈り」についての美しく力強い詩、詞、名言がいっぱい。

『新川和江全詩集』　花神社　2000

内容 睡り椅子, 絵本「永遠」, ひとつの夏たくさんの夏, ローマの秋・その他, 比喩でなく, つるのアケビの日記, 新川和江詩集, 土へのオード13, 新川和江詩集, 火へのオード18, 夢のうちそと, 水へのオード16, 渚にて, 新選新川和江詩集, ひきわり麦抄, 新川和江, はね橋, 春とおないどし抄, 潮の庭から, けさの陽に, はたはたと頁がめくれ, 明日のりんご, 野のまつり, ヤァ！　ヤナギの木, いっしょけんめい, 星のおしごと, いつもどこかで　ほか

心敬
しんけい
《1406〜1475》

「ささめごと」

『歌論歌学集成　第11巻』　三村晃功, 山本登朗, 高梨素子, 稲田利徳, 佐々木孝浩ほか柱注　三弥井書店　2001.7　372p　21cm　7200円　①4-8382-3103-2

目次 耕雲口伝, 二言抄, 落書露顕, 正徹物語, (冷泉家)和歌秘々口伝, さゝめごと

『連歌論集　3』　木藤才蔵校注　三弥井書店　1985.7　414p　22cm　（中世の文学）6800円　①4-8382-1012-4　Ⓝ911.2

内容 解説, 初心求詠集, 花能万賀喜, 宗砌田舎への状, 密伝抄, 砌塵抄, かたはし, 筆のすさび, ささめごと一改編本, 所々返答, ひとりごと, 心敬有伯へ返事, 岩橋跋文, 私用抄, 老のくりごと, 心敬法印庭訓

『ささめごと』　心敬著　笠間書院　1982.11　2冊　22cm　（笠間影印叢刊 66, 67）〈編・解説：木藤才蔵　御所本（宮内庁書陵部蔵）の複製〉1600円,1300円　Ⓝ911.2

新村　出
しんむら・いずる
《1876〜1967》

「外来語の話」

『外来語の話―現代日本のエッセイ』　新村出著　講談社　1995.9　242p　15cm　（講談社文芸文庫）940円　①4-06-196337-6

内容 語源研究に画期的役割を担った碩学・新村出。8篇からなる「外来語の話」では、朝鮮語、漢語、南方語、欧米語等、各々の言語と日本語との関わりを考証し外来語の語源・伝来を興味深く解明する。表題作のほか「金もうる物語」「オランダ語の名残」「ピントとピストル」「外来語の本源と経路」など『広辞苑』の編者が語る知性豊かな語源探索エッセイ14篇。

菅江　真澄
すがえ・ますみ
《1754〜1829》

「秋田のかりね」

『菅江真澄遊覧記　1』　菅江真澄著, 内田武志, 宮本常一編訳　平凡社　2000.4　411p　15cm　（平凡社ライブラリー）1300円　①4-582-76335-9

内容 天明三年、みちのくを目指して長い旅へ出た菅江真澄は、同時に丹念な日記をつけ始め、村々の日常生活や民俗行事を克明に写しとった。旅の始めの第一巻は信濃から出羽へ、そして津軽・南部へ。「伊那の中路」「秋田のかりね」「外が浜風」など日記七編のほか、真澄の評伝と年表を収録。

菅野 真道
すがのの・まみち
《741〜814》

「続日本紀」

『続日本紀』 黒板勝美編 新装版 吉川弘文館 2000.10 561p 21cm （新訂増補国史大系 第2巻） 7600円 Ⓘ4-642-00303-7

内容 『続日本紀』は『日本書紀』の後を承け、文武天皇の即位元年より桓武天皇延暦十年に及ぶ国史である。本大系では、原本に宮内省図書寮所蔵谷森健男氏旧蔵本を用い、京都御所東山御文庫本、尾張徳川黎明会所蔵金沢文庫本、神宮文庫所蔵宮崎文庫旧蔵本及び宮内省図書寮所蔵谷森健男氏旧蔵校本等に拠って新に校合を加え、『日本書紀』『日本後紀』『続日本後紀』『類聚国史』『日本紀略』『東大寺要録』『歴朝詔詞解』その他の諸書を参考にして、訂補した。

『続日本紀 1』 国立歴史民俗博物館館蔵史料編集会編 京都 臨川書店 1999.7 586p 21cm （国立歴史民俗博物館蔵貴重典籍叢書 歴史篇 第7巻） 12000円 Ⓘ4-653-03527-X

『新日本古典文学大系 12〜16, 別巻 3 続日本紀索引年表』 佐竹昭広ほか編 笹山晴生, 吉村武彦編 岩波書店 1989〜2000.2 418,149p 22cm 4600円 Ⓘ4-00-240103-0 Ⓝ918

菅原孝標女
すがわらのたかすえのむすめ
《平安時代》

「更級日記」

『更級日記』 菅原孝標の女作, 森美恵子訳 文芸社 2009.8 141p 20cm 1100円 Ⓘ978-4-286-07057-5 Ⓝ915.36

『更級日記』 池田利夫訳・注 笠間書院 2006.5 237p 19cm （笠間文庫―原文&現代語訳シリーズ） 1300円 Ⓘ4-305-70418-8

内容 孝標女研究の第一人者が読みとく、『更級日記』の決定版。現実に裏切られつつも夢を捨て切れなかった女の一生を、現代に蘇らせる。

『更級日記―現代語訳付き』 菅原孝標女著, 原岡文子訳注 角川書店 2003.12 278p 15cm （角川文庫―角川ソフィア文庫）〈年表あり〉 743円 Ⓘ4-04-373401-8 Ⓝ915.36

『更級日記』 菅原孝標女著, 堀内秀晃校注 新装版 明治書院 2002.2 171p 19cm （校注古典叢書）〈文献あり 年表あり〉 1400円 Ⓘ4-625-71317-X Ⓝ915.36

『新編日本古典文学全集 26 和泉式部日記 紫武部日記 更級日記 讃岐典侍日記』 藤岡忠美校注・訳, 中野幸一校注・訳, 菅原孝標女著, 犬養廉校注・訳, 藤原長子著, 石井文夫校注・訳 小学館 1994.9 558p 23cm 4600円 Ⓘ4-09-658026-0 Ⓝ918

杉田 玄白
すぎた・げんぱく
《1733〜1817》

「蘭学事始」

『すらすら読める 蘭学事始』 酒井シヅ著 講談社 2004.11 222p 19cm 1600円 Ⓘ4-06-212385-1

内容 『ターヘル・アナトミア』翻訳への情熱とその苦闘。総ルビつき原文、著者オリジナル現代語訳つき。

『新釈「蘭学事始」―現代語ですらすら読める』 杉田玄白著, 長尾剛訳 PHP研究所 2004.8 195p 19cm 1200円 Ⓘ4-569-63746-9

目次 1 蘭学のパイオニアたち,2 すごい！

オランダ医学,3 苦しみと喜びの翻訳作業,4 翻訳仲間それぞれの、ゴールの向こう側,5 いよいよ出版へ,6 蘭学第二世代たち,7 蘭学第三世代、玄真のこと,8 蘭学の同心円

『蘭学事始―ほか』 杉田玄白著, 芳賀徹, 緒方富雄, 楢林忠男訳　中央公論新社　2004.7　25,348p　18cm　（中公クラシックス）〈年譜あり〉1450円　Ⓘ4-12-160068-1　Ⓝ402.105

内容 学問への旅立ち（芳賀徹著）, 蘭学事始：蘭学事始, 蘭東事始序（大槻玄沢著, 蘭学事始再版序（福沢諭吉著）,『解体新書』前後：解体新書凡例, 和蘭医事問答, 狂医の言, 社会批判の眼：野叟独語, 犬解嘲, 老年の思想：形影夜話, 玉味噌, 耄耋独語

『蘭学事始』 杉田玄白著, 片桐一男全訳注　講談社　2000.1　250p　15cm　（講談社学術文庫）820円　Ⓘ4-06-159413-3　Ⓝ402.105

鈴木　修次
すずき・しゅうじ
《1923～1989》

「「的」のつく言葉」

『漢語と日本人』 鈴木修次著　みすず書房　1995.1　274,5p　20cm〈新装版〉2472円　Ⓘ4-622-01175-1　Ⓝ814

「「的」の文化」

『漢語と日本人』 鈴木修次著　みすず書房　1995.1　274,5p　20cm〈新装版〉2472円　Ⓘ4-622-01175-1　Ⓝ814

鈴木　孝夫
すずき・たかお
《1926～》

「ものとことば」

『ことばと文化』 鈴木孝夫著　第57刷　岩波書店　2003.4　209p　18cm　（岩波新書）700円　Ⓘ4-00-412098-5

内容 文化が違えばことばも異なり、その用法にも微妙な差がある。人称代名詞や親族名称の用例を外国語の場合と比較することにより、日本語と日本文化のユニークさを浮き彫りにし、ことばが文化と社会の構造によって規制されることを具体的に立証して、ことばのもつ諸性質を興味深くえぐり出す。ことばの問題に興味をもつ人のための入門書。

鈴木　牧之
すずき・ぼくし
《1770～1842》

「北越雪譜」

『北越雪譜』 鈴木牧之編撰, 京山人百樹刪定, 岡田武松校訂　岩波書店　2001.10　348p　19cm　（ワイド版岩波文庫）1300円　Ⓘ4-00-007082-7

内容 雪の為に力を尽し財を費し千辛万苦する事、下に説く所を視ておもひはかるべし。―著者は越後塩沢の人。豪雪地帯で暮す人々の哀歓を綴り、習俗を記録し、奇談を集めた。出版には馬琴、京伝らが関係し、天下の奇書として圧倒的な人気を博したという。科学的考察に富み、風土記的な興趣のつきない随筆集。

『北越雪譜』 鈴木牧之著, 池内紀現代語訳・解説　小学館　1997.6　249p　20cm　（地球人ライブラリー 35）1500円　Ⓘ4-09-251035-7　Ⓝ914.5

『北越雪譜』 鈴木牧之著, 井上慶隆, 高橋実校注　改訂版　三条　野島出版　1993.10　357,30p　18cm〈監修：宮栄二　著者の肖像あり〉1200円　Ⓘ4-8221-0084-7　Ⓝ914.5

薄田　泣菫
すすきだ・きゅうきん
《1877～1945》

「ああ大和にしあらましかば」

『脳を鍛える大人の名作読本 詩―初恋・汚れっちまった悲しみに…』 川島隆太監修　くもん出版　2006.10　108p　26cm　600円　Ⓘ4-7743-1160-X

目次 初恋（島崎藤村）, 望郷（島崎藤村）, 千

曲川旅情の歌（島崎藤村），椰子の実（島崎藤村），山のあなた（カアル・ブッセ），落葉（ポオル・ヴェルレエヌ），春の朝（ロバアト・ブラウニング），智慧の相者は我を見て（蒲原有明），ああ大和にしあらましかば（薄田泣菫），君死にたもうことなかれ（与謝野晶子）〔ほか〕

『精選 日本近代詩全集』 ぎょうせい 1982

「白すみれ」

『精選 日本近代詩全集』 ぎょうせい 1982

「望郷の歌」

『精選 日本近代詩全集』 ぎょうせい 1982

住井 すゑ
すみい・すえ
《1902〜1997》

「足跡」

『牛久沼のほとり』 住井すゑ著 新座 埼玉福祉会 2002.5 2冊 22cm （大活字本シリーズ）〈原本：暮しの手帖社刊 限定版〉3500円,3600円 Ⓘ4-88419-143-9,4-88419-144-7 Ⓝ914.6

『住井すゑ 生きるとは創造すること』 住井すゑ著，鶴見俊輔監修 日本図書センター 2000.2 250p 21cm （人生のエッセイ 5） 1800円 Ⓘ4-8205-6654-7

内容 いろいろあるから…人生っておもしろい!!本書は、生きるヒントがつまった珠玉のエッセイを精選した。

『住井すゑ作品集 第8巻』 住井すゑ著 新潮社 1999.8 586p 21cm 5000円 Ⓘ4-10-646108-0

内容 昭和54年から平成元年まで「暮しの手帖」に連載された全エッセイ116編。寿岳文章・若月俊一との対談。年譜を付す。

世阿弥
ぜあみ
《1363〜1443》

「井筒」

『世阿弥―神と修羅と恋』 梅原猛，観世清和監修 角川学芸出版，角川グループパブリッシング〔発売〕 2013.3 660p 21cm （能を読む 2） 6500円 Ⓘ978-4-04-653872-7

内容 新釈の現代語訳で“能を読み”、先鋭な論考で“能を解き”、演者から“能を聞く”。鬼、狂い、恋。世阿弥夢幻能の鍵を解く。世阿弥作の能、36曲序録。

『井筒』 三宅晶子著 檜書店 2000.5 24p 21cm （対訳でたのしむ） 500円 Ⓘ4-8279-1012-X

内容 とある月の美しい秋の夜、旅の僧が在原業平建立と伝えられる在原寺の旧跡で、仏に手向ける花水を持った里の女と出会う。女は問われるままに在原業平と紀有常の娘の恋の物語を語り、自分がその有常の娘であると告げると、古塚の蔭に姿を消す。不思議に思った僧は、里人を呼んで事情を尋ねると、それはやはり有常の娘の亡霊であったようだ。夜も更ける頃 、僧は仮寝の夢にもう一度女の姿を見る。夢の中の女は在りし日の姿さながらであり、業平の形見の冠・直衣を身に付けている。そして業平の昔の舞姿を偲んで静かに舞を舞うのだった。舞うにつれ想いは高揚し、井筒に映して見た我が姿に業平の面影を見た女は、懐かしさにそって涙するが、やがて夜明けと共に僧の夢も覚めてしまう。世阿弥も「上花也」（最高級の作品である）と自賛する傑作。

『新編日本古典文学全集 58 謡曲集 1』 小山弘志，佐藤健一郎校注・訳 小学館 1997.5 558p 23cm 4457円 Ⓘ4-09-658058-9 Ⓝ918

「花鏡」

『風姿花伝・花鏡』 世阿弥原著，小西甚一編訳 たちばな出版 2012.3 347p 15cm （タチバナ教養文庫） 1200円 Ⓘ978-4-8133-2417-1

内容 父観阿弥との共著とも言える、総論的な『風姿花伝』、能の書き方の秘訣を親切に解き明かした『能作書』、四十代から六十代までの熟慮の成果を集成した『花鏡』。世界に誇る世阿弥の美学のエッセンスが満載。現代語訳・原文・詳しい語注つき。

『世阿弥能楽論集』 世阿弥著, 小西甚一編訳 たちばな出版 2004.8 407p 22cm 〈「世阿弥集」(筑摩書房昭和45年刊) の改訂 年譜あり 文献あり〉 3048円 Ⓘ4-8133-1819-3 Ⓝ773

内容 解説：世阿弥の人と芸術論 (小西甚一著), 初期の能楽論：風姿花伝, 中期の能楽論：花習 (抜書), 音曲声出口伝, 至花道, 人形, 能作書, 花鏡, 曲付次第, 風曲集, 遊楽習道風見, 五位, 後期の能楽論：九位, 六義, 拾玉得花, 五音曲, 習道書, 却来花

『連歌論集・能楽論集・俳論集』 奥田勲, 表章, 堀切実, 復本一郎校注・訳 小学館 2001.9 670p 23×16cm (新編日本古典文学全集 88) 4657円 Ⓘ4-09-658088-0

内容 中世から近世に花開いた座の文芸、連歌・俳諧。そして、日本独特の芸能、能・狂言。それらの隆盛とともに、その理論的解説書も数多く登場した。二条良基、世阿弥、去来、土芳ら、新しい文化の創造につくした先達に今、何を学ぶべきか。

「俊寛」

『新編日本古典文学全集 59 謡曲集 2』 小山弘志, 佐藤健一郎校注・訳 小学館 1998.2 622p 23cm 4657円 Ⓘ4-09-658059-7 Ⓝ918

『俊寛―平家・謡曲・浄瑠璃』 景山正隆, 松崎仁編 新典社 1985.4 157p 21cm 1200円 Ⓘ4-7879-0609-7 Ⓝ913.434

「忠度」

『風姿花伝・謡曲名作選』 表章, 小山弘志, 佐藤健一郎校訂・訳 小学館 2009.1 318p 19cm (日本の古典をよむ 17) 1800円 Ⓘ978-4-09-362187-8

内容 原文の魅力をそのままにあらすじと現代語訳付き原文ですらすらよめる新編集。歴史小説をよむように古典文学をよむ。幽玄なる命を授かり、日本人の心に輝き続ける「能」―その神髄をよむ。

『謡曲・狂言集』 古川久, 小林責校注 新装版 明治書院 2001.3 378p 19cm (校注古典叢書) 2400円 Ⓘ4-625-71309-9

内容 本書では、能楽の詞章である謡曲と狂言を選ぶに当たり、五番立て番組の順序により分類して、それぞれ秀作と思われる曲を採用した。謡曲は翁ではじまり附祝言で終る間を、脇能二番・修羅物三番・鬘物四番・四番目物三番・切能二番計十四番にした。狂言は脇狂言・聟狂言・大名狂言・太郎冠者狂言・女狂言・出家狂言・座頭狂言・鬼狂言・山伏狂言・雑狂言・舞狂言の順に、太郎冠者狂言および雑狂言の各二番以外は一番ずつの計十三番にした。

『能・能楽論 狂言』 竹本幹夫校注・訳, 橋本朝生校注・訳 ほるぷ出版 1987.7 415p 20cm (日本の文学―古典編 36) Ⓝ912.3

内容 能 自然居士 観阿弥作, 隅田川 観世十郎元雅作, 当麻・忠度 世阿弥作, 熊野, 楊貴妃, 吉野静, 能楽論 風姿花伝第二―物学条々 世阿弥著, 狂言 猿座頭, 禁野, 泣尼, 鏡男, 文荷, 蟹山伏, 鈍根草

「羽衣」

『謡曲物語』 和田万吉編 横浜 白竜社 2000.6 1026,7p 15cm 9800円 Ⓘ4-939134-01-6

内容 能のストーリーと味わいを伝える最高の書！ またとない観能の手引き、謡の友！ 優れた国文学者であり、比類ない愛能家でもあった和田万吉の渾身の名著に校訂を加え、装いも新たに全国の謡友のお手許にお届けする。カラー口絵6点、挿絵多数。最高の謡曲文学珠玉の一五五番。

『新編日本古典文学全集 58 謡曲集 1』 小山弘志, 佐藤健一郎校注・訳 小学館 1997.5 558p 23cm 4457円 Ⓘ4-09-658058-9 Ⓝ918

「風姿花伝」

『風姿花伝・花鏡』 世阿弥原著, 小西甚一編訳 たちばな出版 2012.3 347p 15cm (タチバナ教養文庫) 1200円 Ⓘ978-4-8133-2417-1

内容 父観阿弥との共著とも言える、総論的な『風姿花伝』、能の書き方の秘訣を親切に解き明かした『能作書』、四十代から六十代までの熟慮の成果を集成した『花鏡』。世界に誇る世阿弥の美学のエッセンスが満載。

現代語訳・原文・詳しい語注つき。

『風姿花伝』 市村宏全訳注 講談社 2011.9 262p 15cm (講談社学術文庫) 920円 ①978-4-06-292072-8

内容 世阿弥元清が、亡父観阿弥の教えをもとにまとめた『風姿花伝』。「幽玄」「物学(物真似)」「花」など、能楽の神髄を語り、美を理論化した日本文化史における不朽の能楽書を、精緻な校訂を施した原文、詳細な語釈と平易な現代語訳、解釈を深めるための余説で読み解く。息子の観世元雅に幽玄能の奥義を伝えるべく書きつづった『花鏡』の翻刻を併録する。

『風姿花伝・三道—現代語訳付き』 世阿弥著, 竹本幹夫訳注 角川学芸出版, 角川グループパブリッシング〔発売〕 2009.9 447p 15cm (角川ソフィア) 895円 ①978-4-04-405501-1

内容 能の大成者、世阿弥の能楽論は、衰えることのない不変の花による、役者としての舞台の成功を求めるための理論といえる。能を演じるための実践的な内容のみならず、美の本質に迫る芸術論としての価値も高く、「まことの花」「時分の花」「秘すれば花なり。秘せずは花なるべからず」など有名な文言も多く擁されている。あわせて、幽玄能の構造を解き明かす能作の書『三道』を収録。世阿弥の能楽論を詳しく読み解く1冊。

『連歌論集・能楽論集・俳論集』 奥田勲, 表章, 堀切実, 復本一郎校注・訳 小学館 2001.9 670p 23×16cm (新編日本古典文学全集 88) 4657円 ①4-09-658088-0

内容 中世から近世に花開いた座の文芸、連歌・俳諧。そして、日本独特の芸能、能・狂言。それらの隆盛とともに、その理論的解説書も数多く登場した。二条良基、世阿弥、去来、土芳ら、新しい文化の創造につくした先達に今、何を学ぶべきか。

『世阿弥・禅竹』 表章, 加藤周一校注 岩波書店 1995.9 582p 22cm (日本思想大系新装版—芸の思想・道の思想 1) 4800円 ①4-00-009071-2 Ⓝ773

内容 世阿弥 風姿花伝, 花習内抜書, 音曲口伝, 花鏡, 至花道, 二曲三体人形図, 三道, 曲付次第, 風曲集, 遊楽習道風見, 五位, 九位, 六義, 拾玉得花, 五音曲条々, 五音, 習道書, 夢跡一紙, 却来華, 金島書, 世子六十以後申楽談儀, 金春大夫宛書状, 禅竹 六輪一露之記(付二花一輪) 六輪一露之記注, 歌舞髄脳記, 五音三曲集, 幽玄三輪, 六輪一露秘注(文正本・寛正本) 明宿集, 至道要抄, 解説 世阿弥の戦術または能楽論 加藤周一著, 世阿弥と禅竹の伝書 表章著

「熊野」

『能・能楽論 狂言』 竹本幹夫校注・訳, 橋本朝生校注・訳 ほるぷ出版 1987.7 415p 20cm (日本の文学—古典編 36) Ⓝ912.3

内容 能 自然居士 観阿弥作, 隅田川 観世十郎元雅作, 当麻・忠度 世阿弥作, 熊野, 楊貴妃, 吉野静, 能楽論 風姿花伝第二—物学条々 世阿弥著, 狂言 猿座頭, 禁野, 泣尼, 鏡男, 文荷, 蟹山伏, 鈍根草

清少納言
せいしょうなごん
《966頃〜1020頃》

「枕草子」

『現代語訳 枕草子』 大庭みな子著 岩波書店 2014.2 285p 15cm (岩波現代文庫)〈『大庭みな子の枕草子』改題書〉 980円 ①978-4-00-602235-8

内容『枕草子』は、日本の代表的な随筆文学。各章段のテーマは、自然、儀式、文学、宮廷内の事件と、作者清少納言の旺盛な好奇心の趣くまま、様々である。物事への好悪のはっきりした個性と、鋭敏な感覚、連想を次々に繰り出し、リズミカルな文体で書き継がれ、読む者を飽きさせない。千年前のひとりの女性の偽らない心の動きは、今もなお新鮮である。大庭みな子の訳文は、作者の息遣いを伝える、彩り豊かなものになっている。

『枕草子—能因本』 松尾聰, 永井和子訳・注 笠間書院 2008.3 685p 19cm (原文&現代語訳シリーズ) 2500円 ①978-4-305-70422-1

内容『枕草子』の言葉は鮮烈なきらめきを放つ。「三巻本」に比べて、いまでは入手しにくくなった学習院大学蔵「能因本」の本文と現代語訳を提供。解説・年表・関係系図・校訂付記・三巻本系統諸本逸文・栞(月報より)付き。

『枕草子』 清少納言著, 岸上慎二校注 新

装版　明治書院　2003.2　395p　19cm　(校注古典叢書)〈年表あり　文献あり〉2600円　Ⓘ4-625-71325-0　Ⓝ914.3

『枕草子　上・中・下』　清少納言著，上坂信男ほか全訳註　講談社　1999〜2003.7　407p　15cm　(講談社学術文庫)　1350円　Ⓘ4-06-159404-4　Ⓝ914.3

絶海中津
ぜっかいちゅうしん
《1336〜1405》

「応制賦三山」

『蕉堅藁全注』　蔭木英雄著　大阪　清文堂出版　1998.4　280p　22cm　8400円　Ⓘ4-7924-1339-7　Ⓝ919.4

『新日本古典文学大系　48　五山文学集』　佐竹昭広ほか編　入矢義高校注　岩波書店　1990.7　335p　22cm　3100円　Ⓘ4-00-240048-4　Ⓝ918

内容 蕉堅藁　絶海中津著，空華集(抄)　義堂周信著，済北集(抄)　虎関師錬著，岷峨集(抄)　雪村友梅著，寂室和尚語(抄)寂室元光著，南游・東帰集(抄)　別源円旨著ほか

「山家」

『蕉堅藁全注』　蔭木英雄著　大阪　清文堂出版　1998.4　280p　22cm　8400円　Ⓘ4-7924-1339-7　Ⓝ919.4

『新日本古典文学大系　48　五山文学集』　佐竹昭広ほか編　入矢義高校注　岩波書店　1990.7　335p　22cm　3100円　Ⓘ4-00-240048-4　Ⓝ918

内容 蕉堅藁　絶海中津著，空華集(抄)　義堂周信著，済北集(抄)　虎関師錬著，岷峨集(抄)　雪村友梅著，寂室和尚語(抄)寂室元光著，南游・東帰集(抄)　別源円旨著ほか

「送良上人帰雲間」

『蕉堅藁全注』　蔭木英雄著　大阪　清文堂出版　1998.4　280p　22cm　8400円　Ⓘ4-7924-1339-7　Ⓝ919.4

『新日本古典文学大系　48　五山文学集』　佐竹昭広ほか編　入矢義高校注　岩波書店　1990.7　335p　22cm　3100円　Ⓘ4-00-240048-4　Ⓝ918

内容 蕉堅藁　絶海中津著，空華集(抄)　義堂周信著，済北集(抄)　虎関師錬著，岷峨集(抄)　雪村友梅著，寂室和尚語(抄)寂室元光著，南游・東帰集(抄)　別源円旨著ほか

瀬戸内　晴美
せとうち・はるみ
《1922〜》

「白いパラソル」

『風のたより』　瀬戸内晴美著　新潮社　1981.12　231p　15cm　(新潮文庫)　280円　Ⓘ4-10-114414-1　Ⓝ914.6

千家　元麿
せんげ・もとまろ
《1888〜1948》

「朝飯」

『日本の詩歌　13　山村暮鳥・福士幸次郎・千家元麿・百田宗治・佐藤惣之助』　山村暮鳥［ほか著］　中央公論新社　2003.6　427p　21cm〈オンデマンド版　年譜あり〉5300円　Ⓘ4-12-570057-5　Ⓝ911.08

内容 山村暮鳥：三人の処女，聖三稜玻璃，風は草木にささやいた，梢の巣にて，黒鳥集・昼の十二時，土の精神・万物節，雲，月夜の牡丹，福士幸次郎：太陽の子，展望，千家元麿：自分は見た，虹，野天の光り・新生の悦び，夜の河・炎天，真夏の星，夏草，霰，蒼海詩集，遺稿から，百田宗治：最初の一人，一人と全体，ぬかるみの街道，百田宗治詩集，青い翼，風車・静かなる時，何もない庭，偶成詩集，冬花帖，ぱいぷの中の家族，蓬萊，漢口風物誌・山川草木，佐藤惣之助：正義の兜，満月の川，深紅の人，荒野の娘，華やかな散歩・季節の馬車，琉球諸嶋風物詩集，雪に書く・颶風の眼・情艶詩集，トランシット，西蔵美人，怒れる神，詩人の肖像(伊藤信吉著)

『自分は見た』　千家元麿著　日本近代文学館　1980.12　274p　19cm　(名著複刻詩歌文学館―山茶花セット)〈玄文社大正7年刊の複製　発売：ほるぷ　叢書

の編者：名著複刻全集編集委員会〉
Ⓝ911

「美しい田園」

『日本の詩歌　13　山村暮鳥・福士幸次郎・千家元麿・百田宗治・佐藤惣之助』　山村暮鳥［ほか著］　中央公論新社　2003.6　427p　21cm〈オンデマンド版　年譜あり〉5300円　Ⓘ4-12-570057-5　Ⓝ911.08

内容　山村暮鳥：三人の処女, 聖三稜玻璃, 風は草木にささやいた, 梢の巣にて, 黒鳥集・昼の十二時, 土の精神・万物節, 雲, 月夜の牡丹, 福士幸次郎：太陽の子, 展望, 千家元麿：自分は見た, 虹, 野天の光り・新生の悦び, 夜の河・炎天, 真夏の星, 夏草, 霰, 蒼海詩集, 遺稿から, 百田宗治：最初の一人, 一人と全体, ぬかるみの街道, 百田宗治詩集, 青い翼, 風車・静かなる時, 何もない庭, 偶成詩集, 冬花帖, ぱいぷの中の家族, 蓬萊, 漢口風物誌・山川草木, 佐藤惣之助：正義の兜, 満月の川, 深紅の人, 荒野の娘, 華やかな散歩・季節の馬車, 琉球諸嶋風物詩集, 雪に書く・颶風の眼・情艶詩集, トランシット, 西蔵美人, 怒れる神, 詩人の肖像（伊藤信吉著）

「雁」

『ペンギンのさんぽ―動物　2』　新川和江編, かながわていこ絵　太平出版社　1987.12　66p　21cm　（小学生・詩のくにへ 9）1600円

目次　みつばつぶんぶん（小林純一）, 蜂と神さま（金子みすゞ）, かたつむり（リューユーイ・出沢万紀人訳）, ばったのうた（おうちやすゆき）, いっぷ にっぷ じゃんぷ（井出隆夫）, トノサマガエル（大西貢）, ヘビのうた（室生犀星）, へび（川崎洋）, ひばり（間所ひさこ）, 海雀（北原白秋）, 空とぶにわとり（おうちやすゆき）, きつつきとみみずく（野上彰）, 雁（千家元麿）, わらべうた 1羽のからす, ノガモのお針箱（新川和江）, こじゅけいの父さん（赤岡江里子）, ごろすけホッホー（岩井春彦）, ペンギンちゃん（まど・みちお）, 虫けら（大関松三郎）, アリ（まど・みちお）

『近代の詩　2』　新川和江著　阪急コミュニケーションズ　1982.4　150p　26cm　（ジュニア版 目でみる日本の詩歌 7）2200円　Ⓘ4-484-29007-3

目次　あどけない話（高村光太郎）, レンブラント（武者小路実篤）, 風のなかに巣をくふ小鳥（大手拓次）, 雁（千家元麿）, 時計（川路柳虹）, 埃の中（室生犀星）, 少年の日（佐藤春夫）, 高原その一（尾崎喜八）, 海水浴（堀口大学）, 銀杏（西条八十）〔ほか〕

『自分は見た』　千家元麿著　日本近代文学館　1980.12　274p　19cm　（名著複刻詩歌文学館―山茶花セット）〈玄文社大正7年刊の複製　発売：ほるぷ　叢書の編者：名著複刻全集編集委員会〉
Ⓝ911

「三人の親子」

『名詩に学ぶ生き方　東洋編』　稲垣友美著　あすなろ書房　1990.3　77p　23×19cm　（名言・名作に学ぶ生き方シリーズ 7）1500円　Ⓘ4-7515-1387-7

目次「静夜思」李白,「春望」杜甫,「金葉和歌集」より 小式部内侍,「新勅撰和歌集」より 平泰時,「述懐」頼山陽,「桂林荘雑詠諸生に示す」広瀬淡窓,「偶成」西郷隆盛,「偶成」木戸孝允,「短詩七章」タゴール,「ゆづり葉」河井酔茗,「鏡葉」より 窪田空穂,「南京新唱」より 会津八一,「道程」高村光太郎,「動哭」茅野蕭々,「海の声」より 若山牧水,「一握の砂」八首 石川啄木,「三人の親子」千家元麿,「子供礼讃」西条八十,「挨拶」金子光晴,「雨ニモマケズ」宮沢賢治,「信仰」八木重吉,「雨の路」サトウ・ハチロー,「九月二十四日午後のこと」平木二六,「友よ」峠三吉

『精選 日本近代詩全集』　ぎょうせい　1982

「自分は見た」

『日本の詩歌　13　山村暮鳥・福士幸次郎・千家元麿・百田宗治・佐藤惣之助』　山村暮鳥［ほか著］　中央公論新社　2003.6　427p　21cm〈オンデマンド版　年譜あり〉5300円　Ⓘ4-12-570057-5　Ⓝ911.08

内容　山村暮鳥：三人の処女, 聖三稜玻璃, 風は草木にささやいた, 梢の巣にて, 黒鳥集・昼の十二時, 土の精神・万物節, 雲, 月夜の牡丹, 福士幸次郎：太陽の子, 展望, 千家元麿：自分は見た, 虹, 野天の光り・新生の悦び, 夜の河・炎天, 真夏の星, 夏草, 霰, 蒼海詩集, 遺稿から, 百田宗治：最初の一人, 一人と全体, ぬかるみの街道, 百田宗治詩集, 青い翼, 風車・静かなる時, 何もない庭, 偶成詩集, 冬花帖, ぱいぷの中の家族, 蓬萊, 漢口風物誌・山

川草木, 佐藤惣之助：正義の兜, 満月の川, 深紅の人, 荒野の娘, 華やかな散歩・季節の馬車, 琉球諸嶋風物詩集, 雪に書く・颶風の眼・情艶詩集, トランシツト, 西蔵美人, 怒れる神, 詩人の肖像（伊藤信吉著）

『精選 日本近代詩全集』 ぎょうせい 1982

『自分は見た』 千家元麿著 日本近代文学館 1980.12 274p 19cm （名著複刻詩歌文学館―山茶花セット）〈玄文社大正7年刊の複製 発売：ほるぷ 叢書の編者：名著複刻全集編集委員会〉 Ⓝ911

曾野 綾子
その・あやこ
《1931～》

「立ち読みの楽しみ」

『曽野綾子選集 Ⅱ 第4巻 生命ある限り.奇跡』 読売新聞社 1984.10 410p 20cm 1900円 Ⓘ4-643-27040-3 Ⓝ913.68

「太郎物語」

『曽野綾子選集 Ⅱ 第7巻 太郎物語』 読売新聞社 1985.4 453p 20cm 1900円 Ⓘ4-643-27070-5 Ⓝ913.68

「断崖」

『わが恋の墓標 1』 曽野綾子著 大活字 2004.5 371p 21cm （大活字文庫） 2980円 Ⓘ4-86055-112-5

内容 互いに強く惹かれながらも、尋常な形では成就できなかった恋の意外な結末を明かす「わが恋の墓標」、自分には制御不可能な世の中の波に翻弄され、決断しなければならなかった男のその後を描く「断崖」など、人生の悲哀とそこから生まれる優しさを巧みに切り取った10編を収録。

『わが恋の墓標』 曽野綾子著 39刷改版 新潮社 2003.6 343p 16cm （新潮文庫） 514円 Ⓘ4-10-114601-2 Ⓝ913.6

内容 バビロンの処女市, 空飛ぶ円盤, 断崖, べったら漬, わが恋の墓標, 海の見える芝生で, 一日一善, 金沢八景, 卵とベーコンの朝食, 高森ホテル

『曽野綾子作品選集 2 海の見える芝生で』 光風社出版 1985.10 281p 20cm 1200円 Ⓝ913.68

内容 音戸の瀬戸, 蒼ざめた日曜日, 春宵, 断崖, 藤, べったら漬, かな女と義歯, 孤島, 路傍の芹, わが恋の墓標, むなつき坂, 冬の油虫, 室蘭まで, 海の見える芝生で, 解説 不幸の総量 鶴羽伸子著

高樹 のぶ子
たかぎ・のぶこ
《1946～》

「ピカソの力強い「線」」

『フラッシュバック―私の真昼』 高樹のぶ子著 文芸春秋 2003.7 236p 16cm （文春文庫） 533円 Ⓘ4-16-737314-9 Ⓝ914.6

『フラッシュバック―私の真昼』 高樹のぶ子著 文藝春秋 1991.6 242p 19cm 1400円 Ⓘ4-16-345310-5

内容 “私の人生はいま真昼どき”人生の最上の時これから物語が始まる―。自らの軌跡をたどりながら、自然、恋愛、人生について語りかける熱いメッセージ！

「夢見るダイバー人形」

『熱い手紙』 高樹のぶ子著 文芸春秋 1995.4 359p 15cm （文春文庫） 480円 Ⓘ4-16-737306-8

内容 汚ない学生寮の一室で、夜を徹して文学論や反戦論を闘わせたあの日々、自分で言うのもおかしいが、私は、キラキラ輝いていた―。懐かしくも、どこかやましく気恥ずかしい、しかし輝きに満ちていた60年代末に育まれた著者が、青春、恋、文学と全力で駆けぬけた二十年間を率直に語る第一エッセイ集。

『熱い手紙―エッセイ集』 高樹のぶ子著 文芸春秋 1988.10 324p 20cm 1300円 Ⓘ4-16-342640-X Ⓝ914.6

高階　秀爾
たかしな・しゅうじ
《1932～》

「「間」の感覚」

『西洋の眼 日本の眼』 高階秀爾著　青土社　2001.3　290p　19cm　2,400円　Ⓘ4-7917-5872-2

内容 激動の日本美術史、近代美術と文学、西洋のジャポニスム、現代のデザイン、写真、和洋居住空間の対比まで。芸術家たちの知られざるエピソードをまじえ、日本と西洋の美術芸術観を比較し、その文化的伝統や美意識の差異を複眼的かつ大胆に説き起こす。

高橋　新吉
たかはし・しんきち
《1901～1987》

「るす」

『おぼえておきたい日本の名詩100』 水内喜久雄編著　たんぽぽ出版　2003.2　199p　21cm　2000円　Ⓘ4-901364-29-4

内容 80人の詩人による、100篇の詩を収録。

『現代詩文庫 高橋新吉詩集 1027』 思潮社　1985

高橋　たか子
たかはし・たかこ
《1932～2013》

「魂の犬」

『どこか或る家―高橋たか子自選エッセイ集』 高橋たか子著　講談社　2006.12　331p　15cm　（講談社文芸文庫）1500円　Ⓘ4-06-198461-6

内容 小説の中に表われる作家の分身―自身そのように小説を書いてきたけれど、それは、「私」という人間そのものでは、決してない。おさない頃の京都の記憶、日々の生活を楽しんだ鎌倉、親しい友との旅、出会い、そしてパリでの霊的体験―。書きつづってきた文章の中から四十篇を選び出してみた、ほんとうの「私」をわかっていただくために。

高橋　三千綱
たかはし・みちつな
《1948～》

「挑戦」

『あの時好きだと言えなかったオレ』 高橋三千綱著　角川書店　1990.5　223p　15cm　（角川文庫）〈著者の肖像あり〉　390円　Ⓘ4-04-145811-0　Ⓝ914.6

『あの時好きだと言えなかったオレ』 高橋三千綱著　太田出版　1987.5　211p　19cm　880円　Ⓘ4-900416-20-7

内容 「こんな女と暮らしてみたい」の著者が久々に放つエッセイ集。向こうから来るのではなく、こちらからも行くもんだ、愛は。この本は、私にとっては、青春のバイブルだ。私にしか分からない、通用しない言葉も多かろう。だが、読んでくれた人のうちで、もし、本書の中から、歯を食いしばって、冷たい空を見上げていた少年を見つけてくれる人がいたら、ありがとうといっておこう。

高見　順
たかみ・じゅん
《1907～1965》

「戦中日記」

『敗戦日記』 高見順著　中央公論新社　2005.7　470p　16cm　（中公文庫）　1190円　Ⓘ4-12-204560-6　Ⓝ915.6

「天」

『精選 日本現代詩全集』 ぎょうせい　1982

高村　光太郎
たかむら・こうたろう
《1883～1956》

「秋の祈り」

『編年体大正文学全集　第3巻　大正三年』 志賀直哉ほか著，池内輝雄編　ゆまに書房　2000.9　655p　21cm　6600円　①4-89714-892-8

内容 一年を一冊に20世紀日本近代文学の空白を埋める新機軸のアンソロジー。

『高村光太郎全集（増補版）1』 筑摩書房　1994

内容 断簡零墨に至る高村光太郎の全業績を収めた決定版全集。各巻に最新の研究に基づいた詳細な解題を付して作品理解・研究の便を計る。

「あどけない空」

『智恵子抄』 高村光太郎著　角川春樹事務所　2011.4　115p　16cm　（ハルキ文庫　た15-2―［280円文庫］）〈並列シリーズ名：Haruki Bunko　年譜あり〉　267円　①978-4-7584-3546-8　Ⓝ911.56

『智恵子抄』 高村光太郎著　116刷改版　新潮社　2003.11　179p　16cm　（新潮文庫）400円　①4-10-119602-8　Ⓝ911.56

『詩集 智恵子抄』 高村光太郎著　日本図書センター　1999.3　176p　20cm　2500円　①4-8205-2721-5

内容 29篇の詩に語られた光太郎と智恵子の愛の軌跡。愛蔵版。

「あどけない話」

『豊かなことば 現代日本の詩　1　高村光太郎詩集 道程』 高村光太郎著，伊藤英治編　岩崎書店　2009.11　94p　18×19cm　1500円　①978-4-265-04061-2

内容 「道程」「パリ」「レモン哀歌」「クロツグミ」など代表作四十一編を収録。

『いのちのうた あいのうた』 宮沢賢治，中原中也，高村光太郎ほか著　ゴマブックス　2009.5　135p　13×19cm　1000円　①978-4-7771-1372-9

内容 人生の希望をうたい、ささやかな生活をよろこぶことば40編。

『高村光太郎選書』 高村光太郎著　名古屋　リベラル社，星雲社〔発売〕　2006.7　77p　15×9cm　（ミニブックシリーズ）500円　①4-434-08233-7

目次 人に，深夜の雪，僕等，道程，樹下の二人，あなたはだんだんきれいになる，母をおもふ，あどけない話，もう一つの自転するもの，値ひがたき智恵子〔ほか〕

『高村光太郎全集（増補版）2』 筑摩書房　1994

内容 断簡零墨に至る高村光太郎の全業績を収めた決定版全集。第2巻は「猛獣篇」「智恵子抄」の大部分と「大いなる日に」を含む詩篇。

「雨にうたるるカテドラル」

『高村光太郎詩集』 高村光太郎著，伊藤信吉編　新潮社　2005.3　261p　15cm　（新潮文庫）〈88刷改版〉438円　①4-10-119601-X

内容 大正三年に刊行された処女詩集『道程』から、万人の胸に感動を伴って響く愛の詩編『智恵子抄』を経て、晩年の岩手山麓にうたう『典型』まで、光太郎の全生涯にわたる詩業から百余編を収録する。近代的人間形成という課題をになって出発した光太郎が、その昏迷と焦躁を打ち破り、厳しい自己凝視の中に築いた内的世界の充溢がほとばしる、壮麗な生と愛の讃歌である。

『高村光太郎全集（増補版）1』 筑摩書房　1994

内容 断簡零墨に至る高村光太郎の全業績を収めた決定版全集。各巻に最新の研究に基づいた詳細な解題を付して作品理解・研究の便を計る。

「牛」

『自立と共生―社会性を養い、世界にはばたく』 大久保昇編　京都　日本漢字能力検定協会　2005.7　234p　21cm　（心を耕すシリーズ）1000円　①4-89096-114-3

目次 第1章 心を豊かに―自立と共生を目指して（高村光太郎 詩「牛」（自分の生き方を創り出し、力強く生きる），宮沢賢治「虔十公園林」（虔十の「林」が教えてくれる、本当の賢さ、本当の幸い） ほか），第2章 本を読む―自己陶冶、自己確立のために（自分探し、自分創り（大江健三郎『「自分の木」の下で』，遠藤周作『沈黙』 ほか），出会い、自と他（芥川龍之介『トロッコ』，永井龍男『黒い御飯』 ほか），地球市民、自立と共生（黒柳徹子『トットちゃんとトットちゃんたち』，有吉佐和子『複合汚染』 ほか））

『詩を朗読してみよう』 松丸春生編著，井上ひいろ絵　汐文社　2004.3　79p　21cm　（朗読って楽しい 1）1600円　①4-8113-7840-7

目次 風（クリスティーナ・ロセッティ），みち（谷川俊太郎），雲のこども（金子みすゞ），私と小鳥と鈴と（金子みすゞ），竹（萩原朔太郎），蝸牛（新美南吉），雨ニモマケズ（宮沢賢治），たきび（巽聖歌），夕日がせなかをおしてくる（阪田寛夫），お祭（北原白秋），イマジン（ジョン・レノン/山本安見訳），牛（高村光太郎）

『高村光太郎全集（増補版） 1』 筑摩書房　1994

内容 断簡零墨に至る高村光太郎の全業績を収めた決定版全集。各巻に最新の研究に基づいた詳細な解題を付して作品理解・研究の便を計る。

「かがやく朝」

『高村光太郎全集（増補版） 19』 筑摩書房　1996

内容 本書は、詩、詩初出・異稿、短歌、俳句、評論（美術・文学）を収録。

「苛察」

『高村光太郎詩集』 高村光太郎著，伊藤信吉編　新潮社　2005.3　261p　15cm　（新潮文庫）〈88刷改版〉438円　①4-10-119601-X

内容 大正三年に刊行された処女詩集『道程』から、万人の胸に感動を伴って響く愛の詩編『智恵子抄』を経て、晩年の岩手山麓にうたう『典型』まで、光太郎の全生涯にわたる詩業から百余編を収録する。近代的人間形成という課題をになって出発した光太郎が、その昏迷と焦躁を打ち破り、厳しい自己凝視の中に築いた内的世界の充溢がほとばしる、壮麗な生と愛の讃歌である。

『編年体大正文学全集　第15巻　大正十五年』 永井荷風ほか著，鈴木貞美編　ゆまに書房　2003.5　679p　21cm　6600円　①4-89714-904-5

内容 大正15年を一冊に。20世紀日本近代文学の空白を埋める新機軸のアンソロジー。

『高村光太郎全集（増補版） 2』 筑摩書房　1994

内容 断簡零墨に至る高村光太郎の全業績を収めた決定版全集。第2巻は「猛獣篇」「智恵子抄」の大部分と「大いなる日に」を含む詩篇。

「火星が出ている」

『高村光太郎』 萩原昌好編　あすなろ書房　2011.10　103p　20×16cm　（日本語を味わう名詩入門 8）1500円　①978-4-7515-2648-4

内容「真の芸術家」として生きぬこうとした若き日の魂の叫びから、自然の中でのおだやかな暮らしから生まれた晩年の作品まで、わかりやすく紹介します。

『高村光太郎全集（増補版） 2』 筑摩書房　1994

内容 断簡零墨に至る高村光太郎の全業績を収めた決定版全集。第2巻は「猛獣篇」「智恵子抄」の大部分と「大いなる日に」を含む詩篇。

「激動するもの」

『高村光太郎全集（増補版） 2』 筑摩書房　1994

内容 断簡零墨に至る高村光太郎の全業績を収めた決定版全集。第2巻は「猛獣篇」「智恵子抄」の大部分と「大いなる日に」を含む詩篇。

「五月の土壌」

『高村光太郎全集（増補版） 1』 筑摩書房　1994

内容 断簡零墨に至る高村光太郎の全業績を収めた決定版全集。各巻に最新の研究に基づいた詳細な解題を付して作品理解・研究の便を計る

「さびしきみち」

『高村光太郎全集（増補版） 1』 筑摩書房　1994

内容 断簡零墨に至る高村光太郎の全業績を収めた決定版全集。各巻に最新の研究に基づいた詳細な解題を付して作品理解・研究の便を計る

「詩人」

『豊かなことば 現代日本の詩　1　高村

光太郎詩集 道程』 高村光太郎著，伊藤英治編 岩崎書店 2009.11 94p 18×19cm 1500円 ①978-4-265-04061-2
内容 「道程」「パリ」「レモン哀歌」「クロツグミ」など代表作四十一編を収録。

『高村光太郎全集（増補版） 2』 筑摩書房 1994
内容 断簡零墨に至る高村光太郎の全業績を収めた決定版全集。第2巻は「猛獣篇」「智恵子抄」の大部分と「大いなる日に」を含む詩篇。

「樹下の二人」

『豊かなことば 現代日本の詩 1 高村光太郎詩集 道程』 高村光太郎著，伊藤英治編 岩崎書店 2009.11 94p 18×19cm 1500円 ①978-4-265-04061-2
内容 「道程」「パリ」「レモン哀歌」「クロツグミ」など代表作四十一編を収録。

『高村光太郎選書』 高村光太郎著 名古屋 リベラル社，星雲社〔発売〕 2006.7 77p 15×9cm （ミニブックシリーズ） 500円 ①4-434-08233-7
目次 人に，深夜の雪，僕等，道程，樹下の二人，あなたはだんだんきれいになる，母をおもふ，あどけない話，もう一つの自転するもの，値ひがたき智恵子〔ほか〕

『高村光太郎全集（増補版） 10』 筑摩書房 1995

「地上のモナ＝リザ」

『高村光太郎詩集』 高村光太郎著，伊藤信吉編 新潮社 2005.3 261p 15cm （新潮文庫）〈88刷改版〉 438円 ①4-10-119601-X
内容 大正三年に刊行された処女詩集『道程』から、万人の胸に感動を伴って響く愛の詩編『智恵子抄』を経て、晩年の岩手山麓にうたう『典型』まで、光太郎の全生涯にわたる詩業から百余編を収録する。近代的人間形成という課題をになって出発した光太郎が、その昏迷と焦躁を打ち破り、厳しい自己凝視の中に築いた内的世界の充溢がほとばしる、壮麗な生と愛の讃歌である。

『高村光太郎全集（増補版） 1』 筑摩書房 1994

「父の顔」

『高村光太郎』 萩原昌好編 あすなろ書房 2011.10 103p 20×16cm （日本語を味わう名詩入門 8） 1500円 ①978-4-7515-2648-4
内容 「真の芸術家」として生きぬこうとした若き日の魂の叫びから、自然の中でのおだやかな暮らしから生まれた晩年の作品まで、わかりやすく紹介します。

『高村光太郎全集（増補版） 1』 筑摩書房 1994

『高村光太郎』 高村光太郎著，萩原昌好編 あすなろ書房 1986.9 77p 23cm （少年少女のための日本名詩選集 3） 1200円 ①4-7515-1363-X
目次 根付の国，父の顔，山，冬が来た，道程，あたり前，鯰，ぼろぼろな駝鳥，秋を待つ，母をおもう，その年私の十六が来た〔ほか〕

「千鳥と遊ぶ智恵子」

『智恵子抄』 高村光太郎著 角川春樹事務所 2011.4 115p 16cm （ハルキ文庫 た15-2―［280円文庫］）〈並列シリーズ名：Haruki Bunko 年譜あり〉 267円 ①978-4-7584-3546-8 Ⓝ911.56

『智恵子抄』 高村光太郎著 116刷改版 新潮社 2003.11 179p 16cm （新潮文庫） 400円 ①4-10-119602-8 Ⓝ911.56

『高村光太郎全集（増補版） 2』 筑摩書房 1994

「道程」

『高村光太郎』 萩原昌好編 あすなろ書房 2011.10 103p 20×16cm （日本語を味わう名詩入門 8） 1500円 ①978-4-7515-2648-4
内容 「真の芸術家」として生きぬこうとした若き日の魂の叫びから、自然の中でのおだやかな暮らしから生まれた晩年の作品まで、わかりやすく紹介します。

『豊かなことば 現代日本の詩 1 高村光太郎詩集 道程』 高村光太郎著，伊藤英治編 岩崎書店 2009.11 94p 18×19cm 1500円 ①978-4-265-04061-2
内容 「道程」「パリ」「レモン哀歌」「クロツグミ」など代表作四十一編を収録。

『高村光太郎全集（増補版）19』 筑摩書房 1996

「鯰」

『高村光太郎全集（増補版）2』 筑摩書房 1994

『高村光太郎』 高村光太郎著，萩原昌好編 あすなろ書房 1986.9 77p 23cm （少年少女のための日本名詩選集 3） 1200円 ①4-7515-1363-X

目次 根付の国，父の顔，山，冬が来た，道程，あたり前，鯰，ぼろぼろな駝鳥，秋を待つ，母をおもう，その年私の十六が来た〔ほか〕

「根付の国」

『高村光太郎』 萩原昌好編 あすなろ書房 2011.10 103p 20×16cm （日本語を味わう名詩入門 8） 1500円 ①978-4-7515-2648-4

内容 「真の芸術家」として生きぬこうとした若き日の魂の叫びから、自然の中でのおだやかな暮らしから生まれた晩年の作品まで、わかりやすく紹介します。

『豊かなことば 現代日本の詩 1 高村光太郎詩集 道程』 高村光太郎著，伊藤英治編 岩崎書店 2009.11 94p 18×19cm 1500円 ①978-4-265-04061-2

内容 「道程」「パリ」「レモン哀歌」「クロツグミ」など代表作四十一編を収録。

『高村光太郎全集（増補版）1』 筑摩書房 1994

「晴れゆく空」

『高村光太郎詩集』 高村光太郎著，伊藤信吉編 新潮社 2005.3 261p 15cm （新潮文庫）〈88刷改版〉 438円 ①4-10-119601-X

内容 大正三年に刊行された処女詩集『道程』から、万人の胸に感動を伴って響く愛の詩編『智恵子抄』を経て、晩年の岩手山麓にうたう『典型』まで、光太郎の全生涯にわたる詩業から百余編を収録する。近代的人間形成という課題をになって出発した光太郎が、その昏迷と焦躁を打ち破り、厳しい自己凝視の中に築いた内的世界の充溢がほとばしる、壮麗な生と愛の讃歌である。

『高村光太郎全集（増補版）1』 筑摩書房 1994

「氷上戯技」

『高村光太郎全集（増補版）2』 筑摩書房 1994

「冬が来た」

『高村光太郎』 萩原昌好編 あすなろ書房 2011.10 103p 20×16cm （日本語を味わう名詩入門 8） 1500円 ①978-4-7515-2648-4

内容 「真の芸術家」として生きぬこうとした若き日の魂の叫びから、自然の中でのおだやかな暮らしから生まれた晩年の作品まで、わかりやすく紹介します。

『豊かなことば 現代日本の詩 1 高村光太郎詩集 道程』 高村光太郎著，伊藤英治編 岩崎書店 2009.11 94p 18×19cm 1500円 ①978-4-265-04061-2

内容 「道程」「パリ」「レモン哀歌」「クロツグミ」など代表作四十一編を収録。

『高村光太郎全集（増補版）1』 筑摩書房 1994

「冬の奴」

『高村光太郎詩集』 高村光太郎著，伊藤信吉編 新潮社 2005.3 261p 15cm （新潮文庫）〈88刷改版〉 438円 ①4-10-119601-X

内容 大正三年に刊行された処女詩集『道程』から、万人の胸に感動を伴って響く愛の詩編『智恵子抄』を経て、晩年の岩手山麓にうたう『典型』まで、光太郎の全生涯にわたる詩業から百余編を収録する。近代的人間形成という課題をになって出発した光太郎が、その昏迷と焦躁を打ち破り、厳しい自己凝視の中に築いた内的世界の充溢がほとばしる、壮麗な生と愛の讃歌である。

『高村光太郎全集（増補版）2』 筑摩書房 1994

「ぼろぼろな駝鳥」

『高村光太郎』 萩原昌好編 あすなろ書房 2011.10 103p 20×16cm （日本語を味わう名詩入門 8） 1500円 ①978-4-7515-2648-4

内容 「真の芸術家」として生きぬこうとした若き日の魂の叫びから、自然の中でのおだやかな暮らしから生まれた晩年の作品まで、わかりやすく紹介します。

『高村光太郎詩集』 高村光太郎著，伊藤信吉編 新潮社 2005.3 261p 15cm （新潮文庫）〈88刷改版〉438円 ①4-10-119601-X

内容 大正三年に刊行された処女詩集『道程』から、万人の胸に感動を伴って響く愛の詩編『智恵子抄』を経て、晩年の岩手山麓にうたう『典型』まで、光太郎の全生涯にわたる詩業から百余編を収録する。近代的人間形成という課題をになって出発した光太郎が、その昏迷と焦躁を打ち破り、厳しい自己凝視の中に築いた内的世界の充溢がほとばしる、壮麗な生と愛の讃歌である。

『高村光太郎全集（増補版） 2』 筑摩書房 1994

「無口な船長」

『高村光太郎全集（増補版） 2』 筑摩書房 1994

「焼けない心臓」

『高村光太郎全集（増補版） 2』 筑摩書房 1994

「雪白く積めり」

『高村光太郎詩集』 高村光太郎著，伊藤信吉編 新潮社 2005.3 261p 15cm （新潮文庫）〈88刷改版〉438円 ①4-10-119601-X

内容 大正三年に刊行された処女詩集『道程』から、万人の胸に感動を伴って響く愛の詩編『智恵子抄』を経て、晩年の岩手山麓にうたう『典型』まで、光太郎の全生涯にわたる詩業から百余編を収録する。近代的人間形成という課題をになって出発した光太郎が、その昏迷と焦躁を打ち破り、厳しい自己凝視の中に築いた内的世界の充溢がほとばしる、壮麗な生と愛の讃歌である。

『高村光太郎全集（増補版） 3』 筑摩書房 1994

「レモン哀歌」

『豊かなことば 現代日本の詩 1 高村光太郎詩集 道程』 高村光太郎著，伊藤英治編 岩崎書店 2009.11 94p 18×19cm 1500円 ①978-4-265-04061-2

内容 「道程」「パリ」「レモン哀歌」「クロツグミ」など代表作四十一編を収録。

『くだものだもの』 日本ペンクラブ編，俵万智選 ランダムハウス講談社 2007.9 266p 15cm （ランダムハウス講談社文庫）700円 ①978-4-270-10122-3

内容 村上春樹さんは「葡萄」、江國香織さんは「メロン」。よしもとばななさんはもちろん「バナナ」…。くだものを作品のどこかに織り込んだ短篇小説やエッセー、詩から落語まで、32篇を精選したアンソロジー。みずみずしく、ちょっと甘酸っぱい、くだものたちの記憶が行間から立ちのぼる。

『高村光太郎全集（増補版） 2』 筑摩書房 1994

滝沢 馬琴
たきざわ・ばきん
《1767～1848》

「南総里見八犬伝」

『南総里見八犬伝―全訳 上巻』 滝沢馬琴作，丸屋おけ八訳 改訂版 言海書房 2007.11 597p 21cm ①978-4-901891-31-8,978-4-901891-33-2 Ⓝ913.56

『南総里見八犬伝―全訳 下巻』 滝沢馬琴作，丸屋おけ八訳 改訂版 言海書房 2007.11 559p 21cm ①978-4-901891-32-5,978-4-901891-33-2 Ⓝ913.56

『南総里見八犬伝 1～12』 曲亭馬琴著，浜田啓介校訂 新潮社 2003～2004 509p 19cm （新潮日本古典集成 別巻）2800円 ①4-10-620383-9

内容 時は室町末期、落城を目前にした里見義実は、愛犬の八房に、「敵将の首を取って来たら、娘・伏姫を妻にやろう」と冗談をいう。ところがなんと、八房は首を持ち帰った。伏姫は、父の約束を果すため、八房に伴われ山に入る。姫は八房に肌身を許さなかったが、いつしか腹が膨れはじめた。山に登った父と金碗大輔の前で、伏姫は疑いを晴らすため、護身刀で腹を割く。すると、傷口から白気が立ち上り、姫の襟元の数珠を包むと見る間に、八つの珠が光を放って飛び散った…。仁・義・礼・智・忠・信・孝・悌…八つの珠を持つ八犬士が、力を尽して戦いぬく勇壮華麗な物語。大河歴史ロマンの大古典が、大きな文字、迫力の挿絵でついに登場。

竹内　浩三
たけうち・こうぞう
《1921〜1945》

「五月のやうに」

『竹内浩三集』　竹内浩三文・絵，よしだみどり編　藤原書店　2006.10　271p　19cm　2200円　①4-89434-528-5

内容「骨のうたう」竹内浩三の詩と自筆の絵で構成！ 思わず吹きだす天賦のユーモアに溢れながら、ギクリとさせられる、人間の暗い内実を鋭く抉る言葉。しかし底抜けの明るさで笑いとばすコーゾー少年の青春。

『愚の旗』　竹内浩三著　成星出版　1998.8　197p　21cm　1800円　①4-916008-64-2

目次　五月のように，涙も出さずに，冬に死す，麦，海，金がきたら，雨，つまらん日記，まんがのよろづや（マンガ作品），手紙。あい変らず金がない（手紙）〔ほか〕

『愚の旗 戦死やあわれ』　竹内浩三著　日本図書センター　1992.5　250p　21cm　（「戦争と平和」市民の記録 2）　2575円　①4-8205-7098-6

目次　五月のように，金がきたら，雨，大正文化概論，冬に死す，モオツアルトのシンホニイ40番，トスカニニのエロイカ，チヤイコフスキイのトリオ〔ほか〕，鈍走記（演習，行軍，射撃について，三ツ星さん，涙も出ずに，麦ほか），筑波日記，解説 戦死やあわれ

『竹内浩三作品集』　新評論　1989

武田　泰淳
たけだ・たいじゅん
《1912〜1976》

「限界状況における人間」

『武田泰淳集』　武田泰淳著　影書房　2006.5　244p　20cm　（戦後文学エッセイ選 5）〈肖像あり　著作目録あり〉　2200円　①4-87714-349-1　Ⓝ914.6

内容　司馬遷の精神，美しさとはげしさ，谷崎氏の女性，滅亡について，無感覚なボタン，『あっは』と『ぷふい』，勧善懲悪について，中国の小説と日本の小説，『未来の淫女』自作ノオト，魯迅とロマンティシズム，限界状況における人間，竹内好の孤独，文学を志す人々へ，映画と私，サルトル的知識人について，戦争と私，根源的なるもの，三島由紀夫氏の死ののちに，わが思索わが風土，私の中の地獄，椎名麟三氏の死のあとに，「中国文学」と「近代文学」の不可思議な交流

「審判」

『政治と文学』　中野重治ほか著　学芸書林　2003.4　581p　20cm　（全集現代文学の発見 新装版 第4巻　大岡昇平［ほか］責任編集）〈付属資料：12p：月報 4　シリーズ責任表示：大岡昇平［ほか］責任編集〉　4500円　①4-87517-062-9　Ⓝ918.6

内容　五勺の酒（中野重治著），審判（武田泰淳著），顔の中の赤い月（野間宏著），深尾正治の手記（椎名麟三著），地下室から（田中英光著），書かれざる一章（井上光晴著），夜の記憶（佐多稲子著），パルタイ（倉橋由美子著），石こそ語れ（真継伸彦著），芸術・歴史・人間（本多秋五著），原子核エネルギー（火）（荒正人著），反語的精神（林達夫著），政治と文学（平野謙著），「政治の優位性」とはなにか（平野謙著），一匹と九十九匹と（福田恒存著），批評の人間性（中野重治著），日本共産党批判（竹内好著），政治と文学（小林秀雄著），組織と人間（伊藤整著），政治のなかの死（埴谷雄高著），「政治と文学」理論の破産（奥野健男著），「革命運動の革命的批判」の問題（針生一郎著），松川無罪確定の後（佐多稲子著），政治と文学（高橋和巳著），解説：政治と文学（亀井秀雄著）

「ひかりごけ」

『戦争の深淵』　大岡昇平，富士正晴，有馬頼義，古山高麗雄，田村泰次郎ほか著　集英社　2013.1　729p　19cm　（コレクション 戦争と文学 12）　3600円　①978-4-08-157012-6

内容　1（捉まるまで（大岡昇平），童貞（富士正晴），分身（有馬頼義），白い田圃（古山高麗雄），裸女のいる隊列（田村泰次郎）），2（海と毒薬（遠藤周作），盲中国兵（平林たい子），死の泡（田口ランディ）），3（ひかりごけ（武田泰淳），雪鰻（浅田次郎），さかしま（梁石明）），4（炎の子守唄（宮原昭夫），遠い幻影（吉村昭），乳房のない女（金石範）），詩（象のはなし（秋山清），吊るされたひとに（長田弘），屍体の実験（井上光晴）），短歌（岡井隆，

馬場あき子), 俳句(栗林一石路, 鈴木六林男, 渡辺白線), 川柳(鶴彬)

『ひかりごけ』 武田泰淳著 改版 新潮社 2012.11 276p 15cm (新潮文庫) 490円 ①978-4-10-109103-7

内容 雪と氷に閉ざされた北海の洞窟の中で、生死の境に追いつめられた人間同士が相食むにいたる惨劇を通して、極限状況における人間心理を真正面から直視した問題作『ひかりごけ』。仏門に生れ、人間でありながら人間以外の何ものかとして生きることを余儀なくされた若き僧侶の苦悩を描いて、武田文学の原点をうかがわせる『異形の者』。ほかに『海肌の匂い』『流人島にて』を収録する。

『恐ろしい話』 安野光雅, 森毅編 筑摩書房 2011.1 532p 15cm (ちくま文学の森 6) 1100円 ①978-4-480-42736-6

内容 なぜ怖がりたがるのか? 古今東西の名作、テーマ別アンソロジー。

『恐怖の森』 阿刀田高選, 日本ペンクラブ編 ランダムハウス講談社 2007.9 382p 15cm 760円 ①978-4-270-10123-0 Ⓝ913.68

内容 簞笥 半村良著, 老後 結城昌治著, 木乃伊 中島敦著, ひかりごけ 武田泰淳著, セメント樽の中の手紙 葉山嘉樹著, くろん坊 岡本綺堂著, 芋虫 江戸川乱歩著, マッチ売りの少女 野坂昭如著, 大鋏 島尾敏雄著, 驟雨 三浦哲郎著, ぬばたま 柴田錬三郎著, 蛇 阿刀田高著, ガラスの棺 渡辺淳一著

武田 百合子
たけだ・ゆりこ
《1925〜1993》

「日記」

『武田百合子』 武田百合子著, 川上弘美編 文藝春秋 2012.6 269p 20×13cm (精選女性随筆集 5) 1800円 ①978-4-16-640250-2

内容 富士山麓で夫と見た、聞いたこと。戦前の少女時代、娘と遊んだ晩年の日々。武田百合子のまわりにはいつも驚きがあった。

『富士日記 上・中・下』 武田百合子著 改版 中央公論社 1997.6 483p 15cm (中公文庫) 933円 ①4-12-202873-6

内容 夫武田泰淳の取材旅行に同行したり口述筆記をしたりする傍ら、特異の発想と感受と表現の絶妙なハーモニーをもって、日々の暮らしの中の生を鮮明に浮き彫りにし、森羅万象や世事万端を貫く洞察により事物の本質を衝く白眉の日記。

『富士日記 上』 武田百合子著 中央公論社 1994.10 385p 19cm (武田百合子全作品 1) 2500円 ①4-12-403254-4

内容 読む人をその場で、そのまま、元気百倍にしてくれる、不思議な天才の全エッセイ。

「私の文章修業」

『私の文章修業』 週刊朝日編 朝日新聞社 1984.2 276p 19cm (朝日選書 247) 920円 Ⓝ816

竹中 郁
たけなか・いく
《1904〜1982》

「午前十時の風」

『現代詩文庫 竹中郁詩集 **1044**』 思潮社 1994

竹西 寛子
たけにし・ひろこ
《1929〜》

「言葉で生きる」

『愛するという言葉』 竹西寛子著 新潮社 1980.1 205p 20cm 900円 Ⓝ914.6

「神秘」

『ひとつとや 続』 竹西寛子著 福武書店 1990.12 229p 16cm (福武文庫) 700円 ①4-8288-3174-6 Ⓝ914.6

『ひとつとや 続』 竹西寛子著 毎日新聞社 1984.5 245p 20cm 1200円

Ⓝ914.6

「神馬」

『雪三景・裸の王様』 水上勉, 曽野綾子, 辻邦生, 竹西寛子, 開高健著 講談社 2009.4 266p 19cm (21世紀版少年少女日本文学館 19) 1400円 Ⓘ978-4-06-282669-3

内容 九歳の息子を寺にあずけることになった母の心中を描く、水上勉の「雪三景」。権威によりそう人々を痛烈に皮肉った開高健の「裸の王様」。表題作をはじめ、曽野綾子、辻邦生、竹西寛子など多感な思春期に戦争を体験した五人の新しい感覚が光る八編を収録。

『蘭―竹西寛子自選短篇集』 竹西寛子著 集英社 2005.5 242p 15cm (集英社文庫) 514円 Ⓘ4-08-747822-X

内容 戦争下の夏休み、父親といっしょに込み合う列車に乗り込んだ少年は、急な歯痛に襲われ、父に訴える。父は手にしていた祖父譲りの扇子を引き裂き、楊枝代わりにと差し出した…(「蘭」)。日常の何気ない生活のひとこまから浮かび上がる人間存在の深さとかなしさを的確に描いた短篇11作品を収録。

『湖―竹西寛子自選短篇集』 竹西寛子著 學藝書林 1989.5 287p 19cm 1545円 Ⓘ4-905640-46-6

内容 陽の光、星、樹木、海、花の蜜、恋…。あの夏の日を境に一変してしまった故郷への哀惜をこめて、清冽な筆緻でつづる十三の短篇。

「広島が言わせることば」

『自選 竹西寛子随想集 1 広島が言わせる言葉』 竹西寛子著 岩波書店 2002.12 321p 19cm 2900円 Ⓘ4-00-023753-5

内容 被爆した広島を言う言葉がある。被爆した広島が言わせる言葉がある。古典文学を精読し、ことばと感受性を鍛え上げた著者自らが厳選した随想集の決定版。

『ものに逢える日』 竹西寛子著 彩古書房 1985.10 211p 20cm 1500円 Ⓘ4-915612-13-9 Ⓝ914.6

「兵隊宿」

『蘭―竹西寛子自選短篇集』 竹西寛子著 集英社 2005.5 242p 15cm (集英社文庫) 514円 Ⓘ4-08-747822-X

内容 戦争下の夏休み、父親といっしょに込み合う列車に乗り込んだ少年は、急な歯痛に襲われ、父に訴える。父は手にしていた祖父譲りの扇子を引き裂き、楊枝代わりにと差し出した…(「蘭」)。日常の何気ない生活のひとこまから浮かび上がる人間存在の深さとかなしさを的確に描いた短篇11作品を収録。

『竹西寛子 倉橋由美子 高橋たか子』 竹西寛子, 倉橋由美子, 高橋たか子著, 河野多恵子, 大庭みな子, 佐藤愛子, 津村節子監修 角川書店 1998.1 463p 19cm (女性作家シリーズ 14) 2600円 Ⓘ4-04-574214-X

内容 竹西寛子(往還の記, 鶴, 兵隊宿), 倉橋由美子(パルタイ, ヴァージニア, 白い髪の童女―『反悲劇』より, 磁石のない旅―抄), 高橋たか子(昔の街, 人形愛, 病身, 遠く、苦痛の谷を歩いている時)

『兵隊宿』 竹西寛子著 講談社 1991.7 217p 15cm (講談社文芸文庫) 800円 Ⓘ4-06-196136-5

内容 乗船直前、自分の家に泊った三人の出征将校の姿に、未知の大人たちの世界を知り微妙に変わる少年の心の襞。川端康成文学賞受賞「兵隊宿」と、「少年の島」「流線的」「緋鯉」「虚無僧」ほか共通の主人公による九つの短篇群。『往還の記』『式子内親王・永福門院』等、日本の古典を材に優れた評論を持つ著者の『儀式』『鶴』に続く代表的名篇。

「蘭」

『蘭―竹西寛子自選短篇集』 竹西寛子著 集英社 2005.5 242p 15cm (集英社文庫) 514円 Ⓘ4-08-747822-X

内容 戦争下の夏休み、父親といっしょに込み合う列車に乗り込んだ少年は、急な歯痛に襲われ、父に訴える。父は手にしていた祖父譲りの扇子を引き裂き、楊枝代わりにと差し出した…(「蘭」)。日常の何気ない生活のひとこまから浮かび上がる人間存在の深さとかなしさを的確に描いた短篇11作品を収録。

『兵隊宿』 竹西寛子著 講談社 1991.7 217p 15cm (講談社文芸文庫) 800円 Ⓘ4-06-196136-5

内容 乗船直前、自分の家に泊った三人の出征将校の姿に、未知の大人たちの世界を知り微妙に変わる少年の心の襞。川端康成文学賞受賞「兵隊宿」と、「少年の島」「流線的」「緋鯉」「虚無僧」ほか共通の主人公による九つの短篇群。『往還の記』『式子内親王・永福門院』等、日本の古典を材に優れた評論を持つ著者の『儀式』『鶴』に続く代表的名篇。

『湖―竹西寛子自選短篇集』 竹西寛子著 學藝書林 1989.5 287p 19cm 1545円 ①4-905640-46-6

内容 陽の光、星、樹木、海、花の蜜、恋…。あの夏の日を境に一変してしまった故郷への哀惜をこめて、清冽な筆緻でつづる十三の短篇。

竹久 夢二
たけひさ・ゆめじ
《1884～1934》

「宵待草」

『The Days of Platonic Love』 ディスカヴァー・トゥエンティワン 2014.11 95p 15cm 1200円 ①978-4-7993-1598-9

内容 島崎藤村、高村光太郎、竹久夢二、中原中也、ハイネ、萩原朔太郎、宮沢賢治、与謝野晶子…心に沁み入る恋の詩集。大切な人に。自分に。そっと贈りたい珠玉の一冊。

『詩画集 あいのときめき』 BOOKの会編, ガブリエル・ルフェーブル画 講談社 2006.2 63p 18×13cm (Kodansha Gift Book 夢の本棚) 1200円 ①4-06-213307-5

内容 欧米で人気の絵師ガブリエル・ルフェーブル日本初登場！ その魔法の筆先から、いま甦る日本の美しい詩と言葉。

『竹久夢二文学館 2』 日本図書センター 1993

武満 徹
たけみつ・とおる
《1930～1996》

「暗い河の流れに」

『武満徹―私たちの耳は聞こえているか』 武満徹著, 鶴見俊輔監修 日本図書センター 2000.3 172p 21cm (人生のエッセイ 9) 1800円 ①4-8205-6658-X

目次 1 私の受けた音楽教育(私の紙ピアノ, 私の受けた音楽教育, 暗い河の流れに ほか), 2 夢の樹(随想,「美の再定義」へ, 自と他 ほか), 3 私たちの耳は聞こえているか(日常生活の重み,「個」への志向が先決, 未知へ向けての信号 ほか), 4 希望(新緑の季節に, ぼくは子供に訊いてみた, 希望 ほか)

「東風西風」

『武満徹著作集 1』 武満徹著, 谷川俊太郎, 船山隆編纂 新潮社 2000.2 396p 22cm 5000円 ①4-10-646201-X Ⓝ760.8

内容 音、沈黙と測りあえるほどに, 樹の鏡、草原の鏡

「私の紙ピアノ」

『武満徹―私たちの耳は聞こえているか』 武満徹著, 鶴見俊輔監修 日本図書センター 2000.3 172p 21cm (人生のエッセイ 9) 1800円 ①4-8205-6658-X

目次 1 私の受けた音楽教育(私の紙ピアノ, 私の受けた音楽教育, 暗い河の流れに ほか), 2 夢の樹(随想,「美の再定義」へ, 自と他 ほか), 3 私たちの耳は聞こえているか(日常生活の重み,「個」への志向が先決, 未知へ向けての信号 ほか), 4 希望(新緑の季節に, ぼくは子供に訊いてみた, 希望 ほか)

竹山 道雄
たけやま・みちお
《1903～1984》

「磯」

『別れのとき』 文芸春秋編 文芸春秋 1993.3 366p 16cm (文春文庫―アンソロジー人間の情景 7) 450円 ①4-16-721736-8 Ⓝ908.3

内容 さようならなくてはならぬ故… さようなら 田中英光著, 駈込み訴え 太宰治著, その瞬間 詩人 大仏次郎著, 赤い死の舞踏会 E.A.ポー著 吉田健一訳, 楽しくやろうよ 村のひと騒ぎ 坂口安吾著, 地獄八景(抄) 桂米朝著, 愛する者と 宝石 モーパッサン著 吉江喬松訳, 旅の終り 辻邦生著, 追いつめられて 生命の掟 J.ロンドン著 井上謙治訳, レマン湖畔の悲劇 S.ツヴァイク著 関楠生訳, 幕をひくとき 尻の穴 高見順著, 最後の接吻 N.ゴーディマー著 中村保男訳, みじか

い話 磯 竹山道雄著 ほか

太宰 治
だざい・おさむ
《1909〜1948》

「お伽草紙 カチカチ山」

『太宰治ヴィジュアル選集』 太宰治, NHK, テレコムスタッフ著 講談社 2014.1 75p 19cm〈付属資料：DVD1〉1800円 ①978-4-06-218731-2

内容 駈込み訴え, 走れメロス, 雪の夜の話, 畜犬談―伊馬鵜平君に与える。, カチカチ山―お伽草紙より

『悪いやつの物語』 安野光雅, 森毅, 井上ひさし, 池内紀編 筑摩書房 2011.2 499p 15cm （ちくま文学の森 7） 1100円 ①978-4-480-42737-3

内容 召しませ、悪の華。ダンセイニ、モーパッサン、坂口安吾など21篇。

『奇想と微笑―太宰治傑作選』 太宰治著, 森見登美彦編 光文社 2009.11 447p 15cm （光文社文庫） 705円 ①978-4-334-74692-6

内容 中学校の国語の時間。「走れメロス」の音読テープに耳をふさいだ森見少年は、その後、くっついたり離れたりを繰り返しながらも、太宰の世界に惹かれていった―。読者を楽しませることをなによりも大切に考えた太宰治の作品群から、「ヘンテコであること」「愉快であること」に主眼を置いて選んだ十九篇。「生誕百年」に贈る、最高にステキで面白い、太宰治の「傑作」選。

『お伽草紙・新釈諸国噺』 太宰治作 岩波書店 2004.9 385p 15cm （岩波文庫） 700円 ①4-00-310906-6 Ⓝ913.6

内容 お伽草紙：瘤取り, 浦島さん, カチカチ山, 舌切雀, 新釈諸国噺：貧の意地, 大力, 猿塚, 人魚の海, 破産, 裸川, 義理, 女賊, 赤い太鼓, 粋人, 遊興戒, 吉野山

「お伽草紙 瘤取り」

『お伽草紙』 太宰治作, スズキコージ絵 未知谷 2007.4 158p 19cm 1800円 ①978-4-89642-188-0

内容 劫を経て再び太宰文学に親しむために最良の書。

『大活字版 ザ・太宰治―全小説全二冊』 太宰治著 第三書館 2006.10 939p 26cm 1900円 ①4-8074-0607-8

内容 太宰治全小説が2冊になった。上巻は「斜陽」「人間失格」「右大臣実朝」「新釈諸国噺」「津軽」等傑作中長篇を網羅。

『お伽草紙・新釈諸国噺』 太宰治作 岩波書店 2004.9 385p 15cm （岩波文庫） 700円 ①4-00-310906-6

内容 「瘤取り」「浦島さん」「カチカチ山」「舌切雀」。誰もが知っている昔話も太宰治（1909‐48）の手にかかったら…。親しみやすい語り口に諷刺とおどけをしのばせ、天性の喜劇作家がおなじみの説話の世界を自由奔放に換骨奪胎。作者が「世界で一ばん偉い作家」と惚れこむ西鶴の作品を踏まえた「新釈諸国噺」を併収。

「猿が島」

『晩年』 太宰治著 改版 角川書店, 角川グループパブリッシング〔発売〕 2009.5 369p 15cm （角川文庫） 514円 ①978-4-04-109916-2

内容 「撰ばれてあることの恍惚と不安と二つわれにあり」。ヴェルレエヌの詩で始まる「葉」、名家の六男に生まれ、乳母の手で甘やかに育てられた幼少期、伸びやかな少年期を、子供特有の自意識や狡さを交え描いた自伝的作品「思い出」、自らだけ助かった心中事件に材を得、その後過ごした療養所を舞台に描いた「道化の華」など、24〜27歳にかけて発表した15篇を収録。遺著のつもりで『晩年』と名付けた、第一創作集。

『大活字版 ザ・太宰治―全小説全二冊』 太宰治著 第三書館 2006.10 941p 26cm 1900円 ①4-8074-0608-6

内容 太宰治全小説が2冊になった。下巻は「走れメロス」「グッド・バイ」「富嶽百景」「桜桃」「逆行」等、珠玉の中短篇112編を結集。

『走れメロス』 太宰治著 ポプラ社 2005.10 238p 18cm （ポプラポケット文庫 374-1）〈1978年刊の新装改訂 年譜あり〉 570円 ①4-591-08866-9 Ⓝ913.6

内容 走れメロス, 魚服記, 猿が島, 思い出, 富岳百景, 新樹の言葉, 畜犬談

『晩年』 太宰治著 118刷改版 新潮社 2005.10 407p 16cm （新潮文庫） 514円 Ⓘ4-10-100601-6 Ⓝ913.6

内容 葉, 思い出, 魚服記, 列車, 地球図, 猿ヶ島, 雀こ, 道化の華, 猿面冠者, 逆行, 彼は昔の彼ならず, ロマネスク, 玩具, 陰火, めくら草紙

「女生徒」

『女生徒/ろまん燈籠』 太宰治著 海王社 2012.12 160p 15cm （海王社文庫）〈付属資料：CD1〉 952円 Ⓘ978-4-7964-0378-8

内容 朝起きた私は寝床の中でいつも厭世的になる。胸をふさいで、身悶えしちゃう。脱ぎ捨てた下着の薔薇にきれいなキス。私は、汚れて恥ずかしいことばかりだ。いつまでもお人形みたいな身体でいたい―読者から送られてきた日記をもとに、ある女の子の透明で繊細な心を綴った表題作。他「ろまん燈籠」を収録。声優・花澤香菜が紡ぐ「女生徒」名場面抜粋の朗読CD封入。

『ろまん燈籠』 太宰治著 ぶんか社 2010.12 181p 15cm （ぶんか社文庫） 467円 Ⓘ978-4-8211-5372-5

内容 退屈さから物語の連作をする入江家の五人兄妹。それぞれの個性あふれる物語と、その家族の風景を描き出した『ろまん燈籠』。そして、太宰が得意とした女性の告白体で、多感な女生徒の一日を描いた『女生徒』の二作を収録。

『憧』 太宰治, ラディゲ, 久坂葉子著 ポプラ社 2010.10 199p 19cm （百年文庫 1） 750円 Ⓘ978-4-591-11883-2

内容 「自分は、ポオズをつくりすぎて、ポオズに引きずられている嘘つきの化けものだ」―。素朴な人間であることを願いながらも実生活を知らず、小さな出来事に夢想をひろげる少女の内面生活を描いた『女生徒』(太宰治)。パリの放埓な暮らしに疲れた若者が田舎の娘に恋をする『ドニイズ』(ラディゲ)。自ら命を絶つ直前に「小母さんへ」と書き出された久坂葉子の遺作『幾度目かの最期』。罪の意識と愛への憧れがほとばしる、青春の自画像ともいうべき三篇。

『走れメロス』 太宰治著 改版 新潮社 2005.2 300p 15cm （新潮文庫） 400円 Ⓘ4-10-100606-7

内容 人間の信頼と友情の美しさを、簡潔な力強い文体で表現した『走れメロス』など、安定した実生活のもとで多彩な芸術的開花を示した中期の代表的短編集。「富士には、月見草がよく似合う」とある一節によって有名な『富岳百景』、著者が得意とした女性の独白体の形式による傑作『女生徒』、10年間の東京生活を回顧した『東京八景』ほか、『駈込み訴え』『ダス・ゲマイネ』など全9編。

「新樹のことば」

『太宰治選集 1』 太宰治著 札幌 柏艪舎, 星雲社〔発売〕 2009.4 694p 21cm 4571円 Ⓘ978-4-434-12530-0

内容 小説全154編のうち、選りすぐりの101編を収録した太宰治選集。第一巻では10代～30代の読者層向けに33編を収録。

『新樹の言葉』 太宰治著 新潮社 2008.12 406p 15cm （新潮文庫）〈29刷改版〉 514円 Ⓘ978-4-10-100616-1

内容 麻薬中毒と自殺未遂の地獄の日々から立ち直ろうと懸命の努力を重ねていた時期の作品集。乳母の子供たちとの異郷での再会という、心温まる空想譚のなかに再生への祈りをこめた『新樹の言葉』。“男爵”と呼ばれる無垢な男と、昔その家の女中で今は大女優となっている女性との恋愛譚『花燭』。ほかに『懶惰の歌留多』『葉桜と魔笛』『火の鳥』『八十八夜』『老ハイデルベルヒ』など全15編。

『新樹の言葉』 太宰治著 新潮社 1982.7 338p 15cm （新潮文庫） 360円 Ⓘ4-10-100616-4 Ⓝ913.6

内容 I can speak, 懶惰の歌留多, 葉桜と魔笛, 秋風記, 新樹の言葉, 花燭, 愛と美について, 火の鳥, 八十八夜, 美少女, 春の盗賊―わが獄中吟, 俗天使, 兄たち, 老ハイデルベルヒ, 誰も知らぬ

「水仙」

『我等、同じ船に乗り心に残る物語―日本文学秀作選』 桐野夏生編 文藝春秋 2009.11 463p 15cm （文春文庫） 686円 Ⓘ978-4-16-760213-0

内容 最近の私の好みは、「生々しい小説」に尽きる。良くも悪くも、作者の生理が感じられるもの―。衝撃の書を世に問い続ける作家が、ひとりの読者に立ち返って選んだベスト・オブ・ベスト。島尾敏雄・ミホ、菊池寛、太宰治、坂口安吾、林芙美子、谷崎潤一郎ら、ともに生きながら哀しく行き違わざるを得ない生の現実を描いた11篇を収める。

『太宰治選集 3』 太宰治著 札幌 柏艪舎,星雲社〔発売〕 2009.4 724p 21cm 4762円 ①978-4-434-12532-4
内容 小説全154編のうち、選りすぐりの101編を収録した太宰治選集。第一巻では50代以上の読者層向けに39編を収録。

『きりぎりす』 太宰治著 新潮社 2008.11 366p 15cm (新潮文庫)〈六十一刷改版〉514円 ①978-4-10-100613-0
内容 「おわかれ致します。あなたは、嘘ばかりついていました。…」名声を得ることで破局を迎えた画家夫婦の内面を、妻の告白を通して印象深く描いた表題作など、著者の最も得意とする女性の告白体小説『燈籠』『千代女』。著者の文学観、時代への洞察がうかがわれる随想的作品『鷗』『善蔵を思う』『風の便り』。他に本格的ロマンの『水仙』『日の出前』など、中期の作品から秀作14編を収録。

『太宰治全集 6 小説』 太宰治著 筑摩書房 1998.9 459p 21cm 5600円 ①4-480-71056-6
内容 太宰逝って半世紀、ますます評価の高まる太宰文学の新たな読み直しに向けて、全著作をジャンル別、発表年代順に再編した決定版全集。本巻には、「十二月八日」「正義と微笑」「故郷」などを収録。

「正義と微笑」

『太宰治選集 1』 太宰治著 札幌 柏艪舎,星雲社〔発売〕 2009.4 694p 21cm 4571円 ①978-4-434-12530-0
内容 小説全154編のうち、選りすぐりの101編を収録した太宰治選集。第一巻では10代～30代の読者層向けに33編を収録。

『パンドラの匣』 太宰治著 59刷改版 新潮社 2009.4 416p 16cm (新潮文庫 たー2-11) 514円 ①978-4-10-100611-6 Ⓝ913.6
内容 正義と微笑 太宰治著,パンドラの匣 太宰治著,解説 奥野健男著

『太宰治全集 6 小説』 太宰治著 筑摩書房 1998.9 459p 21cm 5600円 ①4-480-71056-6
内容 太宰逝って半世紀、ますます評価の高まる太宰文学の新たな読み直しに向けて、全著作をジャンル別、発表年代順に再編した決定版全集。本巻には、「十二月八日」「正義と微笑」「故郷」などを収録。

「清貧譚」

『太宰治集 哀蚊―文豪怪談傑作選』 太宰治著,東雅夫編 筑摩書房 2009.8 382p 15cm (ちくま文庫) 880円 ①978-4-480-42632-1
内容 「私は怪談を作ることを愛する」―太宰文学の原点には幼き日、祖母に語り聞かされた怪談話があった! 最初期の「怪談」「哀蚊」から、和漢の古典に想を得た怪奇幻想譚「魚服記」「竹青」「人魚の海」、彼岸の気配が揺曳する「メリイクリスマス」「トカトントン」、その末期を予見するかのような水界への怖れと憧憬に満ちた作品群など、怪談を切り口に、永遠の人気作家の知られざる一面に迫る。

『太宰治選集 3』 太宰治著 札幌 柏艪舎,星雲社〔発売〕 2009.4 724p 21cm 4762円 ①978-4-434-12532-4
内容 小説全154編のうち、選りすぐりの101編を収録した太宰治選集。第一巻では50代以上の読者層向けに39編を収録。

『ろまん灯篭』 太宰治著 改訂版 角川書店 1998.6 241p 15cm (角川文庫クラシックス) 400円 ①4-04-109903-X
内容 「兄妹五人あって、みんなロマンスが好きだった」。退屈になると家族が集まり、“物語”の連作を始めるのが習わしという風変わりな一家、入江家。兄妹の個性的なキャラクターと、順々に語られる物語世界とが重層的に響きあうユニークな家族小説「愛と美について」ほか、「ろまん灯篭」「秋風記」など、バラエティに富んだ秀作、計七篇を収録。

「たずねびと」

『戦時下の青春』 中井英夫ほか著 集英社 2012.3 727p 19cm (コレクション 戦争と文学 15) 3600円 ①978-4-08-157015-7
内容 テーマ編・炎。炎上する街に潜む蒼く凄まじき生。

『太宰治選集 1』 太宰治著 札幌 柏艪舎,星雲社〔発売〕 2009.4 694p 21cm 4571円 ①978-4-434-12530-0
内容 小説全154編のうち、選りすぐりの101編を収録した太宰治選集。第一巻では10代～30代の読者層向けに33編を収録。

『グッド・バイ』　太宰治著　改版　新潮社　2008.9　397p　15cm　（新潮文庫）514円　Ⓘ978-4-10-100608-6

内容 被災・疎開の極限状況から敗戦という未曽有の経験の中で、我が身を燃焼させつつ書きのこした後期作品16編。太宰最後の境地をかいま見させる未完の絶筆『グッド・バイ』をはじめ、時代の転換に触発された痛切なる告白『苦悩の年鑑』『十五年間』、戦前戦中と毫も変らない戦後の現実、どうにもならぬ日本人への絶望を吐露した2戯曲『冬の花火』『春の枯葉』ほか『饗応夫人』『眉山』など。

『太宰治全集　8』　筑摩書房　1989.4　541p　15cm　（ちくま文庫）800円　Ⓘ4-480-02258-9　Ⓝ918.68

内容 パンドラの匣, 薄明, 庭, 親という二字, 嘘, 貨幣, やんぬる哉, 十五年間, 未帰還の友に, 苦悩の年鑑, チャンス, 雀, たずねびと, 男女同権, 親友交歓, トカトントン, メリイクリスマス, ヴィヨンの妻, 冬の花火, 春の枯葉

「畜犬談」

『太宰治ヴィジュアル選集』　太宰治, NHK, テレコムスタッフ著　講談社　2014.1　75p　19cm〈付属資料：DVD1〉1800円　Ⓘ978-4-06-218731-2

内容 駈込み訴え, 走れメロス, 雪の夜の話, 畜犬談―伊馬鵜平君に与える。, カチカチ山―お伽草紙より

『桜桃・雪の夜の話―無頼派作家の夜』　太宰治著，七北数人編　実業之日本社　2013.12　353p　15cm　（実業之日本社文庫）600円　Ⓘ978-4-408-55156-2

内容 戦後無頼派の代表的作家・太宰治の名作と、酒にまつわる小説・エッセイを多数収録したオリジナル作品集。「桜桃」「ヴィヨンの妻」「東京八景」などの代表作から、太宰、坂口安吾、織田作之助の三人が初めて一堂に会した「現代小説を語る座談会」まで。酔っぱらい同士の放談で意気投合した三人は、その後銀座のバー「ルパン」へ繰り出して…ファン必読の一冊。

『奇想と微笑―太宰治傑作選』　太宰治著，森見登美彦編　光文社　2009.11　447p　15cm　（光文社文庫）705円　Ⓘ978-4-334-74692-6

内容 中学校の国語の時間。「走れメロス」の音読テープに耳をふさいだ森見少年は、その後、くっついたり離れたりを繰り返しながらも、太宰の世界に惹かれていった―。読者を楽しませることをなによりも大切に考えた太宰治の作品群から、「ヘンテコであること」「愉快であること」に主眼を置いて選んだ十九篇。「生誕百年」に贈る、最高にステキで面白い、太宰治の「傑作」選。

『走れメロス』　太宰治著　改版, 新装版　角川書店, 角川グループパブリッシング〔発売〕　2007.6　264p　15cm　（角川文庫）362円　Ⓘ978-4-04-109913-1

内容 妹の婚礼を終えると、村の牧人メロスはシラクスの市めざして走りに走った。約束の三日目の日没までに暴虐の王のもとに戻らねば、自分の代わりに友セリヌンティウスが殺される。メロスは約束を果たすことができるだろうか？ 日はすでに傾いている。メロスよ、走れ！―身命を懸けた友情の美しさを描いて名高い表題作のほか、「富岳百景」「駈込み訴え」「東京八景」など、執筆活動の充実ぶりを示す、太宰中期の佳作9篇を収録。

「竹青」

『太宰治集 哀蚊―文豪怪談傑作選』　太宰治著，東雅夫編　筑摩書房　2009.8　382p　15cm　（ちくま文庫）880円　Ⓘ978-4-480-42632-1

内容「私は怪談を作ることを愛する」―太宰文学の原点には幼き日、祖母に語り聞かされた怪談話があった！ 最初期の「怪談」「哀蚊」から、和漢の古典に想を得た怪奇幻想譚「魚服記」「竹青」「人魚の海」、彼岸の気配が揺曳する「メリイクリスマス」「トカトントン」、その末期を予見するかのような水界への怖れと憧憬に満ちた作品群など、怪談を切り口に、永遠の人気作家の知られざる一面に迫る。

『太宰治選集　1』　太宰治著　札幌　柏艪舎, 星雲社〔発売〕　2009.4　694p　21cm　4571円　Ⓘ978-4-434-12530-0

内容 小説全154編のうち、選りすぐりの101編を収録した太宰治選集。第一巻では10代～30代の読者層向けに33編を収録。

『大活字版 ザ・太宰治―全小説全二冊』　太宰治著　第三書館　2006.10　941p　26cm　1900円　Ⓘ4-8074-0608-6

内容 太宰治全小説が2冊になった。下巻は「走れメロス」「グッド・バイ」「富嶽百景」「桜桃」「逆行」等、珠玉の中短篇112編を

結集。

『太宰治全集　7　小説』 太宰治著　筑摩書房　1998.10　465p　21cm　5600円　Ⓘ4-480-71057-4

内容 太宰逝って半世紀、ますます評価の高まる太宰文学の新たな読み直しに向けて、全著作をジャンル別、発表年代順に再編した決定版全集。本巻には、「右大臣実朝」「新釈諸国噺」「散華」などを収録。

「津軽」

『大活字版 ザ・太宰治―全小説全二冊』 太宰治著　第三書館　2006.10　939p　26cm　1900円　Ⓘ4-8074-0607-8

内容 太宰治全小説が2冊になった。上巻は「斜陽」「人間失格」「右大臣実朝」「新釈諸国噺」「津軽」等傑作中長篇を網羅。

『津軽』 太宰治著　フロンティアニセン　2005.3（第2刷）　191p　15cm　（フロンティア文庫　50―風呂で読める文庫100選　50）　1000円　Ⓘ4-86197-050-4　Ⓝ913.6

『津軽』 太宰治作　岩波書店　2004.8　264p　15cm　（岩波文庫）500円　Ⓘ4-00-310905-8

内容 「私は津軽に生れ、津軽に育ちながら、今日まで、ほとんど津軽の土地を知っていなかった」。戦時下の1944年5月、太宰治は3週間かけて初めて津軽地方を一周。郷里の風土や歴史、自らにも流れる津軽人気質に驚嘆、慨嘆、感嘆の旅は、やがてその秘められた目的地へと向かう。ユーモアに満ちたふるさと再発見の書。

「人間失格」

『人間失格』 太宰治著　海王社　2012.12　192p　15cm　（海王社文庫）〈付属資料：CD1〉 952円　Ⓘ978-4-7964-0374-0

内容 男は朝から晩まで人間を欺き、道化を演じ、見破られることを恐れた。けれども人間を拒絶することが出来ず、酒とモルヒネに溺れてゆき、やがて―。太宰自身の壮絶な人生そのものを、遺書ともいえる形で残した衝撃の問題作。声優・小野大輔が紡ぐ「人間失格」名場面抜粋の朗読CDを封入。

『人間失格』 太宰治著　ぶんか社　2009.7　199p　15cm　（ぶんか社文庫）457円　Ⓘ978-4-8211-5280-3

内容 青森の大地主の息子でありながら、モルヒネ患者として人生から堕ちていく主人公・大庭葉蔵。その純粋無垢な精神から人との距離を掴めない男の手記という形で、作者自身の壮絶な生涯を文学に昇華させた代表作。

『ヴィヨンの妻・人間失格ほか―太宰治映画化原作コレクション　2』 太宰治著　文藝春秋　2009.5　325p　15cm　（文春文庫）390円　Ⓘ978-4-16-715113-3

内容 「いまは自分には、幸福も不幸もありません。ただ、一さいは過ぎて行きます」。連載最終回の掲載直前、自殺を遂げた太宰の代表作「人間失格」のほか、奇妙な夫婦関係を描いた佳作「ヴィヨンの妻」「二十世紀旗手」「桜桃」「姥捨」「燈籠」「きりぎりす」「思い出」を収録。生誕100年を迎えた太宰治の傑作集。

『人間失格・桜桃』 太宰治著　改版, 新装版　角川書店, 角川グループパブリッシング〔発売〕　2007.6　196p　15cm　（角川文庫）286円　Ⓘ978-4-04-109912-4

内容 「恥の多い生涯を送って来ました。自分には、人間の生活というものが、見当つかないのです」青森の大地主の息子であり、廃人同様のモルヒネ中毒患者だった大庭葉蔵の手記を借りて、自己の生涯を壮絶な作品に昇華させた太宰文学の代表作品。「いまは自分には、幸福も不幸もありません。ただ、一さいは過ぎて行きます」ほかに、家族の幸福を願いながら、自らの手で崩壊させる苦悩を描いた「桜桃」も収録。

「葉桜と魔笛」

『太宰治集 哀蚊―文豪怪談傑作選』 太宰治著, 東雅夫編　筑摩書房　2009.8　382p　15cm　（ちくま文庫）880円　Ⓘ978-4-480-42632-1

内容 「私は怪談を作ることを愛する」―太宰文学の原点には幼き日、祖母に語り聞かされた怪談話があった！ 最初期の「怪談」「哀蚊」から、和漢の古典に想を得た怪奇幻想譚「魚服記」「竹青」「人魚の海」、彼岸の気配が揺曳する「メリイクリスマス」「トカトントン」、その末期を予見するかのような水界への怖れと憧憬に満ちた作品群など、怪談を切り口に、永遠の人気作家の知られざる一面に迫る。

『女生徒』 太宰治著　改版　角川書店, 角川グループパブリッシング〔発売〕

2009.5　279p　15cm　(角川文庫) 438円　Ⓘ978-4-04-109915-5

内容 「幸福は一夜おくれて来る。幸福は、—」。女性読者から送られてきた日記をもとに、ある女の子の、多感で透明な心情を綴った表題作。名声を得ることで破局を迎えた画家夫婦の内面を、妻の告白を通して語る「きりぎりす」、情死した夫を引き取りに行く妻を描いた「おさん」など、太宰がもっとも得意とする女性の告白体小説の手法で書かれた秀作計14篇を収録。作家の折々の心情が色濃く投影された、女の物語。

『太宰治選集　1』 太宰治著　札幌　柏艪舎, 星雲社〔発売〕　2009.4　694p　21cm　4571円　Ⓘ978-4-434-12530-0

内容 小説全154編のうち、選りすぐりの101編を収録した太宰治選集。第一巻では10代～30代の読者層向けに33編を収録。

『斜陽・人間失格・桜桃・走れメロス 外七篇』 太宰治著　文芸春秋　2000.10　558p　15cm　(文春文庫) 638円　Ⓘ4-16-715111-1

内容 没落貴族の家庭を背景に、滅びゆく高貴な美を描く『斜陽』。太宰文学の総決算ともいうべき、小説化された自画像『人間失格』。ふたりの若者の信頼と友情を力強く表現した『走れメロス』など、20世紀の日本が生んだ天才作家の名作11篇を収める。奥野健男氏のくわしい年譜、臼井吉見氏のこまやかな作品案内と作家評伝付き。

『走れメロス・おしゃれ童子』 太宰治著　集英社　1999.5　286p　15cm　(集英社文庫) 333円　Ⓘ4-08-752052-8

内容 牧人メロスは、三日後の日没までに処刑されるため、都に戻ってくると王に約束した。人質に親友のセリヌンティウスを置いて。王の暴虐邪智を打ち破り、友の信頼に応えるため、メロスは走る—。名作『走れメロス』ほか、太宰の心弱い少年期の自画像をシニカルに描いた『おしゃれ童子』や『駈込み訴え』、『富岳百景』など中期の頂点をなす12編を収録。

「走れメロス」

『太宰治ヴィジュアル選集』 太宰治, NHK, テレコムスタッフ著　講談社　2014.1　75p　19cm〈付属資料：DVD1〉1800円　Ⓘ978-4-06-218731-2

内容 駈込み訴え, 走れメロス, 雪の夜の話, 畜犬談—伊馬鵜平君に与える。, カチカチ山—お伽草紙より

『走れメロス』 太宰治著　角川春樹事務所　2012.4　125p　16cm　(ハルキ文庫 た21-2)〈底本：「太宰治全集」第3巻 第4巻 第9巻（筑摩書房 1998年刊） 年譜あり〉267円　Ⓘ978-4-7584-3652-6　Ⓝ913.6

内容 懶惰の歌留多, 富嶽百景, 黄金風景, 走れメロス, トカトントン

『走れメロス』 太宰治著　改版　新潮社　2005.2　300p　15cm　(新潮文庫) 400円　Ⓘ4-10-100606-7

内容 人間の信頼と友情の美しさを、簡潔な力強い文体で表現した『走れメロス』など、安定した実生活のもとで多彩な芸術的開花を示した中期の代表的短編集。「富士には、月見草がよく似合う」とある一節によって有名な『富岳百景』、著者が得意とした女性の独白体の形式による傑作『女生徒』、10年間の東京生活を回顧した『東京八景』ほか、『駈込み訴え』『ダス・ゲマイネ』など全9編。

『富嶽百景・走れメロス 他八篇』 太宰治作　改版　岩波書店　2003.4　254p　15cm　(岩波文庫)〈第58刷〉460円　Ⓘ4-00-310901-5

内容 太宰治が短篇の名手であることはひろく知られているが、ここに収めた作品は、いずれも様々な題材を、それぞれ素材にふさわしい手法で描いていて、その手腕の確かさを今さらのように思い起こさせる。命を賭した友情と信頼の美しさを力強いタッチで描いた「走れメロス」をはじめ、戦前の作品10篇を集めた。

『斜陽・人間失格・桜桃・走れメロス 外七篇』 太宰治著　文芸春秋　2000.10　558p　15cm　(文春文庫) 638円　Ⓘ4-16-715111-1

内容 没落貴族の家庭を背景に、滅びゆく高貴な美を描く『斜陽』。太宰文学の総決算ともいうべき、小説化された自画像『人間失格』。ふたりの若者の信頼と友情を力強く表現した『走れメロス』など、20世紀の日本が生んだ天才作家の名作11篇を収める。奥野健男氏のくわしい年譜、臼井吉見氏のこまやかな作品案内と作家評伝付き。

「富岳百景」

『走れメロス—朗読CD付』 太宰治著, ヤマダサクラコ装画, 鈴木達央朗読　海王

社　2014.6　188p　15cm　（海王社文庫）〈付属資料：CD1〉972円　①978-4-7964-0563-8

内容 タイムリミットは日没。メロスの身代わりに磔にされた友を救う為に、友の信頼を守る為に、メロスは疾風のごとく走った—美しい愛と友情を力強く綴った永遠の名作『走れメロス』、「富士には、月見草がよく似合う」の一節が名高い『富嶽百景』ほか、『駈込み訴え』、『東京八景』など全六篇を収録した短篇集。声優・鈴木達央が紡ぐ『走れメロス』名場面抜粋の朗読CDを封入。

『走れメロス』 太宰治著　角川春樹事務所　2012.4　125p　16cm　（ハルキ文庫 た21-2）〈底本：「太宰治全集」第3巻 第4巻 第9巻（筑摩書房 1998年刊）年譜あり〉267円　①978-4-7584-3652-6　Ⓝ913.6

内容 懶惰の歌留多, 富嶽百景, 黄金風景, 走れメロス, トカトントン

『富嶽百景・走れメロス 他八篇』 太宰治作　岩波書店　2009.5　254p　19cm　（ワイド版岩波文庫）1100円　①978-4-00-007309-7

内容 太宰治が短篇の名手であることはひろく知られているが、ここに収めた作品は、いずれも様々な題材を、それぞれ素材に適わしい手法で描いていて、その手腕の確かさを今更のように思い起こさせる。大きな活字で余裕の読書、ワイド版岩波文庫。

『走れメロス』 太宰治著　改版, 新装版　角川書店, 角川グループパブリッシング〔発売〕　2007.6　264p　15cm　（角川文庫）362円　①978-4-04-109913-1

内容 妹の婚礼を終えると、村の牧人メロスはシラクスの市めざして走りに走った。約束の三日目の日没までに暴虐の王のもとに戻らねば、自分の代わりに友セリヌンティウスが殺される。メロスは約束を果たすことができるだろうか？ 日はすでに傾いている。メロスよ、走れ！—身命を懸けた友情の美しさを描いて名高い表題作のほか、「富岳百景」「駈込み訴え」「東京八景」など、執筆活動の充実ぶりを示す、太宰中期の佳作9篇を収録。

『富嶽百景・走れメロス 他八篇』 太宰治作　改版　岩波書店　2003.4　254p　15cm　（岩波文庫）〈第58刷〉460円　①4-00-310901-5

内容 太宰治が短篇の名手であることはひろく知られているが、ここに収めた作品は、いずれも様々な題材を、それぞれ素材にふさわしい手法で描いていて、その手腕の確かさを今さらのように思い起こさせる。命を賭した友情と信頼の美しさを力強いタッチで描いた「走れメロス」をはじめ、戦前の作品10篇を集めた。

「待つ」

『太宰治集 哀蚊—文豪怪談傑作選』 太宰治著, 東雅夫編　筑摩書房　2009.8　382p　15cm　（ちくま文庫）880円　①978-4-480-42632-1

内容 「私は怪談を作ることを愛する」—太宰文学の原点には幼き日、祖母に語り聞かされた怪談話があった！ 最初期の「怪談」「哀蚊」から、和漢の古典に想を得た怪奇幻想譚「魚服記」「竹青」「人魚の海」、彼岸の気配が揺曳する「メリイクリスマス」「トカトントン」、その末期を予見するかのような水界への怖れと憧憬に満ちた作品群など、怪談を切り口に、永遠の人気作家の知られざる一面に迫る。

『女生徒』 太宰治著　改版　角川書店, 角川グループパブリッシング〔発売〕　2009.5　279p　15cm　（角川文庫）438円　①978-4-04-109915-5

内容 「幸福は一夜おくれて来る。幸福は、—」。女性読者から送られてきた日記をもとに、ある女の子の、多感で透明な心情を綴った表題作。名声を得ることで破局を迎えた画家夫婦の内面を、妻の告白を通して語る「きりぎりす」、情死した夫を引き取りに行く妻を描いた「おさん」など、太宰がもっとも得意とする女性の告白体小説の手法で書かれた秀作計14篇を収録。作家の折々の心情が色濃く投影された、女の物語。

『新ハムレット』 太宰治著　40刷改版　新潮社　2009.4　366p　16cm　（新潮文庫 た-2-12）514円　①978-4-10-100612-3　Ⓝ913.6

内容 古典風 太宰治著, 女の決闘 太宰治著, 乞食学生 太宰治著, 新ハムレット 太宰治著, 待つ 太宰治著, 解説 奥野健男著

『走れメロス・おしゃれ童子』 太宰治著　集英社　1999.5　286p　15cm　（集英社文庫）333円　①4-08-752052-8

内容 牧人メロスは、三日後の日没までに処刑されるため、都に戻ってくると王に約束

した。人質に親友のセリヌンティウスを置いて。王の暴虐邪智を打ち破り、友の信頼に応えるため、メロスは走る—。名作『走れメロス』ほか、太宰の心弱い少年期の自画像をシニカルに描いた『おしゃれ童子』や『駈込み訴え』、『富岳百景』など中期の頂点をなす12編を収録。

『太宰治全集 6 小説』 太宰治著 筑摩書房 1998.9 459p 21cm 5600円 ①4-480-71056-6

内容 太宰逝って半世紀、ますます評価の高まる太宰文学の新たな読み直しに向けて、全著作をジャンル別、発表年代順に再編した決定版全集。本巻には、「十二月八日」「正義と微笑」「故郷」などを収録。

「みみずく通信」

『太宰治選集 1』 太宰治著 札幌 柏艪舎, 星雲社〔発売〕 2009.4 694p 21cm 4571円 ①978-4-434-12530-0

内容 小説全154編のうち、選りすぐりの101編を収録した太宰治選集。第一巻では10代〜30代の読者層向けに33編を収録。

『ろまん燈籠』 太宰治著 28刷改版 新潮社 2009.4 330p 16cm (新潮文庫 たー2-17) 476円 ①978-4-10-100617-8 Ⓝ913.6

内容 ろまん燈籠, みみずく通信, 服装に就いて, 令嬢アユ, 誰, 恥, 新郎, 十二月八日, 小さいアルバム, 禁酒の心, 鉄面皮, 作家の手帖, 佳日, 散華, 雪の夜の話, 東京だより, 解説 奥野健男著

『大活字版 ザ・太宰治—全小説全二冊』 太宰治著 第三書館 2006.10 941p 26cm 1900円 ①4-8074-0608-6

内容 太宰治全小説が2冊になった。下巻は「走れメロス」「グッド・バイ」「富嶽百景」「桜桃」「逆行」等、珠玉の中短篇112編を結集。

多田 富雄

ただ・とみお

《1934〜2010》

「モロッコで考えたこと」

『ビルマの鳥の木』 多田富雄著 新潮社 1998.6 269p 15cm (新潮文庫) 438円 ①4-10-146921-0

内容 南米の国チリで出会った青年と訪れた詩人パブロ・ネルーダの生家。学生時代の著者を虜にした一枚の能面。亡き母が趣味で詠んだ短歌の味わい。免疫学が解明する生命の同一性と老いのプロセス、そして脳死問題。面や鼓が物語る能の深遠な時空。世界的な免疫学者である著者が、旅、学問、芸術そして人々とのふれあいを通して、生きることの歓びを発見していく。香り高きエッセイ集。

『ビルマの鳥の木』 多田富雄著 日本経済新聞社 1995.10 271p 19cm 1600円 ①4-532-16174-6

内容 旅、趣味、芸術などを通して味わう香り高い“人間としての歓び”。さりげない筆のはこびが問いかけるものは—。香り高いエッセイ集。

多田 道太郎

ただ・みちたろう

《1924〜2007》

「しぐさの日本文化—頑張る」

『しぐさの日本文化』 多田道太郎著 講談社 2014.2 269p 15cm (講談社学術文庫) 920円 ①978-4-06-292219-7

内容 ふとしたしぐさ、身振り、姿勢—これらは個人の心理の内奥をのぞかせるものであると同時に、一つの社会に共有され、伝承される、文化でもある。身体に深くしみついた、人間関係をととのえるための精神・身体的表現といえる。あいづち、しゃがむ、といった、日本人の日常のしぐさをとりあげ、その文化的な意味をさぐる「しぐさ研究」の先駆的著作。

『多田道太郎著作集 3 しぐさの日本文化』 筑摩書房 1994.3 444p 20cm 3980円 ①4-480-75043-6 Ⓝ081.6

「ものまね—しぐさの日本文化」

『しぐさの日本文化』 多田道太郎著 講談社 2014.2 269p 15cm (講談社学術文庫) 920円 ①978-4-06-292219-7

内容 ふとしたしぐさ、身振り、姿勢—これらは個人の心理の内奥をのぞかせるものであると同時に、一つの社会に共有され、伝承される、文化でもある。身体に深くしみつ

いた、人間関係をととのえるための精神・身体的表現といえる。あいづち、しゃがむ、といった、日本人の日常のしぐさをとりあげ、その文化的な意味をさぐる「しぐさ研究」の先駆的著作。

『多田道太郎著作集　3　しぐさの日本文化』　筑摩書房　1994.3　444p　20cm　3980円　①4-480-75043-6　Ⓝ081.6

立花　隆
たちばな・たかし
《1940～》

「人類よ 宇宙人になれ」

『読解力を高める説明的文章の指導 高学年』　植松雅美編著　東洋館出版社　2006.5　129p　26cm　（国語科授業力向上シリーズ 6）1900円　①4-491-02178-3

目次 要旨をとらえよう―サクラソウとトラマルハナバチ（光村・5年上），ノンフィクションの価値やおもしろさを味わい、読書の世界を広げよう―千年の釘にいどむ（光村・5年上），文章の仕組みを考えながら読もう―動物の体（東書・5年上），いろいろな環境問題について調べよう―森林のおくりもの（東書・5年下），事実と意見の関係をとらえ、情報を正確に読み取ろう―森を育てる炭作り（教出・5年下），文章を読んで、自分の考えをもとう―生き物はつながりの中に（光村・6年上），書かれていることがらの中心をおさえながら読もう―イースター島にはなぜ森林がないのか（東書・6年上），筆者の考えを受け止め、自分の考えを伝えよう―平和のとりでを築く（光村・6年下），文章構成をつかんで読み取り、言葉について考えよう―言葉の意味を追って（東書・6年下），読み取ったことをまとめよう―人類よ、宇宙人になれ（教出・6年下）

『読解・鑑賞学力の形成技法』　野口芳宏著　明治図書出版　2001.1　174p　21cm　（鍛える国語教室シリーズ 9）2160円　①4-18-306912-2

内容 本書は、「読解・鑑賞学力の形成」のあり方をきわめて具体的に、かつ簡明に述べたものである。

橘　成季
たちばなの・なりすえ
《鎌倉時代前期》

「古今著聞集」

『古今著聞集ほか』　阿刀田高著　講談社　2010.1　323p　19cm　（21世紀版少年少女古典文学館 13）1400円　①978-4-06-282763-8

内容 王朝貴族社会をなつかしみながら、中世の人事百般や鳥獣、虫、妖怪にまで筆がおよび、整然と分類された説話の百科事典ともいえる『古今著聞集』。「少年の教科書」として読みつがれ、簡明でおもしろい教訓の宝庫である『十訓抄』。そして『沙石集』は、狂言や落語にまで影響をあたえ、仏教書としてはめずらしく、笑いと人間味にあふれている。

『古今著聞集　上』　橘成季著　現代思潮新社　2008.8　266p　16cm　（覆刻日本古典全集　正宗敦夫編纂校訂）〈現代思潮社昭和58年刊を原本としたオンデマンド版〉3600円　①978-4-329-02667-5　Ⓝ913.47

『古今著聞集 愚管抄』　橘成季著，黒板勝美編輯，慈鎮著，黒板勝美編輯　新装版　吉川弘文館　2000.7　422,236p　23cm　（国史大系 新訂増補 第19巻）〈複製〉8600円　①4-642-00320-7　Ⓝ913.47

『古今著聞集　上下』　橘成季著，西尾光一，小林保治校注　新潮社　1983～86　487p　20cm　（新潮日本古典集成）2200円　①4-10-620376-6　Ⓝ913.41

立原　道造
たちはら・みちぞう
《1914～1939》

「晩き日の夕べに」

『立原道造』　萩原昌好編，堀川理万子画　あすなろ書房　2011.8　95p　20×16cm　（日本語を味わう名詩入門 5）1500円　①978-4-7515-2645-3

内容 みごとなソネットを完成させ、建築家としても頭角を現していたものの、若くして世を去った叙情詩人、立原道造。その、甘くさわやかな世界を紹介します。

『立原道造全集 1 詩1、短歌・俳句、物語1、戯曲』 立原道造著 筑摩書房 2006.11 653p 21cm 7600円 ①4-480-70571-6

内容 二冊の詩集『萱草に寄す』『暁と夕の詩』をはじめ、生前に発表された詩篇、詩作と並行して書き続けられた物語作品、旧制中学から高校時代までの短歌、中学時代の短期間に発表された戯曲、後年のわずかな俳句など、発表されたすべての創作を収める。

『立原道造詩集』 立原道造著 角川春樹事務所 2003.12 251p 15cm (ハルキ文庫) 680円 ①4-7584-3084-5

内容 二十四歳という若さでこの世を去った夭折の詩人・立原道造。室内楽にも似た、ソナチネ風の調べを運ぶ詩からあふれでる抒情の響きは、青春の光芒を永遠へと灼きつけ、時代を越えて今なお輝きを失わない。詩集『萱草に寄す』『暁と夕の詩』『優しき歌』『散歩詩集』など、その詩的世界を網羅する百三十篇余を収録した一冊。

『現代詩文庫 立原道造詩集 1025』 思潮社 1982

「草に寝て……」

『立原道造全集 1 詩1、短歌・俳句、物語1、戯曲』 立原道造著 筑摩書房 2006.11 653p 21cm 7600円 ①4-480-70571-6

内容 二冊の詩集『萱草に寄す』『暁と夕の詩』をはじめ、生前に発表された詩篇、詩作と並行して書き続けられた物語作品、旧制中学から高校時代までの短歌、中学時代の短期間に発表された戯曲、後年のわずかな俳句など、発表されたすべての創作を収める。

『立原道造詩集』 立原道造著, 杉浦明平編 岩波書店 1988.3 453p 15cm (岩波文庫) 500円 ①4-00-311211-3

内容 立原道造は、口語という困難な素材を使い、ソネットの形と新しい語法とによって抒情詩を構成した。孤影の色濃い詩の中に青年の情感をみずみずしく盛り込み、半世紀を経た今なお人の心を打つ。

『現代詩文庫 立原道造詩集 1025』 思潮社 1982

「眠りの誘ひ」

『立原道造全集 1 詩1、短歌・俳句、物語1、戯曲』 立原道造著 筑摩書房 2006.11 653p 21cm 7600円 ①4-480-70571-6

内容 二冊の詩集『萱草に寄す』『暁と夕の詩』をはじめ、生前に発表された詩篇、詩作と並行して書き続けられた物語作品、旧制中学から高校時代までの短歌、中学時代の短期間に発表された戯曲、後年のわずかな俳句など、発表されたすべての創作を収める。

『立原道造/津村信夫』 立原道造, 津村信夫著 京都 新学社 2005.6 330p 15cm (新学社近代浪漫派文庫) 1305円 ①4-7868-0092-9

目次 立原道造(萱草に寄す, 暁と夕の詩, 優しき歌, あひみてののちの, かろやかな翼のある風の歌, 鮎の歌), 津村信夫(愛する神の歌, 戸隠の絵本, 紅葉狩伝説, 信州雑記)

『立原道造詩集』 立原道造著 角川春樹事務所 2003.12 251p 15cm (ハルキ文庫) 680円 ①4-7584-3084-5

内容 二十四歳という若さでこの世を去った夭折の詩人・立原道造。室内楽にも似た、ソナチネ風の調べを運ぶ詩からあふれでる抒情の響きは、青春の光芒を永遠へと灼きつけ、時代を越えて今なお輝きを失わない。詩集『萱草に寄す』『暁と夕の詩』『優しき歌』『散歩詩集』など、その詩的世界を網羅する百三十篇余を収録した一冊。

『精選 日本近代詩全集』 ぎょうせい 1982

「のちのおもひに」

『立原道造全集 1 詩1、短歌・俳句、物語1、戯曲』 立原道造著 筑摩書房 2006.11 653p 21cm 7600円 ①4-480-70571-6

内容 二冊の詩集『萱草に寄す』『暁と夕の詩』をはじめ、生前に発表された詩篇、詩作と並行して書き続けられた物語作品、旧制中学から高校時代までの短歌、中学時代の短期間に発表された戯曲、後年のわずかな俳句など、発表されたすべての創作を収める。

『立原道造詩集』 立原道造著 角川春樹事務所 2003.12 251p 15cm (ハルキ文庫) 680円 ①4-7584-3084-5

内容 二十四歳という若さでこの世を去った

夭折の詩人・立原道造。室内楽にも似た、ソナチネ風の調べを運ぶ詩からあふれでる抒情の響きは、青春の光芒を永遠へと灼きつけ、時代を越えて今なお輝きを失わない。詩集『萱草に寄す』『暁と夕の詩』『優しき歌』『散歩詩集』など、その詩的世界を網羅する百三十篇余を収録した一冊。

『萱草に寄す』 立原道造著 日本図書センター 1999.11 200p 19cm （愛蔵版詩集シリーズ） 2200円 ①4-8205-1860-7

内容 繊細な旋律でうたう愛と別れ。初刊のデザインの香りをつたえる新しい愛蔵版詩集シリーズ。

『現代詩文庫 立原道造詩集 1025』 思潮社 1982

「ノート」

『立原道造全集 3 手記、随想1・2、創作ノート、日記』 立原道造著 筑摩書房 2007.3 689p 21cm 7800円 ①978-4-480-70573-0

内容 早すぎる晩年の、盛岡と長崎への旅にかける自らの想いを綴った二つの紀行を含む内面の手記、評論・エッセイ・編集後記など幅広い散文からなる随想、短歌や詩や夢日記などを記した創作ノート、および昭和二年と五年の日記を収める。

「はじめてのものに」

『立原道造』 萩原昌好編，堀川理万子画 あすなろ書房 2011.8 95p 20×16cm （日本語を味わう名詩入門 5） 1500円 ①978-4-7515-2645-3

内容 みごとなソネットを完成させ、建築家としても頭角を現していたものの、若くして世を去った叙情詩人、立原道造。その、甘くさわやかな世界を紹介します。

『くちずさみたくなる名詩』 下重暁子選著・朗読 海竜社 2004.12 209p 19cm 〈付属資料：CD1〉 1800円 ①4-7593-0845-8

内容 選びぬかれた名詩45篇。下重暁子さんの情感溢れる朗読。ひとことエッセイで珠玉の言葉をより深く鑑賞できる。

『丸山薫 立原道造 伊東静雄』 丸山薫，立原道造，伊東静雄著，萩原昌好編 あすなろ書房 1986.12 77p 23×19cm （少年少女のための日本名詩選集 15） 1200円 ①4-7515-1375-3

目次 丸山薫（水の精神，汽車にのって ほか），立原道造（はじめてのものに，のちのおもいに ほか），伊東静雄（わがひとに与うる哀歌，夏の終りに ほか）

『現代詩文庫 立原道造詩集 1025』 思潮社 1982

「またある夜に」

『立原道造全集 1 詩1、短歌・俳句、物語1、戯曲』 立原道造著 筑摩書房 2006.11 653p 21cm 7600円 ①4-480-70571-6

内容 二冊の詩集『萱草に寄す』『暁と夕の詩』をはじめ、生前に発表された詩篇、詩作と並行して書き続けられた物語作品、旧制中学から高校時代までの短歌、中学時代の短期間に発表された戯曲、後年のわずかな俳句など、発表されたすべての創作を収める。

『花と言葉の詩画集 2 立原道造』 立原道造詩，若林佳子画（押花） ポプラ社 2004.3 1冊 24×19cm 1500円 ①4-591-08097-8

内容 澄んだ魂のまま生を駆け抜けた詩人・立原道造の傑作詩セレクション。

『立原道造詩集』 立原道造著 角川春樹事務所 2003.12 251p 15cm （ハルキ文庫） 680円 ①4-7584-3084-5

内容 二十四歳という若さでこの世を去った夭折の詩人・立原道造。室内楽にも似た、ソナチネ風の調べを運ぶ詩からあふれでる抒情の響きは、青春の光芒を永遠へと灼きつけ、時代を越えて今なお輝きを失わない。詩集『萱草に寄す』『暁と夕の詩』『優しき歌』『散歩詩集』など、その詩的世界を網羅する百三十篇余を収録した一冊。

『現代詩文庫 立原道造詩集 1025』 思潮社 1982

「旅装」

『立原道造全集 1 詩1、短歌・俳句、物語1、戯曲』 立原道造著 筑摩書房 2006.11 653p 21cm 7600円 ①4-480-70571-6

内容 二冊の詩集『萱草に寄す』『暁と夕の詩』をはじめ、生前に発表された詩篇、詩作と並行して書き続けられた物語作品、旧制中学から高校時代までの短歌、中学時代の短期間に発表された戯曲、後年のわずかな俳句など、発表されたすべての創作を収める。

『現代詩文庫 立原道造詩集 1025』 思潮社 1982

「わかれる昼に」

『立原道造』 萩原昌好編, 堀川理万子画 あすなろ書房 2011.8 95p 20×16cm （日本語を味わう名詩入門 5） 1500円 ①978-4-7515-2645-3

内容 みごとなソネットを完成させ、建築家としても頭角を現していたものの、若くして世を去った叙情詩人、立原道造。その、甘くさわやかな世界を紹介します。

『立原道造全集 1 詩1、短歌・俳句、物語1、戯曲』 立原道造著 筑摩書房 2006.11 653p 21cm 7600円 ①4-480-70571-6

内容 二冊の詩集『萱草に寄す』『暁と夕の詩』をはじめ、生前に発表された詩篇、詩作と並行して書き続けられた物語作品、旧制中学から高校時代までの短歌、中学時代の短期間に発表された戯曲、後年のわずかな俳句など、発表されたすべての創作を収める。

『立原道造詩集』 立原道造著 角川春樹事務所 2003.12 251p 15cm （ハルキ文庫） 680円 ①4-7584-3084-5

内容 二十四歳という若さでこの世を去った夭折の詩人・立原道造。室内楽にも似た、ソナチネ風の調べを運ぶ詩からあふれでる抒情の響きは、青春の光芒を永遠へと灼きつけ、時代を越えて今なお輝きを失わない。詩集『萱草に寄す』『暁と夕の詩』『優しき歌』『散歩詩集』など、その詩的世界を網羅する百三十篇余を収録した一冊。

『精選 日本近代詩全集』 ぎょうせい 1982

辰野 隆
たつの・ゆたか
《1888～1964》

「「坊っちゃん」管見」

『忘れ得ぬ人々と谷崎潤一郎』 辰野隆著 日本図書センター 2004.4 281p 22cm （辰野隆選集 第4巻 辰野隆著）〈シリーズ責任表示：辰野隆著 改造社昭和24年刊の複製〉 ①4-8205-9615-2,4-8205-9611-X Ⓝ914.6

内容 忘れ得ぬ人々, 谷崎潤一郎, 解説

『忘れ得ぬ人々』 辰野隆著 講談社 1991.2 266p 15cm （講談社文芸文庫―現代日本のエッセイ）〈著者の肖像あり〉 900円 ①4-06-196115-2 Ⓝ914.6

龍村 仁
たつむら・じん
《1940～》

「アリュートのカヤック」

『地球のささやき』 龍村仁著 角川書店 2000.10 266p 15cm （角川ソフィア文庫） 781円 ①4-04-355801-5

内容 酸素も持たずたった一人で世界の8千メートル級の山を登りつくしたメスナー、古代ケルトの魂を美しい歌声にのせて甦らせたアイルランドの歌手エンヤ、世界的な女優でありながら自身の超自然的体験を著したシャーリー・マックレーン…。地球の各地に、超人的な活躍をしている人々がいる。彼らに共通するのは「からだ」に感謝する「こころ」。映画『地球交響曲（ガイアシンフォニー）』の監督が、彼らをはじめ、象やオルカ、杉の巨木など、さまざまな出会いと交流のなかでえた想いを、生と死、心とからだ、性、そして一人一人のもつ可能性を、しなやかな感想で綴る。「地球のいのち」を奏でるエッセイ集。

『地球のささやき』 龍村仁著 大阪 創元社 1995.3 266p 19cm 2000円 ①4-422-93029-X

内容 私たちは、どこから来て、どこへ向かおうとしているのだろう、映画『地球交響曲』竜村仁監督の初エッセイ集。

田中 冬二
たなか・ふゆじ
《1894～1980》

「青い夜道」

『青い夜道』 田中冬二著 日本図書セン

ター　2006.3　212p　19cm　2500円　Ⓘ4-284-70010-3

目次 皿（皿, 洋灯 ほか）, 家根に鳶尾科の花の咲いた家（家根に鳶尾科の花の咲いた家, ふるさとにて ほか）, 麦粉をはかる夢（河口村, 本栖村 ほか）, 軽井沢の氷菓子（しそのほし葉、川魚、みかん水, 障子 ほか）, 明るい雨（春, 春夜幻想 ほか）

『日本の詩歌　24　丸山薫・田中冬二・立原道造・田中克己・蔵原伸二郎』　丸山薫［ほか著］　新装　中央公論新社　2003.6　434p　21cm〈オンデマンド版 年譜あり〉5300円　Ⓘ4-12-570068-0　Ⓝ911.08

内容 丸山薫：帆・ランプ・鷗, 鶴の葬式, 幼年, 一日集, 物象詩集, 涙した神, 点鐘鳴るところ, 北国, 仙境, 花の芯, 青春不在, 連れ去られた海, 田中冬二：青い夜道, 海の見える石段, 山鴫, 花冷え, 故園の歌, 橡の黄葉, 菽麦集, 山の祭, 春愁, 晩春の日に, 葡萄の女, 立原道造：萱草に寄す, 暁と夕の詩, 優しき歌, 未刊詩篇, 田中克己：詩集西康省, 大陸遠望, 神軍, 南の星, 悲歌, 蔵原伸二郎：東洋の満月, 暦日の鬼, 乾いた道, 岩魚, 詩人の肖像（大岡信著）

『現代詩文庫 田中冬二詩集　1030』　思潮社　1988

目次 詩集〈青い夜道〉から, 詩集〈海の見える石段〉から, 詩集〈山鴫〉から, 詩集〈花冷え〉から, 詩集〈故国の歌〉から, 詩集〈橡の黄葉〉から, 詩集〈菽麦集〉から, 詩集〈山の祭〉から, 詩集〈春愁〉から, 詩集〈山国詩抄〉から, 詩集〈晩春の日に〉から, 詩集〈牡丹の寺〉から, 詩集〈葡萄の女〉から, 詩集〈失われた籍〉から, 詩集〈織女〉から, 詩集〈八十八夜〉から, 詩文集〈妻科の家〉から, 詩文集〈奈良田のほととぎす〉から, 句集〈行人〉他から, 〈拾遺詩篇〉, 詩論, 年譜, 研究（田中冬二論－村野四郎, 田中冬二の世界＝池波正太郎）

「晴夜」

『現代詩文庫 田中冬二詩集　1030』　思潮社　1988

目次 詩集〈青い夜道〉から, 詩集〈海の見える石段〉から, 詩集〈山鴫〉から, 詩集〈花冷え〉から, 詩集〈故国の歌〉から, 詩集〈橡の黄葉〉から, 詩集〈菽麦集〉から, 詩集〈山の祭〉から, 詩集〈春愁〉から, 詩集〈山国詩抄〉から, 詩集〈晩春の日に〉から, 詩集〈牡丹の寺〉から, 詩集〈葡萄の女〉から, 詩集〈失われた籍〉から, 詩集〈織女〉から, 詩集〈八十八夜〉から, 詩文集〈妻科の家〉から, 詩文集〈奈良田のほととぎす〉から, 句集〈行人〉他から, 〈拾遺詩篇〉, 詩論, 年譜, 研究（田中冬二論－村野四郎, 田中冬二の世界＝池波正太郎）

『田中冬二全集　第1巻　詩　1』　磯村英樹ほか編集・校訂　筑摩書房　1984.12　375p　21cm〈著者の肖像あり〉3800円　Ⓝ918.68

内容 青い夜道, 海の見える石段, 山鴫, 花冷え, 故園の歌, 橡の黄葉, 菽麦集, 山の祭, 春愁, 山国詩抄, 解説 深沢忠孝著

「山鴫」

『日本の詩歌　24　丸山薫・田中冬二・立原道造・田中克己・蔵原伸二郎』　丸山薫［ほか著］　新装　中央公論新社　2003.6　434p　21cm〈オンデマンド版 年譜あり〉5300円　Ⓘ4-12-570068-0　Ⓝ911.08

内容 丸山薫：帆・ランプ・鷗, 鶴の葬式, 幼年, 一日集, 物象詩集, 涙した神, 点鐘鳴るところ, 北国, 仙境, 花の芯, 青春不在, 連れ去られた海, 田中冬二：青い夜道, 海の見える石段, 山鴫, 花冷え, 故園の歌, 橡の黄葉, 菽麦集, 山の祭, 春愁, 晩春の日に, 葡萄の女, 立原道造：萱草に寄す, 暁と夕の詩, 優しき歌, 未刊詩篇, 田中克己：詩集西康省, 大陸遠望, 神軍, 南の星, 悲歌, 蔵原伸二郎：東洋の満月, 暦日の鬼, 乾いた道, 岩魚, 詩人の肖像（大岡信著）

『現代詩文庫 田中冬二詩集　1030』　思潮社　1988

目次 詩集〈青い夜道〉から, 詩集〈海の見える石段〉から, 詩集〈山鴫〉から, 詩集〈花冷え〉から, 詩集〈故国の歌〉から, 詩集〈橡の黄葉〉から, 詩集〈菽麦集〉から, 詩集〈山の祭〉から, 詩集〈春愁〉から, 詩集〈山国詩抄〉から, 詩集〈晩春の日に〉から, 詩集〈牡丹の寺〉から, 詩集〈葡萄の女〉から, 詩集〈失われた籍〉から, 詩集〈織女〉から, 詩集〈八十八夜〉から, 詩文集〈妻科の家〉から, 詩文集〈奈良田のほととぎす〉から, 句集〈行人〉他から, 〈拾遺詩篇〉, 詩論, 年譜, 研究（田中冬二論－村野四郎, 田中冬二の世界＝池波正太郎）

『田中冬二全集　第1巻　詩　1』　磯村英樹ほか編集・校訂　筑摩書房　1984.12　375p　21cm〈著者の肖像あり〉3800円　Ⓝ918.68

内容 青い夜道, 海の見える石段, 山鴫, 花冷え, 故園の歌, 橡の黄葉, 菽麦集, 山の祭, 春愁, 山国詩抄, 解説 深沢忠孝著

「山つつじ」

『日本の詩歌　24　丸山薫・田中冬二・立原道造・田中克己・蔵原伸二郎』　丸山薫［ほか著］　新装　中央公論新社　2003.6　434p　21cm〈オンデマンド版　年譜あり〉5300円　Ⓘ4-12-570068-0　Ⓝ911.08

内容 丸山薫：帆・ランプ・鷗, 鶴の葬式, 幼年, 一日集, 物象詩集, 涙した神, 点鐘鳴るところ, 北国, 仙境, 花の芯, 青春不在, 連れ去られた海, 田中冬二：青い夜道, 海の見える石段, 山鴫, 花冷え, 故園の歌, 橡の黄葉, 菽麦集, 山の祭, 春愁, 晩春の日に, 葡萄の女, 立原道造：萱草に寄す, 暁と夕の詩, 優しき歌, 未刊詩篇, 田中克己：詩集西康省, 大陸遠望, 神軍, 南の星, 悲歌, 蔵原伸二郎：東洋の満月, 暦日の鬼, 乾いた道, 岩魚, 詩人の肖像（大岡信著）

『現代詩文庫 田中冬二詩集　1030』　思潮社　1988

目次 詩集〈青い夜道〉から, 詩集〈海の見える石段〉から, 詩集〈山鴫〉から, 詩集〈花冷え〉から, 詩集〈故国の歌〉から, 詩集〈橡の黄葉〉から, 詩集〈菽麦集〉から, 詩集〈山の祭〉から, 詩集〈春愁〉から, 詩集〈山国詩抄〉から, 詩集〈晩春の日に〉から, 詩集〈牡丹の寺〉から, 詩集〈葡萄の女〉から, 詩集〈失われた籍〉から, 詩集〈織女〉から, 詩集〈八十八夜〉から, 詩文集〈妻科の家〉から, 詩文集〈奈良田のほととぎす〉から, 句集〈行人〉他から, 〈拾遺詩篇〉, 詩論, 年譜, 研究（田中冬二論－村野四郎, 田中冬二の世界＝池波正太郎）

『田中冬二全集　第1巻　詩　1』　磯村英樹ほか編集・校訂　筑摩書房　1984.12　375p　21cm〈著者の肖像あり〉3800円　Ⓝ918.68

内容 青い夜道, 海の見える石段, 山鴫, 花冷え, 故園の歌, 橡の黄葉, 菽麦集, 山の祭, 春愁, 山国詩抄, 解説 深沢忠孝著

田辺　聖子
たなべ・せいこ
《1928～》

「古語について」

『田辺聖子全集　15　源氏紙風船・大阪弁ちゃらんぽらんほか』　田辺聖子著　集英社　2005.5　668p　21cm　4700円　Ⓘ4-08-155015-8

内容 源氏物語をめぐる随想と大阪弁を考察するエッセイ。

『やまとことば―美しい日本語を究める』　河出書房新社編集部編　河出書房新社　2003.3　249p　15cm　（河出文庫）750円　Ⓘ4-309-40670-X

内容 私たちが日頃から使っている日本語は、古代の風土が培った「言の葉」と多くの漢語・外来語によって成り立っている。日本語の骨格を形づくり血と精霊が息づく「やまとことば」の謎に迫り、その深い味わいを解く「純日本語」論集。「ことば」で思い考える現代に遙かな示唆を与えてくれる、日本を代表する研究家たちの珠玉のアンソロジー。

『方言』　清水義範編　作品社　1996.8　249p　19cm　（日本の名随筆 別巻66）1800円　Ⓘ4-87893-886-2

内容 篳篥（半村良）, 私の見た大阪及び大阪人抄（谷崎潤一郎）, 方言について（岸田国士）,「槌ツァ」と「九郎治ツァン」は喧嘩して私は用語について煩悶すること（井伏鱒二）, 木挽きのひとり言（水上勉）, よういわんわ―古語について（田辺聖子）ほか

「名を知る風流」

『性分でんねん』　田辺聖子著　筑摩書房　1993.5　321p　15cm　（ちくま文庫）580円　Ⓘ4-480-02740-8　Ⓝ914.6

『性分でんねん』　田辺聖子著　筑摩書房　1989.9　259p　19cm　1230円　Ⓘ4-480-81280-6

内容 あわれにもおかしい人生のさまざまについて、また書物の愉しみについて、豊かな年輪をかさねたお聖さんが、ますます省察を深める。

「欲しがりません勝つまでは 私の終戦まで」

『欲しがりません勝つまでは』　田辺聖子著　ポプラ社　2009.6　315p　15cm（ポプラ文庫）580円　Ⓘ978-4-591-11008-9

内容 戦争という過酷な現実の中で、物語を愛する少女は作家への夢を育んでいた―。多感な少女時代を、戦後を代表する作家・田辺聖子が回想する、自伝的エッセイ。読書歴とともに13歳の頃から書いていた習作を紹介。人気作家の原点がここに。巻末に著

者インタビューを収録。

『欲しがりません勝つまでは―私の終戦まで』 田辺聖子著 ポプラ社 1997.4 302p 19cm （ポプラ・ノンフィクションbooks 2 21） 1200円＋税 ①4-591-03296-5

『欲しがりません勝つまでは―私の終戦まで』 田辺聖子著 新潮社 1981.7 261p 16cm （新潮文庫） 320円 ①4-10-117508-X Ⓝ913.6

谷川 健一
たにがわ・けんいち
《1921～2013》

「渚の民俗学」

『海の夫人』 谷川健一著 河出書房新社 1989.10 187p 21cm 2000円 ①4-309-00592-6

内容 文学と民俗学の間を架橋する会心作。陸と海、現世と他界の接点にスパークする短歌62首。それに響き合う短篇、評論を収録。馬場あき子氏、塚本邦雄氏激賞。衝撃の短歌。

「与那国島の旅」

『谷川健一全集―沖縄・辺境の時間と空間他 沖縄2』 谷川健一著 冨山房インターナショナル 2007.8 514,10p 23×16cm 6500円 ①978-4-902385-45-8

内容 民俗と意識の古層をもつ沖縄諸島。人頭税の苛酷な収奪に耐えてきた先島。

谷川 俊太郎
たにかわ・しゅんたろう
《1931～》

「愛」

『愛について』 谷川俊太郎著，ウィリアム・I.エリオット，川村和夫英訳 鎌倉港の人，新宿書房〔発売〕 2003.5 115p 30×19cm〈本文：日英両文〉 1800円 ①4-88008-286-4

目次 1 空（夕方，谺 ほか），2 地（愛，音たちほか），3 ひと（愛について，月のめぐり ほか），4 人々（背中，初冬 ほか），5 「六十二のソネット」以前（お伽話，ある近代的な壁面のために ほか）

『精選 日本現代詩全集』 ぎょうせい 1982

「黄金の魚」

『子どもたちと谷川俊太郎の作品を読む』 清水左知子著 東洋館出版社 2005.8 184p 21cm 2000円 ①4-491-02109-0

内容 ここにとり上げた作品はいずれも子どもたちに喜ばれたものばかりです。「あいうえおっとせい」は七つ以上のクラスで実践しました。

「思いつめる」

『散文―私は生きるのを好きだった』 谷川俊太郎著 講談社 1998.1 393p 16cm （講談社＋α文庫） 880円 ①4-06-256240-5 Ⓝ914.6

「かなしみ」

『大人になるまでに読みたい15歳の詩 3 なやむ』 蜂飼耳編 ゆまに書房 2013.12 231p 19cm 1500円 ①978-4-8433-4267-1

目次 どうして（かなしみ（谷川俊太郎），やさしい魚（川崎洋） ほか），どうしても（春（宮沢賢治），恋を恋する人（萩原朔太郎） ほか），どうすれば（点火期（杉本真維子），水色（日和聡子） ほか），どうなんだろう（骨（中原中也），我（川路柳虹） ほか），エッセイ 答えなんて、ないんです（蜂飼耳）

『谷川俊太郎』 萩原昌好編 あすなろ書房 2013.8 103p 20×16cm （日本語を味わう名詩入門 19） 1500円 ①978-4-7515-2659-0

内容 すぐれた詩人の名詩を味わい、理解を深めるための名詩入門シリーズです。「二十億光年の孤独」「朝のリレー」「さようなら」など、鮮烈な印象を放つ詩を多数発表している詩人、谷川俊太郎。多彩な作品群の中から厳選した二十三編の詩で、「谷川ワールド」を解き明かします。

『谷川俊太郎詩集』 谷川俊太郎著，ねじめ正一編，中島みゆきエッセイ 角川春樹事務所 1998.6 250p 15cm （ハルキ文庫） 680円 ①4-89456-416-5

内容 人はどこから来て、どこに行くのか。この世界に生きることの不思議を、古びることのない比類なき言葉と、曇りなき眼差しで捉え、生と死、男と女、愛と憎しみ、幼児から老年までの心の位相を、読む者一人一人の胸深く届かせる。初めて発表した詩、時代の詩、言葉遊びの詩、近作の未刊詩篇など、五十冊余の詩集からその精華を選んだ、五十年にわたる詩人・谷川俊太郎のエッセンス。

「昨日今日など」

『散文—私は生きるのを好きだった』 谷川俊太郎著 講談社 1998.1 393p 16cm (講談社+α文庫) 880円 Ⓘ4-06-256240-5 Ⓝ914.6

「今日」

『魂のみなもとへ—詩と哲学のデュオ』 谷川俊太郎, 長谷川宏著 朝日新聞社 2007.5 205p 15cm (朝日文庫) 460円 Ⓘ978-4-02-261534-3

内容 2000篇を超える中から厳選した谷川詩30篇のひとつひとつに長谷川散文を「つける」—。「日常のうちに生きながら、日常を超えたなにものかに向かおうとする」という接点を持つ哲学者と詩人が、「生・老・死」をテーマに、魂のみなもとを探るべく紡ぎだした言葉の二重奏。

『はるかな国からやってきた』 谷川俊太郎詩 童話屋 2003.2 189p 15cm 1250円 Ⓘ4-88747-033-9

目次 傲慢ナル略歴, かなしみ, 地球があんまり荒れる日には, はる, 二十億光年の孤独, 今日, 雲, 地球へのピクニック, 知られぬ者, 心について〔ほか〕

『六十二のソネット』 谷川俊太郎著 講談社 2001.3 143p 15cm (講談社プラスアルファ文庫) 880円 Ⓘ4-06-256501-3

内容 「二十億光年の孤独」につづく、2冊目の詩集がここによみがえる! 自ら「身近なもの」という、「憧れ」「沈黙」「始まり」「心について」「夢」など、62編が息づく。

「言語から文章へ」

『詩を書く—なぜ私は詩をつくるか』 谷川俊太郎著 思潮社 2006.3 222p 18cm (詩の森文庫) 980円 Ⓘ4-7837-1707-9

内容 「何故詩を書くか」と問われて著者は「世界、すなわち言葉とたわむれたいから」と答える。「書くこと」をめぐる6篇、「ことば」をめぐる考察9篇他、さまざまな書き方論6篇を含む論考集。巻末に4氏のゲストエッセイ収録。

『続続・谷川俊太郎詩集』 谷川俊太郎著 思潮社 1993.7 159p 19cm (現代詩文庫 109) 1200円 Ⓘ4-7837-0876-2

目次 詩集〈コカコーラ・レッスン〉から, 詩集〈二十億光年の孤独〉から, 詩集〈六十二のソネット〉から, 少年詩集〈誰もしらない〉から, ひらがな詩集〈みみをすます〉から, 少年詩集〈どきん〉から, 詩集〈日々の地図〉から, 詩集〈タラマイカ偽書残闕〉全篇, 評論・エッセイ(サーカス,「二十億光年の孤独」, 子どもの〈詩〉, 正直に言うと, 言語から文章へ〈抄〉), 作品論(青年の言葉, 詩の匂い), 詩人論(ラモーとぼくの物語, 谷川俊太郎の朝と夜)

『ことばを中心に』 谷川俊太郎著 草思社 1985.5 363p 20cm 1900円 Ⓝ914.6

「ことばあそびうた」

『自選谷川俊太郎詩集』 谷川俊太郎著 岩波書店 2013.1 437p 15cm (岩波文庫) 700円 Ⓘ978-4-00-311921-1

内容 デビュー以来、半世紀を超えて人々に愛されつづけてきた谷川俊太郎(一九三一-)の二千数百におよぶ全詩から、作者自身が一七三篇を精選。わらべうたから実験的な長編詩まで、のびやかで、リズム感あふれる言葉がここちよい谷川俊太郎のエッセンス。

『みんなの谷川俊太郎詩集』 谷川俊太郎著 角川春樹事務所 2010.7 252p 15cm (ハルキ文庫) 680円 Ⓘ978-4-7584-3492-8

内容 初期の作品からことばあそびうた・わらべうた、ノンセンス詩をはじめ、「鉄腕アトム」の歌や幼年・少年少女のつぶやきの詩まで、著者が自分の中の子どもをいまの子どもたちにかさねて詩にした一二九篇を厳選。知らなかったらもったいない文庫オリジナル。

『谷川俊太郎詩集 続』 谷川俊太郎著 思潮社 2002.1 909p 19cm 3800円 Ⓘ4-7837-2316-8

内容 綜合全詩集『谷川俊太郎詩集』正篇以後の、『落首九十九』から、名篇『旅』、青春詩集『うつむく青年』『空に小鳥がいなくなった日』、真骨頂を示す『ことばあそびうた』正続ほか、拾遺、未刊詩篇を収めた丸ごと全詩集900頁の大冊。

『ことばあそびうた』 谷川俊太郎著, 瀬川康男画 福音館書店 1973 23cm 900円 Ⓘ4-8340-0401-5

「十ぴきのねずみ」

『精選 日本現代詩全集』 ぎょうせい 1982

「芝生」

『詩のこころを読む』 茨木のり子著 改版 岩波書店 2009.11 231p 18cm (岩波ジュニア新書) 780円 Ⓘ4-00-500009-6

内容 いい詩には、人の心を解き放ってくれる力があります。また、生きとし生けるものへのいとおしみの感情をやさしく誘いだしてもくれます。この本では、長いあいだ詩を書き、多くの詩を読んできた著者が、心を豊かにしつづけている詩の中から、忘れがたい数々を選びだし、その魅力を情熱をこめて語ります。

『芝生―男声合唱のための』 武満徹作曲, 谷川俊太郎作詞, W.S.マーヴィン訳詞 第4版 日本ショット 2004.6 7p 23×31cm 800円 Ⓘ4-89066-309-6 Ⓝ767.4

『詩のこころを読む』 茨木のり子著 岩波書店 2003.6 220p 18cm (岩波ジュニア新書) 〈第56刷〉 780円 Ⓘ4-00-500009-6

内容 いい詩には、ひとの心を解き放ってくれる力があります。また、生きとし生けるものへのいとおしみの感情をやさしく誘いだしてもくれます。この本では、長いあいだ詩を書き、ひとの詩もたくさんよんできた著者が、心を豊かにしつづけている詩の中から忘れがたい数々を選びだし、その魅力を情熱をこめて語ります。

「死んだ男の残したものは」

『谷川俊太郎詩集 いまぼくに』 谷川俊太郎著, 香月泰男絵, 水内喜久雄選・著 理論社 2005.7 129p 21×15cm (詩と歩こう) 1400円 Ⓘ4-652-03847-X

内容 優しさあふれる言葉で人々を魅了する谷川俊太郎の作品から厳選した30編。子どもたちから大人まで、すべての人に読んでもらいたい…そんな想いをこめて贈ります。

「戦後その精神風景」

『「ん」まであるく』 谷川俊太郎著 思想社 1985.11 254p 20cm 1300円 Ⓝ914.6

「地球へのピクニック」

『谷川俊太郎』 萩原昌好編 あすなろ書房 2013.8 103p 20×16cm (日本語を味わう名詩入門 19) 1500円 Ⓘ978-4-7515-2659-0

内容 すぐれた詩人の名詩を味わい、理解を深めるための名詩入門シリーズです。「二十億光年の孤独」「朝のリレー」「さようなら」など、鮮烈な印象を放つ詩を多数発表している詩人、谷川俊太郎。多彩な作品群の中から厳選した二十三編の詩で、「谷川ワールド」を解き明かします。

『やさしいけしき』 市河紀子選詩, 保手濱拓絵 理論社 2012.4 92p 18×13cm 1400円 Ⓘ978-4-652-07991-1

目次 やさしいけしき (まど・みちお), 春 (安西冬衛), ふるさと (室生犀星), 水はうたいます (まど・みちお), ひばりのす (木下夕爾), 春 (八木重吉), 豚 (八木重吉), うしのこと (東君平), チョウチョウ (まど・みちお), 地球へのピクニック (谷川俊太郎)〔ほか〕

『はるかな国からやってきた』 谷川俊太郎詩 童話屋 2003.2 189p 15cm 1250円 Ⓘ4-88747-033-9

目次 傲慢ナル略歴, かなしみ, 地球があんまり荒れる日には, はる, 二十億光年の孤独, 今日, 雲, 地球へのピクニック, 知られぬ者, 心について〔ほか〕

「二十億光年の孤独」

『二十億光年の孤独―Two Billion Light-Years of Solitude』 谷川俊太郎著, W.I.エリオット, 川村和夫訳 集英社 2008.2 171,80p 15cm (集英社文庫) 〈本文:日英両文〉 476円 Ⓘ978-4-08-746268-5

内容 ひとりの少年が1対1で宇宙と向き合い生まれた、言葉のひとつぶひとつぶ。青春の孤独と未来を見つめ、今なお愛され続ける詩人の原点を英訳付の二カ国語版で初文庫化。著者18歳の時の自筆ノートを (一部)

特別収録。

『谷川俊太郎詩集』 谷川俊太郎著 新版 思潮社 2002.1 775p 20cm 3800円 Ⓘ4-7837-2315-X Ⓝ911.56

内容 二十億光年の孤独, 六十二のソネット, 愛について, 絵本, 愛のパンセ, あなたに,21, 未刊詩篇

『二十億光年の孤独』 谷川俊太郎著 日本図書センター 2000.3 170p 19cm 2200円 Ⓘ4-8205-4076-9

内容 万有引力とはひき合う孤独の力。初刊のデザインの香りをつたえる新しい愛蔵版詩集シリーズ。

「ネロ―愛された小さな犬に」

『谷川俊太郎』 萩原昌好編 あすなろ書房 2013.8 103p 20×16cm （日本語を味わう名詩入門 19） 1500円 Ⓘ978-4-7515-2659-0

内容 すぐれた詩人の名詩を味わい、理解を深めるための名詩入門シリーズです。「二十億光年の孤独」「朝のリレー」「さようなら」など、鮮烈な印象を放つ詩を多数発表している詩人、谷川俊太郎。多彩な作品群の中から厳選した二十三編の詩で、「谷川ワールド」を解き明かします。

『谷川俊太郎詩集 いまぼくに』 谷川俊太郎著, 香月泰男絵, 水内喜久雄選・著 理論社 2005.7 129p 21×15cm （詩と歩こう） 1400円 Ⓘ4-652-03847-X

内容 優しさあふれる言葉で人々を魅了する谷川俊太郎の作品から厳選した30編。子どもたちから大人まで、すべての人に読んでもらいたい…そんな想いをこめて贈ります。

『二十億光年の孤独―詩集』 谷川俊太郎著 日本図書センター 2000.3 170p 20cm 2200円 Ⓘ4-8205-4076-9 Ⓝ911.56

「はる」

『谷川俊太郎』 萩原昌好編 あすなろ書房 2013.8 103p 20×16cm （日本語を味わう名詩入門 19） 1500円 Ⓘ978-4-7515-2659-0

内容 すぐれた詩人の名詩を味わい、理解を深めるための名詩入門シリーズです。「二十億光年の孤独」「朝のリレー」「さようなら」など、鮮烈な印象を放つ詩を多数発表している詩人、谷川俊太郎。多彩な作品群の中から厳選した二十三編の詩で、「谷川ワールド」を解き明かします。

『はるかな国からやってきた』 谷川俊太郎詩 童話屋 2003.2 189p 15cm 1250円 Ⓘ4-88747-033-9

目次 傲慢ナル略歴, かなしみ, 地球があんまり荒れる日には, はる, 二十億光年の孤独, 今日, 雲, 地球へのピクニック, 知られぬ者, 心について〔ほか〕

『谷川俊太郎詩集』 谷川俊太郎著, ねじめ正一編, 中島みゆきエッセイ 角川春樹事務所 1998.6 250p 15cm （ハルキ文庫） 680円 Ⓘ4-89456-416-5

内容 人はどこから来て、どこに行くのか。この世界に生きることの不思議を、古びることのない比類なき言葉と、曇りなき眼差しで捉え、生と死、男と女、愛と憎しみ、幼児から老年までの心の位相を、読む者一人一人の胸深く届かせる。初めて発表した詩、時代の詩、言葉遊びの詩、近作の未刊詩篇など、五十冊余の詩集からその精華を選んだ、五十年にわたる詩人・谷川俊太郎のエッセンス。

『精選 日本現代詩全集』 ぎょうせい 1982

「夕方」

『愛について』 谷川俊太郎著, ウィリアム・I.エリオット, 川村和夫英訳 鎌倉 港の人, 新宿書房〔発売〕 2003.5 115p 30×19cm 〈本文：日英両文〉 1800円 Ⓘ4-88008-286-4

目次 1 空（夕方, 琺 ほか）,2 地（愛, 音たち ほか）,3 ひと（愛について, 月のめぐり ほか）,4 人々（背中, 初冬 ほか）,5 「六十二のソネット」以前（お伽話, ある近代的な壁面のために ほか）

『谷川俊太郎詩集』 谷川俊太郎著 思潮社 2002.1 775p 19cm 3800円 Ⓘ4-7837-2315-X

内容 新鮮な感受性を示した不朽の名詩集『二十億光年の孤独』をはじめ、『六十二のソネット』から『21』にいたる六冊の詩集全篇と、同時期の未刊詩篇を収める。現代詩にゆたかな風を吹きこんだ著者の青春期の全詩業を網羅。

「りんごへの固執」

『これが私の優しさです―谷川俊太郎詩集』 谷川俊太郎著 集英社 1993.1 254p 15cm (集英社文庫) 420円 ①4-08-752035-8

内容 ピンポンをするようにごく自然に詩を書き始めた青年は、やがて「ことばあそびうた」をあそび、自らの声でその詩を語り、透明感あふれる日本語宇宙を広げていった。いつもいちばん新鮮でいちばん懐しい谷川俊太郎の決定版・代表詩選集。

「わたし」

『一夜だけの詩遊び』 谷川俊太郎, 内藤里永子著 メディアファクトリー 2011.10 131p 21cm 1300円 ①978-4-8401-4275-5

内容 「食卓」「魂の記憶」など11のお題で、谷川俊太郎と内藤里永子が自作詩を朗読した一夜の詩遊びを収録。谷川俊太郎の新作「ことばのかくれんぼ」収録。ターシャ・テユーダー翻訳者・内藤里永子、初めての詩集。

谷川 徹三
たにかわ・てつぞう
《1895～1989》

「日記雑話」

『私の人生論 4 谷川徹三』 谷川徹三著 日本ブックエース, 日本図書センター〔発売〕 2010.11 366p 21cm 〈『谷川徹三集』改題書〉 3800円 ①978-4-284-80107-2

目次 感傷と反省(雨の霊魂, 孤独 ほか), 展望(「われ」と「われら」, 読書について ほか), 如何に生きるべきか(如何に生きるべきか, 教養としての文学 ほか), 人間の回復(運命, わが人生観 ほか), 人と宗教(志賀さんの眼, 小林古径追憶 ほか)

谷崎 潤一郎
たにざき・じゅんいちろう
《1886～1965》

「陰翳礼讃」

『陰翳礼讃』 谷崎潤一郎著 KADOKAWA 2014.9 190p 15cm (角川ソフィア文庫) 480円 ①978-4-04-409471-3

内容 日本に西洋文明の波が押し寄せる中、谷崎は陰翳によって生かされる美しさこそ「日本の美」であると説いた。建築を学ぶ者のバイブルとして世界中で読み継がれる表題作に加え、日本の風情をユーモアたっぷりに書く「廁のいろいろ」、言葉の問題をテーマにとった「現代口語文の欠点について」など8編を厳選収録。日々の暮らしの中にある住居、衣服、言葉などをあらためて見つめ、日本文化を問いなおす随筆集。「先人に学ぶ」シリーズ。

『陰翳礼讃・東京をおもう』 谷崎潤一郎著 中央公論新社 2002.1 418p 18cm (中公クラシックス) 〈年譜あり〉 1400円 ①4-12-160023-1 Ⓝ914.6

『陰翳礼讃』 谷崎潤一郎著 改版 中央公論社 1995.9 213p 15cm (中公文庫) 480円 ①4-12-202413-7

目次 陰翳礼讃, 懶惰の説, 恋愛及び色情, 客ぎらい, 旅のいろいろ, 厠のいろいろ

「感覚をみがくこと」

『文章読本』 谷崎潤一郎著 改版 中央公論社 1996.2 236p 16cm (中公文庫) 540円 ①4-12-202535-4 Ⓝ816

『谷崎潤一郎全集 第21巻』 中央公論社 1983.1 520p 20cm 〈著者の肖像あり〉 3000円 Ⓝ918.68

内容 東京をおもふ, 春琴抄後語, 文章読本, 私の貧乏物語, 大阪の芸人, 半袖ものがたり, 厠のいろいろ, 旅のいろいろ, 源氏物語の現代語訳について, 所謂痴呆の芸術について, 客ぎらひ, 雪, 早春雑記, メモランダム, ラヂオ漫談, 春団治のことその他, 老いのくりこと, 創作余談, 明治回顧, 気になること, 文壇昔ばなし, 或る日の問答, にくまれ口

「含蓄について」

『文章読本』 谷崎潤一郎著 改版 中央公論社 1996.2 236p 16cm （中公文庫） 540円 Ⓘ4-12-202535-4 Ⓝ816

『谷崎潤一郎全集 第21巻』 中央公論社 1983.1 520p 20cm〈著者の肖像あり〉 3000円 Ⓝ918.68

内容 東京をおもふ, 春琴抄後語, 文章読本, 私の貧乏物語, 大阪の芸人, 半袖ものがたり, 厠のいろいろ, 旅のいろいろ, 源氏物語の現代語訳について, 所謂痴呆の芸術について, 客ぎらひ, 雪, 早春雑記, メモランダム, ラヂオ漫談, 春団治のことその他, 老いのくりこと, 創作余談, 明治回顧, 気になること, 文壇昔ばなし, 或る日の問答, にくまれ口

「言語と文章」

『文章読本』 谷崎潤一郎著 改版 中央公論社 1996.2 236p 16cm （中公文庫） 540円 Ⓘ4-12-202535-4 Ⓝ816

『谷崎潤一郎全集 第21巻』 中央公論社 1983.1 520p 20cm〈著者の肖像あり〉 3000円 Ⓝ918.68

内容 東京をおもふ, 春琴抄後語, 文章読本, 私の貧乏物語, 大阪の芸人, 半袖ものがたり, 厠のいろいろ, 旅のいろいろ, 源氏物語の現代語訳について, 所謂痴呆の芸術について, 客ぎらひ, 雪, 早春雑記, メモランダム, ラヂオ漫談, 春団治のことその他, 老いのくりこと, 創作余談, 明治回顧, 気になること, 文壇昔ばなし, 或る日の問答, にくまれ口

「細雪」

『細雪―全』 谷崎潤一郎著 中央公論社 1988.1 947p 23cm 5800円 Ⓘ4-12-001633-1 Ⓝ913.6

『細雪』 谷崎潤一郎著 ほるぷ出版 1985.5 3冊 20cm （日本の文学 72～74） Ⓝ913.6

「実用的な文章と芸術的な文章」

『文章読本』 谷崎潤一郎著 改版 中央公論社 1996.2 236p 16cm （中公文庫） 540円 Ⓘ4-12-202535-4 Ⓝ816

『谷崎潤一郎全集 第21巻』 中央公論社 1983.1 520p 20cm〈著者の肖像あり〉 3000円 Ⓝ918.68

内容 東京をおもふ, 春琴抄後語, 文章読本, 私の貧乏物語, 大阪の芸人, 半袖ものがたり, 厠のいろいろ, 旅のいろいろ, 源氏物語の現代語訳について, 所謂痴呆の芸術について, 客ぎらひ, 雪, 早春雑記, メモランダム, ラヂオ漫談, 春団治のことその他, 老いのくりこと, 創作余談, 明治回顧, 気になること, 文壇昔ばなし, 或る日の問答, にくまれ口

「少将滋幹の母」

『少将滋幹の母』 谷崎潤一郎著 中央公論新社 2006.3 201p 15cm （中公文庫） 724円 Ⓘ4-12-204664-5

内容 左大臣時平のおもわれ人となった北の方は年老いた夫や幼い子と引き離され、宮中奥深くに囲われてしまう。母を恋い慕う幼い滋幹は母の情人がしたためた恋文を自らの腕にかくし、母の元に通う。平安文学に材をとった谷崎文学の代表作。小倉遊亀による挿画を完全収載。

『少将滋幹の母』 谷崎潤一郎著 改版 新潮社 2001.3 218p 16cm （新潮文庫） 438円 Ⓘ4-10-100509-5 Ⓝ913.6

『少将滋幹の母』 谷崎潤一郎著 ほるぷ出版 1985.8 387p 図版14枚 20cm （日本の文学 77） Ⓝ913.6

内容 小将滋幹の母, 夢の浮橋, 解説 谷崎文学の母と父 竹西寛子著

「文章とは何か」

『教科書でおぼえた名文』 文春ネスコ編 文春ネスコ, 文藝春秋〔発売〕 2002.8 270p 19cm 1400円 Ⓘ4-89036-163-4

内容 全29人・名文32編を収録。あの日、あの教室で出会った名文がいま甦る！ 昭和二十～五十年代までの小学高学年～中学の国語教科書から再読したい作品を集めた待望の「教科書シリーズ」第二弾。

『文章読本』 谷崎潤一郎著 改版 中央公論社 1996.2 236p 16cm （中公文庫） 540円 Ⓘ4-12-202535-4 Ⓝ816

『谷崎潤一郎全集 第21巻』 中央公論社 1983.1 520p 20cm〈著者の肖像あり〉 3000円 Ⓝ918.68

内容 東京をおもふ, 春琴抄後語, 文章読本, 私の貧乏物語, 大阪の芸人, 半袖ものがたり, 厠のいろいろ, 旅のいろいろ, 源氏物語の現代語訳について, 所謂痴呆の芸術について, 客ぎらひ, 雪, 早春雑記, メモランダム, ラヂ

オ漫談, 春団治のことその他, 老いのくりこと, 創作余談, 明治回顧, 気になること, 文壇昔ばなし, 或る日の問答, にくまれ口

「用語について」

『文章読本』 谷崎潤一郎著 改版 中央公論社 1996.2 236p 16cm (中公文庫) 540円 ①4-12-202535-4 Ⓝ816

『谷崎潤一郎全集 第21巻』 中央公論社 1983.1 520p 20cm〈著者の肖像あり〉3000円 Ⓝ918.68

内容 東京をおもふ, 春琴抄後語, 文章読本, 私の貧乏物語, 大阪の芸人, 半袖ものがたり, 厠のいろいろ, 旅のいろいろ, 源氏物語の現代語訳について, 所謂痴呆の芸術について, 客ぎらひ, 雪, 早春雑記, メモランダム, ラヂオ漫談, 春団治のことその他, 老いのくりこと, 創作余談, 明治回顧, 気になること, 文壇昔ばなし, 或る日の問答, にくまれ口

「吉野葛」

『谷崎潤一郎』 谷崎潤一郎著 筑摩書房 2008.4 477p 15cm (ちくま日本文学 014) 880円 ①978-4-480-42514-0

内容 刺青, 秘密, 母を恋うる記, 友田と松永の話, 吉野葛, 春琴抄, 文章読本抄

『日本的なるものをめぐって』 大岡昇平, 平野謙, 佐々木基一, 埴谷雄高, 花田清輝編 新装版 學藝書林 2004.6 608p 19cm (全集 現代文学の発見 第11巻) 4500円 ①4-87517-069-6

内容 野卑か、絢爛か。「日本的なるもの」のなかに「非近代的な可能性」をとらえ、そして「近代」を超えるために、日本的な美意識を追求した谷崎潤一郎、保田与重郎、小林秀雄ほか、再評価高い秋元松代、広末保らの評論、小説、戯曲、十六篇を収録。

『吉野葛 盲目物語』 谷崎潤一郎著 改版 新潮社 2002.5 310p 16cm (新潮文庫) 514円 ①4-10-100506-0 Ⓝ913.6

田宮 虎彦
たみや・とらひこ
《1911〜1988》

「足摺岬」

『足摺岬―田宮虎彦作品集』 田宮虎彦著 講談社 1999.9 286p 15cm (講談社文芸文庫) 1100円 ①4-06-197679-6

内容 死を決意した学生の「私」が四国で巡り合った老巡礼との邂逅、その無償の好意で救われる表題作「足摺岬」、新聞配達少年との心の通い合いと突然の死を伝える「絵本」、敗北する小藩の命運を書く「落城」、初期秀作「霧の中」他。人間の孤独な心に寄りそった、優しい視線の作品世界。

『ふるさと文学館 第45巻 高知』 木原直彦ほか編 片岡文雄責任編集 ぎょうせい 1993.12 659p 22cm〈監修:水上勉ほか〉6000円 ①4-324-03812-0 Ⓝ918.6

内容 足摺岬 田宮虎彦著 ほか64編, 解説 片岡文雄, 高橋正著

『昭和文学全集 32 中短編小説集』 葉山嘉樹ほか著 小学館 1989.8 1090p 21cm 4120円 ①4-09-568032-6

内容 中短編の筆致に昭和人の哀歓が溢れる69人の傑作。

「絵本」

『足摺岬―田宮虎彦作品集』 田宮虎彦著 講談社 1999.9 286p 15cm (講談社文芸文庫) 1100円 ①4-06-197679-6

内容 死を決意した学生の「私」が四国で巡り合った老巡礼との邂逅、その無償の好意で救われる表題作「足摺岬」、新聞配達少年との心の通い合いと突然の死を伝える「絵本」、敗北する小藩の命運を書く「落城」、初期秀作「霧の中」他。人間の孤独な心に寄りそった、優しい視線の作品世界。

『足摺岬・絵本』 田宮虎彦著 金の星社 1985.10 290p 20cm (日本の文学 33) 900円 ①4-323-00813-9

内容 落城, 足摺岬, 絵本, 幼女の声, 童話, 沖縄の手記から(抄)

『落城・足摺岬』 田宮虎彦著 新座 埼玉福祉会 1982.3 244p 31cm

（Large print booksシリーズ）〈部分タイトル：足摺岬　原本：新潮社刊新潮文庫　限定版〉4900円　Ⓝ913.6

内容 落城, 末期の水, 天路遍歴, 土佐日記, 絵本, 足摺岬, 解説 石塚友二著

田村　隆一
たむら・りゅういち
《1923～1998》

「木」

『Lyric Jungle―よむ詩かく詩』 平居謙, 山村由紀責任編集　西宮　草原詩社, 星雲社〔発売〕　2006.12　119p　21cm　800円　①4-434-08531-X

目次 近代詩じゃんぐる りりじゃん的田村隆一（夕暮、小鳥、女、猫、木、血、天使、雪。, 田村への手がかり, ヴァンパイア詩人田村隆一, 田村隆一に関する私の告白と少しの批評, 田村隆一と谷川俊太郎 ほか）, 詩（古道をふりかえり（竹内敏喜）, 暗記脳味噌（浜田裕子）, 風の島（木澤豊）, 穢土（網野杏子）, Four poems（谷口 - Izzy - 慎次） ほか）, 亞熱帯書評, 荒川洋治を読む らいおんSTYLE探検隊11―『坑夫トッチルは電気をつけた』

『田村隆一全詩集』 思潮社　2000

『花と木のうた』 川崎洋編, 東逸子絵　岩崎書店　1997.4　101p　20×16cm（あなたにおくる世界の名詩 6）1600円　①4-265-04076-4

内容 旧約聖書からビートルズ、さらに新しい詩まで文字通り古今東西の名詩を集めた珠玉のアンソロジー。教科書の詩も多数収録しています。一流画家による絵も合わせてお楽しみ下さい。

「帰途」

『言葉なんかおぼえるんじゃなかった―詩人からの伝言』 田村隆一語り, 長薗安浩文　筑摩書房　2014.11　326p　15cm（ちくま文庫）880円　①978-4-480-43221-6

内容 戦後日本を代表する詩人・田村隆一。型破りなダンディズムで知られる田村隆一が晩年に鎌倉の自宅で若い読者に向けて語った珠玉のメッセージ。「人類そのものが愚かなものだと自覚できる人が利口。できない人がバカ」「別れは高くつくんだよ」「嘘を人生の潤滑油に」など心に響く名言の数々。聞き手は作家の長薗安浩。代表的詩25篇、年譜、刊行時に行った俳優・山崎努との対談も収録。

『田村隆一全詩集』 思潮社　2000

『ぼくの人生案内』 田村隆一著　小学館　1998.2　221p　19cm　1500円　①4-09-387249-X

内容 面白くて、哀しくて、やっぱりオカシイ「人生」のエッセンスが満載！ 人生の達人・田村隆一が、未熟者の悩みに答えて語る、田村流「人生作法」。

「幻を見る人」

『田村隆一全詩集』 思潮社　2000

「見えない木」

『田村隆一全詩集』 思潮社　2000

「四千の日と夜」

『田村隆一全集　1』 田村隆一著　河出書房新社　2010.10　493p　21cm　4500円　①978-4-309-70981-9

内容「荒地」からまっすぐ天空へ、さらに遥か大海へ、隠された光りと声を再発見する言葉の壮大な試み。戦後の焦土に刻まれた鮮烈な第一歩。歿後十二年（十三回忌）を迎え、ますます輝きを増す詩人・田村隆一待望の全集、第一巻ついに刊行。

『田村隆一全詩集』 思潮社　2000

『腐敗性物質』 田村隆一著　講談社　1997.4　266p　15cm（講談社文芸文庫）910円　①4-06-197563-3

内容 現代文明への鋭い危機意識を二十三の詩に結晶化させて戦後の出発を告げた第一詩集『四千の日と夜』完全収録。『言葉のない世界』『奴隷の歓び』表題詩「腐敗性物質」他戦後詩を代表する詩人田村隆一の文庫版自撰詩集。

田山　花袋
たやま・かたい
《1871～1930》

「田舎教師」

『田舎教師』 田山花袋著　改版　新潮社

2013.6　352p　16cm　（新潮文庫 た-8-2）520円　Ⓘ978-4-10-107902-8　Ⓝ913.6

『童貞小説集』　小谷野敦編　筑摩書房　2007.9　414p　15cm　（ちくま文庫）　900円　Ⓘ978-4-480-42366-5　Ⓝ913.68

内容 炎に追われて 三木卓著, お目出たき人（抄） 武者小路実篤著, 平凡（抄） 二葉亭四迷著, アミエルの日記（抄） フレデリック・アミエル著, 小春日和 アースキン・コールドウェル著, 苺の季節 アースキン・コールドウェル著, 濁った頭 志賀直哉著, 田舎教師（抄） 田山花袋著, 夜のかけら（抄） 藤堂志津子著

『定本 花袋全集　第2巻』　田山花袋著, 定本花袋全集刊行会編　〔復刻版〕　京都　臨川書店　1993.5　752p　19cm　7800円　Ⓘ4-653-02543-6

内容 旧全集の作品に加え、大正期の長篇小説を中心に評論・詩歌・紀行文など多様な作品を収録し、浪慢主義から自然主義、そして理想主義へと傾倒していく軌跡を丹念に辿る。従来の花袋像を解き放ち、その巨大な全貌を明らかにする初の決定版全集。

『田舎教師』　田山花袋著　ほるぷ出版　1985.8　513p　20cm　（日本の文学 18）〈折り込図1枚〉Ⓝ913.6

俵　万智
たわら・まち
《1962～》

「愛の消印」

『恋文』　荒木とよひさ, 俵万智著　主婦と生活社　2003.5　150p　19cm　1300円　Ⓘ4-391-12800-4

目次 春―追いかけてゆく風, 夏―線香花火, 秋―愛の消印, 冬―夢の中

『よつ葉のエッセイ』　俵万智著　河出書房新社　1989.7　257p　19cm　1010円　Ⓘ4-309-00579-9

内容 生きている私 歌を作る私 その私を見ている私 日記の中の私 それらは、クローバーの葉の1枚1枚のようにそれぞれの顔をしていながらとても自然につながっている。初のエッセイ集。聴こえますか？ 等身大のメッセージ。

近松　門左衛門
ちかまつ・もんざえもん
《1653～1724》

「女殺油地獄」

『現代語訳 曾根崎心中』　近松門左衛門著, 高野正巳, 宇野信夫, 田中澄江, 飯沢匡訳　河出書房新社　2008.1　467p　15cm　（河出文庫）860円　Ⓘ978-4-309-40886-6

内容 愛し合いながらも金や他人に翻弄され一緒になれず、死を選んだお初と徳兵衛。元禄・大坂で起きた実話を元に描かれ、心中を社会現象までにした歴史的作品「曾根崎心中」。他「冥途の飛脚」など、優れた洞察力と美しい日本語で、当時から「作者の氏神」との呼び声高い近松門左衛門の傑作六篇を収録。舞台を知る役者たちが近松の詞を現代に甦らせる。

『21世紀によむ日本の古典　16　近松門左衛門集』　西本鶏介監修, 諏訪春雄著, 宮本能成絵　ポプラ社　2002.4　213p　21cm　1400円　Ⓘ4-591-07141-3

目次 出世景清（景清の仇討ち, 京の妻阿古屋ほか）, 丹波与作（親子の再会, 小万と与作ほか）, 国性爺合戦（大明での戦争, 和藤内、唐へわたる ほか）, 女殺油地獄（野崎での騒動, 親子の縁切り ほか）

『新編日本古典文学全集　74　近松門左衛門集　1』　鳥越文蔵ほか校注・訳　小学館　1997.3　588p　23cm　Ⓘ4-09-658074-0　Ⓝ918

内容 おなつ清十郎五十年忌歌念仏, 淀鯉出世滝徳, 忠兵衛梅川冥途の飛脚, 博多小女郎波枕, 女殺油地獄, 源五兵衛おまん薩摩歌, 丹波与作待夜のこむろぶし, 夕霧阿波鳴渡, 長町女腹切, 山崎与次兵衛寿の門松, 解説, 付：略年譜

『女殺油地獄・出世景清』　近松門左衛門作, 藤村作校訂　岩波書店　1992.9　112p　15cm　（岩波文庫）〈第5刷（第1刷：1938年）〉310円　Ⓘ4-00-302113-4　Ⓝ912.4

「国性爺合戦」

『現代語訳 曾根崎心中』 近松門左衛門著, 高野正巳, 宇野信夫, 田中澄江, 飯沢匡訳 河出書房新社 2008.1 467p 15cm (河出文庫) 860円 ①978-4-309-40886-6

内容 愛し合いながらも金や他人に翻弄され一緒になれず、死を選んだお初と徳兵衛。元禄・大坂で起きた実話を元に描かれ、心中を社会現象までにした歴史的作品「曾根崎心中」。他「冥途の飛脚」など、優れた洞察力と美しい日本語で、当時から「作者の氏神」との呼び声高い近松門左衛門の傑作六篇を収録。舞台を知る役者たちが近松の詞を現代に甦らせる。

『21世紀によむ日本の古典 16 近松門左衛門集』 西本鶏介監修, 諏訪春雄著, 宮本能成絵 ポプラ社 2002.4 213p 21cm 1400円 ①4-591-07141-3

目次 出世景清(景清の仇討ち, 京の妻阿古屋 ほか), 丹波与作(親子の再会, 小万と与作 ほか), 国性爺合戦(大明での戦争, 和藤内、唐へわたる ほか), 女殺油地獄(野崎での騒動, 親子の縁切り ほか)

『近松門左衛門集 3』 鳥越文蔵, 山根為雄, 長友千代治, 大橋正叔, 阪口弘之校注・訳 小学館 2000.10 574p 21cm (新編 日本古典文学全集 76) 4657円 ①4-09-658076-7

内容 多彩な趣向と波瀾に富んだ展開で、情と義が相克する人間の悲劇を描ききった傑作群。竹本義太夫との提携で新浄瑠璃の誕生を告げた「出世景清」、三年越し十七か月の長期興行という大当り作「国性爺合戦」など、近松時代物の代表作六編を収録。

「心中天の網島」

『現代語訳 曾根崎心中』 近松門左衛門著, 高野正巳, 宇野信夫, 田中澄江, 飯沢匡訳 河出書房新社 2008.1 467p 15cm (河出文庫) 860円 ①978-4-309-40886-6

内容 愛し合いながらも金や他人に翻弄され一緒になれず、死を選んだお初と徳兵衛。元禄・大坂で起きた実話を元に描かれ、心中を社会現象までにした歴史的作品「曾根崎心中」。他「冥途の飛脚」など、優れた洞察力と美しい日本語で、当時から「作者の氏神」との呼び声高い近松門左衛門の傑作六篇を収録。舞台を知る役者たちが近松の詞を現代に甦らせる。

『曽根崎心中 冥途の飛脚 心中天の網島―現代語訳付き』 近松門左衛門著, 諏訪春雄訳注 角川学芸出版, 角川グループパブリッシング〔発売〕 2007.3 302p 15cm (角川ソフィア文庫) 743円 ①978-4-04-401103-1

内容 徳兵衛とお初(曽根崎心中)、忠兵衛と梅川(冥途の飛脚)、治兵衛と小春(心中天の網島)。恋仲になった男と女たち。女はいずれも苦界に堕ちた遊女。男は女を救いたい。募る恋情、行く手を阻む浮き世のしがらみ、義理、人情。追い詰められた二人を待ち受ける運命とは…。元禄16年の大坂で実際に起きた心中事件を材にとった「曽根崎心中」ほか、極限の男女を描いた近松門左衛門の世話物浄瑠璃の傑作三編を所収。「あらすじ」付きで読みやすい現代語訳付き。

『近松門左衛門集 2』 鳥越文蔵, 山根為雄, 長友千代治, 大橋正叔, 阪口弘之校注・訳 小学館 1998.5 669p 21cm (新編 日本古典文学全集 75) 4657円 ①4-09-658075-9

目次 曽根崎心中, 心中二枚絵草紙, 与兵衛・おかめ・ひぢりめん 卯月紅葉, 跡追心中 卯月の潤色, 心中重井筒, 高野山女人堂 心中万年草, 心中刃は氷の朔日, 二郎兵衛・おきさ今宮の心中, 嘉平次・おさが 生玉心中, 紙屋治兵衛・きいの国や小はる 心中天の網島, 心中宵庚申, 堀川波鼓, 大経師昔暦, 鑓の権三重帷子

「曾根崎心中」

『現代語訳 曾根崎心中』 近松門左衛門著, 高野正巳, 宇野信夫, 田中澄江, 飯沢匡訳 河出書房新社 2008.1 467p 15cm (河出文庫) 860円 ①978-4-309-40886-6

内容 愛し合いながらも金や他人に翻弄され一緒になれず、死を選んだお初と徳兵衛。元禄・大坂で起きた実話を元に描かれ、心中を社会現象までにした歴史的作品「曾根崎心中」。他「冥途の飛脚」など、優れた洞察力と美しい日本語で、当時から「作者の氏神」との呼び声高い近松門左衛門の傑作六篇を収録。舞台を知る役者たちが近松の詞を現代に甦らせる。

『曽根崎心中 冥途の飛脚 心中天の網島―現代語訳付き』 近松門左衛門著, 諏訪

春雄訳注　角川学芸出版, 角川グループパブリッシング〔発売〕　2007.3　302p　15cm　（角川ソフィア文庫）743円　①978-4-04-401103-1

内容 徳兵衛とお初（曽根崎心中）、忠兵衛と梅川（冥途の飛脚）、治兵衛と小春（心中天の網島）。恋仲になった男と女たち。女はいずれも苦界に堕ちた遊女。男は女を救いたい。募る恋情、行く手を阻む浮き世のしがらみ、義理、人情。追い詰められた二人を待ち受ける運命とは…。元禄16年の大坂で実際に起きた心中事件を材にとった「曽根崎心中」ほか、極限の男女を描いた近松門左衛門の世話物浄瑠璃の傑作三編を所収。「あらすじ」付きで読みやすい現代語訳付き。

『曽根崎心中・冥途の飛脚 他五篇』 近松門左衛門作, 祐田善雄校注　岩波書店　2005.6　384p　19cm　（ワイド版岩波文庫）1300円　①4-00-007135-1

内容 大坂は曾根崎の森で実際にあった心中事件に材を取った「曾根崎心中」、数々の名文句でも知られる梅川・忠兵衛の「冥途の飛脚」ほか、「卯月紅葉」「堀川波鼓」「心中重井筒」「丹波与作待夜の小室節」「心中万年草」と近松世話浄瑠璃の傑作七篇を収めた。いずれも舞台の動きが充分に理解できるよう脚注等に工夫がこらされている。

『近松門左衛門集　2』 鳥越文蔵, 山根為雄, 長友千代治, 大橋正叔, 阪口弘之校注・訳　小学館　1998.5　669p　21cm　（新編 日本古典文学全集 75）4657円　①4-09-658075-9

目次 曽根崎心中, 心中二枚絵草紙, 与兵衛・おかめ・ひぢりめん 卯月紅葉, 跡追心中 卯月の潤色, 心中重井筒, 高野山女人堂 心中万年草, 心中刃は氷の朔日, 二郎兵衛・おきさ今宮の心中, 嘉平次・おさが 生玉心中, 紙屋治兵衛・きいの国や小はる 心中天の網島, 心中宵庚申, 堀川波鼓, 大経師昔暦, 鑓の権三重帷子

「丹波与作待夜の小室節」

『曽根崎心中・冥途の飛脚 他五篇』 近松門左衛門作, 祐田善雄校注　岩波書店　2005.6　384p　19cm　（ワイド版岩波文庫）1300円　①4-00-007135-1

内容 大坂は曾根崎の森で実際にあった心中事件に材を取った「曾根崎心中」、数々の名文句でも知られる梅川・忠兵衛の「冥途の飛脚」ほか、「卯月紅葉」「堀川波鼓」「心中重井筒」「丹波与作待夜の小室節」「心中万年草」と近松世話浄瑠璃の傑作七篇を収めた。いずれも舞台の動きが充分に理解できるよう脚注等に工夫がこらされている。

『曽根崎心中・冥途の飛脚 他五篇』 近松門左衛門作, 祐田善雄校注　岩波書店　2002.4　384p　15cm　（岩波文庫）〈第35刷〉760円　①4-00-302111-8

内容 大坂は曽根崎の森で実際にあった心中事件に材を取った「曽根崎心中」、数々の名文句でも知られる梅川・忠兵衛の「冥途の飛脚」のほか、「卯月紅葉」「堀川波鼓」「心中重井筒」「丹波与作待夜の小室節」「心中万年草」と近松世話浄瑠璃中の傑作7篇を収めた。いずれも舞台の動きが充分に理解できるよう脚注等に工夫がこらされている。

『新日本古典文学大系　91　近松浄瑠璃集　上』 佐竹昭広ほか編　松崎仁ほか校注　岩波書店　1993.9　549p　22cm　4000円　①4-00-240091-3　Ⓝ918

内容 世継曽我, せみ丸, 曽根崎心中, 丹波与作待夜の小室節, 百合若大臣野守鏡, 碁盤太平記, 今宮の心中, 大職冠, 天神記, 解説 松崎仁, 原道生著

「冥途の飛脚」

『現代語訳 曾根崎心中』 近松門左衛門著, 高野正巳, 宇野信夫, 田中澄江, 飯沢匡訳　河出書房新社　2008.1　467p　15cm　（河出文庫）860円　①978-4-309-40886-6

内容 愛し合いながらも金や他人に翻弄され一緒になれず、死を選んだお初と徳兵衛。元禄・大坂で起きた実話を元に描かれ、心中を社会現象までにした歴史的作品「曾根崎心中」。他「冥途の飛脚」など、優れた洞察力と美しい日本語で、当時から「作者の氏神」との呼び声高い近松門左衛門の傑作六篇を収録。舞台を知る役者たちが近松の詞を現代に甦らせる。

『曽根崎心中 冥途の飛脚 心中天の網島―現代語訳付き』 近松門左衛門著, 諏訪春雄訳注　角川学芸出版, 角川グループパブリッシング〔発売〕　2007.3　302p　15cm　（角川ソフィア文庫）743円　①978-4-04-401103-1

内容 徳兵衛とお初（曽根崎心中）、忠兵衛と梅川（冥途の飛脚）、治兵衛と小春（心中天の網島）。恋仲になった男と女たち。女は

いずれも苦界に堕ちた遊女。男は女を救いたい。募る恋情、行く手を阻む浮き世のしがらみ、義理、人情。追い詰められた二人を待ち受ける運命とは…。元禄16年の大坂で実際に起きた心中事件を材にとった「曽根崎心中」ほか、極限の男女を描いた近松門左衛門の世話物浄瑠璃の傑作三編を所収。「あらすじ」付きで読みやすい現代語訳付き。

『曽根崎心中・冥途の飛脚 他五篇』 近松門左衛門作，祐田善雄校注 岩波書店 2002.4 384p 15cm （岩波文庫）〈第35刷〉 760円 ①4-00-302111-8

内容 大坂は曽根崎の森で実際にあった心中事件に材を取った「曽根崎心中」、数々の名文句でも知られる梅川・忠兵衛の「冥途の飛脚」のほか、「卯月紅葉」「堀川波鼓」「心中重井筒」「丹波与作待夜の小室節」「心中万年草」と近松世話浄瑠璃中の傑作7篇を収めた。いずれも舞台の動きが充分に理解できるよう脚注等に工夫がこらされている。

知里 幸恵
ちり・ゆきえ
《1903〜1922》

「かえるが自らを歌った謡（アイヌ神謡集より）」

『アイヌ神謡集』 知里幸恵編訳 岩波書店 2009.12 187p 19cm （ワイド版岩波文庫） 900円 ①978-4-00-007317-2

内容 「銀の滴降る降るまわりに、金の滴降る降るまわりに」―詩才を惜しまれながらわずか一九歳で世を去った知里幸恵。このアイヌの一少女が、アイヌ民族のあいだで口伝えに謡い継がれてきたユーカラの中から神謡一三篇を選び、ローマ字で音を起し、それに平易で洗練された日本語訳を付して編んだのが本書である。

『アイヌ神謡集』 知里幸恵編 登別 知里真志保を語る会 2002.7 125,4,25p 17cm〈郷土研究社大正12年刊の複製に増補したもの〉 Ⓝ388.11

辻 邦生
つじ・くにお
《1925〜1999》

「蛙」

『辻邦生全集 2 異国から 他』 辻邦生著 新潮社 2004.7 421p 23×16cm 7000円 ①4-10-646902-2

内容 西欧の風光から啓示を受け、堰を切って奔出した初期短篇小説群22篇。

『遠い園生』 辻邦生著 阿部出版 1990.11 321p 19cm （辻邦生精選短篇シリーズ 第3集） 1300円 ①4-87242-009-8

内容 秋の朝、光のなかで，城，円形劇場から，蛙，北の岬，橋，洪水の終り，遠い園生〈そのふ〉

『辻邦生 全短篇 1』 辻邦生著 中央公論社 1986.4 484p 15cm （中公文庫） 580円 ①4-12-201315-1 Ⓝ913.6

内容 記念的処女作から香気高い近作まで短篇小説のすべてをその制作順に編集し、併せて執筆時の日記を収録、辻邦生文学の美の全貌を明示する。第1巻は「洪水の終り」まで。

「幸福について」

『辻邦生全集 第17巻 エッセー2』 辻邦生著 新潮社 2005.10 405p 21cm 7000円 ①4-10-646917-0

内容 旅へ。詩へ。どこにいても想像力さえあれば最高の楽しさが味わえる。美しい夏の行方ほか、旅のエッセー。

『海』 辻邦生編 作品社 1987.6 254p 19cm （日本の名随筆 56） 1200円 ①4-87893-956-7

目次 海の思想（矢内原伊作），海の想い（福永武彦），海の破片（池沢夏樹），海潮の響（吉江喬松），海と僕（堀口大学），私の海（谷口俊太郎），人魚の進化（渋沢龍彦），海の花（大庭みな子），海の薔薇（吉行理恵），思い出の海（小川国夫），真夏の日本海（中谷宇吉郎），海を見たことのない少年（立松和平），海（網野菊），帆（三木卓），遭難（阿刀田高），海浜秋色（阿部昭），筑前・鐘崎の海士（森崎和江），潮どき（石牟礼道子），湯河原沖（井伏鱒二），「海」（太田愛人），嵐の岬（竹西寛子），「港の別れ唄」（井上ひさし），海のみえる部屋（遠藤周作), 船酔いの記(黒井千次), 黄昏の地中海(永井荷風), 海辺にて(大仏次郎), 海からの風 ケニア(西江雅之), アフリカ沖にマグロを追う(北杜夫), 夢海航路 抄(藤原新也), ソドムの海(大原富枝), 破片E 海は海人のように(赤江瀑), 波(串田孫一), 藻の海と密林(吉田健一), 海辺の墓地から(辻邦生)

「遠い園生」

『辻邦生全集 8』 辻邦生著 新潮社 2005.1 461p 23×16cm 7000円 ①4-10-646908-1

内容 海と船への憧憬に充ちた長篇、絵画から喚起された24の短い物語ほか。

『遠い園生』 辻邦生著 阿部出版 1990.11 321p 19cm (辻邦生精選短篇シリーズ 第3集) 1300円 ①4-87242-009-8

内容 秋の朝、光のなかで, 城, 円形劇場から, 蛙, 北の岬, 橋, 洪水の終り, 遠い園生〈そのふ〉

『辻邦生 全短篇 2』 辻邦生著 中央公論社 1986.6 450p 15cm (中公文庫) 560円 ①4-12-201331-3

内容 辻文学の美の全貌。—第2巻は1968年の「叢林の果て」から最近作までの短篇と、ラジオドラマ脚本、童話、執筆時の日記を収録し、『西欧の光の下』と総称される壮大な作品群を形づくる。

「森の中の思索から」

『辻邦生全集 第17巻 エッセー2』 辻邦生著 新潮社 2005.10 405p 21cm 7000円 ①4-10-646917-0

内容 旅へ。詩へ。どこにいても想像力さえあれば最高の楽しさが味わえる。美しい夏の行方ほか、旅のエッセー。

辻 仁成
つじ・ひとなり
《1959～》

「ミラクル」

『ミラクル』 辻仁成著, 望月通陽絵 新潮社 1997.8 169p 15cm (新潮文庫) 362円 ①4-10-136124-X

内容 僕の名前はアル。ジャズピアニストのパパと南へ向かって旅を続けている。僕はママを知らない。だけど、きっとどこかにいる。いつもどこでも僕はママを探しているんだ—。大人になってなくしてしまったものをもういちど見つめてみませんか? すっかり大人になってしまった、かつての子供たちへ贈る、愛しくせつない物語。あたたかな文と絵でお届けする、優しい気持ちになれる一冊。

『ミラクル』 辻仁成文, 望月通陽絵 講談社 1993.11 142p 21cm 1500円 ①4-06-206629-7

内容 すっかり大人になってしまったあなたに贈る、嘗ての子供達への童話。

辻 征夫
つじ・ゆきお
《1939～2000》

「棒論」

『教科書の詩をよみかえす』 川崎洋著 筑摩書房 2011.3 214p 15cm (ちくま文庫) 580円 ①978-4-480-42802-8

内容 もっと自由に、もっと楽しく。堅苦しい先入観を捨てて向き合ってみよう。教科書から選び抜かれた31篇の詩たちが、言葉の翼をひろげて待っている。

『教科書の詩をよみかえす』 川崎洋著 筑摩書房 1993.9 208p 19cm (ちくまプリマーブックス) 1200円 ①4-480-04175-3

内容 ちょっと違った気持ちで向き合えば、気づかなかった味わい、思いがけないイメージの広がりが、あの詩から生まれてくるかもしれない。もっと自由に、もっと楽しくつきあう教科書から選んだ31篇の詩。

『現代詩文庫 辻征夫詩集 78』 思潮社 1982

「落日—対話篇」

『辻征夫詩集』 辻征夫著, 清水哲男編 芸林書房 2003.4 128p 15cm (芸林21世紀文庫) 1000円 ①4-7681-6112-X

目次 学校の思い出, いまは吟遊詩人, 隅田川まで, 落日, 俳諧辻詩集

『現代詩文庫 辻征夫詩集 78』 思潮社

1982

津島　佑子
つしま・ゆうこ
《1947～》

「忘れられない場面」

『小説のなかの風景』　津島佑子著　中央公論社　1982.6　244p　20cm　1300円　Ⓝ914.6

土屋　清
つちや・きよし
《1910～1987》

「新聞の指導性」

『土屋清著作拾遺』　土屋清追悼集編集委員会編　土屋清追悼集刊行委員会　1988.3　277p　20cm　Ⓝ041

内容 論集 われ等のユートピア（前半の一部のみ抜粋） イタリアにおけるファッシズム運動, 現代ジャーナリズムの使命, 新聞の指導性,『計画経済理論』訳者あとがき, インフレ不感症は危険, インフレ危機に対処せよ, わが読書遍歴, 米国資本主義の前途,EEC, 日本の百年, 二十一世紀は「日本の世紀」か, 戦争経済の中で, トフラーの投げかけるもの, リベラリズム, 準戦時下の中央公論, 中流意識, 内需拡大は中長期的課題, 追憶 海南博士と山際総裁 ほか, 著作目録：p271～273

筒井　康隆
つつい・やすたか
《1934～》

「カラス」

『くたばれPTA』　筒井康隆著　新潮社　1986.10　238p　15cm　（新潮文庫）　320円　①4-10-117119-X

内容 マスコミ、主婦連、PTAから極悪非道の大悪人と烙印を押されたSFマンガ家のとる道は？「くたばれPTA」。一卵性双生児の弟が、自分の恋人を奪った兄に奇想天外な方法で復讐する「かゆみの限界」。夜ごと10億の男たちと交わる処女「20000トンの精液」。ほかに「ナポレオン対チャイコフスキー世紀の決戦」「女権国家の繁栄と崩壊」など、文庫初収録の短編、ショート・ショート全24編。

「モア」

『筒井康隆全集　第18巻』　新潮社　1984.9

『私説博物誌』　筒井康隆著　新潮社　1980.5　314p　15cm　（新潮文庫）320円　Ⓝ914.6

壺井　栄
つぼい・さかえ
《1900～1967》

「伊勢の的矢の日和山」

『壺井栄全集　6』　壺井栄著　文泉堂出版　1998.4　522p　21cm　9524円　①4-8310-0052-3

内容 南天の雪, お千久さんの夢, 養子の縁, 歌, 風, 空, 花, 伊勢の的矢の日和山, まずはめでたや, 鶏や卵や, 裾野は暮れて, 極楽横丁, 花の顔, 旅路, 野あざみ, 感傷, 紺と黄のいろどり, 糸車, チュウリップの幻想, 福寿草, 寒椿, シネラリヤ, ねこやなぎ, 沈丁花, すみれ, 矢車草, むらさきつゆくさ, 山の宿, やまほととぎす, われもこう, やぶかんどう, オリーブ, 南天, ひなぎく, 水仙, スイートピー, カーネーション, あんず, あさがお, こでまり, 月見草, 松葉牡丹, 小さな花の物語

「二十四の瞳」

『二十四の瞳』　壺井栄著　講談社　2009.3　315p　19cm　（21世紀版少年少女日本文学館 11）1400円　①978-4-06-282661-7

内容 瀬戸内の小さな島の分教書。ここに赴任した、「おなご先生」が出会ったのは、十二人の子どもたちだった。戦争へと向かう激動の時代を背景に、先生と子どもたち、それぞれの人生をあたたかな目で描き、映画化もされ、人々に感動を呼びつづけてきた壷井栄の代表作と、広島の原爆にふれた「石臼の歌」を収録。

『二十四の瞳』　壺井栄著　改版, 新装版　角川書店, 角川グループパブリッシング

〔発売〕　2007.6　249p　15cm　（角川文庫）324円　Ⓘ978-4-04-111311-0

内容 昭和のはじめ、瀬戸内海べりの一寒村の小学校に赴任したばかりの大石先生と、個性豊かな12人の教え子たちによる、人情味あふれる物語。分教場でのふれあいを通じて絆を深めていった新米教師と子どもたちだったが、戦争の渦に巻き込まれながら、彼らの運命は大きく変えられてしまう…。戦争がもたらす不幸と悲劇、そして貧しい者がいつも虐げられることに対する厳しい怒りを訴えた不朽の名作。

『二十四の瞳』　壺井栄著　2刷　ポプラ社　2005.11　278p　18cm　（ポプラポケット文庫）660円　Ⓘ4-591-08865-0

内容 著者の文学の特徴としてまずあげられるのは、貧しい人びとや不幸な運命の人たちと、悲しみとよろこびをともにしながら、明るい世界をもとめていこうという姿勢だといえましょう。また、例外はありますが、子どもが読んでもおとなが読んでも、ともに楽しめるという特徴もあり、本書などは、そのよい例といえます。

壺井　繁治
つぼい・しげじ
《1897～1975》

「掌の中の卵」

『壺井繁治全集　1』　青磁社　1988

「向日葵」

『壺井繁治全集　1』　青磁社　1988

坪井　忠二
つぼい・ちゅうじ
《1902～1982》

「親切な表現」

『私の文章修業』　週刊朝日編　朝日新聞社　1984.2　276p　19cm　（朝日選書247）920円　Ⓝ816

「私の文章修業」

『私の文章修業』　週刊朝日編　朝日新聞社　1984.2　276p　19cm　（朝日選書247）920円　Ⓝ816

坪内　逍遥
つぼうち・しょうよう
《1859～1935》

「小説の主眼」

『坪内逍遙集』　筑摩書房　2013.1　424p　21cm　（明治文學全集 16）7500円　Ⓘ978-4-480-10316-1

目次 小説神髓, 一讀三歎當世書生氣質, 新磨妹と背かゞみ, 發蒙攪眠清治湯講釋, 諷誡京わらんべ, 文界名所底知らずの湖, 歴史小説につきて, 歴史小説の尊嚴, 我が國の史劇, 夢幻劇の弊を論ず, 三たび夢幻劇を論ず, 且元最期沓手鳥孤城落月, 新樂劇論（抄）, お夏狂らん, 坪内逍遙先生の文學革新の意義を概論す（柳田泉）, 坪内逍遙（中村眞一郎）, 劇作家及び劇論家としての坪内博士（中村吉藏）, 人間逍遙（河竹繁俊）, 解題（稲垣達郎）, 年譜（清水茂編）, 參考文獻（畑實編）

『小説神髄』　坪内逍遥著　改版　岩波書店　2010.6　276p　15cm　（岩波文庫）560円　Ⓘ978-4-00-310041-7

内容 「小説の主脳は人情なり、世態風俗これに次ぐ」小説を書くために、まず小説とは何かを知らなければならなかった時代。江戸戯作に親しみ西洋文学を渉猟した若き文学士逍遥（1859‐1935）が明治の世に問うた、日本近代文学史の黎明に名を刻む最初の体系的文学論。他に、初期評論5篇を収録。

『短編名作選―1885-1924 小説の曙』　平林文雄ほか編　笠間書院　2003.4　299p　21cm〈年表あり〉1400円　Ⓘ4-305-00208-6　Ⓝ913.68

内容 小説の主眼（坪内逍遥著）, 小説総論（二葉亭四迷著）, 拈華微笑（尾崎紅葉著）, 一口剣（幸田露伴著）, 大つごもり（樋口一葉著）, 外科室（泉鏡花著）, 藁草履（島崎藤村著）, 倫敦塔（夏目漱石著）, 窮死（国木田独歩著）, 一兵卒（田山花袋著）, 曇天（永井荷風著）, 刺青（谷崎潤一郎著）, カズイスチカ（森鷗外著）, クローディアスの日記（志賀直哉著）, 身投げ救助業（菊池寛著）, クララの出家（有島武郎著）, 藪の中（芥川竜之介著）, 窓展く（佐藤春夫著）

「当世書生気質」

『坪内逍遙集』 筑摩書房 2013.1 424p 21cm (明治文學全集 16) 7500円 ①978-4-480-10316-1

目次 小説神髓, 一讀三歎當世書生氣質, 新磨妹と背かゞみ, 發蒙攪眠清治湯講釋, 諷誡京わらんべ, 文界名所底知らずの湖, 歴史小説につきて, 歴史小説の尊嚴, 我が國の史劇, 夢幻劇の弊を論ず, 三たび夢幻劇を論ず, 且元最期沓手鳥孤城落月, 新樂劇論(抄), お夏狂らん, 坪内逍遙先生の文學革新の意義を概論す(柳田泉), 坪内逍遙(中村眞一郎), 劇作家及び劇論家としての坪内博士(中村吉藏), 人間逍遙(河竹繁俊), 解題(稻垣達郎), 年譜(清水茂編), 參考文獻(畑實編)

『当世書生気質』 坪内逍遙作 改訂版 岩波書店 2006.4 321p 15cm (岩波文庫) 700円 ①4-00-310042-5

内容 学生小町田粲爾と芸妓田の次とのロマンス、吉原の遊廓、牛鍋屋—明治10年代の東京の学生生活と社会風俗を描いた日本近代文学の先駆的作品。坪内逍遙(1859‐1935)は勧善懲悪を排して写実主義を提唱した文学理論書『小説神髄』とその具体化としての本書を著し、明治新文学に多大な影響を与えた。

『坪内逍遙』 坪内逍遙著, 坪内祐三, 宮沢章夫編 筑摩書房 2002.9 424,2p 19cm (明治の文学 第4巻) 2600円 ①4-480-10144-6

目次 発蒙攪眠、清治湯講釈, 一読三歎、当世書生気質, 諷誡、京わらんべ, 細君

鶴見 俊輔
つるみ・しゅんすけ
《1922〜》

「かるた」

『ことばと創造—鶴見俊輔コレクション 4』 鶴見俊輔著, 黒川創編 河出書房新社 2013.10 416p 15cm (河出文庫) 1400円 ①978-4-309-41253-5

内容 漫画、映画、漫才、落語…さまざまなジャンルからの創造をわけへだてなく見つめつづけた思想家・鶴見俊輔は、現代日本における文化批評の先駆者だった。芸術と思想をめぐる重要な文章をよりすぐった鶴見コレクション最終巻。現場から未来をさぐる、しなやかな問いの軌跡。九〇歳を迎えての近業を併載。

『鶴見俊輔集 8 私の地平線の上に』 筑摩書房 1991.4 572p 20cm 4940円 ①4-480-74708-7 Ⓝ081.6

内容 私の地平線の上に, 戦時から考える 講演, ひとが生まれる, ラナルドの漂流, 心の山河, かるた, 苔のある日記, 戦争のくれた字引き, 退行計画, 詩・訳詩 らくだの葬式 ほか, 著者自身による解説, 解題

「漫画という言語」

『鶴見俊輔集 7 漫画の読者として』 筑摩書房 1991.7 440p 20cm 4940円 ①4-480-74707-9 Ⓝ081.6

内容 漫画の読者として, 物語漫画の歴史, アメリカの漫画と生活, 鳥羽僧正と『鳥獣戯画』 漫画的精神について, 忍術漫画論, 『ガロ』の世界, マンガはハングリー・アートか, 漫画の面白い社会, 魂の躍動を探す楽しみ, 漫画という言語, 風刺はひかれものの小唄か, 漫画の戦後思想, 無意味にめざめよ一加藤芳郎, バーレスクについて一富永一朗, エゴイズムによる連帯—滝田ゆう, 体験と非体験を越えて一戦争漫画, 昭和マンガのヒーローたち, 長新太の作品—対談 河合隼雄, 鶴見俊輔述, 著者自身による解説, 解題

『家の中の広場』 鶴見俊輔著 大阪 編集工房ノア 1982.4 257p 20cm 2000円 Ⓝ049.1

「漫才との出会い」

『ことばと創造—鶴見俊輔コレクション 4』 鶴見俊輔著, 黒川創編 河出書房新社 2013.10 416p 15cm (河出文庫) 1400円 ①978-4-309-41253-5

内容 漫画、映画、漫才、落語…さまざまなジャンルからの創造をわけへだてなく見つめつづけた思想家・鶴見俊輔は、現代日本における文化批評の先駆者だった。芸術と思想をめぐる重要な文章をよりすぐった鶴見コレクション最終巻。現場から未来をさぐる、しなやかな問いの軌跡。九〇歳を迎えての近業を併載。

『太夫才蔵伝』 鶴見俊輔著 平凡社 2000.3

出久根　達郎
でくね・たつろう
《1944～》

「漱石を売る」

『古書　2』　紀田順一郎編著　作品社　1997.2　251p　19cm　（日本の名随筆 別巻72）　1854円　①4-87893-652-5

目次 古書漫筆（福永武彦），古書合戦記（成瀬正勝），ある古い詩集（井上究一郎），初冬好日（中西進），岩波文庫のはじめ（田宮虎彦），古本屋時代の島木健作―絶版文庫で「煙」を読む（高橋輝次），文庫蒐集の思い出（三輪福松），『猫』紛失の記（野上弥生子），吾輩がいっぱい（横田順弥），漱石を売る（出久根達郎）〔ほか〕

『漱石を売る』　出久根達郎著　文芸春秋　1995.9　302p　15cm　（文春文庫）　450円　①4-16-757501-9

内容 漱石の直筆だからと買ったら弔辞で売るのに四苦八苦する「漱石を売る」。雪の本を買い求めた少年を亡くし、その跡をたどって店に現れた老夫婦との交流を描く「雪」。主人を追って延々と古本にくっついてやってきた蟻と再会する「東京駅の蟻」など、達意の文章が人間の喜怒哀楽を拾いあげて心に迫るエッセイ、51本の贈り物―。

手塚　治虫
てづか・おさむ
《1928～1989》

「アトムの哀しみ」

『ガラスの地球を救え―二十一世紀の君たちへ』　手塚治虫著　光文社　1996.9　208p　15cm　（光文社文庫）　440円　①4-334-72288-1

内容 「なんとしてでも、地球を死の惑星にはしたくない。未来に向かって、地球上のすべての生物との共存をめざし、むしろこれからが、人類のほんとうの“あけぼの”なのかもしれないとも思うのです」幼少の思い出から、自らのマンガ、そして未来の子供たちへの想いまで。1989年、他界した天才マンガ家・手塚治虫、最後のメッセージ。

『ガラスの地球を救え―21世紀の君たちへ』　手塚治虫著　光文社　1989.4　175p　18cm　（カッパ・ホームス）　820円　①4-334-05161-8

目次 『ガラスの地球を救え』刊行によせて，自然がぼくにマンガを描かせた，地球は死にかかっている，科学の進歩は何のためか，アトムの哀しみ，子どもの未来を奪うな，“いじめられっ子”のぼくをマンガが救った，先生がマンガに熱中させた，ぼくは戦争を忘れない，語り部になりたい，夢と冒険に生きる子に，親は子に自分史を語れ，時間の無駄使いが想像力を育む，やじ馬根性は健全なパワー，ブラック・ジャックのジレンマ，脳だけはつくれない，情報の洪水に流されるな，何が必要な情報か，アトムも破れない壁，異文化との衝突，オリジナリティは遊びの中から，路地裏こそ味がある，蝶の匂いがわかるか，人間の欲望，“悪”の魅力，負のエネルギー，マンガは本来反逆的なもの，ぼくは真剣なメッセージを送りつづける，『火の鳥』が語る生命の不思議さ,IFの発想，宇宙からの眼差しを持て

手塚　富雄
てづか・とみお
《1903～1983》

「サン‐モリッツの旅」

『西欧のこころをたずねて』　手塚富雄著　京都　一灯園灯影舎　1988.6　211p　20cm　（灯影撰書 12）〈著者の肖像あり〉1700円　①4-924520-23-3　Ⓝ940.4

寺田　寅彦
てらだ・とらひこ
《1878～1935》

「浅草紙」

『岸』　中勘助，寺田寅彦，永井荷風著　ポプラ社　2010.10　155p　19cm　（百年文庫 28）　750円　①978-4-591-11910-5

内容 夜半の雨が葉を散らし、晴れた朝には浜で顔を洗う。湖の小島で暮らした日々を深まりゆく秋の寂寥のなかに描いた中勘助の『島守』。妻の病も少しよくなった頃、久

しぶりに夫婦で植物園を訪れたあの日—。あどけない生前の妻の姿が胸にせまる寺田寅彦の『団栗』。古いものが姿を消してゆく時代、薗八節の三味線の音に託して日本の姿を描いた永井荷風の『雨瀟瀟』。淡々とした筆致の奥に時流に屈せぬ詩魂みなぎる文章世界。

『寺田寅彦全集　第3巻　随筆3 生活』 寺田寅彦著　岩波書店　2009.11　415p　19cm　3600円　①978-4-00-092073-5

内容 生活への省察に兆す老いの寂寥、病患を経て円熟を増した諸作品。「病院の夜明けの物音」「野球時代」「珈琲哲学序説」など『冬彦集』や『蒸発皿』に収録された作品を中心とする。

『寺田寅彦全集　第3巻　随筆3』 寺田寅彦著　岩波書店　1997.2　415p　19cm　2900円　①4-00-092073-1

目次 病中記, 病院の夜明けの物音, 病室の花, 浅草紙, 球根, 春寒, 厄年とetc., 田園雑感, 笑, 蓄音機〔ほか〕

「案内者」

『厳選 国語教科書—時代を超えて伝えたい』 長尾高明編著　小学館　2003.12　217p　21cm　（サライ・ブックス）　1400円　①4-09-343421-2

内容 本書は、これまでの中学校・高等学校の国語教科書に掲載された現代文・古文・漢文作品のうち、時代を超えて伝えられてきたものを厳選して収録。

『寺田寅彦全集　第7巻　随筆7』 寺田寅彦著　岩波書店　1997.6　403p　19cm　3000円　①4-00-092077-4

目次 電車と風呂, 丸善と三越, 鸚鵡のイズム, 案内者, マルコポロから, 一つの思考実験, 神田を散歩して, 石油ランプ, 解かれた象, 流言蜚語〔ほか〕

『寺田寅彦 全随筆　2』 寺田寅彦著　岩波書店　1992.1　612p　19cm　3500円　①4-00-091712-9

目次 アインシュタインの教育観, アインシュタイン, 鼠と猫, 或る日の経験, 写生紀行, 笑, 案内者, 断水の日, 夢, マルコポロから, 蓄音機, 亮の追憶, 一つの思考実験, 茶碗の湯, 塵埃と光, 神田を散歩して, 海陸風と夕凪, 秋の歌, 電車の混雑に就て, 異郷, 相対性原理側面観, 子猫, 浮世絵の曲線, 言語と道具, 或る幻想曲の序, 廿四年前, 石油ラムプ, 解かれた象, 地震雑感, 鑢屑, 流言蜚語, 二科会展覧会雑感, 池, 議会の印象, 中村彝氏の追憶, 二科会其他, 路傍の草, 書簡, 備忘録, 怪異考, 昭和2年の二科会と美術院, 人の言葉—自分の言葉, 日本楽器の名称, 土佐の地名, 比較言語学に於ける統計的研究法の可能性に就て, 子規の追憶, スパーク, 二科狂想行進曲

「糸車」

『寺田寅彦全集　第1巻　随筆1 創作・回想記』 寺田寅彦著, 樋口敬二, 太田文平編　岩波書店　2009.9　368p　19cm　3600円　①978-4-00-092071-1

内容 「科学者の随筆家」寅彦の作品を網羅。「団栗」「竜舌蘭」など、二十代の初期創作を中心に、幼年回想記や漱石・子規らの追憶を綴った作品を収録。

『寺田寅彦』 寺田寅彦著　筑摩書房　2009.4　472p　15cm　（ちくま日本文学 034）880円　①978-4-480-42564-5

目次 団栗, 竜舌蘭, 糸車, 蓄音機, 映画時代, 銀座アルプス, 物売りの声, 病院の夜明けの物音, 自画像, 芝刈, 蓑虫と蜘蛛, 鳶と油揚, 電車の混雑について, 日常身辺の物理的諸問題, 物理学圏外の物理的現象, 自然界の縞模様, 西鶴と科学, 怪異考, 化物の進化, 人魂の一つの場合, 日本楽器の名称, 比較言語学における統計的研究法の可能性について, 神話と地球物理学, 俳句の精神, 連句の独自性, 映画と連句, 地球を眺めて, 天災と国防

『竜舌蘭他』 寺田寅彦著　日本文学館　2007.6　214p　19cm　（日本名作選 7—随筆編）1000円　①978-4-7765-1415-2

内容 物理学者でありながら、夏目漱石門下として科学と文学を巧みに調和させた多くの随筆を発表した寺田寅彦（1878～1935）の代表作13編を収録。

「映画芸術」

『寺田寅彦全集　第8巻　随筆8 絵画・映画論』 寺田寅彦著　岩波書店　2010.4　425p　19cm　3800円　①978-4-00-092078-0

目次 津田青楓君の画と南画の芸術的価値, 自画像, 帝展を見ざるの記, ある日の経験, 浮世絵の曲線, 二科会展覧会雑感, 中村彝氏の追憶, 二科会その他, 昭和二年の二科会と美術院, 二科狂想行進曲〔ほか〕

『寺田寅彦全集　第8巻』 寺田寅彦著　岩

波書店　1997.7

「科学者とあたま」

『現代文のにがてな人へ』　青木嘉雄著　三島　理社出版　2012.6　127p　26cm　780円　①978-4-903147-24-6

目次 なるべく一学期・夏休みまでに進めましょう（『編集手帳』読売新聞，『魔術』芥川龍之介，『ユーモアのレッスン』外山滋比古 ほか），二学期はここから取り組みましょう（『科学者とあたま』寺田寅彦，『氷壁』井上靖，『筆洗』東京新聞 ほか），練習問題（『氷壁』『編集手帳』難易度A，『魔術』『天声人語』難易度B，『中学生からの作文技術』『私の好きな悪字』難易度C ほか）

『寺田寅彦全集　第5巻　随筆5 科学1』　寺田寅彦著　岩波書店　2010.1　385p　19cm　3600円　①978-4-00-092075-9

目次 1（物理学の応用について，方則について，知と疑い，物質とエネルギー，科学上における権威の価値と弊害，自然現象の予報，時の観念とエントロピー並びにプロパビリティ，物理学と感覚，物理学実験の教授について，研究的態度の養成 ほか），2（科学者と芸術家，文学の中の科学的要素，漫画と科学，科学と文学，西鶴と科学）

『現代名文案内―文章ギャラリー40作品』　中村明著　筑摩書房　2000.4　263p　15cm　（ちくま学芸文庫）900円　①4-480-08549-1

内容 文は人なりと言う。思考も空想も、表現にはいつも書き手の物の見方がにじみ出る。言葉の用いかたに、表現の対象の選びかたに、それぞれの人柄が映じる。戦後の文学作品からすぐれた文章を取り上げ、その魅力を論じ、作家の表現の想像力にせまってみよう。志賀直哉・谷崎潤一郎ら伝統の香り立つ文章から、村上春樹・柳美里ら若い感受性の息づく文章、寺田寅彦・沢村貞子ら生きる知恵が光る作品まで…、自在に渉猟し、選び抜かれたこの一文で日本語の美しさを読み、味わい、考える。

『寺田寅彦全集　第5巻　随筆5』　寺田寅彦著　岩波書店　1997.4　385p　19cm　2900円　①4-00-092075-8

目次 物理学の応用について，方則について，知と疑い，物質とエネルギー，科学上における権威の価値と弊害，自然現象の予報，時の観念とエントロピー並びにプロバビリティ，物理学と感覚，物理学実験の教授について，研究的態度の養成〔ほか〕

「科学者と芸術家」

『寺田寅彦全集　第5巻　随筆5 科学1』　寺田寅彦著　岩波書店　2010.1　385p　19cm　3600円　①978-4-00-092075-9

目次 1（物理学の応用について，方則について，知と疑い，物質とエネルギー，科学上における権威の価値と弊害，自然現象の予報，時の観念とエントロピー並びにプロパビリティ，物理学と感覚，物理学実験の教授について，研究的態度の養成 ほか），2（科学者と芸術家，文学の中の科学的要素，漫画と科学，科学と文学，西鶴と科学）

『寺田寅彦全集　第5巻　随筆5』　寺田寅彦著　岩波書店　1997.4　385p　19cm　2900円　①4-00-092075-8

目次 物理学の応用について，方則について，知と疑い，物質とエネルギー，科学上における権威の価値と弊害，自然現象の予報，時の観念とエントロピー並びにプロバビリティ，物理学と感覚，物理学実験の教授について，研究的態度の養成〔ほか〕

『寺田寅彦随筆集　第1巻』　小宮豊隆編　岩波書店　1993.4

「柿の種」

『柿の種』　寺田寅彦著　岩波書店　2003.6　310p　15cm　（岩波文庫）〈第16刷〉600円　①4-00-310377-7

内容 日常の中の不思議を研究した物理学者で随筆の名手としても知られる寺田寅彦の短文集。「なるべく心の忙しくない、ゆっくりした余裕のある時に、一節ずつ間をおいて読んでもらいたい」という願いのこめられた、味わいの深い一七六篇。

「疑問と空想」

『寺田寅彦全集　第2巻　随筆2 自然』　寺田寅彦著　岩波書店　2009.10　329p　19cm　3600円　①978-4-00-092072-8

内容 日常や自然に対する繊細で温かな観察眼、「科学者の随筆家」寅彦の真骨頂。「茶碗の湯」「鳶と油揚」をはじめ、寅彦の作品のなかでも最も親しまれている科学随筆を中心に収録する。

『随筆　2』　寺田寅彦著　岩波書店　1997.1　329p　19cm　（寺田寅彦全集　第2巻）2884円　①4-00-092072-3

内容 読みやすさと充実した解説陣、寅彦の新しい魅力をひき出す新編集。「茶碗の湯」「鳶と油揚」をはじめ、寺田作品のなかでも最も新しまれた科学随筆を収録。金米糖や線香花火、電車の混雑、庭先の虫や猫など、日常身辺の現象から自然の神秘に迫る寺田物理学の真骨頂が味わえる。

『寺田寅彦随筆集　第5巻』 寺田寅彦著，小宮豊隆編　岩波書店　1993.6　310p　19cm　(ワイド版 岩波文庫 102) 1100円　①4-00-007102-5

目次 地図をながめて, 映画雑感, 疑問と空想, 破片, 天災と国防, 俳句の型式とその進化, あひると猿, 詩と官能, 物売りの声, 自由画稿〔ほか〕

「「手首」の問題」

『寺田寅彦全集　第7巻』 寺田寅彦著　岩波書店　1997.6

『寺田寅彦 全随筆　3』 寺田寅彦著　岩波書店　1992.2　623p　19cm　3500円　①4-00-091713-7

目次 年賀状, レーリー卿, 野球時代, 映画時代, 火山の名に就て, 日常身辺の物理的諸問題,「手首」の問題, チューインガム, ロプ・ノール其他, 夏目漱石先生の追憶〔ほか〕

「どんぐり」

『竜舌蘭他』 寺田寅彦著　日本文学館　2007.6　214p　19cm　(日本名作選 7―随筆編) 1000円　①978-4-7765-1415-2

内容 物理学者でありながら、夏目漱石門下として科学と文学を巧みに調和させた多くの随筆を発表した寺田寅彦(1878〜1935)の代表作13編を収録。

『どんぐり』 寺田寅彦作，しもゆきこ絵　ピーマンハウス　1996.12　1冊　15×21cm　(Pの文学絵本) 2350円

「日本の自然」

『天災と日本人―寺田寅彦随筆選』 寺田寅彦著，山折哲雄編　角川学芸出版, 角川グループパブリッシング〔発売〕　2011.7　158p　15cm　(角川ソフィア文庫) 476円　①978-4-04-409439-3

内容 長い時を経て日本列島に築かれた文明の本質を、自然科学と人文学の両面から明らかにした寺田寅彦。その鋭い考察は、地震列島に生きる私たちへ、今なお新鮮な衝撃を与え続けている。日本固有の自然風土と科学技術のあり方を問う「日本人の自然観」、災害に対する備えの大切さを説く「天災と国防」、科学を政治の血肉にしなければ日本の発展はないと訴える「政治と科学」ほか、日本人への深い提言が詰まった傑作選。

『寺田寅彦全集　第6巻　随筆6 科学2』 寺田寅彦著，樋口敬二, 太田文平編　岩波書店　2010.2　322p　19cm　3600円　①978-4-00-092076-6

目次 1 (瀬戸内海の潮と潮流, 夏の小半日, 戦争と気象学, 凍雨と雨氷, 塵埃と光, 海陸風と夕凪, 地震雑感, ロプ・ノールその他, 鐘に釁る, 自然界の縞模様, 物質群として見た動物群, 夕凪と夕風), 2 (アインシュタインの教育観, アインシュタイン, レーリー卿 (Lord Rayleigh), PROFESSOR TAKEMATU OKADA 岡田武松教授 (邦訳), 工学博士末広恭二君), 3 (日本楽器の名称, 土佐の地名, 比較言語学における統計的研究法の可能性について, 火山の名について, 言葉の不思議, 神話と地球物理学, 日本人の自然観)

「ほととぎすの鳴き声」

『寺田寅彦全集　第2巻　随筆2 自然』 寺田寅彦著　岩波書店　2009.10　329p　19cm　3600円　①978-4-00-092072-8

内容 日常や自然に対する繊細で温かな観察眼、「科学者の随筆家」寅彦の真骨頂。「茶碗の湯」「鳶と油揚」をはじめ、寅彦の作品のなかでも最も親しまれている科学随筆を中心に収録する。

『随筆　2』 寺田寅彦著　岩波書店　1997.1　329p　19cm　(寺田寅彦全集 第2巻) 2884円　①4-00-092072-3

内容 読みやすさと充実した解説陣、寅彦の新しい魅力をひき出す新編集。「茶碗の湯」「鳶と油揚」をはじめ、寺田作品のなかでも最も新しまれた科学随筆を収録。金米糖や線香花火、電車の混雑、庭先の虫や猫など、日常身辺の現象から自然の神秘に迫る寺田物理学の真骨頂が味わえる。

「涼味数題」

『寺田寅彦全集　第3巻　随筆3 生活』 寺田寅彦著　岩波書店　2009.11　415p　19cm　3600円　①978-4-00-092073-5

内容 生活への省察に兆す老いの寂寥、病患を経て円熟を増した諸作品。「病院の夜明け

の物音」「野球時代」「珈琲哲学序説」など『冬彦集』や『蒸発皿』に収録された作品を中心とする。

『寺田寅彦全集　第3巻　随筆3』 寺田寅彦著　岩波書店　1997.2　415p　19cm　2900円　①4-00-092073-1

目次 病中記, 病院の夜明けの物音, 病室の花, 浅草紙, 球根, 春寒, 厄年とetc., 田園雑感, 笑, 蓄音機〔ほか〕

『寺田寅彦随筆集　第4巻』 小宮豊隆編　岩波書店　1993.6

寺山　修司
てらやま・しゅうじ
《1935〜1983》

「悲しき自伝」

『寺山修司コレクション　1』 思潮社　1992

土居　健郎
どい・たけお
《1920〜2009》

「「甘え」の着想」

『「甘え」の構造』 土居健郎著　増補普及版　弘文堂　2007.5　318p　19cm〈文献あり〉1300円　①978-4-335-65129-8　Ⓝ146.1

『「甘え」の構造』 土居健郎著　新装版　弘文堂　2001.4　293p　19cm　1500円　①4-335-65106-6

内容 「甘え」は日本人独得の心理であり、「甘え」なくして日本人や日本文化は語れない。「甘え」がわかれば現代がわかる。21世紀に読み継がれる名著。

「他人」

『「甘え」の構造』 土居健郎著　増補普及版　弘文堂　2007.5　318p　19cm〈文献あり〉1300円　①978-4-335-65129-8　Ⓝ146.1

『「甘え」の構造』 土居健郎著　新装版　弘文堂　2001.4　293p　19cm　1500円　①4-335-65106-6

内容 「甘え」は日本人独得の心理であり、「甘え」なくして日本人や日本文化は語れない。「甘え」がわかれば現代がわかる。21世紀に読み継がれる名著。

「罪と恥」

『「甘え」の構造』 土居健郎著　増補普及版　弘文堂　2007.5　318p　19cm〈文献あり〉1300円　①978-4-335-65129-8　Ⓝ146.1

『「甘え」の構造』 土居健郎著　新装版　弘文堂　2001.4　293p　19cm　1500円　①4-335-65106-6

内容 「甘え」は日本人独得の心理であり、「甘え」なくして日本人や日本文化は語れない。「甘え」がわかれば現代がわかる。21世紀に読み継がれる名著。

土井　晩翠
どい・ばんすい
《1871〜1952》

「おほいなる手の影」

『土井晩翠・薄田泣菫・蒲原有明集』 筑摩書房　2013.1　426p　21cm　（明治文學全集 58）7500円　①978-4-480-10358-1

目次 土井晩翠集（天地有情, 曉鐘, 東海遊子吟（抄）, 新詩發生時代の思ひ出）, 薄田泣菫集（暮笛集（抄）, ゆく春（抄）, 二十五絃, 白羊宮, 詩集の後に）, 蒲原有明集（草わかば, 獨絃哀歌, 春鳥集, 有明集, 仙人掌と花火の鑑賞, 創始期の詩壇）, 晩翠の詩風（岡崎義惠）, 薄田泣菫（日夏耿之介）, 蒲原有明に於ける佛教的なるもの（闞口宗念）, 解題（矢野峰人）, 年譜（松村緑編）, 參考文獻（松村緑編）, 詳細目次

『日本の詩歌　2　土井晩翠・薄田泣菫・蒲原有明・三木露風』 土井晩翠［ほか著］　新装　中央公論新社　2003.6　407p　21cm〈オンデマンド版　年譜あり〉5300円　①4-12-570046-X　Ⓝ911.08

内容 土井晩翠：天地有情, 暁鐘, 天馬の道に, 薄田泣菫：暮笛集, ゆく春, 二十五絃, 白羊宮, 蒲原有明：草わかば, 独絃哀歌, 春鳥集, 有明集, 有明詩集, 三木露風：廃園, 寂しき曙,

白き手の猟人, 幻の田園, 蘆間の幻影, 詩人の肖像（村松剛著）

「荒城の月」

『新潮ことばの扉 教科書で出会った名詩一〇〇』 石原千秋監修, 新潮文庫編集部編 新潮社 2014.11 231p 15cm （新潮文庫） 490円 Ⓘ978-4-10-127451-5

内容 教室で、街角で、テレビで。私たちの心に確かに刻まれ、いつしか忘れてしまった美しい日本語の響きが、小さな文庫本という扉を開いた途端、次々に溢れ出します。一九五〇年代から二〇一〇年代の各世代が愛した名詩を精選し、一冊にした新潮文庫百年記念アンソロジー。

『晩翠詩抄』 土井晩翠作 岩波書店 2000.12 298p 15cm （岩波文庫） 600円 Ⓘ4-00-310201-0

内容 明治32年に晩翠は処女詩集『天地有情』を発表した。すでに『若菜集』によって評判を得ていた藤村のみやびな、柔らか味のある詩風に対し、声調爽やかに男性的悲壮感を漂わせた晩翠の詩も大いに世にむかえられた。本書にはその『天地有情』のほか生涯の各詩集から「星落秋風五丈原」「荒城の月」等々代表的なものを集めた。

『精選 日本近代詩全集』 ぎょうせい 1982

「星は落つ秋風五丈原」

『土井晩翠・薄田泣菫・蒲原有明集』 筑摩書房 2013.1 426p 21cm （明治文學全集 58） 7500円 Ⓘ978-4-480-10358-1

目次 土井晩翠集（天地有情, 曉鐘, 東海遊子吟（抄）, 新詩發生時代の思ひ出）, 薄田泣菫集（暮笛集（抄）, ゆく春（抄）, 二十五絃, 白羊宮, 詩集の後に）, 蒲原有明集（草わかば, 獨絃哀歌, 春鳥集, 有明集, 仙人掌と花火の鑑賞, 創始期の詩壇）, 晩翠の詩風（岡崎義惠）, 薄田泣菫（日夏耿之介）, 蒲原有明に於ける佛教的なるもの（關口宗念）, 解題（矢野峰人）, 年譜（松村緑編）, 參考文獻（松村緑編）, 詳細目次

『天地有情』 土井晩翠著 仙台 仙台文学館 2005.3 207p 19cm （仙台文学館選書）〈仙台 本の森（発売） 年譜あり〉 800円 Ⓘ4-938965-71-2 Ⓝ911.56

『晩翠詩抄』 土井晩翠作 岩波書店 2000.12 298p 15cm （岩波文庫） 600円 Ⓘ4-00-310201-0

内容 明治32年に晩翠は処女詩集『天地有情』を発表した。すでに『若菜集』によって評判を得ていた藤村のみやびな、柔らか味のある詩風に対し、声調爽やかに男性的悲壮感を漂わせた晩翠の詩も大いに世にむかえられた。本書にはその『天地有情』のほか生涯の各詩集から「星落秋風五丈原」「荒城の月」等々代表的なものを集めた。

道元
どうげん
《1200〜1253》

「正法眼蔵」

『正法眼蔵 1〜8』 道元著, 増谷文雄全訳注 講談社 2004〜2005.9 364p 15cm （講談社学術文庫） 1250円 Ⓘ4-06-159652-7 Ⓝ188.81

時枝 誠記
ときえだ・もとき
《1900〜1967》

「敬語を用いることの意義」

『時枝誠記国語教育論集 2』 石井庄司編 明治図書出版 1984.4 430p 22cm （国語教育名著選集 6） 4200円 Ⓘ4-18-321500-5 Ⓝ810.7

内容 古典解釈のための日本文法（増訂版） 国語問題と国語教育（増訂版） 文法教授に対する卑見,「中等文法」の解説と批判, 文法学説と文法教育, 国語教育における文法教育・その他, 解説・時枝誠記博士の国語教育論概説 石井庄司著

「言語の機能」

『国語学原論 続篇』 時枝誠記著 岩波書店 2008.3 308,8p 15cm （岩波文庫） 760円 Ⓘ978-4-00-381503-8

内容 本書は『国語学原論』正篇（一九四一年）の後を継いでその発展的な諸問題を扱う。“言語過程説”の立場から、言語を人間生活全体の中で捉え、それとの交渉連関にお

いて考えようとした、新たな国語学の設計図とも言うべき書。

徳川　夢声
とくがわ・むせい
《1894～1971》

「問答有用」

『問答有用―徳川夢声対談集』 徳川夢声著，阿川佐和子編 筑摩書房 2010.11 446p 15cm （ちくま文庫）950円 Ⓘ978-4-480-42769-4

内容 相手の心を和らげ、話題を引き出す術は夢声の話術にある。対談のジャンルに独特の世界を拓いた『問答有用』から、『週刊文春』長期連載対談中の阿川佐和子が精選したベスト版。対談の名手の前で思わず本音を吐露してしまう有名人は、吉田茂、湯川秀樹など20名。

『吉田健一対談集成』 吉田健一，吉田茂，河上徹太郎，福原麟太郎，徳川夢声ほか著 小沢書店 1998.2 467p 19cm 3800円 Ⓘ4-7551-0361-4

内容 ギネス片手に抱腹歓談、あの笑い声が甦る！ 吉田健一、初の対談集成。ユーモアと幻想味あふれる不思議な文学世界。酒を嗜み、怪物を愛した、最後の紳士。充実した時を優雅に過ごす人間のあり方を語る絶妙の対話録。

徳冨　蘆花
とくとみ・ろか
《1868～1927》

「相模灘の落日」

『梅一輪・湘南雑筆―徳冨蘆花作品集』 徳冨蘆花著，吉田正信編 講談社 2008.1 265p 15cm （講談社文芸文庫）1300円 Ⓘ978-4-06-290001-0

内容 明治元年生まれ、昭和二年没。理想を求め、現実に躓き、なお人として良き道を往くべく苦闘した蘆花。熊本での幼少期、身近に砲声を聴いた西南戦争を背景に、ある一家の悲劇を描く「灰燼」、貧者救済を己に課し、異国で死ぬうら若い女性の凛とした生き方を、キリスト者の求道と人間的悩みの両面から描く「梅一輪」、農的生活の実践論「美的百姓」等、近代日本の光と影を一身に体現する蘆花文学の精髄二十四篇。

『自然と人生』 徳冨蘆花著 岩波書店 2005.12 255p 19cm （ワイド版岩波文庫）1200円 Ⓘ4-00-007264-1 Ⓝ914.6

「自然と人生」

『自然と人生』 徳冨蘆花著 岩波書店 2005.12 255p 19cm （ワイド版岩波文庫）1200円 Ⓘ4-00-007264-1 Ⓝ914.6

栃折　久美子
とちおり・くみこ
《1928～》

「モロッコ革の本」

『モロッコ革の本』 栃折久美子著 筑摩書房 1991.1 280p 15cm （ちくま文庫）560円 Ⓘ4-480-02507-3 Ⓝ916

舎人親王
とねりしんのう
《676～735》

「日本書紀」

『現代語訳 日本書紀 抄訳』 菅野雅雄著 KADOKAWA 2014.9 463p 15cm （新人物文庫）850円 Ⓘ978-4-04-600401-7

内容 『日本書紀』は、神々の誕生と神武天皇から持統天皇の治世までを、全三十巻にまとめた歴史書である。日本の古代史を知るうえで必読の史料といわれるが、現代人が漢文で記された原書を読むことはほぼ不可能といえる。また専門家による読み下し文も長大な文章と様々な用語、煩雑な固有名詞や漢語の羅列が通読を困難にしている。「読んでみたいけど、読めなかった」という方は多いだろう。そこで本書は、この史書を「通読・完読」できるように、各巻から古代通史の理解に必要不可欠なテーマを選び出し、平易な現代文に訳したうえで、難解なくだりや用語に解説をつけた。

『日本書紀　上』 小島憲之, 直木孝次郎, 西宮一民, 蔵中進, 毛利正守校訂・訳　小学館　2007.9　317p　20cm　（日本の古典をよむ 2）1800円　Ⓘ978-4-09-362172-4　Ⓝ210.3

『日本の古典をよむ　3　日本書紀・風土記』 小島憲之, 直木孝次郎, 西宮一民, 蔵中進, 毛利正守, 植垣節也校訂・訳　小学館　2007.9　317p　19cm　1800円　Ⓘ978-4-09-362173-1

内容 大化の改新、壬申の乱―。地方伝承を今に伝える「風土記」とともに、古代史の証言にふれる。

『日本書紀　1～3』 井上光貞監訳, 笹山晴生訳　中央公論新社　2003.10　386p　19cm　（中公クラシックス）1500円　Ⓘ4-12-160059-2

目次 巻第二十二 豊御食炊屋姫天皇（推古天皇）, 巻第二十三 息長足日広額天皇（舒明天皇）, 巻第二十四 天豊財重日足姫天皇（皇極天皇）, 巻第二十五 天万豊日天皇（孝徳天皇）, 巻第二十六 天豊財重日足姫天皇（斉明天皇）, 巻第二十七 天命開別天皇（天智天皇）, 巻第二十八 天渟中原瀛真人天皇・上（天武天皇）, 巻第二十九 天渟中原瀛真人天皇・下（天武天皇）, 巻第三十 高天原広野姫天皇（持統天皇）

富岡　多恵子
とみおか・たえこ
《1935～》

「「女のことば」と「国のことば」」

『三枝和子 林京子 富岡多恵子』 三枝和子, 林京子, 富岡多恵子著, 河野多恵子, 大庭みな子, 佐藤愛子, 津村節子監修　角川書店　1999.3　433p　19cm　（女性作家シリーズ 15）2800円　Ⓘ4-04-574215-8

内容 いつもそばに置きたい、わたしの文学。江口水駅、祭りの場、冥途の家族他八篇収録。

「詩人のふるさと」

『富岡多恵子集　7　評論』 富岡多恵子著　筑摩書房　1998.12　443p　21cm　6500円　Ⓘ4-480-71077-9

目次 歌・言葉・日本人―歌謡曲、ああ歌謡曲（自分の住む国のうた―まえがきにかえて, 歌と詩のわかれ―なぜ詩人は歌が書けないか, 詩の階級、音楽の階級―ひとは階級をつくるのが好きである ほか）, 近松浄瑠璃私考（ウタとカタリ―曽根崎心中, 闇からもれる言葉―冥途の飛脚, 事実への想像力―鑓の権三重帷子 ほか）, さまざまなうた―詩人と詩（詩人のふるさと―室生犀星, 手帳と暖簾―宮沢賢治, 海から見た土地―小野十三郎 ほか）

「民家今昔」

『兎のさかだち』 富岡多恵子著　中央公論社　1982.8　242p　16cm　（中公文庫）320円　Ⓝ914.6

朝永　振一郎
ともなが・しんいちろう
《1906～1979》

「鏡のなかの世界」

『朝永振一郎著作集　1　鳥獣戯画』 朝永振一郎著, 串田孫一解説　新装版　みすず書房　2001.10　363p　19cm　3000円　Ⓘ4-622-05111-7

目次 子どもの情景, わが放浪記, 鏡のなかの世界, 十年のひとりごと, 庭にくる鳥, 鳥獣戯画, わが師・わが友, 日記抄, 対談

『鏡のなかの世界』 朝永振一郎著　新装版　みすず書房　1995.1　231p　19cm　2266円　Ⓘ4-622-00409-7

内容 ノーベル物理学賞にかがやく著者がおりにふれ、身のまわりのこと、「わが師・わが友」、ボロ家の楽しみ、人間・社会・科学についてつづった洒脱なエッセー集。子どもの世界や若き日の研究生活をかたったエッセーには著者独自のたくまざるユーモアと上質の叙情があふれている。子どもの鏡あそびのように自由な気持ちでこっそり書かれたこれらのエッセーは読者を、思わぬ発見へ、また親しみ深い大人の世界へと導いてくれる。物理学の世界と秀れた文学の稀有の結合といえよう。

「なまいき」

『庭にくる鳥』 朝永振一郎著　みすず書

房　1996.9　248p　19cm　（みすずライブラリー）2575円　Ⓘ4-622-05005-6
内容 武蔵野点景から入院の楽しみと苦しみ、ホテル‐旅館‐銭湯考、留学や師友を語る思い出ばなしなど、軽妙洒脱な語り口によるノーベル賞学者による名品14篇。

「人間・社会・科学」

『朝永振一郎著作集　4　科学と人間』　朝永振一郎著，桑原武夫解説　新装版　みすず書房　2001.10　363p　19cm　3000円　Ⓘ4-622-05114-1
目次 科学と人間（人間・社会・科学，科学と科学者，科学と人間 ほか），歴史と文明の探求（文明問題懇談会での問題提起と発言）（科学と現代社会（問題提起要旨），科学と現代社会（問題提起），歴史と文明の探求（討議における発言）），科学と社会（科学の高度化とジャーナリズムの協力，物理と哲学と政治，対談・原子力時代、世界と日本 ほか）

『鏡のなかの世界』　朝永振一郎著　新装版　みすず書房　1995.1　231p　19cm　2266円　Ⓘ4-622-00409-7
内容 ノーベル物理学賞にかがやく著者がおりにふれ、身のまわりのこと、「わが師・わが友」、ボロ家の楽しみ、人間・社会・科学についてつづった洒脱なエッセー集。子どもの世界や若き日の研究生活をかたったエッセーには著者独自のたくまざるユーモアと上質の叙情があふれている。子どもの鏡あそびのように自由な気持ちでこっそり書かれたこれらのエッセーは読者を、思わぬ発見へ、また親しみ深い大人の世界へと導いてくれる。物理学の世界と秀れた文学の稀有の結合といえよう。

外山　滋比古
とやま・しげひこ
《1923～》

「改まった場面での話し方」

『心と心をつなぐ話し方』　外山滋比古著　PHP研究所　1993.10　221p　15cm　（PHP文庫）〈『話し方作法』（実業之日本社1981年刊）の改題〉　480円　Ⓘ4-569-56587-5　Ⓝ809.4

「きょうめい」

『外山滋比古著作集　6　短詩型の文学』　外山滋比古著　みすず書房　2003.1　348p　19cm　3600円　Ⓘ4-622-04856-6
内容 俳句は第二芸術なのか？ 切れ字論を核にして俳句的表現の特性を明らかにし、読者の立場から俳句文芸のアポロギアを試みる。五七五の美学を定立した名論考。

「転石苔を生ぜず」

『外山滋比古著作集　1　修辞的残像』　外山滋比古著　みすず書房　2002.4　346p　19cm　3000円　Ⓘ4-622-04851-5
内容 ひとつひとつに切れていることばが文章になると、どうして切れ目のない意味になるのか？ 鮮やかな発見と論理の構築。「外山学」の出発点をなす記念碑的著作。

「読者の世界」

『外山滋比古著作集　2　近代読者論』　外山滋比古著　みすず書房　2002.6　350p　19cm　3000円　Ⓘ4-622-04852-3
内容 テクストを“読む”とはいかなる営為なのか？ 音読から黙読、写本から活字本へと読者の変容をたどり、“読み”の創造性を定立した、受容理論の先駆的著作。

「日本語のレトリック」

『俳句の詩学』　外山滋比古著　沖積舎　2006.11　157p　19cm　2500円　Ⓘ4-8060-4721-X
内容 日本人の大きな文学的概念を肯定的に、俳人でない著者が俳人を含め一般人へ問う、語りかけるユニークなエッセー。

内藤　濯
ないとう・あろう
《1883～1977》

「「星の王子さま」について」

『愛蔵版 星の王子さま』　サン＝テグジュペリ作，内藤濯訳　岩波書店　2000.11　142p　22×15cm　1600円　Ⓘ4-00-115561-3
内容 サン＝テグジュペリ（1900‐44）生誕100年記念。世界中で愛読されている不朽の名作を、アメリカで出された初版本にもとづいて改訂した新しいエディション。巻末には、ニューヨークのモーガン・ライブラリーに所蔵されているサン＝テグジュペリの草稿やデッサンの中から選んだ素描（淡彩）6葉を付しました。『星の王子さま』の創作過程をたどることのできる貴重な資料です。小学5・6年以上。

内藤　丈草
ないとう・じょうそう
《1662～1704》

「猿蓑・炭俵」

『芭蕉七分集』 中村俊定校注　岩波書店　2004.12　446p　19cm　（ワイド版岩波文庫）1400円　①4-00-007080-0

内容 旅人芭蕉と称される如く芭蕉は生涯を旅に終始した。本書はその一所不住の境涯と表裏をなした芭蕉一代の俳風の変遷を跡づけるとともに蕉風俳諧の代表作を集めて門流修行の範とするために撰定されたといわれ、爾来蕉門の聖典と見なされて来たもの。ここにその望み得る限り厳正な校注本を提供する。巻末に「発句・連句索引」等を付した。

永井　荷風
ながい・かふう
《1879～1959》

「狐」

『雨瀟瀟・雪解 他七篇』 永井荷風作　岩波書店　2014.8　336p　15cm　（岩波文庫）760円　①4-00-310423-4

内容 『ふらんす物語』の諸篇を除けば、帰朝後の第1作といえる『狐』（1909年）から、敗戦直後刊行された『勲章』（1946年）まで、それぞれの時期の佳品9篇を収める。幼年期に味わった体験…そして老年に至っての心境を作品化したこれらの短篇からも、孤独を求め寂寥に堪えつつ書きついだ強靭な作家の営為を窺い知ることができる。

『荷風全集　第6巻　歓楽・すみだ川』 永井荷風著　岩波書店　2009.5　490p　21cm　5200円　①978-4-00-091726-1

内容 『すみだ川』は、隅田川両岸を舞台に下町の人情と風物を散文詩ともいえる名文で描いた青春小説。『歓楽』は、奔放爛熟の情緒に溢れた作品集。新たに別巻を増補し、新出資料と荷風研究資料を網羅した。

『永井荷風・谷崎潤一郎』 永井荷風，谷崎潤一郎著，坪内祐三，久世光彦編　筑摩書房　2001.11　436,4p　19cm　（明治の文学 第25巻）2600円　①4-480-10165-9

内容 地獄の花（永井荷風），狐（永井荷風），深川の唄（永井荷風），すみだ川（永井荷風），刺青（谷崎潤一郎），麒麟（谷崎潤一郎），少年（谷崎潤一郎），幇間（谷崎潤一郎），秘密（谷崎潤一郎），悪魔（谷崎潤一郎）

「新帰朝者日記」

『荷風小説　2』 永井壮吉著　岩波書店　1986.6　485p　20cm　3400円　①4-00-091062-0　Ⓝ913.68

内容 ふらんす物語，狐，曇天，監獄署の裏，歓楽，新帰朝者日記

「断腸亭日乗」

『荷風全集　第22巻　断腸亭日乗2』 永井荷風著　岩波書店　2011.1　610p　21cm〈第2刷（第1刷1993年）〉5600円　①978-4-00-091742-1

目次 断腸亭日記巻十一（昭和二年），断腸亭日記巻十一之下（昭和二年続），断腸亭日記巻十二（昭和三年），断腸亭日記巻十二下（昭和三年続），断腸亭日記巻第十三（昭和四年），断腸亭日記巻十三下（昭和四年続），断腸亭日記巻十四（昭和五年），断腸亭日記巻十四下（昭和五年続），断腸亭日記巻十五（昭和六年），断腸亭日記巻十六（昭和七年），断腸亭日記巻十六続（昭和七年続）

『断腸亭日乗　1,6巻』 永井荷風著　新版　岩波書店　2001～2002　426p　20cm〈付属資料：8p：月報 6〉5000円　①4-00-026686-1　Ⓝ915.6

内容 断腸亭日記 第29巻，断腸亭日乗 第29巻続―第36巻

「日記」

『日和下駄――一名東京散策記』 永井荷風著　講談社　1999.10　217p　15cm　（講談社文芸文庫）980円　①4-06-197685-0

内容 「一名東京散策記」の通り「江戸切図」

を持った永井荷風が、思いのまま東京の裏町を歩き、横道に入り市中を散策する。「第一 日和下駄」「第二 淫祠」「第三 樹」「第四 地図」「第五 寺」「第六 水 附 渡船」「第七 路地」「第八 閑地」「第九 崖」「第十 坂」「第十一 夕陽 附 富士眺望」の十一の章立てに、周囲を見る荷風の独特の視座が感じられる。消えゆく東京の町を記し、江戸の往時を偲ぶ荷風随筆の名作。

「日和下駄」

『富士山』 千野帽子編 角川書店, KADOKAWA〔発売〕 2013.9 332p 15cm （角川文庫） 667円 ①978-4-04-101008-2

内容 日本一の山、富士。古今東西の作家がこの秀峰を愛で、小説、紀行、エッセイに著し、俳句短歌に詠み込んできた。国の象徴、火山、霊峰、信仰の場、登山、新幹線からの眺め。さまざまな顔と文化的側面を持つ富士山。その魅力が、名文で、鮮やかに描かれる！

『荷風全集　第11巻　夏すがた・日和下駄』 永井荷風著 岩波書店 2009.4 408p 21cm〈付属資料あり〉4800円 ①978-4-00-091731-5

内容 『日和下駄』は、東京の風景を詩趣溢れる文章により描いた名随筆集。都市美追求の先駆となった作品。『夏すがた』は、発禁となった書き下ろし小説。新たに別巻を増補し、新出資料と荷風研究資料を網羅した。

『永井荷風』 永井荷風著 筑摩書房 2008.7 477p 15cm （ちくま日本文学 019） 880円 ①978-4-480-42519-5

内容 江戸文人の風雅を生き、生涯、街歩きに淫した人。

『日和下駄, 一名, 東京散策記』 永井荷風著 講談社 1999.10 217p 16cm （講談社文芸文庫） 980円 ①4-06-197685-0 Ⓝ914.6

「虫の声」

『荷風全集　第18巻　浮沈・勲章』 永井荷風著 岩波書店 2010.9 383p 21cm 4800円 ①978-4-00-091738-4

内容 小説 浮沈, 勲章, 踊子, 来訪者, 為永春水,（『居龍之技』跋）,（木村富子著『浅草富士』序）, 序, 蟲の声, 冬の夜がたり, 枯葉の記, 雪の日

『永井荷風』 永井荷風著 晶文社 1999.1 144p 19cm （21世紀の日本人へ） 1000円 ①4-7949-4714-3

内容 日本とは？ 日本人とは。この人、この言葉。

「冷笑」

『永井荷風集』 筑摩書房 2013.1 432p 21cm （明治文學全集 73） 7500円 ①978-4-480-10373-4

目次 薄衣, 山谷菅垣, 闇の叫び, 新任知事, あめりか物語（抄）, ふらんす物語（抄）, 歡樂, 歸朝者の日記, 冷笑, すみだ川, 若旦那, 風邪ごゝち, 名花, 樂屋十二時, 我が思想の變遷, 紅茶の後（抄）, 浮世繪の夢, 書かでもの記, 小説道樂（井上啞々）, 永井荷風君（相馬御風）, 永井荷風君（正宗白鳥）, 告白小説としての『冷笑』（小池堅治）, 解題（成瀬正勝）, 年譜（柘植光彦編）, 參考文獻（柘植光彦編）, 詳細目次

『荷風全集　第7巻』 永井壮吉著, 稲垣達郎ほか編 岩波書店 1992.10 565p 22cm〈著者の肖像あり〉4500円 ①4-00-091727-7 Ⓝ918.68

内容 冷笑, 紅茶の午後

永井　龍男
ながい・たつお
《1904〜1990》

「胡桃割り」

『小学生までに読んでおきたい文学　2　かなしい話』 松田哲夫編 あすなろ書房 2014.1 239p 22×14cm 1800円 ①978-4-7515-2742-9

内容 蜘蛛の糸（芥川龍之介）, 天国からの脱落（ブッツァーティ）, 幸せの王子（ワイルド）, ジュール伯父（モーパッサン）, 福の神（星新一）, 笑い虫のサム（サローヤン）, 手（S.アンダソン）, みにくいアヒルの子（アンデルセン）, 少女（マンスフィールド）, ガラスの少女像（T.ウィリアムズ）, 胡桃割り（永井龍男）, ある手品師の話（小熊秀雄）, 生命の法則（J.ロンドン）

『日本近代短篇小説選　昭和篇　2』 紅野敏郎, 紅野謙介, 千葉俊二, 宗像和重, 山田俊治編 岩波書店 2012.9 382p

15cm （岩波文庫） 800円 ①978-4-00-311915-0

内容 「「生きられますか？」と彼は彼女にきいてみた。」（野間宏『顔の中の赤い月』）—焼跡から、記憶から、芽吹き萌え広がることばと物語。昭和二一年から二七年までに発表された、石川淳・坂口安吾・林芙美子らの一三篇を収録。

『新・ちくま文学の森 5 こどもの風景』 鶴見俊輔ほか編 筑摩書房 1995.1 407p 20cm 1800円 ①4-480-10125-X Ⓝ908

内容 小曲二章 佐藤春夫著, 波 より ヴァージニア・ウルフ著 川本静子訳, 少年たち チェーホフ著 神西清訳, ある小さな物語 モルナール著 徳永康元訳, 少女 ウンセット著 尾崎義訳, 行列 夏目漱石著, 牛乳 武田百合子著, ずぼんぼ 幸田文著, お栄という幼児 森銑三著, 英語教師の日記から 抄 小泉八雲著 田中三千稔訳, 蔦の門 岡本かの子著, 孫とおばば 中野重治著, 胡桃割り 永井竜男著, 小さな逃亡者 タゴール著 山口三夫訳, 対応 ジョイス著 戸田基訳, 力づく W,C, ウィリアムズ著 宮本陽吉訳, 一日の期待 ヘミングウェイ著 井上謙治訳, 思い出 より 太宰治著, 人の顔 夢野久作著, 小羊 ソログープ著 中山省三郎訳, 赤い酋長の身代金 O, ヘンリー著 小鷹信光訳, 小さな王国 谷崎潤一郎著, ミリアム カポーティ著 川本三郎訳, 少年探偵団—解説にかえて 安野光雅著

「正確な文章」

『へっぽこ先生その他』 永井龍男著 講談社 2011.2 346p 15cm （講談社文芸文庫） 1500円 ①978-4-06-290114-7

内容 作家としての早熟な才能を示した東京神田育ちの青年は菊池寛に誘われ文藝春秋社で編集者となった。しかし敗戦後は社を去り、以後筆一本の暮らしに入る—人生の断片を印象鮮やかに描き出す短篇小説の達人が横光利一、小林秀雄、井伏鱒二ら文学者との深い交流やさりげなくも捨てがたい日常・身辺の雑事を透徹した視線と達意の文章で綴った珠玉の名随筆五十九篇。

中沢 新一
なかざわ・しんいち
《1950〜》

「月下のサーカス」

『幸福の無数の断片』 中沢新一著 河出書房新社 1992.10 263p 15cm （河出文庫） 640円 ①4-309-40349-2 Ⓝ914.6

「釣りのハイパー‐セミオティクス」

『蜜の流れる博士』 中沢新一著 せりか書房 1989.5 370p 20cm 2472円 Ⓝ914.6

中島 敦
なかじま・あつし
《1909〜1942》

「牛人」

『日本の名作「こわい話」傑作集』 Z会監修・解説, 平尾リョウ絵 集英社 2012.8 209p 18cm （集英社みらい文庫） 620円 ①978-4-08-321111-9

内容 「私のことを誰かに話したら、殺しに行きますよ」猛吹雪の山小屋の中で、少年・巳之吉に迫る怖ろしい美女を描く小泉八雲の『雪女』。暗い夜道、背中に背負っている子供が、次々と不吉な予感を話し出す、夏目漱石の『夢十夜』。たったひとつの善い行いのおかげで、地獄から抜け出せそうになるが…芥川龍之介の『蜘蛛の糸』。ほか、文豪たちによる「こわい話」をぎゅっと13編集めた勉強にもなる傑作集。小学上級・中学から。

『こわい話』 松田哲夫編 あすなろ書房 2011.2 287p 21cm （中学生までに読んでおきたい日本文学 8） 1800円 ①978-4-7515-2628-6

内容 ほんとうにこわいのは誰だ。名作短編がぎっしりつまった一冊。

『中島敦—端正・格調高い文章を味わう』 中島敦著 宝島社 2009.6 350p 21cm （別冊宝島 1625号—［Culture & sports］） 762円 ①978-4-7966-

7036-4　Ⓝ913.6

内容 文字禍, セトナ皇子, 木乃伊, 狐憑, 山月記, 悟浄出世, 悟浄歎異, 盈虚, 牛人, 名人伝, 弟子, 李陵, 光と風と夢, 幸福, 夫婦, ケイ, ナポレオン, 斗南先生, 狼疾記, 解説 中島敦—人と作品と時代郷原宏著

『山月記・李陵 他九篇』 中島敦作　岩波書店　2003.4　421p　15cm　（岩波文庫）〈第15刷〉700円　Ⓘ4-00-311451－－5

内容 三十三年余の短い一生に、珠玉の光を放つ典雅な作品を残した中島敦（1909 - 42）。近代精神の屈折が祖父伝来の儒家に育ったその漢学の血脈のうちに昇華された表題作をはじめ、『西遊記』に材を取って自我の問題を掘り下げた「悟浄出世」「悟浄歎異」、また南洋への夢を紡いだ「環礁」など、彼の真面目を伝える作品11篇を収めた。

「悟浄歎異」

『李陵 山月記』 中島敦著　文藝春秋　2013.7　379p　15cm　（文春文庫）470円　Ⓘ978-4-16-783867-6

内容 気品ある文体と、研ぎ澄まされた感覚。病魔とたたかいながら自己の内面を探究し、出ずる孤独と絶望とを中国古典に、あるいは南洋の風光に託した中島敦の作品世界は、永遠にその輝きを失わない。芥川賞候補に推され、文学的起点となった「光と風と夢」。名作の誉れ高い「李陵」「弟子」「山月記」など、必読の六篇を収める。

『李陵・山月記 弟子・名人伝』 中島敦著　改版　角川書店, 角川グループパブリッシング〔発売〕　2011.5　256p　15cm　（角川文庫）〈62版（初版1968年）〉476円　Ⓘ978-4-04-110302-9

内容 李陵は、5千の小兵を率い、10万の匈奴と勇戦するが、捕虜となった。司馬遷は、一人李陵を弁護するが、思いもかけぬ刑罰をうける結果となった。讒言による悲運に苦しむ二人の運命に仮託して、人間関係のみにくさ美しさを綴る「李陵」。他に、自らの自尊心のため人喰い虎に変身する李徴の苦悩を描く「山月記」など、中国古典に材をとり、人間の存在とは何かを鮮烈にといかける中島敦の代表作6編を収録。

『中島敦』 中島敦著　筑摩書房　2008.3　471p　15cm　（ちくま日本文学）880円　Ⓘ978-4-480-42512-6

内容 名人伝, 山月記, 弟子, 李陵, 狐憑, 木乃伊, 文字禍, 幸福, 夫婦, 鶏, マリヤン, 盈虚, 牛人, 巡査の居る風景, かめれおん日記, 悟浄出世, 悟浄歎異, 和歌でない歌, 河馬

『山月記・李陵 他九篇』 中島敦作　岩波書店　2003.4　421p　15cm　（岩波文庫）〈第15刷〉700円　Ⓘ4-00-311451－－5

内容 三十三年余の短い一生に、珠玉の光を放つ典雅な作品を残した中島敦（1909 - 42）。近代精神の屈折が祖父伝来の儒家に育ったその漢学の血脈のうちに昇華された表題作をはじめ、『西遊記』に材を取って自我の問題を掘り下げた「悟浄出世」「悟浄歎異」、また南洋への夢を紡いだ「環礁」など、彼の真面目を伝える作品11篇を収めた。

「山月記」

『李陵 山月記』 中島敦著　文藝春秋　2013.7　379p　15cm　（文春文庫）470円　Ⓘ978-4-16-783867-6

内容 気品ある文体と、研ぎ澄まされた感覚。病魔とたたかいながら自己の内面を探究し、出ずる孤独と絶望とを中国古典に、あるいは南洋の風光に託した中島敦の作品世界は、永遠にその輝きを失わない。芥川賞候補に推され、文学的起点となった「光と風と夢」。名作の誉れ高い「李陵」「弟子」「山月記」など、必読の六篇を収める。

『李陵・山月記 弟子・名人伝』 中島敦著　改版　角川書店, 角川グループパブリッシング〔発売〕　2011.5　256p　15cm　（角川文庫）〈62版（初版1968年）〉476円　Ⓘ978-4-04-110302-9

内容 李陵は、5千の小兵を率い、10万の匈奴と勇戦するが、捕虜となった。司馬遷は、一人李陵を弁護するが、思いもかけぬ刑罰をうける結果となった。讒言による悲運に苦しむ二人の運命に仮託して、人間関係のみにくさ美しさを綴る「李陵」。他に、自らの自尊心のため人喰い虎に変身する李徴の苦悩を描く「山月記」など、中国古典に材をとり、人間の存在とは何かを鮮烈にといかける中島敦の代表作6編を収録。

『中島敦』 中島敦著　筑摩書房　2008.3　471p　15cm　（ちくま日本文学）880円　Ⓘ978-4-480-42512-6

内容 名人伝, 山月記, 弟子, 李陵, 狐憑, 木乃伊, 文字禍, 幸福, 夫婦, 鶏, マリヤン, 盈虚, 牛人, 巡査の居る風景, かめれおん日記, 悟浄出世, 悟浄歎異, 和歌でない歌, 河馬

『中国小説集』 中島敦著 ランダムハウス講談社 2007.6 316p 15cm （ランダムハウス講談社文庫） 900円 Ⓘ978-4-270-10103-2

内容 今なお私淑されつづける作家・中島敦。遺された数少ない作品中でも、特に誉れが高い「李陵」「山月記」をはじめ、中国を舞台にした作品八編を精選した。古典に範を求めながらも、自在の解釈の腕を振るい、描き出す奇想の数々。「古典」のイメージを一新する注釈・ルビ・書下し文付。

『李陵 山月記』 中島敦著 改版 新潮社 2003.12 218p 15cm （新潮文庫） 362円 Ⓘ4-10-107701-0

内容 中島敦は、幼時よりの漢学の教養と広範な読書から得た独自な近代的憂愁を加味して、知識人の宿命、孤独を唱えた作家で、三十四歳で歿した。彼の不幸な作家生活は太平洋戦争のさなかに重なり、疑惑と恐怖に陥った自我は、古伝説や歴史に人間関係の諸相を物語化しつつ、異常な緊張感をもって芸術の高貴性を現出させた。本書は中国の古典に取材した表題作ほか『名人伝』『弟子』を収録。

「弟子」

『李陵 山月記』 中島敦著 文藝春秋 2013.7 379p 15cm （文春文庫） 470円 Ⓘ978-4-16-783867-6

内容 気品ある文体と、研ぎ澄まされた感覚。病魔とたたかいながら自己の内面を探究し、出ずる孤独と絶望とを中国古典に、あるいは南洋の風光に託した中島敦の作品世界は、永遠にその輝きを失わない。芥川賞候補に推され、文学的起点となった「光と風と夢」。名作の誉れ高い「李陵」「弟子」「山月記」など、必読の六篇を収める。

『李陵・山月記 弟子・名人伝』 中島敦著 改版 角川書店, 角川グループパブリッシング〔発売〕 2011.5 256p 15cm （角川文庫）〈62版（初版1968年）〉 476円 Ⓘ978-4-04-110302-9

内容 李陵は、5千の小兵を率い、10万の匈奴と勇戦するが、捕虜となった。司馬遷は、一人李陵を弁護するが、思いもかけぬ刑罰をうける結果となった。讒言による悲運に苦しむ二人の運命に仮託して、人間関係のみにくさ美しさを綴る「李陵」。他に、自らの自尊心のため人喰い虎に変身する李徴の苦悩を描く「山月記」など、中国古典に材をとり、人間の存在とは何かを鮮烈にといかける中島敦の代表作6編を収録。

『中国小説集』 中島敦著 ランダムハウス講談社 2007.6 316p 15cm （ランダムハウス講談社文庫） 900円 Ⓘ978-4-270-10103-2

内容 今なお私淑されつづける作家・中島敦。遺された数少ない作品中でも、特に誉れが高い「李陵」「山月記」をはじめ、中国を舞台にした作品八編を精選した。古典に範を求めながらも、自在の解釈の腕を振るい、描き出す奇想の数々。「古典」のイメージを一新する注釈・ルビ・書下し文付。

『李陵 山月記』 中島敦著 改版 新潮社 2003.12 218p 15cm （新潮文庫） 362円 Ⓘ4-10-107701-0

内容 中島敦は、幼時よりの漢学の教養と広範な読書から得た独自な近代的憂愁を加味して、知識人の宿命、孤独を唱えた作家で、三十四歳で歿した。彼の不幸な作家生活は太平洋戦争のさなかに重なり、疑惑と恐怖に陥った自我は、古伝説や歴史に人間関係の諸相を物語化しつつ、異常な緊張感をもって芸術の高貴性を現出させた。本書は中国の古典に取材した表題作ほか『名人伝』『弟子』を収録。

「名人伝」

『山月記』 中島敦作, 小前亮現代語訳 理論社 2014.8 150p 19cm （スラよみ！ 現代語訳名作シリーズ 2） 1400円 Ⓘ978-4-652-20064-3

内容 おれは、なぜ虎に変身してしまったのだろう？ わずか2年の作家人生で中島敦がこの世に残した奇跡のような文学。註釈なしでもすらすら読めて面白い！

『李陵 山月記』 中島敦著 角川春樹事務所 2012.4 108p 16cm （ハルキ文庫 な8-1）〈底本：「中島敦全集」第1巻（筑摩書房 2001年刊） 年譜あり〉 267円 Ⓘ978-4-7584-3653-3 Ⓝ913.6

内容 山月記, 名人伝, 李陵

『新 現代文学名作選』 中島国彦監修 明治書院 2012.1 256p 21cm 781円 Ⓘ978-4-625-65415-2

内容 坊っちゃん（夏目漱石）, 最後の一句（森鷗外）, 鼻（芥川龍之介）, 清兵衛と瓢簞（志賀直哉）, よだかの星（宮沢賢治）, 山椒魚（井伏鱒二）, セメント樽の中の手紙（葉山嘉樹), 路傍の石 (山本有三), 黄金風景 (太宰治), 名人伝 (中島敦), 潮騒 (三島由紀夫), 赤い繭 (安部公房), おきみやげ (幸田文), 童謡 (吉行淳之介), 途中下車 (宮本輝), 離さない (川上弘美), 沈黙 (村上春樹), 電話アーティストの甥電話アーティストの恋人 (小川洋子), 乳と卵 (川上未映子), さがしもの (角田光代)

『とっておきの話』 安野光雅, 森毅, 井上ひさし, 池内紀編 筑摩書房 2011.5 537p 15cm (ちくま文学の森 10) 1200円 ①978-4-480-42740-3

内容 ミラボー橋 (アポリネール), 立札 (豊島与志雄), 名人伝 (中島敦), 幻談 (幸田露伴),Kの昇天 (梶井基次郎), 月の距離 (カルヴィーノ), 山彦 (マーク・トウェイン), アラビア人占星術師のはなし (W.アーヴィング), 山ン本五郎左衛門只今退散仕る (稲垣足穂), 榎物語 (永井荷風)

『李陵 山月記』 中島敦著 改版 新潮社 2003.12 218p 15cm (新潮文庫) 362円 ①4-10-107701-0

内容 中島敦は、幼時よりの漢学の教養と広範な読書から得た独自な近代的憂愁を加味して、知識人の宿命、孤独を唱えた作家で、三十四歳で歿した。彼の不幸な作家生活は太平洋戦争のさなかに重なり、疑惑と恐怖に陥った自我は、古伝説や歴史に人間関係の諸相を物語化しつつ、異常な緊張感をもって芸術の高貴性を現出させた。本書は中国の古典に取材した表題作ほか『名人伝』『弟子』を収録。

「李陵」

『山月記』 中島敦作, 小前亮現代語訳 理論社 2014.8 150p 19cm (スラよみ! 現代語訳名作シリーズ 2) 1400円 ①978-4-652-20064-3

内容 おれは、なぜ虎に変身してしまったのだろう? わずか2年の作家人生で中島敦がこの世に残した奇跡のような文学。註釈なしでもすらすら読めて面白い!

『李陵 山月記』 中島敦著 文藝春秋 2013.7 379p 15cm (文春文庫) 470円 ①978-4-16-783867-6

内容 気品ある文体と、研ぎ澄まされた感覚。病魔とたたかいながら自己の内面を探究し、出ずる孤独と絶望とを中国古典に、あるいは南洋の風光に託した中島敦の作品世界は、永遠にその輝きを失わない。芥川賞候補に推され、文学的起点となった「光と風と夢」。名作の誉れ高い「李陵」「弟子」「山月記」など、必読の六篇を収める。

『李陵 山月記』 中島敦著 角川春樹事務所 2012.4 108p 16cm (ハルキ文庫 な8-1) 〈底本:「中島敦全集」第1巻 (筑摩書房 2001年刊) 年譜あり〉 267円 ①978-4-7584-3653-3 Ⓝ913.6

内容 山月記, 名人伝, 李陵

『中島敦』 中島敦著 筑摩書房 2008.3 471p 15cm (ちくま日本文学) 880円 ①978-4-480-42512-6

内容 名人伝, 山月記, 弟子, 李陵, 狐憑, 木乃伊, 文字禍, 幸福, 夫婦, 鶏, マリヤン, 盈虚, 牛人, 巡査の居る風景, かめれおん日記, 悟浄出世, 悟浄歎異, 和歌でない歌, 河馬

『李陵 山月記』 中島敦著 改版 新潮社 2003.12 218p 15cm (新潮文庫) 362円 ①4-10-107701-0

内容 中島敦は、幼時よりの漢学の教養と広範な読書から得た独自な近代的憂愁を加味して、知識人の宿命、孤独を唱えた作家で、三十四歳で歿した。彼の不幸な作家生活は太平洋戦争のさなかに重なり、疑惑と恐怖に陥った自我は、古伝説や歴史に人間関係の諸相を物語化しつつ、異常な緊張感をもって芸術の高貴性を現出させた。本書は中国の古典に取材した表題作ほか『名人伝』『弟子』を収録。

長塚 節

ながつか・たかし

《1879～1915》

「土」

『土』 長塚節著 改版 新潮社 2013.9 447p 15cm (新潮文庫) 630円 ①978-4-10-105401-8

内容 茨城県地方の貧農勘次一家を中心に小作農の貧しさとそれに由来する貪欲、狡猾、利己心など、また彼らをとりかこむ自然の風物、年中行事などを驚くべきリアルな筆致で克明に描いた農民文学の記念碑的名作である。漱石をして「余の娘が年頃になって、音楽会がどうだの、帝国座がどうだのと云い募る時分になったら、余は是非この『土』を読ましたいと思っている」と言わしめた。

『伊籐左千夫・長塚節集』 筑摩書房 2013.1 426p 21cm (明治文學全集 54) 7500円 Ⓘ978-4-480-10354-3

目次 伊藤左千夫集(野菊之墓, 隣の嫁, 紅黄録, 奈々子, 去年, 提灯の繪をかく娘, 水害雑録, 三ヶ月湖遊記, 和歌, 續新歌論, 再び歌之連作趣味を論ず, 竹の里人, 『我が命』に就て, 強ひられたる歌論, 表現と提供, 『悲しき玩具』を讀む, 叫びと話, 叫びと俳句, 文明。茂吉。柿乃村人評), 長塚節集(芋掘り, 開業醫, おふさ, 隣室の客, 太十と其犬, 炭燒のむすめ, 佐渡が島, 和歌, 寫生の歌に就いて, 齋藤君と古泉君), 長塚節氏の赤光評(古泉千樫), 小説家としての伊藤左千夫(宇野浩二), 伊藤左千夫より(土屋文明), 長塚節の歌(齋藤茂吉), 長塚節素描より(若杉慧), 解題(本林勝夫), 年譜(永塚功・大戸三千枝編), 參考文獻(永塚功・大戸三千枝編)

『土』 長塚節作 岩波書店 2000.5 403p 15cm (岩波文庫) 700円 Ⓘ4-00-310401-3

内容 主人公勘次とその娘おつぎを中心に明治後半期における貧農の生活を描いた長篇。今日では想像を絶する農民の窮乏と、貧しさゆえに歪められた悲しい人間の姿が如実に写し出される。封建的地主の支配下にあった農民への深い人間的共感をもって書かれたこの作品は、日本農民文学史上の傑作である。

中根 千枝
なかね・ちえ
《1926～》

「「悠久」に生きるインドの人々」

『未開の顔・文明の顔』 中根千枝著 中央公論社 1990.7 287p 16cm (中公文庫) 520円 Ⓘ4-12-201729-7 Ⓝ389.04

中野 孝次
なかの・こうじ
《1925～2004》

「花下遊楽」

『中野孝次作品 06 山に遊ぶ心・花下遊楽・ハラスのいた日々』 中野孝次著 全面改訂決定版 作品社 2001.9 477p 21×16cm 4800円 Ⓘ4-87893-743-2

内容 愛犬や自然との交歓と調和を描く感動のエッセイ。著者自身の全面改訂による初の決定版集成。書き下ろし連載エッセイ『黒いノート』併録。

「河童の血筋」

『誕生日のアップルパイ―'89年版ベスト・エッセイ集』 日本エッセイスト・クラブ編 文藝春秋 1992.7 349p 15cm (文春文庫) 450円 Ⓘ4-16-743407-5

内容 市井の人びとの実人生にもとづいた心暖まるエピソードや哀感にみちた真情が率直に綴られたエッセイ、文章の練達の士が流麗に綴った自然・人生への鋭い観察眼と意外な一面、学識者が研究室・フィールドワークで拾った珍聞奇聞。昭和最後の一年となった'88年中に発表された中から日本エッセイスト・クラブが選んだ人間賛歌60篇。

「闇」

『ブリューゲルへの旅』 中野孝次著 文芸春秋 2004.5 217p 15cm (文春文庫) 590円 Ⓘ4-16-752313-2

内容 1966年、ウィーン。41歳の著者は憂鬱をもてあましていた。そして「雪中の狩人」に出会う。絵が「ここがお前の帰っていくべき場所だ」と語りかけてくる。16世紀フランドル地方の謎の民衆画家、ブリューゲルの不思議な作品群をたどりつつ、若き日の懊悩、模索、西洋文明への憧憬と決別を語り尽くした名著。中野流人生哲学の源。

「友情」

『セネカ 現代人への手紙』 中野孝次著 岩波書店 2004.5 288p 19cm 1800円 Ⓘ4-00-023646-6

内容 古代ローマから現代日本へ贈られた精神の治療薬。善く生き、善く死ぬために―。

中野　重治
なかの・しげはる
《1902〜1979》

「あかるい娘ら」

『詩集 夜明け前のさよなら』　中野重治著　日本図書センター　2000.2　198p　19cm　2200円　Ⓘ4-8205-2725-8

内容 革命詩人の高揚する情熱と志。初刊のデザインの香りをつたえる新しい愛蔵版詩集シリーズ。

『中野重治全集　1』　筑摩書房　1996

「歌」

『中野重治全集　1』　筑摩書房　1996

「歌のわかれ」

『昭和文学の位相 1930 - 45』　佐藤義雄著　雄山閣　2014.9　466p　21cm　8400円　Ⓘ978-4-639-02325-8

内容 昭和10年代文学への真摯な眼差し、著者積年の考察による、待望の論集！“転向”の時代から“戦時”へ、懊悩し、苦闘する作家群像。その精神ドキュメントを追う。

『歌のわかれ』　中野重治著　金沢　石川近代文学館　2011.3　180p　15cm　980円　Ⓝ913.6

『歌のわかれ・むらぎも』　中野重治著　定本版　筑摩書房　1996.8　410p　21cm　（中野重治全集 第5巻）8446円　Ⓘ4-480-72025-1

内容 地方の高等学校生、ついで東京の大学生となった主人公の青春の鬱屈と自覚を描いた連作に、労働者運動に近づいて行こうとするその主人公—未来の青年文学者の模索と変革とを描いた長篇の一連の自伝的作品。「むらぎも」は毎日出版文化賞を受賞。

「おどる男」

『オキュパイド ジャパン』　志賀直哉ほか著　集英社　2012.8　697p　19cm　（コレクション 戦争と文学 10）3600円　Ⓘ978-4-08-157010-2

内容 灰色の月（志賀直哉），焼跡のイエス（石川淳），深夜の酒宴（椎名麟三），黒衣の聖母（山田風太郎），異端の子（田宮虎彦），廃墟の眺め（吉行淳之介），あゝ日本大疥癬（野坂昭如），ミミのこと（田中小実昌），おどる男（中野重治），ガラスの靴（安岡章太郎），C町でのノート（西野辰吉），爆撃調査団（内田百閒），サーチライト（豊川善一），人間の羊（大江健三郎），こだまとの対話（大原富枝），神と人とのあいだ（第1部　審判）（木下順二），松葉杖の男（遠藤周作），爆音（城山三郎），大いなる日（阿部昭），証人のいない光景（李恢成），一九四九年冬（吉本隆明），短歌（斎藤茂吉），川柳

『戦後短篇小説再発見　8　歴史の証言』　講談社文芸文庫編　講談社　2002.1　259p　15cm　（講談社文芸文庫）950円　Ⓘ4-06-198268-0

内容 戦争、敗戦を経て繁栄の時代へ—苛烈な状況下でも挫けず生きる個人を描き、時を超えて光彩を放つ十一篇。

『中野重治全集　第3巻　五勺の酒』　中野重治著　筑摩書房　1996.6　460p　21cm　8155円　Ⓘ4-480-72023-5

内容 戦後十年間の全短篇集。天皇制問題の民衆感覚による再検討を提起して反響を呼んだ「五勺の酒」をはじめ、戦時下の生活と軍隊経験、国の被占領状態と革命運動内部のゆがみ、国会の動きと庶民生活の変化などをえがいて、複雑な時代を照らしだす。

「豪傑」

『中野重治全集　1』　筑摩書房　1996

「しらなみ」

『詩集 夜明け前のさよなら』　中野重治著　日本図書センター　2000.2　198p　19cm　2200円　Ⓘ4-8205-2725-8

内容 革命詩人の高揚する情熱と志。初刊のデザインの香りをつたえる新しい愛蔵版詩集シリーズ。

『中野重治全集　1』　筑摩書房　1996

「山猫」

『夜明け前のさよなら』　中野重治著，関井光男監修　ゆまに書房　1998.5　219p　19cm　（新鋭文学叢書 19）〈改造社昭和5年刊の複製　肖像あり〉Ⓘ4-89714-468-X,4-89714-433-7　Ⓝ913.6

内容 病気なほる，新しい女，波のあひま，夜明け前のさよなら，歌，機関車，東京帝国大学生，ポール・クローデル，帝国ホテル，死んだ

一人, 彼が書き残した言葉, 汽車, 山猫その他, 鬼子母神のそばの家の人, 家賃の問題, 私信, 昔の大学校, 嘘とまことと半々に, 素樸といふこと, 文章を売ることその他, 子供に見せる芝居のうち,「セメント」についての断片, 芸術に政治的価値なんてものはない, 反動期の作家生活

『あけびの花』 中野重治著 講談社 1993.6 318p 15cm (講談社文芸文庫―現代日本のエッセイ) 980円 ①4-06-196228-0

内容 昭和、戦前・戦中の強権の下での苦闘の生活の中に生まれた、「鬼子母神そばの家の人」「山猫その他」「遺伝」「残りの年齢」、戦後の自由の光の中で書かれた「木の名、鳥の名」「平泉金色堂中尊寺」「今日ただいまのところ」「遠野瞥見」。阿佐ケ谷文士たち、碩学・吉川幸次郎らが絶讃しやまない中野重治の強靭な精神と清新な詩心が生んだ随筆世界。

中原 中也
なかはら・ちゅうや
《1907～1937》

「秋の日」

『中原中也全詩歌集 上』 講談社 1991

「朝の歌」

『中原中也』 中原中也著, 高橋順子選・鑑賞解説 小学館 2010.1 125p 19cm (永遠の詩 04) 1200円 ①978-4-09-677214-0

内容 傷つきやすい魂は、中也節とよばれる独特のリズムにのって、喪失の海をさまよう。やさしく、やるせなく、時に残酷に。稀代の天才詩人が遺した傑作詩を、現代仮名遣い、鑑賞解説付きで収録。

『汚れつちまつた悲しみに・ゆきてかへらぬ』 中原中也著 小学館 2000.5 281p 15cm (小学館文庫―新撰クラシックス) 638円 ①4-09-404105-2

内容 十代で文学に目覚めてから30歳の若さで世を去るまで、常に「詩人」として生きた中原中也。彼の残した数々の詩は、溢れるような抒情味と独自のリズムを持ち、現在も多くの人に読み継がれている。本書では、共に“歌”と題され、中也自身のなかにある深い悲しみと傷ついた魂の告白がうたわれた二つの詩集「山羊の歌」「在りし日の歌」の全篇を収録。「新撰クラシックス」シリーズ第五作。

『中原中也全詩歌集 上』 講談社 1991

「生ひ立ちの歌」

『中原中也 さらば東京！』 中原中也著, 瀬尾明男写真 清流出版 2008.1 118p 18cm 1600円 ①978-4-86029-231-7

内容 「幼い頃への憧憬と望郷」「生きることの悲しみ」を表現し続けた詩人、中原中也。友人の小林秀雄に『在りし日の歌』の原稿を託し、故郷に帰る矢先、三十年という短い人生を終えた。「さらば東京！ おゝわが青春！」『在りし日の歌』後記に記した締めの言葉に、彼はどのような思いを込めたのだろうか…。時を超え、輝き続ける詩と鮮烈な写真がシンクロする。

『中原中也』 中原中也詩, 若林佳子押花 ポプラ社 2004.2 1冊 23×19cm (花と言葉の詩画集 1) 1500円 ①4-591-08066-8

目次 汚れつちまつた悲しみに…, 月夜の浜辺, 一つのメルヘン, サーカス, 北の海, 生ひ立ちの歌, 山上のひととき, 無題, 湖上, 夏の日の歌〔ほか〕

『風呂で読む中原中也』 中原中也著, 阿毛久芳著 京都 世界思想社 1998.1 104p 19cm〈肖像あり〉951円 ①4-7907-0687-7 Ⓝ911.52

「頑是ない歌」

『中原中也全詩歌集 下』 講談社 1991

「北の海」

『中原中也』 中原中也詩, 若林佳子押花 ポプラ社 2004.2 1冊 23×19cm (花と言葉の詩画集 1) 1500円 ①4-591-08066-8

目次 汚れつちまつた悲しみに…, 月夜の浜辺, 一つのメルヘン, サーカス, 北の海, 生ひ立ちの歌, 山上のひととき, 無題, 湖上, 夏の日の歌〔ほか〕

『中原中也全詩歌集 下』 講談社 1991

「湖上」

『中原中也』 萩原昌好編, 出久根育画

あすなろ書房　2011.8　103p　20×16cm　（日本語を味わう名詩入門 6）1500円　①978-4-7515-2646-0

内容 早熟で多感な詩人が遺した「孤独な魂の叫び」をわかりやすく解説します。

『中原中也』 中原中也詩，若林佳子押花　ポプラ社　2004.2　1冊　23×19cm　（花と言葉の詩画集 1）1500円　①4-591-08066-8

目次 汚れつちまつた悲しみに…，月夜の浜辺，一つのメルヘン，サーカス，北の海，生ひ立ちの歌，山上のひととき，無題，湖上，夏の日の歌〔ほか〕

『中原中也全詩歌集　下』 講談社　1991

「サーカス」

『中原中也』 萩原昌好編，出久根育画　あすなろ書房　2011.8　103p　20×16cm　（日本語を味わう名詩入門 6）1500円　①978-4-7515-2646-0

内容 早熟で多感な詩人が遺した「孤独な魂の叫び」をわかりやすく解説します。

『汚れつちまつた悲しみに…』 中原中也著　ぶんか社　2010.6　172p　15cm　（ぶんか社文庫）457円　①978-4-8211-5340-4

内容 表題詩を含む生前に刊行された第一詩集『山羊の歌』、そして30歳で夭折した翌年に刊行された『在りし日の歌』から、また詩集に収録されていない作品から、魂が震える詩篇を選び抜いた中原中也詩集。

『中原中也』 中原中也著，高橋順子選・鑑賞解説　小学館　2010.1　125p　19cm　（永遠の詩 04）1200円　①978-4-09-677214-0

内容 傷つきやすい魂は、中也節とよばれる独特のリズムにのって、喪失の海をさまよう。やさしく、やるせなく、時に残酷に。稀代の天才詩人が遺した傑作詩を、現代仮名遣い、鑑賞解説付きで収録。

『汚れつちまつた悲しみに・ゆきてかへらぬ』 中原中也著　小学館　2000.5　281p　15cm　（小学館文庫―新撰クラシックス）638円　①4-09-404105-2

内容 十代で文学に目覚めてから30歳の若さで世を去るまで、常に「詩人」として生きた中原中也。彼の残した数々の詩は、溢れるような抒情味と独自のリズムを持ち、現在も多くの人に読み継がれている。本書では、共に“歌”と題され、中也自身のなかにある深い悲しみと傷ついた魂の告白がうたわれた二つの詩集「山羊の歌」「在りし日の歌」の全篇を収録。「新撰クラシックス」シリーズ第五作。

『中原中也全詩歌集　上』 講談社　1991

「正午―丸ビル風景」

『中原中也全詩集』 中原中也著　角川学芸出版　2007.10　797p　15cm　（角川文庫―角川ソフィア文庫）〈肖像あり 年譜あり〉1238円　①978-4-04-117104-2　Ⓝ911.56

内容 山羊の歌，在りし日の歌

『中原中也全詩歌集　下』 講談社　1991

「少年時」

『中原中也選書』 世界の名詩鑑賞会編　名古屋　リベラル社，星雲社〔発売〕 2006.1　78p　15×9cm　（ミニブックシリーズ）500円　①4-434-07424-5

目次 春の日の夕暮，サーカス，夏の日の歌，港市の秋，少年時，失せし希望，汚れっちまった悲しみに…，生い立ちの歌，冬の日の記憶，骨〔ほか〕

『中原中也詩集』 中原中也著，大岡昇平編　岩波書店　2003.1　509p　15cm　（岩波文庫）〈第42刷〉800円　①4-00-310971-6

内容 中原を理解することは私を理解することだ、と編者はいう。こうして飽くなき詩人への追求が30余年にわたって続く。ここにその成果を総決算すべく、中也自選の『山羊の歌』『在りし日の歌』の全篇と、未刊詩篇から60余篇を選んで一書を編集した。読者はさまざまな詩に出会い、その底にある生の悲しみに心うたれるに違いない。

『中原中也詩集』 中原中也著，吉田凞生編　新潮社　2000.4　341p　15cm　（新潮文庫）476円　①4-10-129021-0

内容 愛する者よ、無垢なる日々よ―。生と死のあわいを漂いながら、失われて二度とかえらぬものへの、あふれる惜別の想いを、ノスタルジックにうたい続けた、夭折の天才詩人、中也。哀切で甘美なことばが、胸をうつ調べとなって響きあい、はかない余韻が心に沁みる2冊の詩集『山羊の歌』『在りし日の歌』に、詩集として編まれなかった作品も併せた140篇の詩篇を収録。

『中原中也全詩歌集　上』 講談社　1991

「月夜の浜辺」

『中原中也』 中原中也詩，若林佳子押花　ポプラ社　2004.2　1冊　23×19cm　（花と言葉の詩画集 1）1500円　①4-591-08066-8

目次 汚れつちまつた悲しみに…，月夜の浜辺，一つのメルヘン，サーカス，北の海，生ひ立ちの歌，山上のひととき，無題，湖上，夏の日の歌〔ほか〕

『中原中也全詩歌集　下』 講談社　1991

「曇天」

『汚れっちまった悲しみに…』 中原中也著，石井昭影絵，福田百合子監修　新日本教育図書　1998.8　1冊　25×22cm　（影絵ものがたりシリーズ 4）1200円　①4-88024-198-9

内容 今でも多くの人に愛される中原中也の詩。美しくも哀しいその調べは、人の心にいつまでも残ります。本書は、中也の代表作18を厳選しました。

『中原中也全詩歌集　下』 講談社　1991

「夏の日の歌」

『中原中也』 萩原昌好編，出久根育画　あすなろ書房　2011.8　103p　20×16cm　（日本語を味わう名詩入門 6）1500円　①978-4-7515-2646-0

内容 早熟で多感な詩人が遺した「孤独な魂の叫び」をわかりやすく解説します。

『中原中也選書』 世界の名詩鑑賞会編　名古屋　リベラル社，星雲社〔発売〕　2006.1　78p　15×9cm　（ミニブックシリーズ）500円　①4-434-07424-5

目次 春の日の夕暮，サーカス，夏の日の歌，港市の秋，少年時，失せし希望，汚れっちまった悲しみに…，生い立ちの歌，冬の日の記憶，骨〔ほか〕

『中原中也』 中原中也詩，若林佳子押花　ポプラ社　2004.2　1冊　23×19cm　（花と言葉の詩画集 1）1500円　①4-591-08066-8

目次 汚れつちまつた悲しみに…，月夜の浜辺，一つのメルヘン，サーカス，北の海，生ひ立ちの歌，山上のひととき，無題，湖上，夏の日の歌〔ほか〕

『中原中也全詩歌集　上』 講談社　1991

「一つのメルヘン」

『ものがたりのお菓子箱―日本の作家15人による』 谷崎潤一郎，有島武郎，小川未明，中原中也，梶井基次郎，川端康成，三島由紀夫，星新一，中島敦，井伏鱒二，伊丹十三，吉行淳之介，深沢七郎，萩原朔太郎，小川洋子文，安西水丸絵　飛鳥新社　2008.11　288p　19cm　1800円　①978-4-87031-882-3

内容 魚の李太白（谷崎潤一郎），僕の帽子のお話（有島武郎），月夜とめがね（小川未明），一つのメルヘン（中原中也），愛撫（梶井基次郎），片腕（川端康成），雨のなかの噴水（三島由紀夫），ボッコちゃん（星新一），幸福（中島敦），白毛（井伏鱒二），するめ（伊丹十三），蠅（吉行淳之介），月のアペニン山（深沢七郎），死なない蛸（萩原朔太郎），ギブスを売る人（小川洋子）

『中原中也』 中原中也詩，若林佳子押花　ポプラ社　2004.2　1冊　23×19cm　（花と言葉の詩画集 1）1500円　①4-591-08066-8

目次 汚れつちまつた悲しみに…，月夜の浜辺，一つのメルヘン，サーカス，北の海，生ひ立ちの歌，山上のひととき，無題，湖上，夏の日の歌〔ほか〕

『中原中也全詩歌集　下』 講談社　1991

「吹く風を心の友と」

『中原中也全詩歌集　上』 講談社　1991

「骨」

『中原中也選書』 世界の名詩鑑賞会編　名古屋　リベラル社，星雲社〔発売〕　2006.1　78p　15×9cm　（ミニブックシリーズ）500円　①4-434-07424-5

目次 春の日の夕暮，サーカス，夏の日の歌，港市の秋，少年時，失せし希望，汚れっちまった悲しみに…，生い立ちの歌，冬の日の記憶，骨〔ほか〕

『中原中也全詩歌集　下』 講談社　1991

「汚れつちまつた悲しみに……」

『中原中也』 萩原昌好編，出久根育画　あすなろ書房　2011.8　103p　20×16cm　（日本語を味わう名詩入門 6）

1500円 Ⓘ978-4-7515-2646-0
内容 早熟で多感な詩人が遺した「孤独な魂の叫び」をわかりやすく解説します。

『汚れつちまつた悲しみに…』 中原中也著 ぶんか社 2010.6 172p 15cm （ぶんか社文庫） 457円 Ⓘ978-4-8211-5340-4
内容 表題詩を含む生前に刊行された第一詩集『山羊の歌』、そして30歳で夭折した翌年に刊行された『在りし日の歌』から、また詩集に収録されていない作品から、魂が震える詩篇を選び抜いた中原中也詩集。

『中原中也詩集』 中原中也著 角川春樹事務所 〔1998.3〕 253p 15cm （ハルキ文庫） 440円 Ⓘ4-89456-388-6
内容 「汚れつちまつた悲しみに今日も小雪の降りかかる」（「汚れつちまつた悲しみに」）。昭和初期、無頼な心をひっさげて生き急ぐように夭折した詩人・中原中也。アナーキーな生き方そのものが「歌」になり、ついにその「歌」に殉じた天性の詩人の、その後永く人々の心に刻まれ愛唱される多くの名詩と、短歌や翻訳詩やアフォリズムなど詩的営為の全貌を提示する。孤独で苛烈な生と死、ユーモラスでありながら悲しい詩の調べが、時代を超えて底知れぬ慰謝を与え続ける。

『中原中也全詩歌集 上』 講談社 1991

「六月の雨」

『中原中也全詩歌集 下』 講談社 1991

中村 明
なかむら・あきら
《1935～》

「日本人の表現」

『講座日本語の表現 5 日本語のレトリック』 中村明編 筑摩書房 1983.5 315p 20cm 1800円 Ⓝ810.8
内容 レトリックの悦び 中村明著，レトリックの功罪 波多野完治著，逆説という修辞現象 佐藤信夫著，<あいまい>の美学―『雪国』を中心に 川崎寿彦著，引用の理論 宇波彰著，省略と反復 牧野成一著，直接表現と間接表現 安井稔著，比喩的転換の方向と距離 半沢幹一著，視点の構造 今井文男著，時の表現あるいは時と表現 沢崎浩平著，書き出しと結びの性格 林巨樹著，文体の中にある表現技法―小林秀雄を例にして 中村明著，古典に学ぶ 秦恒平著，方言の発想と表現 佐藤亮一著，翻訳文の活力 篠田一士著，子どもは詩人か―大人のレトリックと子どものレトリック 永野重史著，修辞疑問とその周辺―外国語の発想と表現 英語 小黒昌一著，日本人がとまどうフランス語の文法表現―外国語の発想と表現 フランス語 なだいなだ著，表現の豊かさを支える詩―外国語の発想と表現 ロシア語 木村浩著，硬質で論理的なことば―外国語の発想と表現 ドイツ語 福原嘉一郎著，日本語のなかの中国語―外国語の発想と表現 中国語 駒田信二著，日本人の表現―その特殊性の行方を考える 中村明著

中村 真一郎
なかむら・しんいちろう
《1918～1997》

「書くということ」

『文章読本』 中村真一郎著 新潮社 1982.3 220p 15cm （新潮文庫） 240円 Ⓘ4-10-107103-9 Ⓝ816

「死の影の下に」

『死の影の下に』 中村真一郎著 講談社 1995.12 304p 15cm （講談社文芸文庫） 980円 Ⓘ4-06-196349-X
内容 無意識の記憶の突然の喚起をきっかけとして、主人公の城栄は、静岡県の田舎で伯母に育てられた牧歌的な日々の回想に誘いこまれる。早くも“喪失”の意味を知った少年は、伯母の死後、冒険的実業家の父親と暮らし始め、虚飾に満ちた社交界をつぶさに観察することになる。新しいヨーロッパ文学の方法をみごとに生かした、戦後文学を代表する記念碑的長篇ロマン。

『中村真一郎小説集成 第2巻』 中村真一郎著 新潮社 1992.4 413p 21cm 5500円 Ⓘ4-10-645302-9
内容 死の影の下に，檻・雪―死の影の下に・外篇，昨日と今日の物語

中村 稔
なかむら・みのる
《1927〜》

「凧」

『精選 日本現代詩全集』 ぎょうせい 1982

中村 雄二郎
なかむら・ゆうじろう
《1925〜》

「好奇心」

『知の旅への誘い』 中村雄二郎, 山口昌男著 岩波書店 1981.4 212p 18cm （岩波新書） 380円 Ⓝ002

「コモン・センスとは何か」

『考える愉しみ』 中村雄二郎著 青土社 1993.8 386p 20cm （エッセー集成 1） 2400円 Ⓘ4-7917-9106-1 Ⓝ104

「人間の時間」

『考える愉しみ』 中村雄二郎著 青土社 1993.8 386p 20cm （エッセー集成 1） 2400円 Ⓘ4-7917-9106-1 Ⓝ104

『考える愉しみ―共通感覚を求めて』 中村雄二郎著 青土社 1979.12 386p 20cm 1600円 Ⓝ104

「ゆとりと生のリズム」

『考える愉しみ』 中村雄二郎著 青土社 1993.8 386p 20cm （エッセー集成 1） 2400円 Ⓘ4-7917-9106-1 Ⓝ104

中谷 宇吉郎
なかや・うきちろう
《1900〜1962》

「天地創造の話」

『中谷宇吉郎集 第5巻 立春の卵』 中谷宇吉郎著 岩波書店 2001.2 319p 19cm 4600円 Ⓘ4-00-092405-2

内容 本巻に収録されたものは戦後早々の作品をカバーする一冊となり、日本の科学者の筆になるものとしては数少ない編年風の随筆集である。

「雪を消す話」

『たまごの立つ話』 中谷宇吉郎著, 板倉聖宣選 国土社 1991.4 109p 19cm （科学入門名著全集 7） 1300円 Ⓘ4-337-20707-4

目次 雪を消す話, 冬ごもり, 霧退治, 線香花火, たまごの立つ話

『茶わんの湯・霧退治・クシャミと太陽・原子と人間』 寺田寅彦, 中谷宇吉郎, 緒方富雄, 湯川秀樹著 国土社 1982.3 259p 23cm （少年少女科学名著全集 19） 1500円 Ⓘ4-337-19819-9

目次 茶わんの湯―寺田寅彦集（茶わんの湯, トンボ ほか）, 霧退治―中谷宇吉郎集（雪を消す話, 冬ごもり ほか）, クシャミと太陽―緒方富雄著（クシャミと太陽（放送その一）, クシャミと太陽 その後（放送その二） ほか）, 原子と人間―湯川秀樹集（原子と人間, 詩と科学―子どもたちのために ほか）

「雪を作る話」

『中谷宇吉郎随筆集』 中谷宇吉郎著, 樋口敬二編 岩波書店 2006.3 386p 19cm （ワイド版岩波文庫） 1400円 Ⓘ4-00-007267-6

内容 中谷宇吉郎（一九〇〇‐六二）は雪と氷の研究に新生面をひらいた物理学者として世界的に名高いが、また多くの秀れた随筆の著者として知られる。「雪を作る話」「立春の卵」といった科学随筆、生涯の師とあおいだ寺田寅彦の想い出や自伝的スケッチなど、どの一篇にも随筆を読む愉しさをたっぷりと味わうことができる。四〇篇を精選。

『雪は天からの手紙―中谷宇吉郎エッセイ集』 中谷宇吉郎著, 池内了編 岩波書店 2002.6 285p 18cm （岩波少年文庫） 720円 Ⓘ4-00-114555-3

内容 雪の結晶の美しさに魅せられた物理学者・中谷宇吉郎。「雪の十勝」「雷獣」「立春の卵」「線香花火」「地球の円い話」「イグアノドンの唄」「湯川秀樹さんのこと」など、科学のおもしろさや科学者たちとの交流について語るエッセイ21編。中学以上。

『中谷宇吉郎集　第1巻　先生を囲る話』 中谷宇吉郎著　岩波書店　2000.10　308p　19cm　4600円　①4-00-092401-X

内容 本集は、中谷宇吉郎の科学随筆をはじめとする作品のなかから、読者の現代的関心に応える作品を精選して、編年順に構成したものである。第一巻の作品は大正十三年から昭和十三年の間に発表されているが、概ね昭和十一年・十二年を中心とする。雪にかかわるものを1に、寺田寅彦にかかわるものを2に、その他のものを3に収録した。

南木　佳士
なぎ・けいし
《1951～》

「ウサギ」

『冬物語』 南木佳士著　文芸春秋　2002.1　241p　15cm　(文春文庫)　505円　①4-16-754506-3

内容 冬になるとワカサギ釣りに熱中していた時期があった。シーズンが始まったばかりの頃、氷が割れて湖に落ちかけたことがある。それを救ってくれたのが、釣り名人の園田かよさんだった―。表題作の「冬物語」をはじめ、人生の喜びと悲しみを温かな視線で切りとって見せた、珠玉の短篇12篇をおさめる。

『冬物語』 南木佳士著　文藝春秋　1997.3　213p　19cm　1300円　①4-16-316740-4

内容 癒しを求める人たちと人生を分かちあう短篇集。内科医として多くの死を見つめながら平凡に暮らそうとする作家の危うい精神。

なだいなだ
《1929～2013》

「人間性と想像力」

『なだいなだ全集　11　人間、この非人間的なもの.権威と権力』 筑摩書房　1983.1　234p　21cm　2200円　Ⓝ918.68

夏目　漱石
なつめ・そうせき
《1867～1916》

「牛になれ」

『漱石書簡集』 三好行雄編　岩波書店　2005.9　359p　19cm　(ワイド版岩波文庫)　1300円　①4-00-007260-9

内容 漱石の手紙を読むと、この類まれな人物のあらゆる心の動きがその温もりとともに伝わってくるように感ずる。友人の正岡子規、妻の鏡子、弟子の寺田寅彦・小宮豊隆などに宛てた手紙一五八通。漱石を知るための基本資料であるばかりか、それ自身が見事な作品なのだ。

『漱石書簡集』 夏目漱石著，三好行雄編　岩波書店　1990.4　359p　15cm　(岩波文庫)　520円　①4-00-319003-3

内容 漱石の手紙を読むと、この類まれな人物のあらゆる心の動きがその温もりとともに伝わってくるように感ずる。友人の正岡子規、妻の鏡子、弟子の寺田寅彦・小宮豊隆などに宛てた手紙156通。漱石を知るための基本資料であるばかりか、それ自身が見事な作品なのだ。

「永日小品」

『はじめてであう日本文学　1　ぞっとする話』 紀田順一郎監修　成美堂出版　2013.4　223p　21cm　800円　①978-4-415-31523-2

内容 恐怖心は原始時代から人類が抱いてきた古くて強い感情です。それだけに、恐怖の表現は難しいといわれています。一流の作家たちが、腕によりをかけた「ぞっとする話」を集めてみました。

『夢魔は蠢く―文豪怪談傑作選・明治篇』 東雅夫編　筑摩書房　2011.7　382p　15cm　(ちくま文庫)　880円　①978-4-480-42847-9

内容 明治・大正・昭和の文豪怪談に顕著な「夢と幽霊」を描く珠玉の掌篇小品を全三巻に集成するアンソロジーの第一巻。文豪怪談の黎明を告げる両巨人の幻夢譚―小泉八雲の「きまぐれ草」、夏目漱石の「夢十夜」を中心に、圓朝や子規から水野葉舟、佐々木喜善まで、合理主義の風潮に反旗をひるがえした文士たちの軌跡をたどる。巻末に坪内逍遙自筆の妖怪絵巻「神変大菩薩伝」を装画付きで復刻。

『漱石 ホラー傑作選』 夏目漱石著，長尾剛編 PHP研究所 2009.6 252p 15cm （PHP文庫） 476円 ①978-4-569-67271-7

内容 文豪・漱石はホラー小説の名手でもあった！ 本書は、ショートショートの傑作として知られる『夢十夜』のほか、『吾輩は猫である』『三四郎』『門』などの長編や『硝子戸の中』『変な音』などの随筆の中から、ホラー色の強いエピソードを抜粋。「幽霊になりそこなったこと」「人の運命を背負う猫」など、エンターテインメント性溢れつつも存分に恐ろしい漱石の「怪談」を堪能する。

『坊っちゃん』 夏目漱石著 講談社 2009.2 253p 19cm （21世紀版少年少女日本文学館 2） 1400円 ①978-4-06-282652-5

内容 親譲りの無鉄砲―。一本気な江戸っ子「坊っちゃん」が四国・松山の中学校の先生に。くせのある同僚教師と生意気な生徒たちのなか、持ち前の反骨精神で真正直に走り続ける痛快物語。時代を超えて愛されつづける漱石の傑作と、彼の才能が凝縮された短編二作を収録。

『夢十夜 他二篇』 夏目漱石作 岩波書店 2003.4 187p 15cm （岩波文庫）〈第34刷〉 460円 ①4-00-310119-7

内容 漱石には小品とよばれる一群の短篇がある。小品とはいうがその存在は大きく、戦後の漱石論は『夢十夜』の読み直しから始まったとさえ言われる。ここには荒涼たる孤独に生きた漱石の最暗部が濃密に形象化されている。

「学位を頂きたくないのであります」

『漱石書簡集』 夏目漱石著，三好行雄編 岩波書店 2005.9 359p 19cm （ワイド版岩波文庫） 1300円 ①4-00-007260-9 Ⓝ915.6

『硝子戸の中』 夏目漱石著 改版 岩波書店 1990.4

「硝子戸の中」

『硝子戸の中』 夏目漱石著 岩波書店 2002.11 138p 15cm （岩波文庫）〈第71刷〉 360円 ①4-00-310112-X

内容 自己を語ることに寡黙であった漱石が「自分以外にあまり関係のない詰らぬ」事を書くとことわって書いた連作エッセー。記憶の底に沈んでいる体験や回想に光をあてることで静謐にして一種不思議な明るさに充ちた表現世界を生み出している。

『思い出す事など・硝子戸の中 他七篇』 夏目漱石著 岩波書店 1990.11 321p 19cm （漱石文学作品集 14） 1900円 ①4-00-009014-3

内容 常に書斎のガラス戸の中に座し、静かに人生を思い社会を観察した著者の小品集。余り多く自己の周囲を語らなかった著者がほとんど初めてここに自己の周囲を回想し観察し、その姿を赤裸々に描写した。中には著者の哲学と人格とが深く織り込まれているが、軽妙、洒脱、絢爛な筆致も特筆すべきものである。

「草枕」

『草枕』 夏目漱石著 小学館 2011.7 234p 15cm （小学館文庫） 476円 ①978-4-09-408627-0

内容 ―山路を登りながら、こう考えた。智に働けば角が立つ。情に棹させば流される。意地を通せば窮屈だ。とかくに人の世は住みにくい―。俗世から離れようと旅をする画家は、山中の温泉宿で那美という美しい女に出会う。シリーズ百万部超のベストセラー『神様のカルテ』に大きな影響を与えた名作中の名作を、新版としてフルリニューアル。分かりやすい新注釈付き、文字が大きくて読みやすい新しい『草枕』の誕生。

『草枕』 夏目漱石著 PHP研究所 2009.5 347p 15cm （PHP文庫） 438円 ①978-4-569-67258-8

内容 「智に働けば角が立つ。情に棹させば流される。意地を通せば窮屈だ。兎角に人の世は住みにくい。」―このあまりに有名な書き出しから始まる小説『草枕』は、絵画のような感覚美を追求した、漱石初期の代表作。「美を生命とする俳句的小説」と漱石自身が語る名作を、現代的表記と大きな字、豊富な註記でわかりやすく楽しめる一冊。

『草枕』 夏目漱石著 改版 新潮社 2005.9 242p 15cm （新潮文庫） 400円 ①4-10-101009-9

内容 智に働けば角がたつ、情に棹させば流される―春の山路を登りつめた青年画家は、やがてとある温泉場で才気あふれる女、那美と出会う。俗塵を離れた山奥の桃源郷を舞台に、絢爛豊富な語彙と多彩な文章を駆使して絵画的感覚美の世界を描き、自然主義や西欧文学の現実主義への批判を込めて、その対極に位置する東洋趣味を高唱。『吾輩は猫である』『坊っちゃん』とならぶ初期の代表作。

「ケーベル先生」

『思い出す事など 他七篇』 夏目漱石著 岩波書店 2008.6 189p 19cm (ワイド版岩波文庫) 900円 ①978-4-00-007298-4

内容 明治43年の盛夏、漱石は保養先の修善寺で胃潰瘍の悪化から血を吐いて人事不省に陥った。辛くも生還しえた悦びをかみしめつつこの大患前後の体験と思索を記録したのが表題作である。他に二葉亭や子規との交友記など七篇。

『現代表記版 ザ・漱石―全小説全一冊』 夏目漱石著 第三書館 2004.11 767p 26cm 2000円 ①4-8074-0414-8

内容 我輩は猫である, 倫敦塔, カーライル博物館, 幻影の盾, 琴のそら音, 一夜, 薤露行, 二百十日, 野分, 坊ちゃん, 三四郎, それから, 門, 彼岸過迄, 草枕, 虞美人草, 行人, こころ, 道草, 明暗, 文鳥, 夢十夜, 永日小品, 満韓ところどころ, 思い出す事など, ケーベル先生, 硝子戸の中, 坑夫, 趣味の遺伝, 京に着ける夕, 倫敦消息, 自転車日記

『思い出す事など 他七篇』 夏目漱石著 岩波書店 2003.4 189p 15cm (岩波文庫)〈第20刷〉460円 ①4-00-310116-2

内容 明治43年の盛夏、漱石は保養先の修善寺で胃潰瘍の悪化から血を吐いて人事不省に陥った。辛くも生還しえた悦びをかみしめつつこの大患前後の体験と思索を記録したのが表題作である。他に二葉亭や子規との交友記など七篇。

「現代日本の開化」

『社会と自分―漱石自選講演集』 夏目漱石著, 石原千秋解説 筑摩書房 2014.1 382p 15cm (ちくま学芸文庫) 950円 ①978-4-480-09597-8

内容 開化の波に翻弄された混迷の明治時代、日本人はどうすれば近代という荒波を乗り越えて、真の自由と自信を手にすることができるのか―。「現代日本の開化」「文芸と道徳」「創作家の態度」など、こうした問いに透徹した眼差しを注ぎ、熱く語りかけた六篇の講演を漱石自ら編んだ、幻の名著が文庫一冊で復活。自らを失い煩悶していたロンドン時代の赤裸々な体験をまじえつつ、「自己本位」に立ち返ることを説いた名講演「私の個人主義」を付録として収録。漱石研究の第一人者、石原千秋の解説により、新たに輝きはじめる文豪の不滅の言葉。

『夏目漱石集』 筑摩書房 2013.1 456p 21cm (明治文學全集 55) 7500円 ①978-4-480-10355-0

目次 坊っちゃん, 草枕, 夢十夜, それから, 文壇に於ける平等主義の代表者「ウオルト、ホイットマン」Walt Whitmanの詩について, 人生, 倫敦消息, 自轉車日記,「文學論」序, 文學評論（抄）, 長谷川君と余, 博士問題とマードック先生と余, 現代日本の開化, 俳句, 日記―明治三十四年一月一日より十一月十三日まで, 斷片―明治三十四年四月頃以降, 書簡集, 夏目漱石（伊藤整）,『それから』の思想と方法（猪野謙二）, 解題（猪野謙二）, 年譜（熊坂敦子編）, 參考文獻（熊坂敦子編）

『ジャーナリスト漱石 発言集』 牧村健一郎編 朝日新聞社 2007.11 316p 15cm (朝日文庫) 660円 ①978-4-02-264422-0

内容 夏目漱石のジャーナリストとしての顔は意外に知られていない。漱石はちょうど100年前に40歳で朝日新聞に入社。時代と向き合い、時事をとらえ、社会を批評し、それを、新聞というメディアで発信した。そんなジャーナリスト漱石が残した文章、談話、講演録をまとめた発言集。

『漱石傑作講演集』 夏目漱石著 ランダムハウス講談社 2007.10 311p 15cm (ランダムハウス講談社文庫) 800円 ①978-4-270-10130-8

内容「私の個人主義」をはじめ、文豪の人間観、文明観を余すところなく伝える講演集。激動する文明開化の明治を生き抜いた漱石が到達した、「自己本位」と「個性」を重んじる境地とは？「現代日本の開化」「道楽と職業」「模倣と独立」等、名調子の呼び声高い8本を収録したオリジナル編集版。

『漱石文明論集』 夏目漱石著, 三好行雄編 岩波書店 2003.4 378p 15cm (岩波文庫)〈第31刷〉660円 ①4-00-311110-9

内容 圧倒的に優位な西洋文明を相手に漱石は「自己本位」の立場を同時代のだれにもまして痛切に生きた。その苦闘の跡を示す

『現代日本の開化』『私の個人主義』などの講演記録を中心に、かれの肉声ともいうべき日記・断片・書簡を抄録する。

「こころ」

『心』 夏目漱石著 岩波書店 2014.11 451p 18×12cm 2600円 Ⓘ978-4-00-026973-5

内容 「裸の漱石」に迫る。漱石の自筆原稿をもとに本文を作成。書き間違いもそのまま。「…」の数もそのまま。執筆の息づかいが伝わる21世紀版『心』。

『こころ』 夏目漱石著 筑摩書房 2012.7 325p 15cm (ちくま文庫)〈第26刷(第1刷1985年)〉380円 Ⓘ978-4-480-02015-4

内容 「私」は、ある夏の日、海辺ではじめて「先生」に出合う。足繁く「先生」の家を訪れるようになった「私」には、「先生」の、すべてを諦めたような生き方を解き明かしたいという気持が次第に強くなる…。友を死に追いやった「罪の意識」によって、ついには人間不信に至る近代知識人の心の暗部を描いた傑作。若い読者の理解を助けるため読みやすい活字で詳細な語注を付した。

『こゝろ』 夏目漱石原作 ホーム社 2010.5 160p 21cm (Home comics—青い文学シリーズ 2)〈発売:集英社〉1143円 Ⓘ978-4-8342-8415-7 Ⓝ726.1

『こころ 上』 夏目漱石著 ゴマブックス 2009.8 191p 15cm (ゴマ文庫—ケータイ名作文学) 500円 Ⓘ978-4-7771-5145-5

内容 「君は恋をした事がありますか」私はないと答えた。「恋をしたくはありませんか」超然とした先生に惹かれた「私」は、先生の過去を知りたいと頼み込む。そこには、恋と友情、そして、人間の存在に関する、暗く深い秘密があった—ヨコガキで読む、ケータイ名作文学。

『こころ 下』 夏目漱石著 ゴマブックス 2009.8 198p 15cm (ゴマ文庫—ケータイ名作文学) 500円 Ⓘ978-4-7771-5146-2

内容 親友Kを出し抜き、お嬢さんと婚約をした先生。Kは、それをきっかけに自殺してしまう。現代人の「こころ」とは何かを考え続けた漱石の傑作。ヨコガキで読む、ケータイ名作文学。

『こゝろ』 夏目漱石著 改版 角川書店 2004.5 335p 15cm (角川文庫) 324円 Ⓘ4-04-100120-X

内容 「自分は寂しい人間だ」「恋は罪悪だ」。断片的な言葉の羅列にとまどいながらも、奇妙な友情で結ばれている「先生」と私。ある日、先生から私に遺書が届いた。「あなただけに私の過去を書きたいのです…。」遺書で初めて明かされる先生の過去とは? エゴイズムと罪の意識の狭間で苦しむ先生の姿が克明に描かれた、時代をこえて読み継がれる夏目漱石の最高傑作。解説、年譜のほか、本書の内容がすぐにわかる「あらすじ」つき。

『こころ』 夏目漱石著 改版 新潮社 2004.3 378p 15cm (新潮文庫) 362円 Ⓘ4-10-101013-7

内容 親友を裏切って恋人を得たが、親友が自殺したために罪悪感に苦しみ、自らも死を選ぶ孤独な明治の知識人の内面を描いた作品。鎌倉の海岸で出会った“先生”という主人公の不思議な魅力にとりつかれた学生の眼から間接的に主人公が描かれる前半と、後半の主人公の告白体との対照が効果的で、“我執”の主題を抑制された透明な文体で展開した後期三部作の終局をなす秀作である。

『こころ』 夏目漱石作 岩波書店 2003.2 300p 15cm (岩波文庫)〈改版第109刷〉400円 Ⓘ4-00-310111-1

内容 かつて親友を裏切って死に追いやったという過去を背負い、罪の意識に苛まれつつまるで生命を引きずるようにして生きる「先生」。と、そこへ明治天皇が亡くなり、乃木大将が殉死するという事件がおこった。「先生」もまた死を決意する。だが、なぜ…。改版。

「三四郎」

『三四郎』 夏目漱石著 改版 新潮社 2011.2 354p 15cm (新潮文庫) 324円 Ⓘ978-4-10-101004-5

内容 熊本の高等学校を卒業して、東京の大学に入学した小川三四郎は、見る物聞く物の総てが目新しい世界の中で、自由気侭な都会の女性里見美禰子に出会い、彼女に強く惹かれてゆく…。青春の一時期において誰もが経験する、学問、友情、恋愛への不安や戸惑いを、三四郎の恋愛から失恋に至る過程の中に描いて「それから」「門」に続く三部作の序曲をなす作品である。

『三四郎 上』 夏目漱石著 ゴマブックス 2008.10 179p 19cm (ケータイ名作文学) 700円 ①978-4-7771-1109-1

内容「日本より頭の中のほうが広いでしょう」ヨコガキ×三四郎。溝端淳平スペシャルカバー、巻頭グラビア。

『三四郎 下』 夏目漱石著 ゴマブックス 2008.10 227p 19cm (ケータイ名作文学) 700円 ①978-4-7771-1110-7

内容「美禰子を小悪魔と呼ぶなら騙されるのも悪くないかな…」ヨコガキ×三四郎。溝端淳平スペシャルカバー、巻頭グラビア。

『三四郎』 夏目漱石作 改版 岩波書店 2002.12 325p 15cm (岩波文庫)〈第87刷〉400円 ①4-00-310106-5

内容 大学入学のために九州から上京した三四郎は東京の新しい空気の中で世界と人生について経験を重ねながら成長してゆく。一見何の変哲もない教養小説と見えるが、ここには一筋縄で行かぬ小説的企みがたっぷり仕掛けられているのだ。

『夏目漱石』 夏目漱石著, 坪内祐三, 井上章一編 筑摩書房 2000.11 460,3p 20×14cm (明治の文学 第21巻) 2400円 ①4-480-10161-6

内容 三四郎, 永日小品

「それから」

『それから』 夏目漱石著 集英社 2013.10 399p 15cm (集英社文庫) 480円 ①978-4-08-752055-2

内容 時は明治末。財産家の次男に生まれた代助は30歳になっても仕事に就かず、結婚もせず、父の金に徒食して暮らしていた。ある日、失職して上京した友人、平岡の来訪を受ける。彼の妻、三千代は、かつて代助とも因縁のある間柄だった。再び目の前に現れた三千代。それをきっかけに、停滞していた日々の歯車が思わぬ方向に少しずつ動きはじめる。『三四郎』に始まり『門』へと連なる、三部作の第二作。

『それから・門』 夏目漱石著 文藝春秋 2011.7 585p 15cm (文春文庫) 638円 ①978-4-16-715804-0

内容 三十を過ぎても定職につかず、漫然と生きる長井代助には、かつて愛した女性を親友に譲った過去があった。彼女と再会した代助を襲う衝動、それは真実の愛か、理に悖る愛か―。近代人とエゴイズムの問題に切り込んだ『それから』。罪を負った代助の"後日の姿"を冷徹に見つめた『門』。永遠の名作二篇を収める。

『それから』 夏目漱石作 改版 岩波書店 2002.11 330p 15cm (岩波文庫)〈第83刷〉460円 ①4-00-310107-3

内容 三年まえ友人平岡への義俠心から自らの想いをたち切った代助は、いま愛するひと三千代をわが胸にとりもどそうと決意する。だが、「自然」にはかなっても人の掟にそむくこの愛に生きることは、二人が社会から追い放たれることを意味した。

「野分」

『現代表記版 ザ・漱石―全小説全一冊』 夏目漱石著 第三書館 2004.11 767p 26cm 2000円 ①4-8074-0414-8

内容 我輩は猫である, 倫敦塔, カーライル博物館, 幻影の盾, 琴のそら音, 一夜, 薤露行, 二百十日, 野分, 坊ちゃん, 三四郎, それから, 門, 彼岸過迄, 草枕, 虞美人草, 行人, こころ, 道草, 明暗, 文鳥, 夢十夜, 永日小品, 満韓ところどころ, 思い出す事など, ケーベル先生, 硝子戸の中, 坑夫, 趣味の遺伝, 京に着ける夕, 倫敦消息, 自転車日記

『二百十日・野分』 夏目漱石著 改版 新潮社 2004.1 310p 15cm (新潮文庫) 438円 ①4-10-101016-1

内容 阿蘇に旅した"豆腐屋主義"の権化圭さんと同行者の碌さんの会話を通して、金持が幅をきかす卑俗な世相を痛烈に批判し、非人情の世界から人情の世界への転機を示す『二百十日』。その理想主義のために中学教師の生活に失敗し、東京で文筆家としての苦難の道を歩む白井道也と、大学で同窓の高柳と中野の三人の考え方・生き方を描き、『二百十日』の思想をさらに深化・発展させた『野分』。

『草枕 二百十日 野分』 夏目漱石著 岩波書店 1994.2 590p 19cm (漱石全集 第3巻) 3200円 ①4-00-091803-6

内容「唯一種の感じ―、美しい感じが読者の頭に残りさへすればよい」と作者自身が述べた『草枕』。一転して、文学を通じて社会正義を掲げ貫かんとした『二百十日』『野分』。職業作家以前の漱石の、振幅の大きさと可能性の豊かさを余すところなく伝える中編三篇。原稿に基づく本文と、斬新な注解が新しい魅力を醸し出す。

『夏目漱石全集 3』 夏目漱石著 筑摩書房 1987.12 445p 15cm (ちくま文庫) 640円 ①4-480-02163-9

内容 「智に働けば角が立つ」から「しばらくでも塵界を離れた心持になれる」詩的天地に遊ぼうと、旅に出た青年画家は才気あふれる女性・那美さんと出会う…。清浄な“非人情の世界”を描いた『草枕』、欲と金の社会を批判しつつ理想主義に苦悩する青年を描いて、のちの大作品群を予感させる『二百十日』と『野分』—漱石初期の代表的中篇を収める。若い読者の理解を助けるため読みやすい活字で詳細な語注を付した。

「病中日記」

『夢十夜 他二篇』 夏目漱石作 岩波書店 2003.4 187p 15cm (岩波文庫)〈第34刷〉 460円 ①4-00-310119-7

内容 漱石には小品とよばれる一群の短篇がある。小品とはいうがその存在は大きく、戦後の漱石論は『夢十夜』の読み直しから始まったとさえ言われる。ここには荒涼たる孤独に生きた漱石の最暗部が濃密に形象化されている。

「文鳥」

『坊っちゃん』 夏目漱石著 講談社 2009.2 253p 19cm (21世紀版少年少女日本文学館 2) 1400円 ①978-4-06-282652-5

内容 親譲りの無鉄砲—。一本気な江戸っ子「坊っちゃん」が四国・松山の中学校の先生に。くせのある同僚教師と生意気な生徒たちのなか、持ち前の反骨精神で真正直に走り続ける痛快物語。時代を超えて愛されつづける漱石の傑作と、彼の才能が凝縮された短編二作を収録。

『夢十夜 他二篇』 夏目漱石作 岩波書店 2003.4 187p 15cm (岩波文庫)〈第34刷〉 460円 ①4-00-310119-7

内容 漱石には小品とよばれる一群の短篇がある。小品とはいうがその存在は大きく、戦後の漱石論は『夢十夜』の読み直しから始まったとさえ言われる。ここには荒涼たる孤独に生きた漱石の最暗部が濃密に形象化されている。

『文鳥・夢十夜』 夏目漱石著 57刷改版 新潮社 2002.9 329p 16cm (新潮文庫) 400円 ①4-10-101018-8 Ⓝ913.6

内容 文鳥, 夢十夜, 永日小品, 思い出す事など, ケーベル先生, 変な音, 手紙

「坊っちゃん」

『坊っちゃん』 夏目漱石作, 後路好章編, ちーこ絵 角川書店, 角川グループホールディングス〔発売〕 2013.5 214p 18cm (角川つばさ文庫) 580円 ①978-4-04-631314-0

内容 「親ゆずりの無鉄砲で、子どもの時から損ばかりしている」そんな坊っちゃんがなんと中学校の先生に!?住みなれた東京をはなれて、着いた先は四国の松山。先生も生徒も変人ばっかりで、教師生活はどたばた事件の連続! 東京に残してきた母がわりの清のことも気になって…。坊っちゃんがのどかな田舎で大騒動を巻き起こす! 読んでおきたい名作決定版! 小学上級から。

『坊っちゃん』 夏目漱石著 小学館 2013.1 218p 15cm (小学館文庫) 438円 ①978-4-09-408787-1

内容 親譲りの無鉄砲で小供のころから損ばかりして居る—。曲がったことが大嫌いな坊っちゃんは、幼いころから喧嘩やいたずらを繰り返し、家族にずっとうとまれてきた。心配してくれるのは下女の清だけだ。物理学校を卒業し、四国の中学に数学教師の職を得るが、性格の変わろうわけもない。偉かろうが強かろうが、長いものに巻かれて生きてゆくわけにはいかないのだ。シリーズ二百五十万部のベストセラー『神様のカルテ』に大きな影響を与えた偉大な青春小説を、読みやすい新注釈付きでリニューアル。

『新 現代文学名作選』 中島国彦監修 明治書院 2012.1 256p 21cm 781円 ①978-4-625-65415-2

内容 坊っちゃん (夏目漱石), 最後の一句 (森鷗外), 鼻 (芥川龍之介), 清兵衛と瓢箪 (志賀直哉), よだかの星 (宮沢賢治), 山椒魚 (井伏鱒二), セメント樽の中の手紙 (葉山嘉樹), 路傍の石 (山本有三), 黄金風景 (太宰治), 名人伝 (中島敦), 潮騒 (三島由紀夫), 赤い繭 (安部公房), おきみやげ (幸田文), 童謡 (吉行淳之介), 途中下車 (宮本輝), 離さない (川上弘美), 沈黙 (村上春樹), 電話アーティストの甥電話アーティストの恋人 (小川洋子), 乳と卵 (川上未映子), さがしもの (角田光代)

『夏目漱石』 夏目漱石著 筑摩書房 2008.12 477p 15cm (ちくま日本文

学 029) 880円 ①978-4-480-42529-4

内容 一人の真面目な江戸ッ子。とびきり上等の日本人。

『坊っちゃん』 夏目漱石著 改版 角川書店 2004.5 223p 15cm (角川文庫) 286円 ①4-04-100121-8

内容 生まれつき乱暴でいたずらが過ぎ、両親にかわいがられなかった坊ちゃん。唯一、細やかに面倒を見てくれた下女の清と離れ、一人で四国の中学校に赴任した。しかし、江戸っ子で生一本、無鉄砲に育ってきたせいで、田舎での生活は我慢ならないことばかり。同僚教師との衝突に、東京へ帰ることも辞さないが…。波瀾万丈の日々をユーモアたっぷりに描く、不朽の名作。解説、年譜のほか、本書の内容がすぐにわかる「あらすじ」つき。

『坊っちゃん』 夏目漱石作 改版 岩波書店 2002.12 173p 15cm (岩波文庫)〈第102刷〉 360円 ①4-00-310103-0

内容 漱石の作品中もっとも広く読まれている『坊っちゃん』。無鉄砲でやたら喧嘩早い坊っちゃんが赤シャツ・狸の一党を相手にくり展げる痛快な物語は何度読んでも胸がすく。が、痛快だとばかりも言っていられない。坊っちゃんは、要するに敗退するのである。

「明暗」

『明暗』 夏目漱石著 集英社 2014.8 757p 15cm (集英社文庫) 760円 ①978-4-08-752060-6

内容 何不自由ない新婚生活を送っているかに見える津田とお延。実は手元不如意の上、津田は持病に悩まされている。津田のかつての恋人・清子の存在が夫婦の生活に影を落としはじめ、漠然とした不安を抱く二人。自らの善意を疑わず彼らに近づいてくる吉川夫人や津田の妹・お秀、始終厄介事を持ち込む友人・小林など一人ひとりのエゴがせめぎあう。複雑な人間模様を克明に描く、漱石の絶筆にして未完の大作。

『明暗』 夏目漱石著 改版 新潮社 2010.1 685p 15cm (新潮文庫) 705円 ①978-4-10-101019-9

内容 勤め先の社長夫人の仲立ちで現在の妻お延と結婚し、平凡な毎日を送る津田には、お延と知り合う前に将来を誓い合った清子という女性がいた。ある日突然津田を捨て、自分の友人に嫁いでいった清子が、一人温泉場に滞在していることを知った津田は、秘かに彼女の元へと向かった…。濃密な人間ドラマの中にエゴイズムのゆくすえを描いて、日本近代小説の最高峰となった漱石未完の絶筆。

『明暗』 夏目漱石著 筑摩書房 2009.6 633p 15cm (ちくま文庫) 900円 ①978-4-480-42616-1

内容 結婚して間もない津田・お延夫妻の不安定な家庭生活を中心に、清子、小林などの登場人物を巧みに配して展開される醜悪な人間の百鬼夜行…。漱石の死によって未完に終わったが、彼の生涯のテーマである人間のエゴイズムとその克服の問題を、精緻な心理解剖とともに追求した日本近代文学の最高傑作のひとつといえる。読書の助けとなる詳細な語注つき。

『明暗』 夏目漱石作 改版 岩波書店 1990.4

「門」

『門』 夏目漱石著 集英社 2013.12 319p 15cm (集英社文庫) 460円 ①978-4-08-752056-9

内容 明治の東京。崖下の借家でひっそり暮らす宗助とお米夫婦。お米はかつて親友の安井から奪った女性だ。後ろめたさを抱えて、孤独をわけあうように暮らす二人の生活に、叔父の死と不才覚から発した弟の学資問題など、少しずつさざ波が立ち始めた。そしてある日、大家から思いがけず安井の名を聞き、激しく動揺した宗助は、考えあぐねて禅寺の門をくぐる。『三四郎』『それから』に続く三部作の完結編。

『はじめてであう日本文学 2 奇妙な物語』 紀田順一郎監修 成美堂出版 2013.4 223p 21cm 800円 ①978-4-415-31524-9

内容 「奇妙な物語」とは、珍しく、不思議な話のことです。この本では、昔から伝説や奇談として語り伝えられてきた話から、現代の科学でも説明できない現象についての話まで、「奇妙な物語」をたくさん集めてみました。

『それから・門』 夏目漱石著 文藝春秋 2011.7 585p 15cm (文春文庫) 638円 ①978-4-16-715804-0

内容 三十を過ぎても定職につかず、漫然と生きる長井代助には、かつて愛した女性を親友に譲った過去があった。彼女と再会した代助を襲う衝動、それは真実の愛か、理に悖る愛か－。近代人とエゴイズムの問題に切り込んだ『それから』。罪を負った代助の“後日の姿”を冷徹に見つめた『門』。永遠の名作二篇を収める。

「夢十夜」

『幻妖の水脈―日本幻想文学大全』 東雅夫編 筑摩書房 2013.9 602,4p 15cm （ちくま文庫） 1300円 ①978-4-480-43111-0

内容 王朝物語、説話文学、謡曲から近現代小説まで、日本幻想文学の豊饒な系譜を3巻本構成で総覧する画期的アンソロジー。開幕篇となる本巻には『源氏物語』『今昔物語』『雨月物語』などの大古典に始まり、明治の『遠野物語』、大正の『一千一秒物語』、昭和の『唐草物語』等々、幻想文学史を彩る妖しき物語群の中から、オールタイム・ベストとして定評ある窮極の名品21篇を収録した。

『夢十夜』 夏目漱石作，金井田英津子画 長崎出版 2013.2 85p 22×16cm 2300円 ①978-4-86095-559-5

『日本の名作「こわい話」傑作集』 Z会監修・解説，平尾リョウ絵 集英社 2012.8 209p 18cm （集英社みらい文庫） 620円 ①978-4-08-321111-9

内容 「私のことを誰かに話したら、殺しに行きますよ」猛吹雪の山小屋の中で、少年・巳之吉に迫る怖ろしい美女を描く小泉八雲の『雪女』。暗い夜道、背中に背負っている子供が、次々と不吉な予感を話し出す、夏目漱石の『夢十夜』。たったひとつの善い行いのおかげで、地獄から抜け出せそうになるが…芥川龍之介の『蜘蛛の糸』。ほか、文豪たちによる「こわい話」をぎゅっと13編集めた勉強にもなる傑作集。小学上級・中学から。

『夢十夜 他二篇』 夏目漱石作 岩波書店 2003.4 187p 15cm （岩波文庫）〈第34刷〉 460円 ①4-00-310119-7

内容 漱石には小品とよばれる一群の短篇がある。小品とはいうがその存在は大きく、戦後の漱石論は『夢十夜』の読み直しから始まったとさえ言われる。ここには荒涼たる孤独に生きた漱石の最暗部が濃密に形象化されている。

「吾輩は猫である」

『吾輩は猫である』 夏目漱石著 文藝春秋 2011.11 585p 15cm （文春文庫） 638円 ①978-4-16-715805-7

内容 苦沙弥先生の書斎に今日も集うのは、迷亭、寒月、三平ら、太平の逸民たち。人間どもの珍妙なやりとりを、猫は黙って聞いている。滑稽かつ冗舌な文体と痛烈な文明批評。発表当時から「とにかく変っている」という折り紙がついた、夏目漱石の処女小説。読んで笑うもよし、首をかしげるもよし、深く考えるもよし。

『漱石 ホラー傑作選』 夏目漱石著，長尾剛編 PHP研究所 2009.6 252p 15cm （PHP文庫） 476円 ①978-4-569-67271-7

内容 文豪・漱石はホラー小説の名手でもあった！ 本書は、ショートショートの傑作として知られる『夢十夜』のほか、『吾輩は猫である』『三四郎』『門』などの長編や『硝子戸の中』『変な音』などの随筆の中から、ホラー色の強いエピソードを抜粋。「幽霊になりそこなったこと」「人の運命を背負う猫」など、エンターテインメント性溢れつつも存分に恐ろしい漱石の「怪談」を堪能する。

『吾輩は猫である 下』 夏目漱石作 講談社 2009.6 363p 18cm （講談社青い鳥文庫）〈第54刷〉 670円 ①4-06-147183-X

内容 中学の英語教師苦沙弥先生の家の飼い猫「吾輩」が猫の目をとおして見た人間社会を風刺したユーモア小説。この家に集まる友人の詩人、哲学者、美学者など明治の文化人が皮肉の精神で語る東西文化比較論、自覚心論、女性論…。文豪漱石の高い知性と道義心あふれる処女作。

『吾輩は猫である 上』 夏目漱石作 講談社 2009.6 371p 18cm （講談社青い鳥文庫）〈第61刷〉 670円 ①4-06-147182-1

内容 中学の英語教師で、なんにでもよく手を出したがる、胃弱の珍野苦沙弥先生と、その家に出入りする美学者迷亭、教え子の水島寒月、詩人志望の越智東風など―明治の人間社会を、飼い猫の目をとおして、ユーモラスに諷刺した、漱石の最初の長編小説。

『光村ライブラリー・中学校編 第1巻 赤い実 ほか』 井上靖，三木卓，安岡章太郎，F.ムンテヤーヌ，山本周五郎ほか著 光村図書出版 2005.11 117p 21cm 1000円 ①4-89528-369-0

内容 昭和30年度版〜平成14年度版教科書から厳選。

『吾輩は猫である 上』 夏目漱石著 ポプラ社 2005.11 390p 18cm (ポプラポケット文庫)〈2刷〉660円 ①4-591-08868-5

『吾輩は猫である 下』 夏目漱石著 ポプラ社 2005.11 386p 18cm (ポプラポケット文庫)〈2刷〉660円 ①4-591-08869-3

『吾輩は猫である』 夏目漱石作 改版 岩波書店 2003.5 563p 15cm (岩波文庫)〈第23刷〉500円 ①4-00-310101-4

内容 猫を語り手に苦沙弥・迷亭ら太平の逸民たちに滑稽と諷刺を存分に演じさせ語らせたこの小説の特徴は溢れるような言語の湧出と歯切れのいい文体にある。この豊かな小説言語の水脈を発見することで漱石は小説家の道を踏み出した。

『吾輩は猫である 上』 夏目漱石著 集英社 1995.6 329p 15cm (集英社文庫) 350円 ①4-08-752047-1

内容「吾輩は猫である。名前はまだない。」苦沙弥先生の家に拾われた猫の「吾輩」から見れば、人間社会はこっけいそのもの。無名猫の視点から、軽妙洒脱な文体にのせて放たれる文明批評と渋いウェットは時代を超えて読者の心をつかんできた。見識とシャレ気あふれる漱石の永遠のエンターテインメント文学。

「私の個人主義」

『社会と自分―漱石自選講演集』 夏目漱石著, 石原千秋解説 筑摩書房 2014.1 382p 15cm (ちくま学芸文庫) 950円 ①978-4-480-09597-8

内容 開化の波に翻弄された混迷の明治時代、日本人はどうすれば近代という荒波を乗り越えて、真の自由と自信を手にすることができるのか—。「現代日本の開化」「文芸と道徳」「創作家の態度」など、こうした問いに透徹した眼差しを注ぎ、熱く語りかけた六篇の講演を漱石自ら編んだ、幻の名著が文庫一冊で復活。自らを失い煩悶していたロンドン時代の赤裸々な体験をまじえつつ、「自己本位」に立ち返ることを説いた名講演「私の個人主義」を付録として収録。漱石研究の第一人者、石原千秋の解説により、新たに輝きはじめる文豪の不滅の言葉。

『夏目漱石』 夏目漱石著 筑摩書房 2008.12 477p 15cm (ちくま日本文学 029) 880円 ①978-4-480-42529-4

内容 一人の真面目な江戸ッ子。とびきり上等の日本人。

『漱石傑作講演集』 夏目漱石著 ランダムハウス講談社 2007.10 311p 15cm (ランダムハウス講談社文庫) 800円 ①978-4-270-10130-8

内容「私の個人主義」をはじめ、文豪の人間観、文明観を余すところなく伝える講演集。激動する文明開化の明治を生き抜いた漱石が到達した、「自己本位」と「個性」を重んじる境地とは?「現代日本の開化」「道楽と職業」「模倣と独立」等、名調子の呼び声高い8本を収録したオリジナル編集版。

『漱石文明論集』 夏目漱石著, 三好行雄編 岩波書店 2003.4 378p 15cm (岩波文庫)〈第31刷〉660円 ①4-00-311110-9

内容 圧倒的に優位な西洋文明を相手に漱石は「自己本位」の立場を同時代のだれにもまして痛切に生きた。その苦闘の跡を示す『現代日本の開化』『私の個人主義』などの講演記録を中心に、かれの肉声ともいうべき日記・断片・書簡を抄録する。

『私の個人主義ほか』 夏目漱石著 中央公論新社 2001.12 377p 18cm (中公クラシックス) 1350円 ①4-12-160020-7

内容 近代日本における自前の、そしてリベラルな個人主義の出現。

「山路観楓」

『漱石全集 第26巻 別冊』 夏目金之助著 岩波書店 1996.12 571p 19cm 3107円 ①4-00-091826-5

目次 作文・レポートほか(和文)(正成論, 対月有感, 山路観楓 ほか), 草稿(『文学論』序, 道草, 明暗), 雑纂1(養家離縁証書,『銀世界』評,『かくれみの』評 ほか), 雑纂2(参考資料)(履歴書, 祝辞, 留学出立広告 ほか), 作文・レポートほか(英文)(A Fire,A Letter to Mr.Nakagawa (Draft) ,An Ennichi ほか)

「題自画」

『新訳漱石詩集』 飯田利行著 柏書房

1994.10　436p　20cm　4350円　Ⓘ4-7601-1130-1　Ⓝ919.6

奈良本　辰也
ならもと・たつや
《1913〜2001》

「龍安寺の庭」

『古都古寺巡礼』　奈良本辰也著　たちばな出版　2004.12　317p　19cm　1600円　Ⓘ4-8133-1859-2

内容 旅に誘われ、奈良・京都の古寺を訪ね、そこに秘められた歴史を掘り起こす。書斎では味わえない世界、何百年という歳月に刻まれた人間の体臭を感じとることができる。歴史を散策する名随想の数々。

成島　柳北
なるしま・りゅうほく
《1837〜1884》

「柳橋新誌」

『新日本古典文学大系　100　江戸繁昌記　柳橋新誌』　佐竹昭広ほか編　寺門静軒著，成島柳北著，日野竜夫校注　岩波書店　1989.10　613p　22cm〈参考文献：p613〉3900円　Ⓘ4-00-240100-6　Ⓝ918

『柳橋新誌・伊都満底草』　成島柳北著　勉誠社　1985.4　168,15p　21cm　（勉誠社文庫　127）〈解説：青柳達雄　明治7〜30年刊の合本複製〉1800円　Ⓝ384.9

南原　繁
なんばら・しげる
《1889〜1974》

「新しい時代の精神」

『文化と国家』　南原繁　東京大学出版会　2007.2

「人格と社会」

『文化と国家』　南原繁　東京大学出版会　2007.2

西　研
にし・けん
《1957〜》

「ウサギに「生存権」はあるか」

『自分と世界をつなぐ哲学の練習問題』　西研著，川村易絵　日本放送出版協会　1998.1　199p　20cm　1500円　Ⓘ4-14-080354-1　Ⓝ104

「考えることのおもしろさ」

『哲学のモノサシ』　西研著，川村易絵　日本放送出版協会　1996.7　174p　20cm　1500円　Ⓘ4-14-080260-X　Ⓝ104

西江　雅之
にしえ・まさゆき
《1937〜》

「伝え合い」

『旅人からの便り』　西江雅之著　福武書店　1991.10　306p　16cm　（福武文庫）750円　Ⓘ4-8288-3218-1　Ⓝ294.09

西岡　常一
にしおか・つねかず
《1908〜1995》

「千三百年のヒノキ」

『木に学べ―法隆寺・薬師寺の美』　西岡常一著　小学館　2003.12　284p　15cm　（小学館文庫）〈年譜あり〉552円　Ⓘ4-09-405851-6　Ⓝ521.818

西田 幾多郎
にしだ・きたろう
《1870～1945》

「知と愛」

『善の研究』 西田幾多郎著 改版 岩波書店 2012.10 372p 19×13cm （ワイド版岩波文庫） 1400円 ①978-4-00-007355-4

内容 真の実在とは何か、善とは何か、いかに生きるべきか、真の宗教心とは—。主観と客観が分かたれる前の「純粋経験」を手がかりに、人間存在に関する根本の問いを考え抜いた西田幾多郎（一八七〇‐一九四五）。東洋の伝統を踏まえ、西洋的思考の枠組そのものを問題にした本書は、百年後の今日まで日本の哲学の座標軸であり続ける。

『善の研究』 西田幾多郎著, 小坂国継全注釈 講談社 2006.9 518p 15cm （講談社学術文庫） 1100円 ①4-06-159781-7 Ⓝ121.63

『西田幾多郎—永遠に読み返される哲学』 河出書房新社 2005.6 191p 21cm （KAWADE道の手帖） 1500円 ①4-309-74002-2

目次 エッセイ（世界と海, 引っ込みのつかなくなった西田, 観ること, 概念創造としての哲学, 現実への恐怖）, 対談 西田から「哲学」を再開するために（小泉義之・桧垣立哉）, 論考（西田と「体系緑暈」, 新しい場所論へむけて, 希望のような郷愁のような）, はじめての読者のための西田哲学入門, 小説 なやまない（田中小実昌）, 西田幾多郎抄録アンソロジー（知と愛, 場所 ほか）, 西田幾多郎論再見（西田先生の教を仰ぐ, 西田哲学における弁証法的世界の数学的構造, 神について）

西谷 修
にしたに・おさむ
《1950～》

「移動の時代」

『離脱と移動—バタイユ・ブランショ・デュラス』 西谷修著 せりか書房 1997.7 318p 19cm 2800円 ①4-7967-0207-5

内容 アウシュヴィッツの生ける死者たちに同伴するブランショの言葉。ヒロシマの「白日の狂気」に感応するバタイユの恍惚。帰属の構造を破って洪水のように広がるデュラスの愛。西欧的な同化と全体化の思考を解体し未知の空間へと歩み出る破滅を賭けたラジカルなノマドたちの冒険。

「いのちのかたち」

『理性の探求』 西谷修著 岩波書店 2009.10 200p 19cm 2,400円 ①978-4-00-025565-3

内容 九・一一以後に、思想を語ることは無益か。わたしたちを取り巻いている、不可解にして理不尽な出来事。そこに露呈している「狂気」と「非合理」の諸相は、いかにして形成されたのか。何を起源とし、どのような系譜をたどって、「今日」はあるのか。言葉をもって、現代の世界と向かい合うための、ありうべき思考の筋道を求めて。生きるために考え、歩くために「なぜ」と問う。人として在ることの根拠への問いを、混沌とした思想の風景から収集する、反時代的目録。

二条 為家
にじょう・ためいえ
《1198～1275》

「続後撰和歌集」

『続後撰和歌集』 国枝利久, 千古利恵子編 大阪 和泉書院 1999.10 407p 21cm （和泉書院影印叢書 16） 12000円 ①4-7576-0013-5

内容 本書は国枝利久架蔵「続後撰和歌集」（甲本・二冊）の影印である。頭注には、本書の本文と国枝利久架蔵乙本・冷泉家時雨亭文庫蔵本・陽明文庫蔵甲本・新編国歌大観本の各本文とを校合し、その校異を表示した。

『続後撰和歌集・為家歌学』 藤原為家著 朝日新聞社 1994.2 532,44p 22cm （冷泉家時雨亭叢書 第6巻）〈編集：冷泉家時雨亭文庫 複製〉 29000円 ①4-02-240306-3 Ⓝ911.1352

内容 続後撰和歌集・詠歌一体・為家書札 藤原為家著, 夜鶴 阿仏尼著, 解題 佐藤恒雄著

二条　良基
にじょう・よしもと
《1320〜1388》

「筑波問答」

『新編日本古典文学全集　88　連歌論集　能楽論集　俳論集』　奥田勲校注・訳, 表章校注・訳, 堀切実, 復本一郎校注・訳　小学館　2001.9　670p　23cm〈付属資料：8p：月報 76〉4657円　①4-09-658088-0　Ⓝ918

内容 連歌論集：筑波問答, ひとりごと, 長六文, 老のすさみ, 連歌比況集, 能楽論集：風姿花伝, 花鏡, 至花道, 三道, 拾玉得花, 習道書, 俳論集：去来抄, 三冊子

『筑波問答』　二条良基著, 田中裕, 寺島樵一編　大阪　和泉書院　1979.11　88p　21cm　（和泉書院影印叢刊 18）〈大阪大学文学部合翠堂（土橋）文庫蔵の複製〉900円　Ⓝ911.2

「増鏡」

『新訂増補 國史大系　第21巻 下　今鏡・増鏡』　黒板勝美編　オンデマンド版　吉川弘文館　2007.6　262,236p　26cm　12000円　①978-4-642-04022-8

内容 今鏡…大鏡のあとを継ぎ、後一条天皇万寿二年（一〇二五）より高倉天皇嘉応二年（一一七〇）までの歴史を仮名混り文にした所謂歴史物語のひとつ。紀伝体。作者は藤原為経（寂超）が有力で、平安末期の成立。十巻。大鏡の対話体に倣い、老女の見聞を聴いて筆録する形式になっているが、大鏡ほど巧みさがない。天皇の本紀と藤原氏摂関大臣の列伝と逸話とのほかに村上源氏の列伝が加えられた点が、大鏡とちがった時代性を反映しているといえよう。巻九昔語り、巻十打聞の逸事伝聞には当時の文芸思潮や説話もおり込まれていて興味深い。底本には、承安五年（一一七五）の奥書を載せている畠山一清氏本を用い、前田家本などの異本も校合している。巻末に金沢文庫本今鏡の裏書を収めた。増鏡…水鏡・大鏡・今鏡とともに四鏡と総称される所謂歴史物語。治承四年（一一八〇）より後醍醐天皇元弘三年（一三三三）までの歴史を仮名混り文にしたもの。編年体。十七巻。作者は不明だが十四世紀半ばの成立。大鏡以下の叙述形式にならって老尼から昔話を聞くという形であるが、対話の妙味はない。承久・元弘の二度の公武の争いを中心に朝廷に同情した筆致で、最後を後醍醐天皇が隠岐から還御したところで筆を擱いている。鎌倉時代の裏面を窺わせる史料も多い。底本には尾張徳川黎明会本を用いた。この増鏡は本来或る部分の記事がなかったため、後人が補って仕立てかえているが、その部分を前田家で収めている。

『増鏡』　木藤才蔵校注　新装版　明治書院　2002.2　347p　19cm　（校注古典叢書）〈文献あり　年表あり〉2300円　①4-625-71318-8　Ⓝ913.426

『今鏡 増鏡』　黒板勝美編　新装版　吉川弘文館　2000.1　262,236p　23cm　（国史大系 新訂増補 第21巻 下）〈複製〉7600円　①4-642-00323-1　Ⓝ913.394

西脇　順三郎
にしわき・じゅんざぶろう
《1894〜1982》

「ギリシア的抒情詩」

『Ambarvalia』　西脇順三郎著　日本図書センター　2003.1　123p　19cm　2200円　①4-8205-9564-4

『アムバルワリア―旅人かへらず』　西脇順三郎著　講談社　1995.2　235p　15cm　（講談社文芸文庫）880円　①4-06-196309-0

内容 一九三三（昭八）年、英国留学後に上梓、幾多の詩人達に衝撃的影響を与えた日本語第一詩集『Ambarvalia』（「アルバルワリア」）。「旅人は待てよこのかすかな泉に…」ではじまる東洋的幽玄漂う長篇詩、一九四七年刊『旅人かへらず』。対照的な二冊に時に燿き時に沈潜する西脇順三郎の奔放自在、華麗な詩想とことばの生誕の源泉を見る。日本の現代詩最高の偉業二作を完全収録の文庫版。

「皿」

『定本 西脇順三郎全集　1』　筑摩書房　1993

「旅人かえらず」

『アムバルワリア―旅人かへらず』 西脇順三郎著 講談社 1995.2 235p 15cm (講談社文芸文庫) 880円 ①4-06-196309-0

内容 一九三三(昭八)年、英国留学後に上梓、幾多の詩人達に衝撃的影響を与えた日本語第一詩集『Ambarvalia』(「アルバルワリア」)。「旅人は待てよこのかすかな泉に…」ではじまる東洋的幽玄漂う長篇詩、一九四七年刊『旅人かへらず』。対照的な二冊に時に燿き時に沈潜する西脇順三郎の奔放自在、華麗な詩想とことばの生誕の源泉を見る。日本の現代詩最高の偉業二作を完全収録の文庫版。

『精選 日本近代詩全集』 ぎょうせい 1982

「私の詩作について」

『西脇順三郎コレクション 第6巻 随筆集』 西脇順三郎著, 新倉俊一編 慶應義塾大学出版会 2007.11 290p 19cm 4800円 ①978-4-7664-1376-2

内容 永遠のモダン。田園の旅、路傍の植物観察記、自らの文学歴や絵画歴などを綴った味わい深いエッセイを満載。

『ボードレールと私』 西脇順三郎著 講談社 2005.8

日蓮
にちれん
《1222〜1282》

「十字御書」

『聖訓講話』 日淳著 富士宮 大日蓮出版 2008.11 115p 21cm 334円 ①978-4-904429-19-8

目次 十字御書, 法華取要抄, 法華取要抄, 観心本尊抄, 観心本尊抄, 本尊問答抄, 教行証御書, 曽谷入道殿御返事, 撰時抄, 南条殿御返事〔ほか〕

『弟子・檀越篇』 岡元錬城編著 大阪 東方出版 1990.8 254p 26cm (真蹟対照現代語訳 日蓮聖人の御手紙 第2巻) 8000円 ①4-88591-246-6

内容 御真蹟に親しむシリーズ第2弾。富木氏夫妻を除く弟子・檀越への御手紙27通。「諸人御返事」「聖人御難事」「五人土篭御書」「筍御書」「霖雨御書」「転重軽受法門」「十字御書」他 写真150点・釈文・読み下し文・現代語訳・語注・解題・略年譜からなる総合的な入門書。

『日蓮大聖人御書講義 第34巻』 御書講義録刊行会編 聖教新聞社 1984.11 372,6p 22cm 1200円 Ⓝ188.93

内容 三三蔵祈雨事, 蒙古使御書, 西山殿御返事(雪漆御書) 宝軽法重事, 西山殿御返事 弘安4年, 西山殿御返事, 妙心尼御前御返事(御本尊護持事) 窪尼御前御返事(虚御教書事) 窪尼御前御返事 弘安元年6月, 妙心尼御前御返事(病之良薬御書) 窪尼御前御返事(孝養善根事) 妙心尼御前御返事(相思樹御書) 窪尼御前御返事 弘安2年12月, 妙心尼御前御返事 弘安3年5月, 窪尼御前御返事(阿那律事) 窪尼御前御返事(善根御書) 三沢御房御返事, 三沢抄, 十字御書

新田 次郎
にった・じろう
《1912〜1980》

「アラスカ物語」

『アラスカ物語』 新田次郎著 44刷改版 新潮社 2002.10 467p 16cm (新潮文庫)〈折り込1枚 文献あり〉629円 ①4-10-112221-0 Ⓝ913.6

『アラスカ物語』 新田次郎著 新座 埼玉福祉会 1993.4 3冊 22cm (大活字本シリーズ)〈原本:新潮文庫 限定版〉3193〜3605円 Ⓝ913.6

野坂 昭如
のさか・あきゆき
《1930〜》

「赤とんぼと、あぶら虫」

『火垂るの墓』 野坂昭如著 ポプラ社 2006.7 160p 18cm (ポプラポケット文庫) 570円 ①4-591-09343-3

内容 昭和二十年、戦争のなか親も家も失い、二人きりになってしまった兄妹。十四

歳の清太と、四歳の節子が、つたなくもけんめいに生きようとする姿をえがいた名作。一九六八年、直木賞受賞作。―表題作のほか、読みついでいきたい戦争の童話五編を収録。中学生向け。

『戦争童話集』 野坂昭如著 改版 中央公論新社 2003.2 185p 15cm （中公文庫） 514円 ①4-12-204165-1

内容 焼跡にはじまる青春の喪失と解放の記憶。戦後を放浪しつづける著者が、戦争の悲惨な極限に生まれえた非現実の愛とその終りを"8月15日"に集約して描く万人のための、鎮魂の童話集。

『凧になったお母さん』 野坂昭如原作，黒田征太郎絵 日本放送出版協会 2002.7 93p 21cm （戦争童話集 忘れてはイケナイ物語り） 1700円 ①4-14-036089-5

内容 戦火の中を逃げまどう、カッちゃんとお母さん。熱いというカッちゃんのために、お母さんは必死に水を与えようとします。汗・涙・お乳、血、体中の水分をすべて与えつくしたお母さんの体は―。カッちゃんとお母さんはいま、どこにいるのでしょう。

「火垂るの墓」

『火垂るの墓』 野坂昭如原作，高畑勲脚本・監督 文藝春秋 2013.11 379p 16cm （文春ジブリ文庫 G-2-4―シネマ・コミック 4） 1570円 ①978-4-16-812103-6 Ⓝ726.1

『ジブリの教科書 4 火垂るの墓』 スタジオジブリ文春文庫編 文藝春秋 2013.10 253p 15cm （文春ジブリ文庫） 580円 ①978-4-16-812003-9

内容 太平洋戦争末期の神戸。空襲で親を失った14歳と清太と4歳の節子の兄妹はいかに生き、なぜ死なねばならなかったのか。文芸的アニメーションとして世界的に高い評価を得た作品の魅力を、山田洋次監督、與那覇潤、妹尾河童ら豪華執筆陣が語る。名アニメーター近藤喜文のイメージボードほかカラー画も多数収録。

『戦時下の青春』 中井英夫ほか著 集英社 2012.3 727p 19cm （コレクション 戦争と文学 15） 3600円 ①978-4-08-157015-7

内容 テーマ編・炎。炎上する街に潜む蒼く凄まじき生。

『火垂るの墓』 野坂昭如著 ポプラ社 2006.7 160p 18cm （ポプラポケット文庫） 570円 ①4-591-09343-3

内容 昭和二十年、戦争のなか親も家も失い、二人きりになってしまった兄妹。十四歳の清太と、四歳の節子が、つたなくもけんめいに生きようとする姿をえがいた名作。一九六八年、直木賞受賞作。―表題作のほか、読みついでいきたい戦争の童話五編を収録。中学生向け。

『アメリカひじき・火垂るの墓』 野坂昭如著 新潮社 2003.7 272p 15cm （新潮文庫） 438円 ①4-10-111203-7

内容 昭和20年9月21日、神戸・三宮駅構内で浮浪児の清太が死んだ。虱だらけの腹巻きの中にあったドロップの缶。その缶を駅員が暗がりに投げると、栄養失調で死んだ四歳の妹、節子の白い骨がころげ、蛍があわただしくとびかった―浮浪児兄妹の餓死までを独自の文体で印象深く描いた『火垂るの墓』、そして『アメリカひじき』の直木賞受賞の二作をはじめ、著者の作家的原点を示す6編。

野間 宏
のま・ひろし
《1915～1991》

「写生と想像」

『文章入門』 野間宏著 第三文明社 1988.6 2冊 18cm （レグルス文庫 177,178） 各580円 ①4-476-01177-2 Ⓝ816

野矢 茂樹
のや・しげき
《1954～》

「他者の声 実在の声」

『他者の声 実在の声』 野矢茂樹著 産業図書 2005.7 329p 19cm 2,200円 ①4-7828-0154-8

内容 哲学を読む愉しみ、哲学する愉しみ、言語・思考・無限・時間、そして他者を巡る19のエッセイ。

「猫は後悔するか」

『語りえぬものを語る』 野矢茂樹著 講談社 2011.7 483p 19cm 2,500円 ①978-4-06-217095-6

内容 相貌論、懐疑論、ウィトゲンシュタインの転回、過去、隠喩、自由…。スリリングに展開する著者会心の「哲学的風景」。

萩原 朔太郎
はぎわら・さくたろう
《1886～1942》

「青樹の梢をあおぎて」

『萩原朔太郎』 萩原朔太郎詩, 若林佳子押花 ポプラ社 2004.4 1冊 23×19cm (花と言葉の詩画集 3) 1500円 ①4-591-08096-X

内容 近代詩史に輝く不滅の金字塔、萩原朔太郎の傑作詩セレクション。

「遺伝」

『青猫』 萩原朔太郎著 集英社 1993.4

「大渡橋」

『精選 日本近代詩全集』 ぎょうせい 1982

「およぐひと」

『萩原朔太郎』 萩原朔太郎詩, 若林佳子押花 ポプラ社 2004.4 1冊 23×19cm (花と言葉の詩画集 3) 1500円 ①4-591-08096-X

内容 近代詩史に輝く不滅の金字塔、萩原朔太郎の傑作詩セレクション。

『近代の詩人 7』 潮出版社 1991

「蛙の死」

『萩原朔太郎詩集 悲しい月夜』 萩原朔太郎著, 河村哲朗画, 北川幸比古編 岩崎書店 1997.6 102p 20×19cm (美しい日本の詩歌 14) 1500円 ①4-265-04054-3

内容 本書は『萩原朔太郎全集』(全十五巻と補巻筑摩書房昭和六三年補訂版)をあらためて読み、はじめて朔太郎の詩を読む年の若い方にも、若い時に読んだという方にも、手に取りやすく読みやすいという視点で作品を選んだ、新編の選詩集である。

『近代の詩人 7』 潮出版社 1991

『萩原朔太郎 佐藤春夫』 萩原朔太郎, 佐藤春夫著, 萩原昌好編 あすなろ書房 1986.11 77p 23cm (少年少女のための日本名詩選集 5) 1200円 ①4-7515-1365-6

目次 萩原朔太郎(蛙の死, 沖を眺望する, 野原に寝る, 青空ほか), 佐藤春夫(海辺の恋, 断片, 秋刀魚の歌, 犬吠岬旅情のうた ほか)

「帰郷」

『近代の詩人 7』 潮出版社 1991

「郷愁の詩人与謝蕪村」

『萩原朔太郎』 萩原朔太郎著 筑摩書房 2009.6 476p 15cm (ちくま日本文学 036) 880円 ①978-4-480-42566-9

目次 純情小曲集, 月に吠える, 青猫より, 定本青猫より, 氷島より, 散文詩・詩的散文, 宿命より, 非論理的性格の悲哀, 自転車日記, 秋宵記, 叙情詩物語, ダークあやつり人形印象記, 日清戦争異聞, ウォーソン婦人の黒猫, 猫町, 日本への回帰, 小泉八雲の家庭生活, 悲哀の歌人式子内親王, 郷愁の詩人与謝蕪村

『萩原朔太郎』 萩原朔太郎著 新学社 2005.11 365p 15cm (近代浪漫派文庫) 1362円 ①4-7868-0079-1

目次 萩原朔太郎詩抄(純情小曲集/月に吠える/蝶を夢む/青猫/氷島ほか), 虚妄の正義より, 絶望の逃走より, 猫町, 恋愛名歌集(抄), 郷愁の詩人 与謝蕪村, 芭蕉私見, 日本への回帰

『昭和文学全集 4』 柳田国男, 折口信夫, 萩原朔太郎, 宮沢賢治, 高村光太郎, 斎藤茂吉, 高浜虚子, 久保田万太郎, 幸田露伴著 小学館 1989.4 1137p 21cm 4000円 ①4-09-568004-0

内容 自然や土俗への畏怖にみちた、古代と現代との多彩なる交錯点。昭和文学初めての集大成。

『郷愁の詩人 与謝蕪村』 萩原朔太郎著 岩波書店 1988.11 151p 15cm (岩波文庫) 260円 ①4-00-310622-9

内容 著者「君あしたに去りぬ。ゆうべの心ちぢに何ぞ遥かなる…」の詩を引用し、作者の名をかくしてこれを明治の新体詩人の作

といっても人は決して怪しまないだろう、と本書の冒頭で述べている。蕪村をいち早く認めたのは子規だが、郷愁の詩人として、蕪村の中にみずみずしい浪漫性を見出したのが朔太郎（1886〜1942）であり、その評価は今もゆるぎない。

「群集の中を求めて歩く」

『近代の詩人 7』 潮出版社 1991

「月光と海月」

『萩原朔太郎』 萩原朔太郎著，高橋順子選・鑑賞解説 小学館 2010.5 125p 19cm （永遠の詩 7）1200円 ①978-4-09-677217-1

内容 現実を超えた天上的な美しさと子供のような残酷さ。内省と虚無。言葉にできないものをこそ、詩にあらわそうとした詩人の傑作を現代仮名遣い、鑑賞解説付きで収録。

『近代の詩人 7』 潮出版社 1991

「小出新道」

『萩原朔太郎の人生読本』 辻野久憲編 筑摩書房 1994.4 375p 15cm （ちくま文庫）800円 ①4-480-02858-7

内容 4月―「この美しい都会を愛するのはよいことだ…すべてのやさしい女等をもとめるために…この都にきて賑やかな街路を通るのはよいことだ…」（青猫）。抒情詩、散文詩、アフォリズムやエッセイ等全著者中から詩人の詞華を抜萃し、テーマ別に大別、これを1月12カ月の人生の季節にちりばめた珍しい一冊。辻野久憲編集になる、久しく埋もれていた希書がいま蘇える。

「自然の背後に隠れて居る」

『青猫』 萩原朔太郎著 集英社 1993.4

「死なない蛸」

『ふしぎな話』 松田哲夫編 あすなろ書房 2011.3 279p 22×14cm （中学生までに読んでおきたい日本文学 10）1800円 ①978-4-7515-2630-9

内容 夢の世界はあるのかな？ 名作短編がぎっしりつまった一冊。

『変身ものがたり』 安野光雅，森毅，井上ひさし，池内紀編 筑摩書房 2010.10 534p 15cm （ちくま文学の森 3）1000円 ①978-4-480-42733-5

内容 死なない蛸（萩原朔太郎），風博士（坂口安吾），オノレ・シュブラックの失踪（アポリネール，川口篤・訳），壁抜け男（エーメ，中村真一郎・訳），鼻（ゴーゴリ，平井肇・訳），のっぺらぼう（子母澤寛），夢応の鯉魚（上田秋成，石川淳・訳），魚服記（太宰治），こうのとりになったカリフ（ハウフ，高橋健二・訳），妖精族のむすめ（ダンセイニ，荒俣宏・訳），山月記（中島敦），高野聖（泉鏡花），死霊の恋（ゴーチエ，田辺貞之助・訳），マルセイユのまぼろし（コクトー，清水徹・訳），秘密（谷崎潤一郎），人間椅子（江戸川乱歩），化粧（川端康成），お化けの世界（坪田譲治），猫町（萩原朔太郎），夢十夜（夏目漱石），東京日記抄（内田百閒）

『近代の詩人 7』 潮出版社 1991

『文豪ナンセンス小説選』 夏目漱石ほか著 河出書房新社 1987.7 259p 15cm （河出文庫）480円 ①4-309-40193-7

内容 何だか訳の分からない変な話、ただただ笑ってしまう可笑しな話、現実には有り得ない面妖な話、魂も凍る恐ろしい話。人生、時代、社会など、さまざまの意味づけで覆われてきた。“正統文学史”からはみ出した不思議議傑作16篇を集成。

「詩の本質」

『萩原朔太郎全集 第2巻』 伊藤信吉ほか編 補訂版 筑摩書房 1986.11 623p 22cm〈監修：中野重治ほか 著者の肖像あり〉6400円 ①4-480-73502-X Ⓝ918.68

内容 詩集 2 純情小曲集，第一書房版萩原朔太郎詩集，新潮社版現代詩人全集萩原朔太郎集，氷島，定本青猫，宿命，習作集一第8・9巻（愛憐詩篇ノート）草稿詩篇，解題 伊藤信吉ほか著

「地面の底の病気の顔」

『萩原朔太郎』 萩原朔太郎著，高橋順子選・鑑賞解説 小学館 2010.5 125p 19cm （永遠の詩 7）1200円 ①978-4-09-677217-1

内容 現実を超えた天上的な美しさと子供のような残酷さ。内省と虚無。言葉にできないものをこそ、詩にあらわそうとした詩人の傑作を現代仮名遣い、鑑賞解説付きで収録。

『萩原朔太郎選書』 世界の名詩鑑賞会編 名古屋 リベラル社，星雲社〔発売〕 2006.7 77p 15×9cm （ミニブック

シリーズ）500円 ①4-434-08235-3

目次 地面の底の病気の顔, 竹, 亀, 笛, 天上縊死, 殺人事件, 死, 酒精中毒者の死, 春夜, 猫, 見しらぬ犬, 蛙よ, 寝台を求む, 群集の中を求めて歩く, 艶めかしい墓場, 蝶を夢む, 松葉に光る, 吠える犬, こころ, 旅上, 利根川のほとり, 中学の校庭, 波宜亭, 公園の椅子, 漂泊者の歌, 乃木坂倶楽部, 帰郷, 大砲を撃つ, 沼沢地方

『萩原朔太郎詩集』 萩原朔太郎著, 北川透編, 三木卓エッセイ 角川春樹事務所 1999.10 255p 15cm （ハルキ文庫）760円 ①4-89456-565-X

内容「我は何物をも喪失せずまた一切を失い尽せり」。孤独を求めて都市の群集の中をうろつき、妻と別れて呆然たる思いで郷里の川辺に立ち尽くす。生活者としては孤独な生涯を送ったが、人間の感情や想念のすみずみにまで届く口語や、絶望や望郷を鮮やかに歌い上げた文語により、日本語の詩を最も深く広く探った詩人。多くの人に親しまれ、詩の歴史に最大の影響を与えた詩人の全貌を提示して、官能と哀感、憤怒と孤独の調べが、時代を超えて立ち上がる。

『近代の詩人 7』 潮出版社 1991

「春夜」

『萩原朔太郎選書』 世界の名詩鑑賞会編 名古屋 リベラル社, 星雲社〔発売〕 2006.7 77p 15×9cm （ミニブックシリーズ）500円 ①4-434-08235-3

目次 地面の底の病気の顔, 竹, 亀, 笛, 天上縊死, 殺人事件, 死, 酒精中毒者の死, 春夜, 猫, 見しらぬ犬, 蛙よ, 寝台を求む, 群集の中を求めて歩く, 艶めかしい墓場, 蝶を夢む, 松葉に光る, 吠える犬, こころ, 旅上, 利根川のほとり, 中学の校庭, 波宜亭, 公園の椅子, 漂泊者の歌, 乃木坂倶楽部, 帰郷, 大砲を撃つ, 沼沢地方

『近代の詩人 7』 潮出版社 1991

「静物」

『萩原朔太郎』 萩原朔太郎著, 高橋順子選・鑑賞解説 小学館 2010.5 125p 19cm （永遠の詩 7）1200円 ①978-4-09-677217-1

内容 現実を超えた天上的な美しさと子供のような残酷さ。内省と虚無。言葉にできないものをこそ、詩にあらわそうとした詩人の傑作を現代仮名遣い、鑑賞解説付きで収録。

『自然の詩は生命を灯す』 境野今衛画, 萩原朔太郎詩 美研インターナショナル, 星雲社〔発売〕 2003.8 31p 26cm （アルカディアブックスシリーズ）1200円 ①4-434-03449-9

目次 自然の詩, 向日葵, 夏野菜, 静物, 瓶たちの世界, オーム貝のある静物, 仁王像, 能面（白式尉）, 競う, 牛舎, 妙義山（金洞山）, 妙義山（桑畑）, 夏秋蚕の頃

「大砲を撃つ」

『萩原朔太郎選書』 世界の名詩鑑賞会編 名古屋 リベラル社, 星雲社〔発売〕 2006.7 77p 15×9cm （ミニブックシリーズ）500円 ①4-434-08235-3

目次 地面の底の病気の顔, 竹, 亀, 笛, 天上縊死, 殺人事件, 死, 酒精中毒者の死, 春夜, 猫, 見しらぬ犬, 蛙よ, 寝台を求む, 群集の中を求めて歩く, 艶めかしい墓場, 蝶を夢む, 松葉に光る, 吠える犬, こころ, 旅上, 利根川のほとり, 中学の校庭, 波宜亭, 公園の椅子, 漂泊者の歌, 乃木坂倶楽部, 帰郷, 大砲を撃つ, 沼沢地方

『近代の詩人 7』 潮出版社 1991

「竹」

『萩原朔太郎』 萩原朔太郎著, 高橋順子選・鑑賞解説 小学館 2010.5 125p 19cm （永遠の詩 7）1200円 ①978-4-09-677217-1

内容 現実を超えた天上的な美しさと子供のような残酷さ。内省と虚無。言葉にできないものをこそ、詩にあらわそうとした詩人の傑作を現代仮名遣い、鑑賞解説付きで収録。

『月に吠える―萩原朔太郎詩集』 萩原朔太郎著 角川書店 1999.1 276p 15cm （角川文庫）540円 ①4-04-112106-X

内容「光る地面に竹が生え、」「竹、竹、竹が生え。」萩原朔太郎の言葉は、鮮烈なリズムで読む者の胸へと鋭く迫る。近代人の病的なまでの精神のふるえを描き、真に近代的な口語自由詩を確立したと評される詩集『月に吠える』。家庭の崩壊と言い知れぬ絶望のさなかで、漢語を駆使して書かれた文語詩集『氷島』。いずれが最高傑作かをめぐって今なお議論の絶えないこの二詩集を中心に、『青猫』『純情小曲集』などからセレクトした新編集の朔太郎詩集。

「中学の校庭」

『萩原朔太郎選書』 世界の名詩鑑賞会編 名古屋 リベラル社,星雲社〔発売〕 2006.7 77p 15×9cm (ミニブックシリーズ) 500円 ①4-434-08235-3

目次 地面の底の病気の顔,竹,亀,笛,天上縊死,殺人事件,死,酒精中毒者の死,春夜,猫,見しらぬ犬,蛙よ,寝台を求む,群集の中を求めて歩く,艶めかしい墓場,蝶を夢む,松葉に光る,吠える犬,こころ,旅上,利根川のほとり,中学の校庭,波宜亭,公園の椅子,漂泊者の歌,乃木坂倶楽部,帰郷,大砲を撃つ,沼沢地方

「蝶を夢む」

『萩原朔太郎詩集』 萩原朔太郎著 教育出版 2003.8 214p 18cm (読んでおきたい日本の名作) 800円 ①4-316-80030-2

目次 初期詩篇(大正二年〜四年),愛憐詩篇(大正二年・三年),月に吠える(大正六年一月),青猫(大正十二年一月),蝶を夢む(大正十二年七月),萩原朔太郎詩集(昭和三年三月),郷土望景詩—『純情小曲集』(大正十四年)に収録,現代詩人全集萩原朔太郎(昭和四年十月),氷島(昭和九年六月),宿命(昭和十四年九月)

『日本の詩歌 14 萩原朔太郎』 萩原朔太郎[著] 新装 中央公論新社 2003.6 410p 21cm〈オンデマンド版 年譜あり〉5300円 ①4-12-570058-3 Ⓝ911.08

内容 月に吠える,青猫,蝶を夢む,萩原朔太郎詩集,定本青猫,純情小曲集,氷島,散文詩,未刊詩篇,詩人の肖像(福永武彦著)

『月に吠える—萩原朔太郎詩集』 萩原朔太郎著 角川書店 1999.1 276p 15cm (角川文庫) 540円 ①4-04-112106-X

内容 「光る地面に竹が生え、」「竹、竹、竹が生え。」萩原朔太郎の言葉は、鮮烈なリズムで読む者の胸へと鋭く迫る。近代人の病的なまでの精神のふるえを描き、真に近代的な口語自由詩を確立したと評される詩集『月に吠える』。家庭の崩壊と言い知れぬ絶望のさなかで、漢語を駆使して書かれた文語詩集『氷島』。いずれが最高傑作かをめぐって今なお議論の絶えないこの二詩集を中心に、『青猫』『純情小曲集』などからセレクトした新編集の朔太郎詩集。

『近代の詩人 7』 潮出版社 1991

「天景」

『近代の詩人 7』 潮出版社 1991

「艶めかしい墓場」

『萩原朔太郎選書』 世界の名詩鑑賞会編 名古屋 リベラル社,星雲社〔発売〕 2006.7 77p 15×9cm (ミニブックシリーズ) 500円 ①4-434-08235-3

目次 地面の底の病気の顔,竹,亀,笛,天上縊死,殺人事件,死,酒精中毒者の死,春夜,猫,見しらぬ犬,蛙よ,寝台を求む,群集の中を求めて歩く,艶めかしい墓場,蝶を夢む,松葉に光る,吠える犬,こころ,旅上,利根川のほとり,中学の校庭,波宜亭,公園の椅子,漂泊者の歌,乃木坂倶楽部,帰郷,大砲を撃つ,沼沢地方

『近代の詩人 7』 潮出版社 1991

「鶏」

『近代の詩人 7』 潮出版社 1991

「猫」

『萩原朔太郎選書』 世界の名詩鑑賞会編 名古屋 リベラル社,星雲社〔発売〕 2006.7 77p 15×9cm (ミニブックシリーズ) 500円 ①4-434-08235-3

目次 地面の底の病気の顔,竹,亀,笛,天上縊死,殺人事件,死,酒精中毒者の死,春夜,猫,見しらぬ犬,蛙よ,寝台を求む,群集の中を求めて歩く,艶めかしい墓場,蝶を夢む,松葉に光る,吠える犬,こころ,旅上,利根川のほとり,中学の校庭,波宜亭,公園の椅子,漂泊者の歌,乃木坂倶楽部,帰郷,大砲を撃つ,沼沢地方

「波宜亭」

『萩原朔太郎選書』 世界の名詩鑑賞会編 名古屋 リベラル社,星雲社〔発売〕 2006.7 77p 15×9cm (ミニブックシリーズ) 500円 ①4-434-08235-3

目次 地面の底の病気の顔,竹,亀,笛,天上縊死,殺人事件,死,酒精中毒者の死,春夜,猫,見しらぬ犬,蛙よ,寝台を求む,群集の中を求めて歩く,艶めかしい墓場,蝶を夢む,松葉に光る,吠える犬,こころ,旅上,利根川のほとり,中学の校庭,波宜亭,公園の椅子,漂泊者の歌,乃木坂倶楽部,帰郷,大砲を撃つ,沼沢

地方

『萩原朔太郎詩集 悲しい月夜』 萩原朔太郎著，河村哲朗画，北川幸比古編 岩崎書店 1997.6 102p 20×19cm （美しい日本の詩歌 14） 1500円 ①4-265-04054-3

内容 本書は『萩原朔太郎全集』（全十五巻と補巻筑摩書房昭和六三年補訂版）をあらためて読み、はじめて朔太郎の詩を読む年の若い方にも、若い時に読んだという方にも、手に取りやすく読みやすいという視点で作品を選んだ、新編の選詩集である。

「漂泊者の歌」

『宿命』 萩原朔太郎著 未來社 2013.7 216p 19cm （転換期を読む 19） 2000円 ①978-4-624-93439-2

内容 日本近代詩を新しい次元に導き、現代につづく詩の地平を切りひらいた日本を代表する近代詩人、萩原朔太郎の最晩年の自選アンソロジー。散文詩と抒情詩のなかから代表作一四一篇を選び出し、みずからの詩人としての終着点を総括した作品集。さらに散文詩自註としてみずからの詩的表現論を展開し、近代以降の詩にたいする問題提起をおこなった詩的遺言書。

『萩原朔太郎選書』 世界の名詩鑑賞会編 名古屋 リベラル社，星雲社〔発売〕 2006.7 77p 15×9cm （ミニブックシリーズ） 500円 ①4-434-08235-3

目次 地面の底の病気の顔，竹，亀，笛，天上縊死，殺人事件，死，酒精中毒者の死，春夜，猫，見しらぬ犬，蛙よ，寝台を求む，群集の中を求めて歩く，艶めかしい墓場，蝶を夢む，松葉に光る，吠える犬，こころ，旅上，利根川のほとり，中学の校庭，波宜亭，公園の椅子，漂泊者の歌，乃木坂倶楽部，帰郷，大砲を撃つ，沼沢地方

『近代の詩人 7』 潮出版社 1991

「風船乗りの夢」

『近代の詩人 7』 潮出版社 1991

「郵便局の窓口で」

『塩飽の船影―明治大正文学藻塩草』 平岡敏夫著 有精堂出版 1991.5 489p 19cm 5980円 ①4-640-31023-4

内容 自己の生の歴史と文学の鞍部の中に、「近代」の意味を探る風味掬すべきEssay。

『近代の詩人 7』 潮出版社 1991

「夢にみる空家の庭の秘密」

『青猫』 萩原朔太郎著 集英社 1993.4

「旅上」

『萩原朔太郎・室生犀星』 萩原昌好編 あすなろ書房 2012.6 103p 20×16cm （日本語を味わう名詩入門 9） 1500円 ①978-4-7515-2649-1

内容 ともに北原白秋門下で、年齢も近く、友だち同士だった萩原朔太郎と室生犀星。大正から昭和にかけての詩壇に新風を巻き起こした二人の詩人の作品を味わってみましょう。

『萩原朔太郎』 萩原朔太郎著，高橋順子選・鑑賞解説 小学館 2010.5 125p 19cm （永遠の詩 7） 1200円 ①978-4-09-677217-1

内容 現実を超えた天上的な美しさと子供のような残酷さ。内省と虚無。言葉にできないものをこそ、詩にあらわそうとした詩人の傑作を現代仮名遣い、鑑賞解説付きで収録。

『萩原朔太郎選書』 世界の名詩鑑賞会編 名古屋 リベラル社，星雲社〔発売〕 2006.7 77p 15×9cm （ミニブックシリーズ） 500円 ①4-434-08235-3

目次 地面の底の病気の顔，竹，亀，笛，天上縊死，殺人事件，死，酒精中毒者の死，春夜，猫，見しらぬ犬，蛙よ，寝台を求む，群集の中を求めて歩く，艶めかしい墓場，蝶を夢む，松葉に光る，吠える犬，こころ，旅上，利根川のほとり，中学の校庭，波宜亭，公園の椅子，漂泊者の歌，乃木坂倶楽部，帰郷，大砲を撃つ，沼沢地方

『近代の詩人 7』 潮出版社 1991

橋川 文三
はしかわ・ぶんぞう
《1922～1983》

「対馬幻想行」

『橋川文三著作集 8』 橋川文三著，神島二郎，鶴見俊輔，吉本隆明編 増補版 筑摩書房 2001.5 384p 20cm 〈付属資料：8p：月報 8〉 3800円 ①4-480-75218-8 Ⓝ081.6

内容 対馬幻想行, ほか

『異国の響きが聞えてくる』 佐多稲子ほか著 作品社 1987.6 238p 19cm （日本随筆紀行 22 長崎） 1200円 Ⓘ4-87893-422-0

目次 解纜（北原白秋）, 長崎の六月（佐多稲子）, 海洋の旅（永井荷風）, 長崎追憶（斎藤茂吉）, 長崎再遊記（神近市子）, 長崎を恋うるの記（美輪明宏）, 江戸の仇は長崎で（さだまさし）, 長崎（堀田善衛）, 長崎天草を訪ねて（辻邦生）, 開国と長崎（森永種夫）, 長崎ターフル料理（越中哲也）, 長崎（芥川龍之介）, 長崎の夏祭（神代祇彦）, 長崎見聞抄（吉井勇）, 私とわらべうた（森敦）, 長崎くんち（歌川龍平）, 紅毛館のクリスマス（大庭耀）, 長崎魚族紳士録（山本健吉）, 長崎弁について（田中千禾夫）, 横瀬浦、島原、口ノ津（遠藤周作）, 指輪のうた（松永伍一）, 切支丹「山入り」と雲仙の地獄（宮崎康平）, 伊佐早氏のゆくへ（野呂邦暢）, 「場所」としての佐世保港（村上龍）, 平戸（永島正一）, ジャガタラ文（玉井政雄）, 島の博物館/さいはての孤島（田栗奎作）, 壱岐焼酎幻想行（井上光晴）, 対馬幻想行（橋川文三）

橋本 進吉
はしもと・しんきち
《1882～1945》

「駒のいななき」

『古代国語の音韻に就いて』 橋本進吉著 岩波書店 1980.6 190p 15cm （岩波文庫） 300円 Ⓝ811.1

内容 駒のいななき, 古代国語の音韻に就いて, 国語音韻の変遷

長谷川 櫂
はせがわ・かい
《1954～》

「季語について」

『俳句の宇宙』 長谷川櫂著 中央公論新社 2013.7 259p 15cm （中公文庫） 724円 Ⓘ978-4-12-205814-9

内容 日常から自然が失われていく時代に、季語は生きていけるのだろうか。俳句は、実感豊かな言葉たりうるのだろうか。実作者ならではの視点で、十七文字という短い言葉以前に成立する「場」に注目した、現代俳句を考える上で欠くことができない記念碑的著作。サントリー学芸賞受賞作待望の文庫化。

『俳句の宇宙』 長谷川櫂著 花神社 2001.9 198p 19cm 2200円 Ⓘ4-7602-1662-6

目次 序章 自然について, 第1章 季語について, 第2章 俳句性について, 第3章 「いきおい」について, 第4章 間について, 第5章 忌日について, 第6章 都市について, 第7章 宇宙について

「俳句の宇宙―自然について」

『俳句の宇宙』 長谷川櫂著 中央公論新社 2013.7 259p 15cm （中公文庫） 724円 Ⓘ978-4-12-205814-9

内容 日常から自然が失われていく時代に、季語は生きていけるのだろうか。俳句は、実感豊かな言葉たりうるのだろうか。実作者ならではの視点で、十七文字という短い言葉以前に成立する「場」に注目した、現代俳句を考える上で欠くことができない記念碑的著作。サントリー学芸賞受賞作待望の文庫化。

『俳句の宇宙』 長谷川櫂著 花神社 2001.9 198p 19cm 2200円 Ⓘ4-7602-1662-6

目次 序章 自然について, 第1章 季語について, 第2章 俳句性について, 第3章 「いきおい」について, 第4章 間について, 第5章 忌日について, 第6章 都市について, 第7章 宇宙について

長谷川 四郎
はせがわ・しろう
《1909～1987》

「赤い岩」

『長谷川四郎 鶴/シベリヤ物語』 長谷川四郎著, 小沢信男編 みすず書房 2004.6 273p 19cm （大人の本棚） 2400円 Ⓘ4-622-08049-4

内容 このふしぎに沈着な物語たちは、きのうかたるきょうのこと、のようでもありませんか。―敗戦前後の満州、シベリヤ抑留

経験から紡ぎ出された珠玉の短篇。

『鶴』 長谷川四郎著 講談社 1990.7 306p 15cm (講談社文芸文庫) 880円 ①4-06-196089-X

内容 敗戦直前、旧ソ満国境の平原にとり残された監視哨で望遠鏡を覗く一日本軍監視浜の孤独。突然の銃声と、死。虚空に飛び立つ一羽の鶴の形象の鮮かさ—。苛酷な戦場の生と死を静謐な抒情の高みに昇華させ衝撃的感銘を与えた名作「鶴」「張徳義」「脱走兵」、「ガラ・ブルセンツォワ」他二篇に「赤い岩」収録の全集版編成。現代戦争文学の古典的名著『鶴』。

「ぼくの伯父さん」

『長谷川四郎—生誕100年 時空を超えた自由人』 河出書房新社 2009.8 191p 21cm (KAWADE道の手帖) 1600円 ①978-4-309-74030-0

目次 鼎談 長谷川四郎の魅力, エッセイ 長谷川四郎の魅力・作品の魅力(空席に誰かすわっている,「鶴」, 私の一冊・長谷川四郎全集 ほか), 長谷川四郎の作品から(「シルカ」—『シベリヤ物語』より,「鶴」—『鶴』より,「ぼくの伯父さん」—『ぼくの伯父さん』より ほか), エッセイ おかし男・考える人・歩く男(おかし男長谷川四郎, 長谷川四郎, 歩く男の死), キーワードで辿る長谷川四郎の軌跡, 架空インタビュー 『シベリヤ物語』の作者に訊く

『ちくま日本文学全集 46 長谷川四郎—1909-1987』 筑摩書房 1992.12 477p 16cm 1000円 ①4-480-10246-9 Ⓝ918.6

内容 シベリヤ物語 より 小さな礼拝堂, 鶴, 模範兵隊小説集 より 分遣隊, 炊事兵, 駐屯軍演芸大会, 阿久正の話, 随筆丹下左膳,『デルスウ・ウザーラ』解説, 新人発言, 詩 より 花火の歌, 未確認戦死者の歌, 病人の歌, とうとうたらりの歌, 兵隊の歌, 兵隊女房の歌, 原住民の歌, おかし男の歌, 九つの物語 より ききみみハンチング, 白鳥湖, ぼくの伯父さん, 戯曲 守るも攻めるも一墨子, 年譜:p471～477

長谷川 宏
はせがわ・ひろし
《1940～》

「芸術を楽しむ」

『高校生のための哲学入門』 長谷川宏著 筑摩書房 2007.7 212p 18cm (ちくま新書) 700円 ①978-4-480-06360-1

内容 「自分」とは、「社会」とは。私たちの「生きにくさ」はどこから来ているのか。難解な語を排し、日常の言葉で綴る待望の哲学入門。

長谷川 眞理子
はせがわ・まりこ
《1952～》

「コンコルドの誤り」

『科学の目 科学のこころ』 長谷川真理子著 岩波書店 1999.7 214p 18cm (岩波新書) 660円 ①4-00-430623-X

内容 膨大な科学的知識の消化よりも、科学の基本にある考え方や意味についての確かな理解こそ、現代の私たちにとっては大切なことだろう。著者は、根っからの理科系でも文科系でもないと自称する生物学者。クローン羊の誕生、ムシの子育て、イギリスでの見聞など、多彩な話題をおりまぜながら、科学と人間と社会について考えるエッセイ集。

波多野 完治
はたの・かんじ
《1905～2001》

「文章と個性」

『波多野完治全集 第1巻 文章心理学』 東洋ほか編 小学館 1990.7 389p 21cm〈著者の肖像あり〉3500円 ①4-09-846101-3 Ⓝ371.4

服部　土芳
はっとり・どほう
《1657〜1730》

「三冊子」

『連歌論集・能楽論集・俳論集』 奥田勲, 表章, 堀切実, 復本一郎校注・訳 小学館 2001.9 670p 23×16cm （新編日本古典文学全集 88） 4657円 Ⓘ4-09-658088-0

内容 中世から近世に花開いた座の文芸、連歌・俳諧。そして、日本独特の芸能、能・狂言。それらの隆盛とともに、その理論的解説書も数多く登場した。二条良基、世阿弥、去来、土芳ら、新しい文化の創造につくした先達に今、何を学ぶべきか。

花田　清輝
はなだ・きよてる
《1909〜1974》

「ナマズ考」

『日本のルネッサンス人』 花田清輝著 朝日新聞社 2005.6 254p 19cm （朝日選書 50）〈[東京] デジタルパブリッシングサービス（発売） 1975年刊を原本としたオンデマンド版〉 2700円 Ⓘ4-86143-032-1 Ⓝ914.6

『日本のルネッサンス人』 花田清輝著 講談社 1992.2 249p 15cm （講談社文芸文庫―現代日本のエッセイ） 940円 Ⓘ4-06-196165-9

内容 永徳「洛中洛外図」や光悦“鷹が峯”をめぐる様々な流説等を媒介にして、中世から近代への転形期を美事生き抜いた、日本のルネッサンス人に、転形期特有の“普遍性”を発見し、誰よりも激しく現在を、更に未来を生きる“原点”を追求する花田清輝の豊かな歴史感覚、国際感覚、秀抜なレトリック。若き日の『復興期の精神』を成熟させた批評精神の凱旋。

「ものぐさ太郎」

『骨を斬らせて肉を斬る―花田清輝批評集』 花田清輝著 福岡 忘羊社 2014.11 173p 21cm 1700円 Ⓘ978-4-907902-05-6

内容 戦後思想の転換期に、埴谷雄高、吉本隆明らと苛烈な論争を繰り広げ、文学から思想、芸術、映画まで、逆説と韜晦に彩られた緩急自在のレトリックで、前衛運動に多大な影響を与えた鬼才・花田清輝のエッセンス！

『日本幻想文学集成 29 花田清輝』 花田清輝著, 池内紀編 国書刊行会 1994.11 288p 20cm 2000円 Ⓘ4-336-03239-4 Ⓝ918.6

内容 歌, 球面三角, 『ドン・キホーテ』注釈, 楕円幻想, テレザ・パンザの手紙, 林檎に関する一考察, 鏡の国の風景, 海について, 七, ものみな歌でおわる 第一幕第一景, ものぐさ太郎, 御伽草子, 開かずの箱, 伊勢氏家訓, 石山怪談, 舞の本, テレザ・パンザの手紙 第二信 池内紀著

『もう一つの修羅』 花田清輝著 講談社 1991.2 251p 15cm （講談社文芸文庫―現代日本のエッセイ） 880円 Ⓘ4-06-196116-0

内容 常に現在を超えインターナショナルであり続けること。強靭な思考とダイナミックな論理の滲透力―。そして何よりも明晰・華麗なレトリック。忌憚のない鋭い批評ゆえに同時代に敬遠された文学者花田清輝が、時間の流れの雲間から、今再び輝き出す。血と暴力を象徴する“修羅”を転倒し、“もう一つ”の言葉の“修羅”の世界を開示する知的快感溢れる力業。

埴谷　雄高
はにや・ゆたか
《1910〜1997》

「顔の印象」

『埴谷雄高全集 第7巻』 埴谷雄高著 講談社 1999.3

「思想の幅」

『埴谷雄高思想論集』 埴谷雄高著, 立石伯編 講談社 2004.3 386p 16cm （講談社文芸文庫―埴谷雄高評論選書 2）〈下位シリーズの責任表示：埴谷雄高［著］ 肖像あり〉 1400円 Ⓘ4-06-198364-4 Ⓝ914.6

内容 発想と思想の核：平和投票, 即席演説, 目的は手段を浄化しうるか, 転換期における人間理性, 白昼と闇の境：透視の文学, 知識人と共産主義, 歴史のかたちについて, 現実と透視力, 政治の周辺, 夜の思想, 闇のなかの思想, 現代的知性の構図, アンケート, 「政治と文学」について, 自閉の季節, 思想の遠心運動：ニヒリズムとデカダンス, ニヒリズムの変容, 悲劇の肖像画, 絶望・頽廃・自殺, 自由とは何か, 暗殺の美学, 暴力考, 思想の幅, 宇宙ばか, 夢と人生, 宇宙型と神人型, 空間人への出発, 宇宙のなかの人間

「夢と人生」

『埴谷雄高思想論集』 埴谷雄高著, 立石伯編 講談社 2004.3 386p 16cm （講談社文芸文庫―埴谷雄高評論選書 2）〈下位シリーズの責任表示：埴谷雄高［著］ 肖像あり〉1400円 Ⓘ4-06-198364-4 Ⓝ914.6

内容 発想と思想の核：平和投票, 即席演説, 目的は手段を浄化しうるか, 転換期における人間理性, 白昼と闇の境：透視の文学, 知識人と共産主義, 歴史のかたちについて, 現実と透視力, 政治の周辺, 夜の思想, 闇のなかの思想, 現代的知性の構図, アンケート, 「政治と文学」について, 自閉の季節, 思想の遠心運動：ニヒリズムとデカダンス, ニヒリズムの変容, 悲劇の肖像画, 絶望・頽廃・自殺, 自由とは何か, 暗殺の美学, 暴力考, 思想の幅, 宇宙ばか, 夢と人生, 宇宙型と神人型, 空間人への出発, 宇宙のなかの人間

馬場　あき子
ばば・あきこ
《1928～》

「櫛」

『馬場あき子全集　歌集1～3』 馬場あき子著 三一書房 1995～98 559p 21cm （馬場あき子全集 第3巻）6800円 Ⓘ4-380-98541-5

内容 詩歌文学館賞受賞の『月華の館』、沖縄や熊野など旅を通してみずからの根源を探った『南島』、父への挽歌を巻末に据えた『阿古父』(読売文学賞受賞)、『暁すばる』『飛種』(斎藤茂吉短歌文学賞受賞)、そして最新歌集『青椿抄』までの六歌集を収録。

「電車」

『馬場あき子全集　第12巻』 馬場あき子著 三一書房 1997.12

林　大
はやし・おおき
《1913～2004》

「ことばの改善」

『現代国語学　第1　ことばの働き』 岩淵悦太郎等編 筑摩書房 1957 284p 22cm Ⓝ810.8

内容 ことばと人間（築島謙三） 伝達の可能と条件（熊沢竜） 思考とことば（吉田夏彦） 文学的表現（小田良弼） 言語生活の構造（池上禎造） 場面とことば（永野賢） マス・コミュニケーションとことば（宇野義方） ことばの技術（大久保忠利） ことばの習得（沢田慶輔） ことばの生理（時実利彦） 座談会 ことばの改善（岩淵悦太郎等）

林　京子
はやし・きょうこ
《1930～》

「空缶」

『生の深みを覗く―ポケットアンソロジー』 中村邦生編 岩波書店 2010.7 473,4p 15cm （岩波文庫別冊）940円 Ⓘ978-4-00-350023-1

内容 はじめての読者にも、百戦錬磨の読者にも！鷗外、漱石、ウルフ―あれっ、ボルヘスに魯迅、小島信夫、林京子もいる。作家たちが紡ぐ人の夢や日常、運命の変転、滑稽と悲哀。東西の短篇の森から名作・異色作・問題作を揃えました。好きな作品がきっとみつかる。

『祭りの場・ギヤマンビードロ』 林京子著 日本図書センター 2005.6 485p 22cm （林京子全集 第1巻 林京子著, 井上ひさし, 河野多恵子, 黒古一夫編）〈シリーズ責任表示：林京子著 シリーズ責任表示：井上ひさし, 河野多恵子, 黒古一夫編〉5800円 Ⓘ4-8205-9834-1

Ⓝ913.6

目次 祭りの場, 二人の墓標. 曇り日の行進. 空缶. 金毘羅山, ギヤマンビードロ：ギヤマンビードロ. 青年たち. 黄砂. 響. 帰る. 記録. 友よ. 影. 無明. 野に, 無きが如き, なんじゃもんじゃの面, 九日の太陽, 解説(橋中雄二著), 解題(黒古一夫著)

「ギヤマンビードロ」

『祭りの場・ギヤマンビードロ』 林京子著 日本図書センター 2005.6 485p 22cm (林京子全集 第1巻 林京子著, 井上ひさし, 河野多恵子, 黒古一夫編) 〈シリーズ責任表示：林京子著 シリーズ責任表示：井上ひさし, 河野多恵子, 黒古一夫編〉 5800円 Ⓘ4-8205-9834-1 Ⓝ913.6

目次 祭りの場, 二人の墓標. 曇り日の行進. 空缶. 金毘羅山, ギヤマンビードロ：ギヤマンビードロ. 青年たち. 黄砂. 響. 帰る. 記録. 友よ. 影. 無明. 野に, 無きが如き, なんじゃもんじゃの面, 九日の太陽, 解説(橋中雄二著), 解題(黒古一夫著)

『昭和文学全集 32 中短編小説集』 葉山嘉樹ほか著 小学館 1989.8 1090p 21cm 4120円 Ⓘ4-09-568032-6

内容 中短編の筆致に昭和人の哀歓が溢れる69人の傑作。

『祭りの場・ギヤマンビードロ』 林京子著 講談社 1988.8 398p 15cm (講談社文芸文庫) 760円 Ⓘ4-06-196023-7

内容 如何なれば膝ありてわれを接しや―。長崎での原爆被爆の切実な体験を、叫ばず歌わず、強く抑制された内奥の祈りとして語り、痛切な衝撃と深甚な感銘をもたらす林京子の代表的作品。群像新人賞・芥川賞受賞の『祭りの場』、「空缶」を冒頭に置く連作『ギヤマンビードロ』を併録。

「祭りの場」

『祭りの場・ギヤマンビードロ』 林京子著 日本図書センター 2005.6 485p 22cm (林京子全集 第1巻 林京子著, 井上ひさし, 河野多恵子, 黒古一夫編) 5800円 Ⓘ4-8205-9834-1 Ⓝ913.6

内容 祭りの場：祭りの場, 二人の墓標, 曇り日の行進, 空罐, 金毘羅山, ギヤマンビードロ：ギヤマンビードロ, 青年たち, 黄砂, 響, 帰る, 記録, 友よ, 影, 無明, 野に無きが如き, なんじゃもんじゃの面, 九日の太陽, 解説 橋中雄二著, 解題 黒古一夫著

『三枝和子 林京子 富岡多恵子』 三枝和子, 林京子, 富岡多恵子著, 河野多恵子, 大庭みな子, 佐藤愛子, 津村節子監修 角川書店 1999.3 433p 19cm (女性作家シリーズ 15) 2800円 Ⓘ4-04-574215-8

内容 いつもそばに置きたい、わたしの文学。江口水駅、祭りの場、冥途の家族他八篇収録。

『祭りの場・ギヤマンビードロ』 林京子著 講談社 1988.8 398p 15cm (講談社文芸文庫) 760円 Ⓘ4-06-196023-7

内容 如何なれば膝ありてわれを接しや―。長崎での原爆被爆の切実な体験を、叫ばず歌わず、強く抑制された内奥の祈りとして語り、痛切な衝撃と深甚な感銘をもたらす林京子の代表的作品。群像新人賞・芥川賞受賞の『祭りの場』、「空缶」を冒頭に置く連作『ギヤマンビードロ』を併録。

林 芙美子
はやし・ふみこ
《1903〜1951》

「風琴と魚の町」

『日本文学100年の名作 第2巻 1924-1933 幸福の持参者』 池内紀, 川本三郎, 松田哲夫編 新潮社 2014.10 500p 15cm (新潮文庫) 750円 Ⓘ978-4-10-127433-1

内容 関東大震災からの復興、昭和改元、漂う大戦の気配―。この10年だから生れた、厳選15編。

『はじめてであう日本文学 3 食にまつわる話』 紀田順一郎監修 成美堂出版 2013.4 223p 21cm 800円 Ⓘ978-4-415-31525-6

内容 この本に収められた「食にまつわる話」は、食べ物が豊かでなかった時代に書かれたものばかりです。それだけに、食べ物への思いがこもっているので、心に残る話が多く、文章の味わいも深いといえるでしょう。

『家族の物語』 松田哲夫編 あすなろ書房 2011.1 275p 22×14cm (中学

生までに読んでおきたい日本文学 5)
1800円 ①978-4-7515-2625-5
内容 言わなくてもわかってほしい。名作短編がぎっしりつまった一冊。

『伊豆の踊子・泣虫小僧』 川端康成，林芙美子著 講談社 2009.2 277p 19cm (21世紀版少年少女日本文学館 9)
1400円 ①978-4-06-282659-4
内容 二十歳の私が、一人旅をする伊豆で出会った踊子へ抱いた淡い思慕。無垢な青春の哀傷を描いたノーベル文学賞作家・川端康成の「伊豆の踊子」ほか、貧しい現実を見つめながらも、明るさを失わない独自の作風で愛された林芙美子の「泣虫小僧」などを収録。ふりがなと行間注で、最後までスラスラ。児童向け文学全集の決定版。

『林芙美子』 林芙美子著 筑摩書房 2008.7 475p 15cm (ちくま日本文学 020) 880円 ①978-4-480-42520-1
内容 詩 蒼馬を見たり 抄，風琴と魚の町，魚の序文，清貧の書，泣虫小僧，下町，魚介，牡蛎，河沙魚，夜猿

『風琴と魚の町・清貧の書』 林芙美子著 11刷改版 新潮社 2007.8 333p 16cm (新潮文庫) 476円 ①978-4-10-106107-8 Ⓝ913.6
内容 風琴と魚の町，耳輪のついた馬，魚の序文，清貧の書，田舎言葉，馬の文章，牡蠣，人生賦，山中歌合

『平林たい子・林芙美子』 平林たい子，林芙美子著 角川書店 1999.4 479p 20cm (女性作家シリーズ 2 河野多恵子ほか監修) 2800円 ①4-04-574202-6 Ⓝ913.6
内容 或る夜(平林たい子著)，桐の花(平林たい子著)，嘲る(平林たい子著)，施療室にて(平林たい子著)，うた日記(平林たい子著)，こういう女(平林たい子著)，人の命(平林たい子著)，秘密(平林たい子著)，自伝的交友録・実感的作家論(抄)(平林たい子著)，放浪記 第一部(林芙美子著)，風琴と魚の町(林芙美子著)，晩菊(林芙美子著)，夜猿(林芙美子著)

「放浪記」

『放浪記』 林芙美子作 岩波書店 2014.3 572p 15cm (岩波文庫) 900円 ①978-4-00-311693-7
内容 私は宿命的に放浪者である―若き日の日記をもとに記された、林芙美子(1903‐51)生涯の代表作。舞台は第一次大戦後の東京。地方出身者の「私」は、震災を経て変わりゆく都市の底辺で、貧窮にあえぎ、職を転々としながらも、逆境におしつぶされることなくひたすらに文学に向かってまっすぐに生きる。全三部を収録。

『中村玄「おんな」×林芙美子「放浪記」』 中村玄彫塑，林芙美子文 藝術出版社，星雲社〔発売〕 2011.2 197p 21cm (世界美術×文学全集) 2000円 ①978-4-434-15327-3
内容 石膏の白肌に命を吹き込む彫塑家・中村玄と、瑞々しい感性で言の葉を紡ぐ作家・林芙美子による、“女性”をキーワードにした心を軋ませるようなコラボレーション。現代において高い評価を得る連載当時の初出版「放浪記」に、中村のイマジネーションの結晶たる「おんな」たちが生々しくも華麗に交差する。

『放浪記』 林芙美子著 角川春樹事務所 2011.2 233p 15cm (ハルキ文庫) 514円 ①978-4-7584-3527-7
内容 尾道から上京した若き日の林芙美子は、住まいと男を転々としながら、どうしても貧困から抜け出せずにいた。何とかして金がほしい、お腹がすいた、何か面白い仕事が転がってやしないかな。いい詩が書きたい、棄てた男が恋しい、母も恋しい、いっそ身売りしてしまおうか…。明るく、凛とした強さで、逆境とまっすぐに向き合って生きた芙美子が、自身の思いの丈を軽妙に綴った、等身大の日記。

『林芙美子放浪記』 林芙美子著 みすず書房 2004.2

葉山 嘉樹
はやま・よしき
《1894～1945》

「海に生くる人々」

『海に生くる人々』 葉山嘉樹著 ほるぷ出版 1985.8 466p 20cm (日本の文学 47) Ⓝ913.6

「セメント樽の中の手紙」

『経済小説名作選』 城山三郎選，日本ペ

ンクラブ編　筑摩書房　2014.5　506p　15cm　（ちくま文庫）1200円　①978-4-480-43180-6

内容 過酷労働、高度成長、コマーシャル時代、海外進出、昭和の男たちはどう働いてきたのか？

『幻妖の水脈―日本幻想文学大全』　東雅夫編　筑摩書房　2013.9　602,4p　15cm　（ちくま文庫）1300円　①978-4-480-43111-0

内容 王朝物語、説話文学、謡曲から近現代小説まで、日本幻想文学の豊饒な系譜を3巻本構成で総覧する画期的アンソロジー。開幕篇となる本巻には『源氏物語』『今昔物語』『雨月物語』などの大古典に始まり、明治の『遠野物語』、大正の『一千一秒物語』、昭和の『唐草物語』等々、幻想文学史を彩る妖しき物語群の中から、オールタイム・ベストとして定評ある窮極の名品21篇を収録した。

『新 現代文学名作選』　中島国彦監修　明治書院　2012.1　256p　21cm　781円　①978-4-625-65415-2

内容 坊っちゃん（夏目漱石），最後の一句（森鷗外），鼻（芥川龍之介），清兵衛と瓢箪（志賀直哉），よだかの星（宮沢賢治），山椒魚（井伏鱒二），セメント樽の中の手紙（葉山嘉樹），路傍の石（山本有三），黄金風景（太宰治），名人伝（中島敦），潮騒（三島由紀夫），赤い繭（安部公房），おきみやげ（幸田文），童謡（吉行淳之介），途中下車（宮本輝），離さない（川上弘美），沈黙（村上春樹），電話アーティストの甥電話アーティストの恋人（小川洋子），乳と卵（川上未映子），さがしもの（角田光代）

『反貧困の文学』　北村隆志著　学習の友社　2010.9　190p　19cm　1429円　①978-4-7617-0666-1

目次 序章 『蟹工船』ブームが示したもの，第1章 よみがえった周旋屋（夏目漱石『坑夫』，江口渙『労働者誘拐』），第2章 プロレタリア文学の時代（葉山嘉樹『セメント樽の中の手紙』，徳永直『太陽のない街』），第3章 ヤマに見る日本の縮図（松田解子『おりん口伝』，稲沢潤子『地熱』），第4章 命をかけたたたかい（右遠俊郎『小説朝日茂』，井上ひさし『組曲虐殺』），終章 フリーター、派遣、ひきこもり

『生の深みを覗く―ポケットアンソロジー』　中村邦生編　岩波書店　2010.7　473,4p　15cm　（岩波文庫別冊）940円　①978-4-00-350023-1

内容 はじめての読者にも、百戦錬磨の読者にも！鷗外、漱石、ウルフ―あれっ、ボルヘスに魯迅、小島信夫、林京子もいる。作家たちが紡ぐ人の夢や日常、運命の変転、滑稽と悲哀。東西の短篇の森から名作・異色作・問題作を揃えました。好きな作品がきっとみつかる。

『だからプロレタリア文学―名文・名場面で「いま」を照らしだす17の傑作』　楜沢健著　勉誠出版　2010.6　222,4p　19cm　1800円　①978-4-585-29005-6

内容 貧困、格差社会、ニート・ワーキングプア…。新しい共感をあつめているプロレタリア文学の名作を厳選。「いま」の労働状況を映しだす17の普遍的名作、その名文・名ゼリフに詳しい解説、著者紹介をくわえた、究極のプロレタリア文学ガイド。

『セメント樽の中の手紙』　葉山嘉樹著　角川書店，角川グループパブリッシング〔発売〕　2008.9　195p　15cm　（角川文庫）362円　①978-4-04-391701-3

内容 ダム建設現場で働く男がセメント樽の中から見つけたのは、セメント会社で働いているという女工からの手紙だった。そこに書かれていた悲痛な叫びとは…。かつて教科書にも登場した伝説的な衝撃の表題作「セメント樽の中の手紙」をはじめ、『蟹工船』の小林多喜二を驚嘆させ大きな影響を与えた「淫売婦」など、昭和初期、多喜二と共にプロレタリア文学を主導した葉山嘉樹の作品計8編を収録。ワーキングプア文学の原点がここにある。

『恐怖の森』　阿刀田高選，日本ペンクラブ編　ランダムハウス講談社　2007.9　382p　15cm　760円　①978-4-270-10123-0　Ⓝ913.68

内容 箪笥 半村良著，老後 結城昌治著，木乃伊 中島敦著，ひかりごけ 武田泰淳著，セメント樽の中の手紙 葉山嘉樹著，くろん坊 岡本綺堂著，芋虫 江戸川乱歩著，マッチ売りの少女 野坂昭如著，大鋏 島尾敏雄著，驟雨 三浦哲郎著，ぬばたま 柴田錬三郎著，蛇 阿刀田高著，ガラスの棺 渡辺淳一著

原　研哉
はら・けんや
《1958～》

「白」

『白』 原研哉著　中央公論新社　2008.5　81p　19cm〈本文：日英両文〉1,900円　①978-4-12-003937-9

目次 第1章 白の発見（白は感受性である, 色とは何か, いとしろし, 色をのがれる, 情報と生命の原像）, 第2章 紙（いとしろしき触発力, 白い枚葉として, 創造意欲をかき立てる媒質, 反芻する白, 白い四角い紙, 言葉を畳む, 文字というもの, 活字とタイポグラフィ）, 第3章 空白 エンプティネス（空白の意味, 長谷川等伯 松林図屏風, 満ちる可能性としての空白, 伊勢神宮と情報, 何も言わない, 白地に赤い丸の受容力, 空と白, 茶の湯, 和室の原型, 発想は空白に宿る, 創造的な問いに答は不要）, 第4章 白へ（推敲, 白への跳躍, 清掃, 未知化, 白砂と月光）

『デザインのデザイン』 原研哉著　岩波書店　2007.10　469p　25×17cm　7,400円　①978-4-00-024025-3

内容「デザインのデザイン」から「DESIGNING DESIGN」へ。日本から世界へ、デザイン思想を問いかける一冊。国際出版を経て、テキスト倍増、図版満載で特別編集の日本語版。

原　民喜
はら・たみき
《1905～1951》

「コレガ人間ナノデス」

『新編原民喜詩集』 原民喜著　土曜美術社出版販売　2009.8　186p　19cm（新・日本現代詩文庫）1400円　①978-4-8120-1743-2

目次 原爆手帳, 夏の花（夏の花, 廃墟から, 壊滅の序曲）, 原爆小景（コレガ人間ナノデス, 燃エガラ, 火ノナカデ電柱ハ, 日ノ暮レチカク, 真夏ノ夜ノ河原ノミヅガ, ギラギラノ破片ヤ, 焼ケタ樹木ハ, 水ヲ下サイ, 永遠のみどり）, 鎮魂歌心願の国, 魔のひととき（魔のひととき, 外食食堂のうた, 讃歌, 感涙, ガリヴァの歌, 家なき子のクリスマス, 碑銘, 風景, 悲歌）

『ちびまる子ちゃんの音読暗誦教室―子どもたちとすべての大人のために』 斎藤孝著, さくらももこキャラクター原作　集英社　2003.10　220p　19cm　1100円　①4-08-780381-3

目次 くり返してくり返して音読（音読で言葉を身体化しよう, 呼吸法で声の張りを出す ほか）, 初級編（また見つかった（アルチュール・ランボー）, 桜の樹の下には（梶井基次郎） ほか）, 中級編（宮本武蔵（吉川英治）, コレガ人間ナノデス（原民喜） ほか）, 上級編（変身（フランツ・カフカ）, 徒然草（吉田兼好） ほか）, 達人編（ゲティスバーグ演説（エイブラハム・リンカーン）, 元始、女性は太陽であった（平塚らいてう） ほか）, 暗誦――生名文とともに（ゴールは暗誦, 名文が感情を豊かにする ほか）

『もしそれがわたしだったら』 赤木かん子編, 葉祥明画　自由國民社　2003.9　93p　17cm　1200円　①4-426-73202-6

内容 忘れたくない、願いと、怒りと。24の反戦詩集。

『日本現代詩文庫　100』 土曜美術社　1994

「夏の花」

『日本近代短篇小説選 昭和篇　2』 紅野敏郎, 紅野謙介, 千葉俊二, 宗像和重, 山田俊治編　岩波書店　2012.9　382p　15cm　（岩波文庫）800円　①978-4-00-311915-0

内容「「生きられますか？」と彼は彼女にきいてみた。」（野間宏『顔の中の赤い月』）―焼跡から、記憶から、芽吹き萌え広がることばと物語。昭和二一年から二七年までに発表された、石川淳・坂口安吾・林芙美子らの一三篇を収録。

『灼』 ヴィーヒェルト, キプリング, 原民喜著, 鈴木仁子, 橋本槇矩訳　ポプラ社　2011.7　135p　19cm　（百年文庫 86）750円　①978-4-591-12174-0

内容 反逆の疑いをかけられて監獄に送られた母と、その母を告発した罪で兵士に囚われる息子。正義と絆の葛藤が二人に圧し掛かる（ヴィーヒェルト『母』）。四十四歳、付き添い婦のミス・メアリは慎み深い淑女。その彼女が生涯でただ一度、かつてない敵愾心をむき出しにした相手とは（キプリング『メアリ・ポストゲイト』）。「八月六日の朝、私は八時頃床を離れた」―被爆直後の広島で一命をとりとめた著者による渾身の記録（原民喜『夏の花』）。人々と街を不条理に変貌させた「戦争」。哀しみを今なお伝え続ける三篇。

『ヒロシマ・ナガサキ』 原民喜ほか著　集英社　2011.6　807p　19cm　（コレクション 戦争と文学 19）3400円　①978-4-08-157019-5

内容 夏の花（原民喜），屍の街（大田洋子），祭りの場（林京子），残存者（川上宗薫），死の影（中山士朗），少年口伝隊一九四五（井上ひさし），夏の客（井上光晴），戦（美輪明宏），炭塵のふる町（後藤みな子），暗やみの夕顔（金在南），鳥（青来有一），死の灰は天を覆う（橋爪健），アトミック・エイジの守護神（大江健三郎），金槌の話（水上勉），「三千軍兵」の墓（小田実），似島めぐり（田口ランディ），生ましめんかな（栗原貞子），八月六日（峠三吉），浦上へ（山田かん），短歌（正田篠枝），短歌（竹山広），俳句（三橋敏雄），俳句（松尾あつゆき），川柳

『いのちの話』 松田哲夫編　あすなろ書房　2010.11　293p　22×14cm　（中学生までに読んでおきたい日本文学 2）1800円　①978-4-7515-2622-4

内容 ぼちぼち考えてみようかな。名作短篇がぎっしりつまった一冊。

『夏の花』 原民喜著　日本ブックエース，日本図書センター〔発売〕　2010.7　209p　19cm　（平和文庫）1000円　①978-4-284-80078-5

内容 夏の花，廃墟から，壊滅の序曲，燃エガラ（詩），小さな村，昔の店，氷花，エッセイ

『新編原民喜詩集』 原民喜著　土曜美術社出版販売　2009.8　186p　19cm　（新・日本現代詩文庫）1400円　①978-4-8120-1743-2

目次 原爆手帳，夏の花（夏の花，廃墟から，壊滅の序曲），原爆小景（コレガ人間ナノデス，燃エガラ，火ノナカデ電柱ハ，日ノ暮レチカク，真夏ノ夜ノ河原ノミヅガ，ギラギラノ破片ヤ，焼ケタ樹木ハ，水ヲ下サイ，永遠のみどり），鎮魂歌心願の国，魔のひととき（魔のひととき，外食食堂のうた，讃歌，感涙，ガリヴァの歌，家なき子のクリスマス，碑銘，風景，悲歌）

『原民喜戦後全小説 上』 原民喜著　講談社　1995.7　331p　15cm　（講談社文芸文庫）980円　①4-06-196331-7

内容 八月六日の惨劇を時間を追い克明に描いた傑作「夏の花」三部作をなす「壊滅の序曲」「廃墟から」、「美しき死の岸に」等凄絶な地獄絵「ヒロシマ」を引受けた筆者の冷徹な声を、戦後五十年を経て今問う原民喜戦後全小説上、十七篇。

「碑銘」

『新編原民喜詩集』 原民喜著　土曜美術社出版販売　2009.8　186p　19cm　（新・日本現代詩文庫）1400円　①978-4-8120-1743-2

目次 原爆手帳，夏の花（夏の花，廃墟から，壊滅の序曲），原爆小景（コレガ人間ナノデス，燃エガラ，火ノナカデ電柱ハ，日ノ暮レチカク，真夏ノ夜ノ河原ノミヅガ，ギラギラノ破片ヤ，焼ケタ樹木ハ，水ヲ下サイ，永遠のみどり），鎮魂歌心願の国，魔のひととき（魔のひととき，外食食堂のうた，讃歌，感涙，ガリヴァの歌，家なき子のクリスマス，碑銘，風景，悲歌）

『日本現代詩文庫 100』 土曜美術社　1994

『友よ・夏の花・原爆詩』 林京子，原民喜，峠三吉著　金の星社　1985.7　286p　20cm　（日本の文学 40）900円　①4-323-00820-1

目次 林京子（二人の墓標，記録，友よ，影），原民喜（夏の花（原題・原子爆弾），火の唇，心願の国），原爆詩（原民喜（燃エガラ水ヲ下サイ家なき子のクリスマス悲歌碑銘），峠三吉（仮包帯所にて友にんげんをかえせ），栗原貞子（生ましめんかなヒロシマというとき））

原　年斎
はら・ねんさい
《1774～1820》

「先哲叢談」

『先哲叢談』 原念斎著，源了円，前田勉訳注　平凡社　1994.2　472p　18cm　（東洋文庫 574）3296円　①4-582-80574-4　Ⓝ121.53

原田　宗典
はらだ・むねのり
《1959～》

「一瞬を生きる」

『人の短篇集』　原田宗典著　角川書店　1999.12　181p　15cm　（角川文庫）　457円　Ⓘ4-04-176209-X

内容 高校時代、控えの投手として野球部に在籍しながら一度も公式戦のマウンドに上がれなかった男は、電気工務店に就職してもなお、仕事の合間をみては弁当箱をホームベースに見たて、ひとり投球を続けていた。その日もいつものように投球を始めると、背後に熱い人の視線を感じた。見るとそこに立っていたのは、左官の見習いをしていると噂に聞いた、かつてのエースピッチャーだった―（「電気工事夫の屈託」より）。憧憬、懐石、恐怖、愛憎…。人間の持つ様々な心情を物語に凝縮させた掌編小説集。

『人の短篇集』　原田宗典著，久山城正写真　角川書店　1997.1　171p　19cm　1000円　Ⓘ4-04-873004-5

内容 あなたの何かが描かれる。心に染み入る掌篇小説集。

半藤　一利
はんどう・かずとし
《1930～》

「一九四五年八月六日」

『原爆投下前夜』　戦史研究会編　角川書店　1980.7

東山　魁夷
ひがしやま・かいい
《1908～1999》

「泉に聴く」

『詩華集 日だまりに』　女子パウロ会編　女子パウロ会　2012.2　102p　19cm　1000円　Ⓘ978-4-7896-0710-0

内容 「こころ」「“わたし”さがし」「いのち」「夢」「祈り」についての美しく力強い詩、詞、名言がいっぱい。

『私の風景―東山魁夷画文集』　東山魁夷画・文　求龍堂　1999.12　140p　26×22cm〈本文：日英仏文〉3500円　Ⓘ4-7630-9941-8

内容 既刊画集未掲載の作品10点を含む代表作品50点と珠玉のエッセイ8編でたどる、東山画伯の歩いたひとすじの道。日本語、英語、フランス語の3か国語で綴る東山魁夷の世界。

『泉に聴く』　東山魁夷著　講談社　1990.4　360p　15cm　（講談社文芸文庫―現代日本のエッセイ）880円　Ⓘ4-06-196075-X　Ⓝ721.9

干刈　あがた
ひかり・あがた
《1943～1992》

「プラネタリウム」

『戦後短篇小説再発見　4　漂流する家族』　講談社文芸文庫編　講談社　2001.9　270p　15cm　（講談社文芸文庫）950円　Ⓘ4-06-198264-8

内容 愛玩（安岡章太郎），母子像（久生十蘭），雛（幸田文），天使の生活（中村真一郎），蟹（庄野潤三），門を出て（森内俊雄），シンメトリック（尾辻克彦），隠れ鬼（黒井千次），黙市（津島佑子），プラネタリウム（干刈あがた），一人家族（増田みず子），ぼくの首くくりのおじさん（伊井直行）

『ウホッホ探険隊』　干刈あがた著　朝日新聞社　2000.2　243p　15cm　（朝日文庫）560円　Ⓘ4-02-264223-8

内容 「僕たちは探険隊みたいだね。離婚ていう、日本ではまだ未知の領域を探険するために、それぞれの役をしているの」―離婚を契機に新しい家族像を模索し始めた夫、妻、小学生の2人の息子たち。そのさまを優しく、切なく綴った物語。他3篇を収録。

『干刈あがたの世界　1　樹下の家族』　干刈あがた著，干刈あがたの世界刊行委員会編　河出書房新社　1998.9　333p　19cm　2800円　Ⓘ4-309-62031-0

内容 真摯に生きることはいつも苦しみと隣

り合わせである―。全ての女性たちに、社会の矛盾の中でもがき苦しむ子供たちに、彼らとともに変革の時代を生きようと志す男性たちにも…深い絶望を超えた光を投げかけた干刈あがたの小説世界。

『干刈あがた・高樹のぶ子・林真理子・高村薫』 干刈あがたほか著 角川書店 1997.10 459p 20cm (女性作家シリーズ 20 河野多惠子［ほか］監修)〈年譜あり〉2600円 ①4-04-574220-4 Ⓝ913.68

内容 プラネタリウム 干刈あがた著, ウホッホ探険隊 干刈あがた著, 女の印鑑 干刈あがた著, 光抱く友よ 高樹のぶ子著, 水脈(抄) 高樹のぶ子著, 星影のステラ 林真理子著, 最終便に間に合えば 林真理子著, 地を這う虫 高村薫著, 犬の話 高村薫著, 棕櫚とトカゲ 高村薫著, みかん 高村薫著, 干刈あがた作家ガイド 近藤裕子著, 高樹のぶ子作家ガイド 与那覇恵子著, 林真理子作家ガイド 菅聡子著, 高村薫作家ガイド 岩見照代著

樋口 一葉
ひぐち・いちよう
《1872～1896》

「雨の夜」

『日本の名随筆 43』 作品社 1986.5

「一葉日記」

『樋口一葉日記―完全現代語訳』 樋口一葉著, 高橋和彦訳 復刻版 ［佐賀］ エヌワイ企画(印刷) 2012.4 455p 22cm〈原本： アドレエー1993年刊〉 Ⓝ915.6

『樋口一葉日記・書簡集』 樋口一葉著, 関礼子編 筑摩書房 2005.11 313p 15cm (ちくま文庫) 900円 ①4-480-42103-3

内容 一葉が小説と同様の情熱で綴った日記のうち、その生涯を語るうえで欠かせない主な出来事を詳細な脚注・参考図版とともに収録。また文庫版では初となる書簡も併せて掲載した。明治という時代のなかで、書くことを通じて自己実現を図ったひとりの女性作家の内的世界を十分に味わえる画期的な作品集。資料篇として、緑雨、露伴のほか半井桃水、平塚らいてう、長谷川時雨、幸田文らの回想記・作家論も付す。

『樋口一葉日記 上』 樋口一葉著, 鈴木淳, 樋口智子編 岩波書店 2002.7 493p 23×31cm〈複製〉①4-00-001929-5 Ⓝ915.6

『樋口一葉日記 下』 樋口一葉著, 鈴木淳, 樋口智子編 岩波書店 2002.7 498-979p 23×31cm〈複製〉①4-00-001929-5 Ⓝ915.6

「一葉の日記」

『全集樋口一葉 3 日記編』 樋口一葉著 前田愛, 野口碩校注 小学館 1996.11 356p 22cm〈1979年刊の複製 著者の肖像あり〉2800円 ①4-09-352103-4 Ⓝ918.68

「大つごもり」

『言葉のゆくえ―明治二〇年代の文学』 谷川恵一著 平凡社 2013.10 397p 16cm (平凡社ライブラリー) 1700円 ①978-4-582-76798-8

内容 医学、論理学、法学…西洋新来の「文明」の言葉、女訓書、作法書、新聞三面記事…開花の時代を生き延びようとする新旧の言説たち。明治初年の言語の大土木工事に投入された多様な言葉から「近代文学」が生まれた。一葉「十三夜」、二葉亭「浮雲」、鷗外「舞姫」などのうちに、その生成の現場を読む。いくつもの言説がひとつのテキストを編みあげる異形の動態に、つぶさに立ち合う、名著の再登場！

『樋口一葉集』 筑摩書房 2013.1 432p 21cm (明治文學全集 30) 7500円 ①978-4-480-10330-7

内容 闇櫻, たま襷, 別れ霜, 五月雨, 經づくえ, うもれ木, 曉月夜, 雪の日, 琴の音, 花ごもり, 暗夜, 大つごもり, たけくらべ, 軒もる月, ゆく雲, うつせみ, にごりえ, 十三夜, この子, わかれ道, われから, そゞろごと, すゞろごと 他, 解題(和田芳惠), 年譜(和田芳惠編), 參考文獻(關良一編)

『樋口一葉加筆版―さらさら読む古典 2』 大伴茫人加筆, 樋口一葉原作 梧桐書院 2010.1 173p 20×13cm (あおぎり文庫) 1500円 ①978-4-340-13001-6

内容 原文を損なわない「加筆版」でよみがえる明治民衆の息づかいその迫真のリアリ

ティ。

『樋口一葉小説集』 樋口一葉著，菅聡子編 筑摩書房 2005.10 414p 15cm （ちくま文庫） 1000円 ①4-480-42102-5

内容 一葉の作品を味わうとともに、詳細な脚注・参考図版を多数収録することで一葉の生きた明治という時代を知ることのできる画期的な文庫版小説集。いわゆる“奇跡の十四ヶ月”時期の代表作とそこに至るまでの初期作品を主として収録。資料篇として鷗外、露伴、緑雨、高山樗牛らの一葉評も付す。

『にごりえ・たけくらべ』 樋口一葉著 新潮社 2003.1 287p 15cm （新潮文庫） 362円 ①4-10-101601-1

内容 落ちぶれた愛人の源七とも自由に逢えず、自暴自棄の日を送る銘酒屋のお力を通して、社会の底辺で悶える女を描いた『にごりえ』。今を盛りの遊女を姉に持つ14歳の美登利と、ゆくゆくは僧侶になる定めの信如との思春期の淡く密かな恋を描いた『たけくらべ』。他に『十三夜』『大つごもり』等、明治文壇を彩る天才女流作家一葉の、人生への哀歓と美しい夢を織り込んだ短編全8編を収録する。

「十三夜」

『言葉のゆくえ―明治二〇年代の文学』 谷川恵一著 平凡社 2013.10 397p 16cm （平凡社ライブラリー） 1700円 ①978-4-582-76798-8

内容 医学、論理学、法学…西洋新来の「文明」の言葉、女訓書、作法書、新聞三面記事…開花の時代を生き延びようとする新旧の言説たち。明治初年の言語の大土木工事に投入された多様な言葉から「近代文学」が生まれた。一葉「十三夜」、二葉亭「浮雲」、鷗外「舞姫」などのうちに、その生成の現場を読む。いくつもの言説がひとつのテキストを編みあげる異形の動態に、つぶさに立ち合う、名著の再登場！

『宵』 樋口一葉, 国木田独歩, 森鷗外著 ポプラ社 2010.10 155p 19cm （百年文庫 46） 750円 ①978-4-591-11928-0 Ⓝ913.68

内容 十三夜 樋口一葉著, 置土産 国木田独歩著, うたかたの記 森鷗外著, 人と作品 樋口一葉, 国木田独歩, 森鷗外著

『樋口一葉加筆版―さらさら読む古典 2』 大伴茫人加筆，樋口一葉原作 梧桐書院 2010.1 173p 20×13cm （あおぎり文庫） 1500円 ①978-4-340-13001-6

内容 原文を損なわない「加筆版」でよみがえる明治民衆の息づかいその迫真のリアリティ。

『樋口一葉小説集』 樋口一葉著，菅聡子編 筑摩書房 2005.10 414p 15cm （ちくま文庫） 1000円 ①4-480-42102-5

内容 一葉の作品を味わうとともに、詳細な脚注・参考図版を多数収録することで一葉の生きた明治という時代を知ることのできる画期的な文庫版小説集。いわゆる“奇跡の十四ヶ月”時期の代表作とそこに至るまでの初期作品を主として収録。資料篇として鷗外、露伴、緑雨、高山樗牛らの一葉評も付す。

『にごりえ・たけくらべ』 樋口一葉著 新潮社 2003.1 287p 15cm （新潮文庫） 362円 ①4-10-101601-1

内容 落ちぶれた愛人の源七とも自由に逢えず、自暴自棄の日を送る銘酒屋のお力を通して、社会の底辺で悶える女を描いた『にごりえ』。今を盛りの遊女を姉に持つ14歳の美登利と、ゆくゆくは僧侶になる定めの信如との思春期の淡く密かな恋を描いた『たけくらべ』。他に『十三夜』『大つごもり』等、明治文壇を彩る天才女流作家一葉の、人生への哀歓と美しい夢を織り込んだ短編全8編を収録する。

「塵中日記」

『樋口一葉集』 筑摩書房 2013.1 432p 21cm （明治文學全集 30） 7500円 ①978-4-480-10330-7

内容 闇櫻, たま襷, 別れ霜, 五月雨, 經づくえ, うもれ木, 曉月夜, 雪の日, 琴の音, 花ごもり, 暗夜, 大つごもり, たけくらべ, 軒もる月, ゆく雲, うつせみ, にごりえ, 十三夜, この子, わかれ道, われから, そゞろごと, すゞろごと, 塵中日記他, 解題（和田芳恵）, 年譜（和田芳恵編）, 參考文獻（關良一編）

『全集 樋口一葉 3 日記編』 樋口一葉著，前田愛, 野口碩校注 新装復刻版 小学館 1996.11 356p 21cm 3400円 ①4-09-352103-4

内容 半井桃水との出会いに始まる日記は、世の辛酸、人のこころの裏表にさらされて、少女の瞳をやがて冷徹な作家の眼へと変えてゆく。

『明治文学全集 30 樋口一葉集』 和田

芳恵編　筑摩書房　1972　422p 肖像 23cm　Ⓝ918.6

内容 闇桜, たま襷, 別れ霜, 五月雨, 経づくえ, うもれ木, 暁月夜, 雪の日, 琴の音, 花ごもり, 暗夜, 大つごもり, たけくらべ, 軒もる月, ゆく雲, うつせみ, にごりえ, 十三夜, この子, わかれ道, われから, そぞろごと, すずろごと, 塵中日記ほか

「たけくらべ」

『たけくらべ・山椒大夫』　樋口一葉, 森鷗外, 小泉八雲著, 円地文子, 平井呈一訳　講談社　2009.2　269p　19cm　(21世紀版少年少女日本文学館 1)　1400円　①978-4-06-282651-8

内容 短い生涯のなか、女性らしい視点で社会を見つめつづけた一葉。あふれでる西洋文明の知識を駆使し、数々の格調高い作品を残した鷗外。西洋人でありながら、だれよりも日本人の魂を愛した八雲。日本が新しい時代に踏み出した明治期を代表する三作家の傑作短編。

『樋口一葉』　樋口一葉著　筑摩書房　2008.4　475p　15cm　(ちくま日本文学 013)　880円　①978-4-480-42513-3

内容 たけくらべ, にごりえ, 大つごもり, 十三夜, ゆく雲, わかれ道, われから, 雪の日, 琴の音, 闇桜, うもれ木, 暁月夜, やみ夜, うつせみ, あきあわせ, すずろごと, にっ記一, 塵の中, 恋歌九首

『にごりえ・たけくらべ』　樋口一葉著　岩波書店　2006.12　90p　16cm　(岩波文庫創刊書目復刻)〈原本：岩波書店昭和3年(3版)刊〉①4-00-355008-0　Ⓝ913.6

『樋口一葉小説集』　樋口一葉著, 菅聡子編　筑摩書房　2005.10　414p　15cm　(ちくま文庫)　1000円　①4-480-42102-5

内容 一葉の作品を味わうとともに、詳細な脚注・参考図版を多数収録することで一葉の生きた明治という時代を知ることのできる画期的な文庫版小説集。いわゆる“奇跡の十四ヶ月”時期の代表作とそこに至るまでの初期作品を主として収録。資料篇として鷗外、露伴、緑雨、高山樗牛らの一葉評も付す。

『にごりえ・たけくらべ』　樋口一葉著　新潮社　2003.1　287p　15cm　(新潮文庫)　362円　①4-10-101601-1

内容 落ちぶれた愛人の源七とも自由に逢えず、自暴自棄の日を送る銘酒屋のお力を通して、社会の底辺で悶える女を描いた『にごりえ』。今を盛りの遊女を姉に持つ14歳の美登利と、ゆくゆくは僧侶になる定めの信如との思春期の淡く密かな恋を描いた『たけくらべ』。他に『十三夜』『大つごもり』等、明治文壇を彩る天才女流作家一葉の、人生への哀歓と美しい夢を織り込んだ短編全8編を収録する。

「塵の中」

『樋口一葉』　樋口一葉著　筑摩書房　2008.4　475p　15cm　(ちくま日本文学 013)　880円　①978-4-480-42513-3

内容 たけくらべ, にごりえ, 大つごもり, 十三夜, ゆく雲, わかれ道, われから, 雪の日, 琴の音, 闇桜, うもれ木, 暁月夜, やみ夜, うつせみ, あきあわせ, すずろごと, にっ記一, 塵の中, 恋歌九首

『全集 樋口一葉　3　日記編』　樋口一葉著, 前田愛, 野口碩校注　新装復刻版　小学館　1996.11　356p　21cm　3400円　①4-09-352103-4

内容 半井桃水との出会いに始まる日記は、世の辛酸、人のこころの裏表にさらされて、少女の瞳をやがて冷徹な作家の眼へと変えてゆく。

「日記」

『樋口一葉日記・書簡集』　樋口一葉著, 関礼子編　筑摩書房　2005.11　313p　15cm　(ちくま文庫)　900円　①4-480-42103-3

内容 一葉が小説と同様の情熱で綴った日記のうち、その生涯を語るうえで欠かせない主な出来事を詳細な脚注・参考図版とともに収録。また文庫版では初となる書簡も併せて掲載した。明治という時代のなかで、書くことを通じて自己実現を図ったひとりの女性作家の内的世界を十分に味わえる画期的な作品集。資料篇として、緑雨、露伴のほか半井桃水、平塚らいてう、長谷川時雨、幸田文らの回想記・作家論も付す。

「日記抄」

『樋口一葉日記・書簡集』　樋口一葉著, 関礼子編　筑摩書房　2005.11　313p　15cm　(ちくま文庫)　900円　①4-480-42103-3

内容 一葉が小説と同様の情熱で綴った日記のうち、その生涯を語るうえで欠かせない主な出来事を詳細な脚注・参考図版とともに収録。また文庫版では初となる書簡も併せて掲載した。明治という時代のなかで、書くことを通じて自己実現を図ったひとりの女性作家の内的世界を十分に味わえる画期的な作品集。資料篇として、緑雨、露伴のほか半井桃水、平塚らいてう、長谷川時雨、幸田文らの回想記・作家論も付す。

「水の上」

『樋口一葉集』 筑摩書房 2013.1 432p 21cm (明治文學全集 30) 7500円 Ⓘ978-4-480-10330-7

内容 闇櫻, たま襷, 別れ霜, 五月雨, 經づくえ, うもれ木, 曉月夜, 雪の日, 琴の音, 花ごもり, 暗夜, 大つごもり, たけくらべ, 軒もる月, ゆく雲, うつせみ, にごりえ, 十三夜, この子, わかれ道, われから, そゞろごと, すゞろごと, 塵中日記, 水の上他, 解題(和田芳恵), 年譜(和田芳惠編), 參考文獻(關良一編)

『愛蔵版 ザ・一葉—樋口一葉全作品・日記全一冊』 樋口一葉著 第三書館 2002.11 279p 26cm (第三書館ザ・作家シリーズ No.8) 1600円 Ⓘ4-8074-0234-X

内容 思春と青春の間の堀割り水の上澄みで文学の糧を炊ぎつつ宿痾の濁流に流された樋口一葉の作品を一冊化。

『全集 樋口一葉 3 日記編』 樋口一葉著, 前田愛, 野口碩校注 新装復刻版 小学館 1996.11 356p 21cm 3400円 Ⓘ4-09-352103-4

内容 半井桃水との出会いに始まる日記は、世の辛酸、人のこころの裏表にさらされて、少女の瞳をやがて冷徹な作家の眼へと変えてゆく。

「水のうへ日記」

『全集 樋口一葉 3 日記編』 樋口一葉著, 前田愛, 野口碩校注 新装復刻版 小学館 1996.11 356p 21cm 3400円 Ⓘ4-09-352103-4

内容 半井桃水との出会いに始まる日記は、世の辛酸、人のこころの裏表にさらされて、少女の瞳をやがて冷徹な作家の眼へと変えてゆく。

「我は女なりけるものを」

『全集樋口一葉 3 日記編』 樋口一葉著 前田愛, 野口碩校注 小学館 1996.11 356p 22cm〈1979年刊の複製 著者の肖像あり〉2800円 Ⓘ4-09-352103-4 Ⓝ918.68

日高 敏隆

ひだか・としたか

《1930～2009》

「愛のシステム」

『昆虫という世界—昆虫学入門』 日高敏隆著 朝日新聞社 1992.12 213p 15cm (朝日文庫) 480円 Ⓘ4-02-260738-6 Ⓝ486

「ギフチョウ—23度の秘密」

『動物はなぜ動物になったか』 日高敏隆著 新座 埼玉福祉会 2003.5 403p 21cm (大活字本シリーズ)〈原本:玉川選書〉3300円 Ⓘ4-88419-198-6 Ⓝ481.7

「地球の安全」

『日高敏隆選集 6 人間についての寓話』 日高敏隆著 ランダムハウス講談社 2008.4 263p 19cm 2000円 Ⓘ978-4-270-00336-7

内容 ときに軽妙に、ときに痛烈に、人々があたりまえのように信じている価値観を問う。単純な思考安っぽい感情を打ち砕く怜悧な知性。人間、社会、世相について縦横無尽に語った傑作。

『人間についての寓話』 日高敏隆著 平凡社 1994.3 317p 16cm (平凡社ライブラリー) 1200円 Ⓘ4-582-76043-0 Ⓝ460.49

平岩　弓枝
ひらいわ・ゆみえ
《1932〜》

「日本のふるさと」

『お宮のゆみちゃん』 平岩弓枝著　中央公論社　1981.5　260p　16cm　（中公文庫）320円　Ⓝ914.6

平塚　らいてう
ひらつか・らいちょう
《1886〜1971》

「元始、女性は太陽であった」

『新編 日本女性文学全集　第4巻』 岩淵宏子, 長谷川啓監修, 尾形明子編, 平塚らいてうほか著　菁柿堂, 星雲社〔発売〕2012.1　540p　21cm　5000円　Ⓘ978-4-434-10004-8

内容 元始女性は太陽であつた。一青鞜発刊に際して（平塚らいてう）, そぞろごと（与謝野晶子）, 激動の中を行く（与謝野晶子）, 生血（田村俊子）, 木乃伊の口紅（田村俊子）, 老師（木内錠）, 執着（加藤みどり）, 愛の争闘（岩野清）, 夜汽車（斎賀琴）, 松葉杖をつく女（素木しづ）, 乞食の名誉（伊藤野枝）, 得たる『いのち』一感想（生田花世）, 結婚一前号の続（生田花世）

『青鞜文学集』 岩田ななつ編・解題　不二出版　2004.9　255p　21cm　2000円　Ⓘ4-8350-3124-5

内容 日本最初のフェミニスト雑誌『青鞜』から文学作品二〇編を選び収録。旧漢字を新漢字に直し、読みやすく編集。

『日本近代文学評論選　明治・大正篇』 千葉俊二, 坪内祐三編　岩波書店　2003.12　398p　15cm　（岩波文庫）760円　Ⓘ4-00-311711-5　Ⓝ914.68

内容 小説神髄（抄）（坪内逍遥著）, 小説総論（二葉亭四迷著）, 早稲田文学の没理想（森鷗外著）, 頼襄を論ず（抄）（山路愛山著）, 人生に相渉るとは何の謂ぞ（北村透谷著）, 小説と社会の隠微・下流の細民と文士（田岡嶺雲著）, 歌よみに与ふる書（抄）（正岡子規著）, 美的生活を論ず（高山樗牛著）, 露骨なる描写（田山花袋著）, 予が見神の実験（綱島梁川著）, 幻滅時代の芸術（長谷川天渓著）, 無解決の文学（片上天弦著）, 文芸上主客両体の融会（相馬御風著）, 観照即人生の為也（島村抱月著）, 自ら知らざる自然主義者（阿部次郎著）, イズムの功過（夏目漱石著）, 自己主張の思想としての自然主義（魚住折蘆著）, 過去十年間の仏教界（桑木厳翼著）, 時代閉塞の現状（石川啄木著）, 元始女性は太陽であつた（平塚らいてう著）, 二十五年間の文人の社会的地位の進歩（内田魯庵著）, 生の拡充（大杉栄著）, 母性偏重を排す（与謝野晶子著）,「遊蕩文学」の撲滅（赤木桁平著）, 自然主義前派の跳梁（生田長江著）, 異郷意識の進展（折口信夫著）, 新らしき村に就て（武者小路実篤著）, 創作月旦（抄）（佐藤春夫著）, 花火（永井荷風著）, 第四階級の文学（中野秀人著）, 宣言一つ（有島武郎著）, 文芸作品の内容的価値（菊池寛著）, 散文芸術の位置（広津和郎著）, 新感覚派の誕生（千葉亀雄著）,「私」小説と「心境」小説（久米正雄著）, 前田河広一郎氏に（江戸川乱歩著）, 農民芸術概論綱要（宮沢賢治著）, 自然生長と目的意識（青野季吉著）

広瀬　旭荘
ひろせ・きょくそう
《1807〜1863》

「塗説」

『広瀬旭荘全集　11』 広瀬旭荘全集編集委員会編　京都　思文閣出版　1986.6

広中　平祐
ひろなか・へいすけ
《1931〜》

「挑戦」

『若い日本人のための12章』 広中平祐編著　パナジアン　1980.10

深沢　七郎
ふかざわ・しちろう
《1914～1987》

「安芸のやぐも唄」

『庶民烈伝』 深沢七郎著　中央公論新社　2013.1　269p　15cm　（中公文庫）705円　Ⓘ978-4-12-205745-6

内容 庶民とは、ぶかっこうで食いしん坊、強情であわてもの…周囲を気遣って本音を言わずにいる母親のすがた（『おくま嘘歌』）、美しく滑稽な四姉妹の人生（『お燈明の姉妹』）ほか、烈しくも哀愁漂う庶民のすさまじい生き方を描いた連作短篇集。

『ちくま日本文学全集　52　深沢七郎―1914-1987』 筑摩書房　1993.4　476p　16cm　1000円　Ⓘ4-480-10252-3　Ⓝ918.6

内容 日本風ポルカ, シナ風ポルカ, 落語風ポルカ, 東京のプリンスたち, 三つのエチュード より 南京小僧, 魔法使いのスケルツオ, 揺れる家, 庶民烈伝 より おくま嘘歌, 安芸のやぐも唄, べえべえぶし, 土と根の記憶, 秘戯, 極楽まくらおとし図, 自伝ところどころ抄 思い出多き女おっ母さん, 言わなければよかったのに日記, いのちのともしび, ちょっと一服、冥土の道草, 年譜：p471～476

福岡　伸一
ふくおか・しんいち
《1959～》

「動的平衡」

『動的平衡　2』 福岡伸一著　木楽舎　2011.12　254p　19cm　1,524円　Ⓘ978-4-86324-044-5

目次 第1章 「自由であれ」という命令－遺伝子は生命の楽譜にすぎない, 第2章 なぜ、多様性が必要か－「分際」を知ることが長持ちの秘訣, 第3章 植物が動物になった日－動物の必須アミノ酸は何を意味しているか, 第4章 時間を止めて何が見えるか－世界のあらゆる要素は繋がりあっている, 第5章 バイオテクノロジーの恩人－大腸菌の驚くべき遺伝子交換能力, 第6章 生命は宇宙からやって来たか－パンスペルミア説の根拠, 第7章 ヒトフェロモンを探して－異性を惹き付ける物質とその感知器官, 第8章 遺伝は本当に遺伝子の仕業か？ －エピジェネティックスが開く遺伝学の新時代, 第9章 木を見て森を見ず－私たちは錯覚に陥っていないか

『動的平衡―生命はなぜそこに宿るのか』 福岡伸一著　木楽舎　2009.2　254p　19cm　1,524円　Ⓘ978-4-86324-012-4

内容 生命とは、絶え間ない流れの中にある動的なものである。読んだら世界がちがってみえる。哲学する分子生物学者が問う「命の不思議」。今まで体験したことのないサイエンス・ストーリー。

福沢　諭吉
ふくざわ・ゆきち
《1834～1901》

「緒方の塾風」

『現代語訳 福翁自伝』 福澤諭吉著, 齋藤孝編訳　筑摩書房　2011.7　254p　18cm　（ちくま新書）780円　Ⓘ978-4-480-06620-6

内容 『学問のすすめ』『文明論之概略』などを著し、慶應義塾の創設にも力を尽くした近代日本最大の啓蒙思想家・福澤諭吉。その自伝のエッセンスが詰まった箇所を選出し現代語訳。激動の時代を痛快に、さわやかに生きた著者の破天荒なエピソードが収められた本書は、近代日本が生み出した最良の読み物のひとつであり、現代日本人が生きる上で最高のヒントを与えてくれるだろう。

『福翁自伝』 福沢諭吉著, 土橋俊一校訂・校注　講談社　2010.2　388p　15cm　（講談社学術文庫）1000円　Ⓘ978-4-06-291982-1

内容 「本当の開国…コリャ面白い」幕末・維新の激動期を「自由自在に運動」した痛快無類の人生を存分に語り尽くす。

『福翁自伝』 福沢諭吉著, 茂木健一郎解説　PHPエディターズ・グループ,PHP研究所〔発売〕　2009.5　221p　19cm　1200円　Ⓘ978-4-569-70864-5

内容 「学びの名著」を読みやすく再編集。茂木健一郎解説。

『福翁自伝・福澤全集緒言』 福沢諭吉著, 松崎欣一編　慶應義塾大学出版会

2009.5　549,19p　17cm　1600円　①978-4-7664-1626-8

内容 時代を超えて読み継がれる自伝文学の白眉、『福翁自伝』。心血を注いだ著述・翻訳活動に対する思いを綴った『福澤全集緒言』。次世代に託した福澤の「遺言」ともいえる最晩年の2著作を収録。

『福翁自伝』 福沢諭吉著，昆野和七校訂　新版　角川学芸出版，角川グループパブリッシング〔発売〕　2008.8　406p　15cm　（角川ソフィア文庫）781円　①978-4-04-307304-7

内容 福沢諭吉が60余年の人生を回顧した自叙伝。青年時代の緒方洪庵塾での猛勉強、学友を諫めるために書いた遊女の贋手紙、蘭学塾の創設、幕府の遣欧使節に随行したヨーロッパ巡検、洋学者を狙う暗殺者におびえた日々、拒み続けた新政府への仕官—。福沢は抜群の語学力によって教育に啓蒙にと文明開化を導いたが、また勇気と人情に厚い数々のエピソードを残した。話し上手な福沢の思い出話に世相がリアルに伝わる。

『福沢諭吉著作集　第12巻　福翁自伝・福沢全集緒言』 福沢諭吉著，松崎欣一編　慶応義塾大学出版会　2003.11　549,19p　20cm〈肖像あり〉3200円　①4-7664-0888-8　Ⓝ121.6

内容 福翁自伝：幼少の時，長崎遊学，大阪修業，緒方の塾風，大阪を去て江戸に行く，始めて亜米利加に渡る，欧羅巴各国に行く，攘夷論，再度米国行，王政維新，暗殺の心配，雑記，一身一家経済の由来，品行家風，老余の半生，福沢全集緒言，解説（松崎欣一著）

「学問のすすめ」

『国会図書館所蔵図書　学問ノススメ』 福沢諭吉著　ゴマブックス　2014.12　310,13p　21×14cm　（大学創設者シリーズ）3500円　①978-4-7771-1592-1

『現代語訳　学問のすすめ』 福沢諭吉著，伊藤正雄訳　岩波書店　2013.10　260p　15cm　（岩波現代文庫）1080円　①978-4-00-600300-5

内容 『学問のすすめ』は、福沢諭吉の第一の主著であり、明治期を代表するベスト・セラーである。当時の日本人の精神形成に計り知れぬ影響を与えた。さらに、戦後から現代まで、近代的・合理主義的な人間観、学問観の出発を示す書として、読み継がれてきた国民的古典である。伊藤正雄による現代語訳は、原文の意味を尊重したわかり易い文体で、内容も把握し易く工夫されている。

『学問のすすめ』 福沢諭吉著，奥野宣之現代語訳　致知出版社　2012.9　262p　19cm　（いつか読んでみたかった日本の名著シリーズ 1）1400円　①978-4-88474-967-5

内容 日本人の精神を養ってきた名著の数々をわかりやすい現代語訳で読むシリーズ。明治初期の大ベストセラー「学問のすすめ」が148分で読める。

『現代語訳　福翁自伝』 福澤諭吉著，齋藤孝編訳　筑摩書房　2011.7　254p　18cm　（ちくま新書）780円　①978-4-480-06620-6

内容 『学問のすすめ』『文明論之概略』などを著し、慶應義塾の創設にも力を尽くした近代日本最大の啓蒙思想家・福澤諭吉。その自伝のエッセンスが詰まった箇所を選出し現代語訳。激動の時代を痛快に、さわやかに生きた著者の破天荒なエピソードが収められた本書は、近代日本が生み出した最良の読み物のひとつであり、現代日本人が生きる上で最高のヒントを与えてくれるだろう。

『現代語訳　学問のすすめ』 福沢諭吉著，桧谷昭彦訳・解説　三笠書房　2010.11　253p　15cm　（知的生きかた文庫）571円　①978-4-8379-7902-9

内容 この錯綜の時代にこそすぐ役立つ！究極の「生き方」教科書。本書には、抽象論は一つもない。すべて、現在および未来への具体的・実践的提言である。

『学問のすゝめ』 福沢諭吉著，伊藤正雄校注　講談社　2006.4　344p　16cm　（講談社学術文庫）〈文献あり　年譜あり〉1000円　①4-06-159759-0　Ⓝ370

『学問のすすめ』 福沢諭吉著　改版　岩波書店　2003.4　206p　15cm　（岩波文庫）〈第80刷〉500円　①4-00-331023-3

内容 「天は人の上に人を造らず人の下に人を造らずと言えり」。著名なこの一文で始まる本書は、近代日本最大の啓蒙家である福沢諭吉（1835‐1901）が、生来平等な人間に差異をもたらす学問の意義を、平易な文章で説いた17の小篇からなる。西洋実学の批判的摂取をすすめ、明治の人心を啓発したその言は、今日も清新である。

「福翁自伝」

『現代語訳 福翁自伝』 福澤諭吉著, 齋藤孝編訳 筑摩書房 2011.7 254p 18cm (ちくま新書) 780円 ①978-4-480-06620-6

内容 『学問のすすめ』『文明論之概略』などを著し、慶應義塾の創設にも力を尽くした近代日本最大の啓蒙思想家・福澤諭吉。その自伝のエッセンスが詰まった箇所を選出し現代語訳。激動の時代を痛快に、さわやかに生きた著者の破天荒なエピソードが収められた本書は、近代日本が生み出した最良の読み物のひとつであり、現代日本人が生きる上で最高のヒントを与えてくれるだろう。

『福翁自伝』 福沢諭吉著, 土橋俊一校訂・校注 講談社 2010.2 388p 15cm (講談社学術文庫) 1000円 ①978-4-06-291982-1

内容 「本当の開国…コリャ面白い」幕末・維新の激動期を「自由自在に運動」した痛快無類の人生を存分に語り尽くす。

『福翁自伝』 福沢諭吉著, 茂木健一郎解説 PHPエディターズ・グループ,PHP研究所〔発売〕 2009.5 221p 19cm 1200円 ①978-4-569-70864-5

内容 「学びの名著」を読みやすく再編集。茂木健一郎解説。

『福翁自伝』 福沢諭吉著, 昆野和七校訂 新版 角川学芸出版, 角川グループパブリッシング〔発売〕 2008.8 406p 15cm (角川ソフィア文庫) 781円 ①978-4-04-307304-7

内容 福沢諭吉が60余年の人生を回顧した自叙伝。青年時代の緒方洪庵塾での猛勉強、学友を諌めるために書いた遊女の贋手紙、蘭学塾の創設、幕府の遣欧使節に随行したヨーロッパ巡検、洋学者を狙う暗殺者におびえた日々、拒み続けた新政府への仕官—。福沢は抜群の語学力によって教育に啓蒙にと文明開化を導いたが、また勇気と人情に厚い数々のエピソードを残した。話し上手な福沢の思い出話に世相がリアルに伝わる。

『福沢諭吉著作集 第12巻 福翁自伝・福沢全集緒言』 福沢諭吉著, 松崎欣一編 慶応義塾大学出版会 2003.11 549,19p 20cm〈肖像あり〉3200円 ①4-7664-0888-8 Ⓝ121.6

内容 福翁自伝:幼少の時, 長崎遊学, 大阪修業, 緒方の塾風, 大阪を去て江戸に行く, 始めて亜米利加に渡る, 欧羅巴各国に行く, 攘夷論, 再度米国行, 王政維新, 暗殺の心配, 雑記, 一身一家経済の由来, 品行家風, 老余の半生, 福沢全集緒言, 解説(松崎欣一著)

「わたしの勉学時代」

『福沢諭吉著作集 第12巻 福翁自伝・福沢全集緒言』 福沢諭吉著, 松崎欣一編 慶応義塾大学出版会 2003.11 549,19p 20cm〈肖像あり〉3200円 ①4-7664-0888-8 Ⓝ121.6

内容 福翁自伝:幼少の時, 長崎遊学, 大阪修業, 緒方の塾風, 大阪を去て江戸に行く, 始めて亜米利加に渡る, 欧羅巴各国に行く, 攘夷論, 再度米国行, 王政維新, 暗殺の心配, 雑記, 一身一家経済の由来, 品行家風, 老余の半生, 福沢全集緒言, 解説(松崎欣一著)

福島 智
ふくしま・さとし
《1962～》

「触れる」

『生きるって人とつながることだ!—全盲ろうの東大教授・福島智の手触り人生』 福島智著 素朴社 2010.3 236p 19cm 1600円 ①978-4-903773-13-1

内容 溢れるユーモアと途切れることのない好奇心で、いま東大教授に。運命を使命に変えた男の軌跡。

『渡辺荘の宇宙人—指点字で交信する日々』 福島智著 素朴社 1995.10 221p 19cm 1500円 ①4-915513-39-4

目次 親父の味(触れる, 心のスクリーン ほか), 季節は香りから(願いごと, ダブル・ハンディとともに ほか),SFと現実(ストックホルム—1989, アメリカ体験—1990 ほか)

藤森 栄一
ふじもり・えいいち
《1911～1973》

「鐸を追う少年」

『銅鐸』 藤森栄一著 学生社 1997.5

286p　20cm〈新装版〉2400円＋税
Ⓘ4-311-20210-5　Ⓝ210.27

藤原　正彦
ふじわら・まさひこ
《1943〜》

「ミシガンでの父」

『数学者の言葉では』　藤原正彦著　新潮社　1984.6　255p　15cm　（新潮文庫）　280円　Ⓘ4-10-124802-8　Ⓝ914.6

藤原　顕輔
ふじわらの・あきすけ
《1090〜1155》

「詞花和歌集」

『詞花和歌集』　大妻女子大学国文学会編　新典社　2012.6　325p　19cm　（大妻文庫 2）〈複製及び翻刻〉2500円　Ⓘ978-4-7879-6062-7　Ⓝ911.1356

『金葉和歌集・詞花和歌集』　錦仁, 柏木由夫著　明治書院　2006.9　364p　21cm　（和歌文学大系 34）8000円　Ⓘ4-625-41327-3

内容 院政という奇妙な政治形態下の文化が生んだ、新奇な趣向、奇矯な表現への志向を大胆に取り込み、連歌の部をも新設した、源俊頼撰『金葉和歌集』、時代が中世へと転換する内乱の勃発直前、失意の新院の下命のもと、二十一代集中最も小さな容量に清新な感覚と軽妙な感性を併せ収めた、藤原顕輔撰『詞花和歌集』の両勅撰集、それぞれ新たに底本を選び、新注を加える。

藤原　明衡
ふじわらの・あきひら
《989〜1066》

「明衡往来」

『藤原明衡と雲州往来』　三保忠夫著　笠間書院　2006.11　329,21p　21cm　（笠間叢書）11000円　Ⓘ4-305-10368-0

内容 往来物史上、最古のものとして位置づけられる、『雲州往来』の、編者の生涯と、享受の諸相を探る。

『新猿楽記・雲州消息』　藤原明衡撰, 重松明久校注　現代思潮社　1982.4　281p　20cm　（古典文庫 66）2200円　Ⓝ913.38

藤原　清輔
ふじわらの・きよすけ
《1104〜1177》

「袋草紙」

『新日本古典文学大系　29　袋草紙』　佐竹昭広ほか編　藤原清輔著, 藤岡忠美校注　岩波書店　1995.10　502,73p　22cm〈歌合年表：p478〜482 主要参考文献：p501〜502〉4000円　Ⓘ4-00-240029-8　Ⓝ918

藤原　公任
ふじわらの・きんとう
《966〜1041》

「拾遺和歌集」

『拾遺和歌集』　久保田淳監修, 増田繁夫著　明治書院　2003.1　326p　21cm　（和歌文学大系 32）7000円　Ⓘ4-625-41315-X

内容 花山院の撰とされつつ、成立過程になお謎を残す第三の勅撰集。古今風和歌を受け継ぎ、晴の歌の完成された姿を示す一方、独特の部立を設け、万葉集の歌を多数採ることにより、現実的日常的感覚をも盛る。

「和漢朗詠集」

『和漢朗詠集—現代語訳付き』　三木雅博訳注　角川学芸出版,KADOKAWA〔発売〕　2013.9　455p　15cm　（角川ソフィア文庫）1400円　Ⓘ978-4-04-400114-8

内容 平安時代中期の才人、藤原公任が編纂、漢詩句と和歌を融合させたユニークな詞華集。春・夏・秋・冬の四季の景物からなる上巻、風・雲・晴・暁・鶴・猿・管弦ほか

48題からなる下巻。日本文学に大きな影響を与えた、漢詩句588と和歌216首の全作品に、現代語訳・注釈・解説を付載。編者公任がどのように詩句や和歌を選択・配列し、主題を表現したかという文学作品としての読み方も懇切に示す。平安貴族の文化にふれる必読の古典。

『和漢朗詠集・新撰朗詠集』 佐藤道生, 柳澤良一著 明治書院 2011.7 656p 23×16cm (和歌文学大系 47) 14500円 ①978-4-625-42408-3

内容 『後拾遺和歌集』序に「大和・唐土(もろこし)のをかしきこと二巻をえらび」と記される『和漢朗詠集』は、三船の才を謳われた四条大納言公任の撰で、歳事・事物に関する新たな分類意識の下、漢詩文の名句と名歌を併置した詞華集。院政期の和漢兼作の人、左金吾藤原基俊は同集の組織をほとんどそのまま踏襲して、『新撰朗詠集』二巻を編んだ。白楽天や菅原道真の佳句、紀貫之や和泉式部の秀歌をちりばめて、平安王朝文学はもとより、以後の文学に深い影響を及ぼしたこの両詞華集に、日本漢文学研究の最新の成果を盛った新注を加える。『和漢朗詠集』の底本は新資料の藤原師英書写本。

『和漢朗詠集・和漢兼作集・尚歯会和歌』 藤原公任編纂 朝日新聞社 2005.4 660,28p 22cm (冷泉家時雨亭叢書 第46巻 冷泉家時雨亭文庫編)〈付属資料:8p:月報 65 シリーズ責任表示:冷泉家時雨亭文庫編 複製 折り込1枚〉 30000円 ①4-02-240346-2 Ⓝ919.3

『新編日本古典文学全集 19 和漢朗詠集』 藤原公任撰, 菅野礼行校注・訳 小学館 1999.10 526p 23cm 4267円 ①4-09-658019-8 Ⓝ918

藤原 定家

ふじわらの・さだいえ

《1162～1241》

「小倉百人一首」

『小倉百人一首』 犬養廉訳・注 創英社 1985.11 238p 19cm (全対訳日本古典新書)〈発売:三省堂書店 百人一首・文学史略年表:p235～238〉 700円 ①4-88142-304-5 Ⓝ911.147

「新勅撰和歌集」

『新勅撰和歌集』 中川博夫著 明治書院 2005.6 511p 21cm (和歌文学大系 6) 7500円 ①4-625-41324-9

内容 日本国未曽有の内戦、承久の乱後の宮廷において図らずも権中納言正二位の顕職に昇りえた藤原定家が、後鳥羽院の親撰に等しかった『新古今集』を超え、「延喜・天暦の聖代」をも超えて、律令国家のあるべき朝政の歌ことばによる表現として独撰した勅撰和歌集。成立当初から褒貶相半ばする本集に画期的な訳注を加え、「花より実」、平淡温雅などと概括されてきた従来の読みの改変を迫る。

「毎月抄」

『新編日本古典文学全集 87 歌論集』 橋本不美男, 有吉保, 藤平春男校注・訳 小学館 2002.1 646p 22cm〈付属資料:8p:月報 79〉 4657円 ①4-09-658087-2 Ⓝ911.104

内容 俊頼髄脳, 古来風体抄, 近代秀歌, 詠歌大概, 毎月抄, 国家八論, 歌意考, 新学異見

「宮河歌合」

『西行全歌集』 久保田淳, 吉野朋美校注 岩波書店 2013.12 524p 15cm (岩波文庫) 1260円 ①978-4-00-300232-2

内容 願はくは花の下にて春死なんそのきさらぎの望月の頃―。山家集、聞書集、残集、御裳濯河歌合、宮河歌合ほか、現在知られている西行の和歌のすべて約2300首を集成。脚注のほか、詳細な補注・校訂一覧を付し、広く日本の詩歌に関心のある読者にとって読みやすいのみならず、専門家による研究にも資するべく編纂された決定版。

『中世和歌集』 井上宗雄校注・訳 小学館 2000.11 582p 24×17cm (新編日本古典文学全集 49) 4657円 ①4-09-658049-X

内容 西行が生涯の歌から自撰した『御裳濯河歌合』、実朝の『金槐和歌集』、京極派の『玉葉和歌集』『風雅和歌集』、後醍醐天皇をはじめ南朝歌人の『新葉和歌集』ほか全十三作品を収録。

「明月記」

『明月記―徳大寺家本 第1～8巻』 藤原

定家著, 五味文彦監修, 尾上陽介編　ゆまに書房　2004～2006　336p　19×27cm〈東京大学史料編纂所所蔵の複製〉35000円　①4-8433-1262-2　Ⓝ210.42

藤原　為経
ふじわらの・ためつね
《1115～？》

「今鏡」

『今鏡全注釈』 河北騰著　笠間書院　2013.10　720p　21cm　13000円　①978-4-305-70704-8

内容 法皇親政を理想視し、尚古主義の一般的価値意識、また芸文尊重、そして又、貴族たちへの和歌の啓発啓蒙的意識を心に秘めつつ、和歌や芸文の美というものを、時代の流れに添って、濃やかに述べ現わした、傑れた歴史物語—。後一条帝から安徳帝の前まで、十三代、一四五年間を採り上げた紀伝体の歴史物語の全注釈。

『新訂増補 國史大系　第21巻 下　今鏡・増鏡』 黒板勝美編　オンデマンド版　吉川弘文館　2007.6　262,236p　26cm　12000円　①978-4-642-04022-8

内容 今鏡…大鏡のあとを継ぎ、後一条天皇万寿二年（一〇二五）より高倉天皇嘉応二年（一一七〇）までの歴史を仮名混り文にした所謂歴史物語のひとつ。紀伝体。作者は藤原為経（寂超）が有力で、平安末期の成立。十巻。大鏡の対話体に倣い、老女の見聞を聴いて筆録する形式になっているが、大鏡ほど巧みさがない。天皇の本紀と藤原氏摂関大臣の列伝と逸話とのほかに村上源氏の列伝が加えられた点が、大鏡とちがった時代性を反映しているといえよう。巻九昔語り、巻十打聞の逸事伝聞には当時の文芸思潮や説話もおり込まれていて興味深い。底本には、承安五年（一一七五）の奥書を載せている畠山一清氏本を用い、前田家本などの異本も校合している。巻末に金沢文庫本今鏡の裏書を収めた。増鏡…水鏡・大鏡・今鏡とともに四鏡と総称される所謂歴史物語。治承四年（一一八〇）より後醍醐天皇元弘三年（一三三三）までの歴史を仮名混り文にしたもの。編年体。十七巻。作者は不明だが十四世紀半ばの成立。大鏡以下の叙述形式にならって老尼から昔話を聞くという形であるが、対話の妙味はない。承久・元弘の二度の公武の争いを中心に朝廷に同情した筆致で、最後を後醍醐天皇が隠岐から還御したところで筆を擱いている。鎌倉時代の裏面を窺わせる史料も多い。底本には尾張徳川黎明会本を用いた。この増鏡は本来或る部分の記事がなかったため、後人が補って仕立てかえているが、その部分を前田家で収めている。

『物語文学選―伊勢物語・大和物語・源氏物語・堤中納言物語・大鏡・今鏡』 日栄社　2005.2　175p　21cm　①4-8168-2017-5

『今鏡 増鏡』 黒板勝美編　新装版　吉川弘文館　2000.1　262,236p　23cm　（国史大系 新訂増補 第21巻 下）〈複製〉7600円　①4-642-00323-1　Ⓝ913.394

藤原　継種
ふじわらの・つぐたね
《727～796》

「続日本紀」

『新日本古典文学大系　12～16, 別巻〔3〕　続日本紀索引年表』 佐竹昭広ほか編　笹山晴生, 吉村武彦編　岩波書店　1989～2000　418,149p　22cm　4600円　①4-00-240103-0　Ⓝ918

藤原　俊成
ふじわらの・としなり
《1114～1204》

「古来風体抄」

『新編日本古典文学全集　87　歌論集』 橋本不美男, 有吉保, 藤平春男校注・訳　小学館　2002.1　646p　22cm〈付属資料：8p：月報 79〉4657円　①4-09-658087-2　Ⓝ911.104

内容 俊頼髄脳, 古来風体抄, 近代秀歌, 詠歌大概, 毎月抄, 国家八論, 歌意考, 新学異見

『古来風躰抄』 冷泉家時雨亭文庫編　朝日新聞社　1992.12　400,32p　21cm　（冷泉家時雨亭叢書 第1巻）27000円

Ⓘ4-02-240301-2

内容 本書は、その本文はもちろん、注記や訂正、また片仮名の傍訓や声点にいたるまで、ほとんどすべてが藤原俊成の筆になるものである。

「千載和歌集」

『千載和歌集、新後拾遺和歌集 西南院本』 冷泉家時雨亭文庫編 朝日新聞社 2006.11 578,39p 21cm （冷泉家時雨亭叢書 第77巻） 30000円 Ⓘ4-02-240377-2

目次 千載和歌集（春歌上, 春歌下, 夏歌, 秋歌上, 秋歌下 ほか）, 新後拾遺和歌集 西南院本（恋歌一, 恋歌二, 恋歌三, 恋歌四, 恋歌五）

『千載和歌集』 藤原俊成撰, 上条彰次校注 大阪 和泉書院 1994.11 40,647p 22cm （和泉古典叢書 8） 7210円 Ⓘ4-87088-697-9 Ⓝ911.1357

『千載和歌集』 片野達郎, 松野陽一校注 岩波書店 1993.4 453,54p 21cm （新 日本古典文学大系 10） 3800円 Ⓘ4-00-240010-7

内容 武士社会へと移りゆく時代に編まれた第七番目の勅撰和歌集。当世の知的趣向にかたよった歌風への反省から、叙情性の回復を基本に据えた撰歌方針、「よみ人しらず」として載せた、敗者平家歌人たちの作、そして一首一首の歌がさらに違った世界をみせる配列の妙—。撰者俊成は、時代を反映させせつつ正統的な歌集をめざした。

「六百番歌合」

『六百番歌合全釈—私家版』 木船重昭著 鎌倉 木船重昭 2000.2 4冊 26cm 非売品 Ⓝ911.18

『新日本古典文学大系 38 六百番歌合』 佐竹昭広ほか編 藤原俊成判, 久保田淳, 山口明穂校注 岩波書店 1998.12 526,28p 22cm 4100円 Ⓘ4-00-240038-7 Ⓝ918

『六百番歌合・六百番陳状』 峯岸義秋校訂 岩波書店 1936.5（第3刷：2001.2） 500p 15cm （岩波文庫） 900円 Ⓘ4-00-300341-1 Ⓝ911.18

藤原 通俊
ふじわらの・みちとし
《1047〜1099》

「後拾遺和歌集」

『千載和歌集、新後拾遺和歌集 西南院本』 冷泉家時雨亭文庫編 朝日新聞社 2006.11 578,39p 21cm （冷泉家時雨亭叢書 第77巻） 30000円 Ⓘ4-02-240377-2

目次 千載和歌集（春歌上, 春歌下, 夏歌, 秋歌上, 秋歌下 ほか）, 新後拾遺和歌集 西南院本（恋歌一, 恋歌二, 恋歌三, 恋歌四, 恋歌五）

『続後拾遺和歌集』 久保田淳監修, 深津睦夫著 明治書院 1997.9 380p 21cm （和歌文学大系 9） 5200円 Ⓘ4-625-51309-X

『新日本古典文学大系 8 後拾遺和歌集』 佐竹昭広ほか編 藤原通俊選, 久保田淳, 平田喜信校注 岩波書店 1994.4 433,78p 22cm 4000円 Ⓘ4-00-240008-5 Ⓝ918

『後拾遺和歌集』 藤原通俊撰, 川村晃生校注 大阪 和泉書院 1991.3 465p 22cm （和泉古典叢書 5） 5150円 Ⓘ4-87088-450-X Ⓝ911.1354

藤原 良経
ふじわらの・よしつね
《？ 〜1058》

「六百番歌合」

『新日本古典文学大系 38 六百番歌合』 佐竹昭広ほか編 藤原俊成判, 久保田淳, 山口明穂校注 岩波書店 1998.12 526,28p 22cm 4100円 Ⓘ4-00-240038-7 Ⓝ918

藤原伊行女
ふじわらのこれゆきのむすめ
《1157～》

「建礼門院右京大夫集」

『建礼門院右京大夫集』 糸賀きみ江全訳注 講談社 2009.10 472p 15cm (講談社学術文庫) 1400円 ①978-4-06-291967-8

内容 建礼門院徳子の女房として平家一門の栄華と崩壊を目のあたりにした女性・右京大夫の追想の記。歌と管絃と恋に生きた宮仕えの春秋、最愛の人資盛を壇ノ浦に喪ったあとの悲嘆の日々…明暗の折々に詠まれた歌三百六十余首と詞書とが濃密に結び合う。『平家物語』の叙事詩的世界を抒情詩で描き出した日記的家集の名品を情趣豊かな訳と注解で味わう。

『建礼門院右京大夫集』 辻勝美,野沢拓夫著 勉誠出版 2004.12 222,4p 21cm (中世日記紀行文学全評釈集成 第1巻) 10000円 ①4-585-04048-X

目次 1 作者と成立,2 作品の特質,3 典拠・素材・関連作品,4 研究の展望・問題点,5 諸本解説,6 本文校訂表,7 年譜,8 系図,9 参考文献

『建礼門院右京大夫集』 久松潜一,久保田淳校注 岩波書店 2002.10 224p 15cm (岩波文庫) 600円 ①4-00-300251-2

内容 悲劇の中宮建礼門院に仕えて人の世の浮き沈みを目のあたりにし、自らは華やかな平安末期の宮廷にあって平家の公達らとの恋に心を燃やした女流歌人の情感あふれる歌集。長文の詞書と歌が一体となり一種の歌物語とも歌日記ともなっている。他にこの集と共通する世界や人物を描いた『平家公達草紙』を三種集めて併せ収めた。

藤原道綱母
ふじわらのみちつなのはは
《935～995》

「蜻蛉日記」

『鶴飼文庫蜻蛉日記―阿波国文庫本』 国文学研究資料館編 勉誠出版 2014.3 551p 27×20cm (国文学研究資料館影印叢書 5) 25000円 ①978-4-585-29064-3

『現代語訳 蜻蛉日記』 室生犀星訳 岩波書店 2013.8 309p 15cm (岩波現代文庫) 1040円 ①978-4-00-602225-9

内容 『蜻蛉日記』は、大政治家の藤原兼家の妻として、波瀾に富んだ生涯を送った道綱母が、その半生を書き綴った王朝女流文学の代表作。結婚生活の苦しみ、夫兼家とその愛人たちへの愛憎の情念が、流麗にして写実的な筆致で描かれる。作品中の和歌は、一段の精彩を放っている。韻文と散文が互いに交響することで、物語に独特の陰翳を与えている。室生犀星の味わい深い現代語訳により、日本古典文学の豊穣な世界に、現代の読者を誘う。

『蜻蛉日記―現代語訳付き 上巻・中巻』 川村裕子訳注 新版 角川書店 2003.10 477p 15cm (角川ソフィア文庫) 1000円 ①4-04-367901-7

内容 美貌と歌才に恵まれた女に権門の男からの求婚があった。結婚後も、与えられる以上の愛を求めて、自らの身を蜻蛉のようにはかないと詠嘆する、作者の21年間の内省的日記。物語とは違う新たな文学ジャンルを意識的に目指した作品の登場である。良質な本文がなく難解と言われる蜻蛉日記であるが、わかりやすい注とこなれた現代語訳を付した文庫の決定版。1には、上巻と中巻を収める。

二葉亭 四迷
ふたばてい・しめい
《1864～1909》

「浮雲」

『浮雲』 二葉亭四迷著 改版 新潮社 2011.10 302p 15cm (新潮文庫) 400円 ①978-4-10-101403-6

内容 江戸文学のなごりから離れてようやく新文学創造の機運が高まりはじめた明治二十年に発表されたこの四迷の処女作は、新鮮な言文一致の文章によって当時の人々を驚嘆させた。秀才ではあるが世故にうとい青年官吏内海文三の内面の苦悩を精密に描写して、わが国の知識階級をはじめて人間

として造形した『浮雲』は、当時の文壇をはるかに越え、日本近代小説の先駆とされる作品である。

『新編 浮雲 再版』 二葉亭四迷著 国文学研究資料館, 平凡社〔発売〕 2005.9 418p 19cm (リプリント日本近代文学 26) 4700円 ①4-256-90026-8

『浮雲』 二葉亭四迷作, 十川信介校注 岩波書店 2004.10 354p 15cm (岩波文庫) 600円 ①4-00-310071-9

内容 真面目で優秀だが内気な文三と、教育ある美しいお勢は周囲も認める仲。しかし文三の免職によって事態は急変、お勢の心も世知に長けた昇へと傾いてゆく。明治文明社会に生きる人々の心理と生態を言文一致体によって細緻に描写し、近代文学に計りしれない影響を与えた二葉亭四迷(1864‐1909)の記念碑的作品。

「余が言文一致の由来」

『二葉亭四迷・嵯峨の屋おむろ集』 筑摩書房 2013.1 464p 21cm (明治文學全集 17) 7500円 ①978-4-480-10317-8

目次 二葉亭四迷集(新編浮雲, あいびき, めぐりあひ, 小説總論, 余が飜譯の標準, 余が言文一致の由來, 予が半生の懺悔, くちば集ひとかごめ, 落葉のはきよせ二籠め, 落葉のはきよせ三籠め), 嵯峨の屋おむろ集(無味氣, 薄命のすゞ子, 初戀, くされたまご, 野末の菊, 流轉, 夢現境, 世の中, 小説家の責任, 方内齋主人に答ふ, 平等論, 宇宙主義, 眞理を發揮する者は天下其れ唯詩人あるのみか, 三春放言, 我家, 文學者としての前半生, 春廼屋主人の周圍), 二葉亭四迷(中村光夫), 『浮雲』の發想(關良一), 嵯峨の屋おむろ傳聞書(柳田泉), 矢崎嵯峨の屋(笹淵友一), 解題(中村光夫), 年譜(清水茂編), 參考文獻(清水茂編)

『二葉亭四迷』 二葉亭四迷著, 坪内祐三, 高橋源一郎編 筑摩書房 2000.9 466p 19cm (明治の文学 第5巻) 2400円 ①4-480-10145-4

目次 浮雲, 平凡, あひゞき(ツルゲーネフ), あひゞき(ツルゲーネフ)(改訳), 余が翻訳の標準, 余が言文一致の由来, 私は懐疑派だ, 予が半生の懺悔

「余が翻訳の標準」

『二葉亭四迷・嵯峨の屋おむろ集』 筑摩書房 2013.1 464p 21cm (明治文學全集 17) 7500円 ①978-4-480-10317-8

目次 二葉亭四迷集(新編浮雲, あいびき, めぐりあひ, 小説總論, 余が飜譯の標準, 余が言文一致の由來, 予が半生の懺悔, くちば集ひとかごめ, 落葉のはきよせ二籠め, 落葉のはきよせ三籠め), 嵯峨の屋おむろ集(無味氣, 薄命のすゞ子, 初戀, くされたまご, 野末の菊, 流轉, 夢現境, 世の中, 小説家の責任, 方内齋主人に答ふ, 平等論, 宇宙主義, 眞理を發揮する者は天下其れ唯詩人あるのみか, 三春放言, 我家, 文學者としての前半生, 春廼屋主人の周圍), 二葉亭四迷(中村光夫), 『浮雲』の發想(關良一), 嵯峨の屋おむろ傳聞書(柳田泉), 矢崎嵯峨の屋(笹淵友一), 解題(中村光夫), 年譜(清水茂編), 參考文獻(清水茂編)

『二葉亭四迷』 二葉亭四迷著, 坪内祐三, 高橋源一郎編 筑摩書房 2000.9 466p 19cm (明治の文学 第5巻) 2400円 ①4-480-10145-4

目次 浮雲, 平凡, あひゞき(ツルゲーネフ), あひゞき(ツルゲーネフ)(改訳), 余が翻訳の標準, 余が言文一致の由来, 私は懐疑派だ, 予が半生の懺悔

舟越 保武

ふなこし・やすたけ

《1912～2002》

「水仙の花」

『石の音、石の影』 舟越保武著 筑摩書房 1985.6 234p 22cm 2700円 Ⓝ712

古井 由吉

ふるい・よしきち

《1937～》

「山に行く心」

『山に行く心―全エッセイ3』 古井由吉著 作品社 1980.4 301p 19cm 1300円 Ⓝ914.6

星 新一
ほし・しんいち
《1926～1997》

「花」

『星新一ショートショートセレクション 15 宇宙の男たち』 星新一作，和田誠絵 理論社 2004.3 196p 19cm 1200円 ①4-652-02095-3

内容 気まぐれな星，貴重な研究，危機，ジャックと豆の木，宇宙の男たち，初夢，羽衣，景品，窓，運の悪い男，救助，繁栄の花，砂漠の星で

『どんぐり民話館』 星新一著 新潮社 1992.12 277p 15cm （新潮文庫） 360円 ①4-10-109845-X

内容 引き抜かれたカカシのあとに生えた草の葉っぱ、雲母のようにキラキラする竜のウロコ、字の書かれた小さな石ころ―そんな奇妙なものばかりがあるというどんぐり民話館。そのどんぐり民話館を探しに、都会から一人の青年がやってきたが…。いつまでも語りつがれる民話のような味わいで、さまざまな人生の喜怒哀楽を描いた31編。ショートショート1001編を達成した記念の作品集。

「服を着たゾウ」

『マイ国家』 星新一著 改版 新潮社 2014.6 334p 15cm （新潮文庫） 520円 ①978-4-10-109808-1

内容 マイホームを“マイ国家”として独立宣言した男がいた。訪れた銀行外勤係は、不法侵入・スパイ容疑で、たちまち逮捕。犯罪か？ 狂気か？―世間の常識や通念を、新鮮奇抜な発想でくつがえし、一見平和な文明社会にひそむ恐怖と幻想を、冴えた皮肉とユーモアでとらえたショートショート31編。卓抜なアイディアとプロットを縦横に織りなして、夢の飛翔へと誘う魔法のカーペット。

『おーいでてこーい―ショートショート傑作選』 星新一作，加藤まさし選，あきやまただし絵 講談社 2004.3 260p 18cm （講談社青い鳥文庫） 1000円 ①4-06-274714-6

内容 あなたはショートショートって知っていますか？ すごく短くて、ラストには奇想天外などんでん返しのある小説のことです。星新一は、そのショートショートの天才です。生涯に1000編以上も書いた、その作品は、どれもこれもおもしろいのですが、中から14作品を選りすぐりました。すぐ読めて、ながく楽しめる星新一の世界にどうぞハマってください！ 小学上級から。

『星新一ショートショートセレクション 3 ねむりウサギ』 星新一作，和田誠絵 理論社 2002.1 208p 19cm 1200円 ①4-652-02083-X

内容 新鮮なアイデア、完全なプロット、意外な結末―三要素そろったショートショートの面白さ！ 星新一おもしろ掘り出し市。

星野 道夫
ほしの・みちお
《1952～1996》

「十六歳のとき」

『夢を追う人』 星野道夫著 新日本出版社 2011.1 125p 19cm （アラスカの詩） 1,500円 ①978-4-406-05421-8

内容 やさしい光をはなつ星野道夫のエッセイを新構成でつむぐシリーズ。

「ワスレナグサ」

『夢を追う人』 星野道夫著 新日本出版社 2011.1 125p 19cm （アラスカの詩） 1,500円 ①978-4-406-05421-8

内容 やさしい光をはなつ星野道夫のエッセイを新構成でつむぐシリーズ。

細川 頼之
ほそかわ・よりゆき
《1329～1392》

「海南行」

『大人の国語力がつく漢詩一〇〇選』 守屋洋著 角川マガジンズ，KADOKAWA〔発売〕 2013.7 254p 18cm （角川SSC新書）〈『日本語力がつく漢詩一〇〇篇』改題書〉 840円 ①978-4-04-731612-6

内容 先人たちは古くから漢詩に親しむことによってみずから情操を高めるとともに、

日本語の表現力を豊かにしてきた。その数々の漢詩の中から、これだけは知っておきたい中国の詩90篇、日本の詩10篇を厳選。二千年以上前の古代の詩から、明治期の詩までを網羅。作者は、李白、杜甫をはじめとして、陶淵明、王昌齢、白楽天、蘇東坡ら文人、さらに項羽、曹操ら武将、そして上杉謙信、西郷隆盛、乃木希典ら日本人と多彩。読んで覚えて愉しめる格好の入門書。聞き覚えのある、あの名言と故事成語。元となった詩と、作者をやさしく解説。

堀　辰雄
ほり・たつお
《1904〜1953》

「曠野」

『堀辰雄』 堀辰雄著　筑摩書房　2009.9　477p　15cm　（ちくま日本文学 039）　880円　Ⓘ978-4-480-42569-0

内容 鳥料理, ルウベンスの偽画, 麦藁帽子, 燃ゆる頬, 恢復期, 風立ちぬ, 幼年時代, 花を持てる女, 姨捨, 曠野, 樹下

『別れ』 太宰治, 横光利一, 堀辰雄, 森鷗外, 岩野泡鳴著　SDP　2009.9　268p　15cm　（SDP Bunko）429円　Ⓘ978-4-903620-66-4

内容 グッド・バイ（太宰治）, 花園の思想（横光利一）, 曠野（堀辰雄）, 普請中（森鷗外）, 耽溺（岩野泡鳴）

『ザ・堀辰雄—全小説全一冊』 堀辰雄著　第三書館　2004.12　343p　26cm　2000円　Ⓘ4-8074-0422-9　Ⓝ913.6

内容 風立ちぬ, 菜穂子, 美しい村, 不器用な天使, 眠れる人, 風景, 水族館, 死の素描, ルウベンスの偽画, 鼠, 窓, 聖家族, 羽ばたき, あいびき, 恢復期, 燃ゆる頬, 馬車を待つ間, 麦藁帽子, 顔, 旅の絵, 鳥料理, 物語の女, 生者と死者, かげろうの日記：かげろうの日記, ほととぎす, 幼年時代：幼年時代, 三つの挿話, 花を持てる女, 巣立ち, おもかげ, 姨捨, 晩夏, 朴の咲く頃, 曠野, ふるさとびと, 匈奴の森など, 雉子日記, 山の家にて：卜居, 雨後, 山日記, その1-2, 七つの手紙, 木の十字架, 四葉の首蓿, 大和路・信濃路, 雪の上の足跡

『風立ちぬ・聖家族』 堀辰雄著　旺文社　1997.4　268p　18cm　（愛と青春の名作集）950円　Ⓘ4-01-066063-5

内容 風立ちぬ, 聖家族, 花を持てる女, 浄瑠璃寺の春, 曠野

『昭和の短編』 文学史研究会編　8版　笠間書院　1997.4　353p　21cm　2000円　Ⓘ4-305-00140-3

内容 蜃気楼—或は「続海のほとり」（芥川龍之介）, バツタと鈴虫（川端康成）, 春さきの風（中野重治）, 蒼穹（梶井基次郎）, 時間（横光利一）, おふえりや遺文（小林秀雄）, 生物祭（伊藤整）, 風博士（坂口安吾）, 感傷（高見順）, 大凶の籤（武田麟太郎）, 曠野（堀辰雄）, 黒猫（島木健作）, 焼跡のイエス（石川淳）, 父（太宰治）, 第三十六号（野間宏）, 島の果て（島尾敏雄）, 手（安部公房）, 薔薇販売人（吉行淳之介）, 小銃（小島信夫）, 沼津（大岡昇平）, 奇妙な仕事（大江健三郎）, 雨（安岡章太郎）, 雨のなかの噴水（三島由紀夫）, 玉、砕ける（開高健）

「美しい村」

『風立ちぬ・美しい村』 堀辰雄著　改版　新潮社　2011.10　233p　15cm　（新潮文庫）362円　Ⓘ978-4-10-100402-0

内容 風のように去ってゆく時の流れの裡に、人間の実体を捉えた『風立ちぬ』は、生きることよりは死ぬことの意味を問い、同時に死を越えて生きることの意味をも問うている。バッハの遁走曲に思いついたという『美しい村』は、軽井沢でひとり暮しをしながら物語を構想中の若い小説家の見聞と、彼が出会った少女の面影を、音楽的に構成した傑作。ともに、堀辰雄の中期を代表する作品である。

『聖家族』 堀辰雄著　SDP　2008.11　140p　15cm　（SDP Bunko）450円　Ⓘ978-4-903620-37-4

内容 九鬼が死んだ。周囲にはその死を乗り越えられない人々がいた。死に疎遠だった彼らを互いに親密にさせていくが…。生きることの答えは見つけられるのか!?この作品に登場する九鬼は師と仰ぐ芥川龍之介を、扁理は堀辰雄自身をモデルにしたと言われている。他「美しい村」収録。

『ザ・堀辰雄—全小説全一冊』 堀辰雄著　第三書館　2004.12　343p　26cm　2000円　Ⓘ4-8074-0422-9

内容 「砂のような雲が空をさらさらと流れていた…」信州追分・軽井沢の透明な爽風の香を文体にすきこんで、文学世界の中心で愛を叫び続けた堀辰雄の全小説全一冊化なる。

「風立ちぬ」から「四葉の首蓿」まで全40篇。

『堀辰雄全集　第1巻』　堀辰雄著　筑摩書房　1996.6　697p　21cm　7800円　Ⓘ4-480-70101-X

内容 「不器用な天使」「聖家族」「美しい村」「風立ちぬ」など、清新な詩的文体をもつ前期の作品22篇を収録。厳密な校訂に基づく本文に、詳細な校異を附した決定版。

「風立ちぬ」

『風立ちぬ/菜穂子』　堀辰雄著　小学館　2013.11　293p　15cm　（小学館文庫）　514円　Ⓘ978-4-09-408877-9

内容 重病に冒され、高原のサナトリウムで療養を続ける節子。婚約者である「私」は、美しい自然の中で、生と死に向き合いながら、献身的に節子を支える。「菜穂子」も同時収録。

『風立ちぬ』　堀辰雄著　角川春樹事務所　2012.4　117p　16cm　（ハルキ文庫 ほ4-1）〈底本:「堀辰雄全集」第一巻（筑摩書房 1996年刊） 年譜あり〉267円　Ⓘ978-4-7584-3655-7　Ⓝ913.6

『風立ちぬ・ルウベンスの偽画』　堀辰雄著　講談社　2011.12　317p　15cm　（講談社文芸文庫）1300円　Ⓘ978-4-06-290142-0

内容 婚約者への愛と、サナトリウムの生活、そして死を描いた名作「風立ちぬ」。著者の文学のテーマともいうべき「楡の家」（「物語の女」の改稿）は、やがて「菜穂子」へと続く…。ぎりぎりの生と文学の美しさと、またその底流を支える強靱な精神。堀辰雄の原点ともいえる作品集。

『風立ちぬ・美しい村』　堀辰雄著　改版　新潮社　2011.10　233p　15cm　（新潮文庫）362円　Ⓘ978-4-10-100402-0

内容 風のように去ってゆく時の流れの裡に、人間の実体を捉えた『風立ちぬ』は、生きることよりは死ぬことの意味を問い、同時に死を越えて生きることの意味をも問うている。バッハの遁走曲に思いついたという『美しい村』は、軽井沢でひとり暮しをしながら物語を構想中の若い小説家の見聞と、彼が出会った少女の面影を、音楽的に構成した傑作。ともに、堀辰雄の中期を代表する作品である。

『堀辰雄』　堀辰雄著　筑摩書房　2009.9　477p　15cm　（ちくま日本文学 039）　880円　Ⓘ978-4-480-42569-0

内容 鳥料理, ルウベンスの偽画, 麦藁帽子, 燃ゆる頬, 恢復期, 風立ちぬ, 幼年時代, 花を持てる女, 姨捨, 曠野, 樹下

『堀辰雄全集　第1巻』　堀辰雄著　筑摩書房　1996.6　697p　21cm　7800円　Ⓘ4-480-70101-X

内容 「不器用な天使」「聖家族」「美しい村」「風立ちぬ」など、清新な詩的文体をもつ前期の作品22篇を収録。厳密な校訂に基づく本文に、詳細な校異を附した決定版。

「浄瑠璃寺の春」

『花あしび』　堀辰雄著　朗文堂　2000.10　2冊（制作ノートとも）20cm〈限定版 外箱入 箱入　年譜あり〉全12000円　Ⓘ4-947613-52-1　Ⓝ915.6

『風立ちぬ・聖家族』　堀辰雄著　旺文社　1997.4　268p　18cm　（愛と青春の名作集）950円　Ⓘ4-01-066063-5

内容 風立ちぬ, 聖家族, 花を持てる女, 浄瑠璃寺の春, 曠野

「花あしび」

『大和路・信濃路』　堀辰雄著　58刷改版　新潮社　2004.9

『花あしび』　堀辰雄著　朗文堂　2000.10　2冊（制作ノートとも）20cm〈限定版 外箱入 箱入　年譜あり〉全12000円　Ⓘ4-947613-52-1　Ⓝ915.6

「窓」

『堀辰雄全集　第1巻』　堀辰雄著　筑摩書房　1996.6　697p　21cm　7800円　Ⓘ4-480-70101-X

内容 「不器用な天使」「聖家族」「美しい村」「風立ちぬ」など、清新な詩的文体をもつ前期の作品22篇を収録。厳密な校訂に基づく本文に、詳細な校異を附した決定版。

「麦藁帽子」

『日本文学100年の名作　第2巻　1924-1933 幸福の持参者』　池内紀, 川本三郎, 松田哲夫編　新潮社　2014.10　500p　15cm　（新潮文庫）750円　Ⓘ978-4-10-127433-1

内容 関東大震災からの復興、昭和改元、漂う大戦の気配―。この10年だから生れた、

厳選15編。

『夏休み』 千野帽子編 KADOKAWA 2014.6 251p 15cm （角川文庫） 440円 ①978-4-04-101693-0

内容 夏のひととき、灼熱の太陽の下の解放感。ひんやりとしたプール、家族とのキャンプ、夜空に浮かぶ大輪の花火、探検に列車旅、高原の避暑地と田舎暮らし、甲子園、アルバイト、そしてほのかな恋。ゆたかできらきらとした特別な時間、忘れがたい思い出の数々—。永遠の夏の1シーン、「夏休み」名作短篇集。

『堀辰雄』 堀辰雄著 筑摩書房 2009.9 477p 15cm （ちくま日本文学 039） 880円 ①978-4-480-42569-0

内容 鳥料理, ルウベンスの偽画, 麦藁帽子, 燃ゆる頬, 恢復期, 風立ちぬ, 幼年時代, 花を持てる女, 姨捨, 曠野, 樹下

『堀辰雄全集 第1巻』 堀辰雄著 筑摩書房 1996.6 697p 21cm 7800円 ①4-480-70101-X

内容 「不器用な天使」「聖家族」「美しい村」「風立ちぬ」など、清新な詩的文体をもつ前期の作品22篇を収録。厳密な校訂に基づく本文に、詳細な校異を附した決定版。

「大和路」

『風立ちぬ・美しい村』 堀辰雄著 舵社 2005.10 249p 21cm （デカ文字文庫） 620円 ①4-8072-2213-9

内容 風立ちぬ, 美しい村

『ザ・堀辰雄—全小説全一冊』 堀辰雄著 第三書館 2004.12 343p 26cm 2000円 ①4-8074-0422-9

内容 「砂のような雲が空をさらさらと流れていた…」信州追分・軽井沢の透明な爽風の香を文体にすきこんで、文学世界の中心で愛を叫び続けた堀辰雄の全小説全一冊化なる。「風立ちぬ」から「四葉の首蓿」まで全40篇。

『大和路・信濃路』 堀辰雄著 58刷改版 新潮社 2004.9 209p 16cm （新潮文庫） 400円 ①4-10-100406-4 Ⓝ915.6

『昭和文学全集 6』 室生犀星, 堀辰雄, 中野重治, 佐多稲子著 小学館 1988.6 1129p 21cm 4000円 ①4-09-568006-7

内容 暗い時代の中で、詩から出発した作家が、人間の尊重を喚びかける自分史。

堀口 大学
ほりぐち・だいがく
《1892〜1981》

「山巓の気」

『山の詩集』 串田孫一, 田中清光編 筑摩書房 2001.2 178p 19cm 1400円 ①4-480-87189-6

目次 1 山に登る（山頂（ジャン・ジオノに）（尾崎喜八）, 剣の山巓で（前田鉄之助）, 山頂（串田孫一）, みえないもの（田中清光） ほか）,2 山の風景（明日は死ぬ人のやうにも（三好達治）, 出発（鳥見迅彦）, 山巓の気（堀口大学）, 幻の墓（富田砕花） ほか）

『現代詩文庫 堀口大学詩集 1019』 思潮社 1980

「山」

『現代詩文庫 堀口大学詩集 1019』 思潮社 1980

「夕ぐれの時はよい時」

『詩を読む人のために』 三好達治著 岩波書店 2003.4 284p 15cm （岩波文庫）〈第22刷〉 560円 ①4-00-310823-X

内容 詩を読み詩を愛する者はすでにして詩人であります。著者（1900‐1964）はこう読者によびかける。そのうえで、読者を縛らずにどう詩のふところへ誘うのか。それは、藤村・泣菫・白秋から、朔太郎・中也ら様々の詩を例に、自分の読みとり方を自己に即して語ることであった。著者の、詩を読む感動が、そのまま伝わってくる好著。

『堀口大学 西脇順三郎』 堀口大学, 西脇順三郎著, 萩原昌好編 あすなろ書房 1986.11 77p 23cm （少年少女のための日本名詩選集 7） 1200円 ①4-7515-1367-2

目次 堀口大学（秋のピエロ, 夕ぐれの時はよい時, 落葉, 詩人, 路上 ほか）, 西脇順三郎（天気, カプリの牧人, 雨, 太陽, 秋 ほか）

『精選 日本近代詩全集』 ぎょうせい 1982

堀場　清子
ほりば・きよこ
《1930～》

「わたしの夏――九四五年・広島」

『原爆表現と検閲―日本人はどう対応したか』 堀場清子著　朝日新聞社　1995.8　208p　19cm　（朝日選書 534）1200円　Ⓘ4-02-259634-1　Ⓝ316.1

前田　愛
まえだ・あい
《1932～1987》

「言葉と身体」

『文学テクスト入門』 前田愛著　増補　筑摩書房　1993.9

『近代読者の成立』 前田愛著　筑摩書房　1989.5　488p　21cm　（前田愛著作集 第2巻）4330円　Ⓘ4-480-36002-6

内容 新聞と活字本の出現により、近代の文学空間はどのように形成されたのか。文学史に読者論を導くことにより、文化のなかに文学を位置づけ、文体のなかに時代を読みとる読者論の名著『近代読者の成立』に、後年のテクスト論に連なる諸論を集成する。

正岡　子規
まさおか・しき
《1867～1902》

「歌よみに与ふる書」

『正岡子規/高浜虚子』 正岡子規，高浜虚子著　京都　新学社　2006.9　380p　15cm　（新学社近代浪漫派文庫 7）1362円　Ⓘ4-7868-0065-1

目次 正岡子規（正岡子規句抄，正岡子規歌抄，歌よみに与ふる書，小園の記，死後，九月十四日の朝），高浜虚子（自選 虚子秀句（抄），斑鳩物語，落葉降る下にて，椿子物語，発行所の庭木，進むべき俳句の道）

『歌よみに与ふる書』 正岡子規著　岩波書店　1984.1　180p　20cm　（岩波クラシックス 54）1100円　Ⓝ911.104

「仰臥漫録」

『仰臥漫録』 正岡子規著　角川学芸出版，角川グループパブリッシング〔発売〕〔2009.9〕　204p　15cm　（角川ソフィア文庫）667円　Ⓘ978-4-04-409408-9

内容 「便通やや硬し繃帯とりかえ、牛乳五勺、ビスケット、煎餅まぐろのさしみ、飯二わん…」明治34年9月、命の果てを意識した子規は、今日食べたもの、服用した薬、家のこと、俳句、短歌などを和紙へ秘かに綴り始め、生きる力をつなぎとめていた。丁寧な筆遣いの文章と、完全収録した庭の景色や来訪者、見舞いの品などを描いたスケッチの色彩が、世紀を超えてなお深く鮮やかに胸を打つ。

『仰臥漫録』 正岡子規著　岩波書店　2006.12　182p　16cm　（岩波文庫創刊書目復刻）〈原本：昭和2年刊〉Ⓘ4-00-355003-X　Ⓝ914.6

『仰臥漫録』 正岡子規著　改版　岩波書店　2003.6　195p　15cm　（岩波文庫）〈第47刷〉460円　Ⓘ4-00-310135-9

内容 子規が死の前年の明治34年9月から死の直前まで、俳句・水彩画等を交えて赤裸々に語った稀有な病牀日録。現世への野心と快楽の逞しい夢から失意失望の呻吟、絶叫、号泣に至る人間性情のあらゆる振幅を畳み込んだエッセイであり、命旦夕に迫る子規（1867‐1902）の心境が何の誇張も虚飾もなくうかがわれて、深い感動に誘われる。

『子規人生論集』 正岡子規著　講談社　2001.7　210p　15cm　（講談社文芸文庫）850円　Ⓘ4-06-198272-9

内容 三十四歳で逝った子規の厖大な創作活動から『墨汁一滴（抄）』『仰臥漫録（抄）』等七篇、漱石宛書簡他を収録。子規独自の個性と文学革新の気概溢れるエッセイ集。

「九月十四日の朝/九月十四日」

『正岡子規集』 筑摩書房　2013.1　472p　21cm　（明治文學全集 53）7500円　Ⓘ978-4-480-10353-6

目次 筆まかせ（抄），棒三昧，新年二十九度，墨のあまり，閒（かん）人閒（かん）話，十年前の夏，小園の記，病牀譫語，飯待つ間，根岸草廬記事，熊手と提灯，消息，銅像雑感，新年雑記, 犬, ラムプの影, ホトトギス第四巻第一號のはじめに, 明治卅三年十月十五日記事, 死後, くだもの, 命のあまり, 病牀苦語, 天王寺畔の蝸牛廬, 九月十四日の朝, 煩悶, 獺祭書屋俳話 増補再版(抄), 地圖的觀念と繪畫的觀念, 俳諧反故籠, 俳句新派の傾向, 病牀問答, 萬葉集卷十六, 曙覽の歌, 歌話, 鶴物語,「こやす」といふ動詞, 竹里歌話, 萬葉集を讀む, 我邦に短篇韻文の起りし所以を論ず, 文界八つあたり, 作家評家, 若菜集の詩と畫, 早稲田文學廢刊, 寫生、寫實, 叙事文, 獺祭書屋俳句帖抄 上巻, 竹乃里歌(抄), 仰臥漫録, 正岡子規(寺田透), 正岡子規(杉浦明平), フモールの暗示(五味保義), 解題(久保田正文), 年譜(淺原勝編), 參考文獻(瓜生鐵二編), 詳細目次

『正岡子規』 正岡子規著 筑摩書房 2009.10 477p 15cm (ちくま日本文学 040) 880円 Ⓘ978-4-480-42570-6

目次 病, 夏の夜の音, 飯待つ間, 小園の記, 車上所見, 雲の日記, 夢, 蝶, 酒, 熊手と提灯, ラムプの影, 明治三十三年十月十五日記事, 死後, くだもの, 煩悶, 九月十四日の朝, 松蘿玉液(抄), 墨汁一滴(抄), 病牀六尺(抄), 歌よみに与うる書, 俳句問答, 古池の句の弁, 短歌, 俳句

『正岡子規/高浜虚子』 正岡子規, 高浜虚子著 京都 新学社 2006.9 380p 15cm (新学社近代浪漫派文庫 7) 1362円 Ⓘ4-7868-0065-1

目次 正岡子規(正岡子規句抄, 正岡子規歌抄, 歌よみに与ふる書, 小園の記, 死後, 九月十四日の朝), 高浜虚子(自選 虚子秀句(抄), 斑鳩物語, 落葉降る下にて, 椿子物語, 発行所の庭木, 進むべき俳句の道)

『病牀六尺』 正岡子規著 改版 岩波書店 2003.1 193p 15cm (岩波文庫)〈第54刷〉460円 Ⓘ4-00-310132-4

内容 『墨汁一滴』に続き、新聞『日本』に連載(明35,5,5‐9,17)し、死の2日前まで書き続けた随筆集。不治の病にたおれた「病牀六尺」の世界で、果物や草花の写生を楽しむ一方、シッポク談議、子どもの教育論と話題は多岐にわたる。旺盛な好奇心が尽きることのない子規(1867‐1902)の姿には目をみはらされるばかりだ。

「写生」

『子規随筆』 正岡子規著 新装覆刻版 沖積舎 2001.11 373p 19cm 6800円 Ⓘ4-8060-4672-8

内容 子規没後百年記念出版。近代俳句の開拓者・正岡子規。本書は子規の名随筆の集成を、当時の雰囲気をそのままに新装覆刻した。俳句を志す人々に必読の書!『続子規随筆』をも合本。

「小園の記」

『正岡子規』 正岡子規著 筑摩書房 2009.10 477p 15cm (ちくま日本文学 040) 880円 Ⓘ978-4-480-42570-6

目次 病, 夏の夜の音, 飯待つ間, 小園の記, 車上所見, 雲の日記, 夢, 蝶, 酒, 熊手と提灯, ラムプの影, 明治三十三年十月十五日記事, 死後, くだもの, 煩悶, 九月十四日の朝, 松蘿玉液(抄), 墨汁一滴(抄), 病牀六尺(抄), 歌よみに与うる書, 俳句問答, 古池の句の弁, 短歌, 俳句

『正岡子規/高浜虚子』 正岡子規, 高浜虚子著 京都 新学社 2006.9 380p 15cm (新学社近代浪漫派文庫 7) 1362円 Ⓘ4-7868-0065-1

目次 正岡子規(正岡子規句抄, 正岡子規歌抄, 歌よみに与ふる書, 小園の記, 死後, 九月十四日の朝), 高浜虚子(自選 虚子秀句(抄), 斑鳩物語, 落葉降る下にて, 椿子物語, 発行所の庭木, 進むべき俳句の道)

『ちくま日本文学全集 **37** 正岡子規—**1867-1902**』 筑摩書房 1992.8 477p 16cm 1000円 Ⓘ4-480-10237-X Ⓝ918.6

内容 病, 夏の夜の音, 飯待つ間, 小園の記, 車上所見, 雲の日記, 夢, 蝶, 酒, 熊手と提灯, ラムプの影, 明治三十三年十月十五日記事, 死後, くだもの, 煩悶, 九月十四日の朝, 松蘿玉液(抄) 墨汁一滴(抄) 病牀六尺(抄) 歌よみに与うる書, 俳句問答, 古池の句の弁, 短歌, 俳句, 年譜:p469〜477

「俳句を作る人に」

『俳句の出発』 正岡子規著, 中村草田男編 みすず書房 2002.10 290p 19cm 2800円 Ⓘ4-622-07009-X

内容 子規が企図した俳句の革新、また写生とは何だったのか? 芭蕉と蕪村の比較検討、俳句の形式と本質、明治29年の俳句界など、子規俳論の要をなす7篇を収録。

「病牀六尺」

『正岡子規』 正岡子規著 筑摩書房

2009.10　477p　15cm　（ちくま日本文学 040）　880円　①978-4-480-42570-6
目次 病, 夏の夜の音, 飯待つ間, 小園の記, 車上所見, 雲の日記, 夢, 蝶, 酒, 熊手と提灯, ラムプの影, 明治三十三年十月十五日記事, 死後, くだもの, 煩悶, 九月十四日の朝, 松蘿玉液（抄）, 墨汁一滴（抄）, 病牀六尺（抄）, 歌よみに与うる書, 俳句問答, 古池の句の弁, 短歌, 俳句

『病牀六尺』　正岡子規著　改版　岩波書店　2003.1　193p　15cm　（岩波文庫）〈第54刷〉　460円　①4-00-310132-4
内容 『墨汁一滴』に続き、新聞『日本』に連載（明35,5,5‐9,17）し、死の2日前まで書き続けた随筆集。不治の病にたおれた「病牀六尺」の世界で、果物や草花の写生を楽しむ一方、シッポク談議、子どもの教育論と話題は多岐にわたる。旺盛な好奇心が尽きることのない子規（1867‐1902）の姿には目をみはらされるばかりだ。

『子規三大随筆』　正岡子規著　講談社　1986.6　488p　15cm　（講談社学術文庫）　1200円　①4-06-158741-2　Ⓝ914.6
内容 墨汁一滴, 病牀六尺, 仰臥漫録

「墨汁一滴」

『正岡子規』　正岡子規著　筑摩書房　2009.10　477p　15cm　（ちくま日本文学 040）　880円　①978-4-480-42570-6
目次 病, 夏の夜の音, 飯待つ間, 小園の記, 車上所見, 雲の日記, 夢, 蝶, 酒, 熊手と提灯, ラムプの影, 明治三十三年十月十五日記事, 死後, くだもの, 煩悶, 九月十四日の朝, 松蘿玉液（抄）, 墨汁一滴（抄）, 病牀六尺（抄）, 歌よみに与うる書, 俳句問答, 古池の句の弁, 短歌, 俳句

『仰臥漫録』　正岡子規著　角川学芸出版, 角川グループパブリッシング〔発売〕　〔2009.9〕　204p　15cm　（角川ソフィア文庫）　667円　①978-4-04-409408-9
内容 「便通やや硬し繃帯とりかえ、牛乳五勺、ビスケット、煎餅まぐろのさしみ、飯二わん…」明治34年9月、命の果てを意識した子規は、今日食べたもの、服用した薬、家のこと、俳句、短歌などを和紙へ秘かに綴り始め、生きる力をつなぎとめていた。丁寧な筆遣いの文章と、完全収録した庭の景色や来訪者、見舞いの品などを描いたスケッチの色彩が、世紀を超えてなお深く鮮やかに胸を打つ。

『墨汁一滴』　正岡子規著　岩波書店　2005.3　170p　19cm　（ワイド版岩波文庫）　1000円　①4-00-007253-6
内容 みずみずしくユーモラスな子規随筆の真骨頂。

『墨汁一滴』　正岡子規著　改版　岩波書店　2002.7　170p　15cm　（岩波文庫）〈第40刷〉　400円　①4-00-310134-0
内容 子規（1867‐1902）の場合、その随筆は、まさしく彼の「骨髄」と言っていい。晩年の随筆の一つであるこの『墨汁一滴』の場合もまた然り。そこでは観察と思考と回想と幻想が相集ってなまなましい批評的場を形成し、子規という人の全体が、実に自然にのびやかに立ち現われてくる。子規随筆の真骨頂を示す書。

増田　れい子
ますだ・れいこ
《1929～2012》

「犀川」

『心の虹―詩人のふるさと紀行』　増田れい子著　労働旬報社　1996.8　247p　19cm　1800円　①4-8451-0441-5
内容 詩人の詩と青春を育くんだ美しいまちへ―。そこに身を置けば詩人のこころの虹が見える。わたしのこころの空に虹がうつる。

「ほんとうの顔」

『独りの珈琲』　増田れい子著　三笠書房　1985.7　266p　15cm　（知的生きかた文庫）　400円　①4-8379-0053-4　Ⓝ914.6

松尾　芭蕉
まつお・ばしょう
《1644～1694》

「笈の小文」

『現代語訳付 笈の小文・更科紀行・嵯峨日記』　上野洋三編　大阪　和泉書院　2008.3　94p　21cm　1500円　①978-4-7576-0457-5
内容 『奥の細道』への階梯―やがて執筆さ

れる『奥の細道』への準備が、どのように行われたか。三作品の巧みな現代語訳と明解な注釈が、深く更なる理解・鑑賞へと導く。大活字本で学ぶ古典の名作。

『芭蕉紀行文集―付・嵯峨日記』 中村俊定校注 岩波書店 2001.7 179p 19cm （ワイド版岩波文庫） 900円 ①4-00-007052-5

内容 人生の本質を無常・流転に見た芭蕉の芸術と生涯はいくつかの旅を展開点として飛躍を遂げてゆく。肉体と精神を日常性の停滞から解き放ち、新たな発見に直面させてくれるもの、それは旅であり、芭蕉の人生観・芸術観の具体的吐露が紀行文であった。本書に収めた諸紀行文は『奥の細道』という高峰に至る道標とも言えるであろう。

『奥の細道―他』 松尾芭蕉著，麻生磯次訳注 旺文社 1994.7 246p 19cm （全訳古典撰集） 980円 ①4-01-067247-1 Ⓝ915.5

内容 奥の細道, 野ざらし紀行, 鹿島紀行, 笈の小文, 更科紀行, 曽良随行日記（参考） 解説 麻生磯次著, 参考文献・年譜：p232～241

『奥の細道・笈の小文・野ざらし紀行』 西谷元夫著 有朋堂 1986.6 152p 19cm （精選古典 13）〈奥付のタイトル：奥の細道・笈の小文・野ざらし記行 付：銀河の序・許六離別の詞〉 ①4-8422-0053-7

「奥の細道」

『おくのほそ道―英文収録』 松尾芭蕉著，ドナルド・キーン訳 講談社 2007.4 92,93p 15cm （講談社学術文庫） 760円 ①978-4-06-159814-0 Ⓝ915.5

『おくのほそ道―現代語訳』 松尾芭蕉著，潁原退蔵，尾形仂訳注 新版 角川書店 2003.3 381p 15cm （角川文庫）〈現代語訳曽良随行日記付き 年譜あり〉 667円 ①4-04-401004-8 Ⓝ915.5

『奥の細道』 松尾芭蕉著，角川書店編 角川書店 2000.3 255p 12cm （角川mini文庫―ミニ・クラシックス 10） 400円 ①4-04-700293-3 Ⓝ915.5

「野ざらし紀行」

『『野ざらし紀行』古註集成』 三木慰子編 大阪 和泉書院 2006.8 254p 21cm （研究叢書） 10000円 ①4-7576-0370-3

内容 本稿は『野ざらし紀行』及び、本紀行所収句の古註釈書を、ほぼ年代順に配列したものである。『野ざらし紀行』の本文は、御雲文庫旧蔵の富士見書房版『校本芭蕉全集』別巻（井本農一他編、平成三年刊）所収の芭蕉自筆自画本の影印を編者が翻刻した。但し、石部の条のみは芭蕉自筆自画本にはない部分で和泉書院版『泊船集』（三木慰子編、和泉書院影印叢刊86、平成七年刊）の影印を編者が翻刻した（紀行本文のみ、句読点と濁点を私に付した）。また、紀行本文を明治書院版『影印「甲子吟行」付古注翻刻集』（弥吉菅一・三木慰子編、平成三年刊）に従って便宜上三二条に分けた。

『奥の細道―他』 松尾芭蕉著，麻生磯次訳注 旺文社 1994.7 246p 19cm （全訳古典撰集） 980円 ①4-01-067247-1 Ⓝ915.5

内容 奥の細道, 野ざらし紀行, 鹿島紀行, 笈の小文, 更科紀行, 曽良随行日記（参考） 解説 麻生磯次著, 参考文献・年譜：p232～241

松平 定信
まつだいら・さだのぶ
《1758～1829》

「花月草紙」

『日本随筆大成 第3期 第1巻』 日本随筆大成編輯部編 新装版 吉川弘文館 2007.10 6,468p 19cm〈平成7年刊（新装版）を原本としたオンデマンド版〉 5500円 ①978-4-642-04114-0 Ⓝ914.5

内容 傍廂 斎藤彦麻呂著, 傍廂糾繆 岡本保孝著, ねざめのすさび 石川雅望著, 理斎随筆 志賀忍著, 花月草紙松平定信著, 解題 小出昌洋著

『日本随筆大成 第3期 第1巻』 日本随筆大成編輯部編 吉川弘文館 1995.6 468p 20cm〈新装版〉 2884円 ①4-642-09048-7 Ⓝ081

内容 傍廂 斎藤彦麻呂著, 傍相糾繆 岡本保存著, ねざめのすさび 石川雅望著, 理斎随筆 志賀忍著, 花月草紙 松平定信著, 解題 小出昌洋著

丸山　薫
まるやま・かおる
《1899～1974》

「手風琴と汽車」

『現代詩文庫 丸山薫詩集　1036』 思潮社 1989
目次 詩集〈帆・ランプ・鷗〉全篇, 詩集〈鶴の葬式〉全篇, 詩集〈幼年〉から, 詩集〈一日集〉から, 詩集〈物象詩集〉から, 詩集〈涙した神〉から, 詩集〈点鐘鳴るところ〉から, 詩集〈北国〉から, 詩集〈仙境〉から, 詩集〈花の芯〉から, 詩集〈青春不在〉から, 詩集〈連れ去られた海〉から, 詩集〈月渡る〉から, 未刊詩篇, 小説（城, 両球挿話, 落下, 夢の話）, エッセイ・評論（詩の生活, 作家の数学嫌い, 海の魅力, 朔太郎の疑問, むすめ三題, 某日来客, 晩年の萩原さん, 中原中也の詩について, シュペルヴィエルの詩）, 年譜, 研究（旧友の年賀状＝貝塚茂樹, 同時代のころ＝小野十三郎, 大きなひと＝黒田三郎, 日比谷公園の鶴の噴水＝小沢信男）

「水の精神」

『丸山薫・三好達治』 萩原昌好編　あすなろ書房　2012.8　95p　20×16cm（日本語を味わう名詩入門 10） 1500円 ①978-4-7515-2650-7
目次 丸山薫（青い黒板, 水の精神, 嘘, 汽車に乗って, 練習船, 早春, 未明の馬, 未来へ, 母の傘, ほんのすこしの言葉で, 詩人の言葉, 海という女）, 三好達治（雪, 春, 村,Enfance finie, 昨日はどこにもありません, 祖母, 土, チューリップ, 石榴, 大阿蘇, 涙, かよわい花, 浅春偶語）

『現代詩文庫 丸山薫詩集　1036』 思潮社 1989
目次 詩集〈帆・ランプ・鷗〉全篇, 詩集〈鶴の葬式〉全篇, 詩集〈幼年〉から, 詩集〈一日集〉から, 詩集〈物象詩集〉から, 詩集〈涙した神〉から, 詩集〈点鐘鳴るところ〉から, 詩集〈北国〉から, 詩集〈仙境〉から, 詩集〈花の芯〉から, 詩集〈青春不在〉から, 詩集〈連れ去られた海〉から, 詩集〈月渡る〉から, 未刊詩篇, 小説（城, 両球挿話, 落下, 夢の話）, エッセイ・評論（詩の生活, 作家の数学嫌い, 海の魅力, 朔太郎の疑問, むすめ三題, 某日来客, 晩年の萩原さん, 中原中也の詩について, シュペルヴィエルの詩）, 年譜, 研究（旧友の年賀状＝貝塚茂樹, 同時代のころ＝小野十三郎, 大きなひと＝黒田三郎, 日比谷公園の鶴の噴水＝小沢信男）

「未来へ」

『丸山薫・三好達治』 萩原昌好編　あすなろ書房　2012.8　95p　20×16cm（日本語を味わう名詩入門 10） 1500円 ①978-4-7515-2650-7
目次 丸山薫（青い黒板, 水の精神, 嘘, 汽車に乗って, 練習船, 早春, 未明の馬, 未来へ, 母の傘, ほんのすこしの言葉で, 詩人の言葉, 海という女）, 三好達治（雪, 春, 村,Enfance finie, 昨日はどこにもありません, 祖母, 土, チューリップ, 石榴, 大阿蘇, 涙, かよわい花, 浅春偶語）

『現代詩文庫 丸山薫詩集　1036』 思潮社 1989
目次 詩集〈帆・ランプ・鷗〉全篇, 詩集〈鶴の葬式〉全篇, 詩集〈幼年〉から, 詩集〈一日集〉から, 詩集〈物象詩集〉から, 詩集〈涙した神〉から, 詩集〈点鐘鳴るところ〉から, 詩集〈北国〉から, 詩集〈仙境〉から, 詩集〈花の芯〉から, 詩集〈青春不在〉から, 詩集〈連れ去られた海〉から, 詩集〈月渡る〉から, 未刊詩篇, 小説（城, 両球挿話, 落下, 夢の話）, エッセイ・評論（詩の生活, 作家の数学嫌い, 海の魅力, 朔太郎の疑問, むすめ三題, 某日来客, 晩年の萩原さん, 中原中也の詩について, シュペルヴィエルの詩）, 年譜, 研究（旧友の年賀状＝貝塚茂樹, 同時代のころ＝小野十三郎, 大きなひと＝黒田三郎, 日比谷公園の鶴の噴水＝小沢信男）

丸山　圭三郎
まるやま・けいざぶろう
《1933～1993》

「チェスと言葉」

『欲望のウロボロス』 丸山圭三郎著　勁草書房　1985.10　280p　20cm　1800円　①4-326-15158-7　Ⓝ804

丸山　健二
まるやま・けんじ
《1943～》

「小さな巨人の時代」

『アルプス便り』　丸山健二著　文芸春秋　1985.2　229p　18cm　880円　Ⓝ914.6

三浦　哲郎
みうら・てつお
《1931～2010》

「石段」

『拳銃と十五の短編』　三浦哲郎著　講談社　1989.2　301p　16cm　（講談社文芸文庫）680円　Ⓘ4-06-196039-3　Ⓝ913.6

内容 拳銃, シュークリーム, 河鹿, おおるり, 川べり, 石段, 小指, 土橋, 鶯, 闇, 義妹, 水仙, 凧, 鼠小僧, たけのこ狩り, 化粧, 著書目録：p298～301

「おふくろの消息」

『母の肖像―短篇名作選』　三浦哲郎著　構想社　1983.9　247p　20cm　1400円　Ⓘ4-87574-036-0　Ⓝ913.6

内容 おふくろの妙薬, 柿の蔕, おふくろの消息, ジャスミンと恋文, 拳銃, 土橋, 水仙, 化粧, おらんだ帽子, 離郷, 峯る, 乱舞, おふくろの筆法（随筆） 娘たちの夜なべ（随筆） かりがね通信, 二重の視線

「オーリョ - デ - ボーイ」

『完本 短篇集モザイク』　三浦哲郎著　新潮社　2010.12　573p　19cm　2800円　Ⓘ978-4-10-320922-5

内容 娘が幻の父と対面する一瞬の情愛がせつない「じねんじょ」老夫婦の哀歓が静かな絶頂に達する「みのむし」―二つの川端賞受賞作を始め、避暑地で起きた珍事が清涼な余韻を醸し出す「山荘の埋蔵物」など遺された未収録の三作を収めて作品発表順に新たに編纂された完本。

『みちづれ―短篇集モザイク　1』　三浦哲郎著　新潮社　1999.1　271p　15cm　（新潮文庫）438円　Ⓘ4-10-113514-2

内容 宝石のような短篇を百篇綴り、壮麗なモザイクに組上げる、著者独創の連作シリーズ第一巻。青函連絡船から海峡へ花束を投じる男に、見知らぬ女の視線がからむ表題作。四十近くなった娘が幻の父と対面する、その一瞬の情愛がせつない川端賞受賞作「じねんじょ」、寝静まった家に、夜毎すすり泣きの声が響く「すみか」など、僅か数ページに封じこまれた人の世の怖れと情味。

「月食」

『冬の雁』　三浦哲郎著　文芸春秋　1989.3　302p　16cm　（文春文庫）380円　Ⓘ4-16-712508-0　Ⓝ913.6

内容 花いちもんめ, 盆土産, 悴のちゃぼ, 手踊り, 休猟区にて, 達磨さん転んだ, 角笛, 熊ん蜂, 夜道, 月蝕, むかしの虫, 冬の雁, 峯る, 乱舞, 晩秋, 簗の鮎, 紺の角帯

「ジャスミンと恋人」

『三浦哲郎自選全集　第4巻』　新潮社　1987.12　453p　20cm〈著者の肖像あり〉3000円　Ⓘ4-10-644904-8　Ⓝ918.68

内容 笹舟日記, 射撃, 草の宴, 雉子撃ち, 悴のちゃぼ, 熊ん峰, 歓楽, 解題

「春愁」

『しづ女の生涯』　三浦哲郎著　集英社　1980.11　250p　16cm　（集英社文庫）260円　Ⓝ913.6

内容 熱い雪, 惜春記, 凪, 春愁, 罪な用心棒, ションガイナ霊歌, しづ女の生涯

「とんかつ」

『教科書に載った小説』　佐藤雅彦編　ポプラ社　2012.10　206p　15cm　（ポプラ文庫）680円　Ⓘ978-4-591-13116-9

内容 宿泊する不審な親子を見つめた三浦哲郎の『とんかつ』、差出人のない小包が届く『絵本』、古今著聞集から採った『竹生島の老僧、水練のこと』…。「成長する道程に置いておくので読んでほしい」という願いで教科書に載せられた作品を、さらに「面白い」を基準に編んだアンソロジー。

『完本 短篇集モザイク』　三浦哲郎著　新潮社　2010.12　573p　19cm　2800円　Ⓘ978-4-10-320922-5

内容 娘が幻の父と対面する一瞬の情愛がせ

つない「じねんじょ」老夫婦の哀歓が静かな絶頂に達する「みのむし」―二つの川端賞受賞作を始め、避暑地で起きた珍事が清涼な余韻を醸し出す「山荘の埋蔵物」など遺された未収録の三作を収めて作品発表順に新たに編纂された完本。

『みちづれ―短篇集モザイク 1』 三浦哲郎著 新潮社 1999.1 271p 15cm (新潮文庫) 438円 ①4-10-113514-2

内容 宝石のような短篇を百篇綴り、壮麗なモザイクに組上げる、著者独創の連作シリーズ第一巻。青函連絡船から海峡へ花束を投じる男に、見知らぬ女の視線がからむ表題作。四十近くなった娘が幻の父と対面する、その一瞬の情愛がせつない川端賞受賞作「じねんじょ」、寝静まった家に、夜毎すすり泣きの声が響く「すみか」など、僅か数ページに封じこまれた人の世の怖れと情味。

「春は夜汽車の窓から」

『汚点 春は夜汽車の窓から』 井上ひさし,野坂昭如,三浦哲郎,村上春樹著 講談社 2009.4 235p 19cm (21世紀版少年少女日本文学館 20) 1400円 ①978-4-06-282670-9

内容 作家活動のみならず、テレビドラマ、舞台でも注目を集める井上ひさし。「焼跡闇市派」を自認する一方、マスコミの寵児として、時代を駆けつづける野坂昭如。叙情的な美しい作品で知られる三浦哲郎。昭和後期、それぞれの個性で時代を牽引してきた三人の作家と、その後の新しい世代の文学を代表する村上春樹の作品の八編を収録。

『汚点 春は夜汽車の窓から』 井上ひさし著,三浦哲郎著 講談社 1987.5 255p 22cm (少年少女日本文学館 第22巻) 1400円 ①4-06-188272-4

「林檎とパイプ」

『林檎とパイプ―父と娘の往復書簡』 三浦哲郎,三浦晶子著 文芸春秋 1980.2 237p 19cm 880円 Ⓝ915.6

三木 清
みき・きよし
《1897〜1945》

「怒りについて」

『人生論ノート』 三木清著 改版 新潮社 2011.10 175p 15cm (新潮文庫) 362円 ①978-4-10-101901-7

内容 死について、幸福について、懐疑について、偽善について、個性について、など23題―ハイデッガーに師事し、哲学者、社会評論家、文学者として昭和初期における華々しい存在であった三木清の、肌のぬくもりさえ感じさせる珠玉の名論文集。その多方面にわたる文筆活動が、どのような主体から生れたかを、率直な自己表現のなかにうかがわせるものとして、重要な意味をもつ。

『人生論ノート』 三木清著 PHP研究所 2009.3 230p 18cm 700円 ①978-4-569-70788-4

内容 人生への深い洞察に満ちた言葉の数々。戦中・戦後の混乱期に青年たちが愛読した歴史的名著を、いまここに。

『人生論ノート』 三木清著 青竜社 1998.8 191p 20cm (名著発掘シリーズ) 1600円 ①4-88258-808-0 Ⓝ121.67

「感傷について」

『人生論ノート』 三木清著 改版 新潮社 2011.10 175p 15cm (新潮文庫) 362円 ①978-4-10-101901-7

内容 死について、幸福について、懐疑について、偽善について、個性について、など23題―ハイデッガーに師事し、哲学者、社会評論家、文学者として昭和初期における華々しい存在であった三木清の、肌のぬくもりさえ感じさせる珠玉の名論文集。その多方面にわたる文筆活動が、どのような主体から生れたかを、率直な自己表現のなかにうかがわせるものとして、重要な意味をもつ。

『人生論ノート』 三木清著 PHP研究所 2009.3 230p 18cm 700円 ①978-4-569-70788-4

内容 人生への深い洞察に満ちた言葉の数々。戦中・戦後の混乱期に青年たちが愛読した歴史的名著を、いまここに。

『人生論ノート』 三木清著 青竜社 1998.8 191p 20cm (名著発掘シリーズ) 1600円 Ⓘ4-88258-808-0 Ⓝ121.67

「人生論ノート」

『人生論ノート』 三木清著 改版 新潮社 2011.10 175p 15cm (新潮文庫) 362円 Ⓘ978-4-10-101901-7

内容 死について、幸福について、懐疑について、偽善について、個性について、など23題―ハイデッガーに師事し、哲学者、社会評論家、文学者として昭和初期における華々しい存在であった三木清の、肌のぬくもりさえ感じさせる珠玉の名論文集。その多方面にわたる文筆活動が、どのような主体から生れたかを、率直な自己表現のなかにうかがわせるものとして、重要な意味をもつ。

『人生論ノート』 三木清著 PHP研究所 2009.3 230p 18cm 700円 Ⓘ978-4-569-70788-4

内容 人生への深い洞察に満ちた言葉の数々。戦中・戦後の混乱期に青年たちが愛読した歴史的名著を、いまここに。

『人生論ノート』 三木清著 青竜社 1998.8 191p 20cm (名著発掘シリーズ) 1600円 Ⓘ4-88258-808-0 Ⓝ121.67

「旅」

『人生論ノート』 三木清著 青竜社 1998.8 191p 20cm (名著発掘シリーズ) 1600円 Ⓘ4-88258-808-0 Ⓝ121.67

「旅について」

『人生論ノート』 三木清著 改版 新潮社 2011.10 175p 15cm (新潮文庫) 362円 Ⓘ978-4-10-101901-7

内容 死について、幸福について、懐疑について、偽善について、個性について、など23題―ハイデッガーに師事し、哲学者、社会評論家、文学者として昭和初期における華々しい存在であった三木清の、肌のぬくもりさえ感じさせる珠玉の名論文集。その多方面にわたる文筆活動が、どのような主体から生れたかを、率直な自己表現のなかにうかがわせるものとして、重要な意味をもつ。

『人生論ノート』 三木清著 PHP研究所 2009.3 230p 18cm 700円 Ⓘ978-4-569-70788-4

内容 人生への深い洞察に満ちた言葉の数々。戦中・戦後の混乱期に青年たちが愛読した歴史的名著を、いまここに。

『人生論ノート』 三木清著 青竜社 1998.8 191p 20cm (名著発掘シリーズ) 1600円 Ⓘ4-88258-808-0 Ⓝ121.67

三木 卓
みき・たく
《1935～》

「青いピカソ」

『青春の休み時間』 三木卓著 集英社 1980.7 210p 16cm (集英社文庫) 240円 Ⓝ914.6

「一本の木」

『海辺の博物誌』 三木卓著 小学館 1996.8 226p 16cm (小学館ライブラリー) 760円 Ⓘ4-09-460086-8

内容 湘南に暮らす詩人をおとずれる四季折々の来客たち。花に虫にそそがれる、やさしいまなざし! 日常生活を彩る自然への賛嘆を、読む者の心に送り届ける芥川賞作家の好エッセイ。

三木 露風
みき・ろふう
《1889～1964》

「去り行く五月の詩」

『精選 日本近代詩全集』 ぎょうせい 1982

「雪の上の鐘」

『三木露風全集 第1巻』 日本図書センター 1983.6 676p 22cm〈監修:岡崎義恵ほか 企画製作:飯塚書房 三木露風全集刊行会昭和47年刊の再刊 著者の肖像あり〉10000円 Ⓝ918.68

内容 夏姫, 廃園, 廃園再版, 寂しき曙, 白き手の猟人, 露風集, 幻の田園, 良心, 生と恋, 象徴詩集(初版) 蘆間の幻影,信仰の曙,青き樹かげ,神と人,微光,新しき生命,美の光,七人の乙女,秋径,静境,諸雑誌発表作品集―大正15年より昭和39年まで,低唱―貧しき詩人,初期詩文集,解題,三木露風年譜 松村緑編:p635~641

三島 由紀夫
みしま・ゆきお
《1925~1970》

「仮面の告白」

『青春小説傑作選 14歳の本棚―初恋友情編』 北上次郎編 新潮社 2007.4 405p 15cm (新潮文庫) 590円 ①978-4-10-130952-1
内容 中学生なら友だちと恋が最優先! 人生で一度きりのかがやきにあふれた素敵な小説を、文庫いっぱいに詰め込みました。いらだちと不安をぶつけ合いながらも、かわらぬ友情を誓ったあの日。初めて異性に感じた切なさに眠れなかったあの夜。子どもから大人への通過点で出会うさまざまな風景が、あなたのなかの十四歳の心を懐かしく呼び覚まします。

『仮面の告白』 三島由紀夫著 126刷改版 新潮社 2003.6 281p 16cm (新潮文庫)〈年譜あり〉438円 ①4-10-105001-5 Ⓝ913.6

『決定版 三島由紀夫全集 1 長編小説』 三島由紀夫著 新潮社 2000.11 706p 21×15cm 5800円 ①4-10-642541-6
内容 反恋愛小説「盗賊」、自伝的異色作「仮面の告白」、貞淑な人妻の死に至る恋の心理「純白の夜」の3編を収録。新発見の「盗賊」異稿、創作ノート、詳細な解題を付す。

「金閣寺」

『ふるさと文学さんぽ 京都』 真銅正宏監修 大和書房 2012.11 222p 19cm 1700円 ①978-4-479-86205-5
内容 金閣寺(三島由紀夫),祇園の枝垂桜(九鬼周造),にぎやかな天地(宮本輝),夢の浮橋(谷崎潤一郎),鳥居本の祇園料理(渡辺たをり),鮎の試食時代(北大路魯山人),食魔(岡本かの子),高瀬川(水上勉),祇園(吉井勇),あさきゆめみし(大和和紀),一寸叡山へ(荻原井泉水),安寿子の靴(唐十郎),虞美人草(夏目漱石),神遊び―祇園祭について(杉本秀太郎),山月記(森見登美彦),除夜の鐘(川端康成),暗い絵(野間宏),鴨川ホルモー(万城目学),天の橋立(中勘助)

『金閣寺』 三島由紀夫著 改版 新潮社 2011.4 375p 15cm (新潮文庫)〈130刷(初版1960年)〉552円 ①978-4-10-105008-9
内容 1950年7月1日、「国宝・金閣寺焼失。放火犯人は寺の青年僧」という衝撃のニュースが世人の耳目を驚かせた。この事件の陰に潜められた若い学僧の悩み―ハンディを背負った宿命の子の、生への消しがたい呪いと、それゆえに金閣の美の魔力に魂を奪われ、ついには幻想と心中するにいたった悲劇…。31歳の鬼才三島が全青春の決算として告白体の名文に綴った不朽の金字塔。

『決定版 三島由紀夫全集 6 長編小説』 三島由紀夫著 新潮社 2001.5 764p 21cm 5800円 ①4-10-642546-7
内容 金閣の美に魂を奪われた学僧の悲劇「金閣寺」&創作ノート、永すぎた婚約期間中のふたりの危機「永すぎた春」、聖女にも似た人妻の不貞「美徳のよろめき」。

「潮騒」

『新 現代文学名作選』 中島国彦監修 明治書院 2012.1 256p 21cm 781円 ①978-4-625-65415-2
内容 坊っちゃん(夏目漱石),最後の一句(森鷗外),鼻(芥川龍之介),清兵衛と瓢箪(志賀直哉),よだかの星(宮沢賢治),山椒魚(井伏鱒二),セメント樽の中の手紙(葉山嘉樹),路傍の石(山本有三),黄金風景(太宰治),名人伝(中島敦),潮騒(三島由紀夫),赤い繭(安部公房),おきみやげ(幸田文),童謡(吉行淳之介),途中下車(宮本輝),離さない(川上弘美),沈黙(村上春樹),電話アーティストの甥電話アーティストの恋人(小川洋子),乳と卵(川上未映子),さがしもの(角田光代)

『潮騒』 三島由紀夫著 122刷改版 新潮社 2005.10 213p 16cm (新潮文庫)〈年譜あり〉400円 ①4-10-105007-4 Ⓝ913.6

『決定版 三島由紀夫全集 4 長編小説』 三島由紀夫著 新潮社 2001.3 680p 21cm 5800円 ①4-10-642544-0
内容 柔道家とデザイナーの愛のタピスト

リー「にっぽん製」、逞しい漁夫と清純な乙女の恋の牧歌「潮騒」＆創作ノート、ジャズの喧噪の中に輪舞する男と女「恋の都」を収録。

「小説と文章」

『文章読本』 三島由紀夫著 改版 中央公論社 1995.12 236p 15cm （中公文庫） 540円 ①4-12-202488-9

目次 第1章 この文章読本の目的, 第2章 文章のさまざま, 第3章 小説の文章, 第4章 戯曲の文章, 第5章 評論の文章, 第6章 翻訳の文章, 第7章 文章技巧, 第8章 文章の実際―結語

「小説とは何か」

『小説読本』 三島由紀夫著 中央公論新社 2010.10 231p 18cm 1300円 ①978-4-12-004162-4

内容 名著『文章読本』の姉妹篇登場。作家を志す人々のために。「小説とは何か」を解き明かし、自ら実践する創作方法を披瀝する、三島由紀夫による小説指南。

『三島由紀夫集―雛の宿』 三島由紀夫著 筑摩書房 2007.9 382p 15cm （ちくま文庫―文豪怪談傑作選）〈下位シリーズの責任表示：東雅夫編〉 880円 ①978-4-480-42364-1 Ⓝ913.6

内容 朝顔, 雛の宿, 花火, 切符, 鴉, 英霊の声, 邪教, 博覧会, 仲間, 孔雀, 月澹荘綺譚

「壮麗と幸福」

『外遊日記―三島由紀夫のエッセイ 3』 三島由紀夫著 筑摩書房 1995.6 310p 15cm （ちくま文庫） 680円 ①4-480-03046-8

内容 昭和32年7月から33年1月にかけて、アメリカをはじめ、メキシコ、ドミニコ、ハイチさらにはスペイン、ローマ、ギリシアを訪れた際の紀行文、見聞録、観劇記からなる「旅の絵本」。他に紀行文17本を加えておくる、まだまだ外国旅行の不自由だった時代の旅日記。

「美神」

『ふしぎな話』 松田哲夫編 あすなろ書房 2011.3 279p 22×14cm （中学生までに読んでおきたい日本文学 10） 1800円 ①978-4-7515-2630-9

内容 夢の世界はあるのかな？ 名作短編がぎっしりつまった一冊。

『決定版 三島由紀夫全集 18 短編小説』 三島由紀夫著 新潮社 2002.5 820p 19cm 5800円 ①4-10-642558-0

内容 戦後まもなく病没した妹・美津子への哀慕が影を落とす「日曜日」「翼」「朝顔」「真夏の死」「雛の宿」等、昭和25～28年にかけて書かれた珠玉作31編。

『三島由紀夫集―文豪ミステリ傑作選』 三島由紀夫著 河出書房新社 1998.8 250p 15cm （河出文庫） 660円 ①4-309-40544-4

内容 自意識の迷路、背徳の愛、死の美学、殺人と恐怖の形而上学、そして小説の論理的な構成。―優れたミステリ作品の持たねばならないあらゆるエレメントを具えた三島由紀夫の短篇小説のなかから、最もミステリアスな傑作12篇をえらび抜きました。

「復讐」

『小学生までに読んでおきたい文学 3 こわい話』 松田哲夫編 あすなろ書房 2013.12 247p 22×14cm 1800円 ①978-4-7515-2743-6

内容 蛇（夏目漱石）, 淋しい場所（A.ダーレス）, 溺れかけた兄妹（有島武郎）, 水浴（コストラーニ）, 沼（小松左京）, 蠅取紙（E.テイラー）, 女主人（R.ダール）, 園芸上手（R.クロフト＝クック）, 爪（アイリッシュ）, 復讐（三島由紀夫）, 牡丹燈記（瞿宗吉）

『文豪の探偵小説』 山前譲編 集英社 2006.11 269p 15cm （集英社文庫） 571円 ①4-08-746099-1

内容 「あの文豪にこんな探偵小説が！」と、読者を驚嘆させるアンソロジー。“プロバビリティーの犯罪”を初めて扱った谷崎。故殺か、事故かを追及した鷗外、志賀。静かに迫りくる恐怖を描いた三島…。「謎」は殺人事件にとどまらず、人の心の奥底にこそ存在する、と、信じる巨匠たちの生み出した探偵小説の傑作の数々。

『日本怪奇小説傑作集 2』 紀田順一郎, 東雅夫編 東京創元社 2005.9 503p 15cm （創元推理文庫） 1100円 ①4-488-56402-X

内容 日本の怪奇小説は、時代が下るにつれ西洋の作品の色濃い影響のもと、題材手法ともに徐々に変化をとげてきた。現在、海

外でも受容され得るような普遍性を備えていることは注目すべきであろう。さらに表面上の類似性を超えた、日本の作品独自の雰囲気が存在しており、ジャンルとしての隆盛ぶりにおいても、欧米をしのぐものがある。第2巻では戦中・戦後初期の傑作16編を厳選した。

『決定版 三島由紀夫全集 19 短編小説』 三島由紀夫著 新潮社 2002.6 821p 19cm 5800円 Ⓘ4-10-642559-9

内容 数々の文学賞を受賞し、早くも作品集が刊行されるなど圧倒的な文学的声誉を博す一方、ボディビルや剣道にも目覚める昭和28～35年の傑作31編。

「文章の実際」

『文章読本』 三島由紀夫著 改版 中央公論社 1995.12 236p 15cm (中公文庫) 540円 Ⓘ4-12-202488-9

目次 第1章 この文章読本の目的, 第2章 文章のさまざま, 第3章 小説の文章, 第4章 戯曲の文章, 第5章 評論の文章, 第6章 翻訳の文章, 第7章 文章技巧, 第8章 文章の実際―結語

水上 勉
みずかみ・つとむ
《1919～2004》

「近江の琴糸」

『失われゆくものの記』 水上勉著 集英社 1996.9 240p 16cm (集英社文庫) 500円 Ⓘ4-08-748516-1 Ⓝ914.6

「郡上の南天」

『ふるさと文学館 第25巻 岐阜』 木原直彦ほか編 貞光威責任編集 ぎょうせい 1995.1 651p 22cm〈監修：水上勉ほか〉6000円 Ⓘ4-324-03792-2 Ⓝ918.6

内容 篝火 川端康成著 ほか31編, 解説 貞光威著

「忘れられた巨桜」

『日本の風景を歩く 近江・大和』 水上勉著 河出書房新社 2000.5 205p 19cm 1600円 Ⓘ4-309-62134-1

内容 非業の武将が眠る古寺、木地師の魂が息づく隠れ里、盲女の祈りがこもる山奥の堂。湖北から石山、三井寺、堅田、壺坂、月瀬へ、都の華やぎに彩られた湖と山の国を行く。

『在所の桜』 水上勉著 立風書房 1991.3 232p 21cm 2600円 Ⓘ4-651-71033-6

内容 山里に孤高に生きる老桜たちの声を聴き、桜守たちの心を描く。樹の声、花守の心、珠玉の桜随想集。

水木 しげる
みずき・しげる
《1922～》

「のんのんばあと妖怪たち」

『ねぼけ人生』 水木しげる著 新装版 筑摩書房 1999.7 254p 15cm (ちくま文庫) 580円 Ⓘ4-480-03499-4

内容 陽気な落第生だった少年時代、ラバウルで死の淵をさまよい片腕を失った戦争の時代、赤貧のなかで紙芝居や貸本マンガを描き続けた戦後、そして突然訪れた「鬼太郎」と妖怪ブームの中で締め切りに終われる日々。波爛万丈の人生を、楽天的に生きぬいてきた、したたかな日本土人・水木しげるの面白く、ちょっぴり哀しい半生の記録。

『山影につどふ神々』 上田正昭ほか著 作品社 1989.3 242p 19cm (日本随筆紀行 14 福井・鳥取・島根) 1200円 Ⓘ4-87893-414-X

目次 詩 松江, やくもたつ 出雲のくに(上田正昭), ぽてぽて茶(河井寛次郎), 出雲鉄と安来節(田畑修一郎), 松江印象記(芥川龍之介), 出雲大社(藤岡大拙), 湖岸の残照(高橋玄洋), 加賀の潜戸(志賀直哉), 美保の関にて(小泉八雲), 引き来縫える国(石塚尊俊), 三瓶の秋色・抄(中村憲吉), 父のふるさと(小堀杏奴), 津和野(安野光雅), 後鳥羽院懐古(加藤楸邨), 砂丘の悲しさ(高木東六), 伯耆大山(司葉子), わが故郷の自然美(生田春月), 鳥取―城下町のこころ(田中澄江), ふるさとスケッチ・抄(牧野和春), 忘られぬお国言葉(池田亀鑑), のんのんばあと妖怪たち(水木しげる), あのころの福井(宇野重吉), 鮎よ、幻の光る魚よ(正津勉), わたしのお盆(山崎朋子), 越前・三国―わが心のふるさと(三好達治), 福井風土記(多田裕

計), わが故郷(高見順), 無骨なやさしさ―越前丸岡霞ケ城(中野重治), 一乗谷と北の荘(高田博厚), ふるさとを行く(桑原武夫), 三方にて(津村節子), 青葉山(水上勉)

源 顕兼
みなもとの・あきかね
《1160〜1215》

「古事談」

『新注 古事談』 浅見和彦, 伊東玉美責任編集 笠間書院 2010.10 322,28p 21cm 1800円 ①978-4-305-60309-8

内容 歴史の秘話や意外なこぼれ話を収めた、鎌倉時代成立の短篇物語集を全文収録。慶應義塾大学図書館蔵本を底本とし、平仮名まじりに書き下し。岩波新日本古典文学大系本とは異なる慶應本独特の訓みを積極的に紹介。主な登場人物には歴代天皇をはじめ、聖徳太子・弘法大師、藤原兼家・道長・伊周・道綱、小野小町・清少納言、信西入道・西行法師、仏師定朝・囲碁の名人碁聖法師など―付録として、主要参考文献・人名索引・類話一覧を収録。

『新訂増補 國史大系 第18巻 宇治拾遺物語・古事談・十訓抄』 黒板勝美編 オンデマンド版 吉川弘文館 2007.6 290,132,188,82p 26cm 15000円 ①978-4-642-04018-1

内容 宇治拾遺物語, 古事談, 十訓抄―附・異本十訓抄

『古事談 上・下』 源顕兼撰, 小林保治校注 現代思潮新社 2006.5 322p 19cm (古典文庫 60)〈オンデマンド版〉3200円 ①4-329-02002-5 Ⓝ913.47

源 実朝
みなもとの・さねとも
《1192〜1219》

「金槐和歌集」

『実朝の歌―金槐和歌集訳注』 今関敏子著 青簡舎 2013.6 197p 21cm〈文献あり 索引あり〉3000円 ①978-4-903996-65-3 Ⓝ911.148

『新古今和歌集・山家集・金槐和歌集』 佐藤恒雄, 馬場あき子編 新潮社 1990.9 111p 19cm (新潮古典文学アルバム 10) 1300円 ①4-10-620710-9

内容 詠うことが生きる歓びだった時代、艶めく慕情に焦れる女歌人、幽玄の美を確立する定家、出家漂泊の西行、悲運の鎌倉将軍実朝、中世初期に華開いた歌の饗宴。

『金槐和歌集』 源実朝撰, 樋口芳麻呂校注 新潮社 1981.6 327p 20cm (新潮日本古典集成) 1700円 Ⓝ911.148

内容 金槐和歌集, 実朝歌拾遺, 解説 金槐和歌集―無垢な詩魂の遺書 樋口芳麻呂著, 実朝年譜：p302〜317

源 順
みなもとの・したごう
《911〜983》

「後撰和歌集」

『後撰和歌集―伝坊門局筆本』 片桐洋一編 大阪 和泉書院 2008.11 194, 189,8p 22×31cm (重要古典籍叢刊 5)〈複製〉50000円 ①978-4-7576-0486-5 Ⓝ911.1352

『後撰和歌集 天福二年本』 冷泉家時雨亭文庫編 朝日新聞社 2004.6 408,31p 21cm (冷泉家時雨亭叢書) 30000円 ①4-02-240303-9

目次 春上, 春中, 春下, 夏, 秋上, 秋中, 秋下, 冬, 恋一, 恋二〔ほか〕

『後撰和歌集』 工藤重矩校注 大阪 和泉書院 1992.9 415p 22cm (和泉古典叢書 3) 5150円 ①4-87088-548-4 Ⓝ911.1352

「和漢朗詠集」

『和漢朗詠集―現代語訳付き』 三木雅博訳注 角川学芸出版,KADOKAWA〔発売〕 2013.9 455p 15cm (角川ソフィア文庫) 1400円 ①978-4-04-400114-8

内容 平安時代中期の才人、藤原公任が編纂、漢詩句と和歌を融合させたユニークな

詞華集。春・夏・秋・冬の四季の景物からなる上巻、風・雲・晴・暁・鶴・猿・管弦ほか48題からなる下巻。日本文学に大きな影響を与えた、漢詩句588と和歌216首の全作品に、現代語訳・注釈・解説を付載。編者公任がどのように詩句や和歌を選択・配列し、主題を表現したかという文学作品としての読み方も懇切に示す。平安貴族の文化にふれる必読の古典。

『和漢朗詠集・新撰朗詠集』 佐藤道生, 柳澤良一著　明治書院　2011.7　656p　23×16cm　(和歌文学大系 47)　14500円　①978-4-625-42408-3

内容 『後拾遺和歌集』序に「大和・唐土(もろこし)のをかしきこと二巻をえらび」と記される『和漢朗詠集』は、三船の才を謳われた四条大納言公任の撰で、歳事・事物に関する新たな分類意識の下、漢詩文の名句と名歌を併置した詞華集。院政期の和漢兼作の人、左金吾藤原基俊は同集の組織をほとんどそのまま踏襲して、『新撰朗詠集』二巻を編んだ。白楽天や菅原道真の佳句、紀貫之や和泉式部の秀歌をちりばめて、平安王朝文学はもとより、以後の文学に深い影響を及ぼしたこの両詞華集に、日本漢文学研究の最新の成果を盛った新注を加える。『和漢朗詠集』の底本は新資料の藤原師英書写本。

『和漢朗詠集・和漢兼作集・尚歯会和歌』 藤原公任編纂　朝日新聞社　2005.4　660,28p　22cm　(冷泉家時雨亭叢書 第46巻　冷泉家時雨亭文庫編)〈付属資料：8p：月報 65　シリーズ責任表示：冷泉家時雨亭文庫編　複製　折り込1枚〉30000円　①4-02-240346-2　Ⓝ919.3

『新編日本古典文学全集　19　和漢朗詠集』 藤原公任撰, 菅野礼行校注・訳　小学館　1999.10　526p　23cm　4267円　①4-09-658019-8　Ⓝ918

源　俊頼
みなもとの・としより
《1055～1129》

「金葉和歌集」

『金葉和謌集・令義解・朝野群載・梁塵秘抄口伝集』 大学院六十周年記念國學院大學影印叢書編集委員会編　朝倉書店　2013.2　589p　26cm　(國學院大學貴重書影印叢書 第1巻)　15000円　①978-4-254-50541-2

目次 令義解, 朝野群載, 梁塵秘抄口伝集, 金葉和謌集

『金葉和歌集・詞花和歌集』 錦仁, 柏木由夫著　明治書院　2006.9　364p　21cm　(和歌文学大系 34)　8000円　①4-625-41327-3

内容 院政という奇妙な政治形態下の文化が生んだ、新奇な趣向、奇矯な表現への志向を大胆に取り込み、連歌の部をも新設した、源俊頼撰『金葉和歌集』、時代が中世へと転換する内乱の勃発直前、失意の新院の下命のもと、二十一代集中最も小さな容量に清新な感覚と軽妙な感性を併せ収めた、藤原顕輔撰『詞花和歌集』の両勅撰集、それぞれ新たに底本を選び、新注を加える。

『金葉和歌集　詞花和歌集』 川村晃生, 柏木由夫, 工藤重矩校注　岩波書店　1989.9　459,52p　21cm　(新 日本古典文学大系 9)　3500円　①4-00-240009-3

「俊頼髄脳」

『俊頼髄脳』 源俊頼著　朝日新聞社　2008.2　576,52p　22cm　(冷泉家時雨亭叢書 第79巻　冷泉家時雨亭文庫編)〈複製　折り込1枚〉30000円　①978-4-02-240379-7　Ⓝ911.13

内容 俊頼髄脳, 俊秘抄, 解説藤本孝一, 鈴木徳男著

『新編日本古典文学全集　87　歌論集』 橋本不美男, 有吉保, 藤平春男校注・訳　小学館　2002.1　646p　22cm〈付属資料：8p：月報 79〉4657円　①4-09-658087-2　Ⓝ911.104

内容 俊頼髄脳, 古来風体抄, 近代秀歌, 詠歌大概, 毎月抄, 国家八論, 歌意考, 新学異見

源　英明
みなもとの・ふさあきら
《911～939》

「和漢朗詠集」

『和漢朗詠集―現代語訳付き』 三木雅博

訳注　角川学芸出版,KADOKAWA〔発売〕　2013.9　455p　15cm　（角川ソフィア文庫）1400円　Ⓘ978-4-04-400114-8

内容 平安時代中期の才人、藤原公任が編纂、漢詩句と和歌を融合させたユニークな詞華集。春・夏・秋・冬の四季の景物からなる上巻、風・雲・晴・暁・鶴・猿・管弦ほか48題からなる下巻。日本文学に大きな影響を与えた、漢詩句588と和歌216首の全作品に、現代語訳・注釈・解説を付載。編者公任がどのように詩句や和歌を選択・配列し、主題を表現したかという文学作品としての読み方も懇切に示す。平安貴族の文化にふれる必読の古典。

『和漢朗詠集・新撰朗詠集』　佐藤道生, 柳澤良一著　明治書院　2011.7　656p　23×16cm　（和歌文学大系 47）14500円　Ⓘ978-4-625-42408-3

内容 『後拾遺和歌集』序に「大和・唐土（もろこし）のをかしきこと二巻をえらび」と記される『和漢朗詠集』は、三船の才を謳われた四条大納言公任の撰で、歳事・事物に関する新たな分類意識の下、漢詩文の名句と名歌を併置した詞華集。院政期の和漢兼作の人、左金吾藤原基俊は同集の組織をほとんどそのまま踏襲して、『新撰朗詠集』二巻を編んだ。白楽天や菅原道真の佳句、紀貫之や和泉式部の秀歌をちりばめて、平安王朝文学はもとより、以後の文学に深い影響を及ぼしたこの両詞華集に、日本漢文学研究の最新の成果を盛った新注を加える。『和漢朗詠集』の底本は新資料の藤原師英書写本。

『新編日本古典文学全集　19　和漢朗詠集』　藤原公任撰，菅野礼行校注・訳　小学館　1999.10　526p　23cm　4267円　Ⓘ4-09-658019-8　Ⓝ918

源　通具
みなもとの・みちとも
《1171～1227》

「新古今和歌集」

『新古今和歌集』　源通具, 藤原有家, 藤原定家, 藤原家隆, 藤原雅経撰, 小林大輔編　角川学芸出版　2007.10　217p　15cm　（角川文庫―角川ソフィア文庫 ビギナーズ・クラシックス）〈文献あり　発売：角川グループパブリッシング〉629円　Ⓘ978-4-04-357421-6　Ⓝ911.1358

『新訂 新古今和歌集』　佐佐木信綱校訂　岩波書店　2003.4　355p　15cm　（岩波文庫）〈第84刷〉700円　Ⓘ4-00-301011-6

内容 全20巻。万葉調・古今調と並んで、三歌風の一典型を作った勅撰和歌集。俊成は余韻・余情の世界を統合して幽玄の世界をうちたて、定家は幽玄の世界を分析して有心を設定した。現実の暗さから逃れるために自然観照へと集中しその技巧は極限にまで達した。連歌や芭蕉に多くの影響を与え、芭蕉の「わび」もこれを起点としている。

都　良香
みやこの・よしか
《834～879》

「和漢朗詠集」

『和漢朗詠集―現代語訳付き』　三木雅博訳注　角川学芸出版,KADOKAWA〔発売〕　2013.9　455p　15cm　（角川ソフィア文庫）1400円　Ⓘ978-4-04-400114-8

内容 平安時代中期の才人、藤原公任が編纂、漢詩句と和歌を融合させたユニークな詞華集。春・夏・秋・冬の四季の景物からなる上巻、風・雲・晴・暁・鶴・猿・管弦ほか48題からなる下巻。日本文学に大きな影響を与えた、漢詩句588と和歌216首の全作品に、現代語訳・注釈・解説を付載。編者公任がどのように詩句や和歌を選択・配列し、主題を表現したかという文学作品としての読み方も懇切に示す。平安貴族の文化にふれる必読の古典。

『和漢朗詠集・新撰朗詠集』　佐藤道生, 柳澤良一著　明治書院　2011.7　656p　23×16cm　（和歌文学大系 47）14500円　Ⓘ978-4-625-42408-3

内容 『後拾遺和歌集』序に「大和・唐土（もろこし）のをかしきこと二巻をえらび」と記される『和漢朗詠集』は、三船の才を謳われた四条大納言公任の撰で、歳事・事物に関する新たな分類意識の下、漢詩文の名句と名歌を併置した詞華集。院政期の和漢兼作の人、左金吾藤原基俊は同集の組織をほとんどそのまま踏襲して、『新撰朗詠集』二巻を編んだ。白楽天や菅原道真の佳句、紀貫之や和泉式部の秀歌をちりばめて、平安王朝文学はもとより、以後の文学に深い影響を及ぼしたこの両詞華集に、日本漢文学研究の最新の成果を盛った新注を加える。『和漢朗詠集』の底本は新資料の藤原師英書写本。

『新編日本古典文学全集　19　和漢朗詠集』 藤原公任撰, 菅野礼行校注・訳　小学館　1999.10　526p　23cm　4267円　①4-09-658019-8　Ⓝ918

「富士山記」

『新日本古典文学大系　27　本朝文粋』 佐竹昭広ほか編　大曽根章介ほか校注　岩波書店　1992.5　462p　22cm　3800円　①4-00-240027-1　Ⓝ918

宮沢　賢治
みやざわ・けんじ
《1896〜1933》

「青森挽歌」

『宮沢賢治―1896‐1933』 宮沢賢治著　筑摩書房　2007.11　477p　15cm　(ちくま日本文学 003)　880円　①978-4-480-42503-4

内容 童話と詩、それぞれの代表作が一冊に。

『【新】校本 宮沢賢治全集　2 本文篇・校異篇』 筑摩書房　1995

内容 賢治が生前刊行した唯一の詩集『春と修羅』。その初版本本文全篇と、賢治が加筆・訂正をほどこした宮沢家所蔵本『春と修羅』を収録。また同時期の詩篇も収める

「岩手山」

『宮沢賢治―1896‐1933』 宮沢賢治著　筑摩書房　2007.11　477p　15cm　(ちくま日本文学 003)　880円　①978-4-480-42503-4

内容 童話と詩、それぞれの代表作が一冊に。

『宮澤賢治作品選』 宮澤賢治著　増訂新版　盛岡　信山社　2007.4　454p　22cm　(黒澤勉文芸・文化シリーズ 14　黒澤勉編)〈年譜あり　発売：星雲社〉　5000円　①978-4-434-10560-9　Ⓝ918.68

内容 イーハトヴ童話『注文の多い料理店』: 注文の多い料理店, 鹿踊りのはじまり, 春と修羅, 蠕虫舞手, 小岩井農場, パート9, 蒼い槍の葉, 岩手山, 高原, 原体剣舞連, 永訣の朝, 松の針, 無声慟哭, 青森挽歌ほか

『【新】校本 宮沢賢治全集　2 本文篇・校異篇』 筑摩書房　1995

内容 賢治が生前刊行した唯一の詩集『春と修羅』。その初版本本文全篇と、賢治が加筆・訂正をほどこした宮沢家所蔵本『春と修羅』を収録。また同時期の詩篇も収める

「牛」

『【新】校本 宮沢賢治全集　7 本文篇・校異篇』 筑摩書房　1996

内容 昭和八年夏、賢治が死を間近に控えてまとめた「文語詩稿五十篇」「文語詩稿一百篇」のすべてと、その他の文語詩百二篇を「文語詩未定稿」として収める。

「永訣の朝」

『読んでおきたいベスト集！　宮沢賢治』 別冊宝島編集部編　宝島社　2011.7　589p　15cm　(宝島社文庫)〈『もう一度読みたい宮沢賢治』改訂・改題書〉　686円　①978-4-7966-8509-2

内容 読んでおきたいベスト集！ 宮沢賢治童話作品 (どんぐりと山猫, 注文の多い料理店, 烏の北斗七星, かしわばやしの夜, 鹿踊りのはじまり, 風の又三郎, 虔十公園林, やまなし, グスコーブドリの伝記, セロ弾きのゴーシュ, よだかの星, 銀河鉄道の夜, 北守将軍と三人兄弟の医者, オツベルと象, 氷河鼠の毛皮, 土神ときつね, なめとこ山の熊, 紫紺染について, 税務署長の冒険, フランドン農学校の豚, 洞熊学校を卒業した三人, 毒もみのすきな署長さん), 賢治の詩 (春と修羅, 雲の信号, 休息, 林と思想, 高原, 永訣の朝, 無声慟哭, 過去情炎, 岩手軽便鉄道 七月 (ジャズ), その恐ろしい黒雲が, そしてわたくしはまもなく死ぬのだろう, 雨ニモマケズ,『雨ニモマケズ手帳』写真)

『宮沢賢治―1896‐1933』 宮沢賢治著　筑摩書房　2007.11　477p　15cm　(ちくま日本文学 003)　880円　①978-4-480-42503-4

内容 童話と詩、それぞれの代表作が一冊に。

『【新】校本 宮沢賢治全集　6 本文篇・校異篇』 筑摩書房　1996

内容 「三原三部」「東京」「装景手記」ほか

ノート・手帳類に書かれた詩篇、生前発表詩篇・童謡、句稿、エスペラント詩稿を収録。賢治の作詩した歌曲も楽譜とともに掲げる。

『【新】校本 宮沢賢治全集 2 本文篇・校異篇』 筑摩書房 1995

内容 賢治が生前刊行した唯一の詩集『春と修羅』。その初版本本文全篇と、賢治が加筆・訂正をほどこした宮沢家所蔵本『春と修羅』を収録。また同時期の詩篇も収める。

『近代の詩人 8』 潮出版社 1992

「雲の信号」

『雨ニモマケズ風ニモマケズ―宮澤賢治詩集百選』 宮澤賢治著 新装版 ミヤオビパブリッシング,(京都)宮帯出版社〔発売〕 2012.8 229p 18cm 950円 ①978-4-86366-856-0

内容 岩手の自然を愛し理想郷(イーハトーヴ)を追い求めその魂を伝える。宮沢賢治詩集百選。

『読んでおきたいベスト集! 宮沢賢治』 別冊宝島編集部編 宝島社 2011.7 589p 15cm (宝島社文庫)〈『もう一度読みたい宮沢賢治』改訂・改題書〉 686円 ①978-4-7966-8509-2

内容 読んでおきたいベスト集! 宮沢賢治童話作品(どんぐりと山猫, 注文の多い料理店, 烏の北斗七星, かしわばやしの夜, 鹿踊りのはじまり, 風の又三郎, 虔十公園林, やまなし, グスコーブドリの伝記, セロ弾きのゴーシュ, よだかの星, 銀河鉄道の夜, 北守将軍と三人兄弟の医者, オツベルと象, 氷河鼠の毛皮, 土神ときつね, なめとこ山の熊, 紫紺染について, 税務署長の冒険, フランドン農学校の豚, 洞熊学校を卒業した三人, 毒もみのすきな署長さん), 賢治の詩(春と修羅, 雲の信号, 休息, 林と思想, 高原, 永訣の朝, 無声慟哭, 過去情炎, 岩手軽便鉄道 七月(ジャズ), その恐ろしい黒雲が, そしてわたくしはまもなく死ぬのだろう, 雨ニモマケズ,『雨ニモマケズ手帳』写真)

『【新】校本 宮沢賢治全集 2 本文篇・校異篇』 筑摩書房 1995

内容 賢治が生前刊行した唯一の詩集『春と修羅』。その初版本本文全篇と、賢治が加筆・訂正をほどこした宮沢家所蔵本『春と修羅』を収録。また同時期の詩篇も収める。

「くらかけ山の雪」

『【新】校本 宮沢賢治全集 2 本文篇・校異篇』 筑摩書房 1995

内容 賢治が生前刊行した唯一の詩集『春と修羅』。その初版本本文全篇と、賢治が加筆・訂正をほどこした宮沢家所蔵本『春と修羅』を収録。また同時期の詩篇も収める。

「高原」

『読んでおきたいベスト集! 宮沢賢治』 別冊宝島編集部編 宝島社 2011.7 589p 15cm (宝島社文庫)〈『もう一度読みたい宮沢賢治』改訂・改題書〉 686円 ①978-4-7966-8509-2

内容 読んでおきたいベスト集! 宮沢賢治童話作品(どんぐりと山猫, 注文の多い料理店, 烏の北斗七星, かしわばやしの夜, 鹿踊りのはじまり, 風の又三郎, 虔十公園林, やまなし, グスコーブドリの伝記, セロ弾きのゴーシュ, よだかの星, 銀河鉄道の夜, 北守将軍と三人兄弟の医者, オツベルと象, 氷河鼠の毛皮, 土神ときつね, なめとこ山の熊, 紫紺染について, 税務署長の冒険, フランドン農学校の豚, 洞熊学校を卒業した三人, 毒もみのすきな署長さん), 賢治の詩(春と修羅, 雲の信号, 休息, 林と思想, 高原, 永訣の朝, 無声慟哭, 過去情炎, 岩手軽便鉄道 七月(ジャズ), その恐ろしい黒雲が, そしてわたくしはまもなく死ぬのだろう, 雨ニモマケズ,『雨ニモマケズ手帳』写真)

『宮沢賢治』 宮沢賢治著, 高橋順子選・鑑賞解説 小学館 2010.3 125p 19cm (永遠の詩 06) 1200円 ①978-4-09-677216-4

内容 生きとし生けるものすべてを慈しみ、人の魂の深みを詩に描いた宮沢賢治。まるで魔術のごとく煌めくことばは鮮烈にして絢爛。天空に輝く詩篇の星々を、現代仮名遣い、鑑賞解説付きで収録。

『風の又三郎―宮沢賢治童話集 2』 宮沢賢治作, 太田大八絵 新装版 講談社 2008.10 220p 18cm (講談社青い鳥文庫) 570円 ①978-4-06-285050-6

内容 台風のくる二百十日に、東北の小さな山村に転校してきた高田三郎を、子どもたちは、伝説の風の子「又三郎」だとして、親しみとおどろきをもってむかえた。宮沢賢治の代表作のひとつ『風の又三郎』をはじめ、『洞熊学校を卒業した三人』『気のいい火山弾』『ねこの事務所』『虔十公園林』『からすの北斗七星』『よだかの星』『ふたごの星』など、自然や星空をテーマにした作品の数々。小学中級から。

『【新】校本 宮沢賢治全集 2 本文篇・校異篇』 筑摩書房 1995

内容 賢治が生前刊行した唯一の詩集『春と修羅』。その初版本本文全篇と、賢治が加筆・訂正をほどこした宮沢家所蔵本『春と修羅』を収録。また同時期の詩篇も収める。

「曠原淑女」

『宮沢賢治』 萩原昌好編 あすなろ書房 2011.4 103p 20×16cm (日本語を味わう名詩入門 1) 1500円 ①978-4-7515-2641-5

内容 初期の作品「屈折率」から晩年の「雨ニモマケズ」にいたるまで、年代を追って変化していく賢治の詩風を味わってください。

『近代の詩人 8』 潮出版社 1992

「告別」

『宮澤賢治 魂の言葉』 宮澤和樹監修 ロングセラーズ 2011.7 218p 18cm (ロング新書) 952円 ①978-4-8454-0876-4

内容「雨ニモマケズ」のほか、賢治の思いや祈りが込められた言葉の数々を収録。とくに心に残るメッセージを、作品の中から一部抜粋した。

『近代の詩人 8』 潮出版社 1992

「紫紺染について」

『読んでおきたいベスト集！ 宮沢賢治』 別冊宝島編集部編 宝島社 2011.7 589p 15cm (宝島社文庫) 〈『もう一度読みたい宮沢賢治』改訂・改題書〉 686円 ①978-4-7966-8509-2

内容 読んでおきたいベスト集！ 宮沢賢治童話作品(どんぐりと山猫, 注文の多い料理店, 烏の北斗七星, かしわばやしの夜, 鹿踊りのはじまり, 風の又三郎, 虔十公園林, やまなし, グスコーブドリの伝記, セロ弾きのゴーシュ, よだかの星, 銀河鉄道の夜, 北守将軍と三人兄弟の医者, オツベルと象, 氷河鼠の毛皮, 土神ときつね, なめこと山の熊, 紫紺染について, 税務署長の冒険, フランドン農学校の豚, 洞熊学校を卒業した三人, 毒もみのすきな署長さん), 賢治の詩(春と修羅, 雲の信号, 休息, 林と思想, 高原, 永訣の朝, 無声慟哭, 過去情炎, 岩手軽便鉄道 七月(ジャズ), その恐ろしい黒雲が, そしてわたくしはまもなく死ぬのだろう, 雨ニモマケズ, 『雨ニモマケズ手帳』写真)

『名作童話 宮沢賢治20選』 宮沢賢治著, 宮川健郎編 春陽堂 2008.11 382p 19cm 2600円 ①978-4-394-90266-9

内容 毒もみのすきな署長さん, 雪渡り, 革トランク, 谷, やまなし, 氷河鼠の毛皮, シグナルとシグナレス, イギリス海岸, 紫紺染について, どんぐりと山猫, 狼森と笊森、盗森, 注文の多い料理店, かしわばやしの夜, ざしき童子のはなし, グスコーブドリの伝記, 風の又三郎, セロ弾きゴーシュ, 葡萄水, よだかの星, ひかりの素足

『ポラーノの広場』 宮沢賢治著 角川書店 1996.6 246p 15cm (角川文庫—角川文庫クラシックス) 470円 ①4-04-104014-0

内容 つめくさのあかりをたどって、イーハトーヴォの伝説の広場を探す若者たちの旅。理想郷を追い求めた賢治自身の姿が重なる表題作のほか、無題のままで活版印刷され、人々に配られた短い寓話「手紙一〜四」、軽快ななかにも妖しさの漂う「タネリはたしかにいちにち噛んでいたようだった」、また賢治には珍しい小説風の作品「泉ある家」「十六日」など、“童話”という概念では収まり切らない魅力あふれる作品を集める。

『なめとこ山のくま』 宮沢賢治作, 斎藤博之画 岩崎書店 1987.10 181p 18cm (フォア文庫 B097) 390円 ①4-265-01058-X

内容 撃つものと撃たれるものの因果な関係にありながら、心の深いところでかなしく結ばれる小十郎とくまを描く名作「なめとこ山のくま」のほか、賢治の愛した岩手の風土が色に濃くあらわれる作品8編を収める。巻末に堀尾青史氏による詳細な解説を付記。

「鹿踊りのはじまり」

『注文の多い料理店』 宮沢賢治著 海王社 2012.11 219p 15cm (海王社文庫) 〈付属資料：CD1〉 952円 ①978-4-7964-0366-5

内容 だいぶ山奥、お腹を空かせた紳士が二人。ちょうど目の前に西洋料理店「山猫軒」の看板があったので店に入ると、なぜか服を脱いだり、身体を念入りにお手入れしたり。なにやら怪しい気配が？—表題作に加え、名作『グスコーブドリの伝記』を収録。声優・宮野真守が紡ぐ『注文の多い料理店』名場面朗読CDを封入。

『読んでおきたいベスト集！ 宮沢賢治』

別冊宝島編集部編　宝島社　2011.7　589p　15cm　（宝島社文庫）〈『もう一度読みたい宮沢賢治』改訂・改題書〉　686円　①978-4-7966-8509-2

内容 読んでおきたいベスト集！ 宮沢賢治童話作品（どんぐりと山猫, 注文の多い料理店, 烏の北斗七星, かしわばやしの夜, 鹿踊りのはじまり, 風の又三郎, 虔十公園林, やまなし, グスコーブドリの伝記, セロ弾きのゴーシュ, よだかの星, 銀河鉄道の夜, 北守将軍と三人兄弟の医者, オツベルと象, 氷河鼠の毛皮, 土神ときつね, なめとこ山の熊, 紫紺染について, 税務署長の冒険, フランドン農学校の豚, 洞熊学校を卒業した三人, 毒もみのすきな署長さん), 賢治の詩（春と修羅, 雲の信号, 休息, 林と思想, 高原, 永訣の朝, 無声慟哭, 過去情炎, 岩手軽便鉄道 七月（ジャズ）, その恐ろしい黒雲が, そしてわたくしはまもなく死ぬのだろう, 雨ニモマケズ, 『雨ニモマケズ手帳』写真）

『宮沢賢治―1896‐1933』 宮沢賢治著　筑摩書房　2007.11　477p　15cm　（ちくま日本文学 003）880円　①978-4-480-42503-4

内容 童話と詩、それぞれの代表作が一冊に。

「セロ弾きのゴーシュ」

『銀河鉄道の夜』 宮沢賢治著　海王社　2012.12　158p　15cm　（海王社文庫）〈付属資料：CD1〉952円　①978-4-7964-0377-1

内容 お祭りの夜、ふと聞こえてきた汽車の音。気づけばジョバンニとカムパネルラは銀河鉄道に乗りこんでいた。汽車はどこへ向かうのか？ 少年たちの儚くも美しい不思議な旅が始まる―。未完ながらも永く人々を魅了する表題作ほか、童話4編を収録。声優・櫻井孝宏が紡ぐ「銀河鉄道の夜」名場面抜粋の朗読CD封入。

『宮沢賢治全集　7　銀河鉄道の夜・風の又三郎・セロ弾きのゴーシュほか』 宮沢賢治著　筑摩書房　2012.8　632p　15cm　（ちくま文庫）〈第27刷（第1刷1985年）〉1000円　①978-4-480-02008-6

内容 税務署長の冒険, 或る農学生の日誌, なめとこ山の熊, 洞熊学校を卒業した三人, 畑のへり, 月夜のけだもの, マリヴロンと少女, 蛙のゴム靴, まなづるとダァリヤ, フランドン農学校の豚, ポラーノの広場, 銀河鉄道の夜, 風の又三郎, ひのきとひなげし, セロ弾きのゴーシェ, 異稿

『読んでおきたいベスト集！ 宮沢賢治』 別冊宝島編集部編　宝島社　2011.7　589p　15cm　（宝島社文庫）〈『もう一度読みたい宮沢賢治』改訂・改題書〉　686円　①978-4-7966-8509-2

内容 読んでおきたいベスト集！ 宮沢賢治童話作品（どんぐりと山猫, 注文の多い料理店, 烏の北斗七星, かしわばやしの夜, 鹿踊りのはじまり, 風の又三郎, 虔十公園林, やまなし, グスコーブドリの伝記, セロ弾きのゴーシュ, よだかの星, 銀河鉄道の夜, 北守将軍と三人兄弟の医者, オツベルと象, 氷河鼠の毛皮, 土神ときつね, なめとこ山の熊, 紫紺染について, 税務署長の冒険, フランドン農学校の豚, 洞熊学校を卒業した三人, 毒もみのすきな署長さん), 賢治の詩（春と修羅, 雲の信号, 休息, 林と思想, 高原, 永訣の朝, 無声慟哭, 過去情炎, 岩手軽便鉄道 七月（ジャズ）, その恐ろしい黒雲が, そしてわたくしはまもなく死ぬのだろう, 雨ニモマケズ, 『雨ニモマケズ手帳』写真）

『宮沢賢治―1896‐1933』 宮沢賢治著　筑摩書房　2007.11　477p　15cm　（ちくま日本文学 003）880円　①978-4-480-42503-4

内容 童話と詩、それぞれの代表作が一冊に。

『風の又三郎』 宮沢賢治作　岩波書店　2000.11　240p　19cm　（岩波少年文庫）680円　①4-00-114011-X

内容 宮沢賢治の童話集。「雪渡り」「よだかの星」「ざしき童子のはなし」「セロ弾きのゴーシュ」「風の又三郎」など、岩手をみずからのドリームランドとした賢治の作品の中から、郷土色ゆたかなものを中心に10編を収める。小学5・6年以上。

「注文の多い料理店」

『童話集 銀河鉄道の夜―他十四篇』 宮沢賢治作, 谷川徹三編　岩波書店　2014.1　401p　19cm　（ワイド版岩波文庫）　1400円　①978-4-00-007370-7

内容 北守将軍と三人兄弟の医者, オッペルと象, どんぐりと山猫, 蜘蛛となめくじと狸, ツェねずみ, クねずみ, 鳥箱先生とフウねずみ, 注文の多い料理店, からすの北斗七星, 雁の童子, 二十六夜, 竜と詩人, 飢餓陣営, ビジテリアン大祭, 銀河鉄道の夜

『はじめてであう日本文学 1 ぞっとする話』 紀田順一郎監修 成美堂出版 2013.4 223p 21cm 800円 ①978-4-415-31523-2

内容 恐怖心は原始時代から人類が抱いてきた古くて強い感情です。それだけに、恐怖の表現は難しいといわれています。一流の作家たちが、腕によりをかけた「ぞっとする話」を集めてみました。

『注文の多い料理店』 宮沢賢治著 角川春樹事務所 2012.4 125p 16cm (ハルキ文庫 み1-4) 〈底本:「新校本宮澤賢治全集」第11巻(筑摩書房 1996年刊) 第12巻(筑摩書房 1995年刊) 年譜あり〉 267円 ①978-4-7584-3656-4 Ⓝ913.6

内容 注文の多い料理店, セロ弾きのゴーシュ, 風の又三郎

『読んでおきたいベスト集! 宮沢賢治』 別冊宝島編集部編 宝島社 2011.7 589p 15cm (宝島社文庫) 〈『もう一度読みたい宮沢賢治』改訂・改題書〉 686円 ①978-4-7966-8509-2

内容 読んでおきたいベスト集! 宮沢賢治 童話作品(どんぐりと山猫, 注文の多い料理店, 烏の北斗七星, かしわばやしの夜, 鹿踊りのはじまり, 風の又三郎, 虔十公園林, やまなし, グスコーブドリの伝記, セロ弾きのゴーシュ, よだかの星, 銀河鉄道の夜, 北守将軍と三人兄弟の医者, オツベルと象, 氷河鼠の毛皮, 土神ときつね, なめとこ山の熊, 紫紺染について, 税務署長の冒険, フランドン農学校の豚, 洞熊学校を卒業した三人, 毒もみのすきな署長さん), 賢治の詩(春と修羅, 雲の信号, 休息, 林と思想, 高原, 永訣の朝, 無声慟哭, 過去情炎, 岩手軽便鉄道 七月(ジャズ), その恐ろしい黒雲が, そしてわたくしはまもなく死ぬのだろう, 雨ニモマケズ, 『雨ニモマケズ手帳』写真)

『宮沢賢治—1896‐1933』 宮沢賢治著 筑摩書房 2007.11 477p 15cm (ちくま日本文学 003) 880円 ①978-4-480-42503-4

内容 童話と詩、それぞれの代表作が一冊に。

『童話集 銀河鉄道の夜 他十四篇』 宮沢賢治作, 谷川徹三編 岩波書店 2003.4 334p 15cm (岩波文庫) 〈改版第74刷〉 500円 ①4-00-310763-2

内容 宮沢賢治(1896‐1933)の童話はその詩とともにきわめて特異なものである。「あなたのすきとおったほんとうのたべもの」になることを念じて書かれた心象的なこの童話の一つ一つは、故郷の土と、世界に対する絶えざる新鮮な驚きのなかから生まれたものである。どの1篇もそれぞれに不思議な魅力をたたえた傑作ぞろい。

「なめとこ山の熊」

『宮沢賢治全集 7 銀河鉄道の夜・風の又三郎・セロ弾きのゴーシュほか』 宮沢賢治著 筑摩書房 2012.8 632p 15cm (ちくま文庫) 〈第27刷(第1刷1985年)〉 1000円 ①978-4-480-02008-6

内容 税務署長の冒険, 或る農学生の日誌, なめとこ山の熊, 洞熊学校を卒業した三人, 畑のへり, 月夜のけだもの, マリヴロンと少女, 蛙のゴム靴, まなづるとダァリヤ, フランドン農学校の豚, ポラーノの広場, 銀河鉄道の夜, 風の又三郎, ひのきとひなげし, セロ弾きのゴーシェ, 異稿

『読んでおきたいベスト集! 宮沢賢治』 別冊宝島編集部編 宝島社 2011.7 589p 15cm (宝島社文庫) 〈『もう一度読みたい宮沢賢治』改訂・改題書〉 686円 ①978-4-7966-8509-2

内容 読んでおきたいベスト集! 宮沢賢治 童話作品(どんぐりと山猫, 注文の多い料理店, 烏の北斗七星, かしわばやしの夜, 鹿踊りのはじまり, 風の又三郎, 虔十公園林, やまなし, グスコーブドリの伝記, セロ弾きのゴーシュ, よだかの星, 銀河鉄道の夜, 北守将軍と三人兄弟の医者, オツベルと象, 氷河鼠の毛皮, 土神ときつね, なめとこ山の熊, 紫紺染について, 税務署長の冒険, フランドン農学校の豚, 洞熊学校を卒業した三人, 毒もみのすきな署長さん), 賢治の詩(春と修羅, 雲の信号, 休息, 林と思想, 高原, 永訣の朝, 無声慟哭, 過去情炎, 岩手軽便鉄道 七月(ジャズ), その恐ろしい黒雲が, そしてわたくしはまもなく死ぬのだろう, 雨ニモマケズ, 『雨ニモマケズ手帳』写真)

『注文の多い料理店・セロひきのゴーシュ—宮沢賢治童話集』 宮沢賢治作, たちもとみちこ絵 角川書店, 角川グループパブリッシング〔発売〕 2010.6 213p 18cm (角川つばさ文庫) 560円 ①978-4-04-631104-7

内容 やってきたお客に、「コートを脱いで」「体にクリームをぬって、塩をつけて」など、次々とおかしな注文をするレストラン…『注文の多い料理店』。ねこ、鳥、たぬき、ねずみの親子から「チェロをひいて」と、おねだりされた演奏家は…『セロひきのゴーシュ』など、代表作10編。人気画家たちもとみちこイラスト、あまんきみこ解説による宮沢賢治の決定版！ 小学中級から。

『童話集 風の又三郎 他十八篇』 宮沢賢治作，谷川徹三編 岩波書店 2003.4 309p 15cm （岩波文庫）〈改版第77刷〉 560円 ①4-00-310762-4

内容 故郷の土と、世界に対する絶えざる新鮮な驚きの中から生まれた賢治の童話は、どの作品もそれぞれに不思議な魅力をたたえている。ここには「風の又三郎」をはじめ、ふるさとの山や川に深く結ばれた作品を中心に19篇を収めた。

「猫の事務所」

『小学生までに読んでおきたい文学 1 おかしな話』 松田哲夫編 あすなろ書房 2014.3 245p 22×14cm 1800円 ①978-4-7515-2741-2

内容 猫の事務所（宮沢賢治），詩人（モーム），時そば（桂三木助），ハリー（サローヤン），悪魔（星新一），ゾッとしたくて旅に出た若者の話（グリム），猫の親方あるいは長靴をはいた猫（ペロー），もてなし（カポーティ），そんなこたないす（L.ヒューズ），酒虫（芥川龍之介），壁抜け男（エーメ），たたみ往生（中島らも），夢たまご（半村良），手品師（豊島与志雄）

『新編 銀河鉄道の夜』 宮沢賢治著 新潮社 2011.6 357p 15cm （新潮文庫）〈57刷（初版1989年）〉 400円 ①978-4-10-109205-8

内容 貧しく孤独な少年ジョバンニが、親友カムパネルラと銀河鉄道に乗って美しく悲しい夜空の旅をする、永遠の未完成の傑作である表題作や、「よだかの星」「オツベルと象」「セロ弾きのゴーシュ」など、イーハトーヴォの切なく多彩な世界に、「北守将軍と三人兄弟の医者」「饑餓陣営」「ビジテリアン大祭」を加えた14編を収録。賢治童話の豊饒な味わいをあますところなく披露する。

『風の又三郎―宮沢賢治童話集』 宮沢賢治著 改訂版 偕成社 2008.4 268p 19cm （偕成社文庫）〈第22刷〉 700円 ①978-4-03-650140-3

内容 高原の分教場に三郎が転校してきた。子どもたちは彼を風の子・又三郎だと思いこむ。子どもの夢の世界をいきいきと描いた表題作のほか、「雪渡り」「グスコーブドリの伝記」など詩情あふれる賢治童話8編を収録。

『宮沢賢治―1896‐1933』 宮沢賢治著 筑摩書房 2007.11 477p 15cm （ちくま日本文学 003） 880円 ①978-4-480-42503-4

内容 童話と詩、それぞれの代表作が一冊に。

「原体剣舞連」

『【新】校本 宮沢賢治全集 2 本文篇・校異篇』 筑摩書房 1995

内容 賢治が生前刊行した唯一の詩集『春と修羅』。その初版本本文全篇と、賢治が加筆・訂正をほどこした宮沢家所蔵本『春と修羅』を収録。また同時期の詩篇も収める。

「冬と銀河ステーション」

『【新】校本 宮沢賢治全集 6 本文篇・校異篇』 筑摩書房 1996

内容 「三原三部」「東京」「装景手記」ほかノート・手帳類に書かれた詩篇、生前発表詩篇・童謡、句稿、エスペラント詩稿を収録。賢治の作詩した歌曲も楽譜とともに掲げる。

「松の針」

『【新】校本 宮沢賢治全集 2 本文篇・校異篇』 筑摩書房 1995

内容 賢治が生前刊行した唯一の詩集『春と修羅』。その初版本本文全篇と、賢治が加筆・訂正をほどこした宮沢家所蔵本『春と修羅』を収録。また同時期の詩篇も収める。

『銀河鉄道の夜』 宮沢賢治著，佐藤国男絵 福武書店 1987.5 267p 19cm 1100円 ①4-8288-1288-1

内容 雪渡り，双子の星，やまなし，セロ弾きのゴーシュ，永訣の朝，松の針，無声慟哭，青森挽歌，銀河鉄道の夜

「無声慟哭」

『読んでおきたいベスト集！ 宮沢賢治』 別冊宝島編集部編 宝島社 2011.7 589p 15cm （宝島社文庫）〈『もう一度読みたい宮沢賢治』改訂・改題書〉 686円 ①978-4-7966-8509-2

内容 読んでおきたいベスト集！ 宮沢賢治

童話作品（どんぐりと山猫, 注文の多い料理店, 烏の北斗七星, かしわばやしの夜, 鹿踊りのはじまり, 風の又三郎, 虔十公園林, やまなし, グスコーブドリの伝記, セロ弾きのゴーシュ, よだかの星, 銀河鉄道の夜, 北守将軍と三人兄弟の医者, オツベルと象, 氷河鼠の毛皮, 土神ときつね, なめとこ山の熊, 紫紺染について, 税務署長の冒険, フランドン農学校の豚, 洞熊学校を卒業した三人, 毒もみのすきな署長さん）, 賢治の詩（春と修羅, 雲の信号, 休息, 林と思想, 高原, 永訣の朝, 無声慟哭, 過去情炎, 岩手軽便鉄道 七月（ジャズ）, その恐ろしい黒雲が, そしてわたくしはまもなく死ぬのだろう, 雨ニモマケズ, 『雨ニモマケズ手帳』写真）

『【新】校本 宮沢賢治全集 2 本文篇・校異篇』 筑摩書房 1995

内容 賢治が生前刊行した唯一の詩集『春と修羅』。その初版本本文全篇と、賢治が加筆・訂正をほどこした宮沢家所蔵本『春と修羅』を収録。また同時期の詩篇も収める。

『銀河鉄道の夜』 宮沢賢治著, 佐藤国男絵 福武書店 1987.5 267p 19cm 1100円 Ⓘ4-8288-1288-1

内容 雪渡り, 双子の星, やまなし, セロ弾きのゴーシュ, 永訣の朝, 松の針, 無声慟哭, 青森挽歌, 銀河鉄道の夜

「よだかの星」

『文豪たちが書いた泣ける名作短編集』 彩図社文芸部編纂 彩図社 2014.9 188p 15cm 590円 Ⓘ978-4-8013-0012-5

内容 10人の文豪が描く哀切に満ちたストーリーを集めました。哀しくも切ない小作品集。

『新 現代文学名作選』 中島国彦監修 明治書院 2012.1 256p 21cm 781円 Ⓘ978-4-625-65415-2

内容 坊っちゃん（夏目漱石）, 最後の一句（森鷗外）, 鼻（芥川龍之介）, 清兵衛と瓢簞（志賀直哉）, よだかの星（宮沢賢治）, 山椒魚（井伏鱒二）, セメント樽の中の手紙（葉山嘉樹）, 路傍の石（山本有三）, 黄金風景（太宰治）, 名人伝（中島敦）, 潮騒（三島由紀夫）, 赤い繭（安部公房）, おきみやげ（幸田文）, 童謡（吉行淳之介）, 途中下車（宮本輝）, 離さない（川上弘美）, 沈黙（村上春樹）, 電話アーティストの甥電話アーティストの恋人（小川洋子）, 乳と卵（川上未映子）, さがしもの（角田光代）

『読んでおきたいベスト集！ 宮沢賢治』 別冊宝島編集部編 宝島社 2011.7 589p 15cm （宝島社文庫）〈『もう一度読みたい宮沢賢治』改訂・改題書〉 686円 Ⓘ978-4-7966-8509-2

内容 読んでおきたいベスト集！ 宮沢賢治童話作品（どんぐりと山猫, 注文の多い料理店, 烏の北斗七星, かしわばやしの夜, 鹿踊りのはじまり, 風の又三郎, 虔十公園林, やまなし, グスコーブドリの伝記, セロ弾きのゴーシュ, よだかの星, 銀河鉄道の夜, 北守将軍と三人兄弟の医者, オツベルと象, 氷河鼠の毛皮, 土神ときつね, なめとこ山の熊, 紫紺染について, 税務署長の冒険, フランドン農学校の豚, 洞熊学校を卒業した三人, 毒もみのすきな署長さん）, 賢治の詩（春と修羅, 雲の信号, 休息, 林と思想, 高原, 永訣の朝, 無声慟哭, 過去情炎, 岩手軽便鉄道 七月（ジャズ）, その恐ろしい黒雲が, そしてわたくしはまもなく死ぬのだろう, 雨ニモマケズ, 『雨ニモマケズ手帳』写真）

『宮沢賢治―1896‐1933』 宮沢賢治著 筑摩書房 2007.11 477p 15cm （ちくま日本文学 003） 880円 Ⓘ978-4-480-42503-4

内容 童話と詩、それぞれの代表作が一冊に。

宮本 常一
みやもと・つねいち
《1907〜1981》

「梶田富五郎翁を尋ねて」

『忘れられた日本人』 宮本常一著 岩波書店 1995.2 334p 19cm （ワイド版岩波文庫）〈著者の肖像あり〉 1100円 Ⓘ4-00-007160-2 Ⓝ388.1

「寄り合い」

『忘れられた日本人』 宮本常一著 岩波書店 1995.2 334p 19cm （ワイド版岩波文庫）〈著者の肖像あり〉 1100円 Ⓘ4-00-007160-2 Ⓝ388.1

宮本 輝
みやもと・てる
《1947～》

「蜥蜴」

『二十歳の火影』 宮本輝著 新装版 講談社 2005.10 225p 15cm （講談社文庫） 438円 Ⓘ4-06-275220-4

内容 大阪の下町から雪深い富山に移り住んだ幼い日の思い出、テニスに明け暮れた大学生活、父の事業の失敗と死別、広告代理店におけるコピーライターとしての仕事、そして、文学への目覚め…。『泥の河』で第13回太宰治賞、『蛍川』で第78回芥川賞を受賞した著者が、自らの青春時代を綴った、珠玉のエッセイ集。

「途中下車」

『新 現代文学名作選』 中島国彦監修 明治書院 2012.1 256p 21cm 781円 Ⓘ978-4-625-65415-2

内容 坊っちゃん（夏目漱石），最後の一句（森鷗外），鼻（芥川龍之介），清兵衛と瓢箪（志賀直哉），よだかの星（宮沢賢治），山椒魚（井伏鱒二），セメント樽の中の手紙（葉山嘉樹），路傍の石（山本有三），黄金風景（太宰治），名人伝（中島敦），潮騒（三島由紀夫），赤い繭（安部公房），おきみやげ（幸田文），童謡（吉行淳之介），途中下車（宮本輝），離さない（川上弘美），沈黙（村上春樹），電話アーティストの甥電話アーティストの恋人（小川洋子），乳と卵（川上未映子），さがしもの（角田光代）

『二十歳の火影』 宮本輝著 新装版 講談社 2005.10 225p 15cm （講談社文庫） 438円 Ⓘ4-06-275220-4

内容 大阪の下町から雪深い富山に移り住んだ幼い日の思い出、テニスに明け暮れた大学生活、父の事業の失敗と死別、広告代理店におけるコピーライターとしての仕事、そして、文学への目覚め…。『泥の河』で第13回太宰治賞、『蛍川』で第78回芥川賞を受賞した著者が、自らの青春時代を綴った、珠玉のエッセイ集。

「星々の悲しみ」

『星々の悲しみ』 宮本輝著 新装版 文藝春秋 2008.8 260p 15cm （文春文庫） 495円 Ⓘ978-4-16-734824-3

内容 喫茶店に掛けてあった絵を盗み出す予備校生たち、アルバイトで西瓜を売る高校生、蝶の標本をコレクションする散髪屋―。若さ故の熱気と闇に突き動かされながら、生きることの理由を求め続ける青年たち。永遠に変らぬ青春の美しさ、悲しさ、残酷さを、みごとな物語と透徹したまなざしで描く傑作短篇集。

『宮本輝全短篇 上』 宮本輝著 集英社 2007.11 405p 21cm 2500円 Ⓘ978-4-08-771201-8

内容 作家生活三十年、宮本輝の代表作から単行本未収録まで全短篇を収録。「泥の河」太宰治賞受賞作、「蛍川」芥川賞受賞作、など、上巻収録15編。

『はじめての文学 宮本輝』 宮本輝著 文藝春秋 2007.2 249p 19cm 1238円 Ⓘ978-4-16-359840-6

内容 文学の入り口に立つ若い読者へ向けた自選アンソロジー。少年の輝きと青春の哀歓を描く。

『幻の光・星々の悲しみ・五千回の生死・真夏の犬』 宮本輝著 新潮社 1993.4 646p 19cm （宮本輝全集 第13巻） 4800円 Ⓘ4-10-645413-0

内容 デビュー以来の全28編を一巻に収めた、全短編小説集。

「蛍川」

『宮本輝全短篇 上』 宮本輝著 集英社 2007.11 405p 22cm 2500円 Ⓘ978-4-08-771201-8 Ⓝ913.6

内容 泥の河，蛍川，夜桜，幻の光，こうもり，寝台車，不良馬場，火，西瓜トラック，星々の悲しみ，蝶，北病棟，小旗，眉墨，トマトの話

『螢川・泥の河』 宮本輝著 14刷改版 新潮社 2005.11 199p 16cm （新潮文庫） 362円 Ⓘ4-10-130709-1 Ⓝ913.6

「夜空の赤い灯」

『二十歳の火影』 宮本輝著 新装版 講談社 2005.10 225p 15cm （講談社文庫） 438円 Ⓘ4-06-275220-4

内容 大阪の下町から雪深い富山に移り住んだ幼い日の思い出、テニスに明け暮れた大学生活、父の事業の失敗と死別、広告代理店

におけるコピーライターとしての仕事、そして、文学への目覚め…。『泥の河』で第13回太宰治賞、『蛍川』で第78回芥川賞を受賞した著者が、自らの青春時代を綴った、珠玉のエッセイ集。

宮本　百合子
みやもと・ゆりこ
《1899〜1951》

「歌声よ、おこれ」

『「新日本文学」の60年』 鎌田慧編集代表　七つ森書館　2005.11　539p　21cm　4700円　①4-8228-0511-5

内容 文学になにができるのか。「文学の革命」と「社会の革命」を目指し、戦後文学を牽引した文学運動60年のエッセンス。焦土から重い出発を遂げたはずの日本文学は、いま、奇妙なケバケバしさに包まれている。新しい出発のため、戦後の精神に立ち返る里程標。

『戦後の出発と女性文学　第1巻　昭和20〜21年』 尾形明子，長谷川啓監修　ゆまに書房　2003.5　390,6p　22cm〈複製〉14000円　①4-8433-0922-2,4-8433-0921-4　Ⓝ918.6

内容 夏もすぎぬ（森三千代著），冬を越す日（堤千代著），姉妹（佐多稲子著），鳩の指環（堤千代著），自在人（北畠八穂著），アカシヤ族と真子（北畠八穂著），歌声よ、おこれ（宮本百合子著），吹雪（林芙美子著），雨（林芙美子著），終戦日誌（平林たい子著），一人行く（平林たい子著），まりあんぬ物語（中里恒子著），表札（壺井栄著），女の杯（吉屋信子著），憑きもの（網野菊著），砂糖（野上彌生子著），谷間の店（大谷藤子著），「女作者」（佐多稲子著），うき草（林芙美子著），麦愁（峯雪栄著），お妾横丁（網野菊著），三つの民主主義（宮本百合子著），女一人（芝木好子著），蠟染（池田みち子著），ねこやなぎ（小山いと子著），曼珠沙華の（野溝七生子著），人知れずこそ（池田みち子著），虚妄（大原富枝著），新憲法の成立を記念して（羽仁説子著），あいびき（林芙美子著），狐（野上彌生子著），眼に青葉（池田みち子著），彌撒（阿部光子著），解説（尾形明子著）

『宮本百合子全集　第16巻』 宮本百合子著　新日本出版社　2002.1　475p　21cm　6000円　①4-406-02908-7

目次 新日本文学の端緒，美しく豊な生活へ，明日への新聞，婦人民主クラブについて，婦人民主クラブ趣意書，その源，よもの眺め，歌声よ、おこれ―新日本文学会の由来，生活においての統一，みのりを豊かに〔ほか〕

『昭和文学全集　8』 野上弥生子，宮本百合子，林芙美子，平林たい子，壺井栄，幸田文著　小学館　1988.9　1093p　21cm　4000円　①4-09-568008-3

内容 女性の立場から、人生を社会を鋭利に裁断した、女流文学の高峰。昭和文学初めての集大成。

「岡本かの子の文学」

『婦人と文学―近代日本の婦人作家』 宮本百合子著　大空社　1997.3　262p　22cm（叢書女性論 43　山崎朋子監修）〈シリーズ責任表示：山崎朋子監修　実業之日本社昭和22年刊の複製〉8252円　①4-7568-0202-8　Ⓝ910.26

「禰宜様宮田」

『福島県文学全集　第1期（小説編）第2巻（大正編）』 木村幸雄監修，澤正宏ほか編　長岡　郷土出版社　2001.10　499p　20cm〈肖像あり〉①4-87663-536-6　Ⓝ918.6

内容 山椒大夫（森鷗外著），駄々っ児（小泉鉄著），流行火事（久米正雄著），父の死（久米正雄著），貧しき人々の群（宮本百合子著），禰宜様宮田（宮本百合子著），お三輪（水野仙子著），沈みゆく日（水野仙子著），蠅（横光利一著），蒲生氏郷（幸田露伴著），解説（石井雄二著）

『宮本百合子全集　第1巻』 宮本百合子著　新日本出版社　2000.11　494p　22×17cm　6000円　①4-406-02893-5

内容 本巻には、「貧しき人々の群」ほか11編の小説を収録。

『貧しき人々の群ほか』 宮本百合子著　新日本出版社　1994.11　198p　19cm（宮本百合子名作ライブラリー 1）1500円　①4-406-02305-4

内容 貧しき人々の群，禰宜様宮田，風に乗って来るコロポックル

『日本プロレタリア文学集　1　初期プロレタリア文学集　1』 新日本出版社　1985.4　500p　19cm　2600円　Ⓝ913.

68

内容 かんかん虫・お末の死・カインの末裔 有島武郎著,馬車屋と軍人,児を殺す話,労働者誘拐,中尉と廃兵,ブラック・リスト,恋と牢獄 江口渙著,密告漢・無産階級者・火を点ず・死滅する村・堤防を突破する浪 小川未明著,貧しき人々の群・禰宜様宮田・風に乗って来るコロポックル・光のない朝・秋の反射 宮本百合子著,解説 祖父江昭二著

三好 十郎
みよし・じゅうろう
《1902～1958》

「炎の人」

『三好十郎 1 炎の人』 三好十郎著 早川書房 2009.5 211p 15cm (ハヤカワ演劇文庫) 800円 ①978-4-15-140022-3

内容 その正義感ゆえに炭鉱町の宣教師職を追われ、絵画の道に救いを見出した男ゴッホ。弟テオの献身的な支援のもと、パリでロートレックやベルナールらに触発され画家修行に勤しむが、世界と己の溝は深まるばかり。敬愛するゴーガンとの共同生活の果てに彼が辿りついた境地とは…。孤高の天才画家が駆けぬけた炎のごとき生涯を圧倒的な筆致で描き出す、日本演劇史に燦然と輝く巨星の代表作。読売文学賞受賞。

『炎の人―ゴッホ小伝』 三好十郎著 講談社 1995.12 218p 15cm (講談社文芸文庫) 880円 ①4-06-196351-1

内容 若き日、画家を志してゴッホに惹かれ、決定的な影響を受けた劇作家三好十郎が、一時炭坑町の伝道師にもなって現実の中に真摯に理想を求めたが故に狂気に走った孤独な画家ゴッホの炎と燃えた魂と生涯を甦らせる。ロートレック、ゴーガンなど対極的な人間像と共に、奥深い魅力的ドラマを読み、楽しむ、現代戯曲の傑作。第3回読売文学賞受賞。1951年、劇団民芸初演。

三好 達治
みよし・たつじ
《1900～1964》

「揚げ雲雀」

『現代詩文庫 三好達治詩集 1038』 思潮社 1989

目次 詩集「測量船」全篇,詩集「南窗集」から,詩集「閒花集」から,詩集「霾」から,詩集「草千里」から,詩集「一点鐘」から,詩集「朝菜集」から,詩集「寒柝」から,詩集「花筐」から,詩集「干戈永言」から,詩集「故郷の花」から,詩集「砂の砦」から,詩集「駱駝の瘤にまたがって」から,詩集「百たびののち」から,詩集・エッセイ(国民詩雑感,現代詩について,詩人の生活,交遊録)

「Enfance finie(アンファンス フィニ)」

『丸山薫・三好達治』 萩原昌好編 あすなろ書房 2012.8 95p 20×16cm (日本語を味わう名詩入門 10) 1500円 ①978-4-7515-2650-7

目次 丸山薫(青い黒板,水の精神,嘘,汽車に乗って,練習船,早春,未明の馬,未来へ,母の傘,ほんのすこしの言葉で,詩人の言葉,海という女),三好達治(雪,春,村,Enfance finie,昨日はどこにもありません,祖母,土,チューリップ,石榴,大阿蘇,涙,かよわい花,浅春偶語)

『三好達治詩集―日本詩人選 15』 三好達治著,村野四郎編 小沢書店 1997.9 250p 19cm (小沢クラシックス 世界の詩) 1400円 ①4-7551-4075-7

内容 現代詩100年。芳醇なことばの世界日本詩人選・全20巻。日本語はこころの世界をどのように表現したか。近代日本を代表する20人の名詩を精選。

『現代詩文庫 三好達治詩集 1038』 思潮社 1989

目次 詩集「測量船」全篇,詩集「南窗集」から,詩集「閒花集」から,詩集「霾」から,詩集「草千里」から,詩集「一点鐘」から,詩集「朝菜集」から,詩集「寒柝」から,詩集「花筐」から,詩集「干戈永言」から,詩集「故郷の花」から,詩集「砂の砦」から,詩集「駱駝の瘤にまたがって」から,詩集「百た

びののち」から, 詩集・エッセイ(国民詩雑感, 現代詩について, 詩人の生活, 交遊録)

「甃のうへ」

『雪』 三好達治著 童話屋 2010.2 156p 15cm 1250円 ①978-4-88747-101-6

目次 雪, 乳母車, 春の岬, 甃のうへ, 少年, 燕, 春といふ, 草の上, 春, 土〔ほか〕

『ふと口ずさみたくなる日本の名詩』 郷原宏選著 PHP研究所 2002.12 237p 19cm 1250円 ①4-569-62352-2

内容 日本人としてこれだけは覚えておきたい、心洗われる美しい詩、一生の友となる詩をあなたに。語感を磨き、日本語を豊かにするとびきりの55篇。

『三好達治詩集―日本詩人選 15』 三好達治著, 村野四郎編 小沢書店 1997.9 250p 19cm (小沢クラシックス 世界の詩) 1400円 ①4-7551-4075-7

内容 現代詩100年。芳醇なことばの世界日本詩人選・全20巻。日本語はこころの世界をどのように表現したか。近代日本を代表する20人の名詩を精選。

『近代の詩人 9』 潮出版社 1992

「いただきに煙をあげて」

『近代の詩人 9』 潮出版社 1992

「乳母車」

『雪』 三好達治著 童話屋 2010.2 156p 15cm 1250円 ①978-4-88747-101-6

目次 雪, 乳母車, 春の岬, 甃のうへ, 少年, 燕, 春といふ, 草の上, 春, 土〔ほか〕

『三好達治詩集―日本詩人選 15』 三好達治著, 村野四郎編 小沢書店 1997.9 250p 19cm (小沢クラシックス 世界の詩) 1400円 ①4-7551-4075-7

内容 現代詩100年。芳醇なことばの世界日本詩人選・全20巻。日本語はこころの世界をどのように表現したか。近代日本を代表する20人の名詩を精選。

『測量船』 三好達治著 講談社 1996.9 226p 15cm (講談社文芸文庫) 880円 ①4-06-196387-2

内容 太郎を眠らせ、太郎の屋根に雪ふりつむ。次郎を眠らせ、次郎の屋根に雪ふりつむ。無限のイメージを喚起するわずか二行の詩「雪」他を収録の第一詩集『測量船』。「乳母車」「甃のうへ」、「鳥語」「獅子」等、日本古典の詩風と西欧象徴詩風が混然と融合し、魅了する全九十二篇(「測量船拾遺」を含む)。新詩の可能性を追究する若き詩人・達治が“現代抒情詩”を展開させた画期的詩集。

『近代の詩人 9』 潮出版社 1992

「大阿蘇」

『丸山薫・三好達治』 萩原昌好編 あすなろ書房 2012.8 95p 20×16cm (日本語を味わう名詩入門 10) 1500円 ①978-4-7515-2650-7

目次 丸山薫(青い黒板, 水の精神, 嘘, 汽車に乗って, 練習船, 早春, 未明の馬, 未来へ, 母の傘, ほんのすこしの言葉で, 詩人の言葉, 海という女), 三好達治(雪, 春, 村, Enfance finie, 昨日はどこにもありません, 祖母, 土, チューリップ, 石榴, 大阿蘇, 涙, かよわい花, 浅春偶語)

『三好達治 詩の風景』 龍前貞夫著 新風舎 2004.9 237p 19cm 2200円 ①4-7974-4426-6

内容 名詩「甃のうへ」「大阿蘇」「艸千里」「一点鐘二点鐘」など47篇を選び、詩句の喚起するイメージに秘められた豊かな意味を、詳細に追求。小説では味わえない、人間の深い思いに対面している。第21回新風舎出版賞ノンフィクション部門優秀賞。

『名詩の美学』 西郷竹彦著 名古屋 黎明書房 1993.7 313p 19cm 2800円 ①4-654-07547-X

内容 明治以降今日までの名詩の中から、小・中・高の国語教科書の教材としてなじみの深いものを中心に、著者の美の構造仮設によって詩のもつ多様な美(おもしろさ)の世界を鮮やかに読み切る。

『近代の詩人 9』 潮出版社 1992

「郷愁」

『作家の本音を読む―名作はことばのパズル』 坂本公延著 みすず書房 2007.3 229p 19cm (大人の本棚) 2600円 ①978-4-622-08075-6

内容 原民喜や伊東静雄の詩から『ハムレット』『荒地』『ユリシーズ』さらに『モリス』や『蝿の王』へ。古今東西のテキストを肴に「読む愉しみ」を共有する饗宴。

『三好達治詩集—日本詩人選 15』 三好達治著，村野四郎編 小沢書店 1997.9 250p 19cm （小沢クラシックス 世界の詩） 1400円 ①4-7551-4075-7

内容 現代詩100年。芳醇なことばの世界日本詩人選・全20巻。日本語はこころの世界をどのように表現したか。近代日本を代表する20人の名詩を精選。

『近代の詩人 9』 潮出版社 1992

「金星」

『現代詩文庫 三好達治詩集 1038』 思潮社 1989

目次 詩集「測量船」全篇, 詩集「南窗集」から, 詩集「閒花集」から, 詩集「霾」から, 詩集「草千里」から, 詩集「一点鐘」から, 詩集「朝菜集」から, 詩集「寒柝」から, 詩集「花筐」から, 詩集「千戈永言」から, 詩集「故郷の花」から, 詩集「砂の砦」から, 詩集「駱駝の瘤にまたがって」から, 詩集「百たびののち」から, 詩集・エッセイ（国民詩雑感, 現代詩について, 詩人の生活, 交遊録）

「草千里浜」

『近代の詩人 9』 潮出版社 1992

「谺」

『近代の詩人 9』 潮出版社 1992

「鹿」

『現代詩文庫 三好達治詩集 1038』 思潮社 1989

目次 詩集「測量船」全篇, 詩集「南窗集」から, 詩集「閒花集」から, 詩集「霾」から, 詩集「草千里」から, 詩集「一点鐘」から, 詩集「朝菜集」から, 詩集「寒柝」から, 詩集「花筐」から, 詩集「千戈永言」から, 詩集「故郷の花」から, 詩集「砂の砦」から, 詩集「駱駝の瘤にまたがって」から, 詩集「百たびののち」から, 詩集・エッセイ（国民詩雑感, 現代詩について, 詩人の生活, 交遊録）

「詩の鑑賞」

『詩を読む人のために』 三好達治著 岩波書店 2003.4 284p 15cm （岩波文庫）〈第22刷〉 560円 ①4-00-310823-X

内容 詩を読み詩を愛する者はすでにして詩人であります。著者（1900 - 1964）はこう読者によびかける。そのうえで、読者を縛らずにどう詩のふところへ誘うのか。それは、藤村・泣菫・白秋から、朔太郎・中也ら様々の詩を例に、自分の読みとり方を自己に即して語ることであった。著者の、詩を読む感動が、そのまま伝わってくる好著。

「信号」

『三好達治詩集—日本詩人選 15』 三好達治著，村野四郎編 小沢書店 1997.9 250p 19cm （小沢クラシックス 世界の詩） 1400円 ①4-7551-4075-7

内容 現代詩100年。芳醇なことばの世界日本詩人選・全20巻。日本語はこころの世界をどのように表現したか。近代日本を代表する20人の名詩を精選。

『精選 日本近代詩全集』 ぎょうせい 1982

「蟬」

『近代の詩人 9』 潮出版社 1992

「土」

『三好達治詩集』 三好達治著 角川春樹事務所 2012.11 221p 15cm （ハルキ文庫） 680円 ①978-4-7584-3703-5

内容 「太郎を眠らせ、太郎の屋根に雪ふりつむ。次郎を眠らせ、次郎の屋根に雪ふりつむ。」豊かなイメージを呼び起こすわずか二行の代表作「雪」を収録した第一詩集『測量船』から、『百たびののち』以後の作まで、昭和期を代表する最大の詩人・三好達治が、澄み切った知性と精確な表現で綴った全一三六篇を新仮名遣いで収録。教科書でもおなじみの「蟻が蝶の羽をひいて行くああヨットのようだ」（「土」）など、時を超えて、いまなお私たちの心を揺さぶる名詩の世界。文庫オリジナル版。

『丸山薫・三好達治』 萩原昌好編 あすなろ書房 2012.8 95p 20×16cm （日本語を味わう名詩入門 10） 1500円 ①978-4-7515-2650-7

目次 丸山薫（青い黒板, 水の精神, 嘘, 汽車に乗って, 練習船, 早春, 未明の馬, 未来へ, 母の傘, ほんのすこしの言葉で, 詩人の言葉, 海という女）, 三好達治（雪, 春, 村, Enfance finie, 昨日はどこにもありません, 祖母, 土, チューリップ, 石榴, 大阿蘇, 涙, かよわい花, 浅春偶語）

『近代の詩人 9』 潮出版社 1992

「つばめ」

『現代詩文庫 三好達治詩集 1038』 思潮社 1989

目次 詩集「測量船」全篇, 詩集「南窗集」から, 詩集「閒花集」から, 詩集「霾」から, 詩集「草千里」から, 詩集「一点鐘」から, 詩集「朝菜集」から, 詩集「寒柝」から, 詩集「花筐」から, 詩集「干戈永言」から, 詩集「故郷の花」から, 詩集「砂の砦」から, 詩集「駱駄の瘤にまたがって」から, 詩集「百たびののち」から, 詩集・エッセイ (国民詩雑感, 現代詩について, 詩人の生活, 交遊録)

「涙」

『丸山薫・三好達治』 萩原昌好編 あすなろ書房 2012.8 95p 20×16cm (日本語を味わう名詩入門 10) 1500円 ①978-4-7515-2650-7

目次 丸山薫 (青い黒板, 水の精神, 嘘, 汽車に乗って, 練習船, 早春, 未明の馬, 未来へ, 母の傘, ほんのすこしの言葉で, 詩人の言葉, 海という女), 三好達治 (雪, 春, 村,Enfance finie, 昨日はどこにもありません, 祖母, 土, チューリップ, 石榴, 大阿蘇, 涙, かよわい花, 浅春偶語)

『近代の詩人 9』 潮出版社 1992

「春の岬」

『雪』 三好達治著 童話屋 2010.2 156p 15cm 1250円 ①978-4-88747-101-6

目次 雪, 乳母車, 春の岬, 甃のうへ, 少年, 燕, 春といふ, 草の上, 春, 土〔ほか〕

『近代の詩人 9』 潮出版社 1992

「人をおもへば」

『近代の詩人 9』 潮出版社 1992

「頬白」

『現代詩文庫 三好達治詩集 1038』 思潮社 1989

目次 詩集「測量船」全篇, 詩集「南窗集」から, 詩集「閒花集」から, 詩集「霾」から, 詩集「草千里」から, 詩集「一点鐘」から, 詩集「朝菜集」から, 詩集「寒柝」から, 詩集「花筐」から, 詩集「干戈永言」から, 詩集「故郷の花」から, 詩集「砂の砦」から, 詩集「駱駄の瘤にまたがって」から, 詩集「百たびののち」から, 詩集・エッセイ (国民詩雑感, 現代詩について, 詩人の生活, 交遊録)

「村」

『現代詩文庫 三好達治詩集 1038』 思潮社 1989

目次 詩集「測量船」全篇, 詩集「南窗集」から, 詩集「閒花集」から, 詩集「霾」から, 詩集「草千里」から, 詩集「一点鐘」から, 詩集「朝菜集」から, 詩集「寒柝」から, 詩集「花筐」から, 詩集「干戈永言」から, 詩集「故郷の花」から, 詩集「砂の砦」から, 詩集「駱駄の瘤にまたがって」から, 詩集「百たびののち」から, 詩集・エッセイ (国民詩雑感, 現代詩について, 詩人の生活, 交遊録)

「雪」

『丸山薫・三好達治』 萩原昌好編 あすなろ書房 2012.8 95p 20×16cm (日本語を味わう名詩入門 10) 1500円 ①978-4-7515-2650-7

目次 丸山薫 (青い黒板, 水の精神, 嘘, 汽車に乗って, 練習船, 早春, 未明の馬, 未来へ, 母の傘, ほんのすこしの言葉で, 詩人の言葉, 海という女), 三好達治 (雪, 春, 村,Enfance finie, 昨日はどこにもありません, 祖母, 土, チューリップ, 石榴, 大阿蘇, 涙, かよわい花, 浅春偶語)

『雪』 三好達治著 童話屋 2010.2 156p 15cm 1250円 ①978-4-88747-101-6

目次 雪, 乳母車, 春の岬, 甃のうへ, 少年, 燕, 春といふ, 草の上, 春, 土〔ほか〕

『近代の詩人 9』 潮出版社 1992

「駱駝の瘤にまたがって」

『三好達治詩集』 三好達治著 角川春樹事務所 2012.11 221p 15cm (ハルキ文庫) 680円 ①978-4-7584-3703-5

内容 「太郎を眠らせ、太郎の屋根に雪ふりつむ。次郎を眠らせ、次郎の屋根に雪ふりつむ。」豊かなイメージを呼び起こすわずか二行の代表作「雪」を収録した第一詩集『測量船』から、『百たびののち』以後の作まで、昭和期を代表する最大の詩人・三好達治が、澄み切った知性と精確な表現で綴った全一三六篇を新仮名遣いで収録。教科書でもおなじみの「蟻が蝶の羽をひいて行くああヨットのようだ」(「土」) など、時を超えて、いまなお私たちの心を揺さぶる名詩の世界。文庫オリジナル版。

『三好達治 詩の風景』 龍前貞夫著 新風

舎　2004.9　237p　19cm　2200円　Ⓘ4-7974-4426-6

内容 名詩「甃のうへ」「大阿蘇」「艸千里」「一点鐘二点鐘」など47篇を選び、詩句の喚起するイメージに秘められた豊かな意味を、詳細に追求。小説では味わえない、人間の深い思いに対面している。第21回新風舎出版賞ノンフィクション部門優秀賞。

『日本の詩歌　22　三好達治』 三好達治［著］　新装　中央公論新社　2003.6　421p　21cm〈オンデマンド版　年譜あり〉5300円　Ⓘ4-12-570066-4　Ⓝ911.08

内容 測量船, 測量船, 南窗集, 間花集, 山果集, 霾, 艸千里, 艸千里, 一点鐘, 羇旅十歳, 朝菜集, 寒柝, 花筐, 春の旅人, 故郷の花, 砂の砦, 日光月光集, 駱駝の瘤にまたがつて, 百たびののち, 詩人の肖像（石川淳著）

『近代の詩人　9』 潮出版社　1992

『三好達治』 三好達治著，萩原昌好編　あすなろ書房　1986.10　77p　23cm（少年少女のための日本名詩選集 12）1200円　Ⓘ4-7515-1372-9

目次 乳母車, 雪, 甃のうえ, 少年, 春, チューリップ, 夜明けのランプ, 汝の薪をはこべ, 駱駝の瘤にまたがって〔ほか〕

向田　邦子
むこうだ・くにこ
《1929～1981》

「あだ桜」

『向田邦子全集　5　エッセイ1 父の詫び状』 向田邦子著　新版　文藝春秋　2009.8　275p　19cm　1800円　Ⓘ978-4-16-641720-9

目次 父の詫び状, 身体髪膚, 隣りの神様, 記念写真, お辞儀, 子供たちの夜, 細長い海, ごはん, お軽勘平, あだ桜, 車中の皆様, ねずみ花火, チーコとグランデ, 海苔巻の端っこ, 学生アイス, 魚の目は泪, 隣りの匂い, 兎と亀, お八つの時間, わが拾遺集, 昔カレー, 鼻筋紳士録, 薩摩揚, 卵とわたし

『父の詫び状』 向田邦子著　新装版　文芸春秋　2006.2　300p　15cm　（文春文庫）495円　Ⓘ4-16-727721-2

内容 宴会帰りの父の赤い顔、母に威張り散らす父の高声、朝の食卓で父が広げた新聞…だれの胸の中にもある父のいる懐かしい家庭の息遣いをユーモアを交じえて見事に描き出し、“真打ち”と絶賛されたエッセイの最高傑作。また、生活人の昭和史としても評価が高い。航空機事故で急逝した著者の第一エッセイ集。

「安全ピン」

『向田邦子全集　第1巻』 文芸春秋　1987.6　773p　23cm〈著者の肖像あり〉4500円　Ⓘ4-16-363700-1　Ⓝ918.68

内容 父の詫び状, 眠る盃, 無名仮名人名簿

「子供たちの夜」

『向田邦子全集　5　エッセイ1 父の詫び状』 向田邦子著　新版　文藝春秋　2009.8　275p　19cm　1800円　Ⓘ978-4-16-641720-9

目次 父の詫び状, 身体髪膚, 隣りの神様, 記念写真, お辞儀, 子供たちの夜, 細長い海, ごはん, お軽勘平, あだ桜, 車中の皆様, ねずみ花火, チーコとグランデ, 海苔巻の端っこ, 学生アイス, 魚の目は泪, 隣りの匂い, 兎と亀, お八つの時間, わが拾遺集, 昔カレー, 鼻筋紳士録, 薩摩揚, 卵とわたし

『父の詫び状』 向田邦子著　新装版　文芸春秋　2006.2　300p　15cm　（文春文庫）495円　Ⓘ4-16-727721-2

内容 宴会帰りの父の赤い顔、母に威張り散らす父の高声、朝の食卓で父が広げた新聞…だれの胸の中にもある父のいる懐かしい家庭の息遣いをユーモアを交じえて見事に描き出し、“真打ち”と絶賛されたエッセイの最高傑作。また、生活人の昭和史としても評価が高い。航空機事故で急逝した著者の第一エッセイ集。

「ごはん」

『食べる話』 松田哲夫編　あすなろ書房　2011.3　283p　22×14cm　（中学生までに読んでおきたい日本文学 9）1800円　Ⓘ978-4-7515-2629-3

内容 ミートソースかナポリタンか？ 名作短編がぎっしりつまった一冊。

『向田邦子全集　5　エッセイ1 父の詫び状』 向田邦子著　新版　文藝春秋　2009.8　275p　19cm　1800円　Ⓘ978-

4-16-641720-9

目次 父の詫び状, 身体髪膚, 隣りの神様, 記念写真, お辞儀, 子供たちの夜, 細長い海, ごはん, お軽勘平, あだ桜, 車中の皆様, ねずみ花火, チーコとグランデ, 海苔巻の端っこ, 学生アイス, 魚の目は泪, 隣りの匂い, 兎と亀, お八つの時間, わが拾遺集, 昔カレー, 鼻筋紳士録, 薩摩揚, 卵とわたし

『父の詫び状』 向田邦子著 新装版 文芸春秋 2006.2 300p 15cm (文春文庫) 495円 Ⓘ4-16-727721-2

内容 宴会帰りの父の赤い顔、母に威張り散らす父の高声、朝の食卓で父が広げた新聞…だれの胸の中にもある父のいる懐かしい家庭の息遣いをユーモアを交じえて見事に描き出し、"真打ち"と絶賛されたエッセイの最高傑作。また、生活人の昭和史としても評価が高い。航空機事故で急逝した著者の第一エッセイ集。

「コロンブスの卵」

『向田邦子全集 第1巻』 文芸春秋 1987.6 773p 23cm〈著者の肖像あり〉4500円 Ⓘ4-16-363700-1 Ⓝ918.68

内容 父の詫び状, 眠る盃, 無名仮名人名簿

「父の詫び状」

『向田邦子の陽射し』 太田光著 文藝春秋 2011.8 267p 19cm 1524円 Ⓘ978-4-16-374350-9

内容 太田光が選んだベストエッセイ・小説・シナリオの名シーンの原文を掲載。没後三十年向田ワールドの最強の向田論、最高の入門書。

『向田邦子全集 5 エッセイ1 父の詫び状』 向田邦子著 新版 文藝春秋 2009.8 275p 19cm 1800円 Ⓘ978-4-16-641720-9

目次 父の詫び状, 身体髪膚, 隣りの神様, 記念写真, お辞儀, 子供たちの夜, 細長い海, ごはん, お軽勘平, あだ桜, 車中の皆様, ねずみ花火, チーコとグランデ, 海苔巻の端っこ, 学生アイス, 魚の目は泪, 隣りの匂い, 兎と亀, お八つの時間, わが拾遺集, 昔カレー, 鼻筋紳士録, 薩摩揚, 卵とわたし

『父の詫び状』 向田邦子著 新装版 文芸春秋 2006.2 300p 15cm (文春文庫) 495円 Ⓘ4-16-727721-2

内容 宴会帰りの父の赤い顔、母に威張り散らす父の高声、朝の食卓で父が広げた新聞…だれの胸の中にもある父のいる懐かしい家庭の息遣いをユーモアを交じえて見事に描き出し、"真打ち"と絶賛されたエッセイの最高傑作。また、生活人の昭和史としても評価が高い。航空機事故で急逝した著者の第一エッセイ集。

「無口な手紙」

『男どき女どき』 向田邦子著 新潮社 1985.5 197p 15cm (新潮文庫) 280円 Ⓘ4-10-129404-6 Ⓝ913.6

武者小路実篤
むしゃのこうじ・さねあつ
《1885～1976》

「新しき村の構想」

『人生論・愛について』 武者小路実篤著 改版 新潮社 2004.2 386p 15cm (新潮文庫) 552円 Ⓘ4-10-105713-3

内容 人間はなぜ生れてきたか、仕事とは、金銭とは、快楽とは、愛とは、死とは…長い生涯を通じ、人間への信頼を少しも失うことなく誠実に歩んだ筆者が深遠な命題に正面から取り組んだ『人生論』、自ら抱いた理想を空想のままに終らせず、社会のさまざまな不合理を正す「新しき村」実現へ向けて決意を語る『対話』など、理想主義の精髄とも言える15編を収める随筆・評論集。

「一個の人間」

『精選 日本近代詩全集』 ぎょうせい 1982

「お目出たき人」

『童貞小説集』 小谷野敦編 筑摩書房 2009.9 414p 15cm (ちくま文庫) 900円 Ⓘ978-4-480-42366-5

内容 「処女小説」ならぬ「童貞小説」は、そのものずばり、性交経験のない男の苦悩を描いた小説である。収録した諸作品を、「童貞」という切り口で読みなおす、ユニークなアンソロジー。

『世界最高の日本文学―こんなにすごい小説があった』 許光俊著 光文社 2005.10 226p 18cm (光文社新書) 700

円 ①4-334-03326-1

内容 珠玉の名編から、戦慄の怪作まで―あなたの小説観・人生観を根底から変える12編。

『お目出たき人』 武者小路実篤著 新潮社 2000.1 174p 15cm (新潮文庫) 362円 ①4-10-105714-1

内容 自分は女に、餓えている。この餓えを自分は、ある美しい娘が十二分に癒してくれるものと、信じて疑わない。実はいまだに口をきいたことすらなく、この一年近くは姿を目にしてもいない、いや、だからこそますます理想の女に近づいてゆく、あの娘が…。あまりに熱烈で一方的な片恋。その当然すぎる破局までを、豊かな「失恋能力」の持ち主・武者小路実篤が、底ぬけの率直さで描く。

「『それから』について」

『武者小路実篤全集 第1巻』 小学館 1987.12 777p 22cm 6800円 ①4-09-656001-4 Ⓝ918.68

内容 荒野, お目出たき人, 世間知らず, 彼の青年時代, 新編生長, 初期習作・未発表草稿所感録 ほか, 解説 武者小路実篤の「自己」形成期 本多秋五著, 解題 紅野敏郎著

「人間万歳」

『編年体大正文学全集 第11巻(大正11年)』 志賀直哉ほか著, 日高昭二編 ゆまに書房 2002.7 639p 22cm 6600円 ①4-89714-900-2 Ⓝ918.6

内容 小説・戯曲・児童文学：暗夜行路 後篇(志賀直哉著, 黒髪(近松秋江著, 藪の中(芥川竜之介著, 息子(小山内薫著, 一枚看板(小島政二郎著, 性慾の触手(武林無想庵著, 雪解(永井荷風著, 光を掲ぐる者(荒畑寒村著, 根津権現裏(抄)(藤沢清造著, お国と五平(谷崎潤一郎著, 友を売る(新井紀一著, 朝なき家(鷹野つぎ著, 山恋ひ(宇野浩二著, 人間万歳(武者小路実篤著, 海神丸(野上弥生子著, カステラ(伊藤貴麿著, 五右衛門風(千葉省三著, 月夜と眼鏡(小川未明著, 柿丸と梨丸(吉田絃二郎著, 家庭用児童劇(坪内逍遥著), 評論・随筆・時評・座談会：宣言一つ(有島武郎著, ほか), 詩・短歌・俳句：思想の人(野口米次郎著, ほか, 解説・解題(日高昭二著)

『武者小路実篤全集 第6巻』 武者小路実篤著 小学館 1988.10 624p 21cm 6800円 ①4-09-656006-5

内容 神と男と女, 人間万歳, 秀吉と曽呂利, 楠正成, 父と娘, 秋の曲, 愛慾, 孤独の魂, ある画室の主―愛慾後日譚, 西伯と呂尚, 仏陀と孫悟空, 一日の素盞嗚尊, 張男の最後の日, 桃源にて, だるま, 尭, 呑気な親子, 断片, はね子の夢, 楽園の一隅, 地獄の姉, 浦島と乙姫, 或る犬の品評会, 或る画室の午後, 想像の世界では, ある物語, 夢の国, 出鱈目, 運命と碁をする男, 一休の独白, みない鳥, 須世理姫, 生命の王,Aと幻影

「友情」

『友情』 武者小路実篤作 改版 岩波書店 2003.3 177p 15cm (岩波文庫) 380円 ①4-00-310504-4

内容 主人公野島とその親友大宮における友情と恋愛の相剋―青春のあらゆる問題がこのテーマを中心に展開される、武者小路実篤の数多い作品の中でも、とりわけ多くの若い読者に愛読されてきた永遠の青春小説。

宗良親王
むねながしんのう
《1311～1385》

「新葉和歌集」

『中世和歌集』 井上宗雄校注・訳 小学館 2000.11 582p 24×17cm (新編日本古典文学全集 49) 4657円 ①4-09-658049-X

内容 西行が生涯の歌から自撰した『御裳濯河歌合』、実朝の『金槐和歌集』、京極派の『玉葉和歌集』『風雅和歌集』、後醍醐天皇をはじめ南朝歌人の『新葉和歌集』ほか全十三作品を収録。

『新葉和歌集―本文と研究』 小木喬著 笠間書院 1984.3 623p 22cm (笠間叢書 181) 16500円 Ⓝ911.147

村上 春樹
むらかみ・はるき
《1949～》

「青が消える」

『村上春樹全作品1990～2000 1』 村上春樹著 講談社 2002.11 307p 21cm

（短篇集 1） 2,500円 ①4-06-187941-3

内容 日本初発表「青が消える（Losing Blue）」収録。全篇加筆訂正。著者による書下ろし「解題」入り。

「鏡」

『めくらやなぎと眠る女』 村上春樹著 新潮社 2009.11 500p 19cm 1400円 ①978-4-10-353424-2

内容 ニューヨーク発、24の短篇コレクション。

『齋藤孝のイッキによめる！ 名作選―小学生のためのこわい話・ふしぎな話』 齋藤孝著 講談社 2007.3 263p 21cm 1000円 ①978-4-06-213889-5

内容 低学年から高学年まで3段階でステップアップ。朝の10分間読書にぴったり!!さくらももこ、島田洋七、松谷みよ子、宮部みゆき、宮沢賢治、村上春樹ほか、全12作品。

『はじめての文学 村上春樹』 村上春樹著 文芸春秋 2006.12 268p 19cm 1238円 ①4-16-359810-3

内容 小説はこんなにおもしろい！ 文学の入り口に立つ若い読者へ向けた自選アンソロジー。

「七番目の男」

『めくらやなぎと眠る女』 村上春樹著 新潮社 2009.11 500p 19cm 1400円 ①978-4-10-353424-2

内容 ニューヨーク発、24の短篇コレクション。

『村上春樹全作品1990～2000 3 短篇集2』 村上春樹著 講談社 2003.3 275p 21cm 2500円 ①4-06-187943-X

内容 名作「神の子どもたちはみな踊る」「レキシントンの幽霊」収録。全篇加筆訂正。著者による書下ろし「解題」入り。

『レキシントンの幽霊』 村上春樹著 文藝春秋 1999.10 213p 15cm （文春文庫） 419円 ①4-16-750203-8

内容 古い屋敷で留守番をする「僕」がある夜見た、いや見なかったものは何だったのか？ 椎の木の根元から突然現われた緑色の獣のかわいそうな運命。「氷男」と結婚した女は、なぜ南極などへ行こうとしたのか…。次々に繰り広げられる不思議な世界。楽しく、そして底無しの怖さを秘めた七つの短編を収録。

「レキシントンの幽霊」

『村上春樹全作品1990～2000 3 短篇集2』 村上春樹著 講談社 2003.3 275p 21cm 2500円 ①4-06-187943-X

内容 名作「神の子どもたちはみな踊る」「レキシントンの幽霊」収録。全篇加筆訂正。著者による書下ろし「解題」入り。

『レキシントンの幽霊』 村上春樹著 文藝春秋 1999.10 213p 15cm （文春文庫） 419円 ①4-16-750203-8

内容 古い屋敷で留守番をする「僕」がある夜見た、いや見なかったものは何だったのか？ 椎の木の根元から突然現われた緑色の獣のかわいそうな運命。「氷男」と結婚した女は、なぜ南極などへ行こうとしたのか…。次々に繰り広げられる不思議な世界。楽しく、そして底無しの怖さを秘めた七つの短編を収録。

村上 陽一郎
むらかみ・よういちろう
《1936～》

「新しいパラダイムを求めて」

『近代科学を超えて』 村上陽一郎著 講談社 1986.11 227p 15cm （講談社学術文庫） 640円 ①4-06-158764-1 Ⓝ401

「科学と世界観」

『歴史としての科学』 村上陽一郎著 筑摩書房 1983.9 219p 20cm 1300円 Ⓝ401

「科学の現在を問う」

『科学の現在を問う』 村上陽一郎著 講談社 2000.5 190p 18cm （講談社現代新書） 660円 ①4-06-149500-3

内容 科学と技術の発展は人間を幸福にしたか？ 原発・医療・情報化など様々な角度から問い直す。

村上　龍
むらかみ・りゅう
《1952〜》

「パラグアイのオムライス」

『村上龍料理小説集』 村上龍著　講談社　1998.1　301p　15cm　（講談社文庫）　514円　①4-06-263643-3

内容 料理をつくらない、しかし料理の真髄を知悉している料理人―村上竜。ニューヨーク・パリ・ウィーン・リオ・ローマそして東京etc, を舞台に、男たちとは人生の懊悩を語りあい、女たちとは悦楽を分かちあうそのテーブルにこそふさわしい32の掌編小説をお届けしましょう。

紫式部
むらさきしきぶ
《平安時代中期》

「源氏物語」

『源氏物語　1』 石田穣二, 清水好子校注　新潮社　2014.10　346p　19cm　（新潮日本古典集成 新装版）　2200円　①978-4-10-620818-8

内容 光源氏誕生！ 千年の物語が始まる。父帝の妃・藤壷への禁断の想い、生涯をともにする紫の上との出会い。―永遠の貴公子・光源氏の若き青春の日々。

『源氏物語―全現代語訳　1〜7』 紫式部著，今泉忠義訳　新装版　講談社　2000〜2003　429p　15cm　（講談社学術文庫）　1400円　①4-06-159462-1　Ⓝ913.369

内容 浮舟・蜻蛉・手習・夢浮橋

『新日本古典文学大系　19〜23　源氏物語　5』 佐竹昭広ほか編　紫式部著，柳井滋ほか校注　岩波書店　1993〜97　488p　22cm　3811円　①4-00-240023-9　Ⓝ918

「紫式部日記」

『紫式部日記―現代語訳付き』 紫式部著，山本淳子訳注　角川学芸出版, 角川グループパブリッシング〔発売〕　2010.8　399p　15cm　（角川ソフィア文庫）　1000円　①978-4-04-400106-3

内容 紫式部が、藤原道長の娘、中宮彰子に仕えた際の回想録。史書からは窺えない宮廷行事の様子もわかり、道長が全権を掌握する前夜という緊張に満ちた状況下での記述が興味深い。華麗な生活から距離を置く紫式部の心理や、実務をこなせない同僚女房への冷静な評価、ライバル清少納言への辛口批評などが描かれる。精密な校訂による本文、詳細な注、流麗な現代語訳、歴史的事実を押さえた解説で、『源氏物語』の背景を伝える日記のすべてがわかる。

『紫式部日記・紫式部家集・枕草子・清少納言家集』 紫式部著，清少納言著　現代思潮新社　2007.5　15,334p　16cm　（覆刻日本古典全集　正宗敦夫編纂校訂）〈現代思潮社昭和58年刊を原本としたオンデマンド版〉　4500円　①978-4-329-02658-3　Ⓝ915.35

『紫式部日記』 小谷野純一訳・注　笠間書院　2007.4　233p　19cm　（笠間文庫―原文&現代語訳シリーズ）　1700円　①978-4-305-70420-7

内容 おのが内部に「暗闇」をもつ紫女の言説を犀利に読み解く。現代語訳対照・解説・改訂本文一覧・和歌各句索引付き。

『紫式部日記』 紫式部著，池田亀鑑, 秋山虔校注　岩波書店　2003.4　102p　15cm　（岩波文庫）〈第46刷〉　300円　①4-00-300157-5

内容 紫式部が中宮彰子に仕えた期間のうち寛弘5（1008）年7月から約1年半にわたる日記と消息文から成る。道長邸の生活、彰子の出産、正月の節会など大小の見聞が式部独特の鋭敏な感覚を通して記録されている。自他の人間を見すえてたじろぐことのなかった『源氏物語』の作者の複雑な内面生活をうかがい知るうえからも貴重な文献。

『紫式部日記　上・下』 紫式部著，宮崎荘平全訳註　講談社　2002.8　214p　15cm　（講談社学術文庫）〈年譜あり〉　1000円　①4-06-159554-7　Ⓝ915.35

村田　喜代子
むらた・きよこ
《1945〜》

「耳の塔」

『戦後短篇小説再発見　5　生と死の光景』　講談社文芸文庫編　講談社　2001.10　272p　15cm　（講談社文芸文庫）950円　①4-06-198265-6

内容 今年の秋（正宗白鳥），奇妙な国（島比呂志），男と九官鳥（遠藤周作），めずらしい人（川端康成），落葉亭（結城信一），海辺の生と死（島尾ミホ），夏草の匂い（高橋昌男），墓（色川武大），掌の記憶（高井有一），影向（上田三四二），ヒカダの記憶（三浦哲郎），耳の塔（村田喜代子）

『津島佑子 金井美恵子 村田喜代子』　津島佑子，金井美恵子，村田喜代子著，河野多恵子，大庭みな子，佐藤愛子，津村節子監修　角川書店　1998.5　463p　19cm　（女性作家シリーズ 19）2600円　①4-04-574219-0

内容 草の臥所，水府，黙市，夢の記録（津島佑子），くずれる水，洪水の前後，あかるい部屋のなかで，詩篇（金井美恵子），鍋の中，真夜中の自転車，耳の塔（村田喜代子）

『真夜中の自転車』　村田喜代子著　文藝春秋　1991.10　300p　19cm　1600円　①4-16-312790-9

内容 深夜の消防自動車の集会やら、カモメの卵を食べてしまった少年やら、酔うと電信柱に登る男やら、真夜中に宙吊りの自転車に乗りたがる女やら…。そんなヒトとモノがかもしだす奇妙な12の短篇です。

村野　四郎
むらの・しろう
《1901〜1975》

「空地の群落」

『現代詩文庫 村野四郎詩集　1028』　思潮社　1987

目次 詩集〈罠〉から，詩集〈体操詩集〉から，体操詩集・拾遺から，詩集〈抒情飛行〉から，詩集〈珊瑚の鞭〉から，詩集〈予感〉から，詩集〈実在の岸辺〉全篇，詩集〈抽象の城〉から，詩集〈亡羊記〉全篇，亡羊記・拾遺から，詩集〈蒼白な紀行〉から，蒼白な紀行・以後から，芸術・拾遺から，詩論・エッセイ（心象論，永遠なる芭蕉）

「秋の化石」

『現代詩文庫 村野四郎詩集　1028』　思潮社　1987

目次 詩集〈罠〉から，詩集〈体操詩集〉から，体操詩集・拾遺から，詩集〈抒情飛行〉から，詩集〈珊瑚の鞭〉から，詩集〈予感〉から，詩集〈実在の岸辺〉全篇，詩集〈抽象の城〉から，詩集〈亡羊記〉全篇，亡羊記・拾遺から，詩集〈蒼白な紀行〉から，蒼白な紀行・以後から，芸術・拾遺から，詩論・エッセイ（心象論，永遠なる芭蕉）

「枯草のなかで」

『現代詩文庫 村野四郎詩集　1028』　思潮社　1987

目次 詩集〈罠〉から，詩集〈体操詩集〉から，体操詩集・拾遺から，詩集〈抒情飛行〉から，詩集〈珊瑚の鞭〉から，詩集〈予感〉から，詩集〈実在の岸辺〉全篇，詩集〈抽象の城〉から，詩集〈亡羊記〉全篇，亡羊記・拾遺から，詩集〈蒼白な紀行〉から，蒼白な紀行・以後から，芸術・拾遺から，詩論・エッセイ（心象論，永遠なる芭蕉）

「現代の冬」

『現代詩文庫 村野四郎詩集　1028』　思潮社　1987

目次 詩集〈罠〉から，詩集〈体操詩集〉から，体操詩集・拾遺から，詩集〈抒情飛行〉から，詩集〈珊瑚の鞭〉から，詩集〈予感〉から，詩集〈実在の岸辺〉全篇，詩集〈抽象の城〉から，詩集〈亡羊記〉全篇，亡羊記・拾遺から，詩集〈蒼白な紀行〉から，蒼白な紀行・以後から，芸術・拾遺から，詩論・エッセイ（心象論，永遠なる芭蕉）

「さんたんたる鮟鱇」

『近代詩雑纂』　飛高隆夫著　新座　有文社　2012.3　595p　20cm　3800円　①978-4-946374-39-5　Ⓝ911.5

内容 藤村詩集，『邪宗門』粗描，『水墨集』の世界，高村光太郎『道程』，高村光太郎「寂寥」，高村光太郎の「他界」，萩原朔太郎の詩8篇（略解）萩原朔太郎の「郷愁」，萩原葉子『父・萩原朔太郎』『蕁草の家』，室生犀星の

俳句, 室生犀星の詩と俳句, 宮沢賢治「雲の信号」, 宮沢賢治「津軽海峡」, 宮沢賢治「ながれたり」考, 宮沢賢治の「メンタル・スケッチ・モディファイド」, 菱山修三「懸崖」ほか

『現代詩文庫 村野四郎詩集 1028』 思潮社 1987

目次 詩集〈罠〉から, 詩集〈体操詩集〉から, 体操詩集・拾遺から, 詩集〈抒情飛行〉から, 詩集〈珊瑚の鞭〉から, 詩集〈予感〉から, 詩集〈実在の岸辺〉全篇, 詩集〈抽象の城〉から, 詩集〈亡羊記〉全篇, 亡羊記・拾遺から, 詩集〈蒼白な紀行〉から, 蒼白な紀行・以後から, 芸術・拾遺から, 詩論・エッセイ（心象論, 永遠なる芭蕉）

「鹿」

『名詩の美学』 西郷竹彦著 名古屋 黎明書房 1993.7 313p 19cm 2800円 ①4-654-07547-X

内容 明治以降今日までの名詩の中から、小・中・高の国語教科書の教材としてなじみの深いものを中心に、著者の美の構造仮設によって詩のもつ多様な美（おもしろさ）の世界を鮮やかに読み切る。

『現代詩文庫 村野四郎詩集 1028』 思潮社 1987

目次 詩集〈罠〉から, 詩集〈体操詩集〉から, 体操詩集・拾遺から, 詩集〈抒情飛行〉から, 詩集〈珊瑚の鞭〉から, 詩集〈予感〉から, 詩集〈実在の岸辺〉全篇, 詩集〈抽象の城〉から, 詩集〈亡羊記〉全篇, 亡羊記・拾遺から, 詩集〈蒼白な紀行〉から, 蒼白な紀行・以後から, 芸術・拾遺から, 詩論・エッセイ（心象論, 永遠なる芭蕉）

「断崖からの郷愁」

『わたしの詩的遍歴』 村野四郎著 沖積舎 1987.3 258p 19cm （ちゅうせき叢書 4） 2500円 ①4-8060-7504-3

内容 最近見つかった未発表自伝「わたしの詩的遍歴」（123枚）を中心に、わが国現代詩の先達だった村野四郎の、単行本未収録の代表的詩論等を集め、その詩人像を鮮明にする。

「鉄亜鈴」

『現代詩文庫 村野四郎詩集 1028』 思潮社 1987

目次 詩集〈罠〉から, 詩集〈体操詩集〉から, 体操詩集・拾遺から, 詩集〈抒情飛行〉から, 詩集〈珊瑚の鞭〉から, 詩集〈予感〉から, 詩集〈実在の岸辺〉全篇, 詩集〈抽象の城〉から, 詩集〈亡羊記〉全篇, 亡羊記・拾遺から, 詩集〈蒼白な紀行〉から, 蒼白な紀行・以後から, 芸術・拾遺から, 詩論・エッセイ（心象論, 永遠なる芭蕉）

「鉄棒」

『現代詩文庫 村野四郎詩集 1028』 思潮社 1987

目次 詩集〈罠〉から, 詩集〈体操詩集〉から, 体操詩集・拾遺から, 詩集〈抒情飛行〉から, 詩集〈珊瑚の鞭〉から, 詩集〈予感〉から, 詩集〈実在の岸辺〉全篇, 詩集〈抽象の城〉から, 詩集〈亡羊記〉全篇, 亡羊記・拾遺から, 詩集〈蒼白な紀行〉から, 蒼白な紀行・以後から, 芸術・拾遺から, 詩論・エッセイ（心象論, 永遠なる芭蕉）

「飛込」

『現代詩文庫 村野四郎詩集 1028』 思潮社 1987

目次 詩集〈罠〉から, 詩集〈体操詩集〉から, 体操詩集・拾遺から, 詩集〈抒情飛行〉から, 詩集〈珊瑚の鞭〉から, 詩集〈予感〉から, 詩集〈実在の岸辺〉全篇, 詩集〈抽象の城〉から, 詩集〈亡羊記〉全篇, 亡羊記・拾遺から, 詩集〈蒼白な紀行〉から, 蒼白な紀行・以後から, 芸術・拾遺から, 詩論・エッセイ（心象論, 永遠なる芭蕉）

「モナ＝リザ」

『現代詩文庫 村野四郎詩集 1028』 思潮社 1987

目次 詩集〈罠〉から, 詩集〈体操詩集〉から, 体操詩集・拾遺から, 詩集〈抒情飛行〉から, 詩集〈珊瑚の鞭〉から, 詩集〈予感〉から, 詩集〈実在の岸辺〉全篇, 詩集〈抽象の城〉から, 詩集〈亡羊記〉全篇, 亡羊記・拾遺から, 詩集〈蒼白な紀行〉から, 蒼白な紀行・以後から, 芸術・拾遺から, 詩論・エッセイ（心象論, 永遠なる芭蕉）

村松 貞次郎
むらまつ・ていじろう
《1924—1997》

「やわらかいものへの視点」

『やわらかいものへの視点—異端の建築家伊藤為吉』 村松貞次郎著 岩波書店 1994.7 239p 20cm〈伊藤為吉関係略年譜：p223〜229〉2800円 ①4-00-002311-X Ⓝ523.1

室 鳩巣
むろ・きゅうそう
《1658〜1734》

「駿台雑話」

『江戸文学を選び直す—現代語訳付き名文案内』 井上泰至, 田中康二編 笠間書院 2014.6 201p 21×14cm 1800円 ①978-4-305-70735-2
内容 我々は本当に「古典」を選び得ているのか—。江戸文学の魅力を新たに、挑戦的、挑発的に汲み取る！

『日本随筆大成 第3期 第6巻』 日本随筆大成編輯部編 吉川弘文館 1995.8 448p 20cm〈新装版〉2884円 ①4-642-09053-3 Ⓝ081
内容 三余叢談 長谷川宣昭著, とはずがたり 中井甃庵著, 近来見聞噺の苗 暁鐘成著, 駿台雑話 室鳩巣著, むさしあぶみ 浅井了意著, 南向茶話 附追考 酒井忠昌著, 解題 北川博邦, 小出昌洋著

室生 犀星
むろう・さいせい
《1889〜1962》

「音楽会の後」

『現代詩文庫 室生犀星詩集 1035』 思潮社 1989

「かもめ」

『現代詩文庫 室生犀星詩集 1035』 思潮社 1989

「靴下」

『現代詩文庫 室生犀星詩集 1035』 思潮社 1989

「犀川」

『現代詩文庫 室生犀星詩集 1035』 思潮社 1989

「寂しき春」

『芥川と犀星』 足立直子, 金涙芝, 田村修一, 外村彰, 橋本正志ほか編 おうふう 2012.4 203p 21cm 2000円 ①978-4-273-03685-0
目次 1 芥川龍之介（鼻, 奉教人の死 ほか）,2 室生犀星（詩（小景異情/寺の庭/寂しき春/海浜独唱/蛇/時無草/蟬頃）, 寂しき魚 ほか）,3 俳句（芥川と犀星の俳句, 芥川龍之介ほか）,4 周辺の文学者（萩原朔太郎と芥川、犀星, 堀辰雄と芥川、犀星 ほか）

『室生犀星詩集—日本詩人選 09』 室生犀星著, 山室静訳 小沢書店 1997.9 260p 19cm （小沢クラシックス 世界の詩）1400円 ①4-7551-4069-2
目次 小景異情, 三月, 寂しき春, 蛇, 小曲, 月草, くらげ, 樹をのぼる蛇, 哀章, すて石に書きたる詩〔ほか〕

『現代詩文庫 室生犀星詩集 1035』 思潮社 1989

「三月」

『室生犀星詩集—日本詩人選 09』 室生犀星著, 山室静訳 小沢書店 1997.9 260p 19cm （小沢クラシックス 世界の詩）1400円 ①4-7551-4069-2
目次 小景異情, 三月, 寂しき春, 蛇, 小曲, 月草, くらげ, 樹をのぼる蛇, 哀章, すて石に書きたる詩〔ほか〕

『現代詩文庫 室生犀星詩集 1035』 思潮社 1989

「小景異情」

『室生犀星詩集—日本詩人選 09』 室生犀星著, 山室静訳 小沢書店 1997.9 260p 19cm （小沢クラシックス 世界

の詩）1400円 ①4-7551-4069-2

目次 小景異情, 三月, 寂しき春, 蛇, 小曲, 月草, くらげ, 樹をのぼる蛇, 哀章, すて石に書きたる詩〔ほか〕

『現代詩文庫 室生犀星詩集 **1035**』 思潮社 1989

「砂山の雨」

『現代詩文庫 室生犀星詩集 **1035**』 思潮社 1989

「蟬頃」

『芥川と犀星』 足立直子, 金涀芝, 田村修一, 外村彰, 橋本正志ほか編 おうふう 2012.4 203p 21cm 2000円 ①978-4-273-03685-0

目次 1 芥川龍之介（鼻, 奉教人の死 ほか）,2 室生犀星（詩（小景異情/寺の庭/寂しき春/海浜独唱/蛇/時無草/蟬頃）, 寂しき魚 ほか）,3 俳句（芥川と犀星の俳句, 芥川龍之介ほか）,4 周辺の文学者（萩原朔太郎と芥川、犀星, 堀辰雄と芥川、犀星 ほか）

『現代詩文庫 室生犀星詩集 **1035**』 思潮社 1989

「夏の朝」

『現代詩文庫 室生犀星詩集 **1035**』 思潮社 1989

「はる」

『現代詩文庫 室生犀星詩集 **1035**』 思潮社 1989

「ふるさと」

『室生犀星詩集』 室生犀星著 角川春樹事務所 2007.11 252p 15cm （ハルキ文庫）680円 ①978-4-7584-3315-0

内容 本書では、“ふるさとは遠きにありて思ふものそして悲しくうたふもの”のフレーズで知られる「小景異情」に代表される初期抒情詩を集めた『抒情小曲集』をはじめ、『愛の詩集』『女ごのための最後の詩集』など十四の詩集から百五十二篇を収録。七十二年に及ぶ詩人の生涯とその魅力を伝えるオリジナル版。

『現代詩文庫 室生犀星詩集 **1035**』 思潮社 1989

「山の中」

『現代詩文庫 室生犀星詩集 **1035**』 思潮社 1989

茂木 健一郎
もぎ・けんいちろう
《1962〜》

「最初のペンギン」

『最初のペンギン―ストーリーでわかる！らくらく外国語習得術』 杉原洋紀, 堀口美奈著 講談社 2013.10 206p 19cm 1,200円 ①978-4-06-218484-7

内容 ほぼ独学で、二人合わせてのべ13の言語を話せるようになった著者たちが、「100時間で誰でも外国語を話せるようになる方法」、「色々な外国語を通じて見えた世界の魅力」、「学ぶと得する外国語の選び方」、世界の8000の外国語に関する面白い「トリビア的豆知識」や、秘伝の「日本語しか話せない両親が子どもをバイリンガルに育てる方法」などを、小説仕立てで余すところなく伝授。

『脳を活かす勉強法―マンガでやる気アップ！ 奇跡の強化学習』 茂木健一郎著 PHP研究所 2010.6 153p 19cm 952円 ①978-4-569-77519-7

内容 鶴の恩返し記憶術、体験型記憶術、瞬間集中法の習慣化、過負荷勉強法。生まれつき、勉強ができない人はいない。ただ勉強の正しいやり方を知らなかっただけだ！勉強ほど楽しいモノはない。

本居 宣長
もとおり・のりなが
《1730〜1801》

「石上私淑言」

『本居宣長』 相良亨著 講談社 2011.6 324p 15cm （講談社学術文庫）1050円 ①978-4-06-292056-8

内容 漢意を否定し、われわれは現に日本人を支えてきた秩序によって生きるしかないという神道論を展開。文芸においては物のあわれを主張した宣長。その思想を追うことは、今日のわれわれ自身を知り、未来に生かすべきものと、同時に克服すべきものも見出すことだと著者はいう。日本思想史に決定的な影響を与えた宣長の本質を鮮やかに浮き彫りにした名著。

『排蘆小船・石上私淑言―宣長「物のあはれ」歌論』 本居宣長著，子安宣邦校注 岩波書店 2003.3 363p 15cm （岩波文庫） 760円 Ⓘ4-00-351011-9

内容 宝暦13年、34歳の本居宣長にはすぐれた二つの歌論があった。だが生涯公表されることなく、筐底に秘めて置かれた。当世和歌の現状に対し歌とは何かを問う処女作「排蘆小船」、そこでの〈心に思ふこと〉は「石上私淑言」で〈物のあはれをしる心〉ととらえ直され一大歌論を切り拓く。合せ鏡のごとく宣長思想を映しだす二作品を併載。

『排蘆小船 他』 本居宣長著，大久保正編 筑摩書房 1989.10 515p 21cm （本居宣長全集 第2巻）〈第6刷（第1刷，68.9.10）〉 5360円 Ⓘ4-480-74002-3

内容 全著作を収めた初の決定版全集。もののあはれ論の源流をなす「排蘆小船」、わが国歌論中の白眉「石上私淑言」他を収録。

「源氏物語玉の小櫛」

『源氏物語玉の小櫛―物のあわれ論』 本居宣長著，山口志義夫訳 多摩 多摩通信社 2013.5 212p 17cm （現代語訳本居宣長選集 4） 940円 Ⓘ978-4-9903617-4-7

内容 源氏物語を勧善懲悪や戒律の議論から解き放ち、その本質を「物のあわれ」であると捉えた歴史的評論。その後の日本文学に与えた影響は計り知れない。『紫文要領』の最終稿とされる第一巻、二巻を訳出。源氏物語の入門書としても秀逸。

『本居宣長全集 第4巻』 大野晋，大久保正編集校訂 筑摩書房 1989.12 42, 594p 23cm〈第5刷（第1刷：昭和44年）〉 6590円 Ⓝ121.25

内容 解題 大野晋著，紫文要領，源氏物語年紀考，源氏物語玉の小櫛，源氏物語覚書―附詠歌問答栄貞不審，安波礼弁紫文訳解

『日本の名著 21 本居宣長』 石川淳責任編集 中央公論社 1984.3 494p 18cm （中公バックス）〈本居宣長の肖像あり〉 1200円 Ⓘ4-12-400411-7 Ⓝ081

内容 宣長略解 石川淳著，宇比山踏，排蘆小船，直毘霊，呵刈葭，新古今集美濃の家づと（抄） 源氏物語玉の小櫛（抄） 年譜：p476～479

「玉勝間」

『玉勝間 上・下』 本居宣長著，村岡典嗣校訂 岩波書店 1995.3 330p 15cm （岩波文庫）〈第17刷（第1刷：1934年）〉 620円 Ⓘ4-00-302193-2 Ⓝ121.52

森 有正
もり・ありまさ
《1911～1976》

「木々は光を浴びて」

『森有正エッセー集成 5』 森有正著，二宮正之編 筑摩書房 1999.10 549p 15cm （ちくま学芸文庫） 1500円 Ⓘ4-480-08515-7

内容 近代日本の宿命、西欧との交わりのなかで、その思想・文化の単なる知的理解ではなく、自己の内面から西欧を血肉化し、それに対応した日本認識を自らの命題とし、日々の生活を通して西欧という現実に食い入りながら思想経験にまで高めた森有正。この前人未踏の、きびしく逞しい、豊かな展望を内に含んだ精神的営為の真髄を全5巻に集大成。第5巻は、“経験”の深まりが“変貌”をみせて、著者の思想の到達点を示す『木々は光を浴びて』全篇と、さまざまな時期に日本を論じたエッセー5篇に、1970年から76年までの日記を収録。

「霧の朝」

『遙かなノートル・ダム』 森有正著 講談社 2012.10 290p 15cm （講談社文芸文庫） 1500円 Ⓘ978-4-06-290176-5

内容 体験ではなく、経験を根柢に―著者の思想的転回点となった画期的な哲学エッセー。ただ自己の体験にとどまるならば安易な主観主義に陥るが、一方、経験は自己の定義へと進む。過去から受け継いだ歴史的なものが、ある機縁により、自分自身とわかちがたく成長していく―この静かな成熟過程、感覚の堆積が経験を生み、経験が思想に結実し、私という人間の定義へと到る。経験という地平から見た、西欧と日本の風景

とそこに生きる人々。

『森有正エッセー集成 3』 森有正著, 二宮正之編 筑摩書房 1999.8 535p 15cm (ちくま学芸文庫) 1500円 ①4-480-08513-0

内容 近代日本の宿命、西欧との交わりのなかで、その思想・文化の単なる知的理解ではなく、自己の内面から西欧を血肉化し、それに対応した日本認識を自らの命題とし、日々の生活を通して西欧という現実に食い入りながら思想経験にまで高めた森有正。この前人未踏の、きびしく逞しい、豊かな展望を内に含んだ精神的営為の真髄を全5巻に集大成。第3巻は、思想の転回をもたらした「経験」の発見『遥かなノートル・ダム』に、最初期のエッセー「黄昏のノートル・ダム」、晩年の「遠ざかるノートル・ダム」と、1961年から68年までの日記を収録。

「バビロンの流れのほとりにて」

『森有正エッセー集成 1』 森有正著, 二宮正之編 筑摩書房 1999.6 570p 15cm (ちくま学芸文庫) 1500円 ①4-480-08511-4

内容 近代日本の宿命、西欧との交わりのなかで、その思想・文化の単なる知的理解ではなく、自己の内面から西欧を血肉化し、それに対応した日本認識を自らの命題とし、日々の生活を通して西欧という現実に食い入りながら思想経験にまで高めた森有正。この前人未踏の、きびしく逞しい、豊かな展望を内に含んだ精神的営為の真髄を全5巻に集大成。第1巻は、著者がフランスに永住する決心をした後、はじめて世に出した、普遍的な価値に至ろうとつとめる魂の奇跡、『バビロンの流れのほとりにて』『流れのほとりにて』の2作品と、同時期の「日記」を収録。

森 鷗外
もり・おうがい
《1862〜1922》

「阿部一族」

『舞姫・うたかたの記』 森鷗外著 改版 角川書店, 角川グループホールディングス〔発売〕 2013.6 217p 15cm (角川文庫) 400円 ①978-4-04-100843-0

内容 幼いころから優秀で、勤める省庁から洋行を命じられた太田豊太郎は、数年後、孤独感にさいなまれ、ふとしたきっかけで美貌の舞姫エリスと激しい恋に落ちた。すべてを投げだし恋に生きようとする豊太郎に、友人の相澤は、手を尽くして帰国をすすめるが…。19世紀末のベルリンを舞台に繰り広げられる、激しくも哀しい青春を描いた「舞姫」ほか、「うたかたの記」「文づかい」「普請中」、そして翻訳「ふた夜」を収録。

『森鷗外集』 筑摩書房 2013.1 504p 21cm (明治文學全集 27) 7500円 ①978-4-480-10327-7

目次 舞姫, うたかたの記, 文づかひ, 半日, ヰタ・セクスアリス, 普請中, 花子, 食堂, 妄想, 不思議な鏡, かのやうに, 興津彌五右衛門の遺書, 興津彌五右衛門の遺書(初稿), 阿部一族, 即興詩人, 冬の王, うた日記(抄), 我百首, 航西日記, 獨逸日記(抄), 柵草紙の本領を論ず, 柵草紙の山房論文(抄), 傍觀機關(抄), 鷗外漁史とは誰ぞ, 洋學の盛衰を論ず, 假名遣意見, 長谷川辰之助, Resignationの説, 夏目漱石論, 鼎軒先生, 歴史其侭と歴史離れ, 自彊不息, なかじきり, 禮儀小言, 森鷗外(正宗白鳥), 「即興詩人」(小泉信三), 鷗外論目論見のうち(中野重治), 鷗外と女性(森於菟), 解題(唐木順三), 年譜(吉田精一編), 參考文獻(吉田精一編), 詳細目次

『山椒大夫・高瀬舟・阿部一族』 森鷗外著 改版 角川書店, 角川グループパブリッシング〔発売〕 2012.6 301p 15cm (角川文庫) 476円 ①978-4-04-100287-2

内容 人買いによって母と引き離されてしまった安寿と厨子王の姉弟。由良の山椒大夫に売られた二人は奴隷として辛い日々を送っていたが、姉は弟を逃がして自らは死を選ぶ。姉の犠牲によって脱出した弟は、父母を捜すべく都に向かい、出世をしていき…。犠牲の意味を問う「山椒大夫」、安楽死の問題を扱った「高瀬舟」、殉死制度のもたらした悲劇を描く「阿部一族」などを収録。鷗外の晩年の名作をおさめた短篇集。

『鷗外歴史文学集 第2巻 阿部一族・大塩平八郎・堺事件ほか』 森鷗外著 岩波書店 2000.10 468p 19cm 4600円 ①4-00-092322-6

内容 興津弥五衛門の遺書, 阿部一族, 佐橋甚五郎, 護持院原の敵討, 大塩平八郎, 堺事件, 生田川

「うたかたの記」

『舞姫・うたかたの記』 森鷗外著 改版 角川書店, 角川グループホールディングス〔発売〕 2013.6 217p 15cm (角川文庫) 400円 ①978-4-04-100843-0

内容 幼いころから優秀で、勤める省庁から洋行を命じられた太田豊太郎は、数年後、孤独感にさいなまれ、ふとしたきっかけで美貌の舞姫エリスと激しい恋に落ちた。すべてを投げだし恋に生きようとする豊太郎に、友人の相澤は、手を尽くして帰国をすすめるが…。19世紀末のベルリンを舞台に繰り広げられる、激しくも哀しい青春を描いた「舞姫」ほか、「うたかたの記」「文づかい」「普請中」、そして翻訳「ふた夜」を収録。

『鷗外近代小説集 第1巻 舞姫ヰタ・セクスアリスほか』 森鷗外著 岩波書店 2013.3 390p 19cm 3800円 ①978-4-00-092731-4

内容 『水沫集』より、ドイツ留学体験を下敷きとした初期作品、「うたかたの記」「舞姫」「文づかひ」のいわゆる"ドイツ土産三部作"。他、自身の家庭問題を描いたかといわれる「半日」、掲載誌が発禁処分を受けた「ヰタ・セクスアリス」等の単行本未収録作品。全九篇を収録。

『森鷗外集』 筑摩書房 2013.1 504p 21cm (明治文學全集 27) 7500円 ①978-4-480-10327-7

目次 舞姫, うたかたの記, 文づかひ, 半日, ヰタ・セクスアリス, 普請中, 花子, 食堂, 妄想, 不思議な鏡, かのやうに, 興津彌五右衛門の遺書, 興津彌五右衛門の遺書(初稿), 阿部一族, 即興詩人, 冬の王, うた日記(抄), 我百首, 航西日記, 獨逸日記(抄), 柵草紙の本領を論ず, 柵草紙の山房論文(抄), 傍觀機關(抄), 鷗外漁史とは誰ぞ, 洋學の盛衰を論ず, 假名遣意見, 長谷川辰之助, Resignationの説, 夏目漱石論, 鼎軒先生, 歴史其儘と歴史離れ, 自彊不息, なかじきり, 禮儀小言, 森鷗外(正宗白鳥), 「即興詩人」(小泉信三), 鷗外論目論見のうち(中野重治), 鷗外と女性(森於菟), 解題(唐木順三), 年譜(吉田精一編), 參考文獻(吉田精一編), 詳細目次

『宵』 樋口一葉, 国木田独歩, 森鷗外著 ポプラ社 2010.10 155p 19cm (百年文庫 46) 750円 ①978-4-591-11928-0 Ⓝ913.68

内容 十三夜 樋口一葉著, 置土産 国木田独歩著, うたかたの記 森鷗外著, 人と作品 樋口一葉, 国木田独歩, 森鷗外著

『舞姫・うたかたの記 他三篇』 森鷗外作 岩波書店 2002.12 185p 15cm (岩波文庫)〈第40刷〉460円 ①4-00-310060-3

内容 日本人留学生とドイツの一少女との悲恋を描いた「舞姫」のほか、鷗外(1862‐1922)の青春の記念ともいうべき「うたかたの記」「文づかひ」、名訳「ふた夜」を収めた。いずれも異国的な背景と典雅な文章の間に哀切な詩情を湛える。併収した「そめちがへ」は、作者の初期から中期への展開を示す作品として重要である。

「雁」

『雁』 森鷗外著 改版 新潮社 2008.2 184p 15cm (新潮文庫) 324円 ①978-4-10-102001-3

内容 貧窮のうちに無邪気に育ったお玉は、結婚に失敗して自殺をはかるが果さず、高利貸しの末造に望まれてその妾になる。女中と二人暮しのお玉は大学生の岡田を知り、しだいに思慕の情をつのらせるが、偶然の重なりから二人は結ばれずに終る…。極めて市井的な一女性の自我の目ざめとその挫折を岡田の友人である「僕」の回想形式をとり、一種のくすんだ哀愁味の中に描く名作である。

『雁』 森鷗外作 改版 岩波書店 2002.10 178p 15cm (岩波文庫) 380円 ①4-00-310055-7

内容 生まれてすぐに母を亡くし、貧困の中で父親に育てられたお玉は、高利貸末造の妾となり、上野不忍池にほど近い無縁坂にひっそりと住んでいる。やがて、散歩の道すがら家の前を通る医学生岡田と会釈を交すようになり…。鷗外の哀感溢れる中篇。

「寒山拾得」

『日本文学100年の名作—夢見る部屋 1914‐1923』 池内紀, 川本三郎, 松田哲夫編 新潮社 2014.9 490p 15cm (新潮文庫) 710円 ①978-4-10-127432-4

内容 第一次世界大戦が勃発し、関東大震災が発生—。激動の10年間に何が書かれていたのか。中短編アンソロジー全集。第1弾。

『山椒大夫・高瀬舟・阿部一族』 森鷗外著 改版 角川書店, 角川グループパブリッシング〔発売〕 2012.6 301p

15cm （角川文庫） 476円 ①978-4-04-100287-2

内容 人買いによって母と引き離されてしまった安寿と厨子王の姉弟。由良の山椒大夫に売られた二人は奴隷として辛い日々を送っていたが、姉は弟を逃がして自らは死を選ぶ。姉の犠牲によって脱出した弟は、父母を捜すべく都に向かい、出世をしていき…。犠牲の意味を問う「山椒大夫」、安楽死の問題を扱った「高瀬舟」、殉死制度のもたらした悲劇を描く「阿部一族」などを収録。鷗外の晩年の名作をおさめた短篇集。

『森鷗外』 森鷗外著 筑摩書房 2008.6 477p 15cm （ちくま日本文学 017） 880円 ①978-4-480-42517-1

内容 明治という時代を生きた孤高の文豪が残した足跡。

『最後の一句・山椒大夫ほか』 森鷗外著 教育出版 2003.7 218p 18cm （読んでおきたい日本の名作） 800円 ①4-316-80026-4

内容 最後の一句, 寒山拾得, 山椒大夫, 高瀬舟, 阿部一族

『山椒大夫・高瀬舟—他四篇』 森鷗外作 改版 岩波書店 2002.10 174p 15cm （岩波文庫） 440円 ①4-00-310057-3

内容 「安寿恋しや、ほうやれほ。厨子王恋しや、ほうやれほ」の『山椒大夫』、弟殺しの罪に処せられた男の心情を綴り安楽死の問題に触れる『高瀬舟』のほか、「お上の事には間違いはございますまいから」という少女の一言『最後の一句』など、烈しい感情を秘めつつ淡々とした文体で描いた鷗外晩年の名品6篇。

『鷗外歴史文学集 第4巻 寒山拾得・細木香以・寿阿弥の手紙ほか』 森鷗外著, 須田喜代次, 小泉浩一郎注釈 岩波書店 2001.6 500p 19cm 4600円 ①4-00-092324-2

内容 寒山拾得, 都甲太兵衛, 鈴木藤吉郎, 細木香以, 寿阿弥の手紙, 小嶋宝素

「寒山拾得縁起」

『ヰタ・セクスアリス 阿部一族』 森鷗外著 フロンティアニセン 2005.2（第2刷） 204p 15cm （フロンティア文庫 8—風呂で読める文庫100選 8）〈ルーズリーフ〉 1000円 ①4-86197-008-3 Ⓝ913.6

内容 ヰタ・セクスアリス, 寒山拾得, 寒山拾得縁起, 百物語, 阿部一族

『鷗外論集』 森鷗外著, 小泉浩一郎編 講談社 1990.12 250p 15cm （講談社学術文庫） 680円 ①4-06-158951-2

内容 森鷗外、多面的な発光体—明治日本の近代化・西洋化の先導者、またロマネスクな青春小説から重厚な史伝文学に至る名作の作者、そして陸軍軍医総監まで務めた顕官として日本近代史に枢要の地歩を占める。本書は、そのような鷗外の小説以外の評論・エッセイの中から主要なものを収めた。貴族主義から民主主義へ、劇的な転換を遂げる鷗外の内面を跡づけ、褒貶喧しい鷗外評価に清新な結論を与える。

「最後の一句」

『山椒大夫・高瀬舟・阿部一族』 森鷗外著 改版 角川書店, 角川グループパブリッシング〔発売〕 2012.6 301p 15cm （角川文庫） 476円 ①978-4-04-100287-2

内容 人買いによって母と引き離されてしまった安寿と厨子王の姉弟。由良の山椒大夫に売られた二人は奴隷として辛い日々を送っていたが、姉は弟を逃がして自らは死を選ぶ。姉の犠牲によって脱出した弟は、父母を捜すべく都に向かい、出世をしていき…。犠牲の意味を問う「山椒大夫」、安楽死の問題を扱った「高瀬舟」、殉死制度のもたらした悲劇を描く「阿部一族」などを収録。鷗外の晩年の名作をおさめた短篇集。

『新 現代文学名作選』 中島国彦監修 明治書院 2012.1 256p 21cm 781円 ①978-4-625-65415-2

内容 坊っちゃん（夏目漱石）, 最後の一句（森鷗外）, 鼻（芥川龍之介）, 清兵衛と瓢箪（志賀直哉）, よだかの星（宮沢賢治）, 山椒魚（井伏鱒二）, セメント樽の中の手紙（葉山嘉樹）, 路傍の石（山本有三）, 黄金風景（太宰治）, 名人伝（中島敦）, 潮騒（三島由紀夫）, 赤い繭（安部公房）, おきみやげ（幸田文）, 童謡（吉行淳之介）, 途中下車（宮本輝）, 離さない（川上弘美）, 沈黙（村上春樹）, 電話アーティストの甥電話アーティストの恋人（小川洋子）, 乳と卵（川上未映子）, さがしもの（角田光代）

『山椒大夫・高瀬舟』 森鷗外著 改版 新潮社 2011.1 376p 15cm （新潮

文庫）〈86刷（初版1968年）〉476円
Ⓘ978-4-10-102005-1
内容 人買いのために引離された母と姉弟の受難を通して、犠牲の意味を問う『山椒大夫』、弟殺しの罪で島流しにされてゆく男とそれを護送する同心との会話から安楽死の問題をみつめた『高瀬舟』。滞欧生活で学んだことを振返りつつ、思想的な立場を静かに語って鷗外の世界観、人生観をうかがうのに不可欠な『妄想』、ほかに『興津弥五右衛門の遺書』『最後の一句』など全十二編を収録する。

『山椒大夫・高瀬舟―他四篇』 森鷗外作 改版 岩波書店 2002.10 174p 15cm （岩波文庫）440円 Ⓘ4-00-310057-3
内容「安寿恋しや、ほうやれほ。厨子王恋しや、ほうやれほ」の『山椒大夫』、弟殺しの罪に処せられた男の心情を綴り安楽死の問題に触れる『高瀬舟』のほか、「お上の事には間違いはございますまいから」という少女の一言『最後の一句』など、烈しい感情を秘めつつ淡々とした文体で描いた鷗外晩年の名品6篇。

「佐橋甚五郎」

『山椒大夫・高瀬舟・阿部一族』 森鷗外著 改版 角川書店，角川グループパブリッシング〔発売〕 2012.6 301p 15cm （角川文庫）476円 Ⓘ978-4-04-100287-2
内容 人買いによって母と引き離されてしまった安寿と厨子王の姉弟。由良の山椒大夫に売られた二人は奴隷として辛い日々を送っていたが、姉は弟を逃がして自らは死を選ぶ。姉の犠牲によって脱出した弟は、父母を捜すべく都に向かい、出世をしていき…。犠牲の意味を問う「山椒大夫」、安楽死の問題を扱った「高瀬舟」、殉死制度のもたらした悲劇を描く「阿部一族」などを収録。鷗外の晩年の名作をおさめた短篇集。

『阿部一族―他二篇』 森鷗外作 改版 岩波書店 2007.12 119p 15cm （岩波文庫）400円 Ⓘ978-4-00-310056-1 Ⓝ913.6
内容 興津弥五右衛門の遺書，阿部一族，佐橋甚五郎

『文豪怪談傑作選 森鷗外集 鼠坂』 森鷗外著，東雅夫編 筑摩書房 2006.8 398p 15cm （ちくま文庫）880円 Ⓘ4-480-42242-0
内容 日本近代文学興隆期の巨人・森鷗外は、同時代のヨーロッパで書かれた怪異奇想小説の逸品を、誰よりも早く、達意の訳文でわが国の読者に紹介するとともに、みずからも好んで怪談奇談の筆を執った。死霊の復讐、旧家に蟠る怨念、分身譚、神仏の祟りなど多彩な創作怪談と翻訳怪奇小説を集大成した本書は、文豪鷗外による「独り百物語」もしくは鷗外版「世界怪談名作集」ともいうべき試みである。

「サフラン」

『鷗外女性論集』 森鷗外著，金子幸代編・解説 不二出版 2006.4 341p 21cm 2800円 Ⓘ4-8350-3497-X Ⓝ918.68
内容 随筆・文芸批評：これわれ指環の評，鴟［ハネ］掻，三人冗語，与謝野晶子さんに就いて，「アンナ、カレニナ」序，「ノラ」解題ほか

『鷗外随筆集』 森鷗外著，千葉俊二編 岩波書店 2000.11 246p 15cm （岩波文庫）560円 Ⓘ4-00-310068-9
内容 鷗外は、幕末、津和野藩の下級武士の子として生まれ、藩校で漢籍を学び、上京して東大医学部に学んだ。軍医総監に上りつめ、最後は帝室博物館長として没した公的生活と小説家鷗外―封建的イデオロギーと漢籍の素養、近代西欧文明と自然科学者の眼が同居したこの巨人の息づかいが聞える随筆18篇。

「山椒大夫」

『山椒大夫・高瀬舟・阿部一族』 森鷗外著 改版 角川書店，角川グループパブリッシング〔発売〕 2012.6 301p 15cm （角川文庫）476円 Ⓘ978-4-04-100287-2
内容 人買いによって母と引き離されてしまった安寿と厨子王の姉弟。由良の山椒大夫に売られた二人は奴隷として辛い日々を送っていたが、姉は弟を逃がして自らは死を選ぶ。姉の犠牲によって脱出した弟は、父母を捜すべく都に向かい、出世をしていき…。犠牲の意味を問う「山椒大夫」、安楽死の問題を扱った「高瀬舟」、殉死制度のもたらした悲劇を描く「阿部一族」などを収録。鷗外の晩年の名作をおさめた短篇集。

『山椒大夫・高瀬舟』 森鷗外著 改版 新潮社 2011.1 376p 15cm （新潮文庫）〈86刷（初版1968年）〉476円
Ⓘ978-4-10-102005-1

内容 人買いのために引離された母と姉弟の受難を通して、犠牲の意味を問う『山椒大夫』、弟殺しの罪で島流しにされてゆく男とそれを護送する同心との会話から安楽死の問題をみつめた『高瀬舟』。滞欧生活で学んだことを振返りつつ、思想的な立場を静かに語って鷗外の世界観、人生観をうかがうのに不可欠な『妄想』、ほかに『興津弥五右衛門の遺書』『最後の一句』など全十二編を収録する。

『山椒大夫・高瀬舟―他四篇』 森鷗外作 改版 岩波書店 2002.10 174p 15cm （岩波文庫）440円 ①4-00-310057-3

内容 「安寿恋しや、ほうやれほ。厨子王恋しや、ほうやれほ」の『山椒大夫』、弟殺しの罪に処せられた男の心情を綴り安楽死の問題に触れる『高瀬舟』のほか、「お上の事には間違いはございますまいから」という少女の一言『最後の一句』など、烈しい感情を秘めつつ淡々とした文体で描いた鷗外晩年の名品6篇。

「じいさんばあさん」

『山椒大夫・高瀬舟・阿部一族』 森鷗外著 改版 角川書店,角川グループパブリッシング〔発売〕 2012.6 301p 15cm （角川文庫）476円 ①978-4-04-100287-2

内容 人買いによって母と引き離されてしまった安寿と厨子王の姉弟。由良の山椒大夫に売られた二人は奴隷として辛い日々を送っていたが、姉は弟を逃がして自らは死を選ぶ。姉の犠牲によって脱出した弟は、父母を捜すべく都に向かい、出世をしていき…。犠牲の意味を問う「山椒大夫」、安楽死の問題を扱った「高瀬舟」、殉死制度のもたらした悲劇を描く「阿部一族」などを収録。鷗外の晩年の名作をおさめた短篇集。

『森鷗外』 森鷗外著 筑摩書房 2008.6 477p 15cm （ちくま日本文学 017） 880円 ①978-4-480-42517-1

内容 明治という時代を生きた孤高の文豪が残した足跡。

『山椒大夫・高瀬舟―他四篇』 森鷗外作 改版 岩波書店 2002.10 174p 15cm （岩波文庫）440円 ①4-00-310057-3

内容 「安寿恋しや、ほうやれほ。厨子王恋しや、ほうやれほ」の『山椒大夫』、弟殺しの罪に処せられた男の心情を綴り安楽死の問題に触れる『高瀬舟』のほか、「お上の事には間違いはございますまいから」という少女の一言『最後の一句』など、烈しい感情を秘めつつ淡々とした文体で描いた鷗外晩年の名品6篇。

「渋江抽斎」

『森鷗外』 森鷗外著 筑摩書房 2008.6 477p 15cm （ちくま日本文学 017） 880円 ①978-4-480-42517-1

内容 明治という時代を生きた孤高の文豪が残した足跡。

『鷗外歴史文学集 第五巻 渋江抽斎』 森鷗外著 岩波書店 2000.1 477p 19cm 4600円 ①4-00-092325-0

内容 本巻には、鷗外史伝の第一作『渋江抽斎』を収録し、人命注、署名注を付した。

『渋江抽斎』 森鷗外著 岩波書店 1999.5 389p 15cm （岩波文庫）660円 ①4-00-310058-1

内容 渋江抽斎（1805‐58）は弘前の医官で考証学者であった。「武鑑」収集の途上で抽斎の名に遭遇し、心を惹かれた鷗外は、その事跡から交友関係、趣味、性格、家庭生活、子孫、親戚にいたるまでを克明に調べ、生きいきと描きだす。抽斎への熱い思いを淡々と記す鷗外の文章は見事というほかない。鷗外史伝ものの代表作。改版。

『森鷗外全集 6 栗山大膳 渋江抽斎』 森鷗外著 筑摩書房 1996.1 634p 15cm （ちくま文庫）1500円 ①4-480-02926-5

内容 栗山大膳,津下四郎左衛門,相原品,渋江抽斎,寿阿弥の手紙,都甲太兵衛,鈴木藤吉郎,細木香以,小嶋宝素

「高瀬舟」

『文豪たちが書いた泣ける名作短編集』 彩図社文芸部編纂 彩図社 2014.9 188p 15cm 590円 ①978-4-8013-0012-5

内容 10人の文豪が描く哀切に満ちたストーリーを集めました。哀しくも切ない小作品集。

『山椒大夫・高瀬舟・阿部一族』 森鷗外著 改版 角川書店,角川グループパブリッシング〔発売〕 2012.6 301p 15cm （角川文庫）476円 ①978-4-04-100287-2

内容 人買いによって母と引き離されてしまった安寿と厨子王の姉弟。由良の山椒大夫に売られた二人は奴隷として辛い日々を送っていたが、姉は弟を逃がして自らは死を選ぶ。姉の犠牲によって脱出した弟は、父母を捜すべく都に向かい、出世をしていき…。犠牲の意味を問う「山椒大夫」、安楽死の問題を扱った「高瀬舟」、殉死制度のもたらした悲劇を描く「阿部一族」などを収録。鷗外の晩年の名作をおさめた短篇集。

『山椒大夫・高瀬舟―他四篇』 森鷗外作 改版 岩波書店 2002.10 174p 15cm (岩波文庫) 440円 ①4-00-310057-3

内容「安寿恋しや、ほうやれほ。厨子王恋しや、ほうやれほ」の『山椒大夫』、弟殺しの罪に処せられた男の心情を綴り安楽死の問題に触れる『高瀬舟』のほか、「お上の事には間違いはございますまいから」という少女の一言『最後の一句』など、烈しい感情を秘めつつ淡々とした文体で描いた鷗外晩年の名品6篇。

「舞姫」

『舞姫・うたかたの記』 森鷗外著 改版 角川書店,角川グループホールディングス〔発売〕 2013.6 217p 15cm (角川文庫) 400円 ①978-4-04-100843-0

内容 幼いころから優秀で、勤める省庁から洋行を命じられた太田豊太郎は、数年後、孤独感にさいなまれ、ふとしたきっかけで美貌の舞姫エリスと激しい恋に落ちた。すべてを投げだし恋に生きようとする豊太郎に、友人の相澤は、手を尽くして帰国をすすめるが…。19世紀末のベルリンを舞台に繰り広げられる、激しくも哀しい青春を描いた「舞姫」ほか、「うたかたの記」「文づかい」「普請中」、そして翻訳「ふた夜」を収録。

『鷗外近代小説集 第1巻 舞姫ヰタ・セクスアリスほか』 森鷗外著 岩波書店 2013.3 390p 19cm 3800円 ①978-4-00-092731-4

内容『水沫集』より、ドイツ留学体験を下敷きとした初期作品、「うたかたの記」「舞姫」「文づかひ」のいわゆる“ドイツ土産三部作”。他、自身の家庭問題を描いたかといわれる「半日」、掲載誌が発禁処分を受けた「ヰタ・セクスアリス」等の単行本未収録作品。全九篇を収録。

『森鷗外集』 筑摩書房 2013.1 504p 21cm (明治文學全集 27) 7500円 ①978-4-480-10327-7

目次 舞姫,うたかたの記,文づかひ,半日,ヰタ・セクスアリス,普請中,花子,食堂,妄想,不思議な鏡,かのやうに,興津彌五右衛門の遺書,興津彌五右衛門の遺書(初稿),阿部一族,即興詩人,冬の王,うた日記(抄),我百首,航西日記,獨逸日記(抄),柵草紙の本領を論ず,柵草紙の山房論文(抄),傍觀機關(抄),鷗外漁史とは誰ぞ,洋學の盛衰を論ず,假名遣意見,長谷川辰之助,Resignationの説,夏目漱石論,鼎軒先生,歴史其侭と歴史離れ,自彊不息,なかじきり,禮儀小言,森鷗外(正宗白鳥),「即興詩人」(小泉信三),鷗外論目論見のうち(中野重治),鷗外と女性(森於菟),解題(唐木順三),年譜(吉田精一編),參考文獻(吉田精一編),詳細目次

『現代語訳 舞姫』 森鷗外著,井上靖訳,山崎一穎監修 筑摩書房 2006.3 206p 15cm (ちくま文庫) 580円 ①4-480-42188-2

内容 今では「古典」となりつつある鷗外の名高い短篇小説『舞姫』を井上靖の名訳で味わう。訳文のほか、原文・脚注・解説を付して若い読者でも無理なく読める工夫を凝らした。また資料篇として、ベルリン留学時代の鷗外や「舞姫」エリスの謎についてなど、作品の背景を探る代表的文献を紹介。読みごたえのある名作をさらに深く味わえる一冊。

『舞姫・うたかたの記 他三篇』 森鷗外作 岩波書店 2002.12 185p 15cm (岩波文庫)〈第40刷〉460円 ①4-00-310060-3

内容 日本人留学生とドイツの一少女との悲恋を描いた「舞姫」のほか、鷗外(1862-1922)の青春の記念ともいうべき「うたかたの記」「文づかひ」、名訳「ふた夜」を収めた。いずれも異国的な背景と典雅な文章の間に哀切な詩情を湛える。併収した「そめちがへ」は、作者の初期から中期への展開を示す作品として重要である。

「妄想」

『鷗外近代小説集 第5巻 蛇・カズイスチカ ほか』 森鷗外著 岩波書店 2013.1 351p 19cm 3800円 ①978-4-00-092735-2

内容 一つの函に入り刊行された単行本、『走馬灯』と『分身』の収録作品。亡き知人を悼んだ「羽鳥千尋」、主人公が自らの閲歴を振り返る姿に鷗外の精神史を観るが如き「妄想」、大逆事件の只中、静かな政府批判が

感じとれる「食堂」など十三篇。

『山椒大夫・高瀬舟』 森鷗外著 改版 新潮社 2011.1 376p 15cm （新潮文庫）〈86刷（初版1968年）〉 476円 Ⓘ978-4-10-102005-1

内容 人買いのために引離された母と姉弟の受難を通して、犠牲の意味を問う『山椒大夫』、弟殺しの罪で島流しにされてゆく男とそれを護送する同心との会話から安楽死の問題をみつめた『高瀬舟』。滞欧生活で学んだことを振返りつつ、思想的な立場を静かに語って鷗外の世界観、人生観をうかがうのに不可欠な『妄想』、ほかに『興津弥五右衛門の遺書』『最後の一句』など全十二編を収録する。

『森鷗外』 森鷗外著，坪内祐三, 川本三郎編 筑摩書房 2000.10 470p 19cm （明治の文学 第14巻） 2400円 Ⓘ4-480-10154-3

内容 舞姫, うたかたの記, そめちがえ, 有楽門, キタ・セクスアリス, 独身, 桟橋, 普請中, 花子, カズイスチカ, 妄想, 雁, かのやうに, 田楽豆腐

「安井夫人」

『鷗外の「武士道」小説―傑作短篇選』 森鷗外著，長尾剛編 PHP研究所 2009.12 267p 15cm （PHP文庫） 476円 Ⓘ978-4-569-67373-8

内容 乃木希典将軍の殉死をきっかけに武士道に興味を持ち、歴史小説に挑んだ明治の文豪・森鷗外。本書は、殉死をめぐる悲劇に迫る『阿部一族』のほか、父の敵を求めて全国を行脚する旅の苛酷さを描いた『護持院原の敵討』、主君のためには切腹も厭わない武士たちの姿をリアルなタッチで描ききった『堺事件』など傑作7篇を収録。意地と忠義に貫かれた本物の「武士道」の真髄に迫る。

『森鷗外』 森鷗外著 筑摩書房 2008.6 477p 15cm （ちくま日本文学 017） 880円 Ⓘ978-4-480-42517-1

内容 明治という時代を生きた孤高の文豪が残した足跡。

『大正の結婚小説』 上田博編 おうふう 2005.9 218p 21cm 2000円 Ⓘ4-273-03390-9

内容 結婚は面白い人間模様。夏目漱石「明暗」から宮本百合子「伸子」まで、20の名作に見る大正の結婚事情。

『鷗外歴史文学集 第3巻』 森鷗外著 岩波書店 1999.11 407p 20cm 4600円 Ⓘ4-00-092323-4 Ⓝ918.68

内容 安井夫人, 栗山大膳, 山椒大夫, 津下四郎左衛門, 魚玄機, ぢいさんばあさん, 最後の一句, 椙原品, 高瀬舟, 曾我兄弟, 解題（須田喜代次著）

『山椒大夫 高瀬舟―森鷗外全集 5』 森鷗外著 筑摩書房 1995.10 366p 15cm （ちくま文庫） 980円 Ⓘ4-480-02925-7

内容 大塩平八郎, 堺事件, 安井夫人, 山椒大夫, 魚玄機, じいさんばあさん, 最後の一句, 高瀬舟, 寒山拾得, 玉篋両浦嶼, 日蓮聖人辻説法, 仮面

森 銑三
もり・せんぞう
《1895～1985》

「土木の神様 服部長七」

『史伝閑歩』 森銑三著 中央公論社 1989.1 308p 16cm （中公文庫） 460円 Ⓘ4-12-201582-0 Ⓝ914.6

森 毅
もり・つよし
《1928～2010》

「弱者生存」

『みんなが忘れてしまった大事な話』 森毅著 ベストセラーズ 1996.10 214p 15cm （ワニ文庫） 490円 Ⓘ4-584-30507-2 Ⓝ159

「やさしさの時代に」

『まちがったっていいじゃないか』 森毅著 筑摩書房 1988.3 225p 15cm （ちくま文庫） 400円 Ⓘ4-480-02207-4 Ⓝ159.7

森岡　健二
もりおか・けんじ
《1917〜2008》

「事実とことば」

『ことばの教育』　森岡健二著　明治書院　1988.3　395p　19cm　(現代語研究シリーズ 4)　3800円　Ⓘ4-625-52074-6

目次 1 国語教育の課題と方法(国語教育の流れ, 国語教育の課題, 西尾教育論の位置, 読むことの教育, 教科書文章の難易調査, 書くことの教育, 国語教育の対象とする言語, アメリカの作文教育),2 コンポジション(コンポジション概説, 言語教育とコンポジション, 中学生におけるコンポジション能力の分析, 解説「文章構成法」, 付録・事実とことば)

森崎　和江
もりさき・かずえ
《1927〜》

「伝統の交流を」

『ミシンの引き出し』　森崎和江著　大和書房　1980.1　222p　19cm　980円　Ⓝ914.6

森本　哲郎
もりもと・てつろう
《1925〜2014》

「赤いエンピツ」

『読書の旅―愛書家に捧ぐ』　森本哲郎著　講談社　1984.5　292p　15cm　(講談社文庫)　380円　Ⓘ4-06-183246-8　Ⓝ019

「希望について」

『ことばへの旅　上』　森本哲郎著　PHP研究所　2003.4　550p　15cm　(PHP文庫)　895円　Ⓘ4-569-57869-1

内容 人間の長い歴史を経て築き上げてきた、果てしなき“ことばの森”。その森を放浪し、すばらしいことばの木に出会い、その木のなかにイデアを発見したときの感動！そうした感動から生まれた本書には、平明達意な文章のうちに、ことばの本質に迫った深い思索が見事に織り込まれている。読書の愉しみ、考えることの喜びに出会える名随筆集、待望の復刊。

『ことばへの旅』　森本哲郎著　愛蔵版　新潮社　1998.12　508p　21cm　3800円　Ⓘ4-10-337208-7

内容 どんな悩みや難問にも、偉大な先人たちの「ことば」が答えてくれる―ギリシアの哲学、中国の古典、日本の詩歌、西欧の小説などから八十余の金言を精選し、それらが生まれた背景、その後の使われ方、現代人が読み取るべき意味を明快に語った著者の最高傑作、待望の完全版。

「議論からの発想」

『森本哲郎世界への旅　第6巻』　森本哲郎著　新潮社　1994.6　392p　20cm〈著者の肖像あり〉3300円　Ⓘ4-10-645706-7　Ⓝ081.6

内容 日本語表と裏, 日本語根ほり葉ほり, 「私」のいる文章 解説 辰濃和男著

『「私」のいる文章』　森本哲郎著　新潮社　1988.12　217p　15cm　(新潮文庫)　280円　Ⓘ4-10-107312-0

内容 客観的な新聞記事を書くことが嫌になり、27年もの記者生活に終止符を打った著者は、いざ主観的な「私」のいる文章を書こうとして戸惑ってしまった。「私」のいる文章を書くためには、「私」自身を知らねばならない。しかし「私」ほど曖昧なものはないのだ。何かを書きためには、表現の技術は二の次で、まず表現する中身が大事であると説く、文章経験豊かな先輩からの心やさしいメッセージ。

「経験の教えについて」

『続 生き方の研究』　森本哲郎著　新潮社　1989.10　250p　19cm　(新潮選書)　850(本体￥825)円　Ⓘ4-10-600368-6

内容 現代というめまぐるしい、それだけに不確実な、見通しのきかない時代にあって、多くの人びとは、どのように生きたらよいのか、あらためて考えを迫られている。そんなとき、なにがしかの示唆を与えてくれるのは、やはり、歴史を省みることであろう。その歴史とは、いうまでもなく、人間ひとりひとりが、それこそ、身をもって綴ってきたものである。私たちは歴史に学ぶよう

に、個人の生涯に学ぶべきではなかろうか。

「自然の声と文明」

『日本人の暮らしのかたち』 森本哲郎著 PHP研究所 2007.9 307p 15cm (PHP文庫)〈「日本の挽歌」(角川書店 1980年刊)の改題〉 619円 ①978-4-569-66907-6 Ⓝ911.304

「文明の旅」

『森本哲郎世界への旅 第1巻』 森本哲郎著 新潮社 1994.1 388p 20cm〈著者の肖像あり〉 3300円 ①4-10-645701-6 Ⓝ081.6

内容 文明の旅, サハラ幻想行, 解説 木村尚三郎著

「やっぱり」

『森本哲郎世界への旅 第6巻』 森本哲郎著 新潮社 1994.6 392p 20cm〈著者の肖像あり〉 3300円 ①4-10-645706-7 Ⓝ081.6

内容 日本語表と裏, 日本語根ほり葉ほり, 「私」のいる文章 解説 辰濃和男著

「「私」のいる文章といない文章」

『森本哲郎世界への旅 第6巻』 森本哲郎著 新潮社 1994.6 392p 20cm〈著者の肖像あり〉 3300円 ①4-10-645706-7 Ⓝ081.6

内容 日本語表と裏, 日本語根ほり葉ほり, 「私」のいる文章 解説 辰濃和男著

八木 重吉
やぎ・じゅうきち
《1898～1927》

「葦にすわる」

『八木重吉全詩集』 筑摩書房 1988.8 2冊 15cm (ちくま文庫) 560円,540円 ①4-480-02247-3 Ⓝ918.68

内容 1 詩集秋の瞳, 詩稿 1・2 2 詩集貧しき信徒, 詩稿 3

「うつくしいもの」

『八木重吉』 萩原昌好編, 植田真画 あすなろ書房 2011.6 87p 20×16cm (日本語を味わう名詩入門 3) 1500円 ①978-4-7515-2643-9

内容 五年ほどの短い期間に二千を超える詩編を残した“かなしみ”の詩人、八木重吉の世界をわかりやすく紹介します。

『豊かなことば 現代日本の詩 2 八木重吉詩集 素朴な琴』 八木重吉著, 伊藤英治編 岩崎書店 2009.12 91p 18×19cm 1500円 ①978-4-265-04062-9

内容 「白い枝」「息を殺せ」「虫」「素朴な琴」など代表作七十六編を収録。

『現代詩文庫 八木重吉詩集 1031』 思潮社 1988

内容 八木重吉が自編した二冊の単行詩集『秋の瞳』『貧しき信徒』の全篇を収録し、さらに数多い詩稿のなかから156篇を選び制作年代順に二群に分けて収め、それに散文2篇を加えた。

「静かなほのお」

『現代詩文庫 八木重吉詩集 1031』 思潮社 1988

内容 八木重吉が自編した二冊の単行詩集『秋の瞳』『貧しき信徒』の全篇を収録し、さらに数多い詩稿のなかから156篇を選び制作年代順に二群に分けて収め、それに散文2篇を加えた。

「素朴な琴」

『国語教科書にでてくる物語 5年生・6年生』 斎藤孝著 ポプラ社 2014.4 292p 18cm (ポプラポケット文庫) 700円 ①978-4-591-13918-9

内容 5年生(飴だま(新美南吉), ブレーメンの町の楽隊(グリム童話), とうちゃんの凧(長崎源之助), トゥーチカと飴(佐藤雅彦), 大造じいさんとガン(椋鳩十), 注文の多い料理店(宮沢賢治), わらぐつのなかの神様(杉みき子), 世界じゅうの海が(まざあ・ぐうす), 雪(三好達治), 素朴な琴(八木重吉)),6年生(海のいのち(立松和平), 仙人(芥川龍之介), やまなし(宮沢賢治), 変身したミンミンゼミ(河合雅雄), ヒロシマの歌(今西祐行), 柿山伏(狂言), 字のない葉書(向田邦子), きつねの窓(安房直子), ロシアパン(高橋正亮), 初めての魚釣り(阿部夏丸))

『名詩の絵本 2 新しい季節』 川口晴美編 ナツメ社 2010.12 207p 15cm

1300円　Ⓘ978-4-8163-4976-8

内容 未来への希望を織り上げる、100篇の言葉。オールカラーのイラストと写真でつづった美しい詩集。

『豊かなことば 現代日本の詩　2　八木重吉詩集 素朴な琴』 八木重吉著，伊藤英治編　岩崎書店　2009.12　91p　18×19cm　1500円　Ⓘ978-4-265-04062-9

内容 「白い枝」「息を殺せ」「虫」「素朴な琴」など代表作七十六編を収録。

『くちずさみたくなる名詩』 下重暁子選著・朗読　海竜社　2004.12　209p　19cm〈付属資料：CD1〉1800円　Ⓘ4-7593-0845-8

内容 選びぬかれた名詩45篇。下重暁子さんの情感溢れる朗読。ひとことエッセイで珠玉の言葉をより深く鑑賞できる。

『現代詩文庫 八木重吉詩集　1031』 思潮社　1988

内容 八木重吉が自編した二冊の単行詩集『秋の瞳』『貧しき信徒』の全篇を収録し、さらに数多い詩稿のなかから156篇を選び制作年代順に二群に分けて収め、それに散文2篇を加えた。

「春」

『現代詩文庫 八木重吉詩集　1031』 思潮社　1988

内容 八木重吉が自編した二冊の単行詩集『秋の瞳』『貧しき信徒』の全篇を収録し、さらに数多い詩稿のなかから156篇を選び制作年代順に二群に分けて収め、それに散文2篇を加えた。

「光」

『現代詩文庫 八木重吉詩集　1031』 思潮社　1988

内容 八木重吉が自編した二冊の単行詩集『秋の瞳』『貧しき信徒』の全篇を収録し、さらに数多い詩稿のなかから156篇を選び制作年代順に二群に分けて収め、それに散文2篇を加えた。

「虫」

『豊かなことば 現代日本の詩　2　八木重吉詩集 素朴な琴』 八木重吉著，伊藤英治編　岩崎書店　2009.12　91p　18×19cm　1500円　Ⓘ978-4-265-04062-9

内容 「白い枝」「息を殺せ」「虫」「素朴な琴」など代表作七十六編を収録。

『現代詩文庫 八木重吉詩集　1031』 思潮社　1988

内容 八木重吉が自編した二冊の単行詩集『秋の瞳』『貧しき信徒』の全篇を収録し、さらに数多い詩稿のなかから156篇を選び制作年代順に二群に分けて収め、それに散文2篇を加えた。

「夜の薔薇」

『現代詩文庫 八木重吉詩集　1031』 思潮社　1988

内容 八木重吉が自編した二冊の単行詩集『秋の瞳』『貧しき信徒』の全篇を収録し、さらに数多い詩稿のなかから156篇を選び制作年代順に二群に分けて収め、それに散文2篇を加えた。

矢口　高雄
やぐち・たかお
《1939～》

「まぼろしの“タカオトンボ”」

『ボクの学校は山と川』 矢口高雄著　講談社　1993.10　421p　15cm　（講談社文庫）640円　Ⓘ4-06-185425-9　Ⓝ726.1

安岡　章太郎
やすおか・しょうたろう
《1920～2013》

「幸福」

『現代文学名作選』 中島国彦監修　明治書院　2003.4　244p　21cm　781円　Ⓘ4-625-65304-5

内容 心に残る読んでおきたい作品を厳選。中学校の教科書から消えた漱石・鷗外を読む。自分なりの書評がいつまでも保存しておける読書ノートを収録。時代を超えて生きる名作20選―日本にはこんな美しい物語があった。

『慈雨』 安岡章太郎著　世界文化社　2002.6　320p　21cm　2000円　Ⓘ4-418-02511-1

内容 奇縁、宿縁、機縁、因縁、合い縁…。「縁」という巧まざる出会いの“妙”が、いまも私を支える慈みの雨に違いない。「心眼・心耳」で紡ぐ余情豊かな名文44篇。

『なまけものの思想』 安岡章太郎著 〔新装版〕 角川書店 1994.8 218p 18×12cm 1000円 Ⓘ4-04-883378-2

内容 いつも、潤達であれ。多忙を理由に、現代人が見失った大事なもの。柔軟な思考と、エスプリあふれる好エッセイ。

「日記―或る執着」

『慈雨』 安岡章太郎著 世界文化社 2002.6 320p 21cm 2000円 Ⓘ4-418-02511-1

内容 奇縁、宿縁、機縁、因縁、合い縁…。「縁」という巧まざる出会いの“妙”が、いまも私を支える慈みの雨に違いない。「心眼・心耳」で紡ぐ余情豊かな名文44篇。

安水 稔和
やすみず・としかず
《1931～》

「君はかわいいと」

『精選 日本現代詩全集』 ぎょうせい 1982

柳田 国男
やなぎだ・くにお
《1875～1962》

「ありがとう」

『毎日の言葉』 柳田国男著 新版 角川学芸出版, 角川グループパブリッシング〔発売〕 2013.1 179p 15cm （角川ソフィア文庫） 514円 Ⓘ978-4-04-408307-6

内容 アリガトウ、イタダキマス、スミマセン―。私たちが日頃無意識に使っている言葉の一つひとつは、どのような変遷を辿ってきたのか。地方に残る口伝えの古い言葉を通して、日常語のルーツを探り、日本語の豊かさを伝える。次世代に向けた、碩学ならではの独自の試み。

『毎日の言葉』 柳田国男著 教育出版 2004.1 218p 18cm （読んでおきたい日本の名作）〈肖像あり 年譜あり〉 800円 Ⓘ4-316-80044-2 Ⓝ812

「海上の道」

『海上の道』 柳田国男著 角川学芸出版, 角川グループパブリッシング〔発売〕 2013.1 345p 15cm （角川ソフィア文庫） 743円 Ⓘ978-4-04-408311-3

内容 日本民族の祖先たちは、どのような経路をたどってこの列島に移り住み、いかなる技術・宗教・習俗を運んできたのか。表題作のほか、海や琉球にまつわる論考八篇を収載。大胆ともいえる学問的仮説を展開し、後世の幅広い領域に多大な影響を与えた最晩年の名著。

『海上の道』 柳田国男著 岩波書店 2005.7 328p 19cm （ワイド版岩波文庫） 1300円 Ⓘ4-00-007257-9 Ⓝ380.4

内容 海上の道, 海神宮考, みろくの船, 根の国の話, 鼠の浄土, 宝貝のこと, 人とズズダマ, 稲の産屋, 知りたいと思う事二三

「故郷のことば」

『柳田国男全集 13 方言覚書・木思石語・日本の祭・昔話覚書』 柳田国男著 筑摩書房 1998.8 739p 21cm 7500円 Ⓘ4-480-75073-8

内容 碩学の思考を跡づけるために、初刊本を底本として刊行順に編纂、改版等で付加された文章を網羅する、はじめての画期的全集。清く豊かな話し言葉を希求した『方言覚書』、旅を愛する人に伝説の意義を説く『木思石語』、固有信仰を語る講義『日本の祭』、人類の宝―昔話論の集成『昔話覚書』。

「国語の将来」

『柳田国男全集 第10巻』 柳田国男著 筑摩書房 1998.4 537p 22cm 6400円 Ⓘ4-480-75070-3 Ⓝ380.8

内容 稗の未来, 国語の将来, 孤猿随筆, 食物と心臓

『国語の将来』 柳田国男著 講談社 1985.12 343p 15cm （講談社学術文庫）〈新装版〉 780円 Ⓘ4-06-158713-7 Ⓝ810.9

「清光館哀史」

『名指導書で読む筑摩書房なつかしの高校国語』 筑摩書房編 筑摩書房 2011.5 775p 15cm (ちくま学芸文庫) 1800円 Ⓘ978-4-480-09378-3

内容 赤・青・黄色の表紙で親しまれてきた、筑摩書房の高校国語教科書と、現場の先生たちが授業の準備に愛用した、あの幻の指導書が文庫で復活！「こころ」「舞姫」「無常ということ」「永訣の朝」など、教科書で読んだ不朽の名作と、木下順二、臼井吉見、益田勝実をはじめ、時代を代表する知識人たちが編纂した指導書より、珠玉の解説を織り合わせた傑作選。さらに谷川俊太郎本人による、自作の詩の解説なども収録。

『柳田国男』 柳田国男著 筑摩書房 2008.5 477p 15cm (ちくま日本文学 015) 880円 Ⓘ978-4-480-42515-7

内容 浜の月夜, 清光館哀史, 遠野物語, 山の人生, 草の名と子供, 木綿以前の事ほか

『ちくま日本文学全集 33 柳田国男―1875-1962』 筑摩書房 1992.6 477p 16cm 1000円 Ⓘ4-480-10233-7 Ⓝ918.6

内容 浜の月夜, 清光館哀史, 遠野物語, 山の人生（抄） 草の名と子供, 木綿以前の事, 酒の飲みようの変遷, 涕泣史談, ウソと子供, 笑の本願, 不幸なる芸術, 故郷七十年（抄） 詩, 年譜：p470～477

「椿は春の木」

『柳田国男全集 第12巻』 柳田国男著 筑摩書房 1998.2 621p 22cm 6500円 Ⓘ4-480-75072-X Ⓝ380.8

内容 野草雑記, 野鳥雑記, 豆の葉と太陽, こども風土記, 菅江真澄, 解題

「涕泣史談」

『柳田国男』 船曳建夫編著 筑摩書房 2000.10 158p 21cm (快速リーディング 2) 1400円 Ⓘ4-480-84282-9

内容 「民俗学者」を超える柳田国男。新発想によるスーパー・レクチャー。国際化とナショナリズムの狭間を生きる現代日本人に、二つの価値を“調停”する発想が示される。厳選されたキー・テキストで全体像を丸ごとつかむ実戦的入門書。

『ちくま日本文学全集 33 柳田国男―1875-1962』 筑摩書房 1992.6 477p 16cm 1000円 Ⓘ4-480-10233-7 Ⓝ918.6

内容 浜の月夜, 清光館哀史, 遠野物語, 山の人生（抄） 草の名と子供, 木綿以前の事, 酒の飲みようの変遷, 涕泣史談, ウソと子供, 笑の本願, 不幸なる芸術, 故郷七十年（抄） 詩, 年譜：p470～477

「峠に関する二、三の考察」

『柳田国男全集 第6巻』 柳田国男著 筑摩書房 1998.10 597p 22cm 6800円 Ⓘ4-480-75066-5 Ⓝ380.8

内容 秋風帖, 女性と民間伝承, 桃太郎の誕生

「遠野物語」

『口語訳 遠野物語』 柳田国男著, 佐藤誠輔訳, 小田富英注 河出書房新社 2014.7 245p 15cm (河出文庫) 640円 Ⓘ978-4-309-41305-1

内容 百年の月日を越え、語り継がれ読み続けられている不朽の名作『遠野物語』。柳田国男が言い伝えを採集し流麗な文語でまとめた原文を、今日の読者にわかりやすく味わい深い口語文に。大意をそこなわずに、会話を遠野方言であらわしながら再構成していく冒険的な試み。丁寧な注釈も付す。原典への橋渡しとして。

『柳田国男集―幽冥談』 柳田国男著 筑摩書房 2007.8 393p 15cm (ちくま文庫―文豪怪談傑作選)〈下位シリーズの責任表示：東雅夫編〉 880円 Ⓘ978-4-480-42359-7 Ⓝ388.1

内容 怪談の研究, 山人の研究, 遠野物語, 幽霊思想の変遷, 魂の行くえ, 幽冥談, 熊谷弥惣左衛門の話, 狸とデモノロジー, 池袋の石打と飛驒の牛蒡種, 魚王行乞譚, 念仏水由来, 一目小僧, 妖怪種目, かはたれ時, 幻覚の実験, 発見と埋没と, 故郷七十年（抄）,『耳袋』とその著者, 根岸守信編『耳袋』, 鈴木鼓村著『耳の趣味』, 岡田蒼溟著『動物界霊異誌』, 這箇鏡花観, 夢がたり, 草もみじ,『近世奇談全集』序言

「木綿以前のこと」

『柳田国男』 柳田国男著 京都 新学社 2004.4 322p 16cm (新学社近代浪漫派文庫 16) 1305円 Ⓘ4-7868-0074-0 Ⓝ380.4

内容 野辺のゆきゝ, 橋姫, 木綿以前の事, 昔風と当世風, 妹の力, 雪国の春, 海女部史のエチュウド, 不幸なる芸術, 野草雑記, 眼に映ずる世相, 米の力, 物忌と精進, 家と文学, 海上の道

「雪国の春」

『柳田国男文芸論集』 柳田国男著, 井口時男編 講談社 2005.10 314p 16cm （講談社文芸文庫）〈年譜あり 著作目録あり〉 1400円 ①4-06-198421-7 Ⓝ910.4

内容 文学的回想：歌口, 無題の歌, 文学の両面, 山の人生, 自然主義小説のころ, 田山花袋の作品, 一葉女史のこと, 藤村との疎隔, 藤村の詩「椰子の実」, 萩坪翁追懐, 国木田独歩小伝,「少年の悲み」などのこと, 這箇鏡花観, 花袋君の作と生き方, 東京の三十年, 重い足踏みの音, 近代文学異見：戯作者の伝統, ウソと子供, 病める俳人への手紙, 文芸と趣向, 暮しと文芸：雪国の春, 遊ばせ唄, 鼻唄考, 歌と「うたげ」, 夢と文芸, 家と文学, 文芸のフォークロア：熊谷弥惣左衛門の話, 和泉式部の足袋

『柳田国男』 柳田国男著 新学社 2004.4 322p 15cm （近代浪漫派文庫） 1305円 ①4-7868-0074-0

目次 野辺のゆきゝ（初期詩篇抄）, 橋姫, 木綿以前の事, 昔風と当世風, 妹の力, 雪国の春, 海女部史のエチュウド, 不幸なる芸術, 野草雑記, 眼に映ずる世相（明治大正史 世相篇より）, 米の力, 物忌と精進, 家と文学, 海上の道

『柳田国男全集 3』 柳田国男著 筑摩書房 1997.12 847p 21cm 7200円 ①4-480-75063-0

内容 列島の南と北の文化を把えた「海南小記」と「雪国の春」、20年来の課題をまとめた「山の人生」、炉辺叢書第1次・第2次の4著作、読者に渇望された「日本農民史」を収録。

柳父 章
やなぶ・あきら
《1928～》

「日常語で考える」

『現代日本語の発見』 柳父章著 てらこや出版 1983.7 228p 19cm （寺小屋叢書 2）〈発売：大和書房〉 890円 Ⓝ810.4

山川 方夫
やまかわ・まさお
《1930～1965》

「菊」

『歪んだ窓』 山川方夫著 出版芸術社 2012.9 268p 19cm （ふしぎ文学館） 1500円 ①978-4-88293-433-2

内容 ショート・ショートの名手、山川方夫傑作集。ショート・ショート36編に加え、巻末には山川方夫・星新一・都筑道夫の座談会を単行本初収録。

『山川方夫全集 4 愛のごとく』 山川方夫著 筑摩書房 2000.5 472p 21cm 5900円 ①4-480-70424-8

内容 海の匂い、ふりそそぐ陽光、松林を渡る風…。焦燥と孤独の青春、そして愛と喪失の予感。戦後の荒野を駆け抜けた山川文学の集大成。本巻収録「親しい友人たち」「クリスマスの贈物」「愛のごとく」ほか。

「他人の夏」

『歪んだ窓』 山川方夫著 出版芸術社 2012.9 268p 19cm （ふしぎ文学館） 1500円 ①978-4-88293-433-2

内容 ショート・ショートの名手、山川方夫傑作集。ショート・ショート36編に加え、巻末には山川方夫・星新一・都筑道夫の座談会を単行本初収録。

『短篇礼讃―忘れかけた名品』 大川渉編 筑摩書房 2006.7 315p 15cm （ちくま文庫） 820円 ①4-480-42238-2

内容 名品発掘！「全集」には収められているけれど、なかなか読み返す機会のない小品。類まれなる才能を十分に開花させることなく早世した作家たちの心癒される短篇。野呂邦暢「水晶」、久生十蘭「春雪」、大坪砂男「外套」、久坂葉子「猫」など、とくに味わい深い12篇を集めたとっておきの文庫オリジナル・アンソロジー。

『山川方夫全集 4 愛のごとく』 山川方夫著 筑摩書房 2000.5 472p 21cm 5900円 ①4-480-70424-8

内容 海の匂い、ふりそそぐ陽光、松林を渡

る風…。焦燥と孤独の青春、そして愛と喪失の予感。戦後の荒野を駆け抜けた山川文学の集大成。本巻収録「親しい友人たち」「クリスマスの贈物」「愛のごとく」ほか。

山口　瞳
やまぐち・ひとみ
《1926～1995》

「水難」

『旦那の意見』　山口瞳著　中央公論新社　2004.7　325p　15cm　（中公文庫）800円　①4-12-204398-0

内容 この頃、電車で席を譲らなくても気が咎めなくなった。志ん生晩年のかすれ声に涙を流す。角栄に義憤を感じつつも父の面影を重ねる。—『男性自身』で大好評を博した著者が「最初の随筆集」と断じてはばからぬ、珠玉の自選名文集。

「吉野秀雄先生」

『追悼　上』　山口瞳著，中野朗編　論創社　2010.11　430p　19cm　2600円　①978-4-8460-1023-2

内容 褒めるだけでは本当の追悼にならない。川端康成の死を哀惜し、山本周五郎の死に涙し、三島由紀夫の死に疑問を投げ、梶山季之の死を無念がり、向田邦子の死に言葉を失う。山口瞳が80人に捧げた追悼文を一挙集成。

『山口瞳大全　第5巻』　新潮社　1993.3　458p　20cm　5000円　①4-10-645505-6　Ⓝ918.68

内容 マジメ人間 短編傑作選2 小説・吉野秀雄先生, マジメ人間, 片足, えへえへえへ, 少年老い易く, シバザクラ, むにゃむにゃ童子, 林間ホテル, 同行百歳, 卒業記念写真, 一枚の絵から, たにし亭ありき, コイマ, 庭の砂場, 窮すれば, －に一を掛けると

山口　昌男
やまぐち・まさお
《1931～2013》

「足の表現力」

『笑いと逸脱』　山口昌男著　筑摩書房　1990.6　415p　15cm　（ちくま文庫）700円　①4-480-02386-0　Ⓝ204

「遊び」

『気配の時代』　山口昌男著　筑摩書房　1990.4　390p　19cm　2270円　①4-480-84206-3　Ⓝ204

「「子供の世界」から「大人の世界」へ」

『笑いと逸脱』　山口昌男著　筑摩書房　1990.6　415p　15cm　（ちくま文庫）700円　①4-480-02386-0　Ⓝ204

山田　詠美
やまだ・えいみ
《1959～》

「海の方の子」

『晩年の子供』　山田詠美著　講談社　1994.12　222p　15cm　（講談社文庫）420円　①4-06-185829-7　Ⓝ913.6

内容 晩年の子供, 堤防, 花火, 桔梗, 海の方の子, 迷子, 蝉, ひよこの眼

『短編 女性文学　現代』　今井泰子, 藪禎子, 渡辺澄子編　おうふう　1993.11　252p　21cm　2400円　①4-273-02743-7

内容 パルタイ（倉橋由美子）, 骨の肉（河野多恵子）, 山姥の微笑（大庭みな子）, 野に（林京子）, 野守（三枝和子）, 新家族（富岡多恵子）, いまわの花（石牟礼道子）, 兎（金井美恵子）, 黙市（津島佑子）, あなたへ（増田みず子）, 海の方の子（山田詠美）

『晩年の子供』　山田詠美著　講談社　1991.10　211p　19cm　1000円　①4-06-204925-2

内容 愛の小説によるもうひとつの感情教育。

「ひよこの眼」

『はじめての文学 山田詠美』　山田詠美著　文芸春秋　2007.9　267p　19×14cm　1238円　①978-4-16-359910-6

内容 こわくて愛しい、少年少女たち。小説はこんなにおもしろい！ 文学の入り口に立つ若い読者へ向けた自選アンソロジー。

『青春小説傑作選 14歳の本棚—初恋友情

編』 北上次郎編　新潮社　2007.4　405p　15cm　（新潮文庫）590円　①978-4-10-130952-1

内容 中学生なら友だちと恋が最優先！ 人生で一度きりのかがやきにあふれた素敵な小説を、文庫いっぱいに詰め込みました。いらだちと不安をぶつけ合いながらも、かわらぬ友情を誓ったあの日。初めて異性に感じた切なさに眠れなかったあの夜。子どもから大人への通過点で出会うさまざまな風景が、あなたのなかの十四歳の心を懐かしく呼び覚まします。

『晩年の子供』 山田詠美著　講談社　1994.12　222p　15cm　（講談社文庫）420円　①4-06-185829-7

内容 メロンの温室、煙草の畑、広がるれんげ草の群れ。香り高い茶畑、墓場に向かう葬列、立ち並ぶ霜柱など。学校までの道のりに私が見た自然も人間もあまりにも印象的であった。心を痛めることも、喜びをわかち合あことも、予期しない時に体験してしまうのを、私はその頃知った。永遠の少女詠美の愛のグラフィティ。

山田　美妙
やまだ・びみょう
《1868～1910》

「胡蝶」

『山田美妙・石橋忍月・高瀬文淵集』 筑摩書房　2013.1　442p　21cm　（明治文學全集 23）7500円　①978-4-480-10323-9

目次 山田美妙集（武蔵野, 胡蝶, 白玉蘭（別名壮士）, 阿千代, 二郎經高, 史外史傳平清盛）, 石橋忍月集（一喜一憂捨小舟, 露子姫, 妹と背鏡を讀む, 浮雲の褒貶, 浮雲第二篇の褒貶, 夏木たち, 新著百種の「色懺悔」, 舞姫, うたかたの記, 鷗外の幽玄論に答ふる書, 新著百種第十二號文つかひ, 鷗外漁史に答ふ, 再び鷗外漁史に答ふ, 三たび鷗外漁史に答ふ, 相實論, 人文子）, 高瀬文淵集（詩篇若葉, 古寺殘月, 現代作家の本領, 文學意見, 現代文學, 長谷川君の政治趣味）, 山田美妙の小説（塩田良平）, 明治の文學者の一經驗（山本健吉）, 昔の書簡（田山瑞穗）, 解題（福田清人）, 年譜（網野義紘・栗林秀雄・福田清人編）, 參考文獻（網野義紘・栗林秀雄・福田清人編）

『山田美妙』 山田美妙著，坪内祐三，嵐山光三郎編　筑摩書房　2001.4　439,2p　20cm　（明治の文学 第10巻　坪内祐三編）2400円　①4-480-10150-0　Ⓝ918.68

内容 竪琴草紙 前, 武蔵野, 柿山伏, 花ぐるま, 蝴蝶, 峰の残月, 人鬼（抄）, 言文一致論概略, 明治文壇叢話, 戸隠山紀行, 日本辞書編纂法私見,「日本大辞書」おくがき, 日記 明治24年9月～明治25年7月, 補「美妙の青春日記について」（塩田良平著）, 解説：消された美妙（嵐山光三郎著）, 同時代人の回想・「美妙斎美妙」（抄）（内田魯庵著）

山之口　貘
やまのくち・ばく
《1903～1963》

「妹へおくる手紙」

『山之口貘』 萩原昌好編，ささめやゆき画　あすなろ書房　2014.2　95p　20×16cm　（日本語を味わう名詩入門 14）1500円　①978-4-7515-2654-5

内容 沖縄に生まれ、19歳で上京。貧しさの中にも詩作を続け、茨木のり子をして「精神の貴族」と称された詩人、山之口貘。推敲に推敲を重ねた珠玉の詩編を紹介します。

『山之口貘詩文集』 山之口貘著　講談社　1999.5　294p　15cm　（講談社文芸文庫）1200円　①4-06-197663-X

内容「お国は？ と女が言ったさて僕の国はどこなんだか、」沖縄の清高な魂と風土をたっぷりと身につけて生まれ育ち、二十歳の頃失恋の痛みを抱え、上京。自虐的なまでの深い自己凝視を独特のユーモアに解き放った詩人山之口貘（1903～1963）。その心優しい詩「妹へおくる手紙」「会話」「夢を見る神」「沖縄よどこへ行く」等の78篇と、自伝的小説2篇、詩論随筆12篇を以てこの希有の現代詩人の宇宙を集成。

『現代詩文庫 山之口貘詩集　**1029**』 思潮社　1988

「弾を浴びた島」

『鮪に鰯―山之口貘詩集』 山之口貘著　新装版　原書房　2010.12　268p　19cm　3200円　①978-4-562-04663-8

内容 伝説の現代詩人、最後の作品集。

『現代詩文庫 山之口貘詩集　1029』 思潮社　1988

「喪のある景色」

『山之口貘』 萩原昌好編，ささめやゆき画　あすなろ書房　2014.2　95p　20×16cm　（日本語を味わう名詩入門 14）1500円　①978-4-7515-2654-5

内容 沖縄に生まれ、19歳で上京。貧しさの中にも詩作を続け、茨木のり子をして「精神の貴族」と称された詩人、山之口貘。推敲に推敲を重ねた珠玉の詩編を紹介します。

『新編 山之口貘全集　第1巻　詩篇』 山之口貘著　思潮社　2013.9　571p　21cm〈付属資料：CD1〉6000円　①978-4-7837-2363-9

内容 貧しい暮らしの中でつねに真の人間らしさを求め、書き続けた山之口貘。生前の詩集『思辨の苑』『山之口貘詩集』『定本山之口貘詩集』3冊と、没後に刊行された『鮪に鰯』のほか、その後の研究によって発見された既刊詩集未収録詩篇を収録。全作品を詩と散文に分類、編年体で再構成する新編全集。

『定本 山之口貘詩集』 山之口貘著　新装版　原書房　2010.12　212p　19cm　2800円　①978-4-562-04662-1

内容 近年再評価が高まる伝説の現代詩人の主要作品を収めた1958年初版『定本山之口貘詩集』の新装復刊。処女詩集『思辨の苑』に収められた59の詩篇と、1940年までの12篇を加え、71篇の詩をまとめた。自己を見つめ、放浪を重ねながら生きることを詠った詩人の息遣いが伝わってくる作品集。

『現代詩文庫 山之口貘詩集　1029』 思潮社　1988

山村　暮鳥
やまむら・ぼちょう
《1884～1924》

「故郷へかえった時」

『山村暮鳥全集　1』 筑摩書房　1989

「人間に与える詩」

『山村暮鳥』 山村暮鳥著，萩原昌好編，谷山彩子画　あすなろ書房　2011.6　95p　20×16cm　（日本語を味わう名詩入門 4）1500円　①978-4-7515-2644-6

内容 日本の民衆詩を代表する詩人、山村暮鳥。その初期の前衛的な詩から、晩年の人道主義的な詩までわかりやすく紹介します。

『山村暮鳥全集　1』 筑摩書房　1989

「春の川」

『現代詩文庫 山村暮鳥詩集　1042』 思潮社　1991

目次 詩集〈三人の処女〉から，特集〈聖三稜玻瑠〉全篇，特集〈風は草木にささやいた〉から，詩集〈梢の巣にて〉から，詩集〈雲〉から，詩集〈黒鳥集〉から，詩集〈万物説〉から，詩集〈土の精神〉から，詩集〈月夜の牡丹〉から，〈拾遺詩篇〉から，エッセイ・詩論（半面自伝，道，「月に吠える」に就て，ねを・ぽえとり），年譜，研究（山村暮鳥のこと，『聖三稜玻瑠』の意味），解説 山村暮鳥の詩について

「万物節」

『日本の詩歌　13　山村暮鳥・福士幸次郎・千家元麿・百田宗治・佐藤惣之助』 山村暮鳥［ほか著］　中央公論新社　2003.6　427p　21cm〈オンデマンド版 年譜あり〉5300円　①4-12-570057-5　Ⓝ911.08

内容 山村暮鳥：三人の処女，聖三稜玻璃，風は草木にささやいた，梢の巣にて，黒鳥集・昼の十二時，土の精神・万物節，雲，月夜の牡丹，福士幸次郎：太陽の子，展望，千家元麿：自分は見た，虹，野天の光り・新生の悦び，夜の河・炎天，真夏の星，夏草，霰，蒼海詩集，遺稿から，百田宗治：最初の一人，一人と全体，ぬかるみの街道，百田宗治詩集，青い翼，風車・静かなる時，何もない庭，偶成詩集，冬花帖，ぱいぷの中の家族，蓬萊，漢口風物誌・山川草木，佐藤惣之助：正義の兜，満月の川，深紅の人，荒野の娘，華やかな散歩・季節の馬車，琉球諸嶋風物詩集，雪に書く・颶風の眼・情艶詩集，トランシット，西蔵美人，怒れる神，詩人の肖像（伊藤信吉著）

『山村暮鳥全集　1』 筑摩書房　1989

「岬」

『現代詩文庫 山村暮鳥詩集　1042』 思潮社　1991

目次 詩集〈三人の処女〉から，特集〈聖三稜玻瑠〉全篇，特集〈風は草木にささやいた〉から，詩集〈梢の巣にて〉から，詩集〈雲〉から，詩集〈黒鳥集〉から，詩集〈万物説〉から，詩集〈土の精神〉から，詩集〈月夜の牡丹〉から，

〈拾遺詩篇〉から, エッセイ・詩論（半面自伝, 道,「月に吠える」に就て, ねを・ぽえとり）, 年譜, 研究（山村暮鳥のこと,『聖三稜玻瓈』の意味）, 解説 山村暮鳥の詩について

「老漁夫の詩」

『山村暮鳥全集 1』 筑摩書房 1989

山室 静
やまむろ・しずか
《1906～2000》

「蝶」

『山室静自選著作集 第2巻 小説集 1』 松本 郷土出版社 1993.7 381p 20cm〈著者の肖像あり〉3800円 Ⓘ4-87663-185-9 Ⓝ918.68

内容 何のために, 青い桃, 山荘にて, 旅の手帖から, 蝶,『何のために』巻末に, 晩秋記, 夢の中の母, 遅日抄,『晩秋記』後記

山本 健吉
やまもと・けんきち
《1907～1988》

「現代俳句」

『定本 現代俳句』 山本健吉著 角川書店 1998.4 581p 19cm （角川選書） 2400円 Ⓘ4-04-703292-1

内容 近現代俳句のすぐれた鑑賞書であり、俳句の奥深さと可能性をあますところなく伝える不朽の名著。昭和時代を中心に、正岡子規にはじまる現代俳句の流れを展望し、俳句という詩型による近現代の俳人の決意を読みとる。また、季題や切れ字などの表現について独自の考えを述べ、俳句の本質や俳句固有の方法にふれて、読者自身に考えるいとぐちと鑑賞の手がかりを与える。主要俳人の名句鑑賞をとおして日本的感性の研究を試みた、究極の俳句入門書。

「子規と虚子」

『俳句とは何か』 山本健吉著 角川書店 2000.7 350p 15cm （角川ソフィア文庫）819円 Ⓘ4-04-114907-X

内容 俳句の特性を明快に示した画期的な俳句本質論「挨拶と滑稽」をはじめ、「子規と虚子」「女流俳句について」など、著者の代表的な俳論と俳句随想、ゆかりの深い六俳人の作品鑑賞を収録。初心者、ベテランを問わず、実作者が知りたい俳句の本質を、率直に繊細に語る。俳句を愛するすべての人におくる、本格俳句入門の書。

『山本健吉全集 第12巻』 講談社 1983.8 385p 20cm〈著者の肖像あり〉 3600円 Ⓘ4-06-180812-5 Ⓝ918.68

内容 近代日本の詩人たち 高村光太郎, 石川啄木, 北原白秋, 永井荷風, 斎藤茂吉, 釈迢空, 佐藤春夫, 室生犀星, 三好達治, 西脇順三郎, 中野重治, 子規と虚子 正岡子規, 高浜虚子, 近代短歌俳句史, 解説 清岡卓行著, 解題

「人生の詩」

『山本健吉全集 第9巻』 講談社 1984.2 424p 20cm〈著者の肖像あり〉3600円 Ⓘ4-06-180809-5 Ⓝ918.68

内容 釈迢空, 短歌―その器を充たすもの, 解説 岡野弘彦著, 解題

「俳句の鑑賞」

『定本 現代俳句』 山本健吉著 角川書店 1998.4 581p 19cm （角川選書） 2400円 Ⓘ4-04-703292-1

内容 近現代俳句のすぐれた鑑賞書であり、俳句の奥深さと可能性をあますところなく伝える不朽の名著。昭和時代を中心に、正岡子規にはじまる現代俳句の流れを展望し、俳句という詩型による近現代の俳人の決意を読みとる。また、季題や切れ字などの表現について独自の考えを述べ、俳句の本質や俳句固有の方法にふれて、読者自身に考えるいとぐちと鑑賞の手がかりを与える。主要俳人の名句鑑賞をとおして日本的感性の研究を試みた、究極の俳句入門書。

「風物と心象」

『定本 現代俳句』 山本健吉著 角川書店 1998.4 581p 19cm （角川選書） 2400円 Ⓘ4-04-703292-1

内容 近現代俳句のすぐれた鑑賞書であり、俳句の奥深さと可能性をあますところなく伝える不朽の名著。昭和時代を中心に、正岡子規にはじまる現代俳句の流れを展望し、俳句という詩型による近現代の俳人の決意を読みとる。また、季題や切れ字などの表現について独自の考えを述べ、俳句の本質や俳句固有の方法にふれて、読者自身に考

えるいとぐちと鑑賞の手がかりを与える。主要俳人の名句鑑賞をとおして日本的感性の研究を試みた、究極の俳句入門書。

山本　茂実
やまもと・しげみ
《1917〜1998》

「野麦峠」

『あゝ野麦峠』 山本茂実著　角川書店　1998.6　434p　20cm　(山本茂実全集　第1巻　山本茂実著)〈シリーズ責任表示：山本茂実著〉①4-04-574301-4,4-04-574300-6　Ⓝ366.38

山本　周五郎
やまもと・しゅうごろう
《1903〜1967》

「青べか物語」

『みんなの図書室　2』 小川洋子著　PHP研究所　2012.11　233p　15cm　(PHP文芸文庫)　590円　①978-4-569-67914-3

内容 読書家としても知られる作家・小川洋子が作品によりそい、心をこめて綴った胸を打つ文学案内。川端康成『雪国』や三島由紀夫『金閣寺』などの名作、村上春樹『1Q84』や山本兼一『利休にたずねよ』といった最近話題の小説だけでなく、古典や翻訳、エッセイ、児童文学など幅広いジャンルから、次の世代にも残したい文学作品を紹介。小川洋子の感性が光る、待望のシリーズ第二弾。

『日本文学名作案内』 立石伯監修　友人社　2008.3　175p　21cm　1000円　①978-4-946447-47-1

内容 古代から現代におよぶさまざまなジャンルの日本文学の名作の多くを、一筆書きのかたちで網羅。日本文学の長い歴史の中で、特に優れていて多くの読者に親しまれてきたもの、そしてこれだけは知っておきたい、読んでおきたい名作について、一目で検索できるよう編集。

『作家の自伝　33　山本周五郎』 山本周五郎著，浅井清編解説　日本図書センター　1995.11　291p　22cm　(シリーズ・人間図書館)〈監修：佐伯彰一，松本健一　著者の肖像あり〉2678円　①4-8205-9403-6,4-8205-9411-7　Ⓝ918.6

内容 青べか物語，須磨寺附近，解説，年譜：p279〜284

「糸車」

『小説 日本婦道記』 山本周五郎著　新潮社　2013.8　603p　19cm　(山本周五郎長篇小説全集　第4巻)　1800円　①978-4-10-644044-1

内容 藩史の編纂を命じられ、「烈女節婦伝」に打ち込む最中、妻に先立たれた佐野藤右衛門が、その夜、召使いたちの予想外の悲嘆から妻の意外な一面を知る「松の花」。さらに、夫の遺志を継ぎ、苦労の末に家を守り抜く「箭竹」、恩義と愛の狭間で苦しむ「墨丸」、秘密の客が来るたびになぜか妻が笛を吹く「横笛」など、“日本女性の凛々しさ”を描ききった連作。

『日日平安―青春時代小説』 山本周五郎著　角川春樹事務所　2006.11　259p　15cm　(時代小説文庫)　571円　①4-7584-3265-1

内容 お家騒動に遭遇したのを幸いに、知恵を絞り尽くして食と職にありつこうとする主人公の悲哀を軽妙に描き、映画「椿三十郎」の原作にもなった「日日平安」をはじめ、男勝りの江戸のキャリアウーマンが登場する「しゅるしゅる」、若いふたりの不器用な恋が美しい「鶴は帰りぬ」など、若者たちを主人公に据えた時代小説全六篇を収録。山本周五郎ならではの品のいいユーモアに溢れ、誇り高い日本人の姿が浮かびあがるオリジナル名作短篇集。

「紅梅月毛」

『おごそかな渇き』 山本周五郎著　54刷改版　新潮社　2003.5　491p　16cm　(新潮文庫)　667円　①4-10-113415-4　Ⓝ913.6

内容 蕭々十三年，紅梅月毛，野分，雨あがる，かあちゃん，将監さまの細みち，鶴は帰りぬ，あだこ，もののけ，おごそかな渇き

山本　安英
やまもと・やすえ
《1902〜1993》

「病床日記」

『鶴によせる日々』　山本安英著　未来社　1987.4　276p　20cm〈著者の肖像あり〉1800円　Ⓝ775.1

山本　有三
やまもと・ゆうぞう
《1887〜1974》

「路傍の石」

『新 現代文学名作選』　中島国彦監修　明治書院　2012.1　256p　21cm　781円　Ⓘ978-4-625-65415-2

内容 坊っちゃん(夏目漱石), 最後の一句(森鷗外), 鼻(芥川龍之介), 清兵衛と瓢箪(志賀直哉), よだかの星(宮沢賢治), 山椒魚(井伏鱒二), セメント樽の中の手紙(葉山嘉樹), 路傍の石(山本有三), 黄金風景(太宰治), 名人伝(中島敦), 潮騒(三島由紀夫), 赤い繭(安部公房), おきみやげ(幸田文), 童謡(吉行淳之介), 途中下車(宮本輝), 離さない(川上弘美), 沈黙(村上春樹), 電話アーティストの甥電話アーティストの恋人(小川洋子), 乳と卵(川上未映子), さがしもの(角田光代)

『路傍の石』　山本有三著　新潮社　2003.1　601p　15cm　(新潮文庫) 895円　Ⓘ4-10-106009-6

内容 極貧の家に生れた愛川吾一は、貧しさゆえに幼くして奉公に出される。やがて母親の死を期に、ただ一人上京した彼は、苦労の末、見習いを経て文選工となってゆく。厳しい境遇におかれながらも純真さを失わず、経済的にも精神的にも自立した人間になろうと努力する吾一少年のひたむきな姿。本書には、主人公吾一の青年期を躍動的に描いた六章を"路傍の石・付録"として併せ収める。

『路傍の石』　山本有三作　偕成社　2002.5　417p　19cm　(偕成社文庫) 900円　Ⓘ4-03-651150-5

内容 裁判にかまけて家をかえりみない父。針仕事で家計を支える母。中学へはいって勉強したいという望みを絶たれ、呉服屋に奉公に出た吾一は、苛酷な現実に歯をくいしばる。古いものと新しいものとが混沌としていた明治という時代に、夢を追いつづけて生きる少年の心の成長をえがく。小学上級から。

湯川　秀樹
ゆかわ・ひでき
《1907〜1981》

「旅人」

『旅人―ある物理学者の回想』　湯川秀樹著　改版　角川書店, 角川グループパブリッシング〔発売〕　2011.1　293p　15cm　(角川ソフィア文庫) 590円　Ⓘ978-4-04-409430-0

内容 日本人として初めてノーベル賞を受賞した湯川秀樹博士が、自らの前半生をふり返る。「イワン(言わん)ちゃん」とあだ名された無口な少年は、読書を通じて空想の翼を羽ばたかせた。数学に熱中するも「小川君はアインシュタインのようになるだろう」という友人の一言がきっかけとなり、理論物理学への道が開けていく―。京都ならではの風景とともに家族の姿や学生生活がいきいきと描かれ、偉大な先人を身近に感じる名著。

『湯川秀樹―旅人 ある物理学者の回想』　湯川秀樹著　日本図書センター　1997.6　283p　20cm　(人間の記録 33) 1800円　Ⓘ4-8205-4274-5,4-8205-4261-3　Ⓝ289.1

養老　孟司
ようろう・たけし
《1937〜》

「顔の見方」

『ヒトの見方』　養老孟司著　筑摩書房　1991.12　350p　15cm　(ちくま文庫) 680円　Ⓘ4-480-02590-1　Ⓝ490.4

「脳が死を予測する」

『涼しい脳味噌』　養老孟司著　文芸春秋

1995.6　274p　15cm　（文春文庫）450円　①4-16-757301-6

内容 解剖学者による社会解剖。臨死体験、有名人の脳、手塚治虫の生命観など一読、脳もスッキリする痛快エッセイ。

横光　利一
よこみつ・りいち
《1898～1947》

「頭ならびに腹」

『編年体大正文学全集　第13巻（大正13年）』　藤森成吉ほか著，亀井秀雄編　ゆまに書房　2003.1　639p　22cm　6600円　①4-89714-902-9　Ⓝ918.6

内容 小説・戯曲・児童文学：逃れたる人々（藤森成吉著，他人の災難（正宗白鳥著，或る社会主義者（長与善郎著，震災余譚（菊地寛著，不安のなかに（徳田秋声著，指（広津和郎著，震災見舞（日記）（志賀直哉著，焼跡（田山花袋著，一事件（尾崎士郎著，父を売る子（牧野信一著，一つの脳髄（小林秀雄著，罹災者（水上滝太郎著，舞子（久米正雄著，職工と微笑（松永延造著，混乱の巷（佐野袈裟美著，牢獄の半日（葉山嘉樹著，頭ならびに腹（横光利一著，『をさなものがたり』（抄）（島崎藤村著，炎の大帝都（宮崎一雨著，「鬼が来た」（江口渙著，青い時計（上司小剣著，注文の多い料理店（宮沢賢治著），評論・随筆・記録・ルポルタージュ：前進すべき文芸（川路柳虹著，ほか），詩・短歌・俳句：あの町この町・ハブの港（野口雨情著，ほか，解説・解題（亀井秀雄著）

『愛の挨拶・馬車・純粋小説論』　横光利一著　講談社　1993.5　306p　15cm　（講談社文芸文庫）980円　①4-06-196225-6

内容 人間存在の危うさと脆さを衝く小説「マルクスの審判」、“国語との不逞極まる血戦”が生んだ新感覚派小説の「頭および腹」とそれらを支える文芸評論「新感覚論」、一幕もの戯曲「幸福を計る機械」および「愛の挨拶」、新心理主義小説「機械」と、その後の評論「純粋小説論」等。昭和の文学の常に最前衛として時代に斬り込み時代と格闘した作家の初期・中期短篇、戯曲、評論を1冊に集成。

『文豪ナンセンス小説選』　夏目漱石ほか著　河出書房新社　1987.7　259p　15cm　（河出文庫）480円　①4-309-40193-7

内容 何だか訳の分からない変な話、ただただ笑ってしまう可笑しな話、現実には有り得ない面妖な話、魂も凍る恐ろしい話。人生、時代、社会など、さまざまの意味づけで覆われてきた。“正統文学史”からはみ出した不思議傑作16篇を集成。

「日輪」

『春は馬車に乗って・日輪』　横光利一著　ほるぷ出版　1985.8　409p　20cm　（日本の文学 46）Ⓝ913.6

内容 蠅，マルクスの審判，御身，頭ならびに腹，ナポレオンと田虫，春は馬車に乗って，花園の思想，日輪，解説 「新らしき時代感覚」と「傀儡を造る」―初期の横光利一 保昌正夫著

「蠅」

『教科書に載った小説』　佐藤雅彦編　ポプラ社　2012.10　206p　15cm　（ポプラ文庫）680円　①978-4-591-13116-9

内容 宿泊する不審な親子を見つめた三浦哲郎の『とんかつ』、差出人のない小包が届く『絵本』、古今著聞集から採った『竹生島の老僧、水練のこと』…。「成長する道程に置いておくので読んでほしい」という願いで教科書に載せられた作品を、さらに「面白い」を基準に編んだアンソロジー。

『方法の実験』　佐藤春夫ほか著　学芸書林　2002.11　553p　20cm　（全集現代文学の発見 新装版 第2巻　大岡昇平［ほか］責任編集）〈付属資料：8p：月報 2　シリーズ責任表示：大岡昇平［ほか］責任編集〉4500円　①4-87517-060-2　Ⓝ913.68

内容 冥途（内田百閒著），旅順入城式（内田百閒著），F・O・U（佐藤春夫著），蠅（横光利一著），静かなる羅列（横光利一著），時間（横光利一著），水晶幻想（川端康成著），猫町（萩原朔太郎著），ゼーロン（牧野信一著），ルウベンスの偽画（堀辰雄著），空想家とシナリオ（中野重治著），幽鬼の街（伊藤整著），鷹（石川淳著），虚空（埴谷雄高著），月見座頭（神西清著），赤い繭（安部公房著），飛ぶ男（福永武彦著），地の群れ（井上光晴著），大秘事（花田清輝著），解説：解体か、新しいリアリティの発見か（佐々木基一著）

「旅愁」

『旅愁 上・下』 横光利一著 講談社 1998 533p 15cm (講談社文芸文庫) 1600円 ①4-06-197639-7

内容 近代日本人の生き方を根源から問いなおす恋愛思想小説。日本伝統主義者の矢代耕一郎と、対照的にヨーロッパの合理的精神に心酔する久慈、二人が心惹かれるカソリックの宇佐美千鶴子らが織りなす鮮烈微妙な恋愛心理の綾。東洋と西洋、信仰と科学、歴史と民族の根の感情等、横光利一が苦闘した生涯の思索の全てを人物に投影させつつパリ、東京を主舞台に展開させた畢生の大作。

「笑われた子」

『鶴の笛 ある手品師の話』 林芙美子著, 水谷まさる著 くもん出版 2007.2 125p 26cm (脳を鍛える大人の名作読本 童話 川島隆太監修) 600円 ①978-4-7743-1162-3 Ⓝ913.68

内容 三角と四角 巌谷小波著, ある手品師の話 水谷まさる著, 鶴の笛 林芙美子著, 笑われた子 横光利一著, 雪の夜の話 太宰治著, 気のいい火山弾 宮沢賢治著, ドウナツの話 北原白秋著

『日輪・春は馬車に乗って—他八篇』 横光利一作 岩波書店 1981.8 300p 15cm (岩波文庫) 400円 Ⓝ913.6

内容 火, 笑われた子, 蠅, 御身, 赤い着物, ナポレオンと田虫, 春は馬車に乗って, 花園の思想, 機械, 日輪

吉岡 実
よしおか・みのる
《1919～1990》

「静物」

『戦後名詩選 1 現代詩文庫特集版1』 野村喜和夫, 城戸朱理編, 石原吉郎, 黒田喜夫, 黒田三郎, 中村稔, 吉岡実, 辻井喬ほか著 思潮社 2000.5 223p 19cm 1380円 ①4-7837-0929-7

内容 第1巻「田村隆一詩集」から30余年、160冊の「現代詩文庫」から、次代に残す名詩をえりすぐった全篇解説付アンソロジー。

『ひつじアンソロジー 詩編』 中村三春編 ひつじ書房 1996.7 263p 19cm 2060円 ①4-938669-69-2

目次 尾形亀之助(序の二 煙草は私の旅びとである, 病気 ほか), 安西冬衛(軍艦茉莉, 新疆の太陽 ほか), 村野四郎(塀のむこう, 永遠的な黄昏 ほか), 永瀬清子(グレンデルの母親は, 諸国の天女 ほか), 伊東静雄(晴れた日に, 広野の歌 ほか), 吉岡実(液体1, 静物 ほか), 谷川俊太郎(時, 種子 ほか), 清水哲男(喝采, 美しい五月 ほか), 荒川洋治(キルギス錐情, 水駅 ほか), 伊藤比呂美(猫を抱く二十六歳の比呂美, 来客 ほか)

『精選 日本現代詩全集』 ぎょうせい 1982

吉川 幸次郎
よしかわ・こうじろう
《1904～1980》

「虚構と事実」

『決定版 吉川幸次郎全集 第19巻 外国篇』 吉川幸次郎著 筑摩書房 1999.4 472p 21cm 7000円 ①4-480-74619-6

内容 現世の人間を信じようとする中国文明の特質は、キリスト教文明との対比によって、さらに際立つ。アメリカ、ソ連、ヨーロッパへの旅の記録は、エッセイストとしての面目を発揮する。

慶滋 保胤
よししげの・やすたね
《？ ～1002》

「池亭記」

『こんなにも面白い日本の古典』 山口博著 角川学芸出版, 角川グループパブリッシング〔発売〕 2007.2 251p 15cm (角川ソフィア文庫)〈『心にひびく日本の古典』加筆訂正・増補・改題書〉667円 ①978-4-04-406901-8

内容 『万葉集』は単身赴任の悩みや貧苦までを詠み込んだ生活のアンソロジー、『宇津保物語』は王朝のアラビアンナイト、老人介護を描くのは『大和物語』。『竹取物語』はシルクロードへの憧れをたっぷりと含み、『源

氏物語』に描かれる華麗な六条院は老人ホーム。『栄花物語』には経済力のない女性の晩年救済策が、『池亭記』には地上げが描かれている。人間はいつの世も変わらないものだから、生活も価値観も違う昔の人が書いたものがこんなにも面白い。

『新日本古典文学大系　27　本朝文粋』 佐竹昭広ほか編　大曽根章介ほか校注　岩波書店　1992.5　462p　22cm　3800円　Ⓘ4-00-240027-1　Ⓝ918

吉田　一穂
よしだ・いっすい
《1898～1973》

「Delphinus」

『定本 吉田一穂全集　1』 小沢書店　1992

「母」

『白鳥古丹―吉田一穂傑作選』 吉田一穂著　幻戯書房　2010.1　330p　19cm　3900円　Ⓘ978-4-901998-51-2

目次 詩篇1（母，曙 ほか），随想 桃花村（（月白し…），桃花村 ほか），随想 寒燈録（落丁，『海の聖母』に就て ほか），試論 古代緑地（黒潮回帰，半眼微笑 ほか），童話（うしかいむすめ，ひばりはそらに），詩篇2（泉，冬の花 ほか）

『吉田一穂詩集』 吉田一穂著，加藤郁乎編　岩波書店　2004.5　282p　15cm（岩波文庫）760円　Ⓘ4-00-311721-2

内容 「あゝ麗はしい距離、つねに遠のいてゆく風景…」（「母」）―感傷の吐露を嫌い、知性の力で極限まで表現を研ぎ澄ました〈極北の詩〉を理想とする“孤高の詩人”吉田一穂（1898‐1973）。“海と望郷の詩人”の代表的な詩を網羅し、「望郷は珠の如きものだ…」で始まる「海の思想」等の随想も加えた、文庫決定版詩集。

『定本 吉田一穂全集　1』 小沢書店　1992

吉田　兼好
よしだ・けんこう
《1283～1353》

「徒然草」

『現代語訳 徒然草』 嵐山光三郎著　岩波書店　2013.11　164p　15cm（岩波現代文庫）740円　Ⓘ978-4-00-602231-0

内容 『徒然草』は、中世の隠者文学の代表作であり、日本の随筆の中でも最も親しまれてきた古典である。著者兼好法師の人生観、政治観から、人物論、世相を反映した逸話、四季の自然の描写など、多彩な話題が取り上げられる。自由闊達、ユーモラスな訳により、賢人が時代を超えて現代の読者に直接語りかけるように楽しめる。

『新訳 徒然草―自由人の境地を綴った最上級のエッセイ』 兼好法師著，ひろさちや編訳　PHP研究所　2012.8　233p　18cm　950円　Ⓘ978-4-569-80584-9

内容 俗世から離れる気持ちでゆとりある時間をもとう。浮き世のしがらみに生きる人間の生態をあたたかい目で描写した名随筆。わかりやすい新訳で読む古典の名著。

『徒然草』 兼好著，島内裕子校訂・訳　筑摩書房　2010.4　494p　15cm（ちくま学芸文庫）1500円　Ⓘ978-4-480-09286-1

内容 後悔せずに生きるには、毎日をどう過ごせばよいか。「思索する読書人」兼好が自由な心で書き綴った珠玉の随筆。独創的な断章スタイルは精神の運動を活発にさせ、生きられる時間の短さに警鐘を打ち鳴らす記述と、柔軟でユーモアに富む記述とを自在に往還する。明晰な言語感覚と、全方位に開かれた視界。この世の全てを相対化し、虚無の陥穽から身を翻す兼好。そこから新しい『徒然草』の顔が見えてくる。振舞いと心遣いが文化の本質であり、いまを生きる喜びこそが虚無をも越える最良の手段なのだ。混迷する現代にあって、大人ゆえにいま味わえる人生の達人の文学を、流麗な訳文と新校訂原文で構成。

『徒然草・方丈記―日本古典は面白い』 大伴茫人編　筑摩書房　2007.7　365p　15cm（ちくま文庫）680円　Ⓘ978-4-480-42348-1

内容 日本古典を読みはじめたい、もう一度読みなおしたい、と思う読者のための古典入門書。鎌倉時代から南北朝期にかけて書かれた二大随筆『徒然草』と『方丈記』。この現代人にとって最もなじみが深い二作品を、それぞれ現代語訳→原文→語釈の流れで初学者でも無理なく理解できるようきめ細やかな手引きをする。

吉田　秀和
よしだ・ひでかず
《1913〜2012》

「最初の喪失」

『文学のとき』 吉田秀和著　白水社　1994.9　231p　18cm　（白水Uブックス 1030）980円　Ⓘ4-560-07330-9

内容 折にふれて綴られた文学についてのエッセイの名品16篇。中原中也、吉田一穂、中里恒子への親近の歴史をふりかえりながら、中也の不幸、一穂の厳しさ、中里の孤独を切迫した感動で描写した人物スケッチをはじめ、ブロッキー、クンデラの最近作への鋭い考察、さらに、日本にとってのヨーロッパの意味とは何かを問う力作「荷風を読んで」など、著者の文学への熱度の高さをあますところなく伝える。

『響きと鏡』 吉田秀和著　中央公論社　1990.5　249p　16cm　（中公文庫）380円　Ⓘ4-12-201708-4　Ⓝ704

吉野　せい
よしの・せい
《1899〜1977》

「洟をたらした神」

『コレクション私小説の冒険　1　貧者の誇り』 秋山駿, 勝又浩監修, 私小説研究会編　勉誠出版　2013.10　292p　19cm　1800円　Ⓘ978-4-585-29560-0

内容 初旅（壷井栄）, 洟をたらした神（吉野せい）, 紅いノート（古木鐵太郎）, 一夜（藤澤清造）, 落穂拾い（小山清）, 汲取屋になった詩人（山之口貘）, 暢気眼鏡（尾崎一雄）, 貧乏遺伝説（山口瞳）, 贅沢貧乏（森茉莉）, 心の秤（阿部光子）, この世に招かれてきた客（耕治人）, 一夜（西村賢太）

『洟をたらした神』 吉野せい著　中央公論新社　2012.11　233p　15cm　（中公文庫）629円　Ⓘ978-4-12-205727-2

内容 詩人である夫とともに、阿武隈山麓の開墾者として生きた女性の年代記。ときに残酷なまでに厳しい自然、弱くも逞しくもある人々のすがた、夫との愛憎などを、質実かつ研ぎ澄まされたことばでつづる。大宅壮一ノンフィクション賞、田村俊子賞受賞作。

『家族の物語』 松田哲夫編　あすなろ書房　2011.1　275p　22×14cm　（中学生までに読んでおきたい日本文学 5）1800円　Ⓘ978-4-7515-2625-5

内容 言わなくてもわかってほしい。名作短編がぎっしりつまった一冊。

『吉野せい作品集』 弥生書房　1994.8　578p　20cm〈著者の肖像あり〉5150円　Ⓘ4-8415-0690-X　Ⓝ913.6

内容 洟をたらした神, 道, 暮鳥と混沌, 単行本未収録作品より 未墾地に挑んだ女房たち, 草の味噌汁, 暴風時代の話, ノートより, 梨花鎮魂（日記）, 吉野せい略年譜：p574〜577

吉野　弘
よしの・ひろし
《1926〜2014》

「I was born」

『吉野弘詩集』 吉野弘著　角川春樹事務所　1999.4　252p　15cm　（ハルキ文庫）680円　Ⓘ4-89456-517-X

内容 社会のあり様や働き人の暮らし、家族の営みや自然の移り変わりを、日々を生きる者の飾らない眼差しでとらえ、深く柔らかくそしてユーモラスに練り上げた言葉でうたう詩人・吉野弘。名詩「I was born」や「祝婚歌」など、やさしく誠実な者たちの魂の重力を探った戦後五十年にわたる詩群のなかから代表作品を選び、季節・生活・言葉遊びなどテーマごとに配置する。

『吉野弘全詩集』 青土社　1994

「生命は」

『素直な疑問符―吉野弘詩集』 吉野弘著, 葉祥明画, 水内喜久雄選・著　理論社

2004.1　115p　21×16cm　（詩と歩こう）1400円　①4-652-03842-9

内容 人間に対する深い信頼を表現し続ける詩人・吉野弘の作品を数多く収録！ 子どもたちから大人まで、すべての人に読んでもらいたい…そんな想いをこめて贈る。

『詩画集 生命は』　吉野弘詩，谷口幸三郎絵　ザイロ，北泉社〔発売〕　1996.9　46p　21cm　1600円　①4-938424-63-0

『吉野弘全詩集』　青土社　1994

「岩が」

『素直な疑問符―吉野弘詩集』　吉野弘著，葉祥明画，水内喜久雄選・著　理論社　2004.1　115p　21×16cm　（詩と歩こう）1400円　①4-652-03842-9

内容 人間に対する深い信頼を表現し続ける詩人・吉野弘の作品を数多く収録！ 子どもたちから大人まで、すべての人に読んでもらいたい…そんな想いをこめて贈る。

『吉野弘全詩集』　青土社　1994

「詩の生まれる予感」

『現代詩入門』　吉野弘著　新装版　青土社　2007.7　255p　19cm　1200円　①978-4-7917-6352-8

内容 さまざまな詩の魅力について語り、自作詩の舞台裏に読者を案内する。単なる作詩法・技術論を超えて、詩的感動の原点は何かを語ろうとする、第一級の現代詩入門。詩が分からないという人のための、待望の復刊。

「素直な疑問符」

『教科書の詩をよみかえす』　川崎洋著　筑摩書房　2011.3　214p　15cm　（ちくま文庫）580円　①978-4-480-42802-8

内容 もっと自由に、もっと楽しく。堅苦しい先入観を捨てて向き合ってみよう。教科書から選び抜かれた31篇の詩たちが、言葉の翼をひろげて待っている。

『素直な疑問符―吉野弘詩集』　吉野弘著，葉祥明画，水内喜久雄選・著　理論社　2004.1　115p　21×16cm　（詩と歩こう）1400円　①4-652-03842-9

内容 人間に対する深い信頼を表現し続ける詩人・吉野弘の作品を数多く収録！ 子どもたちから大人まで、すべての人に読んでもらいたい…そんな想いをこめて贈る。

『吉野弘全詩集』　青土社　1994

「初めての児に」

『吉野弘全詩集』　青土社　1994

「花と苑と死」

『遊びの詩』　谷川俊太郎編　筑摩書房　1981.10　155p　20cm　（詩のおくりもの 6）880円　Ⓝ908.1

「みずすまし」

『素直な疑問符―吉野弘詩集』　吉野弘著，葉祥明画，水内喜久雄選・著　理論社　2004.1　115p　21×16cm　（詩と歩こう）1400円　①4-652-03842-9

内容 人間に対する深い信頼を表現し続ける詩人・吉野弘の作品を数多く収録！ 子どもたちから大人まで、すべての人に読んでもらいたい…そんな想いをこめて贈る。

『吉野弘全詩集』　青土社　1994

「夕焼け」

『吉野弘詩集 奈々子に』　吉野弘著，伊藤英治編　岩崎書店　2009.12　94p　18×19cm　（豊かなことば 現代日本の詩 6）1500円　①978-4-265-04066-7

内容「奈々子に」「祝婚歌」「夕焼け」「虹の足」など代表作三十九編を収録。

『吉野弘全詩集』　青土社　1994

「雪の日に」

『吉野弘全詩集』　青土社　1994

吉本　隆明
よしもと・たかあき
《1924～2012》

「佃渡しで」

『吉本隆明全詩集』　思潮社　2003

よしもと　ばなな
《1964～》

「TUGUMI」

『吉本ばなな自選選集　4　Lifeライフ』

吉本ばなな著　新潮社　2001.2　461p　19cm　2000円　①4-10-646304-0
内容 デビュー以来の小説を著者が選び、テーマ別に編集。吉本文学の全貌を全4巻に集成した決定版作品集。

『TUGUMI』　吉本ばなな著　中央公論社　1992.3　245p　15cm　（中公文庫）420円　①4-12-201883-8
内容 病弱で生意気な美少女つぐみ。彼女と育った海辺の小さな町へ帰省した夏、まだ淡い夜のはじまりに、つぐみと私は、ふるさとの最後のひと夏をともにする少年に出会った―。少女から大人へと移りゆく季節の、二度とかえらないきらめきを描く、切なく透明な物語。第2回山本周五郎賞受賞。

「バブーシュカ」

『よしもとばなな』　よしもとばなな著　文藝春秋　2007.1　256p　19cm〈国会請求記号：Y8-N07-H139 NDC分類：913.6 （著作権者：国立国会図書館）〉　1,238円　①978-4-16-359830-7
目次 キッチン, おかあさーん！, おやじの味, バブーシュカ, ミイラ, ともちゃんの幸せ, デッドエンドの思い出

『吉本ばなな自選選集　2　Loveラブ』　吉本ばなな著　新潮社　2000.12　357p　19cm　1,800円　①4-10-646302-4
内容 白河夜船・ハチ公の最後の恋人・ハネムーン・大川端奇譚・ミイラ・書下ろし短編小説バブーシュカ。人が人を好きになるということの美しい真実。デビュー以来の小説を著者が選び、テーマ別に編集。吉本文学の全貌を全4巻に集成した決定版作品集。

「みどりのゆび」

『体は全部知っている』　吉本ばなな著　文芸春秋　2002.12　217p　16cm　（文春文庫）457円　①4-16-766701-0　Ⓝ913.6
内容 みどりのゆび, ボート, 西日, 黒いあげは, 田所さん, 小さな魚, ミイラ, 明るい夕方, 本心, 花と嵐と, おやじの味, サウンド・オブ・サイレンス, いいかげん

吉行　淳之介
よしゆき・じゅんのすけ
《1924～1994》

「童謡」

『新 現代文学名作選』　中島国彦監修　明治書院　2012.1　256p　21cm　781円　①978-4-625-65415-2
内容 坊っちゃん（夏目漱石）, 最後の一句（森鷗外）, 鼻（芥川龍之介）, 清兵衛と瓢簞（志賀直哉）, よだかの星（宮沢賢治）, 山椒魚（井伏鱒二）, セメント樽の中の手紙（葉山嘉樹）, 路傍の石（山本有三）, 黄金風景（太宰治）, 名人伝（中島敦）, 潮騒（三島由紀夫）, 赤い繭（安部公房）, おきみやげ（幸田文）, 童謡（吉行淳之介）, 途中下車（宮本輝）, 離さない（川上弘美）, 沈黙（村上春樹）, 電話アーティストの甥電話アーティストの恋人（小川洋子）, 乳と卵（川上未映子）, さがしもの（角田光代）

『こころの話』　松田哲夫編　あすなろ書房　2011.2　283p　21cm　（中学生までに読んでおきたい日本文学 7）1800円　①978-4-7515-2627-9
内容 いつか、わかる時がくるのかな？ 名作短編がぎっしりつまった一冊。

『サアカスの馬・童謡』　安岡章太郎, 吉行淳之介, 遠藤周作, 阿川弘之, 小川国夫, 北杜夫著　講談社　2009.4　285p　19cm　（21世紀版少年少女日本文学館 18）1400円　①978-4-06-282668-6
内容 ある日『僕』はサアカスのテントにつながれている馬に眼をとめた―。主人公の心の動きを鮮やかに感じさせる安岡章太郎の「サアカスの馬」。少年期の長い病気による、肉体的、心理的変化を描いた吉行淳之介の「童謡」ほか、遠藤周作、阿川弘之、小川国夫、北杜夫など、「第三の新人」と呼ばれた作家たちを中心に、全八編を収録。

『宮城まり子が選ぶ吉行淳之介短編集』　吉行淳之介著, 宮城まり子編　ポプラ社　2007.7　323p　21cm　1800円　①978-4-591-09785-4
内容 驟雨, 夜の病室, 寝台の舟, 鳥獣虫魚, 童謡, 子供の領分, 風呂焚く男, 手品師, 紫陽花, 灰神楽, 菓子祭, 夢の車輪

「武勇談」

『吉行淳之介全集　第1巻　全短篇1』 吉行淳之介著　新潮社　1997.9　508p　19cm　5700円　①4-10-646001-7

内容 処女作「薔薇販売人」芥川賞受賞作「驟雨」ほか25篇。

米原　万里
よねはら・まり
《1950～2006》

「バグダッドの靴磨き」

『9.11変容する戦争』 リービ英雄ほか著　集英社　2011.8　711p　19cm　（コレクション 戦争と文学 4）3,600円　①978-4-08-157004-1

内容 画面のすぐ向こうの戦火、文学はどう対峙したか？ 新しい視点で精選、「言の葉」の集大成。

笠　信太郎
りゅう・しんたろう
《1900～1967》

「三つのデモクラシー」

『笠信太郎』 笠信太郎著　晶文社　1998.12　129p　19cm　（21世紀の日本人へ）1000円　①4-7949-4713-5

内容 本書は『ものの見方について』(1987、朝日文庫）を底本とした。

『ものの見方について』 笠信太郎著　朝日新聞社　1987.4　224p　15cm　（朝日文庫）360円　①4-02-260437-9

内容 イギリス人は歩きながら考える、フランス人は考えた後で走り出す、そしてスペイン人は走ってしまった後で考える。では日本人は一。それぞれの国民の「ものの見方」「考え方」を、社会、経済、政治といった方面と結びつけながら解き明かし、その中から日本の学ぶべきものを鋭く指摘する。敗戦日本が生き方の指針を求めていた昭和25年に刊行、いまも読みつがれる古典的名著。

「ものの見方について」

『笠信太郎』 笠信太郎著　晶文社　1998.12　129p　19cm　（21世紀の日本人へ）1000円　①4-7949-4713-5

内容 本書は『ものの見方について』(1987、朝日文庫）を底本とした。

『ものの見方について』 笠信太郎著　朝日新聞社　1987.4　224p　15cm　（朝日文庫）360円　①4-02-260437-9

内容 イギリス人は歩きながら考える、フランス人は考えた後で走り出す、そしてスペイン人は走ってしまった後で考える。では日本人は一。それぞれの国民の「ものの見方」「考え方」を、社会、経済、政治といった方面と結びつけながら解き明かし、その中から日本の学ぶべきものを鋭く指摘する。敗戦日本が生き方の指針を求めていた昭和25年に刊行、いまも読みつがれる古典的名著。

隆達
りゅうたつ
《1527～1611》

「隆達小歌」

『リンボウ先生の日本の恋歌』 林望著　集英社　2007.11　257p　15cm　（集英社文庫）571円　①978-4-08-746236-4

内容 歌謡曲に恋愛のテーマが多いのは、実は日本の伝統である。百人一首のなかに恋愛歌は四十三首もある。『万葉集』『梁塵秘抄』から、白秋、ユーミンまで、読み継がれ、歌い継がれてきた日本の恋愛詩、歌を、リンボウ先生が溢れんばかりの知識見識を駆使し、軽妙な文章で解読する。読めば納得の一冊。

『歌謡集　中』 志田延義編　現代思潮新社　2007.5　35p,p371-619　16cm　（覆刻日本古典全集　正宗敦夫編纂校訂）〈現代思潮社昭和53年刊を原本としたオンデマンド版〉3800円　①978-4-329-02599-9　Ⓝ911.6

内容 閑吟集, 古謡（曲舞集）, 隆達小歌百首, 小舞, おどり（女歌舞伎踊歌）, 延宝三年書写踊歌, 山家鳥虫歌, ひなの一ふし

鷲田　清一
わしだ・きよかず
《1949～》

「モード化する社会」

『ひとはなぜ服を着るのか』 鷲田清一著 筑摩書房 2012.10 302p 15cm （ちくま文庫） 760円 Ⓘ978-4-480-42990-2

内容 ひとは服なしでは生きられない。流行に巻き込まれずに生きることもできない。流行（モード）という社会の時間と身体の感覚とがせめぎあうその場所で、"わたし"という存在が整形されてゆくのだ。ファッションやモードを素材として、アイデンティティや自分らしさの問題を現象学的視線から分析する。独自の哲学的なモード批評を切り拓いた著者による、ファッション学のスタンダードテキスト。

渡辺　美佐子
わたなべ・みさこ
《1932～》

「りんごのほっぺ」

『ひとり旅一人芝居』 渡辺美佐子著 講談社 1987.4 218p 20cm〈著者の肖像あり〉1200円 Ⓘ4-06-203285-6 Ⓝ775.1

和辻　哲郎
わつじ・てつろう
《1889～1960》

「樹の根」

『偶像再興・面とペルソナ―和辻哲郎感想集』 和辻哲郎著 講談社 2007.4 312p 15cm （講談社文芸文庫） 1400円 Ⓘ978-4-06-198475-2

内容 荒漠たる秋の野に立つ。星は月の御座を囲み月は清らかに地の花を輝らす。―と書き出される「霊的本能主義」。十八歳、一高校友会雑誌に発表されたこの論考に始まり、『古寺巡礼』と同時期に刊行されながら著者自らによって封印された『偶像再興』、芸術への深い造詣を示す名随筆『面とペルソナ』に至る知の巨人の感性溢れる文章世界を厳選して再読する。

「木の根」

『偶像再興・面とペルソナ―和辻哲郎感想集』 和辻哲郎著 講談社 2007.4 312p 15cm （講談社文芸文庫） 1400円 Ⓘ978-4-06-198475-2

内容 荒漠たる秋の野に立つ。星は月の御座を囲み月は清らかに地の花を輝らす。―と書き出される「霊的本能主義」。十八歳、一高校友会雑誌に発表されたこの論考に始まり、『古寺巡礼』と同時期に刊行されながら著者自らによって封印された『偶像再興』、芸術への深い造詣を示す名随筆『面とペルソナ』に至る知の巨人の感性溢れる文章世界を厳選して再読する。

「偶像再興」

『偶像再興・面とペルソナ―和辻哲郎感想集』 和辻哲郎著 講談社 2007.4 312p 15cm （講談社文芸文庫） 1400円 Ⓘ978-4-06-198475-2

内容 荒漠たる秋の野に立つ。星は月の御座を囲み月は清らかに地の花を輝らす。―と書き出される「霊的本能主義」。十八歳、一高校友会雑誌に発表されたこの論考に始まり、『古寺巡礼』と同時期に刊行されながら著者自らによって封印された『偶像再興』、芸術への深い造詣を示す名随筆『面とペルソナ』に至る知の巨人の感性溢れる文章世界を厳選して再読する。

「浄瑠璃寺への道」

『古寺巡礼』 和辻哲郎著 岩波書店 1991.1 287p 19cm （ワイド版 岩波文庫 4） 1000円 Ⓘ4-00-007004-5

内容 本書は、大正七年の五月、二十代の和辻が唐招提寺・薬師寺・法隆寺・中宮寺など奈良付近の寺々に遊んださい、飛鳥・奈良の古建築・古美術に相対し、その印象を若さと情熱をこめて書きとめたものである。

「月夜の東大寺南大門」

『月』 安東次男編 作品社 1987.8 260p 19cm （日本の名随筆 58） 1200円 Ⓘ4-87893-958-3

目次 名月と十三夜（鳥越憲三郎），日本美（折口信夫），月中の織女（大林太良），月と暦

ほか2篇（永田久）, 霧の不二、月の不二（小島烏水）, 月譜（大町桂月）, 月の夜（樋口一葉）, 良夜・花月の夜（徳冨蘆花）, 月（上田敏）, 月、なす、すすき（西脇順三郎）, お月見（小林秀雄）, 仲秋名月（水原秋桜子）, 蓼科の芒（安住敦）, 月の絵（鏑木清方）, 夏の月（永井龍男）, 無学なお月様（薄田泣菫）, 有明（竹西寛子）, 雪月花（中西進）, 太陽と月のイメージほか2篇（莟阪良二）, 月と狂気について（北杜夫）, お月さまいくつ（北原白秋）, 月を見ながら（正宗白鳥）, 月三題（渡辺一夫）, 町中の月（永井荷風）, 六日月（岩本素白）, 夏の月（川端茅舎）, 月の蟻ほか2篇（飯田蛇笏）, 月二夜（与謝野晶子）, 明石の名月（堀口大学）, 月の宴（佐多稲子）, 表裏山河（加藤楸邨）, 月夜の東大寺南大門（和辻哲郎）, 塔について（亀井勝一郎）, 月（吉田健一）, 弓張月（杉本秀太郎）, もう一つの名月（安東次男）

「日本の風土」

『風土—人間学的考察』 和辻哲郎著　岩波書店　1991.12　299p　19cm　（ワイド版岩波文庫）1000円　①4-00-007072-X　Ⓝ121.6

「面とペルソナ」

『和辻哲郎随筆集』 和辻哲郎著, 坂部恵編　岩波書店　2011.8　272p　15cm（岩波文庫）〈第7刷（第1刷1995年）〉780円　①4-00-331448-4

内容 『古寺巡礼』『風土』などの著作を通じて、ひろく世に親しまれてきた和辻哲郎（1889 - 1960）は、第一級の随筆の書き手でもあった。和辻のエッセイは、彼の発想と思索の原点を端的に示して、学問的著作理解のよき補いとなるだけでなく、平明な文体で読書の楽しみを堪能させてくれる。「面とペルソナ」「埋もれた日本」「巨椋池の蓮」等25篇を精選。

『偶像再興・面とペルソナ—和辻哲郎感想集』 和辻哲郎著　講談社　2007.4　312p　15cm　（講談社文芸文庫）1400円　①978-4-06-198475-2

内容 荒漠たる秋の野に立つ。星は月の御座を囲み月は清らかに地の花を輝らす。—と書き出される「霊的本能主義」。十八歳、一高校友会雑誌に発表されたこの論考に始まり、『古寺巡礼』と同時期に刊行されながら著者自らによって封印された『偶像再興』、芸術への深い造詣を示す名随筆『面とペルソナ』に至る知の巨人の感性溢れる文章世界を厳選して再読する。

古典（作者不詳）

「出雲国風土記」

『出雲国風土記—島根県古代文化センター本』 島根県古代文化センター編　松江　島根県古代文化センター　2014.3　159p 図版 2p　30cm〈複製〉Ⓝ291.73

『出雲国風土記注釈』 松本直樹注釈　新典社　2007.11　605p　22cm　（新典社注釈叢書 13）17000円　①978-4-7879-1513-9　Ⓝ913.2

『出雲国風土記』 沖森卓也, 佐藤信, 矢嶋泉編著　山川出版社　2005.4　141p　21cm　1700円　①4-634-59390-4　Ⓝ291.73

「伊勢物語」

『現代語訳 竹取物語 伊勢物語』 田辺聖子著　岩波書店　2014.1　281p　15cm（岩波現代文庫）980円　①978-4-00-602234-1

内容 『竹取物語』は、竹の中から誕生した美少女かぐや姫をめぐる求婚譚であり、仮名で書かれたわが国の最初の物語。永遠の女性に憧れる思いを描いて、日本人に今日まで永く愛読されてきた。『伊勢物語』は、一代の色好みにして歌人である在原業平の奔放な恋愛を、哀切な歌の調べと簡潔な地の文により描いた歌物語。著者の訳文は、原文の雅さをよく伝えながら、ユーモラスな味わいを出して、現代の小説を読むように楽しめる。

『竹取物語・伊勢物語』 北杜夫, 俵万智著　講談社　2009.11　286p　19cm　（21世紀版少年少女古典文学館 第2巻）1400円　①978-4-06-282752-2

内容 『竹取物語』は、日本人ならだれでもが懐しい、かぐや姫と五人の求婚者の物語である。月の世界からきた愛らしい姫と、その姫をとりまく人間模様が、時にユーモラスに、時にもの悲しく美しく描かれて、日本でもっとも古い物語文学といわれている。『伊勢物語』は、「むかし、男」ではじまる、和歌を中心に話が展開する“歌物語”の代表的な作品。在原業平を思わせる色好みの男の一代記のような形で、恋や愛や美へのこだわりが、名歌でつづられていく。日本の物語文学の原点ともいえる一冊。

『伊勢物語』 永井和子著 笠間書院 2008.3 247p 19cm （笠間文庫―原文&現代語訳シリーズ） 980円 ①978-4-305-70421-4

内容 愛の充足を知らず、永遠に求め続けさまよう男の物語。原文と現代語訳を対照配置、原文を味わうもよし、訳で内容理解を深めるもよし。全文収載。解説・系図・和歌初句索引・本文調査論文付き。

『ビギナーズ・クラシックス 伊勢物語』 坂口由美子編 角川学芸出版，角川グループパブリッシング〔発売〕 2007.12 252p 15cm （角川ソフィア文庫） 629円 ①978-4-04-357423-0

内容 王朝の男の理想像「昔男」の人生を、「初冠」（成人式）から臨終まで、秀逸な和歌とともに語る短編連作歌物語集の傑作。美男で心優しく情熱的な昔男には、高貴な女性も市井の女も、老いも若きも心を奪われないではいられない…。王朝の人間模様を生き生きとつづり、後世の日本文化に大きな影響を与えた作品。現代語訳・原文・注釈・コラムなどによって、哀切な純愛から年をとった男のいささか滑稽な姿までを縦横に楽しめます。

「伊曽保物語」

『天草版伊曽保物語―影印及び全注釈・言葉の和らげ―影印及び翻刻翻訳』 江口正弘編 新典社 2011.12 473p 22cm （新典社注釈叢書 21） 13800円 ①978-4-7879-1521-4 Ⓝ991.3

『伊曽保物語―万治絵入本』 武藤禎夫校注 岩波書店 2000.12 345p 15cm （岩波文庫） 760円 ①4-00-302761-2 Ⓝ991.3

『お伽草子・伊曽保物語』 新潮社 1991.9 111p 19cm （新潮古典文学アルバム 16） 1300円 ①4-10-620716-8

内容 「浦島太郎」「一寸法師」など、お伽ばなしの原点『お伽草子』、イソップ物語の日本初訳『伊曽保物語』―。人と、霊鬼妖怪・神仏が渾然としていた中世の物語世界。

「一寸法師」

『おとぎ草子・山椒太夫ほか』 清水義範，ねじめ正一著 講談社 2010.2 313p 19cm （21世紀版少年少女古典文学館 16） 1400円 ①978-4-06-282766-9

内容 『おとぎ草子』。「山椒太夫」に代表される『説経集』。どちらもが中世に成立した、庶民のための“語りの文学”である。おとぎ話も説経も、あくまでもわかりやすく作られ、当時の世相をよく伝えている。そして、その底にひそむ寓意性は、現代にもなお通じるところが多い。空想や教訓、信仰心をふんだんに盛りこみ、同じ下層の語り手によって生き生きとした言葉で表現されてきた物語は、混沌の時代の庶民たちを楽しませ、勇気づけたのである。

『舌切りすずめ―日本のむかし話 2 24話』 松谷みよ子作，ささめやゆき絵 講談社 2008.10 219p 18cm （講談社青い鳥文庫） 570円 ①978-4-06-285047-6

内容 日本各地にのこる、長いあいだ語りつがれてきた、むかし話の数々。ひとつひとつの話のなかに、人間の生きる知恵や、生きざまが息づいています。児童文学者・松谷みよ子が各地に採集し、美しい語り口で再話した『舌切りすずめ』をはじめ、『龍宮のよめさま』『かえるのよめさま』『たにし長者』『一寸法師』『天人のよめさま』『雪むすめ』『びっきのぼうさま』『座頭の木』などを収録。

『おとぎ草子』 大岡信著 新版 岩波書店 2006.3 242p 18cm （岩波少年文庫） 680円 ①4-00-114576-6

内容 おなじみの「一寸法師」に「浦島太郎」、いじめにたえて幸福を手に入れた「鉢かづき」姫、若い娘たちをさらう恐ろしい大江山の「酒呑童子」…遠い昔に生まれ、人びとに愛されてきたおとぎばなし7編を、いきいきとした日本語で。中学以上。

『室町物語草子集』 大島建彦，渡浩一校注・訳 小学館 2002.9 502p 21cm （新編 日本古典文学全集 63） 4267円 ①4-09-658063-5

目次 文正草子，御曹子島渡，猿源氏草紙，ものくさ太郎，橋立の本地，和泉式部，一寸法師，浦島の太郎，酒伝童子絵，磯崎，熊野本地絵巻，中将姫本地，長宝寺よみがへりの草紙

「宇治拾遺物語」

『今昔物語集・宇治拾遺物語』 田中貴子監修 学研教育出版，学研マーケティン

グ〔発売〕 2012.2 47p 30×22cm （絵で見てわかるはじめての古典 6） 2500円 ①978-4-05-500859-4

目次 『今昔物語集』は、こんな本,『今昔物語集』が作られたのは、こんな時代,『今昔物語集』の主人公は？ ,『今昔物語集』,『今昔物語集』セレクション, 古典であそぼう,『宇治拾遺物語』は、こんな本, 絵巻物に見る『宇治拾遺物語』,『宇治拾遺物語』,『宇治拾遺物語』セレクション, 古典であそぼう（漢字の「読み」で遊ぼう！ ,不思議な夢の話を作ろう, ためになる暦を作ろう）, 楽しく広がる古典の世界

『雨月物語・宇治拾遺物語ほか』 坪田譲治文, 中尾彰絵 童心社 2009.2 180p 19cm （これだけは読みたいわたしの古典）〈『わたしの古典 鯉になったお坊さん』改題書〉2000円 ①978-4-494-01986-1

目次 鯉になったお坊さん, ふしぎなほらあなを通って, 老僧どくたけを食べた話, 雀がくれたひょうたん, 柱の中の千両, ぼたもちと小僧さん, 魚養のこと, 塔についていた血の話, 二人の行者, あたご山のイノシシ, 観音さまから夢をさずかる話, 白羽の矢, 五色の鹿, ぬすびとをだます話

『宇治拾遺物語 上・下』 長野甞一校注 新装版 明治書院 2001.12 330p 19cm （校注古典叢書）〈文献あり〉 2000円 ①4-625-71312-9 Ⓝ913.47

「宇津保物語」

『宇津保物語・俊蔭—全訳注』 上坂信男, 神作光一著 講談社 1998.12 387p 15cm （講談社学術文庫） 1050円 ①4-06-159355-2 Ⓝ913.34

『竹取物語・大和物語・宇津保物語』 藤井貞和, 大岡信著 新潮社 1991.8 111p 20cm （新潮古典文学アルバム 3） 1300円 ①4-10-620703-6 Ⓝ913.31

「浦島太郎」

『浦島太郎』 小澤俊夫監修, 小澤昔ばなし大学再話研究会再話, 唐仁原教久絵 小峰書店 2011.2 211p 19cm （語りつぎたい日本の昔話 2） 1500円 ①978-4-338-25802-9

目次 浦島太郎, 笹舟の子, 天竺女房の鬼退治, こぶとりじいさん, 扇子女房, 金でこ八郎, 運の良いにわか侍, 弥七の話, くさった風, 河童の文使い〔ほか〕

『新版 日本のむかし話 3 浦島太郎ほか全17編』 坪田譲治著 偕成社 2007.11 193p 19cm （偕成社文庫） 700円 ①978-4-03-551000-0

内容 語りつがれ愛されてきたむかし話を集大成。漁師の浦島太郎が、おとひめのいる竜宮城に招かれる「浦島太郎」のほか、「はなたれ小僧さま」「山んばと小僧」「ネズミのすもう」など十七編を収録。総ルビ、豊富なさし絵で楽しく読みやすいシリーズです小学中級以上向き。

『一寸法師・さるかに合戦・浦島太郎』 関敬吾編 岩波書店 2002.5 251,7p 19cm （ワイド版岩波文庫—日本の昔ばなし 3）〈文献あり〉1000円 ①4-00-007210-2 Ⓝ388.1

「雲萍雑志」

『日本随筆大成 第2期 第4巻』 日本随筆大成編輯部編 吉川弘文館 1994.7 391p 20cm〈新装版〉2884円 ①4-642-09027-4 Ⓝ081

内容 兎園小説別集 曲亭馬琴著, 八十翁疇昔話 財津種〔ソウ〕著, 牟芸古雅志 瀬川如皐著, 雲萍雑志, 閑なるあまり 松平定信著, 画証録 喜多村信節著, 解題 丸山季夫著

「栄花物語」

『大鏡・栄花物語』 橘健二, 加藤静子, 山中裕, 秋山虔, 池田尚隆, 福長進校訂・訳 小学館 2008.11 317p 19cm （日本の古典をよむ 11） 1800円 ①978-4-09-362181-6

内容 娘を次々に帝の后とし、「この世をば我が世とぞ思ふ」と歌った藤原道長。摂関政治の頂点に立った男の栄華を語る二つの歴史物語。原文の魅力をそのままにあらすじと現代語訳付き原文ですらすらよめる新編集。歴史小説をよむように古典文学をよむ。

『栄花物語』 山本周五郎著 改版 新潮社 2007.9 642p 15cm （新潮文庫） 819円 ①978-4-10-113421-5

内容 徳川中期、時の先覚者として政治改革を理想に、非難と悪罵の怒号のなか、頑なまでに己れの意志を貫き通す老中田沼意次—従来、賄賂政治の代名詞のような存在であっ

た田沼親子は、商業資本の擡頭を見通した進取の政治家であったという、新しい視点から、絶望の淵にあって、孤独に耐え、改革を押し進めんとする不屈の人間像を、時流に翻弄される男女の諸相を通して描く歴史長編。

『栄花物語 1～3』 山中裕, 秋山虔, 池田尚隆, 福長進校注・訳 小学館 1995～98 573p 21cm （新編 日本古典文学全集 33）4657円 ①4-09-658033-3

目次 巻第27 ころものたま, 巻第28 わかみづ, 巻第29 たまのかざり, 巻第30 つるのはやし, 巻第31 殿上の花見, 巻第32 謌合, 巻第33 きるはわびしとなげく女房, 巻第34 暮まつほし, 巻第35 くものふるまひ, 巻第36 根あはせ, 巻第37 けぶりの後, 巻第38 松のしづえ, 巻第39 布引の滝, 巻第40 紫野

「おあむ物語」

『雑兵物語・おあむ物語』 中村通夫, 湯沢幸吉郎校訂 岩波書店 1993.9 163p 15cm （岩波文庫）〈第6刷（第1刷：43.5.10）〉 410円 ①4-00-302451-6

内容 「雑兵物語」は足軽・草履取りなどいわゆる「雑兵」の功名談をもとにした一種の戦陣訓。関ケ原の合戦、大坂落城の見聞録二編を併収。

『おあむ物語』 横須賀 創作豆本工房 1986.3 127p 3×3.2cm〈特装本（一分金付） 革装 外箱（おあむさま像付）入 箱入 限定版〉 55000円 Ⓝ210.498

「大鏡」

『大鏡・栄花物語』 橘健二, 加藤静子, 山中裕, 秋山虔, 池田尚隆, 福長進校訂・訳 小学館 2008.11 317p 19cm （日本の古典をよむ 11）1800円 ①978-4-09-362181-6

内容 娘を次々に帝の后とし、「この世をば我が世とぞ思ふ」と歌った藤原道長。摂関政治の頂点に立った男の栄華を語る二つの歴史物語。原文の魅力をそのままにあらすじと現代語訳付き原文ですらすらよめる新編集。歴史小説をよむように古典文学をよむ。

『大鏡全注釈』 河北騰著 明治書院 2008.10 583p 21cm 16000円 ①978-4-625-44402-9

目次 総説編（大鏡についての十二項目）, 注釈編（大鏡第一, 大鏡第二, 大鏡第三, 大鏡第四, 大鏡第五, 大鏡第六）

『ビギナーズ・クラシックス 大鏡』 武田友宏編 角川学芸出版, 角川グループパブリッシング〔発売〕 2007.12 278p 15cm （角川ソフィア文庫）743円 ①978-4-04-357424-7

内容 大寺院の法会に集まった2人の老人が若侍相手に語る、14代176年間にわたる王朝の藤原氏の歴史物語。華やかな王朝の裏で繰り広げられる道長らのあくなき権力闘争の実態、花山天皇の破天荒な振る舞いや才能豊かな行成の逸話など、平安の都人たちの興味津々の話題が満載。平安という時代や「枕草子」「源氏物語」などの女房文学への理解を深め、古典を一層楽しく読むための最適な入門書。役立つコラムや図版も豊富に収録。

「落窪物語」

『落窪物語』 藤井貞和校注 岩波書店 2014.11 460p 15cm （岩波文庫）1080円 ①978-4-00-300431-9

内容 床のくぼんだ「落窪の間」や物置部屋に追いやられ、味方は侍女一人だけ。継母にこき使われる孤独な娘は、どうやって幸せをつかむのか？―平安時代の社会と風俗を活写して、読者の涙と笑いを誘いつづけてきた物語。古本「九条家本」を底本とし、原文を楽しく読める注釈で、生き生きとよみがえる継子物語の源流。

『落窪物語』 氷室冴子著 講談社 2009.11 291p 19cm （21世紀版少年少女古典文学館 第3巻）1400円 ①978-4-06-282753-9

内容 『落窪物語』は、早くに母を失った姫君が、継母にいじめられ、苦労しながらも、やがてすばらしい貴公子とめぐりあい、幸せを得る物語である。このストーリーの基本的なパターンは、シンデレラに代表されるが、古来、世界各地で作られ、今に語り継がれている。平安時代に書かれたこの物語も、みやびな恋物語というより、生身の人間の喜怒哀楽を興味深く描いた大衆文学として、長く読み継がれ、語り継がれてきたロングセラー小説の一つである。

『落窪物語 上・下』 室城秀之訳注 新版 角川書店 2004.2 471p 15cm （角川ソフィア文庫）1000円 ①4-04-374201-0

内容 底本に忠実に読み解いた、新たな校訂本文による決定版。―実母の死後、主人公の姫君に、父中納言の屋敷で与えられた部

屋は落ち窪んだ所であった。そこで「落窪の君」という屈辱的な名を与えられた姫君は、継母に虐待されていた。この姫君に愛情を抱くようになった少将道頼は、姫君を屋敷から脱出させる。しかし道頼には新たな縁談が持ち上がった。

『落窪物語・堤中納言物語』 三谷栄一, 三谷邦明, 稲賀敬二校注・訳　小学館　2000.9　574p　21cm　（新編日本古典文学全集 17）4457円　Ⓘ4-09-658017-1

内容 恋しい気持、いじめの衝動はいったいどうして起きるのか。浮気に人違い、幽閉に略奪、虐待、覗き見、復讐戦。千年前の風変りな恋物語。

「おもろさうし」

『定本おもろさうし』 外間守善, 波照間永吉編著　角川書店　2002.2　1030p　27cm　42000円　Ⓘ4-04-861008-2　Ⓝ388.9199

『おもろさうし　上・下』 外間守善校注　岩波書店　2000　501p　15cm　（岩波文庫）900円　Ⓘ4-00-301421-9　Ⓝ388.9199

「閑吟集」

『神楽歌・催馬楽・梁塵秘抄・閑吟集』 臼田甚五郎, 新間進一, 外村南都子, 徳江元正校注・訳　小学館　2000.12　542p　21cm　（新編 日本古典文学全集 42）4457円　Ⓘ4-09-658042-2

内容 神々と交歓する「神楽歌」。上代民謡や流行歌から生れた「催馬楽」。平安王朝にも愛唱された今様「梁塵秘抄」。民衆の哀歓を吐露する室町小歌「閑吟集」。上代から中世にかけて、そして現代にも歌い継がれる代表的歌謡集を収録。

『閑吟集』 浅野建二校注　新訂版　岩波書店　1998.10　268p　15cm　（岩波文庫）560円　Ⓘ4-00-301281-X

内容 16世紀初頭、富士の遠望をたよりに草庵をむすんだ隠者が、風雅な宴席に交遊した往時を偲びつつ編んだ歌謡集成。所収歌311首中、3分の2を恋歌が占める。「我が恋は水に燃えたつ蛍々物言はで笑止の蛍」、また「何せうぞくすんで一期は夢よただ狂へ」のような歌まで、表現・詩型とも多彩をきわめ、中世人の感性を誌して余すところがない。

『梁塵秘抄　閑吟集　狂言歌謡』 小林芳規, 武石彰夫, 土井洋一, 真鍋昌弘, 橋本朝生校注　岩波書店　1993.6　606p　21cm　（新 日本古典文学大系 56）4000円　Ⓘ4-00-240056-5

内容 今様を熱愛した上皇と一人の老白拍子の出会いが生んだ希有の歌謡集『梁塵秘抄』。花の都の景物や恋の情念をあでやかに歌い上げた『閑吟集』。室町時代の庶民の生態・人情を活写した『狂言歌謡』—。中世はまさに歌謡の時代であった。老若男女の信仰告白や恋の嘆き、遊ぶ子どものさざめきが、中世の歌声にのって聞こえて来る。

「きのふはけふの物語」

『江戸艶笑小咄集成』 宮尾與男編注　彩流社　2006.12　481,5p　19cm　4700円　Ⓘ4-7791-1199-4

内容 昔も今も変わらぬことは、日々の「性事」を笑いに変えて、浮き世の憂さを忘れること。古典文学の「いき」がここにある。厳選、本邦初公開図版収録。

『きのふはけふの物語　2巻』 勉誠社　1981.1　146p　21cm　（勉誠社文庫 81）〈解説：岡雅彦　大英図書館蔵古活字本の複製〉1500円　Ⓝ913.59

「古本説話集」

『古本説話集　上・下』 高橋貢全訳注　講談社　2001　297p　15cm　（講談社学術文庫）1200円　Ⓘ4-06-159490-7

内容 日本古典文学の一大ジャンル説話文学の領域に登場した近年新発見の魅力ある作品の全訳注。風雅な生活を送った大斎院も、出家し往生を遂げる。恐怖・病・飢えなど当時の人々の生活感を投影した話や観音・毘沙門・吉祥天女の霊験奇瑞の逸話が展開する。貴族子女の啓蒙書として編纂され、王朝文化の雰囲気を醸す仏教説話二十四話を収録。

『古本説話集—梅沢本』 川口久雄校訂　岩波書店　1995.3　213p　15cm　（岩波文庫）520円　Ⓘ4-00-300261-X

内容 平安末期から鎌倉初期頃に編まれた、編者、本来の書名とも未詳の説話集。巻上に清少納言、紀貫之らの和歌にまつわる説話、巻下に「わらしべ長者譚」など、仏教説話を収める。

「今昔物語集」

『今昔物語集―今も昔もおもしろい！ おかしくてふしぎな平安時代のお話集』 令丈ヒロ子著，つだなおこ絵 岩崎書店 2014.1 191p 21cm （ストーリーで楽しむ日本の古典 7）1500円 ①978-4-265-04987-5

目次 1 おかしな人々のお話,2 すごい人々のお話,3 ふしぎな人々のお話,4 こんなことが本当に？ のお話,5 おそろしいお話,6 ありがたいお話

『今昔物語集』 杉本苑子著 講談社 2009.12 317p 19cm （21世紀版少年少女古典文学館 9）1400円 ①978-4-06-282759-1

内容 表面上では、貴族文化がはなやかに咲きほこった平安時代。だが、ほんのわずか京の裏通りに目をやれば、そこは追いはぎ・盗賊が横行し、人々は災いをもたらす鬼や魔物たちにおびえながら暮らす、混沌の世界だった。「今は昔」で語り出される『今昔物語集』には、受領・武士・僧侶・農民といった、それまでの文学では無視されがちだった人々が主人公として登場し、おかしく、ときにはかなしい人間ドラマを展開する。全三十一巻千話以上からなる一大説話文学から、おもしろくかつ親しみやすい五十一編を厳選して収録する。

『今昔物語集』 馬淵和夫，国東文麿，稲垣泰一校訂・訳 小学館 2008.8 318p 19cm （日本の古典をよむ 12）1800円 ①978-4-09-362182-3

内容 原文の魅力をそのままにあらすじと現代語訳付き原文ですらすらよめる新編集。現代語訳と原文でよむ豊穣な説話の宇宙。

『今昔物語集 下』 現代思潮新社 2008.8 p1017-1467,50,3p 16cm （覆刻日本古典全集 正宗敦夫編纂校訂）〈現代思潮社昭和58年刊を原本としたオンデマンド版〉6300円 ①978-4-329-02665-1 Ⓝ913.37

『今昔物語集 中』 現代思潮新社 2008.8 p459-1015 16cm （覆刻日本古典全集 正宗敦夫編纂校訂）6800円 ①978-4-329-02664-4 Ⓝ913.37

『今昔物語集 上』 現代思潮新社 2008.8 458p 16cm （覆刻日本古典全集 正宗敦夫編纂校訂）〈現代思潮社昭和58年刊を原本としたオンデマンド版〉5800円 ①978-4-329-02663-7 Ⓝ913.37

『今昔物語集』 角川書店編 角川書店 2002.3 276p 15cm （角川文庫―角川ソフィア文庫 ビギナーズ・クラシックス）600円 ①4-04-357409-6 Ⓝ913.37

「十訓抄」

『宇治拾遺物語・十訓抄』 小林保治，増古和子，浅見和彦校訂・訳 小学館 2007.12 317p 19×14cm （日本の古典をよむ 15）1800円 ①978-4-09-362185-4

内容 これが古典？ 雀の恩返しにわらしべ長者。先人の知恵と笑いがたっぷりつまった面白さ抜群の説話集。

『宇治拾遺物語・古事談・十訓抄』 黒板勝美編輯，源顕兼撰，黒板勝美編輯，黒板勝美編 新装版 吉川弘文館 2000.5 1冊 23cm （國史大系 新訂増補 第18巻）〈複製〉10000円 ①4-642-00319-3 Ⓝ913.47

『十訓抄』 浅見和彦校注・訳 小学館 1997.12 557p 21cm （新編 日本古典文学全集 51）4457円 ①4-09-658051-1

目次 第1 人に恵を施すべき事，第2 去慢を離るべき事，第3 人倫を侮らざる事，第4 人の上を誡むべき事，第5 朋友を撰ぶべき事，第6 忠直を存ずべき事，第7 思慮を専らにすべき事，第8 諸事を堪忍すべき事，第9 懇望を停むべき事，第10 才芸を庶幾すべき事

「墨塗」

『新編日本古典文学全集 60 狂言集』 北川忠彦，安田章校注 小学館 2001.1 574p 23cm 4457円 ①4-09-658060-0 Ⓝ918

内容 末広かり，靫猿，墨塗，素袍落，棒縛，附子，柿山伏，宗論，ほか

「太平記」

『太平記 2』 兵藤裕己校注 岩波書店 2014.10 566p 15cm （岩波文庫）1320円 ①978-4-00-301432-5

内容 元弘三年(一三三三)、後醍醐帝の綸旨を得た、足利尊氏は北条氏追討の兵を挙げる。新田義貞・赤松円心らが加わった倒幕軍は、北条高時以下を自害に追い込み、鎌倉幕府は滅亡した。だが、建武新政権内部の矛盾と軋轢から、尊氏は叛旗を翻す。

『太平記 1』 兵藤裕己校注 岩波書店 2014.4 488p 15cm (岩波文庫) 1140円 ①978-4-00-301431-8

内容 鎌倉幕府の滅亡に始まる南北朝の動乱。北条一族の終焉、楠正成らの知勇が支える後醍醐政権、足利尊氏の離反、室町幕府の成立…。数十年にわたって列島を揺るがした巨大な戦乱を記す『太平記』。その古態を伝える「西源院本」に、初めて校注を加える。

『新訂 太平記 第1巻』 太平記研究会編 東京堂出版 2013.10 193p 21cm 3200円 ①978-4-490-30704-7

内容 古熊本から新たに学ぶ『太平記』の世界。注釈書のかたちではなく、「文本」「あらすじ」「参考」の三部構成。第一巻には、巻第一から巻第五までを収録。

『太平記』 平岩弓枝著 講談社 2010.1 293p 19cm (21世紀版少年少女古典文学館 14) 1400円 ①978-4-06-282764-5

内容 『太平記』は、その題名とはうらはらに、南北朝の時代を中心とする、半世紀にわたる混乱と戦乱を書きつづった軍記物語である。鎌倉幕府の十四代執権北条高時は、政治をかえりみず、後醍醐帝はひそかに討幕を図る。動乱の火ぶたは切って落とされ、あいつぐ戦乱のなかで、数々の英雄が生まれ、それぞれの野望、うらぎり、対立が、次の戦を生む。こうした動乱の時代を記しながら、平和を願い、国を治める者の、あるべき姿を説いた『太平記』は、後世の文学、演劇等に大きな影響をあたえながら、読みつがれていく。

『太平記』 武田友宏編 角川学芸出版,角川グループパブリッシング〔発売〕 2009.12 425p 15cm (角川ソフィア文庫―ビギナーズ・クラシックス 日本の古典) 971円 ①978-4-04-407210-0

内容 『平家物語』と並ぶ軍記物語の傑作。後醍醐天皇の即位から、討幕計画、鎌倉幕府の滅亡、天皇親政による建武中興と崩壊、足利幕府の成立と朝廷の南北分裂、足利家の内紛を経て、細川頼之管領就任までの、約50年間にわたる史上かつてない動乱の時代を描く。強烈な個性の後醍醐天皇をはじめ、大義名分のもとに翻弄される新田・足利・楠木など、多くの人たちの壮絶な人間群像と南北朝という時代をダイジェストで紹介。

『太平記』 龍谷大学仏教文化研究所編,大取一馬責任編集 京都 思文閣出版 2007.9 779p 21cm (竜谷大学善本叢書) 15000円 ①978-4-7842-1365-8

目次 巻第1, 巻第2, 巻第3, 巻第4, 巻第5, 巻第6, 巻第7, 巻第8, 巻第9, 巻第10, 巻第11, 巻第12

「竹取物語」

『竹取物語』 野口元大校注 新潮社 2014.10 261p 19cm (新潮日本古典集成 新装版) 1700円 ①978-4-10-620808-9

内容 竹から生まれたかぐや姫をめぐる不思議なファンタジー。「物語の出で来はじめの祖」とされる日本最古の物語。竹取物語の源流ではないかともされる、チベット地方に伝承する「竹姫(斑竹姑娘)」も収録。

『現代語訳 竹取物語 伊勢物語』 田辺聖子著 岩波書店 2014.1 281p 15cm (岩波現代文庫) 980円 ①978-4-00-602234-1

内容 『竹取物語』は、竹の中から誕生した美少女かぐや姫をめぐる求婚譚であり、仮名で書かれたわが国の最初の物語。永遠の女性に憧れる思いを描いて、日本人に今日まで永く愛読されてきた。『伊勢物語』は、一代の色好みにして歌人である在原業平の奔放な恋愛を、哀切な歌の調べと簡潔な地の文により描いた歌物語。著者の訳文は、原文の雅さをよく伝えながら、ユーモラスな味わいを出して、現代の小説を読むように楽しめる。

『竹取物語』 石井睦美編訳,平澤朋子絵 偕成社 2014.1 134p 19cm 1200円 ①978-4-03-744960-5

内容 日本最古のファンタジー小説「竹取物語」。竹から生まれ、またたくまに美しい姫へと成長したかぐや姫。その心を射止めようと、かぐや姫の出した無理難題に頭をかかえる五人の貴公子たちの物語とかぐや姫と帝との恋。小学校高学年から。

『竹取物語―現代語訳対照・索引付』 大井田晴彦著 笠間書院 2012.11 197p 21cm 1400円 ①978-4-305-70681-2

内容 原文・訳、二段組み構成。初学者から、専門の研究者まで、幅広く対応する決定版。

『竹取物語』 阪倉篤義校訂 岩波書店 2003.1 94p 15cm (岩波文庫)〈第50刷〉 300円 ①4-00-300071-4

内容 幼い時からかぐや姫の話として誰もが親しんでいるこの物語は、『源氏物語』の中でもすでに昔話として出てくるように、日本最古の物語文学といわれる。光を放つ一筋の竹の中から生まれて気高く成長した姫が、貴公子たちやみかどの求婚をしりぞけて天に昇っていく姿が、他の平安時代の物語に比べてはるかにわかりやすい、素朴な文章で綴られている。

「堤中納言物語」

『堤中納言物語』 坂口由美子編 角川学芸出版, 角川グループパブリッシング〔発売〕 2009.12 270p 15cm (角川ソフィア文庫―ビギナーズ・クラシックス 日本の古典) 705円 ①978-4-04-357425-4

内容 気味の悪い虫を好む姫君を描く「虫めづる姫君」をはじめ、今ではほとんど残っていない平安末期から鎌倉時代の短編10編を収録した作品集。姫君と間違えて祖母を盗んできてしまった男の失敗談や浮気男が元の妻の許に戻る話などを収める。「滑稽な話」「しみじみした話」「状況が面白い話」「もどかしい話」「微笑ましい話」「あきれる話」と、おもむきを変えながら、人生の一こまを鮮やかに描き、その魅力と味わいを存分に楽しめる。

『堤中納言物語・うつほ物語』 干刈あがた, 津島佑子著 講談社 2009.12 317p 19cm (21世紀版少年少女古典文学館 7) 1400円 ①978-4-06-282757-7

内容 『堤中納言物語』には、いまに通じる個性的な人間像が、あふれる機知とユーモアで描かれている。毛虫を愛する型破りなお姫さまや、片思いに身を焦がす憂愁な貴公子などの登場人物たちが、この世界最古の短編小説集に、いきいきとした生命を吹きこんでいる。『うつほ物語』は、全二十巻という日本最古の長編物語であり、その成立、内容ともに謎をひめた新発見の魅力にみちている。天上の琴を守り伝える芸術一家四代の数奇な物語の背景に、恋のさやあてや貴族の祝祭などの王朝ロマンが、絢爛豪華にくりひろげられる。

『竹取物語・伊勢物語・堤中納言物語』 片桐洋一, 福井貞助, 稲賀敬二校訂・訳 小学館 2008.5 318p 19cm (日本の古典をよむ 6) 1800円 ①978-4-09-362176-2

内容 昔、男ありけり―。なつかしさとせつなさのうちに女と男の心模様を描く平安の珠玉の物語。

『堤中納言物語』 池田利夫訳・注 新版 笠間書院 2006.9 279p 19cm (笠間文庫―原文&現代語訳シリーズ) 1500円 ①4-305-70419-6

内容 王朝物語の系譜ながら、近代的な機智と諧謔に富む洗練された味わい。異色の輝きを放つ平安の短編物語集全文を、この一冊に凝縮。現代語訳対照・類聚歌合注解解説・和歌初二句索引・論評付き。

「東関紀行」

『中世日記紀行集』 長崎健, 外村南都子, 岩佐美代子, 稲田利徳, 伊藤敬校注・訳 小学館 1994.7 654p 21cm (新編日本古典文学全集) 4800円 ①4-09-658048-1

内容 海道記, 信生法師日記, 東関紀行, 弁内侍日記, 十六夜日記, 春の深山路, 道行きぶり, なぐさみ草, 覧富士記, 東路のつと, 吉野詣記, 九州道の記, 九州の道の記

『東関紀行全釈』 武田孝著 笠間書院 1993.1 393p 22cm (笠間注釈叢刊 16) 12000円 ①4-305-30016-8 Ⓝ915.46

「成上り」

『大蔵虎光本狂言集 4』 橋本朝生編 古典文庫 1992.5 460p 17cm (古典文庫 第546冊) 非売品 Ⓝ912.3

内容 巻13～16, 解説, 曲目索引

「播磨国風土記」

『日本の古典をよむ 3 日本書紀・風土記』 小島憲之, 直木孝次郎, 西宮一民, 蔵中進, 毛利正守, 植垣節也校訂・訳 小学館 2007.9 317p 19cm 1800円 ①978-4-09-362173-1

内容 大化の改新、壬申の乱―。地方伝承を今に伝える「風土記」とともに、古代史の証言にふれる。

『播磨国風土記』 沖森卓也,佐藤信,矢嶋泉編著 山川出版社 2005.10 107p 21cm 1700円 ①4-634-59391-2

目次 訓読文編(賀古郡,印南郡,飾磨郡,揖保郡,讃容郡,宍禾郡,神前郡,託賀郡,賀毛郡,美嚢郡),本文編,補注,逸文編(明石郡(明石国道)訓読文・本文,明石郡(明石駅家)訓読文・本文・補注)

「肥前国風土記」

『豊後国風土記・肥前国風土記』 沖森卓也,佐藤信,矢嶋泉編著 山川出版社 2008.2 101p 21cm 1700円 ①978-4-634-59393-0

内容 両書について、それぞれ最善本である冷泉家本『豊後国風土記』、猪熊本『肥前国風土記』を尊重した本文を校訂して示し、さらに奈良時代語による訓読文を復原して提供。構成は、それぞれの訓読文編・本文編・補注からなり、後者については逸文編を付した。

『日本の古典をよむ 3 日本書紀・風土記』 小島憲之,直木孝次郎,西宮一民,蔵中進,毛利正守,植垣節也校訂・訳 小学館 2007.9 317p 19cm 1800円 ①978-4-09-362173-1

内容 大化の改新、壬申の乱―。地方伝承を今に伝える「風土記」とともに、古代史の証言にふれる。

「常陸国風土記」

『日本書紀(下)・風土記』 小島憲之,直木孝次郎,西宮一民,蔵中進,毛利正守,植垣節也校訂・訳 小学館 2007.9 317p 19cm (日本の古典をよむ 3) 1800円 ①978-4-09-362173-1

内容 大化の改新、壬申の乱―。地方伝承を今に伝える「風土記」とともに、古代史の証言にふれる。

『常陸国風土記』 沖森卓也,佐藤信,矢嶋泉編著 山川出版社 2007.4 99p 21cm 1700円 ①978-4-634-59392-3 Ⓝ291.31

『常陸国風土記―全訳注』 秋本吉徳訳注 講談社 2001.10 191p 15cm (講談社学術文庫) 860円 ①4-06-159518-0 Ⓝ291.31

「百物語」

『百物語全注釈』 小川武彦著 勉誠出版 2013.2 2冊(セット) 21cm 25000円 ①978-4-585-29043-8

目次 上巻(手習のしやうの事,小僧問答の事,麴売の事,観音地蔵鰡ふむ事,煮餅の事ほか),下巻(返歌連句付にする事,春過の歌ほんあんの事,薬罐で蛸にる事,山椒にむせる事,箱根坂狂歌の事 ほか)

『江戸諸国百物語』 人文社編集部企画 人文社 2005.11 160p 26cm (ものしりシリーズ―諸国怪談奇談集成) 1900円 ①4-7959-1956-9

内容 百物語、民間伝承、民話などから怪談や奇談、妖怪による怪異を諸国ごとに分け集成した怪談集。

「武悪」

『狂言』 山崎有一郎監修 くもん出版 2004.4 127p 27cm (物語で学ぶ日本の伝統芸能 2) 2800円 ①4-7743-0739-4 Ⓝ773.9

内容 節分,附子,蚊相撲,月見座頭,武悪

「附子」

『能・狂言』 別役実,谷川俊太郎著 講談社 2010.1 301p 19cm (21世紀版少年少女古典文学館 15) 1400円 ①978-4-06-282765-2

内容 この世に思いを残して死んでいった人々の霊や、神、鬼などをとおして、現世をはなれ、幽玄の風情にひたれる詩劇“能”。おなじみの太郎冠者や次郎冠者が登場し、生き生きとしたことばで、おおらかな笑いにつつんでくれる対話劇“狂言”。能と狂言の極限まで様式化された表現方法は、欧米の演劇には類のない前衛舞台芸術として、いま世界じゅうから注目されている。

『狂言』 山崎有一郎監修 くもん出版 2004.4 127p 27cm (物語で学ぶ日本の伝統芸能 2) 2800円 ①4-7743-0739-4 Ⓝ773.9

内容 節分,附子,蚊相撲,月見座頭,武悪

「風土記」

『古事記・風土記』 田中貴子監修 学研教育出版,学研マーケティング〔発売〕 2012.2 47p 30×22cm (絵で見てわ

かるはじめての古典 1）2500円 ①978-4-05-500854-9

[目次]『古事記』は、こんな本,『古事記』の舞台になった古墳時代ってこんな時代, 古代の人々の服装は…,『古事記』の“世界”はどんなもの？ ,『古事記』イザナキとイザナミの話,『古事記』天の岩屋の戸、開かれる, 演じてみよう！ 声に出して読んでみよう！ 1 ヤマタノオロチ, 演じてみよう！ 声に出して読んでみよう！ 2 いなばの白うさぎ,『古事記』国ゆずり,『古事記』海幸山幸〔ほか〕

『日本書紀（下）・風土記』 小島憲之, 直木孝次郎, 西宮一民, 蔵中進, 毛利正守, 植垣節也校訂・訳　小学館　2007.9　317p　19cm　（日本の古典をよむ 3）1800円　①978-4-09-362173-1

[内容] 大化の改新、壬申の乱―。地方伝承を今に伝える「風土記」とともに、古代史の証言にふれる。

『風土記』 吉野裕訳　平凡社　2000.2　521p　17cm　（平凡社ライブラリー）1500円　①4-582-76328-6

[内容]『常陸国風土記』『播磨国風土記』『出雲国風土記』『豊後国風土記』『肥前国風土記』のほか、各地の風土記の断片すべてを収録。美しく豊かな風土のありさま、土地の物産、地名の由来が、おおらかに語られる。詳細な現在地名との対照表を付す。

「豊後国風土記」

『豊後国風土記・肥前国風土記』 沖森卓也, 佐藤信, 矢嶋泉編著　山川出版社　2008.2　101p　21cm　1700円　①978-4-634-59393-0

[内容] 両書について、それぞれ最善本である冷泉家本『豊後国風土記』、猪熊本『肥前国風土記』を尊重した本文を校訂して示し、さらに奈良時代語による訓読文を復原して提供。構成は、それぞれの訓読文編・本文編・補注からなり、後者については逸文編を付した。

『日本書紀（下）・風土記』 小島憲之, 直木孝次郎, 西宮一民, 蔵中進, 毛利正守, 植垣節也校訂・訳　小学館　2007.9　317p　19cm　（日本の古典をよむ 3）1800円　①978-4-09-362173-1

[内容] 大化の改新、壬申の乱―。地方伝承を今に伝える「風土記」とともに、古代史の証言にふれる。

『風土記』 吉野裕訳　平凡社　2000.2　521p　17cm　（平凡社ライブラリー）1500円　①4-582-76328-6

[内容]『常陸国風土記』『播磨国風土記』『出雲国風土記』『豊後国風土記』『肥前国風土記』のほか、各地の風土記の断片すべてを収録。美しく豊かな風土のありさま、土地の物産、地名の由来が、おおらかに語られる。詳細な現在地名との対照表を付す。

「平家物語」

『平家物語 覚一本 全』 大津雄一, 平藤幸編　改訂版　武蔵野書院　2014.9　490p　21cm　2000円　①978-4-8386-0650-4

[内容] 巻第一から潅頂巻まで、この一冊に『平家物語』全文を完全収録。詳細な校訂本文に加え、読みやすさに配慮したルビをできる限り多く振り、さらに最新で信頼のおける頭注を付した、『平家物語』決定版！―簡便な系図・年表・図録・地図をも付載―

『古典講読 平家物語』 梶原正昭著　岩波書店　2014.2　210p　19cm　（セミナーブックス・セレクション）2200円　①978-4-00-028701-2

[内容] 諸行無常、盛者必衰の理を基調に綴られる平家一門の滅びの物語は、今なお人びとのこころを魅了してやまない。義仲と乳兄弟兼平との心の交流「木曾最期」、敦盛を討った熊谷直実の苦悩「敦盛最期」、扇の的と弓の名手「那須与一」―代表的な合戦譚三話のリズミカルな原文をていねいに読み解きながら、『平家物語』の魅力に迫る。

『絵で読む日本の古典　4　平家物語』 田近洵一監修　ポプラ社　2012.3　47p　29×22cm　2800円　①978-4-591-12808-4

[目次] 祇園精舎, 清盛の栄華, 鹿ヶ谷の陰謀, 俊寛の嘆き, 平家打倒ののろし, 富士川の戦い, 清盛の死, 倶利伽羅落とし, 平家の都落ち, 都に入った義仲〔ほか〕

『平家物語　1　月の船、星の林』 佐久間智代著　ホーム社　2011.10　346p　16cm　（HMB S7-1）〈発売：集英社〉648円　①978-4-8342-7498-1　Ⓝ726.1

[内容] 月の船、星の林佐久間智代著, 花追慕佐久間智代著, 新月の恋佐久間智代著, きらめく波の飛沫佐久間智代著, 遠い昔の夢佐久間智代著, 平家物語超解説,1～2

『平家物語　2　らせんは時を越えて』 佐

久間智代著 ホーム社 2011.10 313p 16cm (HMB S7-2)〈年表あり 発売：集英社〉648円 Ⓘ978-4-8342-7499-8 Ⓝ726.1
内容 違えない女 佐久間智代著, らせんは時を越えて 佐久間智代著, 記憶の破片 佐久間智代著, 風は時を奏でる 佐久間智代著, 夜がな夜っぴて 佐久間智代著, 平家物語超解説3

『平家物語』 市古貞次校訂・訳 小学館 2007.7 318p 20cm (日本の古典をよむ 13) 1800円 Ⓘ978-4-09-362183-0 Ⓝ913.434

「平治物語」

『古典講読 平治物語』 日下力著 岩波書店 2014.2 217p 19cm (セミナーブックス・セレクション) 2200円 Ⓘ978-4-00-028704-3
内容 激動の中世の幕開けとなった平治の乱。その悲劇の顛末を流麗かつ雄勁に物語る『平治物語』には、王朝中心の発想から武家中心の発想へと、時代のなかで改変されていく人びとの意識が刻み込まれていた。その創造の秘密とつきない魅力を、待賢門の合戦、義朝の最期、常葉都落ちなど、名場面の読みをとおしてさぐる。

『平治物語』 山下宏明校注 三弥井書店 2010.6 439p 22cm (中世の文学)〈文献あり〉9800円 Ⓘ978-4-8382-1036-7 Ⓝ913.433

『平治物語』 中村晃訳, 西沢正史監修 勉誠出版 2004.6 214p 19cm (現代語で読む歴史文学) 2500円 Ⓘ4-585-07067-2
内容 源氏と平氏の歴史群像。平清盛を中心とする平家一門はどのようにして栄華への道を歩んだか？ 平家物語を読むための歴史文学。

『新編日本古典文学全集 41 将門記 陸奥話記 保元物語 平治物語』 柳瀬喜代志, 矢代和夫, 松林靖明校注・訳, 柳瀬喜代志, 矢代和夫, 松林靖明校注・訳, 信太周, 犬井善寿校注・訳, 信太周, 犬井善寿校注・訳 小学館 2002.2 646p 23cm〈付属資料：8p：月報 80 文献あり 年表あり〉4657円 Ⓘ4-09-658041-4 Ⓝ918

「保元物語」

『保元物語』 武田昌憲訳 勉誠出版 2005.1 231p 20cm (現代語で読む歴史文学 西沢正史監修)〈シリーズ責任表示：西沢正史監修〉2500円 Ⓘ4-585-07068-0 Ⓝ913.432

『新編日本古典文学全集 41 将門記 陸奥話記 保元物語 平治物語』 柳瀬喜代志, 矢代和夫, 松林靖明校注・訳, 柳瀬喜代志, 矢代和夫, 松林靖明校注・訳, 信太周, 犬井善寿校注・訳, 信太周, 犬井善寿校注・訳 小学館 2002.2 646p 23cm〈付属資料：8p：月報 80 文献あり 年表あり〉4657円 Ⓘ4-09-658041-4 Ⓝ918

『保元物語』 近藤政美, 伊藤一重, 浜千代いづみ校註 武蔵野書院 1993.4 171p 21cm 1500円 Ⓘ4-8386-0635-4

「万葉集」

『万葉集 4』 佐竹昭広, 山田英雄, 工藤力男, 大谷雅夫, 山崎福之校注 新校訂版 岩波書店 2014.8 463p 15cm (岩波文庫) 1080円 Ⓘ978-4-00-300057-1
内容 いつの世も変わらぬ心を伝える万葉の歌群。東国の恋の歌、遣新羅使の旅の歌、恋の昔物語と戯笑の歌、越中に赴任した大伴家持の歌など、巻十三 - 十七の約七百四十首を掲載。全歌、現代語訳・注釈付。

『万葉集 3』 佐竹昭広, 山田英雄, 工藤力男, 大谷雅夫, 山崎福之校注 岩波書店 2014.1 490p 15cm (岩波文庫) 1080円 Ⓘ978-4-00-300056-4
内容 ひさかたの天の香具山この夕霞たなびく春立つらしも一雄大な叙景、繊細な恋の心、遠き世の物語。万葉集の多彩な世界から、旅の歌、浦島や乙女たちの伝説歌、四季に寄せた歌、古今の相聞歌など、巻九 - 十二の千五百余首を掲載。全歌、訳・注付。

『万葉集 2』 佐竹昭広, 山田英雄, 工藤力男, 大谷雅夫, 山崎福之校注 岩波書店 2013.7 481p 15cm (岩波文庫) 1080円 Ⓘ978-4-00-300055-7
内容 銀も金も玉も何せむに優れる宝子にしかめやも一今なお愛される万葉集の歌。親子の情、恋の心、花鳥のあわれ、また機知諧謔。本冊は、大伴旅人・山上憶良らの唐ごころあふれる歌文を収める巻五から、春夏秋冬の順に歌を並べる巻八までの約九百首。全歌、訳・注付。

『万葉集　1』 佐竹昭広, 山田英雄, 工藤力男, 大谷雅夫, 山崎福之校注　岩波書店　2013.1　531p　15cm　（岩波文庫）　1080円　Ⓘ978-4-00-300051-9

内容 日本の文学の源、最古の歌集。天皇から名もなき男女までの、人々の心のかたちを映しだす全二十巻四千五百余首。本冊には巻1 - 4、額田王、大津皇子、柿本人麻呂、山部赤人、大伴家持らの歌を収録。新日本古典文学大系に基づき、現代語訳と注釈を付した新版。

『万葉集　1〜3』 稲岡耕二著　明治書院　1997〜2006　496p　22cm　（和歌文学大系 1　久保田淳監修）　4800円　Ⓘ4-625-51301-4　Ⓝ911.12

「無名草子」

『無名草子―注釈と資料』 『無名草子』輪読会編　大阪　和泉書院　2004.2　220p　21cm　1900円　Ⓘ4-7576-0247-2

内容 一〇〇歳以上と見られる老尼を聴き手とした数人の女性達の語り合いという形式で、物語から歌集、そして女性へと論が展開される『無名草子』は、一二〇〇年ごろ俊成卿女によって作られたとする説が有力だが、王朝文化への憧憬と共に中世の“女”文化の始まりを予感させるテクストである。本書は五部構成をとり、本文には天理大学附属天理図書館蔵本を使用、脚注はことばの引用・類似関係や特異な語句を重視した。関連する平安〜鎌倉の物語評論二二編の注釈も併載。さらに解説、作中書名・人名事典や研究文献目録を付すなど、充実した内容を備える。

『新編日本古典文学全集　40　松浦宮物語　無名草子』 樋口芳麻呂校注・訳, 久保木哲夫校注・訳　小学館　1999.5　349p　23cm　4076円　Ⓘ4-09-658040-6　Ⓝ918

『堤中納言物語　無名草子』 稲賀敬二, 久保木哲夫校注・訳　小学館　1987.1　414p　19cm　（完訳 日本の古典 27）　1700円　Ⓘ4-09-556027-4

内容 ゆったりと組まれた正確な原文、簡潔・明快な脚注と、現代語全訳。

「大和物語」

『大和物語　上・下』 雨海博洋, 岡山美樹全訳注　講談社　2006　464p　15cm　（講談社学術文庫）　1450円　Ⓘ4-06-159746-9　Ⓝ913.33

『大和物語』 阿部俊子校注　新装版　明治書院　2001.3　394p　19cm　（校注古典叢書）　2600円　Ⓘ4-625-71302-1

内容 本書は、書写年代の古い善本の一つとして、為家本を底本とし、異本系統の光阿弥陀仏本の異同を各章段の末に付した。

書名索引

【あ】

【い】

【う】

【え】

【お】

【か】

【き】

【く】

【け】

【こ】

【さ】

【し】

【す】

【せ】

【そ】

【た】

【ち】

【つ】

【て】

【と】

【な】

【に】

【ね】

【の】

【は】

【ひ】

【ふ】

【へ】

【ほ】

【ま】

【み】

【む】

【め】

【も】

【や】

【ゆ】

【よ】

【ら】

【り】

【れ】

【ろ】

【わ】

【ん】

ヤングアダルトの本
高校教科書の文学3000冊

2015年3月25日　第1刷発行

発 行 者／大高利夫
編集・発行／日外アソシエーツ株式会社
〒143-8550 東京都大田区大森北 1-23-8 第3下川ビル
電話 (03)3763-5241(代表)　FAX(03)3764-0845
URL　http://www.nichigai.co.jp/
発 売 元／株式会社紀伊國屋書店
〒163-8636 東京都新宿区新宿 3-17-7
電話 (03)3354-0131(代表)
ホールセール部(営業)　電話 (03)6910-0519

電算漢字処理／日外アソシエーツ株式会社
印刷・製本／光写真印刷株式会社

《中性紙三菱クリームエレガ使用》

ISBN978-4-8169-2525-2　*Printed in Japan,2015*